Entscheidungen

des

Reichsgerichts.

Herausgegeben

von

**den Mitgliedern des Gerichtshofes
und der Reichsanwaltschaft.**

Entscheidungen in Zivilsachen

114. Band.

Berlin und Leipzig 1927

Walter de Gruyter & Co.

vormals G. J. Göschen'sche Verlagshandlung - J. Guttentag, Verlags-buchhandlung - Georg Reimer - Karl J. Trübner - Veit & Comp.

Entscheidungen

des

Reichsgerichts

in

Zivilsachen.

---

114. Band.

Mit Anhang: Entscheidungen des Staatsgerichtshofs.

Berlin und Leipzig 1927

Walter de Gruyter & Co.

vormals G. J. Göschen'sche Verlagshandlung - J. Guttentag, Verlagsbuchhandlung - Georg Reimer - Karl J. Trübner - Veit & Comp.

Druck von Metzger & Wittig in Leipzig

Inhalt.

I. Bürgerliches Recht.

a. Reichsrecht.

b. Landesrecht.

II. Öffentliches Recht.

Anhang: Entscheidungen des Staatsgerichtshofs.

III. Gerichtliches Verfahren.

1. 1. Kann auch bei einer Verhandlung vor dem ersuchten Richter nach der Bestimmung dieses Richters von der Zuziehung eines Protokollführers abgesehen werden?

2. Darf der ersuchte Richter, der einen Zeugen ohne Zuziehung eines Protokollführers vernommen hat, das Ersuchen des Prozeßgerichts ablehnen, den Zeugen nochmals unter Zuziehung eines Gerichtsschreibers zu vernehmen?

ZPO. §§ 165, 163 Abs. 3. GVG. § 158.

IV. Zivilsenat. Beschl. v. 17. Mai 1926 i. S. W. (Kl.) w. Ph. u. Gen. (Bekl.). IV B 40/26.

I. Amtsgericht Zwönitz.
II. Oberlandesgericht Dresden.

Das von dem Prozeßgericht, Amtsgericht Berlin-Mitte, um die Vernehmung eines Zeugen ersuchte Amtsgericht Zwönitz hat das Ersuchen zu Protokoll vom 14. Dezember 1925 in der Weise ausgeführt, daß es von der Zuziehung eines Protokollführers abgesehen hat, und zwar laut einem Vermerk am Kopfe des Protokolls „gemäß § 163 Abs. 3 ZPO." Das Prozeßgericht hat demgegenüber geltend gemacht, daß nach § 165 ZPO. im Verfahren vor einem ersuchten Richter von der Zuziehung eines Protokollführers nicht abgesehen werden könne, und darum ersucht, den Zeugen unter Zuziehung eines Gerichtsschreibers zu vernehmen. Das Amtsgericht Zwönitz hat dieses Ersuchen unter Bezugnahme auf § 158 Abs. 2 GVG. abgelehnt. Das vom ersuchenden Gericht gemäß § 159 GVG. zur Entscheidung angerufene Oberlandesgericht in Dresden hat die Ablehnung bestätigt.

Die vom Prozeßgericht hiergegen eingelegte Beschwerde hatte keinen Erfolg.

Gründe:

Es handelt sich bei der von dem beschwerdeführenden Prozeßgericht nachgesuchten nochmaligen Vernehmung des Zeugen weder um eine wiederholte Vernehmung im Sinne des § 398 Abs. 1 ZPO., deren Anordnung lediglich in dem vom ersuchten Gericht nicht nachzuprüfenden Ermessen des Prozeßgerichts läge, noch um eine vom Prozeßgericht angeordnete nachträgliche Vernehmung im Sinne des Abs. 2 das., sondern darum, daß der Zeuge nochmals vernommen werden soll, weil bei seiner am 14. Dezember 1925 bewirkten Vernehmung in prozeßordnungswidriger Weise verfahren, nämlich der § 165 ZPO. verletzt sei. Das ersuchende und das ersuchte Gericht streiten über die Auslegung dieser Prozeßvorschrift. Von der Entscheidung über diesen Streit hängt die Zulässigkeit der abgelehnten Rechtshilfe ab. Denn ist der Zeuge bereits in prozeßordnungsmäßiger Weise vernommen worden, so wäre es ein gesetzlich unstatthafter und deshalb im Sinne des § 158 Abs. 2 GVG. dem ersuchten Gericht verbotener Mißbrauch des staatlichen Zeugniszwangs, den Zeugen nochmals zu vernehmen.

Der § 165 ZPO. schreibt vor, daß zu den Verhandlungen, die außerhalb der Sitzung vor Amtsrichtern oder vor beauftragten oder ersuchten Richtern stattfinden, „der Gerichtsschreiber gleichfalls zuzuziehen“ ist. Mit dem „gleichfalls“ wird auf die vorangehenden Vorschriften verwiesen, durch welche die Zuziehung des Gerichtsschreibers zur mündlichen Verhandlung vor dem erkennenden Gericht (§ 128 ZPO.) geregelt ist. Es waren dies bis zum 1. Juni 1924, dem Tage des Inkrafttretens der Verordnung über das Verfahren in bürgerlichen Rechtsstreitigkeiten vom 13. Februar 1924, die in § 159 Abs. 2 Nr. 2, § 163 Abs. 1 und 2 ZPO. enthaltenen Vorschriften. Seit dem 1. Juni 1924 sind dazu der § 163a (über Niederschriften in Kurzschrift als Protokollanlage, die allein vom Gerichtsschreiber zu unterzeichnen ist) und der für den vorliegenden Streit erhebliche § 163 Abs. 3 getreten, laut dem von der Zuziehung eines Protokollführers nach der Bestimmung des Vorsitzenden abgesehen werden kann. Auch diese beiden neuen Vorschriften werden nunmehr von der in § 165 ausgesprochenen Verweisung umfaßt. Das ist, da die Zivilprozeßordnung in ihrer seit dem 1. Juni 1924 geltenden, auf Grund des Art. VIII der Verordnung vom 13. Februar 1924 durch die Bekanntmachung vom 13. Mai 1924 festgestellten neuen Fassung als ein einheitliches Gesetzbuch anzusehen ist, mit Bezug auf den § 163 Abs. 3 ebensowenig zu bezweifeln wie mit Bezug auf den § 163a. Da von der Zuziehung eines Protokollführers zur mündlichen Verhandlung vor dem Prozeßgericht auch dann abgesehen werden kann, wenn die Aussagen von Zeugen und Sachverständigen oder das Ergebnis eines Augenscheins gemäß § 160 Abs. 2 Nr. 3 und 4 ZPO. in das Protokoll aufzunehmen sind, so besteht kein innerer Grund, warum dies nicht auch dann zulässig sein sollte, wenn eine Verhandlung mit solchem Inhalt außerhalb der Sitzung stattfindet. Der „Vorsitzende", der nach § 163 Abs. 3 über die Zuziehung eines Protokollführers zu bestimmen hat, ist auf dem eigentlichen Anwendungsgebiet dieser Vorschrift der die mündliche Verhandlung leitende Richter, sei dies der Vorsitzende einer Kammer oder eines Senats oder der gemäß §§ 348flg., 523flg. ZPO. an die Stelle des Prozeßgerichts tretende Einzelrichter oder der Amtsrichter. Auf dem durch § 165 vermittelten Anwendungsgebiet des § 163 Abs. 3 ist es ebenfalls der die Verhandlung leitende Richter, sei dies der „Amtsrichter", vor dem die Verhandlung außerhalb der Sitzung stattfindet, oder ein beauftragter oder ersuchter Richter. Das ergibt sich nicht nur aus dem Zusammenhang, in dem die §§ 163 und 165 stehen, sondern auch aus der Erwägung, daß die Gründe der Arbeitsverteilung, die für die Entschließung über die Abstandnahme von der Zuziehung eines Protokollführers wesentliche Bedeutung haben, im Fall des Ersuchens um Rechtshilfe der Natur der Sache nach von dem ersuchten und nicht von dem ersuchenden Richter zu beurteilen sind.

Danach ist der von dem ersuchten Amtsgericht und dem ihm übergeordneten Oberlandesgericht (in Übereinstimmung mit Volkmar, Stein-Jonas und Sonnen gegen Sydow-Busch-Krantz) eingenommene Standpunkt zu billigen.

---

2. Welche Bedeutung hat die Setzung einer Frist und die Androhung des Rücktritts dann, wenn der Anspruch auf Schadensersatz wegen Nichterfüllung vertraglich ausgeschlossen ist?

II. Zivilsenat. Urt. v. 18. Mai 1926 i. S. O. & Co., G. m. b. H. (Bekl.) w. A. (Kl.). II 154/25.

I. Landgericht I Berlin, Kammer für Handelssachen.
II. Kammergericht daselbst.

Durch Schreiben vom 8. September 1921 bestätigte die Beklagte, der Klägerin etwa 500 t Moniereisen zum Tonnenpreise von 2300 *M* ab Werk, Lieferungsbeginn in etwa 4—6 Wochen, verkauft zu haben. Die Bestätigung erfolgte unter Zugrundelegung der auf der Rückseite des Schreibens abgedruckten allgemeinen Lieferungsbedingungen der Beklagten, zu denen auch die gehörte, daß Verzugsstrafen oder sonstige Schadensersatzansprüche ohne vorherige besondere Vereinbarung ausgeschlossen sein sollten. Als die Beklagte trotz mehrfacher Anmahnung nicht lieferte, schrieb ihr die Klägerin am 19. Januar 1922:

„Ich ... setze Ihnen hiermit eine Nachfrist bis einschließlich 28. Januar 1922. Sollten Sie bis dahin nicht in der Lage sein, Ihr Werk zu veranlassen, daß es mit der Lieferung beginnt, so werde ich ohne weitere Benachrichtigung zum Deckungskauf übergehen und Sie für den ganzen, mir daraus entstehenden Schaden verantwortlich machen."

Nach fruchtlosem Ablauf der Frist fanden mündliche und briefliche Verhandlungen zwischen den Parteien statt, die jedoch zu keiner Einigung führten.

Am 2. März 1922 schrieb die Beklagte an die Klägerin:

„Es dürfte Ihnen wohl bekannt sein, daß wir mit unserem Lieferwerk hinsichtlich Lieferung des verkauften Materials einen Prozeß führen, da dieses heute nicht liefern will. Wir möchten Sie daher bitten, uns nach Rücksprache mit Ihrem Kunden Ihre Stellungnahme hierzu mitzuteilen, und sehen wir Ihren evtl. Vorschlägen entgegen, die wir unserm Werk weitergeben werden.

Da wir große Aussichten haben, den Prozeß im Vergleichswege zu beenden, so hoffen wir, daß Ihre Ansprüche nicht derartig hoch sind, daß wir in der Lage sind, den Prozeß auch tatsächlich auf dem Vergleichswege zu beenden." ...

Die Klägerin entgegnete am 4. März 1922:

„Ich empfing Ihr Schreiben vom 2. cr. und entnahm daraus, daß Ihr Lieferwerk bereit ist, die Moniereisen gegen Bewilligung eines Aufschlages zu liefern. Ich bitte Sie, mir in dieser Richtung bestimmte Vorschläge, insbesondere bezüglich Preise und bestimmter Lieferzeit, machen zu wollen, damit ich an meine Abnehmer entsprechend herantreten kann.

Ich erwarte jedoch, daß die Nachforderungen sich in einem erträglichen Rahmen bewegen, so daß es nicht von vornherein aussichtslos ist, sich auf außergerichtlichem Wege zu einigen." ...

Am 6. März 1922 schrieb die Beklagte zurück:

„Wir empfingen Ihr Schreiben vom 4. März und unter Bezugnahme auf unser Schreiben vom 2. d. M. müssen wir Ihnen erwidern, daß unser Werk das bestellte Moniereisen nicht liefern will.

Da wir daher nicht in der Lage sind, Ihren Auftrag auszuführen, bitten wir Sie um Angabe, wie hoch sich Ihre Ersatzansprüche an uns stellen."

Endlich schrieb die Beklagte am 14. März an die Klägerin:

„Wir kommen zurück auf unser Schreiben vom 6. d. M. und sind bis heute noch nicht im Besitze Ihrer geschätzten Rückäußerung. Wir möchten Sie höflichst bitten, in die Beantwortung unseres vorerwähnten Schreibens eintreten zu wollen."

Darauf wurde die Klägerin mit dem Antrag klagbar, die Beklagte zu verurteilen, ihr 500 t Moniereisen zum Preise von 2300 ℳ für die Tonne zu liefern. Später stellte sie den Hilfsantrag, die Beklagte zu verurteilen, ihr 500 t Moniereisen zu einem richterlicherseits zu bestimmenden Preise zu liefern, und für den Fall, daß infolge ihrer Fristsetzung und Erklärung vom 19. Januar 1922 der Anspruch auf Erfüllung ausgeschlossen sein sollte, den auf Schadensersatz wegen Nichterfüllung gerichteten weiteren Hilfsantrag, die Beklagte zur Zahlung von 2000 Gℳ zu verurteilen und festzustellen, daß die Beklagte verpflichtet sei, ihr den Schaden zu ersetzen, den sie infolge der von ihrem, der Klägerin, Abnehmer gegen sie erhobenen Lieferungsklage erleiden werde.

Das Landgericht nahm an, daß der Anspruch der Klägerin auf Lieferung nach § 326 Abs. 1 Satz 2 BGB. und ihr Anspruch auf Schadensersatz wegen Nichterfüllung nach Inhalt des Kaufvertrags ausgeschlossen sei, und erkannte deshalb auf Abweisung der Klage. Das Kammergericht hielt den Lieferungsanspruch der Klägerin gleichfalls für ausgeschlossen und wies insoweit ihre Berufung zurück. Dagegen gab es dem hilfsweise gestellten Schadensersatzantrag statt.

Die Beklagte legte Revision, die Klägerin Anschlußrevision ein, beide mit Erfolg.

Aus den Gründen:

Die Feststellung des Kammergerichts, daß die Bestimmung in den allgemeinen Lieferungsbedingungen der Beklagten, wonach Schadensersatzansprüche ohne vorherige besondere Vereinbarung ausgeschlossen sein sollten, Bestandteil des zwischen den Parteien abgeschlossenen Lieferungsvertrags geworden sei und daß diese Bestimmung auch die Ansprüche auf Schadensersatz wegen Nichterfüllung betreffe, ist beiderseits nicht bemängelt worden und von Amts wegen ebensowenig zu beanstanden. Es ist auch von keiner Seite geltend gemacht worden, daß der Klägerin der von ihr in den Vorinstanzen nur hilfsweise erhobene, ihr aber durch das angefochtene Urteil zuerkannte Anspruch auf Schadensersatz wegen Nichterfüllung schon vor dem 6. März 1922 zugestanden hätte. Demgemäß kann für die Entscheidung über die Revision der Beklagten nur in Frage kommen, ob das Kammergericht mit Recht angenommen hat, daß die Klägerin diesen Anspruch durch den in den Briefen der Beklagten vom 6. und 14. März 1922 zu findenden „Verzicht" auf den Einwand aus der erwähnten Bestimmung des Lieferungsvertrags erlangt habe. Die Frage ist jedoch schon deshalb zu verneinen, weil der sogenannte „Verzicht" nur im Fall seiner Annahme durch die Klägerin die ihm vom Kammergericht beigemessene Wirkung hätte erlangen können (vgl. §§ 397, 779, 780 bis 782 BGB.), während die Klägerin durch ihr ganzes Verhalten, insbesondere durch ihr Schreiben vom 4. März 1922 und durch Nichtbeantwortung der beiden Briefe vom 6. und 14. März 1922 unzweideutig zu erkennen gegeben hat, daß sie immer noch auf Erfüllung des Vertrags bestehe. Überdies ist der Revision unbedenklich darin beizutreten, daß die Briefe vom 6. und 14. März 1922 nach dem vom Kammergericht zu Unrecht nicht beachteten Zusammenhang, in dem sie geschrieben sind, einen rein informatorischen Charakter gehabt, also keinerlei die Beklagte bindende Erklärung enthalten haben. Die Revision muß daher zur Aufhebung des der Beklagten ungünstigen Teils des Berufungsurteils führen.

Infolge der für diesen Fall von der Klägerin zulässigerweise eingelegten Anschlußrevision kann aber der zugunsten der Beklagten ergangene Teil des Berufungsurteils ebensowenig aufrechterhalten werden. Der Anschlußrevision ist allerdings darin nicht beizutreten, daß mit der Vereinbarung, jeder Anspruch auf Schadensersatz wegen Nichterfüllung solle ausgeschlossen sein, zugleich die Anwendbarkeit des § 326 BGB. wegbedungen wäre. Vielmehr wäre die Klägerin immerhin befugt gewesen, der im Lieferungsverzug befindlichen Beklagten eine Frist zur Lieferung mit der Erklärung zu bestimmen, daß sie die Annahme der Leistung nach dem Ablauf der Frist ablehne, und die Ausübung dieser Befugnis würde nach fruchtlosem Ablauf der Frist den Ausschluß des Anspruchs auf Erfüllung und entweder ohne weiteres zugleich den Rücktritt der Klägerin vom Vertrag oder doch die Beschränkung der vertraglichen Rechte der Klägerin auf das Recht zum Rücktritt herbeigeführt haben. Allein im Schreiben der Klägerin vom 19. Januar 1922 ist eine den Erfordernissen des § 326 Abs. 1 BGB. entsprechende Fristsetzung und Erklärung, entgegen der Auffassung des Kammergerichts, nicht zu erblicken. Das Kammergericht nimmt zwar zutreffend an, daß die mit der Fristbestimmung abzugebende Erklärung des nichtsäumigen Teils, er lehne die Annahme der Leistung nach Fristablauf ab, nicht an die Worte des Gesetzes gebunden ist, sondern auch in anderer Weise erfolgen kann, sofern nur der Ablehnungswille des Erklärenden vorbehaltlos und unzweideutig zum Ausdruck gelangt. Ebenso geht das Kammergericht ohne Rechtsirrtum davon aus, daß hierzu unter gewöhnlichen Umständen die Erklärung des nichtsäumigen Käufers genügt, er werde nach fruchtlosem Ablauf der Frist ohne weitere Benachrichtigung zum Deckungskauf übergehen und für den ihm entstehenden Schaden den Verkäufer verantwortlich machen. Allein es übersieht, daß eine derartige Erklärung des Nichtsäumigen, als auf Ablehnung der Annahme nach Fristablauf gerichtet, nur dann gelten kann, wenn der Säumige sie nach Treu und Glauben in diesem Sinne zu verstehen hat, und das ist unter den hier vorliegenden Umständen zu verneinen. Das Kammergericht stellt ohne Gesetzesverletzung fest, daß die Klägerin bei Absendung des Schreibens vom 19. Januar 1922 „offenbar nicht daran gedacht habe, daß nach der Vereinbarung mit der Beklagten Schadensersatzansprüche von ihr nicht erhoben werden könnten", und daß sie „deshalb im vorliegenden

Fall offenbar falsch und im Widerspruch mit den gesetzlichen Bestimmungen vorgegangen sei." Damit erkennt das Kammergericht selbst an, daß die Klägerin eine Erklärung, die nach § 326 Abs. 1 Satz 2 BGB. die Beschränkung ihrer vertraglichen Rechte auf das Rücktrittsrecht zur Folge gehabt hätte, gar nicht abgeben wollte, und daß die Beklagte (dies ergibt der Gebrauch des Wortes „offenbar") hierüber schlechterdings nicht im Zweifel gewesen sein kann. Die Beklagte hat denn auch während der nach Ablauf der Frist mit der Klägerin geführten Verhandlungen, bei denen die Klägerin unausgesetzt Lieferung verlangte, niemals geltend gemacht, daß die Klägerin sich durch die Fristsetzung des Anspruchs auf Erfüllung begeben habe. Diesen Einwand hat sie erst nach dem Eintritt des Nebenintervenienten in den Rechtsstreit erhoben. Es ist daher rechtsirrig, wenn das Kammergericht meint, die Klägerin habe, weil sie „offenbar falsch und im Widerspruch mit den gesetzlichen Bestimmungen vorgegangen sei", die „nachteiligen Folgen ihrer Handlungsweise" zu tragen, also den Anspruch auf Erfüllung als ausgeschlossen gelten zu lassen. War die Beklagte nach den Grundsätzen von Treu und Glauben nicht berechtigt, im Schreiben der Klägerin vom 19. Januar 1922 die vorbehaltlose Erklärung zu finden, daß die Klägerin die Annahme der Lieferung nach Ablauf der Frist ablehne (und dazu war sie nicht berechtigt, weil sie sofort erkannte, daß die Klägerin den Anspruch auf Schadensersatz wegen Nichterfüllung irrtümlich nicht für vertraglich ausgeschlossen hielt), so kann der von der Klägerin an erster Stelle erhobene Lieferungsanspruch nicht als nach § 326 Abs. 1 Satz 2 BGB. ausgeschlossen angesehen werden. Es darf deshalb dahingestellt bleiben, ob nicht dem Schreiben der Klägerin vom 19. Januar 1922 die ihm vom Kammergericht beigemessene Wirkung auch darum abgesprochen werden muß, weil durch die Worte:

„Sollten Sie bis dahin nicht in der Lage sein, Ihr Werk zu veranlassen, daß es mit der Lieferung beginnt, so werde ich" ...

nicht mit der nach § 326 Abs. 1 BGB. erforderlichen Bestimmtheit zum Ausdruck gebracht worden ist, was für eine der Beklagten nach dem Vertrag obliegende Leistung innerhalb der Frist eigentlich bewirkt werden sollte. ...

3. 1. Wann liegt ein Börsenkommissionsgeschäft, wann ein Eigengeschäft vor?

2. Zum Wesen der Verkehrssitte und ihrer Berücksichtigung. Kann insbesondere in einer jedes Börsenkommissionsgeschäft als Eigengeschäft betrachtenden Verkehrssitte ein Mißbrauch liegen, der ihre Berücksichtigung ausschließt?

BGB. § 157. HGB. §§ 383, 400, 401 Abs. 2.

I. Zivilsenat. Urt. v. 19. Mai 1926 i. S. D. (Bekl.) w. W. (Kl.). I 309/25.

I. Landgericht Hamburg, Kammer für Handelssachen.
II. Oberlandesgericht daselbst.

Der Kläger, der seit Oktober 1923 regelmäßig an der Hamburger Fondsbörse verkehrte, machte dort u. a. mit dem Beklagten, der Inhaber eines Bankgeschäfts ist, Geschäfte in Effekten. Er hat am 5. November 1923 dem Beklagten den Auftrag gegeben, für ihn 5000 *M* Nobel-Dynamitaktien, die der Beklagte für ihn im Depot hatte, zu verkaufen. Am 6. November 1923 ging dem Kläger vom Beklagten eine vom 5. November 1923 datierte Abrechnung zu, in der die bezeichneten Wertpapiere als zu einem Kurse von 21 Billionen Prozent verkauft angegeben waren. Dieser Kurs hielt sich innerhalb der Börsennotiz. Unstreitig sind aber die Wertpapiere noch am 5. November 1923 zu einem Kurse von 22,5 Billionen Prozent vom Beklagten weitergegeben worden. Der Kläger hat mit der Klage den Goldmarkwert des Unterschieds zwischen dem ihm aufgegebenen und dem tatsächlichen Weiterverkaufspreis gefordert, indem er den Standpunkt einnahm, daß der Beklagte vor Absendung der Ausführungsanzeige aus Anlaß der erteilten Kommission an der Börse ein Geschäft mit einem Dritten abgeschlossen, aber einen ungünstigeren als den hierbei erzielten Preis berechnet, also insofern „den Kurs geschnitten" habe. Der Beklagte hat entgegnet, es habe damals an der Börse eine Gepflogenheit bestanden, der sich, wie die anderen Börsenkunden, auch der Kläger unterworfen habe, dahingehend, daß der Kommissionär seinem Auftraggeber regelmäßig nicht den tatsächlich für den Kauf oder Verkauf eines Wertpapiers erzielten

Preis, sondern einen auf anderer Grundlage innerhalb der Börsennotiz berechneten Durchschnittspreis aufgebe.

Nach Beweiserhebung hat das Landgericht die Klage mit der Begründung abgewiesen, daß die vom Beklagten behauptete Börsengepflogenheit bestanden und der Kläger sich ihr stillschweigend unterworfen habe.

Das Oberlandesgericht hat den Klaganspruch dem Grunde nach für berechtigt erklärt und die Sache zur Verhandlung über die Höhe an die Vorinstanz zurückverwiesen. Die Revision des Beklagten blieb erfolglos.

Aus den Gründen:

Nach den Feststellungen des Berufungsgerichts ist davon auszugehen, daß der Kläger an der Hamburger Börse am 5. November 1923 dem Beklagten, seinem ständigen Bankier, erklärt hat, er wolle 5 Nobelaktien verkaufen, daß der Beklagte sich über den Kurs unterrichtet, dann dem Kläger als Verkaufskurs 21 Billionen Prozent genannt und der Kläger sich mit diesem Kurs einverstanden erklärt hat.

Das Berufungsgericht ist in Würdigung dieser Umstände zu dem Ergebnis gelangt, daß das von den Parteien abgeschlossene Geschäft kein Eigenkauf der Wertpapiere durch den Beklagten sei, sondern ein Verkaufskommissionsgeschäft und als solches den Vorschriften der §§ 383 flg. HGB. unterliege. Dieses Ergebnis ist nicht zu beanstanden.

Es ist in der Rechtsprechung und im Schrifttum durchgehends anerkannt, daß bei der im Einzelfall oft schwierigen Unterscheidung, ob ein Eigengeschäft oder ein Kommissionsgeschäft vorliegt, in der Regel die gewählte Ausdrucksform nicht maßgebend ist, sondern es auf die wirtschaftliche Bedeutung der Erklärungen der Vertragsteile ankommt. Soweit es sich dabei um den Kauf oder Verkauf von Wertpapieren, die an der Börse gehandelt werden, und um ein Geschäft zwischen einem Bankier und seinem Kunden handelt, sind die besonderen zwischen solchen Vertragschließenden herrschenden und sich aus der Eigenart ihres Rechtsverhältnisses ergebenden Beziehungen zu berücksichtigen. Der Privatmann, der sich wegen Kaufs oder Verkaufs eines Wertpapiers an einen Bankier wendet, tut dies, um durch dessen Vermittlung sich die oft einzig an der Börse gegebene, jedenfalls aber erleichterte Einkaufs- oder Absatzmöglichkeit und die damit verbundene Gelegenheit zur Erzielung des bestmöglichen Preises zu sichern. Er sieht dabei in dem Bankier seinen Vertrauensmann, dem er die Wahrnehmung seiner Interessen bei der Abwicklung des Geschäfts übertragen hat. Erteilt daher der Kunde seinem Bankier einen Verkaufsauftrag, so wird dies in der Regel nur in dem Sinne geschehen, daß dieser bei der Abwicklung des Geschäfts zur bestmöglichen Wahrnehmung der Belange des Kunden beauftragt sein soll. Daraus ergibt sich, daß, selbst wenn der Kunde dem Bankier einen Preis nennt, für den er das Wertpapier weggeben will, er in der Regel nicht daran denkt, mit dem Bankier selbst als Gegenpartei einen festen Kauf zu dem genannten Preise abzuschließen, sondern daß damit nur gemeint ist, der genannte Preis bilde die untere Grenze, bis zu welcher der Bankier unter Ausnutzung aller Möglichkeiten zur Erzielung des höchsten Preises einen Verkauf vornehmen dürfe. Bei Berücksichtigung dieser Besonderheit der in der Regel zwischen einem Bankier und seinem Kunden obwaltenden Beziehungen muß es, wenn diese Regel nicht vorliegen soll, vielmehr der Bankier im Falle eines solchen Auftrags nicht als Geschäftsbesorger, sondern als Eigenhändler seinem Kunden entgegentreten will, für erforderlich erachtet werden, daß sich die Richtung des Willens der Vertragschließenden auf eine solche Regelung aus besonderen Umständen ergibt, die einen Schluß auf eine von der üblichen abweichende Gestaltung der Geschäftsbeziehungen der Parteien zulassen (so auch RGZ. Bd. 43 S. 111, Bd. 94 S. 65).

Ein Verstoß des Berufungsgerichts gegen die vorstehend dargelegten Grundsätze ist nicht zu ersehen. Es hat sich offenbar auf denselben Standpunkt gestellt und verneint, daß im vorliegenden Falle von dem hierfür beweispflichtigen Beklagten besondere Umstände geltend gemacht seien, die zu einer Beurteilung des zwischen den Parteien abgeschlossenen Geschäfts als eines Eigengeschäfts des Beklagten nötigten. Es hat mit Recht ausgeführt, daß sich weder aus den Erklärungen der Parteien noch aus der Art der Abrechnung in dieser Hinsicht etwas ergibt. . . . (Wird dargelegt.) Wie hier ergänzend bemerkt sein mag, kann auch daraus, daß das Geschäft an der Börse abgeschlossen ist und daß der Kläger vor Erteilung des Verkaufsauftrags die Kursbewegung des zum Verkauf aufgegebenen

Wertpapiers beobachtet hatte, kein entgegengesetzter Schluß gezogen werden. Das Verhältnis des Klägers zum Beklagten als dem von ihm mit der Abwicklung eines Verkaufs an der Börse Beauftragten wurde damit kein anderes. Es liegt auch unter den erwähnten Umständen nichts dafür vor, daß der Kläger auf die Erzielung eines möglichst günstigen Kurses hat verzichten wollen.

Die Berufung des Beklagten auf die von ihm behauptete Verkehrssitte hat der Vorderrichter mit der Begründung zurückgewiesen, es liege, wenn sich eine solche Form der Abwicklung von Effektengeschäften in jener Zeit gebildet haben sollte, nichts dafür vor, daß der Kläger diese Gewohnheit gekannt und sich ihr unterworfen habe. Er hat demnach die Berücksichtigung einer behaupteten Verkehrssitte oder eines Handelsbrauches — in diesem Sinne muß die Behauptung des Beklagten verstanden werden und war sie auch schon vom Landgericht verstanden worden — mit der Begründung abgelehnt, daß die behauptete Gepflogenheit dem Kläger unbekannt gewesen sei.

Diese Begründung für die Nichtberücksichtigung der behaupteten Verkehrssitte ist, wie der Revision zuzugeben ist, nicht einwandfrei.

Bei der Auslegung eines Vertrags kommt der Wille der Parteien in Betracht, wie er in der von ihnen abgegebenen Erklärung in die Erscheinung getreten ist. Widerspricht er unzweideutig einer Verkehrssitte, so ist nicht diese, sondern der Inhalt der abgegebenen Willenserklärung maßgebend. Liegt aber kein unzweideutiger Widerspruch zwischen der Erklärung und der Verkehrssitte vor und weiß der Geschäftsgegner auch nicht, daß die Erklärung im Sinne eines solchen Widerspruchs gegenüber der Verkehrssitte zu verstehen ist, so hat die Auslegung der Erklärung unter Berücksichtigung der Verkehrssitte zu erfolgen, ohne daß es darauf ankommt, ob die Verkehrssitte dem Erklärenden bekannt war. Aus Gründen der Rechtssicherheit ist in diesem Fall die Erklärung so aufzufassen, wie es der tatsächlichen Übung jener Geschäftskreise entspricht. Voraussetzung ist dabei selbstverständlich, daß tatsächlich eine Verkehrssitte bestand, d. h. eine Art der Geschäftsbehandlung, wie sie von sämtlichen an dem betreffenden Geschäftszweig beteiligten Kreisen, wenn auch in örtlicher Beschränkung, geübt wurde, und es sich nicht nur um die Anschauungen des Kreises handelte, dem die eine Geschäftspartei angehörte. Das Berufungsgericht hat demnach die für die Berücksichtigung von Verkehrssitten maßgebenden Gesichtspunkte verkannt.

Der vom Beklagten behaupteten Verkehrssitte kann aber vorliegendenfalls aus anderen Gründen kein Einfluß auf die Beurteilung der Erklärungen der Parteien eingeräumt werden. Eine Verkehrssitte ist nach feststehender Rechtsprechung nur da zu beachten, wo sie sich mit der Sicherheit des Verkehrs verträgt und nicht als ein Mißbrauch erweist. Ein solcher ist aber in der behaupteten Gepflogenheit bei ihrer Anwendung auf eine Geschäftsabwicklung der hier vorliegenden Art zu erblicken.

Die Bestimmung des § 400 Abs. 2 HGB. ist gerichtet gegen den sogenannten „Kursschnitt", d. h. dagegen, daß der Kommissionär den Kurs, den er in einem aus Anlaß des Kommissionsauftrags abgeschlossenen Geschäft, dem sogenannten Deckungsgeschäft, erzielt hat, bald dem Kommittenten in Rechnung stellt, bald dies unterläßt und dafür gemäß § 400 Abs. 2 HGB. unter Wahl des Selbsteintritts den Börsenkurs einsetzt, je nachdem, wie sich die Sachlage für ihn günstiger gestaltet. Die vom Beklagten behauptete Verkehrssitte, daß der mit dem Verkauf eines Wertpapiers beauftragte Bankier sich ständig als Eigenhändler betrachtet und nicht den tatsächlich erzielten günstigen Kurs gemäß § 401 Abs. 2 HGB., sondern nur einen Durchschnittskurs im Rahmen der Börsennotiz als angemessen seinem Auftraggeber in Rechnung stellt, hat dasselbe Ergebnis wie die vorbeschriebene Geschäftshandhabung. Durch ein solches Geschäftsgebahren werden die zum Schutze des Kommittenten getroffenen Bestimmungen des § 401 Abs. 2 HGB. ausgeschaltet, die gemäß § 402 HGB. an und für sich beim Vorliegen eines Kommissionsgeschäfts nicht durch Parteiwillkür beseitigt werden können. Ein mit Absicht erfolgtes Handeln des Kommissionärs zu Ungunsten eines Kommittenten ist sogar in § 95 Börsenges. unter Strafe gestellt. Wohl ist der Versuch, durch Vertragsbestimmung jedes regelmäßig im Wege des Kommissionsgeschäfts abzuwickelnde Effektengeschäft im Interesse des Bankiers als Eigenhandelsgeschäft erscheinen zu lassen, auch sonst bereits häufig unternommen worden durch Aufnahme einer allgemeinen Klausel in die Geschäftsbedingungen von Bankgeschäften, wonach der Bankier stets als Eigenhändler auftritt. Rechtsprechung und Schrifttum haben sich demgegenüber auf den Standpunkt gestellt, daß eine solche Klausel gegenüber einem als Kommissionsauftrag anzusehenden Auftrage des Kunden nur die Bedeutung einer Erklärung, die Kommission durch Selbsteintritt ausführen zu wollen, beanspruchen könne.

Die vom Beklagten behauptete Geschäftssitte, die als einheitliches Ganzes aufzufassen und in ihrer Wirkung als solches zu beurteilen ist, verfolgt also nur Ziele im Interesse eines der Beteiligten, deren Erstrebung von der Rechtsordnung nicht gebilligt und im Rechtsleben nicht anerkannt ist. Sie steht mit dem vom Gesetz zu Gunsten des Kommittenten erstrebten Zustande der Rechtssicherheit in Widerspruch und ist daher als Mißbrauch anzusehen, wenn nicht besondere Umstände, z. B. aus dem Zwange der Wirtschaftslage abzuleitende Gründe, eine andere Beurteilung rechtfertigen.

Das Landgericht hat hierzu ausgeführt, das stürmische Börsengeschäft jener Zeitspanne habe die Auseinanderhaltung der einzelnen Aufträge, die zu verschiedenen, schnell wechselnden Kursen hätten erledigt werden müssen, sowie die alsbaldige Erstattung der vorgeschriebenen Anzeige an den Kommittenten ungeheuer erschwert. Es führt weiter an, daß die regelmäßige Ausführung des Geschäfts von ungeheueren Verlusten für den Bankier begleitet gewesen sei. Auch das Gutachten, das zu diesem Punkte im ersten Rechtszug erstattet worden ist, erwähnt zur Rechtfertigung dieser Geschäftshandhabung, daß in jener Zeit bei nur geringem Verzug eines Kunden dem Bankier infolge der hohen Zinssätze erhebliche Verluste erwachsen seien. Demgegenüber ist zu bemerken, daß bei einer Verkaufskommission, wie sie hier vorliegt, ein Verlust des Bankiers nur in Frage kommen kann durch Verzug seines Abnehmers, an den er die Papiere weitergab, nicht aber durch seinen Kommittenten. Es ist hier nicht der Ort, zu untersuchen, welche zulässigen Mittel dem Betroffenen zu Gebote standen, um solche Verluste zu vermeiden. Es bedarf aber keiner Erörterung, daß die Abwälzung solcher Verluste auf den an ihnen unbeteiligten Auftraggeber nicht als schutzwürdig betrachtet werden kann.

Was die technische Durchführbarkeit einer ordnungsmäßigen Abwicklung der aufgegebenen Kommissionsgeschäfte angeht, so mögen sich im Falle von mehreren gleichzeitigen Aufträgen in gleichen Effekten allerdings Schwierigkeiten ergeben können bei der Feststellung, welches Deckungsgeschäft dasjenige ist, das gerade aus Anlaß eines einzelnen Auftrags vorgenommen wurde. Solche Schwierigkeiten können aber bei einem Geschäft nicht bestanden haben, welches wie das vorliegende abgewickelt ist, da der Beklagte nach der Feststellung im Tatbestand des angefochtenen Urteils seiner eigenen Angabe zufolge an jenem Tage kein anderes Geschäft in Effekten der gleichen Art ausgeführt hat als das mit dem Kläger und ferner das aus diesem Anlaß eingegangene Deckungsgeschäft. Es kann daher bei einer so einfachen Art der Geschäftsabwicklung in der geschäftlichen Überlastung jener Zeit kein ausreichender Anlaß erblickt werden, ein solches Geschäft der gesetzlich (§ 401 Abs. 2 HGB.) im Interesse des Kommittenten gewährleisteten Sicherung zu entkleiden. Vielmehr muß in solchem Falle eine dahin zielende Gepflogenheit als ein Mißbrauch bezeichnet werden. Die vom Beklagten behauptete Verkehrssitte stellt sich daher in seinem Verhältnis zum Kläger als ein dessen gesetzlich gewährleistete Rechtsstellung gefährdender Mißbrauch dar und kann somit nicht zugunsten des Beklagten in Betracht kommen. Die vom Berufungsgericht unterlassene Prüfung ihres tatsächlichen Bestehens, insbesondere nach der Richtung, ob es sich nicht lediglich um eine einseitige Geschäftsübung der Bankiers gehandelt hat (was als nicht ausgeschlossen erscheint, weil die Kunden aus den erteilten Abrechnungen die gemachten Deckungsgeschäfte und auch den Eigengeschäftswillen durchweg nicht zu ersehen vermögen), gereicht daher dem Beklagten nicht zur Beschwer.

In seinen weiteren Erwägungen hat das Berufungsgericht bedenkenfrei ausgeführt, es lasse sich eine besondere Vereinbarung darüber, daß der Beklagte das Geschäft als Eigenhändler mache, auf Grund der allgemeinen Geschäftsbedingungen des Beklagten schon um deswillen nicht annehmen, weil diese dem Kläger weder zugegangen noch überhaupt bekannt gewesen und daher nicht Grundlage des Vertrags der Parteien geworden seien, und weil ferner, bei Unterstellung ihrer Gültigkeit zwischen den Parteien, die in ihrer Nr. 3 enthaltene Eigenhändlerklausel eine weitergehende Bedeutung als die der Erklärung des Selbsteintritts nicht beanspruchen könne. Zu letzterem Punkte kann auf die bereits vorher hierzu gemachten Ausführungen verwiesen werden. . .

4. Ist das Mecklenburg-Schwerinsche Gesetz über die Neuordnung der Volksschullehrerbildung vom 27. Juni 1925 mit der Reichsverfassung vereinbar?

Reichsverfassung Art. 143 Abs. 2.

III. Zivilsenat. Beschl. v. 19. Mai 1926. III T.B. 14/26.

Die Frage ist bejaht worden aus folgenden

Gründen:

I. Das Land Mecklenburg-Schwerin hat am 27. Juni 1925 ein Gesetz über die Neuordnung der Volksschullehrerbildung erlassen (RegBl. S. 208). Es bestimmt in § 1 Abs. 1:

„Die an den öffentlichen Volksschulen des Landes anzustellenden Lehrer und Lehrerinnen müssen ihre Berufsbildung auf einem pädagogischen Institut erworben haben."

Das Institut soll in Rostock errichtet werden, die Ausbildungszeit zwei Jahre umfassen (§ 1 Abs. 2 und 3). Über die für den Eintritt in das Institut erforderliche Allgemeinbildung besagt § 2 folgendes:

„1. Die Allgemeinbildung, die für den Eintritt in das pädagogische Institut vorauszusetzen ist, wird durch den erfolgreichen Besuch von fünf Klassen einer staatlichen Lehrerbildungsanstalt erworben und durch die vorgeschriebene wissenschaftliche Vorprüfung abgeschlossen.

2. In das pädagogische Institut können auch Schüler höherer Lehranstalten, die eine der in der wissenschaftlichen Vorprüfung der Lehrerbildungsanstalten geforderten gleichwertige Reife nachweisen, aufgenommen werden."

Gegen dieses Gesetz ist aus Lehrerkreisen Widerspruch erhoben worden, da es gegen die Reichsverfassung verstoße. Denselben Standpunkt vertritt eine im Reichstag von den Abgeordneten Rönneburg, Koch-Weser und Gen. am 11. Juli 1925 eingebrachte Interpellation (Reichstagsdrucksachen III. Wahlperiode 1924/25 Nr. 1154). Der Reichsminister des Innern teilt die Zweifel über die Vereinbarkeit des genannten Mecklenburg-Schwerinschen Gesetzes mit der Reichsverfassung. Er hat deshalb gemäß Art. 13 Abs. 2 RVerf. in Verbindung mit dem dazu ergangenen Ausführungsgesetz vom 8. April 1920 eine Entscheidung des Reichsgerichts darüber beantragt,

ob das Mecklenburg-Schwerinsche Gesetz über die Neuordnung der Volksschullehrerbildung vom 27. Juni 1925 mit der Reichsverfassung und insbesondere mit Art. 143 vereinbar ist.

Der Präsident des Reichsgerichts hat zur Entscheidung der Frage den III. Zivilsenat bestimmt.

II. Art. 143 Abs. 2 RVerf. hat folgenden Wortlaut:

„Die Lehrerbildung ist nach den Grundsätzen, die für die höhere Bildung allgemein gelten, für das Reich einheitlich zu regeln."

Nach Ansicht des Reichsministers des Innern widerstreitet das Mecklenburg-Schwerinsche Gesetz vom 27. Juni 1925 dieser Verfassungsbestimmung, die eine unmittelbar bindende Richtschnur für die Landesgesetzgebung enthalte. Daß sie diese Bedeutung besitze, sei nach Erlaß der Reichsverfassung die Auffassung weiter, maßgebender Kreise gewesen. Die Preußische Unterrichtsverwaltung habe sofort mit dem Abbau der bisherigen Lehrerbildung begonnen, um die Bahn für die von der Reichsverfassung vorgesehene frei zu machen, und sei jetzt mit der Neuordnung der Lehrerbildung im wesentlichen fertig. Auch Sachsen und Thüringen hätten unter Zugrundelegung des Art. 143 Abs. 2 RVerf. die Bildung ihrer Lehrer neu geordnet. Im größeren Teil des Deutschen Reichs hätten demnach die Unterrichtsverwaltungen trotz finanzieller Belastung geglaubt, durch die angeführte Verfassungsbestimmung stärker gebunden zu sein, als es ein bloßes Programm bewirken könnte. Auch die Reichsregierung habe sich, um der Verfassungsvorschrift zur Geltung zu verhelfen, mit der Ausarbeitung eines Reichsgesetzes über die Lehrerbildung beschäftigt. Daß das Gesetz nicht zustande gekommen sei, beruhe auf politischen, insbesondere finanziellen Momenten, nicht aber auf einer veränderten Auffassung von der Bedeutung des Art. 143 Abs. 2 RVerf. Dem sachlichen Inhalt dieser bindenden Rechtsnorm entspreche die von Mecklenburg-Schwerin getroffene Regelung der Lehrerbildung nicht. Zwar möge die Ausbildung an einer besonderen pädagogischen Akademie als eine wegen der Verschiedenartigkeit der Aufgaben zulässige Abweichung von der für den höheren Lehrerstand vorgesehenen akademischen Ausbildung angesehen werden können. Da aber bei der Schaffung der Reichsverfassung für die Zulassung zur Lehrerausbildung mindestens an den Erwerb der vollen Universitätsreife gedacht worden sei, so sei es zweifelhaft, ob die Eintrittsbedingungen für das pädagogische Institut von den Bestimmungen über die volle Zulassung zur Universität abweichen dürften.

Das Mecklenburg-Schwerinsche Ministerium für Unterricht vertritt demgegenüber den Standpunkt, daß dahingestellt bleiben könne, ob die Lehrerbildung nach dem Gesetz vom 27. Juni 1925 als eine höhere Bildung im Sinne von Art. 143 Abs. 2 RVerf. anzusehen sei. Denn diese Verfassungsvorschrift enthalte keine bindende Richtschnur für die Gesetzgebung der Länder, sondern nur ein Programm für die des Reichs. Solange nicht das Reich durch ein besonderes Gesetz Richtlinien für die Lehrerbildung aufstelle, seien die Länder in deren Gestaltung frei. Das sei auch die Ansicht anderer Länder, so z. B. Bayerns, Württembergs und Badens.

III. Art. 143 Abs. 2 RVerf. schreibt für die Lehrerbildung vor, daß sie zu regeln sei: 1. nach den Grundsätzen, die für die höhere Bildung allgemein gelten, 2. für das Reich, 3. einheitlich. Das Wort „einheitlich" steht zunächst im Zusammenhang mit den vorhergehenden Worten „für das Reich", besagt also, daß die Lehrerbildung für das ganze Reich übereinstimmend geordnet werden solle. Es hat aber neben der räumlichen auch noch sachliche Bedeutung, die nämlich, daß die Lehrerbildung für den gesamten Lehrerstand, für die Lehrer an den Volks-, Mittel- und höheren Schulen gleichartig auszugestalten sei. Daß man mit der Verfassungsvorschrift auch das Verlangen nach Einheitlichkeit der Ausbildung aller Lehrer hat erfüllen wollen, geht unzweideutig aus den Ausführungen hervor, die anläßlich der 3. Lesung der Reichsverfassung in der Sitzung der verfassunggebenden Nationalversammlung vom 31. Juli 1919 (Sten. Ber. S. 2162D, 2167C, 2172D) gemacht worden sind.

Der Wortlaut des Art. 143 Abs. 2 RVerf. ergibt nun zwingend, daß die von ihm geforderte einheitliche Regelung der Lehrerbildung, die den allgemein geltenden Grundsätzen für die höhere Bildung entsprechen soll, Aufgabe des Reichs ist. Denn nur dieses ist in der Lage, dem aufgestellten dritten Erfordernis zu entsprechen, die Lehrerbildung für das Reich zu regeln. Die Möglichkeit, daß die Länder im Wege der Vereinbarung dazu gelangen könnten, ihre Vorschriften über die Lehrerbildung gleichmäßig nach den in der genannten Verfassungsbestimmung aufgestellten sachlichen Erfordernissen auszugestalten, hat bei Schaffung der Reichsverfassung außerhalb des Bereichs der Erwägungen gelegen. Ein derartiges, die größten Schwierigkeiten bietendes Vorgehen den Ländern zur Pflicht zu machen, kann daher nicht als Absicht des Art. 143 Abs. 2 angenommen werden. Vielmehr wendet sich die Vorschrift an die Reichsgesetzgebung, der ein weiteres, bisher der Zuständigkeit der Einzelstaaten angehörendes Rechtsgebiet übertragen wird, weil man seine übereinstimmende Regelung für das ganze Reich nach bestimmten sachlichen Gesichtspunkten für notwendig erachtete. Art. 143 Abs. 2 schließt sich an Art. 10 Nr. 2 RVerf. an, wonach das Reich im Wege der Gesetzgebung Grundsätze für das Schulwesen aufstellen kann. Die spätere Bestimmung verwandelt diese Kannvorschrift in eine Sollvorschrift, soweit die Lehrerbildung in Frage steht, und gibt ferner Anweisungen darüber, wie die grundsätzliche Regelung des Reichs zu diesem Punkt inhaltlich beschaffen sein soll. Steht sonach Art. 143 Abs. 2 in organischer Verbindung mit Art. 10, den er ergänzt und erweitert, so ist auch die Anwendung von Art. 12 Abs. 1 Satz 1 unabweislich, nach dem die Länder das Recht der Gesetzgebung behalten, solange und soweit das Reich von seinem Gesetzgebungsrecht keinen Gebrauch macht. Dieses den Ländern zunächst verbleibende Recht zu eigener Gesetzgebung hat nicht bloß formelle Bedeutung. Es umfaßt vielmehr grundsätzlich die Befugnis, materiell den Gesetzesinhalt zu bestimmen, solange nicht die Reichsgesetzgebung die ihr von der Reichsverfassung gestellten Aufgaben erfüllt hat.

An dem Ergebnis, daß Art. 143 Abs. 2 RVerf. sich an das Reich, nicht an die Länder richtet, wird dadurch nichts geändert, daß ersteres aus politischen, insbesondere finanziellen Gründen bisher nicht zu einer Durchführung der Bestimmung gelangt ist. Eine Auslegung des Art. 143 Abs. 2 dahin, daß seine Grundsätze über Lehrerbildung bis zum Eingreifen der Reichsgesetzgebung wenigstens vorläufig von den Ländern verwirklicht werden müßten, scheitert außer an dem erörterten Wortlaut des Gesetzes auch an der Unbestimmtheit dieser Grundsätze. Die genannte Verfassungsvorschrift ist ein ausgesprochenes Blankettgesetz. Ihre Durchführung ist bei der Vieldeutigkeit der von ihr verwendeten Begriffe den Ländern erst möglich, wenn sie durch ein Gesetz, das nur ein Reichsgesetz sein kann, die erforderliche Erläuterung gefunden hat. „Höhere Bildung" ist kein Begriff, der eine allgemein anerkannte Bedeutung besitzt, dessen Inhalt sich eindeutig bestimmen läßt. Welche Anforderungen vom Gesichtspunkt der höheren Bildung aus an die Anwärter für das Lehramt zu stellen sind, kann der knapp gefaßten, nur die Richtung der demnächstigen Neuordnung der Lehrerbildung andeutenden Verfassungsbestimmung nicht entnommen werden. Daß die Ausbildung der Lehrer aller Schulgattungeu einheitlich erfolgen soll, vermehrt die Unsicherheit. Denn Einheitlichkeit bedeutet nicht Gleichheit, höchstens Gleichartigkeit. Trotz grundsätzlicher Einheitlichkeit muß die Lehrerbildung den Bedürfnissen der einzelnen Schularten angepaßt werden. In welchem Maße hier eine Sonderung zulässig ist, inwieweit mit der Einheitlichkeit eigene pädagogische Ausbildungsanstalten (Akademien, Institute) für die Volksschullehrer verträglich sind, auch das ist aus der Verfassung nicht herauszulesen. Ebensowenig entscheidet sie andere wichtige Fragen, so z. B. die nach der Dauer der Ausbildung, nach dem Bildungsziel, das erreicht und in den Prüfungen nachgewiesen werden soll, nach der Zahl und Ausgestaltung der letzteren. Alles das bleibt bei der allgemeinen Fassung des Art. 143 Abs. 2 im Dunkeln. Die Vorschrift gibt sonach keine Anweisung, die den Ländern eine auch nur einigermaßen gleichartige Ausgestaltung der Lehrerbildung ermöglichte. Daraus ist mit Sicherheit zu schließen, daß bei Erlaß der Bestimmung die Erläuterung durch ein Reichsgesetz als selbstverständlich vorausgesetzt worden ist und daß man nicht daran gedacht hat, den Ländern zur Pflicht zu machen, schon vorher die Bildung ihrer gesamten Lehrerschaft auf eine neue, einheitliche Grundlage zu stellen.

Der Entstehungsgeschichte des Art. 143 Abs. 2 RVerf. ist für die Entscheidung der zur Erörterung stehenden Frage nichts zu entnehmen. Auch aus sonstigen Bestimmungen der Reichsverfassung sind keine Anhaltspunkte dafür zu gewinnen. Die Vorschriften über die Grundrechte haben ganz verschiedene rechtliche Tragweite. Aus der einen können daher keine Schlüsse für die andere gezogen werden. Außer Art. 143 Abs. 2 kommt auch keine weitere Verfassungsbestimmung in Frage, gegen die das Mecklenburg-Schwerinsche Gesetz vom 27. Juni 1925 verstoßen könnte.

Nicht zugegeben werden kann dem Reichsminister des Innern,

daß sich, von Mecklenburg-Schwerin abgesehen, alle übrigen Länder oder auch nur ihre überwiegende Anzahl durch Art. 143 Abs. 2 RVerf. für gebunden erachteten, die Bildung ihrer Lehrer nach dessen Grundsätzen neu zu ordnen. Einer solchen einhelligen Auslegung der Verfassung durch die Länder würde für die Entscheidung des gegenwärtigen Streites allerdings die erheblichste Bedeutung zukommen. Indessen fehlt es an ihr. Freilich haben Preußen, Sachsen und Thüringen die erforderlichen gesetzgeberischen und Verwaltungsmaßnahmen getroffen, um die Bildung der Volksschullehrer der der Lehrer an den höheren Schulen anzugleichen. Ob sie das aus der Annahme heraus getan haben, durch die Reichsverfassung dazu verpflichtet zu sein, oder aus Gründen mehr politischer Natur, steht dahin. Denn jedenfalls haben andere Länder diesen Standpunkt nicht eingenommen, sondern beharren bei der bisherigen Lehrerbildung. So hat Bayern die seminaristische Ausbildung in alter Weise beibehalten. Auch Württemberg nimmt weiter Schüler in die Lehrerseminare auf. Und Baden hat erst noch am 30. März 1926 ein Gesetz über die Änderung des Schulgesetzes vom 7. Juli 1910 erlassen (Ges.- u. Vo.Bl. S. 63), das in Art. I den § 45 des früheren Gesetzes dahin ändert, daß zum Eintritt in eine Lehrerbildungsanstalt in Ermangelung geeigneter Abiturienten auch zugelassen werden kann, wer bei guter Befähigung nach Erlangung der Primareife einer höheren Lehranstalt einen einjährigen, in der Regel an den Lehrerbildungsanstalten eingerichteten Vorkurs besucht und die Schlußprüfung bestanden hat. Auch Baden hält also an dem nach Ansicht des Reichsministers des Innern durch Art. 143 Abs. 2 RVerf. gebotenen Erfordernis des Reifezeugnisses einer höheren Schule (Vollanstalt) für die Lehramtsanwärter nicht fest. Verschiedene größere Länder erachten sich demnach bei ihren die Lehrerbildung betreffenden Maßnahmen zurzeit durch die Reichsverfassung noch nicht für gebunden. So kann von einer übereinstimmenden Auslegung des Art. 143 Abs. 2 in dem vom Reichsminister des Innern vertretenen Sinne nicht gesprochen werden.

Nach alledem muß der von der Mecklenburg-Schwerinschen Regierung eingenommene Standpunkt als berechtigt anerkannt werden: erst durch ein zur Ausführung des Art. 143 Abs. 2 RVerf. ergehendes Reichsgesetz werden die Länder in der Ausgestaltung der Lehrerbildung beschränkt werden; zurzeit können sie diese noch nach eigenem Ermessen regeln. Es bedarf deshalb keines Eingehens auf den Inhalt des beanstandeten Mecklenburg-Schwerinschen Gesetzes vom 27. Juni 1925. Wie immer es die Lehrerbildung ordnet, gegen die Reichsverfassung verstößt es nicht. Die dem Reichsgericht vorgelegte Frage nach der Vereinbarkeit des genannten Gesetzes mit der Reichsverfassung ist also ohne Einschränkung zu bejahen.

---

5. Sind die Angestellten der Unfallberufsgenossenschaften Beamte? Ist ihr Dienstverhältnis der Regelung durch Tarifvertrag zugänglich?

Reichsversicherungsordnung §§ 690 flg.
Tarifvertragsverordnung §§ 1, 2.

III. Zivilsenat. Urt. v. 18. Mai 1926 i. S. Schlesisch-Posensche Baugewerksberufsgenossenschaft (Kl.) w. W. (Bekl). III 217/25.

I. Landgericht Breslau.
II. Oberlandesgericht daselbst.

Der Beklagte ist als Sekretär und Katasterführer bei der Klägerin angestellt. Die Lohn- und Arbeitsbedingungen der Angestellten der Reichsberufsgenossenschaften sind durch Tarifvertrag vom 13. März 1922 geregelt. Die Klägerin hat den Tarifvertrag nicht mit abgeschlossen, aber der Tarif ist für allgemein verbindlich erklärt. Unter Berufung auf diesen Tarifvertrag verlangt der Beklagte von der Klägerin seine Einstufung und Bezahlung nach Maßgabe der Klasse 1b des Tarifvertrags. Durch Beschluß vom 14. Mai 1923 hat das Reichsversicherungsamt zugunsten des Beklagten entschieden. Mit der binnen Monatsfrist nach Zustellung dieses Beschlusses erhobenen Klage erstrebt die Klägerin die Feststellung, daß sie nicht verpflichtet sei, den Beklagten in die Klasse 1b des Übereinkommens vom 13. März 1922 einzureihen.

Das Landgericht wies die Klage ab. Die Berufung der Klägerin wurde zurückgewiesen. Ihre Revision blieb ohne Erfolg.

Gründe:

Gegen die Zulässigkeit des Rechtswegs bestehen keine Bedenken. Die Klagefrist (§ 705 Abs. 3 RVO.) ist gewahrt.

Nach der Feststellung des Berufungsrichters nimmt der Beklagte schon seit geraumer Zeit im Betrieb der Klägerin eine Stellung mit übergeordneter Tätigkeit ein. Auf Grund dieser Feststellung hat der Berufungsrichter den Einwand der Klägerin, daß der Beklagte die für eine solche Stellung erforderliche Eignung nicht besitze, ohne Rechtsverstoß zurückgewiesen. Nach dem Inhalt des Tarifabkommens vom 13. März 1922 erscheint mithin das Verlangen des Beklagten als begründet, und zur Entscheidung steht ausschließlich, ob das Tarifabkommen, obwohl für allgemein verbindlich erklärt, dennoch für die Klägerin, wie diese meint, unverbindlich ist.

Die Klägerin bekämpft die Verbindlichkeit des Tarifabkommens für den Streitfall an erster Stelle mit der Behauptung, ihre Angestellten seien Beamte. In der Tat gilt das Tarifvertragsrecht nur für Arbeiter und Angestellte, nicht für Beamte (§ 1 Tarifvertragsverordnung). Aber die Angestellten der Berufsgenossenschaften sind nicht Beamte; dies hat der Berufungsrichter ohne Rechtsirrtum ausgeführt.

Als Träger der Unfallversicherung (§ 3 RVO.) sind die Berufsgenossenschaften Körperschaften des öffentlichen Rechts auf Grundlage der Selbstverwaltung. An sich mochten Zweifel denkbar sein, ob den Genossenschaften selbst und ihren Organen behördlicher Charakter, ihren Angestellten Beamteneigenschaft zukommt. Den behördlichen Charakter der Genossenschaften selbst und ihrer Organe hat der erkennende Senat im Urteil vom 3. November 1925, RGZ. Bd. 112 S. 63, verneint. Daß die einzelnen Angestellten nicht Beamte sind, ist in Rechtslehre und Rechtsanwendung seit langem allgemeine und unbestrittene Meinung (vgl. PrOVG. Bd. 20 S. 41 für das Recht des Unfallversicherungsgesetzes vom 6. Juli 1884, RGZ. Bd. 71 S. 236 für das Recht des Gewerbeunfallversicherungsgesetzes vom 30. Juni 1900). Bei der Überleitung des früheren Rechtszustands in das Recht der Reichsversicherungsordnung hat man, gerade um dieser Auffassung Rechnung zu tragen, den in den älteren Gesetzen gebrauchten Ausdruck „Genossenschaftsbeamte" durch die Bezeichnung „Angestellte" ersetzt (vgl. ferner Amtl. Nachrichten des Reichsversicherungsamts 1924 S. 20 mit Nachw.).

Die Revision hat noch bemerkt, die Tarifvertragsverordnung habe nur Arbeitsverhältnisse im Auge, bei denen Arbeitgeber und Arbeitnehmer als freie Parteien sich gegenüberständen. Indessen erstreckt sich das Tarifvertragsrecht auf Arbeiter und Angestellte, ohne innerhalb dieses Personenkreises weitere Ausnahmen zu machen. Sollte ein Angestelltenverhältnis irgendwelchen Bindungen unterliegen (dies ist ersichtlich der Fall, den die Revision meint), so ist sachlich zu prüfen, ob und inwieweit ein Tarifvertrag mit den bestehenden anderweitigen Bindungen vereinbar ist und welche Folgen eine etwaige Unvereinbarkeit nach sich zöge. Abzulehnen ist aber die Meinung der Revision, daß schon das Bestehen einer anderweitigen Bindung ohne weiteres die Unanwendbarkeit des Tarifvertragsrechts zur Folge habe.

Da die Angestellten der Berufsgenossenschaften nicht Beamte sind, ist ihr Dienstverhältnis als ein solches des bürgerlichen Rechts, §§ 611 flg. BGB., anzusehen. In dieses bürgerliche Dienstverhältnis hat die Reichsversicherungsordnung insofern weitgehend eingegriffen, als nach § 690 RVO. die allgemeinen Anstellungsbedingungen und die Rechtsverhältnisse der Angestellten durch eine Dienstordnung zu regeln sind. Durch diese öffentlichrechtliche Ordnung wird das Dienstverhältnis der Angestellten in erster Linie beherrscht; die Vorschriften des bürgerlichen Rechts treten ihr ergänzend und vervollständigend zur Seite.

Nicht anders verhält es sich aber auch mit dem Tarifvertrag. Auch er beherrscht, soweit er reicht, das im übrigen bürgerlichrechtliche Dienstverhältnis. Auch er ist eine aus dem öffentlichen Recht entspringende allgemeine Ordnung, aus welcher der Einzelarbeitsvertrag sich ergänzt, mag er nach § 1 oder § 2 Tarifvertragsverordnung verbindlich sein. Im Ergebnis stehen also zwei besondere Ordnungen für ein und dasselbe Dienstverhältnis nebeneinander. Die Revision will das Tarifabkommen als neben der Dienstordnung überflüssig bezeichnen. Indessen steht nicht die Notwendigkeit dieses Nebeneinander zur Entscheidung, sondern seine Zulässigkeit.

Das Nebeneinanderbestehen von Tarifabkommen und Dienstordnung müßte als unzulässig erscheinen, wenn sich daraus unlösbare Widersprüche ergäben, wenn insbesondere unklar und unentschieden bliebe, welche der beiden Ordnungen im einzelnen Fall maßgebend sein soll. Dem ist jedoch nicht so. Eine Bestimmung des Dienstvertrags, die der Dienstordnung zuwiderläuft, ist unmittelbar kraft der reichsgesetzlichen Vorschrift des § 701 Abs. 2 RVO. nichtig. Die Normen des Tarifvertrags dienen der Ergänzung der Einzeldienstverträge und sind daher, gleichviel ob sie nach § 1 oder wie hier nach § 2 Tarifvertragsverordnung verbindlich sind, entsprechend dem Grundsatz des § 701 Abs. 2 RVO. gleich den Dienstverträgen nichtig, soweit sie der maßgebenden Dienstordnung zuwiderlaufen. Demzufolge kann sich das Tarifabkommen mit dem Inhalt der Dienstordnung nicht wirksam in Widerspruch setzen; ein Streit über die Maßgeblichkeit der einen oder andern Ordnung kann bei dieser Sachlage nicht entstehen. Von diesem unbedingten Vorrang der Dienstordnung gehen, soweit ersichtlich, auch die Parteien aus, wie denn auch der Präsident des Reichsarbeitsamts in der Entscheidung vom 17. Juli 1922 das vorliegende Tarifabkommen nur mit der Maßgabe für allgemein verbindlich erklärt hat, daß der Inhalt der Dienstordnung unberührt bleibe.

Gegenüber der Dienstordnung könnte das Tarifabkommen des weiteren auch dann als unverbindlich erscheinen, wenn jene nach ihrem Inhalt für das Tarifabkommen keinen Raum ließe, wenn die Dienstordnung ersichtlich ausschließliche Geltung für sich beanspruchte. Gerade das ist aber nach den einwandfreien Feststellungen des Berufungsrichters nicht der Fall. Die Dienstordnung ist nicht erschöpfend und kann es ihrem Wesen nach nicht sein. Sie bildet nur einen Rahmen, der für den einzelnen Fall der Ausfüllung bedarf. Für den Einzelfall die notwendigen Ergänzungen zu treffen, ist die Aufgabe der Organe der Berufsgenossenschaft, namentlich des Vorstands, der zu diesem Behuf teils einseitige Entschließungen, teils die geeigneten Abreden mit dem Angestellten als Vertragsgegner zu treffen haben wird. Daß er bei diesen ihm obliegenden Maßnahmen etwa unbedingt frei sein solle, daß er nur, ähnlich wie vielfach der Beamte, seinem pflichtmäßigen Ermessen Folge zu geben verpflichtet sei und irgendwelche Bindungen gar nicht solle eingehen dürfen, das ist ersichtlich nicht der Sinn der Dienstordnung. Jedenfalls hat der Berufungsrichter in Auslegung des Gesetzes ohne Rechtsverstoß ein anderes angenommen. Er geht zunächst von § 695 RVO. aus. Danach hat die Dienstordnung die Mindestgehälter für die einzelnen

Klassen der Angestellten zu bezeichnen und Grundsätze für das Aufsteigen im Gehalt aufzustellen. Nach der bedenkenfreien Auslegung des Berufungsrichters ist damit ein Hinausgehen über die in der Dienstordnung vorgesehenen Mindestgehälter nicht ausgeschlossen, vielmehr der Genossenschaft freigestellt. Dem ist beizutreten. Auch sonst sind keine Anhaltspunkte dafür gegeben, daß die Bewilligung eines höheren als des in der Dienstordnung vorgesehenen Gehalts ausschließlich dem freien Ermessen des Vorstands anheimgegeben sei, dergestalt, daß er keinerlei Bindungen nach dieser Richtung sollte eingehen dürfen. Ohne Rechtsirrtum hat daher der Berufungsrichter sich in der Prüfung, ob das Tarifabkommen mit der Dienstordnung vereinbar sei, auf die Frage der Gehälter der Angestellten beschränkt. In diesem Punkt läßt die Dienstordnung in der Tat keinen Zweifel offen, daß die Bewilligung höherer als der Mindestgehälter Sache des Vorstands sein sollte, so daß er sich, wie durch Einzelarbeitsvertrag, so auch im Wege des sog. Kollektivvertrags zur Bewilligung auch höherer Gehälter verbindlich machen konnte.

Mit Unrecht rügt die Revision, daß der Berufungsrichter nicht den ganzen Inhalt des Tarifabkommens mit dem ganzen Inhalt der Dienstordnung in Vergleich gestellt und daß er abgelehnt habe, sich darüber auszusprechen, ob die beiden Ordnungen in ihrem vollen Umfang miteinander verträglich seien. Dies wäre nur nötig gewesen, wenn angenommen werden müßte, das Tarifabkommen im ganzen würde damit hinfällig, daß etwa eine einzelne seiner Bestimmungen mit der Dienstordnung im Widerspruch stünde und daher nichtig wäre (§ 701 Abs. 2 RVO.). Diese Annahme hat der Berufungsrichter in Auslegung des Willens der Vertragschließenden abgelehnt; er hat im Gegenteil ausgeführt, die Vertragschließenden hätten das Tarifabkommen jedenfalls insoweit aufrecht erhalten wollen, als dies gegenüber der Dienstordnung möglich wäre. Ist somit nur auf die Vereinbarkeit der einzelnen Bestimmungen abzustellen, so erhellt, wie gezeigt, daß jedenfalls die Bemessung eines über das Mindestgehalt der Dienstordnung hinausgehenden Gehalts statthaft ist; dann muß es aber auch statthaft sein, höhere Gehälter im Wege des Gesamtvertrags festzulegen. Jedenfalls insoweit besteht die von der Klägerin behauptete und zur Grundlage ihrer Klage gemachte Unverträglichkeit der beiden nebeneinander stehenden Ordnungen, der Dienstordnung und des Tarifabkommens, nicht.

Nach alledem ist das Tarifabkommen weder als Ganzes noch in der hier fraglichen Einzelbestimmung (Einordnung der Beamten in leitender oder übergeordneter Stellung in Kl. 1 b) mit der Dienstordnung unvereinbar.

Von dieser Auffassung aus, die mit der festen Übung des Reichsversicherungsamts im Einklang steht und auch sonst ganz überwiegend gebilligt wird, erweist sich die Revision der Klägerin als nicht begründet.

---

6. Besteht ein Anspruch gegen die Reichsbank auf Zahlung des Goldwertes der Banknoten mit Vorkriegsdatum oder auf Aufwertung der durch den Besitz solcher Noten begründeten Forderung?

BGB. §§ 793 flg., 242. RVerf. Art. 153.
Bankgesetz vom 30. August 1924.

IV. Zivilsenat. Urt. v. 20. Mai 1926 i. S. J. (Kl.) w. Deutsche Reichsbank (Bekl.). IV 694/25.

I. Landgericht I Berlin.
II. Kammergericht daselbst.

Der Kläger trägt vor, er sei Inhaber von 32 — in der Klage einzeln nach Nummern bezeichneten — Reichsbanknoten über je 1000 *M*, die von der Beklagten am 21. April 1910 ausgestellt und im nämlichen Jahr in Verkehr gegeben worden seien; sechs dieser Noten habe er im Oktober 1914 als Gegenwert für abgelieferte 6000 *M* in Goldmünzen erhalten, die weiteren 26 Noten am 1. Januar 1919 als Zahlung für eine Kaufpreisresthypothek. Die Noten stellten sich rechtlich als Schuldverschreibungen auf den Inhaber dar; sie seien zwar Zahlungsmittel, enthielten aber gleichzeitig das Versprechen einer Leistung im Sinne von § 793 BGB. Die Beklagte verweigere die Erfüllung dieses Versprechens. Sie habe mit dem Golde des Klägers ihren Goldbestand vermehrt und sei durch die Nichteinlösung in ihrem Vermögensbestand bereichert worden. Die Bestimmung in Abschnitt XVII des Dawesgutachtens und dementsprechend nunmehr in § 3 des Bankgesetzes vom 30. August 1924, wonach die noch im Umlauf befindlichen Noten zum Satze von 1 Billion Mark gegen 1 Goldmark eingelöst werden sollten, habe nur währungstechnischen Charakter und erfasse lediglich das Zahlungsmittel, lasse aber das aus § 793 BGB. begründete Zahlungsversprechen unberührt; jedenfalls beziehe sie sich nur auf die in der Inflationszeit ausgegebenen, nicht auf Vorkriegsnoten. Wollte man aber das Bankgesetz dahin verstehen, daß es sich auf alle Noten ihrem ganzen Inhalt nach beziehen solle, dann verstoße es gegen die Reichsverfassung und gegen die guten Sitten und sei deshalb ungültig. Er verlange Aufwertung seines Guthabens auf 50 %, wie sie die Beklagte auch ihren Anteilseignern auf deren Anteile gewährt habe. Der Klagantrag ging auf Verurteilung der Beklagten zur Zahlung von 16000 Reichsmark mit Prozeßzinsen. Die Beklagte hat erwidert, daß nach ihren Büchern von den in der Klage aufgeführten Banknoten eine im Jahr 1916, eine im Jahr 1921, alle übrigen erst im Jahr 1922 ausgegeben worden seien, daß aber auch hinsichtlich früher ausgegebener Noten kein Anspruch wie der vom Kläger geltend gemachte bestehe, weil dem Leistungsanspruch schon der § 2 des Gesetzes vom 4. August 1914 und die §§ 31, 52 des Bankgesetzes vom 30. August 1924, jedem Verlangen einer Aufwertung aber § 3 des bezeichneten Bankgesetzes entgegenstehe. Das Landgericht erkannte auf Abweisung der Klage; es führte aus, daß ein Anspruch auf Zahlung schon deshalb nicht gegeben sei, weil das Gesetz vom 4. August 1914 noch gelte, wonach die Einlösungspflicht für Banknoten bis auf weiteres aufgehoben sei, daß aber dem Klaganspruch auch § 3 des Bankgesetzes entgegenstehe, wonach der gesamte bisherige Notenumlauf der Reichsbank nur im Verhältnis von 1 Billion Mark gegen 1 Reichsmark umzutauschen sei. Der Kläger hat Berufung eingelegt und nunmehr folgende Anträge gestellt:

in erster Reihe festzustellen, daß die Beklagte verpflichtet ist, nach Aufhebung des Gesetzes vom 4. August 1914, betreffend die Reichskassenscheine und die Banknoten, die im Klagantrag bezeichneten Banknoten des Klägers diesem in Gold zum Goldwert bzw. in Goldwert durch Auszahlung in Reichsmark einzulösen;

hilfsweise festzustellen, daß die Beklagte nicht berechtigt ist, die Einlösung der im Klagantrag bezeichneten Banknoten des

Klägers unter Berufung auf § 3 des Bankgesetzes vom 30. August 1924 endgültig zu verweigern;

oder ferner hilfsweise die Beklagte nach dem Klagantrag zu verurteilen.

Das Kammergericht erkannte auf Zurückweisung der Berufung. Die Revision des Klägers hatte keinen Erfolg.

Gründe:

(Zunächst wird der Einwand der Beklagten, daß die Feststellungsklage unzulässig sei, für den hilfsweise gestellten Feststellungsantrag abgelehnt.)

... Sachlich aber kann das Verlangen des Klägers nicht als begründet anerkannt werden.

Die Beklagte wendet in erster Reihe ein, daß die Banknoten des Klägers nichts anderes seien als Geldzeichen, und infolgedessen ihren Wert schon vor Erlaß des neuen Bankgesetzes verloren gehabt hätten, wie das deutsche Geld im allgemeinen. Dieser Standpunkt wird auch von Sontag in der Deutschen Steuerzeitung 1926 S. 184 vertreten. Das Berufungsgericht dagegen tritt dem Kläger darin bei, daß in dem Aufdruck der Noten: „Ein Tausend Mark zahlt die Reichsbankhauptkasse in Berlin ohne Legitimationsprüfung dem Einlieferer dieser Banknote. Berlin, den 21. April 1910. Reichsbankdirektorium", mit 10 im Wege der mechanischen Vervielfältigung hergestellten Namensunterschriften ein bürgerlichrechtliches Zahlungsversprechen (§§ 793 flg. BGB.) zu erblicken sei. Auch der erkennende Senat kann eine solche Auffassung nicht grundsätzlich mißbilligen. Entspricht eine Urkunde den Erfordernissen der §§ 793 flg., so ist kein Grund ersichtlich, warum sie die Eigenschaft einer Schuldverschreibung dadurch verlieren soll, daß sie als Geldzeichen verwendet wird. Vgl. Nußbaum, Das Geld S. 28, Text bei Fußnote 2, und dortige Anführungen. Für die Auffassung des Berufungsgerichts spricht auch die Fassung der Strafvorschrift in § 55 des alten, § 39 des jetzigen Bankgesetzes, wonach die unbefugte Ausgabe von Banknoten oder „sonstigen auf den Inhaber lautenden unverzinslichen Schuldverschreibungen" verboten ist. Daß ein als Geldzeichen dienendes Papier durch ein aufgedrucktes Zahlungsversprechen die Eigenschaft einer Schuldverschreibung auf den Inhaber erhalten kann, ist im Urteil des VI. Senats vom 28. November 1921 über die sog.

Kriegsnoten (RGZ. Bd. 103 S. 231) grundsätzlich bejaht worden (vgl. S. 235 Mitte, S. 239 unten); die Gründe, aus welchen dann dort dem Aufdruck die bürgerlichrechtliche Wirksamkeit versagt worden ist, treffen vorliegend jedenfalls nicht im vollen Umfang zu.

Immerhin hängt die Beurteilung der Frage, ob im einzelnen Fall ein Geldschein als eine Schuldverschreibung angesehen werden kann, vom Wortlaut des Ausdrucks ab, nämlich davon, ob wirklich der Aussteller dem Inhaber eine Leistung versprochen hat (§ 793). Nach dieser Richtung läßt der hier in Rede stehende Aufdruck Zweifeln Raum; er läßt nämlich auch die Deutung zu, daß er nur eine Mitteilung an den Empfänger über die durch das Bankgesetz begründete öffentlichrechtliche Einlösungspflicht bilden soll. Denn ein besonderer Anlaß, neben dieser öffentlichrechtlichen Einlösungspflicht noch eine bürgerlichrechtliche Zahlungspflicht zu begründen, bestand nicht; namentlich wurde im Verkehr mit Papiergeld von niemand Gewicht darauf gelegt, welchen Wortlaut der auf die Einlösung bezügliche Ausdruck hatte. Die jetzigen Noten der Reichsbank tragen denn auch keinen Aufdruck, der im Sinne eines bürgerlichrechtlichen Zahlungsversprechens gedeutet werden könnte.

Aber auch wenn man sich insoweit auf einen dem Kläger günstigen Standpunkt stellen und aus dem Aufdruck eine Schuldverschreibung bürgerlichen Rechts herauslesen will, so muß gleichwohl sein Anspruch daran scheitern, daß es sich um ein abstraktes Schuldversprechen handelt, das auf einen bestimmten Betrag der zugrunde gegangenen früheren Währung lautet und keinen anderen Anspruch gewährt als den auf Zahlung des Nennbetrags in der zur Zeit der Ausgabe geltenden Währung.

Der Kläger will allerdings geltend machen, sein Anspruch sei kein gewöhnlicher, durch die Geldentwertung beeinflußter Anspruch; seine Banknoten seien vielmehr „Goldobligationen“, die ihm das Recht auf Zahlung in Gold oder zu dem Goldwert gäben, den die Noten zur Zeit der Ausgabe gehabt hätten. Diese Anschauung kann nicht als begründet anerkannt werden. Der Wortlaut des Ausdrucks der Noten unterscheidet sich nach dieser Richtung in nichts von sonstigen Zahlungsversprechen aus der Zeit vor der Geldentwertung; er enthält namentlich keine Goldklausel.

Der Kläger glaubt sich sodann für seinen Standpunkt auf die

Goldeinlösungspflicht berufen zu können, die für die Banknoten durch das Gesetz vom 1. Juni 1909 angeordnet gewesen und durch das Gesetz vom 4. August 1914 nur vorläufig aufgehoben worden sei; aber auch hierin kann ihm nicht gefolgt werden. Wenn man schon mit dem Kläger zwischen der Eigenschaft der Banknoten als Geldzeichen und derjenigen als Schuldverschreibungen unterscheiden will, dann geht es nicht an, die damalige Goldeinlösungspflicht, die für das Geldzeichen angeordnet war und später beseitigt worden ist, ohne weiteres auf die bürgerlichrechtliche Schuldverschreibung auszudehnen. Letztere bleibt vielmehr, wenn und soweit sie neben dem Geldzeichen anzunehmen ist, ein Zahlungsversprechen gewöhnlicher Art ohne Goldklausel. Die streitigen Noten sind deshalb sowohl in ihrer Eigenschaft als Geldzeichen wie in der als Schuldverschreibungen der Entwertung anheimgefallen. Wenn auch bis zur Erlassung des neuen Bankgesetzes theoretisch die Möglichkeit einer Wiederaufnahme der öffentlichrechtlich begründeten Goldeinlösung bestand, so hat dies doch in der Verkehrsauffassung die Entwertung der Noten weder nach der einen noch nach der anderen Seite verhindert.

Es bleibt dann noch die Frage übrig, ob dem Kläger ein Recht auf Aufwertung der durch die Noten verkörperten bürgerlichrechtlichen Forderung zusteht.

Hier fällt ins Gewicht, daß die Noten, wenn sie Schuldverschreibungen darstellen, jedenfalls nur Träger einer abstrakten, von jeder persönlichen vertragsmäßigen Beziehung zwischen Aussteller und Inhaber losgelösten Forderung sind. Nun hat allerdings das Aufwertungsgesetz auch für Schuldverschreibungen auf den Inhaber eine Aufwertung für solche Fälle angeordnet, in denen die Ausgabe der Papiere und ihre Übernahme durch die Zeichner sich inhaltlich einem Darlehensvertrag nähert, wie bei Anleihen öffentlichrechtlicher Verbände oder bei verzinslichen Teilschuldverschreibungen industrieller Unternehmungen. Für Papiere der hier in Rede stehenden Art gewährt jedoch die Gesetzgebung keinen Aufwertungsanspruch.

Aber auch einer Aufwertung außerhalb des Aufwertungsgesetzes, nach den allgemeinen Grundsätzen des § 242 BGB., sind Ansprüche wie die hier fraglichen nicht zugänglich. Wollte man eine Aufwertung aus Billigkeitsrücksichten zulassen, dann müßten dafür die persönlichen Verhältnisse des jeweiligen Inhabers in Betracht gezogen werden, und infolgedessen könnte die Höhe des aus dem Besitz des Papiers herzuleitenden Anspruchs für jeden einzelnen Fall verschieden sein, je nach den Verhältnissen dessen, der ihn geltend macht. Das wäre ein Zustand, der mit dem Begriff der Banknoten und mit dem Zweck, zu dessen Erfüllung sie geschaffen wurden, nämlich als Zahlungsmittel von Hand zu Hand zu gehen und dem Verkehr zu dienen, völlig unverträglich wäre. Für sie muß vielmehr das nämliche gelten, was in der Rechtsprechung des II. Zivilsenats (vgl. RGZ. Bd. 110 S. 42) über die Unmöglichkeit der Aufwertung von Wechseln gesagt wird. Auch für Scheine, die von Gemeinden als Notgeld ausgegeben worden sind und die einen als Zahlungsversprechen deutbaren Aufdruck tragen, hat aus dem gleichen Grunde der jetzt erkennende Senat schon ausgesprochen, daß sie keinen anderen Anspruch gewähren als den auf Zahlung des Nennbetrags in ihrer Währung und daß eine Aufwertung bei ihnen nicht erfolgen kann (Urteil vom 29. März 1926 IV 191/25).

Nach alledem hatten die Banknoten des Klägers zur Zeit der Erlassung des Bankgesetzes keinen höheren Wert, als ihrem Nennbetrag nach dem damaligen Kursstand der deutschen Papiermark entsprach, und der Kläger hat auch kein Recht auf eine Aufwertung dieses Nennbetrags. Es ist ihm also durch das Bankgesetz nach keiner Richtung etwas entzogen worden. Auch der in Vollzug des Bankgesetzes erfolgte Aufruf der Noten und die Kraftloserklärung nicht eingelieferter Stücke hat ihm keinen Vermögenswert genommen, da ihm der damals geltende, allerdings verschwindend geringe Wert beim Aufruf angeboten wurde; der Aufruf außer Kurs zu setzender Geldscheine und ihre Einziehung gegen Vergütung des ihnen innewohnenden Wertes ist eine sich häufig wiederholende Erscheinung, die noch von niemand als Enteignung angesehen wurde. Wenn übrigens der Kläger glaubt, auf eine künftige Aufwertung der Banknoten im Wege der Gesetzgebung hoffen zu können, so ist ihm, da er seine Noten behalten konnte, auch in dieser Hinsicht nichts entzogen worden.

Bei dieser Sachlage kommt es auf die Behauptung des Klägers, daß das Bankgesetz vom 30. August 1924 aus verschiedenen Gründen ungültig sei, überhaupt nicht an. Doch mag beigefügt sein, daß diese Behauptung nicht als begründet anerkannt werden kann. Es ist nicht richtig, daß das Reich durch das Bankgesetz sein Gesetzgebungsrecht über die Ausgabe von Papiergeld und über das Bankwesen sowie sein Aufsichtsrecht über diese Gegenstände aufgegeben hätte und daß auf diese Weise gegen Art. 7 Nr. 14 und Art. 15 RVerf. verstoßen worden wäre. Mit der Erlassung des Bankgesetzes hat das Reich gerade Gebrauch von seinen erwähnten Rechten gemacht und die Ausgabe von Papiergeld und das Bankwesen in einer bestimmten Weise geregelt. Wenn bei dieser Regelung unter dem Druck äußerer Verhältnisse die Rechte des Reichs gegenüber der Reichsbank in verschiedener Beziehung eingeschränkter sind, als es nach dem früheren Bankgesetz der Fall war, namentlich auch das Notenprivileg der Bank für einen längeren Zeitraum festgesetzt worden ist als im früheren Bankgesetz, so macht das nach der hier in Rede stehenden Richtung keinen grundsätzlichen Unterschied. Sollte sich übrigens durch Veränderung der Umstände ein Anlaß zur Abänderung des Bankgesetzes vor Ablauf der vorgesehenen 50 Jahre ergeben, so würden die darauf bezüglichen Gesetze nach wie vor vom Reich zu erlassen sein, gegebenenfalls unter Entschädigung der Bank für Entziehung der ihr jetzt verliehenen Rechte. Die Hindernisse, die einem solchen Vorgehen im Wege stehen, liegen nicht in dem zurzeit bestehenden Bankgesetz, sondern in den außenpolitischen Bindungen, die Deutschland im Londoner Abkommen übernehmen mußte.

Auch die Behauptung des Klägers, daß die Vorschriften des Bankgesetzes mit Art. 153 RVerf. in Widerspruch stünden, vermag seinen Anspruch nicht zu stützen, da er, wie oben gezeigt, weder von einer Enteignung nach Abs. 2 des Art. 153, noch von einer anderweitigen, mit Abs. 1 daselbst unvereinbaren Entziehung von Vermögenswerten betroffen worden ist. Es erübrigt sich deshalb ein näheres Eingehen auf das bezügliche Vorbringen der Revision.

Das gleiche gilt von der Behauptung des Klägers, daß es der Billigkeit widerspreche, wenn das Bankgesetz die Einlösung von Banknoten der hier in Rede stehenden Art in gleicher Weise zum Nennwert vorschreibe wie bei den Noten aus der Inflationszeit mit ihren bis dahin unerhörten Zahlenaufdrucken. Auch hier ist darauf hinzuweisen, daß die Noten mit Vorkriegsdatum schon zur Zeit der Erlassung des Bankgesetzes in der nämlichen Weise von der Entwertung betroffen waren wie die mit späterem Ausgabedatum. Keine Beachtung kann dabei dem Umstand geschenkt werden, daß nach Kriegsende da und dort Gerüchte auftauchten, wonach es mit den „rotgestempelten Tausendmarkscheinen" (den gewöhnlichen Scheinen mit dem Nummernaufdruck in roter Farbe) eine besondere Bewandtnis habe und ihnen ein besonderer Wert innewohne. Es handelte sich dabei um unlautere Machenschaften. Das Deutsche Reich hatte sich verpflichten müssen, die Noten einzulösen, die während des Kriegs im besetzten belgischen Gebiet mit Zwangskurs in Verkehr gebracht worden waren, und dieser Umstand wurde von Unredlichen dazu benutzt, um im Inland Scheine aufzukaufen, sie nach Belgien zu verbringen und von dort aus dem Reich zur Einlösung vorlegen zu lassen. Im regelmäßigen Verkehr dagegen bestand, wie gerichtskundig ist, kein den Nennwert übersteigender Kurs solcher Banknoten.

Der vom Kläger gegen das Bankgesetz vom 30. August 1924 erhobene Vorwurf eines unbilligen Vorgehens gegen die Banknotenbesitzer ist nach dem Ausgeführten hier ohne Bedeutung, da es für die Entscheidung gar nicht auf das Bankgesetz ankommt. Aber es war auch, als das Bankgesetz — noch dazu unter dem Druck der Gläubigerstaaten — die entsprechenden Folgerungen aus der tatsächlich bereits eingetretenen Entwertung der Banknoten zog, für Billigkeitserwägungen kein Raum. Solche hätten eine Rolle allenfalls bei Erlassung des Aufwertungsgesetzes spielen können, das für andere Schuldverschreibungen eine Aufwertung vorgesehen, den Banknoten aber sie versagt hat. Die Rechtsprechung kann daran keine Änderung vornehmen.

Wenn der Kläger sich darauf beruft, daß von der Beklagten, oder von anderen im Einverständnis mit ihr, seinerzeit, als die Bevölkerung zur Ablieferung des Goldes aufgefordert wurde, öffentlich Erklärungen abgegeben worden seien, wonach die Reichsbanknoten so sicher seien wie das abzuliefernde Gold, so kann keine Rede davon sein, daß dadurch den Banknoten eine andere rechtliche Bedeutung beigelegt worden wäre, als sie sonst gehabt hätten. Es handelt sich dabei, wie jedermann erkennen mußte, nicht um rechtsgeschäftliche Erklärungen, sondern um die Äußerung der Meinung, wie sich die Sache bei dem von jedermann erhofften günstigen Ausgang des Krieges gestalten würde. Ebensowenig kann die Rede davon sein, daß in jenen Angaben eine einen Schadensersatzanspruch begründende arglistige Täuschung gefunden werden könnte.

Daß ein Anspruch aus ungerechtfertigter Bereicherung nicht gegeben ist, hat das Berufungsurteil mit einer jedenfalls im wesentlichen zutreffenden Begründung ausgeführt. Es besteht kein Anlaß, auf eine nähere Erörterung dieses Gesichtspunktes hier einzugehen, weil der Kläger in dieser Instanz nicht auf ihn zurückgekommen ist.

---

7. Inwieweit bedürfen Pachtverträge der vormundschaftsgerichtlichen Genehmigung, wenn von mehreren Verpächtern einer minderjährig ist? Inwieweit greift beim Fehlen der erforderlichen Genehmigung § 139 BGB. ein?

BGB. §§ 1643, 1822 Nr. 4 u. 5, § 139.

III. Zivilsenat. Urt. v. 1. Juni 1926 i. S. H. Brauerei A.-G. (Bekl.) w. H. u. Gen. (Kl.). III 108/26.

I. Landgericht Düsseldorf.
II. Oberlandesgericht daselbst.

Durch Vertrag vom Januar 1922 hatten die Kläger, nämlich die Witwe H. und ihre zum Teil minderjährigen Kinder, die Wirtschaft in ihrem Hause in D. nebst Wirtschaftsinventar für jährlich 45000 ℳ an die Beklagte „vermietet". Das Mietverhältnis sollte zunächst bis zum 31. Januar 1927 dauern, aber unter denselben Bedingungen auf weitere sieben Jahre fortgesetzt werden, wenn die Mieterin es nicht ein halbes Jahr vor dem Ablauf der vorläufigen Mietzeit aufkündige. Meinungsverschiedenheiten inbezug auf eine zeitgemäße Erhöhung des Mietzinses führten dazu, daß die Kläger im März 1923 Räumungsklage erhoben; zur Beilegung dieses Streits schlossen die Parteien am 16. Oktober 1923 einen Vergleich, worin die Gegenleistung der Beklagten erhöht, im übrigen der Vertrag bestätigt wurde. Die vormundschaftsgerichtliche Genehmigung ist weder zu dem ursprünglichen Vertrag noch zu dem Vergleich eingeholt und demzufolge auch nicht, jedenfalls nicht ausdrücklich, erteilt worden.

Die Kläger vertreten die Meinung, daß der ursprüngliche Vertrag ein Pachtvertrag, nicht ein Mietvertrag sei, daß sowohl der ursprüngliche Vertrag wie der Vergleich wegen der Beteiligung

Minderjähriger der Genehmigung des Vormundschaftsgerichts bedurft hätten und in deren Ermanglung nichtig seien, daß der Vergleich auch der Zustimmung des damaligen Beistands der Witwe H. bedurft und diese nicht erlangt habe, und daß sie äußerstenfalls wegen veränderter Umstände zum Rücktritt von den Verträgen befugt seien. Unter Berufung auf die Unwirksamkeit der Verträge haben sie auf Räumung der Wirtschaft und Rückgabe des Inventars Klage erhoben.

Das Landgericht hat der Klage im wesentlichen stattgegeben, das Oberlandesgericht hat die Berufung der Beklagten zurückgewiesen. Die Revision der Beklagten führte zur Aufhebung und Zurückverweisung.

Gründe:

1. Nach den Feststellungen des Berufungsrichters ist der Vertrag vom Januar 1922 — die Parteien haben ihn als Mietvertrag bezeichnet, in Wirklichkeit ist er als Pachtvertrag zu beurteilen — aufseiten der Kläger von der Witwe H. als Inhaberin der elterlichen Gewalt und damit als gesetzlicher Vertreterin ihrer Kinder, soweit diese damals minderjährig waren, abgeschlossen worden. Die Dauer des Vertrags ist damals vorläufig bis zum 31. Januar 1927 vorgesehen worden; es sollte aber der Beklagten als „Anmieterin" einseitig die Befugnis zustehen, durch ihre Erklärung eine Verlängerung des Vertragsverhältnisses bis zum 31. Januar 1934 herbeizuführen. Zutreffend nimmt der Berufungsrichter an, daß vermöge dieser Vertragsbestimmung die klagenden Verpächter bis zum letztgenannten Tage an den Vertrag gebunden waren. Infolgedessen hätte, so führt der Berufungsrichter aus, die Witwe H. gemäß §§ 1643, 1686 verbunden mit § 1822 Nr. 5 BGB. zu dem Vertrag der Genehmigung des Vormundschaftsgerichts bedurft, wenn das Vertragsverhältnis länger als ein Jahr nach der Vollendung des 21. Lebensjahrs der Mündel fortdauern sollte. Daß diese Genehmigung des Vormundschaftsgerichts nicht, jedenfalls nicht ausdrücklich, erteilt worden ist, das ist, vorbehaltlich des noch zu erörternden Revisionsangriffs, außer Streit. Ein Beistand (§ 1687 BGB.) war damals der Witwe H. nicht bestellt; dies war erst später, zur Zeit des Vergleichs vom Oktober 1923, der Fall.

Zur Zeit des Vertragsschlusses waren die Kläger zu 3, 4 und 5 minderjährig. Der Kläger zu 3, Hubert August H., ist am 10. Januar

1903 geboren. Er ist indessen am 28. März 1923 mit sofortiger Wirkung für volljährig erklärt worden und hat, dergestalt unbeschränkt geschäftsfähig geworden, den im Oktober 1923 geschlossenen, den ursprünglichen Pachtvertrag bestätigenden Vergleich durch seine Unterschrift vollzogen, mithin nach erreichter Volljährigkeit den Pachtvertrag genehmigt. Gemäß § 1829 Abs. 3 BGB. ist damit der Rechtsmangel, soweit er seine Person betraf, geheilt worden. Die Klägerin zu 4, Wilhelmine H., ist am 6. Januar 1906 geboren. Sie wird demgemäß am 6. Januar 1927 volljährig, und der Pachtvertrag bedurfte mit Rücksicht auf sie der Genehmigung, soweit der Vertrag über den 6. Januar 1928 hinaus wirksam sein sollte. Der Kläger zu 5, Leo H., ist am 1. Mai 1914 geboren. Über seine Volljährigkeit (1. Mai 1935) hinaus soll der Vertrag nicht dauern. Die Unwirksamkeit des Pachtvertrags kommt also nur mit Rücksicht auf die Klägerin zu 4 in Betracht, ist aber insoweit gemäß den angeführten Gesetzesvorschriften allerdings auch anzuerkennen.

2. Die Revision bestreitet die Genehmigungspflicht des Vertrags. Denn, so führt sie aus, es sei ein gewerblicher Betrieb Gegenstand der Pacht gewesen. Die Rüge ist nicht begründet. Zur Verpachtung eines gewerblichen Betriebs bedarf allerdings wohl der Vormund gemäß § 1822 Nr. 4 BGB. der Genehmigung des Vormundschaftsgerichts, nicht aber auch der Vater oder die Mutter als Inhaber der elterlichen Gewalt. Dies ergibt eine Vergleichung des § 1643 mit § 1822 Nr. 4 BGB. Es ist aber schon zu bezweifeln, ob in der Tat ein gewerblicher Betrieb verpachtet war; näher scheint die Annahme zu liegen, daß Gegenstand des Pachtvertrags die Wirtschaftsräume nebst Inventar gewesen sind. Die Entscheidung dieser Frage liegt indessen zum Teil auf dem tatsächlichen Gebiet und kann daher nicht Aufgabe des Revisionsgerichts sein. Aber es bedarf keiner solchen Entscheidung. Der Revision kann auch das nicht zugegeben werden, daß mit der Annahme, § 1822 Nr. 4 sei auf den vorliegenden Fall anwendbar, die Genehmigungspflicht aus Nr. 5 daselbst entfiele. Wird ein Landgut oder ein gewerblicher Betrieb verpachtet, so bedarf der Vormund schon mit Rücksicht auf diesen besonderen Gegenstand des Vertrags der Genehmigung. Dauert zudem das Pachtverhältnis über den in Nr. 5 bezeichneten Zeitraum hinaus, so bedarf der Vormund der Genehmigung auch aus dem Gesichts-

punkt der Nr. 5. Folgerichtig ergibt sich daraus, daß der Inhaber der elterlichen Gewalt, wennschon unter dem Gesichtspunkt des § 1822 Nr. 4 von der Genehmigungspflicht befreit, doch der Genehmigung dann und insoweit bedarf, als der Pachtvertrag über den in Nr. 5 genannten Zeitraum hinaus geschlossen ist.

3. Die Revision sucht weiter darzutun, daß das Vormundschaftsgericht den Vertrag vom Januar 1922 genehmigt habe. Diese Genehmigung will die Revision darin finden, daß es den Vertrag der Parteien vom Mai 1922 genehmigt hat, worin die Kläger der Beklagten für ein ihnen gewährtes Darlehen hypothekarische Sicherheit an ihrem Grundstück bestellt haben. Auch diese Rüge ist unbegründet. Der Berufungsrichter hat nicht etwa verkannt, daß die vormundschaftsgerichtliche Genehmigung auch stillschweigend erteilt werden kann (RGZ. Bd. 59 S. 277) und der Auslegung zugänglich ist. Aber er hat zutreffend angenommen, daß das Vormundschaftsgericht einen Vertrag nur so genehmige, wie er ihm zur Genehmigung unterbreitet ist (RGZ. Bd. 50 S. 284), daß jedoch hier dem Vormundschaftsgericht nur der Darlehensvertrag zur Genehmigung unterbreitet war, daß hieran die gelegentliche gleichzeitige Erwähnung des zwölfjährigen Pachtvertrags in einer vormundschaftsgerichtlichen Verhandlung nichts ändere, und daß daher in der Genehmigung des Darlehensvertrags nicht auch diejenige des Pachtvertrags enthalten sei. Hierin tritt kein Rechtsirrtum zutage. Eine andere Beurteilung könnte, wie der Vertreter der Revisionsbeklagten mit Recht bemerkt hat, nur dann geboten sein, wenn der eine Vertrag in einem rechtlichen Abhängigkeitsverhältnis zu dem anderen stünde. Dies ist indessen ersichtlich nicht der Fall. Mutmaßlich hätte die Beklagte das Darlehen den Klägern nicht gegeben, wenn diese nicht die Wirtschaftsräume an sie verpachtet hätten; aber das begründet nur eine Abhängigkeit in den Beweggründen und im wirtschaftlichen Erfolg, keineswegs dagegen eine Abhängigkeit rechtlicher Art.

4. Wie ausgeführt, bedarf der Pachtvertrag der Genehmigung des Vormundschaftsgerichts nur insoweit, als er für die Klägerin, Wilhelmine H., über den 31. Januar 1928 hinaus verbindlich ist. In Ansehung der übrigen Kläger ist er rechtlich wirksam. Ohne Rechtsirrtum hat der Berufungsrichter angenommen, daß die Parteien den Vertrag nicht geschlossen haben würden, wenn sie gewußt hätten,

daß er auch nur in Ansehung der Klägerin zu 4 unwirksam ist. Gemäß § 139 BGB. zieht mithin der Rechtsmangel, der in bezug auf die Klägerin zu 4 besteht, die Unwirksamkeit des ganzen Vertrags nach sich.

Aber der Berufungsrichter hätte die Anwendbarkeit des § 139 BGB. auch nach einer anderen Richtung prüfen müssen. Wie der erkennende Senat bereits in der Entscheidung RGZ. Bd. 82 S. 125 ausgesprochen hat, ist der Grundsatz des § 139 BGB. auf einen langfristigen Pachtvertrag auch in zeitlicher Hinsicht anzuwenden. Auch in Ansehung der Klägerin zu 4 ist der Pachtvertrag insoweit wirksam, als er sich auf die Zeit bis zum 6. Januar 1928 bezieht. Der Berufungsrichter hatte daher zu prüfen, ob nicht anzunehmen war, daß die Parteien, wäre ihnen die wirkliche Rechtslage bekannt gewesen, den Vertrag wenigstens bis zum 6. Januar 1928 abgeschlossen hätten. Daß sie das getan hätten, ist nicht ohne weiteres von der Hand zu weisen. Die Parteien haben ja den Vertrag ohnehin „vorläufig" nur bis zum 31. Januar 1927 geschlossen; nur die zugunsten der Beklagten in den Vertrag eingeführte einseitige Verlängerungsbefugnis bringt es mit sich, daß in Ansehung der Klägerin zu 4 die Zeitspanne des § 1822 Nr. 5 überschritten ist. Die Annahme liegt daher nicht ferne, daß die Parteien den Pachtvertrag wenigstens in dem zeitlich begrenzten Umfang bis zum 6. Januar 1928 oder 31. Januar 1927 gewollt hätten, wenn sie seine Unwirksamkeit über den 6. Januar 1928 hinaus gekannt hätten.

---

8. Zur Auslegung
1. des § 4 Abs. 1b des Preußischen Stempelsteuergesetzes,
2. des § 105 der Reichsabgabenordnung.

VI. Zivilsenat. Urt. v. 1. Juni 1926 i. S. Preuß. Staat (Bekl.) w. O. E. (Kl.). VI 123/26.

I. Landgericht Neiße.
II. Oberlandesgericht Breslau.

Durch einen „Verpfändungs- und Abtretungsvertrag" vom 28. Juni 1924 bestellte die Klägerin dem Deutschen Reich Sicherheit für gewisse von ihr geschuldete und ihr gestundete Steuerbeträge. Etwa 40000 Tonnen Erz wurden dem Reich verpfändet. Für diese Urkunde sind 663 GM Landesstempel berechnet, aber noch nicht bezahlt worden. Mit ihrer Klage begehrt die Klägerin die Feststellung, daß der Vertrag vom 28. Juni 1924 nicht stempelsteuerpflichtig sei. Das Landgericht hat das Verlangen abgewiesen, das Oberlandesgericht hat ihm entsprochen. Die Revision des Beklagten blieb ohne Erfolg.

Gründe:

Der Streit der Parteien dreht sich lediglich um die Frage, ob die Befreiungsvorschrift in § 4 Abs. 1b des Preußischen Stempelsteuergesetzes vom 16. März 1924 auf die streitige Urkunde vom 28. Juni 1924 anwendbar ist oder nicht. Die Vorschrift lautet:

„Von der Stempelsteuer sind befreit:

b) Urkunden, welche wegen Bestimmung des Betrags öffentlicher Abgaben und Einziehung derselben und überhaupt wegen Leistungen an den Fiskus des Deutschen Reichs oder des Preußischen Staates infolge allgemeiner Vorschriften aufgenommen oder beigebracht werden müssen, sofern sie allein zu diesem Zweck dienen".

Die Urkunde vom 28. Juni 1924 ist „wegen Einziehung öffentlicher Abgaben", nämlich wegen der dabei gegen Sicherheitsleistung gewährten Stundung aufgenommen worden und sie hat auch allein diesem Zweck gedient. Daß sie noch in anderer Weise verwendet worden wäre, ist von keiner Seite behauptet worden. Der Präsident des Landesfinanzamts Oberschlesien hat in seinem die Stempelpflichtigkeit der Urkunde bejahenden Bescheide vom 22. Dezember 1924 ausgeführt, daß eine Urkunde dem in der Befreiungsvorschrift angegebenen Zweck allein nur dann diene, wenn sie ausschließlich im Staats- oder Reichsinteresse aufgenommen oder beigebracht werde. Die Zweckfrage und die Interessenfrage haben miteinander nichts zu tun, der das Interesse betreffende Satz kann also aus dem gesetzlichen Erfordernis, daß die Urkunde nur zu dem in der Befreiungsvorschrift umschriebenen Zweck dienen darf, nicht hergeleitet werden. Es ist aber richtig, daß die Steuerverwaltung die Befreiungsvorschrift stets nur dann angewendet hat, wenn nach ihrer Meinung ein ausschließliches Interesse des Staats oder des Reichs an dem Aufnehmen oder Beibringen der Urkunde bestand. Dieser Handhabung des Gesetzes ist der erkennende Senat in seinem Urteil vom 28. Oktober 1924 VI 61/24 (JW. 1925 S. 257) entgegengetreten. Danach braucht nicht ein ausschließliches Interesse des Staats oder Reichs gegeben zu sein, es genügt vielmehr, wenn ein solches Interesse auch vorhanden ist. Nur das entspricht dem Grundgedanken der Befreiungsvorschrift. Sie will das Steuerzahlen und alles, was damit zusammenhängt, nicht in unangemessener Weise auch noch besteuern. Das wäre aber der Fall, wenn das Gesetz eine auch im Interesse des Staats oder des Reichs aufgenommene, die Steuerzahlung betreffende Urkunde mit einem Stempel belegen würde. Ein Interesse des Reichs an der Urkunde vom 28. Juni 1924 leugnet auch der Bescheid des Präsidenten des Landesfinanzamts nicht. Er erkennt vielmehr das Interesse des Reichs an der Sicherung des gestundeten Steuerbetrags ausdrücklich an, und dieses Interesse tritt ja auch so klar zutage, daß daran nicht wohl gezweifelt werden kann. Das Oberlandesgericht hat es jedenfalls als erwiesen angenommen.

Das vom Gesetz ausdrücklich aufgestellte Erfordernis, daß die Urkunde infolge allgemeiner Vorschriften aufgenommen oder beigebracht werden mußte, ist ebenfalls vorhanden. Zu dieser Feststellung reicht allerdings der vom Oberlandesgericht in erster Reihe angeführte Grund allein nicht aus. Es genügt nicht, daß nach allgemeiner Übung und ständiger Verwaltungspraxis und nach den besonderen Umständen des Falles das Rechtsgeschäft schriftlich abgeschlossen werden mußte. Die streitige Befreiungsvorschrift steht in der Zahl der sachlichen Stempelsteuerbefreiungen. Allen im § 4 a. a. O. aufgeführten Urkunden wird die Steuerbefreiung um ihres Inhalts willen gewährt. Auch in § 4 Abs. 1b handelt es sich also vor allem um den Inhalt der Urkunde, d. h. um das beurkundete Rechtsgeschäft. Dessen Abschluß muß durch allgemeine Vorschriften notwendig geworden sein. Daß im § 4 a. a. O. stets von den Urkunden und nicht von den Rechtsgeschäften die Rede ist, erklärt sich daraus, daß das ganze Gesetz grundsätzlich nur Urkundenstempel kennt und deshalb alle Vorschriften entsprechend gefaßt hat.

Ist der Nachweis erbracht, daß allgemeine Vorschriften den Abschluß des Rechtsgeschäfts notwendig machten, so kann das Erfordernis der Schriftlichkeit des Abschlusses aus den vom Oberlandesgericht herangezogenen Gesichtspunkten abgeleitet werden. Nicht zu billigen ist die Meinung der Revision, daß es sich um Rechtsgeschäfte handeln müsse, für deren Abschluß von Gesetzes wegen die Schriftform geboten sei. Im § 4 Abs. 1b a. a. O. wird nicht von Gesetzen gesprochen, sondern von allgemeinen Vorschriften. Dieser Rahmen ist weiter, er umfaßt auch allgemeine Anordnungen der Verwaltungsbehörden. Die Revision übersieht auch, worauf die Revisionsbeantwortung mit Recht hinweist, daß § 4 Abs. 1b nicht nur vom Aufnehmen, sondern auch vom Beibringen der Urkunden spricht. Die allgemeine Vorschrift, eine bestimmte Urkunde beizubringen, hat mit dem gesetzlichen Erfordernis der Schriftform für gewisse Rechtsgeschäfte nichts zu tun. Die Revision ist hier schließlich auch nicht folgerichtig. Wie noch zu erwähnen sein wird, würde sie die Befreiungsvorschrift für anwendbar erachten, wenn der Klägerin Zölle oder Verbrauchsabgaben im Sinne des § 105 Abs. 1 RAbgO. gestundet worden wären, obwohl doch auch in einem solchen Falle die Verpfändung von Waren gesetzlich der Schriftform nicht bedürfte.

Ebensowenig ist der Revision beizutreten, wenn sie meint, daß gerade das beurkundete Rechtsgeschäft mit allen seinen Einzelheiten durch die „allgemeinen Vorschriften" gefordert sein müsse, daß nur in diesem Falle der Urkunde die Stempelfreiheit zuzubilligen sei. Die Reichsabgabenordnung eröffnet in ihren §§ 109flg. dem Steuerpflichtigen eine Fülle von Möglichkeiten, wie er eine notwendig gewordene Sicherheit bestellen kann. Danach wird es im Steuer- und Abgabenverkehr des Reichs, hinter welchem der entsprechende Verkehr der Länder und Gemeinden stark zurücktritt, nur selten vorkommen, daß eine bestimmte Art der Sicherheitsleistung durch allgemeine Vorschriften angeordnet worden ist. Diese ordnen eben nur die Sicherheitsleistung im allgemeinen an, über ihre Art und ihre Durchführung im einzelnen Falle hat sich der Steuerpflichtige regelmäßig besonders mit den Steuerbehörden zu verständigen. Die Revision überspannt also die Anforderungen, die an den Inhalt der allgemeinen Vorschriften vernünftigerweise gestellt werden können. Sie macht sich übrigens auch hier des schon oben erwähnten Mangels an Folgerichtigkeit schuldig, denn im Rahmen des § 105 Abs. 1 RAbgO. will sie auch von ihren hier behandelten scharfen Anforderungen absehen, obwohl ein innerer Grund dafür nicht angeführt und auch sonst nicht ersichtlich ist.

Der Unterschied, den die Revision zwischen den beiden Absätzen des § 105 RAbgO. machen will, liegt auf anderem Gebiet. Sie unterscheidet zwischen Steuerkrediten, auf die nach allgemeinen Vorschriften ein Anspruch gewährt ist, und solchen, bei denen dies nicht zutrifft; nur wenn Sicherheit geleistet werde für einen Steuerkredit der ersteren Art, könne die Befreiungsvorschrift in § 4 Abs. 1b des Stempelsteuergesetzes eingreifen; § 105 Abs. 1 gewähre einen solchen Anspruch, § 105 Abs. 2 dagegen nicht; um Absatz 2 habe es sich bei der der Klägerin gewährten Stundung gehandelt. Diesen Darlegungen ist bereits das Oberlandesgericht mit zutreffenden Erwägungen entgegengetreten. Es ist richtig, daß nach § 105 Abs. 1 Satz 1 RAbgO. — Satz 2 das. enthält eine hier nicht erhebliche Kannvorschrift — bei Zöllen und Verbrauchsabgaben das Finanzamt die Zahlung fälliger Beträge auf Antrag des Steuerpflichtigen gegen Sicherheit und Verzinsung auf sechs Monate hinauszuschieben h a t, während nach Abs. 2 a. a. O. Zahlungen von Steuern und sonstigen Geldleistungen — in der Regel auch nur gegen Sicherheit und Verzinsung — gestundet werden k ö n n e n, wenn ihre Einziehung mit erheblichen Härten für den Steuerpflichtigen verbunden wäre und der Anspruch durch die Stundung nicht gefährdet wird. Mit Recht hat aber das Oberlandesgericht bei der von ihm gegebenen Hilfsbegründung auf den § 6 RAbgO. hingewiesen, worin es heißt:

„Wo im Sinne des Gesetzes die Behörden die Entscheidung nach ihrem Ermessen zu treffen haben, hat sie nach Recht und Billigkeit zu erfolgen".

Wenn also die sofortige Einziehung der Steuer für den Pflichtigen besonders hart ist, wenn der Anspruch durch die Stundung nicht gefährdet, genügende Sicherheit geleistet und Zinszahlung versprochen wird, dann besteht ein Anspruch auf die Stundung auch in den Fällen des Abs. 2 a. a. O. Er kann mit der Beschwerde nach §§ 224, 281 flg. RAbgO. in der höheren Instanz verfolgt werden. Es ist deshalb nicht richtig, wenn der Beklagte gelegentlich ausgeführt hat, daß es im freien Ermessen der Steuerbehörde stehe, ob sie in den Fällen des § 105 Abs. 2 RAbgO. Stundung gewähren wolle oder nicht. Eine Entscheidung, die nach Recht und Billigkeit gefällt werden soll, ist nicht auf das freie Ermessen abgestellt. Freies Ermessen und billiges Ermessen sind nicht dasselbe; es sind Gegensätze, und der Unterschied zwischen ihnen ist beträchtlich.

Es ist also nicht angängig, in der von der Revision vertretenen Art zwischen den beiden Absätzen des § 105 RAbgO. zu unterscheiden. Ob überhaupt ein Anspruch auf Steuerstundung bestehen muß, um bei einer gegen Sicherheitsleistung gewährten Stundung den § 4 Abs. 1b des Stempelsteuergesetzes auf die die Sicherheit bestellende Urkunde anwendbar erscheinen zu lassen, braucht nicht entschieden zu werden. Der § 105 RAbgO., in seinem ganzen Zusammenhang betrachtet, stellt den Grundsatz auf, daß Steueraufschub und Steuerstundung regelmäßig nur gegen Sicherheitsleistung zu gewähren sind. Soll also Aufschub oder Stundung eintreten, so muß, von Ausnahmefällen abgesehen, Sicherheit bestellt werden. Das ist die allgemeine Vorschrift im Sinne des § 4 Abs. 1b des Stempelsteuergesetzes, welche das Aufnehmen der hier streitigen Urkunde notwendig machte.

Bei diesem Ergebnis kann die — auch vom Oberlandesgericht offen gelassene — Frage unerörtert bleiben, ob nicht auch die Richtlinien des Reichsministers der Finanzen für die Sicherheitsleistung durch Verpfändung von Waren vom 7. März 1923 (Reichssteuerblatt 1923 S. 111), namentlich der § 4 daselbst, als allgemeine Vorschriften im Sinne des § 4 Abs. 1b des Stempelsteuergesetzes in Betracht kommen.

---

9. 1. Macht es für die Verpflichtungen des Reichs aus § 3 Abs. 4 der Einfuhr-Verordnung vom 22. März 1920 einen Unterschied, ob die Unrechtmäßigkeit der Verfallerklärung durch Entscheidung des Reichswirtschaftsgerichts festgestellt oder ob sie vom Reich freiwillig anerkannt ist?

2. Ist bei unrechtmäßiger Verfallerklärung das Reich zur Aufwertung des Erlöses verpflichtet?

3. Bezieht sich Art. IV Abs. 3 der Einfuhr-Verordnung vom 13. Februar 1924 auch auf solche Beschwerdeverfahren, die zur Zeit seines Inkrafttretens bereits ihre endgültige Erledigung gefunden hatten?

III. Zivilsenat. Urt. v. 1. Juni 1926 i. S. H., B. & Co. (Kl.) w. Deutsches Reich (Bekl.). III 329/25.

I. Landgericht I Berlin.
II. Kammergericht daselbst.

Am 4. August 1921 wurde ein an die Klägerin gesandter Eisenbahnwagen mit 299 Sack Rosinen mit der Begründung beschlagnahmt, daß sie ohne die vorgeschriebene Einfuhrbewilligung eingeführt und im Frachtbriefe fälschlicher Weise als getrocknete Früchte bezeichnet seien. Die Klägerin legte Beschwerde beim Reichswirtschaftsgericht ein. Noch vor dessen Entscheidung teilte die Hauptfahndungsstelle der Reichszollverwaltung im Januar 1923 der Klägerin mit, daß der Reichsfinanzminister ihr an Stelle der inzwischen veräußerten Rosinen 313900 *M* zahlen wolle, daß in dieser Summe der erzielte Erlös enthalten sei und daß nach seiner Auszahlung „keine Möglichkeit mehr bestehe, das Verfahren vor dem Reichswirtschaftsgericht fortzusetzen, da mit der Auszahlung des Erlöses die Unrechtmäßigkeit der Verfallerklärung feststehe". Die Zahlung der genannten Summe erfolgte im Februar 1923. Im vorliegenden Rechtsstreit verlangt die Klägerin sowohl unter dem Gesichtspunkt des Schadensersatzes als unter dem der Aufwertung Zahlung von 2000 G*M*. Während das Landgericht ihr diesen Betrag zusprach, wies das Kammergericht die Klage ab. Auf die Revision der Klägerin wurde die Sache zur anderweiten Verhandlung und Entscheidung an das Berufungsgericht zurückverwiesen.

Gründe:

Die Beschlagnahme der Rosinen, die Einleitung des Beschwerdeverfahrens und die freiwillige Zahlung des Beklagten an die Klägerin erfolgten unter der Herrschaft der Einfuhrverordnung vom 22. März 1920. Nach § 3 Abs. 4 das. ist der Beklagte gehalten, an Stelle einer veräußerten Ware den Erlös an den Betroffenen herauszugeben, wenn im Beschwerdeverfahren vom Reichswirtschaftsgericht die Unrechtmäßigkeit der Verfallerklärung festgestellt wird. Diese Feststellung hat der Beklagte hier nicht abgewartet, sondern vor der Entscheidung des Reichswirtschaftsgerichts, und zwar etwa einundeinhalbes Jahr nach der Beschlagnahme, an die Klägerin eine nach seiner Behauptung den Erlös um ungefähr 80000 P*M* übersteigende Summe ausgezahlt.

Damit hatte er der Beschwerde der Klägerin den Boden entzogen und eine sachliche Entscheidung des Reichswirtschaftsgerichts unmöglich gemacht. Durch dieses Verhalten vermochte er jedoch die Rechtsstellung der Klägerin nicht zu verschlechtern. Er muß sich ihr gegenüber vielmehr so behandeln lassen, als habe das Reichswirtschaftsgericht die Unrechtmäßigkeit der Verfallerklärung ausgesprochen. Diese „steht", wie der Beklagte selbst im Schreiben vom 31. Januar 1923 anerkannt hat, im Verhältnis der Parteien zueinander, „fest". Die Voraussetzungen für die Anwendung des § 3 Abs. 4 der Verordnung vom 22. März 1920 sind daher gegeben.

Soweit das Kammergericht die auf Art. 131 der Reichsverfassung und das Reichshaftungsgesetz vom 22. Mai 1910 gestützten Schadensersatzansprüche mangels eines Verschuldens der beteiligten Beamten für unbegründet erklärt hat, sind von der Revision keine Angriffe erhoben. Sie beschwert sich nur über die Abweisung des vom Landgericht für berechtigt erachteten Aufwertungsverlangens der Klägerin. Dieser Rüge kann der Erfolg nicht versagt werden.

Das Kammergericht hält es für völlig ausgeschlossen, daß der Gesetzgeber bei Erlaß der Verordnung vom 22. März 1920 beabsichtigt habe, die Gefahr einer künftigen Geldentwertung vom Gläubiger auf das Reich abzuwälzen. Das ist richtig. Denn niemand, auch nicht der Gesetzgeber, hat damals trotz des bereits beginnenden Währungsverfalls eine Geldentwertung in dem Ausmaße, wie sie die Jahre 1922 und 1923 gezeitigt haben, vorausgesehen oder auch nur mit ihrer Möglichkeit gerechnet. Er hat deshalb im März 1920 auch die rechtlichen Folgen, d. h. das Risiko der später hereingebrochenen Geldentwertung nicht regeln wollen und nicht geregelt und es daher weder dem Reiche noch dem Beschlagnahmegläubiger aufgebürdet. Dann kann man aber auch nicht, wie das Kammergericht es tut, die Ein- und Ausfuhrverordnung vom 13. Februar 1924 zur Auslegung des Aufwertungswillens des Gesetzgebers von 1920 heranziehen. Der Rechtsbegriff der Aufwertung war im Jahre 1920, wie allgemein, so auch dem Gesetzgeber noch unbekannt, und wo, wie gezeigt, kein Gesetzgebungswille vorhanden war, ist für seine Auslegung naturgemäß kein Raum.

Die Frage, wie die Folgen der Währungskatastrophe auszugleichen sind, ist im vorliegenden Falle überhaupt nicht aus der Verordnung vom 22. März 1920 allein, sondern wie in allen Aufwertungsfällen in der Hauptsache nach Maßgabe der das ganze Rechtsleben durchziehenden und auch das Gebiet des öffentlichen Rechts beherrschenden Grundsätze von Treu und Glauben zu beantworten. Sie haben den Senat dazu geführt, im Urteil vom 10. Februar 1925 III 964/23 die Reichsgetreidestelle, welche Hafer ohne gesetzlichen Anlaß beschlagnahmt und veräußert hatte, für aufwertungspflichtig zu erklären, sie bilden auch die Grundlage der Entscheidung des erkennenden Senats vom 2. Februar 1926 (RGZ. Bd. 113 S. 21), wo die Pflicht des preußischen Staats zur Aufwertung des Erlöses für eine Ware anerkannt ist, die wegen einer zu Unrecht erhobenen Preiswucherbeschuldigung beschlagnahmt und verwertet war. Die Grundsätze von Treu und Glauben lassen auch den Aufwertungsanspruch der Klägerin gerechtfertigt erscheinen.

§ 3 Abs. 4 Vo. vom 22. März 1920 verpflichtet bei Unrechtmäßigkeit der Verfallerklärung das Reich zur Rückgabe der beschlagnahmten Ware. „Ist sie bereits verwertet, so tritt an ihre Stelle der erzielte Erlös", d. h. der Erlös in demjenigen Werte, in dem er in den Besitz des Beklagten gelangt ist, nicht mit derjenigen Wertminderung, die er während der Besitzzeit des Beklagten erfahren hat. Denn mit der eben wiedergegebenen Vorschrift des § 3 Abs. 4 erstrebt der Gesetzgeber unverkennbar eine der Billigkeit entsprechende, wenigstens teilweise Wiedergutmachung des durch den hoheitsrechtlichen Eingriff in das Privateigentum dem Eigentümer zugefügten Unrechts. Ebensowenig wie eine — selbst ohne Beamtenverschulden — erfolgte Entwendung des vereinnahmten Erlöses die Pflicht des Reichs zur Herausgabe des Wertes beseitigen würde, vermag der unabhängig von seinem Willen eingetretene Währungsverfall den Beklagten von ihr zu befreien. Es würde daher mit Sinn und Zweck des § 3 Abs. 4 a. a. O. sowie mit den Grundsätzen von Treu und Glauben unvereinbar sein, wenn es dem Reiche gestattet wäre, seiner Zahlungspflicht durch Hingabe eines kleinen Bruchteils des ihm zugeflossenen und der Klägerin zu Unrecht vorenthaltenen Geldwertes zu genügen.

Es kann sich deshalb nur noch fragen, ob an dieser Rechtslage durch Art. IV Abs. 3 der bereits erwähnten und vom Beklagten zu seinen Gunsten in Anspruch genommenen Verordnung vom 13. Februar

1924 etwas geändert ist. Sie ist eine Notverordnung, aus der schweren finanziellen Bedrängnis des Reichs geboren und zu ihrer Abhilfe bestimmt. Gerade aber weil sie Ausnahmevorschriften enthält, darf sie nicht über ihren klaren Wortlaut hinaus ausgedehnt werden. Art. IV Abs. 3 das. lautet:

„Soweit die Beschwerden sich gegen die Verfallerklärung solcher Gegenstände richten, die bereits verwertet sind und deren Erlös insgesamt nicht mehr als 5 Billionen Mark beträgt, werden sie hiermit für erledigt erklärt."

Für erledigt erklären kann jedoch der Gesetzgeber begrifflich nur Beschwerden, die noch nicht erledigt sind, nicht aber solche, die, sei es durch eine Entscheidung des Beschwerdegerichts, sei es, wie hier, durch Anerkennung des Beschwerdebegehrens, d. h. der Unrechtmäßigkeit der Verfallerklärung, bereits ihre endgültige Erledigung gefunden haben. In diesem Sinne spricht Art. IV Abs. 3 a. a. O. nur von Beschwerden, die sich gegen Verfallerklärungen richten, und nicht auch von Beschwerden, die sich gegen Verfallerklärungen gerichtet hatten. Für Fälle, in denen das Beschwerdeverfahren zur Zeit des Erlasses der Verordnung vom 13. Februar 1924 bereits beendet war, hat sie sich keine rückwirkende Kraft beigelegt. Sie vermag daher auch die Ansprüche, welche die Klägerin infolge des ihr günstigen Abschlusses des Beschwerdeverfahrens schon im Januar/Februar 1923 erworben hatte, nicht zu deren Ungunsten zu beeinflussen. Diese bestehen vielmehr unverändert fort. Andere als sie macht die Klägerin aber nicht geltend, wenn sie Aufwertung des Erlöses verlangt. Mit ihr begehrt sie nur denjenigen Geldwert, den sie bereits im Februar 1923 zu fordern berechtigt war. An diesem Ergebnis vermag die Erwägung, daß es mit Rücksicht auf ähnlich liegende Fälle geeignet sei, die Reichskasse erheblich zu belasten, dem Wortlaute des Gesetzes gegenüber nichts zu ändern.

Die Bejahung der Aufwertungspflicht des Reichs steht auch mit dem Urteil des VI. Zivilsenats vom 11. Dezember 1925 (RGZ. Bd. 112 S. 221) nicht in Widerspruch. Dieses bezieht sich nur auf das hier überhaupt nicht in Betracht kommende öffentlichrechtliche Verhältnis zwischen dem Hinterleger, der in seinem Interesse — und zwar in dem damals zur Entscheidung stehenden Falle zur Abwendung der Untersuchungshaft — von einer ihm gesetzlich zustehenden Hinterlegungsbefugnis

Gebrauch gemacht hat, und dem preußischen Staat in seiner Eigenschaft als Hinterlegungsstelle. Zu der Entscheidung des VI. Zivilsenats Stellung zu nehmen, bietet der vorliegende Rechtsstreit, in welchem eine Hinterlegung des Erlöses niemals behauptet worden ist, keinen Anlaß.

Aufzuwerten ist aber lediglich der „erzielte" Erlös, dessen Höhe der Beklagte nach Abzug der Unkosten auf nur 231083,40 PM angibt und im Bestreitungsfalle zu beweisen haben wird. Den Aufwertungsmaßstab und die Aufwertungssumme unter Berücksichtigung der angeblichen Mehrzahlung des Beklagten zu finden, ist Sache des Tatrichters.

---

10. Kann sich auf die Vorschrift des § 67 Abs. 2 Satz 1 des Aufwertungsgesetzes vom 16. Juli 1925 nur der Gläubiger berufen, dem der Vergleich weniger gewährt als das Gesetz, oder auch der Schuldner, der sich im Vergleich zu mehr verpflichtet hat, als das Gesetz erfordert?

V. Zivilsenat. Urt. v. 2. Juni 1926 i. S. S. (Kl.) w. St. (Bekl.). V 371/25.

I. Landgericht Schweidnitz.
II. Oberlandesgericht Breslau.

Auf dem Grundbesitz der Klägerin stehen für den Beklagten verschiedene Hypotheken eingetragen. Laut notarieller Urkunde vom 16. Januar 1924 vereinbarten die Parteien, die Hypotheken sollten gelöscht werden. Die Forderungen, die den Hypotheken zugrunde liegen, wurden in eine Golddarlehensforderung umgewandelt, die dem amtlich festgestellten Preise von 8,69 kg Feingold entspreche, wozu auf § 2 Vo. vom 29. Juni 1923 (RGBl. I S. 482) hingewiesen und weiter festgesetzt wurde, daß die Klägerin diese Darlehensforderung vom 1. Oktober 1923 an mit 5% jährlich in vierteljährlichen, am ersten jedes Kalendervierteljahrs fälligen Teilen zu verzinsen und nach halbjähriger Kündigung zu zahlen habe, während der Beklagte die Forderung frühestens zum 30. Juni 1929 kündigen dürfe. Für die neue Forderung sollte eine Hypothek auf dem Grundstücke als Gesamthypothek eingetragen werden, wofür noch nähere Bestimmungen getroffen wurden.

Die vorbezeichneten Hypotheken sind nicht gelöscht und es ist auch keine neue Hypothek eingetragen worden. Unstreitig hat die Klägerin das Abkommen vom 16. Januar 1924 unter Hinweis darauf, daß die dritte Steuernotverordnung vom 14. Februar 1924 die Aufwertung von Hypotheken ganz anders geregelt habe, wiederholt wegen Irrtums und arglistiger Täuschung angefochten. Mit der Klage wird verlangt, es möge festgestellt werden, daß das Abkommen vom 16. Januar 1924, insbesondere die darin enthaltenen Willenserklärungen der Klägerin nichtig seien. Der erste Richter hat der Klage willfahrt, das Berufungsgericht hat sie abgewiesen. Die Revision wurde zurückgewiesen. Zu der obigen Frage besagen die

Gründe:

... Die Angriffe gegen die Rechtsbeständigkeit des getroffenen Abkommens, das unbedenklich als Vergleich im Sinne des § 779 BGB. zu würdigen ist, können keinen Erfolg haben. Seine Geltung unter den Parteien ist auch nicht durch die Vorschrift des § 67 Abs. 2 des AufwG. vom 16. Juli 1925 in Frage gestellt, das auf den vorliegenden Fall ohne Rücksicht auf den zur Zeit der Erlassung des Berufungsurteils gegebenen Rechtszustand anzuwenden ist (RGZ. Bd. 111 S. 321, Bd. 112 S. 206). Nach dieser Vorschrift steht der Aufwertung ein Vergleich nicht entgegen, wenn er in der Zeit vom 15. Juni 1922 bis zum 14. Februar 1924 geschlossen ist. Dieser Regelung wohnt die dem Wortlaut allerdings nicht ohne weiteres zu entnehmende Beschränkung inne, daß auf die danach eintretende Außerkraftsetzung des Vergleichs sich nur der Gläubiger berufen kann, dem der Vergleich weniger gewährt als das Gesetz, nicht aber auch der Schuldner, der sich im Vergleich zu mehr verpflichtet hat, als das Gesetz erfordert. Nach den dem Regierungsentwurf des Gesetzes beigegebenen „Erläuterungen der wesentlichsten Abweichungen des Entwurfs von den Rechtsvorschriften der dritten Steuernotverordnung" (Reichstagsdrucks. III. Wahlperiode 1924/25 Nr. 804 S. 16 zu § 13) sollen — entsprechend der Rückwirkung im Falle der nach einem bestimmten Stichtag erfolgten Zahlung — auch Vergleiche, die nach diesem Stichtag geschlossen worden sind, „einer höheren Aufwertung auf Grund der Vorschriften dieser Verordnung nicht entgegenstehen"... Diese Vergleiche sollen also nicht etwa nach Art der im § 779 BGB. getroffenen Regelung deshalb, weil ihr Abschluß auf irriger oder unzulänglicher Vorstellung von dem tatsächlichen Sachverhalt, namentlich von den Geldverhältnissen des fraglichen Zeitraums beruhe, beiderseits hinfällig werden, sondern es ist nur der Schutz des Gläubigers angestrebt, der unter dem Druck jener Verhältnisse sich auf einen Vergleich eingelassen hat, der ihm weniger als das späterhin in Geltung getretene Gesetz gewährt. Auf eine einschränkende Auslegung entsprechend der Zweckrichtung aller Vorschriften, die der sog. Rückwirkung gewidmet sind, deutet auch der Ausdruck hin, welcher der in Satz 2 vorgesehenen Ausnahmevorschrift gegeben worden ist. Danach „gilt dies (Satz 1) nicht, wenn der Gläubiger Kaufmann war und den Vergleich im Betrieb seines Handelsgewerbes geschlossen hat; soweit die Aufwertung zugunsten einer Teilungsmasse (Aufwertungsstock) erfolgt (§§ 48, 51 Abs. 3, §§ 56, 60), bewendet es bei der Vorschrift des Satzes 1". Nach der Entstehungsgeschichte des Gesetzes (Bericht des 18. Ausschusses a. a. O. Nr. 1125 S. 27 zu § 13; Fassung des Entw. § 67 nach den Beschlüssen des Ausschusses in zweiter Lesung, daselbst Anl. II S. 98; Antrag des Abg. Dr. Best und Gen. vom 9. Juli 1925, a. a. O. Nr. 1140 S. 4 und Ausführungen des genannten Antragstellers in der 93. Sitzung des Reichstags vom 13. Juli 1925, Stenogr. Bericht S. 3096, weitere Erörterungen daselbst S. 3199 C zum Antrag Dr. Wunderlich und Gen. vom 15. Juli 1925 Nr. 1189) unterliegt es keinem Zweifel, daß man bei dieser Ausnahmevorschrift von der Annahme ausgegangen ist, der Kaufmann habe vermöge seiner beruflichen Tätigkeit eine bessere Einsicht in die Geldverhältnisse der Inflationszeit besessen und habe etwaige Verluste in seine geschäftlichen Maßnahmen einkalkuliert oder wenigstens einkalkulieren können; man hat deshalb für angemessen erachtet, ihn gegebenenfalls an den Festsetzungen eines Vergleichs festzuhalten. Ohne weiteres erhellt, daß nach dem Willen des Gesetzes sich der Kaufmann auf diese Ausnahmevorschrift nicht etwa zu dem Zwecke soll berufen können, einen ihm günstigen, mehr als das Gesetz bietenden Vergleich aufrecht zu erhalten, während dies dem Privatmann und der Teilungsmasse verwehrt wäre; indem das Gesetz von dem Gläubiger, der Kaufmann ist, spricht, bringt es die Voraussetzung hinreichend zum Ausdruck, daß es sich bei der Vorschrift des Satzes 2 um Vergleiche handelt, von denen sich zu lösen der Gläubiger ein Interesse hat, weil sie weniger als das Gesetz bieten. Ist der Vergleich günstiger als das Gesetz, so wird der Gläubiger sich nicht auf dieses berufen wollen; es braucht ihm also auch nicht verwehrt zu werden. Indem nun diese Ausnahmevorschrift an die Regel lediglich mit den Worten „dies gilt nicht" angeknüpft wird, entsteht ein Zusammenhang, der die Annahme zu unterstützen vermag, daß auch in der Regelvorschrift des Satzes 1 die Beschränkung auf den dem Gläubiger ungünstigen Vergleich vorausgesetzt ist. Der Senat hat sich daher in der über die Frage bestehenden Meinungsverschiedenheit (mit Mügel, AufwG. II S. 339 Nachtrag zu § 67 Erl. 3, Schlegelberger-Harmening § 67 Erl. 7, Rademacher-Philipp S. 57 in Nr. 10 und einem Urteil des Oberlandesgerichts Königsberg vom 15. Oktober 1925, abgedruckt in der „Rechtsprechung in Aufwertungssachen" 1. Jahrgang Heft 4 S. 37, gegen Lehmann-Bösebeck § 67 Erl. 8, Michaelis § 67 Erl. 5, Quassowski 3. Aufl. § 67 V C, vgl. auch Heilfron, Deutsche SteuerZ. 1925 S. 1048) für die einschränkende Auslegung entschieden. Keine ausschlaggebende Bedeutung war dem Umstand beizumessen, daß in der 95. Sitzung des Reichstags vom 15. Juli 1925 (Stenogr. Bericht S. 3200 A) der Vertreter des Reichsjustizministeriums bei Beantwortung der Frage, ob in der Rückwirkungsfrist getroffene bloße Vereinbarungen ebenso wie die im Gesetz bezeichneten Vergleiche (§ 779 BGB.) zu behandeln seien, der hier in Rede stehenden Einschränkung nicht gedacht hat.

---

11. 1. Fallen solche Aufwendungen des Erblassers für die Berufsvorbildung eines Abkömmlings, die nicht auf Grund der gesetzlichen Unterhaltspflicht oder die über das ihr entsprechende Maß hinaus gemacht worden sind, unter Abs. 1 oder unter Abs. 2 des § 2050 BGB.?

2. Ist die Anwendung des § 2050 Abs. 2 auf Aufwendungen für die Vorbildung zu einem zweiten Berufe schlechthin oder wenigstens dann ausgeschlossen, wenn der Abkömmling den zweiten Beruf wieder aufgibt und zum ersten Berufe zurückkehrt?

BGB. §§ 2050, 1610.

IV. Zivilsenat. Urt. v. 3. Juni 1926 i. S. Th. (Bekl.) w. Sch. (Kl.). IV 21/26.

I. Landgericht Flensburg.
II. Oberlandesgericht Kiel.

Die Parteien sind die Kinder eines im April 1923 gestorbenen Kaufmanns und neben der Witwe seine gesetzlichen Erben geworden. Sie streiten über ihre Ausgleichungspflichten bei der Erbauseinandersetzung; die Entscheidung über den Antrag des Klägers ist nicht angefochten. Die Beklagte verlangt widerklagend, daß der Kläger ihr gegenüber 50000 RM zur Ausgleichung bringe, die er erhalten habe, um nach Abschluß der ihm zunächst zuteil gewordenen kaufmännischen Ausbildung Medizin und Naturwissenschaften zu studieren. Diese Widerklage wurde in beiden Vorinstanzen abgewiesen. Die Revision der Beklagten und Widerklägerin hatte keinen Erfolg.

Aus den Gründen:

Der § 2050 Abs. 2 BGB. legt Abkömmlingen, die als gesetzliche Erben zur Erbfolge gelangen, die Verpflichtung auf, „Zuschüsse, die zu dem Zwecke gegeben worden sind, als Einkünfte verwendet zu werden, sowie Aufwendungen für die Vorbildung zu einem Berufe insoweit zur Ausgleichung zu bringen, als sie das den Vermögensverhältnissen des Erblassers entsprechende Maß überstiegen haben". Nach § 1610 Abs. 2 BGB., den die Revision zur Auslegung dieser Vorschrift herangezogen wissen will, umfaßt der einer erziehungsbedürftigen Person von den Verwandten aufsteigender Linie (§§ 1601, 1606 Abs. 2) zu gewährende Unterhalt „auch die Kosten der Erziehung und der Vorbildung zu einem Berufe". Der Revision ist zuzugeben, daß der Begriff der „Vorbildung zu einem Berufe" in beiden Vorschriften derselbe ist. Daraus folgt aber nicht, daß Aufwendungen des Erblassers für die Berufsvorbildung eines Abkömmlings nur dann unter § 2050 Abs. 2 (statt, so ist im Sinne der Revision zu ergänzen, als unbeschränkt ausgleichungspflichtige Ausstattung unter den § 2050 Abs. 1) fallen, wenn sie auf Grund und nach dem Maße der gesetzlichen Unterhaltungspflicht gemacht worden sind. Voraussetzungen des Unterhaltsanspruchs sind nach §§ 1602, 1603 die Bedürftigkeit des Berechtigten und die Leistungsfähigkeit des Verpflichteten; das Maß des zu gewährenden Unterhalts bestimmt sich gemäß der Regel des § 1610 Abs. 1 nach der Lebensstellung des Bedürftigen. Bestreitet ein Vater die Kosten der Berufsvorbildung eines minderjährigen Kindes, obwohl diese Kosten aus den

Einkünften eines eigenen Vermögens des Kindes bestritten werden könnten, oder tut der Vater dies gegenüber einem volljährigen Kinde oder ein Großvater gegenüber einem (minderjährigen oder volljährigen) Enkel, obgleich die Kosten aus dem eigenen Vermögen des Abkömmlings (den Einkünften oder dem Stamme des Vermögens) bestritten werden könnten, so geschieht dies nicht in Erfüllung einer gesetzlichen Unterhaltspflicht. Ebensowenig liegt die Erfüllung einer solchen Pflicht insoweit vor, als die Aufwendungen für die Berufsvorbildung das Standesmäßige überschreiten. Gleichwohl sind die Aufwendungen von dem Abkömmling in allen diesen Fällen nur insoweit zur Ausgleichung zu bringen, als sie das den Vermögensverhältnissen des Erblassers entsprechende Maß überstiegen haben. Das ist im § 2050 Abs. 2, der sich bei den Aufwendungen für die Berufsvorbildung — wie bei den gleichbehandelten Zuschüssen zu den Einkünften — jedes Hinweises auf die Bestimmungen über die Unterhaltspflicht enthält und das Vorhandensein eines die Ausgleichungspflicht begründenden Übermaßes lediglich von den Vermögensverhältnissen des Erblassers zur Zeit der Zuwendung, und nicht daneben noch von irgendwelchen anderen Umständen abhängen läßt, mit aller Deutlichkeit ausgesprochen.

Indem das Gesetz (in § 2050 Abs. 2 wie in § 1610 Abs. 2) von der „Vorbildung zu einem Berufe" spricht, gebraucht es das Wort „einem" als unbestimmten Artikel, nicht als Zahlwort. Auf dem Boden des § 1610 hat der Senat im Urteil IV 719/09 vom 23. März 1910 (Warn. 1910 Nr. 214) auch bereits anerkannt, daß nach Abschluß der Vorbildung zu einem Beruf die Vorbildung zu einem neuen, andersartigen Beruf nötig werden kann, um, was im Interesse des Unterhaltspflichtigen liege, den Unterhaltsberechtigten in den Stand zu setzen, sich selbst zu unterhalten, und daß sich die Unterhaltspflicht dann auch auf die Kosten der zweiten Berufsvorbildung erstreckt. Für den vorliegenden Fall ist allerdings keine Feststellung getroffen, daß eine zweite Berufsvorbildung des Klägers notwendig gewesen sei, um ihn in den Stand zu setzen, sich selbst zu unterhalten. Es kommt aber darauf nicht an, da, wie gezeigt, die Anwendung des § 2050 Abs. 2 keine in Erfüllung einer Unterhaltspflicht gemachten Aufwendungen voraussetzt. Auf dem Boden des § 2050 Abs. 2 hat der Senat in dem von der Revision angezogenen

Urteil IV 699/09 vom 8. Dezember 1910 (Warn. 1913 Nr. 237) ausgesprochen, die Berufsvorbildung sei beendet, sobald die Befähigung für die Bekleidung der entsprechenden höheren Berufsstellung erlangt und der dafür erforderliche formale Nachweis durch erfolgreiche Ablegung der Prüfungen erbracht sei; wer darüber hinaus sich außerstande sehe, die erlangte Befähigung nutzbringend anzuwenden, und sich einer erwerbslosen Untätigkeit hingebe oder sich darauf einlasse, in einer Dienststellung ohne Besoldung auf Anstellung zu warten, liege nicht mehr der Vorbildung für den Beruf ob; wenn er während dieser Zeit seinem Vater oder seiner Mutter zur Last falle, handle es sich nicht mehr um Aufwendungen für seine Berufsvorbildung. Diese Ausführung hat auf den Fall einer zweiten Berufsvorbildung nach Beendigung der ersten keinen Bezug. Sie trifft auch sonst nicht den vorliegenden Tatbestand, wie er vom Berufungsgericht festgestellt ist. Der Kläger war sich danach, als er mit der Berechtigung zum einjährig-freiwilligen Militärdienst die Schule verließ, um Kaufmann zu werden und später in das väterliche Geschäft einzutreten, über seine innere Neigung zum Beruf als Arzt oder Naturforscher noch nicht genügend klar oder verstand es damals wenigstens noch nicht, diese Neigung seinem Vater gegenüber zur Geltung zu bringen. Nachdem er in fünfjähriger Lehrlings- und Volontärzeit die ihm zugedachte kaufmännische Ausbildung im wesentlichen abgeschlossen hatte, gestattete ihm der Vater den Berufswechsel. Der Kläger holte dann in $1^1/_2$ Jahren die Reifeprüfung nach, bestand bis 1914, allerdings mit einer Verzögerung um einige Semester, die sich aber daraus erklärt, daß er anfangs auch Naturwissenschaften studierte, die ärztliche Vorprüfung und beendigte nach dem Kriege, während dessen er Kriegsdienste leistete, in entsprechender Zeit das medizinische Studium, um dann mehrere Jahre als Volontär- und Assistenzarzt tätig zu sein. Nach dem Tode seines Vaters hat er, unter den völlig veränderten wirtschaftlichen Verhältnissen der Nachkriegszeit, das väterliche Geschäft übernommen und ist dadurch wieder zu seinem ersten, dem kaufmännischen Berufe, zurückgekehrt. Das Berufungsgericht würdigt diesen Sachverhalt dahin, daß der Übergang des Klägers zu dem seiner Neigung, seiner Befähigung und seiner Willenskraft entsprechenden Studium in der durchaus ernsthaften Absicht der Vorbereitung auf einen künftig auszuübenden Beruf geschehen sei.

Diese auf tatsächlichem Gebiete liegenden und deshalb für das Revisionsgericht maßgebenden Feststellungen und Erwägungen rechtfertigen die Unterordnung der für das Studium des Sohnes aufgewendeten Kosten unter den Begriff der Aufwendungen für die Vorbildung zu einem Beruf. Der Vater mag zu diesen Aufwendungen mit Rücksicht auf die dem Sohne bereits zuteil gewordene kaufmännische Ausbildung rechtlich nicht verpflichtet gewesen sein. Das ist aber für die Frage der Ausgleichungspflicht unerheblich. Das gleiche gilt von dem Umstand, daß der Sohn den medizinischen Beruf unter veränderten wirtschaftlichen Verhältnissen wieder aufgegeben hat. Denn es kommt nicht nur dafür, ob die Aufwendungen des Vaters das seinen Vermögensverhältnissen entsprechende Maß überstiegen haben, auf die Verhältnisse zur Zeit der Aufwendungen an, sondern auch dafür, ob die Aufwendungen für eine Berufsvorbildung des Sohnes gemacht worden sind....

---

12. Kann der Verleger, um Fortsetzung und Vollendung des Druckes zu sichern, vom Verfasser, dessen pünktlicher Vertragserfüllung er nicht traut, Lieferung weiterer Handschrift (Anmerkungsanhang) verlangen, bevor letztere (durch Einfügung der Seiten- und Zeilenangaben in den Hinweisen auf den vorangehenden Text) vollendet ist?

VerlG. § 15. BGB. § 242.

I. Zivilsenat. Urt. v. 5. Juni 1926 i. S. M. (Kl.) w. W. (Bekl.). I 207/25.

I. Landgericht Leipzig.
II. Oberlandesgericht Dresden.

Am 8./10. Januar 1912 haben die Parteien miteinander einen Verlagsvertrag geschlossen. In ihm verpflichtete sich der Beklagte, Hegels Ästhetik und Geschichte der Philosophie im Verlage des Klägers herauszugeben und „mit einer Einleitung, Register usw. zu versehen“; der Kläger übernahm Vervielfältigung und Verbreitung. Die Bände sollten der „Philosophischen Bibliothek“ eingereiht werden. Der Beklagte erklärte sich bereit, die Handschrift vor der Drucklegung dem

Pfarrer L., Herausgeber der Hegelausgabe in der „Philosophischen Bibliothek“, vorzulegen, damit dieser Gelegenheit habe, um der Einheitlichkeit der Ausgabe willen nötigenfalls Vorschläge zu machen; der Beklagte sagte deren möglichste Berücksichtigung zu. Er versprach, die endgültige Druckhandschrift der Ästhetik bis zum Dezember 1912 abzuliefern, die zur Geschichte der Philosophie bis ein Jahr nach dem Erscheinen der Ästhetik.

Bis Mitte Juli 1917 lieferte der Beklagte nach verschiedenen Mahnungen und Fristsetzungen dem Kläger — unter Zugrundelegung des Textes der Hothoschen Ausgabe — nach und nach die Druckvorlagen aller drei Abschnitte der Ästhetik. Als er die durchgesehenen Druckbogen 1 bis 30, d. h. Seite 1 bis 480, also über den Schluß des mit Seite 342 endigenden Teils 1 hinaus, für reindruckfertig erklärt hatte, schrieb ihm der Kläger unterm 18. Februar 1919, daß er den Verlagsvertrag aufhebe, weil die Herausgebertätigkeit des Beklagten nicht genüge. Der Beklagte widersprach und erhob im August 1919 Feststellungsklage dahin, daß die Aufhebungserklärung unwirksam sei und der Vertrag weiterbestehe. Das Landgericht erkannte im März 1923 nach diesem Antrage. Das Urteil ist rechtskräftig.

Daran schloß sich im Mai und Juni 1923 ein Schriftwechsel der Parteien: Der Kläger verlangte vom Beklagten unter Fristsetzung die druckfertige Handschrift des Anmerkungsanhangs und erklärte sich bereit, die Anpassung der Seitenzahlen in den Hinweisen der Anmerkungen auf den Text selbst zu besorgen. Als der Beklagte das ablehnte und eine ihm gesetzte Nachfrist ungenutzt verstreichen ließ, erklärte der Kläger unterm 2. Juli 1923 den Verlagsvertrag für gelöst. Mit der gegenwärtigen Klage verlangte er die Feststellung, daß der Vertrag erloschen und daß er nicht verpflichtet sei, ihn zu erfüllen. Das Landgericht gab der Klage statt, das Oberlandesgericht wies sie ab. Die Revision des Klägers hatte keinen Erfolg.

Gründe:

(Zunächst wird eine Verfahrensrüge zurückgewiesen und ein sachlicher Einwand des Beklagten für unbegründet erklärt. Dann heißt es:)

Dagegen erachtet das angefochtene Urteil den weiteren Einwand des Beklagten für durchschlagend, daß er den Anmerkungsanhang nicht fertig stellen, namentlich die erforderlichen Seitenverweisungen nicht einfügen könne, bevor ihm der Kläger den Druck des Haupttextes geliefert habe. Hierin liegt kein Verstoß gegen Rechtsgrundsätze, auch nicht gegen den das Verlagsrecht beherrschenden, bei allen nachfolgenden Streitpunkten zu beachtenden Grundsatz von Treu und Glauben (§ 242 BGB.). Die dawider unternommenen Revisionsangriffe können keinen Erfolg haben.

1. Zutreffend geht das Berufungsgericht von der nunmehr unstreitigen Tatsache aus, daß im Hegelschen Text keine auf den späteren Anmerkungsanhang verweisenden Zeichen (Zahlen oder Buchstaben, Sterne, Kreuze u. dgl.) aufgenommen werden. Nur im Anhang, der im wesentlichen die gewählte Lesart für Stellen mit mehreren voneinander abweichenden Überlieferungen rechtfertigen soll, ist auf die betreffenden Stellen des Textes unter Seiten- und Zeilenangabe, anknüpfend an ein Textstichwort, hinzuweisen. Mithin keine Vorausverweisung vom Text auf die Anmerkungen, sondern nur Rückverweisung dieser auf den Text. Alles ganz entsprechend dem Vorbilde der von L. in der nämlichen „Philosophischen Bibliothek" des . . . Verlags als Band 124 herausgegebenen „Grundlinien der Philosophie des Rechts" (1911).

Diese Verweisungen des Anhangs auf die nach Seite und Zeile bezeichneten Textstichworte kann, so führt das Berufungsgericht aus, der Beklagte erst herstellen, wenn ihm der Druck des mit Seitenzahlen versehenen Haupttextes vorliegt. Dieser Druck braucht nicht notwendig der Reindruck zu sein. Es genügt der Probedruck (Korrektur), sofern der Beklagte ihn für „druckreif", d. h. reindruckreif, erklärt hat und völlig sicher damit rechnen darf, in ihm die endgültige Seiten- und Zeileneinteilung vor sich zu sehen, nach der er die Bezeichnungen der Stellen für den Anmerkungsanhang vornehmen kann.

Hinfällig sind nach dem schließlichen Streitstande die Ausführungen des Klägers, daß dieses Verfahren unwirtschaftlich sei, weil es zu überlangem Stehenlassen des Satzes nötige und nachträgliche Änderungen im Texte mit sich bringen könne. Die Herstellung des Anmerkungsanhangs hat keine Textänderungen mehr im Gefolge. Was der Kläger über die mögliche Entdeckung von Druckfehlern im Texte bei der Durchsicht des Anhangs und der Vergleichung mit ihm vorbringt, schlägt nicht durch. Er selber betont jetzt, daß, abgesehen von der Rechtschreibung und etlichen geringen andern Abweichungen, der Text der Hothoschen Ausgabe aufgenommen werde. Möglichste

Druckfehlerfreiheit konnte also durch sorgsame Druckdurchsicht (Korrektur und Revision) erstrebt und gewährleistet werden. Ist der Text druckreif, so steht, wie der Beklagte betont, nichts entgegen, ihn auszudrucken und so die benutzte Schrift für weiteren Satz freizubekommen.

Es läßt sich nicht als rechtsirrig beanstanden, wenn das angefochtene Urteil im Anschluß daran bemerkt: Habe die Herstellung der Anmerkungen (wie hier) keine Veränderungen des Textes selbst im Gefolge, so fehle es an einem ausreichenden Grunde dafür, dem Herausgeber die Anfertigung der Seitenverweisungen nicht selbst zu überlassen; es sei sein gutes Recht als Urheber, diese Verweisungen so herzurichten, wie er es für nötig und zweckmäßig halte.

Mit dieser Erwägung ist auch schon, wenngleich ohne näheres ausdrückliches Eingehen darauf, das Bedenken des Klägers erledigt, das er neuestens erhoben hat: daß er den ersten Band abschließen und ihm alsbald die seinem Texte zugehörigen Anmerkungen beifügen wolle, daß also Lieferung des entsprechenden Teils der Anhangshandschrift für Fortgang und Abschluß des Drucks nötig sei. An welcher Stelle die Anmerkungen geboten werden sollen — ob geteilt am Schlusse der Bände oder einheitlich zusammen am Schlusse des ganzen einheitlichen Werks —, das hat, unbeschadet des aus Zweckmäßigkeitsrücksichten erwünschten Einvernehmens der Vertragsteile, vornehmlich der Herausgeber zu bestimmen. Denn er hat in der Regel den sichersten Einblick in die innere Zusammengehörigkeit von Werk und erklärender Zutat, muß also ermessen können, in welcher äußeren Herrichtung ihr Zusammenhang dem Leser vor Augen gebracht werden soll.

Die Auslegung des Vertrags durch das Berufungsgericht verletzt nicht, wie die Revision rügt, den § 15 des Verlagsgesetzes vom 19. Juni 1901. Dieser bestimmt allerdings, daß der Verleger mit der Vervielfältigung zu beginnen hat, sobald ihm das vollständige Werk zugegangen ist. In der Regel braucht er also damit nicht zu beginnen, bevor es ihm zugegangen ist. Aber die Beteiligten können, ganz abgesehen von der im Satz 2 des § 15 vorgesehenen Besonderheit beim Erscheinen in Abteilungen, etwas anderes vereinbaren. Dies ist im Verkehr nicht selten und kann auch stillschweigend durch schlüssiges Verhalten geschehen. Im gegenwärtigen Fall ist es bereits dadurch erfolgt, daß der Kläger einen großen Teil des Textes gedruckt hat. Und wenn der Herausgeber (Verfasser) für einen Anmerkungsanhang, um die Stichworte genau bezeichnen zu können, des endgültigen Textdrucks, mindestens in Gestalt druckreifer Durchsichtbogen, bedarf, so versteht sich von selbst, daß er den Anhang nicht vorher abzuliefern braucht. Beträgt der Umfang des Anhangs, wie er angibt, nur ungefähr einen Druckbogen, so kommt auch nicht in Frage, daß er die Handschrift dazu angemessenerweise etwa in Teilen abliefern müsse, um den Fortgang der Druckarbeit entsprechend zu fördern. Damit erledigt sich bereits der Vorschlag des Klägers, die einstweilen noch ungewissen Seiten- und Zeilenzahlen des ungedruckten Textes in dem darauf verweisenden Teile des Anmerkungsanhangs zu „blockieren". Denn ein solches Verfahren würde, abgesehen von den gegen seine drucktechnische Zweckmäßigkeit erhobenen Bedenken, dem Beklagten durch die spätere Einfügung der vielen einstweilen blockierten Zahlen eine Trennung der einheitlichen Arbeit und somit eine Mehrarbeit zumuten, die er nicht ohne ganz besondere Gründe auf sich zu nehmen brauchte.

2. Die aus den Umständen des vorliegenden Falls hergeleiteten besonderen Gründe, aus denen der Kläger das Verlangen nach alsbaldiger Vorlegung der Anhangshandschrift glaubt rechtfertigen zu können, sind vom Berufungsgericht ebenfalls mit fehlerfreier Begründung abgelehnt worden. Die dawider unternommenen Revisionsangriffe gehen fehl.

a) Wenn der Kläger in seiner Revisionsbegründung und zum Teil auch schon im zweiten Rechtszuge geltend machte, der Beklagte sei säumig gewesen und könne aus diesem und aus anderen Gründen kein Vertrauen mehr beanspruchen, so wiederholt er damit nur, was er im vorhergegangenen Rechtsstreit wider die damalige Klage des jetzigen Beklagten vorschützte. Das rechtskräftige Urteil des Landgerichts würdigt aber das Verhalten des Beklagten in eingehender Darlegung dahin, daß die Behandlung des Drucks durch den Herausgeber sorgfältig genug und ohne wesentliche grobe Verstöße gewesen sei; ferner, daß seine kritische Tätigkeit für zweckmäßig und den wissenschaftlichen Anforderungen genügend erachtet werden müsse, zumal da es sich um eine populärwissenschaftliche Ausgabe handle; gegenüber dem Hinweis auf verspätete Ablieferung stellte das Landgericht deren vorbehaltlose Bestätigung durch den jetzigen Kläger fest.

Jedenfalls gibt das Mißtrauen des Klägers diesem keinen zureichenden Grund, eine so außerordentliche Maßnahme zu verlangen wie die Vorlegung einer Handschrift, die nach dem Fortgang der Druckarbeit bisher nicht vollendet werden konnte.

b) Die Auslegung der Vertragsabrede über die Beteiligung des Pfarrers L. ist ebenfalls nicht zu beanstanden. Im Verlagsvertrag vom 8./10. Januar 1912 heißt es (§ 2 Abs. 2): „Herr Dr. W. erklärt sich bereit, sein Manuskript vor der Drucklegung Herrn Pastor L. als dem Herausgeber der Hegelausgabe in der Philosophischen Bibliothek vorzulegen, damit dieser Gelegenheit hat, im Interesse der Einheitlichkeit dieser Ausgabe evtl. Vorschläge zu machen, deren möglichste Berücksichtigung Herr Dr. W. verspricht.“ Das Berufungsgericht legt ohne Rechtsirrtum die Vertragsbestimmung dahin aus: Der Beklagte habe dem Pfarrer L. nur das Recht eingeräumt, „inbezug auf die äußere Gestaltung der vom Beklagten zur Herstellung übernommenen Werke Vorschläge zu machen, die sie zur Einfügung in die von L. veranstaltete Hegelausgabe geeignet machten.“ Einen Einfluß auf den Inhalt der beiden den Gegenstand des Verlagsvertrags bildenden Werke habe er ihm aber nicht bewilligt. Aus dem Vertrage, der Art und dem Zwecke des Werks und den begleitenden Umständen wird hiernach schlüssig entnommen: Einfluß auf die Gestaltung des Textes habe L. vermöge jener Vertragsbestimmung nicht haben sollen. Somit sei nicht erforderlich, daß er vor dem Reindruck der Textbogen in den zur Rechtfertigung des Textes mitbestimmten Anmerkungsanhang Einblick erhalte. Wohl aber möge z. B. die größere oder geringere Ausführlichkeit der Lesartenbelege zur äußeren Anordnung gerechnet werden. In dieser Hinsicht könnten L.s Vorschläge noch Berücksichtigung finden, wenn ihm der Anhang erst nach Druckreife des Textes und der damit gewonnenen Feststellung der Seiten- und Zeilenzahlen vorgelegt würde.

Gegen diese Auffassung des angefochtenen Urteils kann sich der Kläger nicht auf den Schriftwechsel aus der Zeit vor und nach dem Vertragsabschlusse berufen. (Wird ausgeführt.)

In rechtlich nicht zu bemängelnder Würdigung dieses Sachverhältnisses führt das Berufungsgericht aus: Die äußere Gestaltung des Anmerkungsanhangs stand von vornherein fest. Die über seine in Aussicht genommene Form nunmehr übereinstimmenden Angaben der Parteien decken sich auch (wie der Augenschein ... lehrt) mit der Gestaltung des Anmerkungsanhangs in den von L. selbst herausgegebenen Hegelschen Grundlinien der Philosophie des Rechts ... Der Beklagte ist also auch wegen dieser Vertragsbestimmung nicht verpflichtet, den Anmerkungsanhang vor der Drucklegung des Haupttextes vorzulegen. Der Kläger kann den Anhang vielmehr erst verlangen, nachdem er dem Beklagten durch Übersendung des Drucks des Haupttextes die Möglichkeit gegeben hat, die Seiten- und Zeilenverweisungen herzustellen.

In der klagabweisenden Entscheidung des Oberlandesgerichts ist demnach weder eine Verletzung des § 15 VerlG. noch der §§ 242, 326 BGB. noch eines anderen Rechtsgrundsatzes erkennbar.

---

13. Wann ist ein Schiedsrichter im Schiedsvertrag ernannt und wann nicht?

ZPO. §§ 1031, 1033 Nr. 1.

VI. Zivilsenat. Urt. v. 8. Juni 1926 i. S. Gr. (Kl.) w. P. (Bekl). VI 52/26.

I. Landgericht Königsberg i. Pr.
II. Oberlandesgericht daselbst.

Der Kläger hatte im Jahre 1923 beim Beklagten ein Grabdenkmal bestellt. Bei der fortschreitenden Geldentwertung gerieten die Parteien wegen der Bezahlung in Streit. Sie einigten sich auf ein Schiedsgericht. Jede Partei sollte einen Schiedsrichter ernennen und, wenn die Schiedsrichter zu keiner Einigung kämen, sollte ein Obmann entscheiden. Der Kläger ernannte den Architekten Pet., der Beklagte den Hofsteinsetzermeister P. zum Schiedsrichter. Vor dem aus diesen beiden Personen bestehenden Schiedsgericht schlossen die Parteien am 9. April 1924 einen Vergleich. Danach sollte der Beklagte das Grabmal liefern, der Kläger bestimmte Zahlungen leisten. Die Abnahme des Werks sollte durch die beiden Schiedsrichter P. und Pet. erfolgen. Am Schlusse des Vergleichs heißt es:

„Bei etwaigen Differenzen wird hierdurch noch ausdrücklich vereinbart, daß das Schiedsgericht erst dann außer Kraft tritt, wenn von beiden Parteien die oben genannten Verpflichtungen erfüllt sind, und wird der Rechtsweg in dieser Angelegenheit ausdrücklich von beiden Parteien ausgeschlossen.“

Der Kläger kam seinen Verpflichtungen aus dem Vergleich nicht nach, der Beklagte rief deshalb erneut das Schiedsgericht an. Der Schiedsrichter P. war inzwischen erkrankt und starb bald darauf. Der Beklagte ernannte nunmehr in der Person des Steinsetzmeisters K. einen neuen Schiedsrichter. Das Schiedsgericht trat zusammen, der Kläger weigerte sich aber, vor ihm zu verhandeln. Das Schiedsgericht fällte gleichwohl am 15. Dezember 1924 einen Schiedsspruch. Der jetzige Kläger wurde verurteilt, an den jetzigen Beklagten 2658,28 G*M* nebst Zinsen und Kosten zu zahlen.

Der Kläger verlangt nunmehr die Aufhebung des Schiedsspruchs wegen Unzulässigkeit des Verfahrens. Die Vorinstanzen haben die Klage abgewiesen. Die Revision des Klägers blieb ohne Erfolg.

Gründe:

Mit Recht hat das Oberlandesgericht angenommen, daß nicht ein Fall des § 1033 Nr. 1, sondern ein Fall des § 1031 ZPO. vorliegt. Der Schiedsrichter P. ist nicht „in dem Schiedsvertrag“ ernannt worden, denn die Parteien haben ihn nicht übereinstimmend als den Träger des beiderseitigen Vertrauens zum Schiedsrichter ernannt, sondern der Beklagte hat ihn einseitig zu seinem Schiedsrichter gewählt. Die Ausführung der Revision, daß es schon genüge, um den Tatbestand des § 1033 Nr. 1 ZPO. zu erfüllen, wenn jede Partei ihren Schiedsrichter sogleich beim Abschluß des Vertrags ernenne, ist rechtsirrig. Einseitig berufene Schiedsrichter können und müssen nach ihrem Wegfall durch andere ersetzt werden. Das schreibt § 1031 ZPO. vor. Nur wenn der übereinstimmende Wille beider Parteien bestimmte Personen zu Schiedsrichtern ernannt hat, dann sieht es das Gesetz im § 1033 Nr. 1 ZPO. als die Absicht der Parteien an, daß ihr Streit auch nur durch diese bestimmten Personen entschieden werde. Dann genügt schon der Wegfall eines der so erwählten Schiedsrichter, um den ganzen Schiedsvertrag hinfällig zu machen.

Gegen die tatsächliche Würdigung des Oberlandesgerichts, daß die Parteien weder beim Abschluß des ursprünglichen Schiedsvertrags im Januar 1924 noch beim Vergleich vom 9. April 1924 den Schiedsrichter P. gemeinsam und übereinstimmend zu seinem Amte berufen haben, hat die Revision rechtliche Bedenken nicht erhoben, nach Lage der Sache auch nicht erheben können.

---

14. 1. Unterliegen berichtigende Entscheidungen zu Schiedssprüchen der durch die Verordnung vom 1. Februar 1919 (RGBl. S. 135) eingesetzten Schiedsgerichte für Erhöhung von Preisen bei der Lieferung von elektrischer Arbeit, Gas und Leitungswasser der Nachprüfung und Anfechtung bei den ordentlichen Gerichten?

2. Ergänzung der im Schiedsspruch fehlenden Bestimmung über die Dauer seiner Festsetzungen.

3. Gegenwärtige Geltung der Verordnung vom 1. Februar 1919 in der Fassung der Bekanntmachung vom 16. Juni 1922 (RGBl. I S. 510).

Verordnung vom 1. Februar 1919 (RGBl. S. 135). Gesetz vom 9. Juni 1922 (RGBl. I S. 509). Bekanntmachung vom 16. Juni 1922 (RGBl. I S. 510).

VI. Zivilsenat. Urt. v. 8. Juni 1926 i. S. C. Straßenbahngesellschaft A.-G. (Kl.) w. Stadtgemeinde C. (Bekl.). VI 31/26.

I. Landgericht Coblenz.
II. Oberlandesgericht Köln.

Die Klägerin betreibt in der Stadt C. die Erzeugung und Abgabe von elektrischem Strom auf Grund eines von der Beklagten festgesetzten Tarifs, der zuletzt im Jahre 1913 auf 40 Pf für Licht und 20 Pf für Kraft festgesetzt wurde. Sie liefert auch den Strom für die städtischen Anlagen und Gebäude und zwar zum Teil auf Grund von förmlichen Verträgen, zum Teil auf Grund von brieflichen, mündlichen oder auch nur stillschweigend durch die Übung geschlossenen Vereinbarungen. Am 18. Juni 1919 teilte sie der Beklagten mit, daß sie fortan wegen der fortschreitenden Teuerung einen Kohlenzuschlag von 25 Pf für jede angefangene Mark der Erhöhung des Kohlenpreises erheben werde. Die Beklagte ließ dieses Schreiben unbeachtet und bezahlte auf die ihr übersandten, den Kohlenzuschlag enthaltenden Rechnungen im Dezember 1919 nur niedrigere, von ihr selbst berechnete Teuerungszuschläge. Auf ein Schreiben vom 2. April 1920, in dem die Klägerin auf unverkürzter Begleichung ihrer Rechnungen bestand, beharrte die Beklagte mit Schreiben vom 30. Juni 1920 auf ihrer Berechnungsweise. Die Klägerin wandte sich nunmehr mit Antrag vom 12. Mai 1920 an das Schiedsgericht für Erhöhung von Preisen bei der Lieferung von elektrischer Arbeit, Gas und Leitungswasser in Köln und erwirkte bei diesem am 23. November 1920 einen Schiedsspruch, durch den der Kohlenzuschlag für Kleinverbraucher auf 0,8 Pf für Licht und 0,4 Pf für Kraft für jede angefangene Mark Kohlenpreiserhöhung festgesetzt und weiterhin bestimmt wurde:

„Die gleichen Zu- und Abschläge kommen auf die im Vertrage vom 5. März 1914 für den Betrieb des Werftes und der Werftbahn vereinbarten Preise in Anrechnung. Alle übrigen Sondertarife mit der Stadt C., welche auf Grund von besonderen Verträgen eingeräumt sind, werden sinngemäß jeweils in denselben Verhältnissen erhöht oder herabgesetzt wie die genannten Grundpreise von 40 bzw. 20 Pf."

Da diese verhältnismäßige Erhöhung oder Herabsetzung im Schiedsantrag der Klägerin für „alle übrigen Sondertarife, welche nicht auf Grund von besonderen Verträgen eingeräumt sind", verlangt worden war, bat die Beklagte am 31. Dezember 1920 das Schiedsgericht um Mitteilung, wie der Satz in der Entscheidung richtig zu lauten habe. Das Schiedsgericht beschloß darauf am 15. Januar 1921 die „Berichtigung" des Schiedsspruchs gemäß dem Wortlaute des Antrags. Die Klägerin erachtete indessen diesen Beschluß als unzulässig und den ursprünglichen Wortlaut des Spruches als verbindlich; sie folgerte aus diesem, daß sie für die Anlagen, deren Strombezug „nicht auf Grund von besonderen Verträgen nach Sondertarifen" zu vergüten sei, nicht verhältnismäßige Erhöhung im Sinne des geänderten Satzes, sondern schlechthin die für die Kleinverbraucher festgesetzten Sätze zu beanspruchen habe. Da das Schiedsgericht ihren Antrag, den Schiedsspruch in diesem Sinne auszulegen, ablehnte, erklärte sie der Beklagten am 23. Mai 1921, daß vom 1. Juni ab die ihr bisher gewährten Preisnachlässe, abgesehen von dem Werkvertrag, in Wegfall kämen und lediglich die allgemeinen Preise und Bedingungen zur Anwendung gelangen würden.

Im Rechtsstreit beantragte die Klägerin Feststellung, daß der abändernde Schiedsspruch vom 15. Januar 1921 nicht zu Recht bestehe und die Stadt dieselben Zuschläge wie die Kleinverbraucher zu entrichten habe, sowie die Verurteilung der Beklagten zur Zahlung von 545516,60 ℳ nebst einem zusätzlichen, der Geldentwertung seit Klagzustellung entsprechenden Betrag und Zinsen für die bis November 1921 fällig gewordenen Strompreise. Landgericht und Oberlandesgericht wiesen die Klage ab. Die Revision der Klägerin hatte keinen Erfolg.

Gründe:

Die Revision beanstandet die Abweisung der für die Zeit vor dem Schiedsspruch auf Grund des Schreibens vom 18. Juni 1919 von der Klägerin geforderten Preiserhöhungen, weil in dem gesamten Verhalten der Beklagten nach Empfang dieses Schreibens nach Treu und Glauben Zustimmung liege und der Berufungsrichter seine gegenteilige Annahme nicht näher begründe, auch die wirtschaftliche Unmöglichkeit der Beibehaltung der alten Preise nicht berücksichtige. Dieser Angriff richtet sich in der Hauptsache gegen die tatsächliche Würdigung des Berufungsgerichts. Soweit er die dem § 286 ZPO. nicht entsprechende Begründung betrifft, ist er zur Zeit nach dem Entlastungsgesetz vom 21. Dezember 1925 in Verbindung mit der Vo. vom 15. Januar 1924 im Revisionsverfahren unzulässig. Daß das Berufungsgericht die Bestimmung des § 346 HGB. und die danach in Betracht zu ziehenden Gewohnheiten des kaufmännischen Verkehrs bei seiner Beurteilung nicht außer acht gelassen hat, ist aus seiner Bemerkung zu entnehmen, es könne dahingestellt bleiben, ob die Beklagte im Verhältnis zur Klägerin als Kaufmann zu gelten habe. Inwiefern das Berufungsgericht jene Gewohnheiten in rechtsirriger Weise gewürdigt haben sollte, ist gleichfalls nicht ersichtlich.

Gegen die Abweisung des Feststellungsantrags der Klägerin wendet die Revision ein, das Berufungsgericht übersehe, daß der schriftliche Schiedsantrag der Klägerin, an den sich der Berichtigungsbeschluß vom 15. Januar 1921 anschließt, nach der als richtig zu unterstellenden Behauptung der Klägerin vor Erlassung des Beschlusses zurückgenommen worden, der Beschluß daher wegen Verletzung grundlegender Verfahrensregeln nichtig sei. Zu einer Nachprüfung des Verfahrens der auf Grund der Vo. vom 1. Februar 1919 eingesetzten Schiedsgerichte für Erhöhung von Preisen bei der Lieferung von elektrischer Arbeit, Gas und Leitungswasser sind indessen die ordentlichen Gerichte nicht berufen, nicht einmal nach Maßgabe des § 1041 ZPO.; dies ergibt sich aus § 2 Nr. 2 der Vo., übrigens auch aus deren § 2 Nr. 4 in seiner neuen, im Gesetz vom 9. Juni 1922 bestimmten Fassung, die jedoch nach Art. 4 des Gesetzes für die Anfechtbarkeit vorher erlassener Schiedssprüche nicht in Frage kommt. Daß das Schiedsgericht zu einer Berichtigung von Fehlern seiner Schiedssprüche, die es auf offenbare Versehen zurückführt, zuständig und eine solche Berichtigung der Anfechtung bei den ordentlichen Gerichten ebenso wie der Schiedsspruch selbst entzogen ist, kann gleichfalls nicht bezweifelt werden.

Wenn die Revision endlich anregt, ob nicht der im Schiedsspruch fehlende Endzeitpunkt der Geltung seiner Festsetzungen durch das ordentliche Gericht zu bestimmen und von da ab eine Neuordnung der Beziehungen der Parteien nach den allgemeinen Gesichtspunkten des § 242 BGB. vorzunehmen sei, so erledigt sich dies durch die Bestimmung in § 2 Nr. 3 der Vo. vom 1. Februar 1919 (in der Fassung des Gesetzes vom 9. Juni 1922), wonach jede Partei beim Schiedsgericht eine Abänderung des Schiedsspruchs beantragen kann, wenn gegenüber dem in ihm — oder in der Berufungsentscheidung des Reichswirtschaftsgerichts — berücksichtigten Tatbestand eine erhebliche Änderung eingetreten ist. Daß zu den Änderungen, die hiernach zu einer neuen Entscheidung des Schiedsgerichts Anlaß geben können, auch Änderungen des Geldwerts und der Währungsverhältnisse gehören, ergibt sich schon daraus, daß die Einsetzung der Schiedsgerichte seiner Zeit durch die Anfänge der Geldentwertung veranlaßt wurde.

Damit ist eine Anrufung der ordentlichen Gerichte behufs Regelung des Verhältnisses der Parteien mit Rücksicht auf die Geldentwertung oder sonstige Änderungen der Wirtschaftslage ausgeschlossen. Die gegenwärtige Geltung dieser Bestimmung kann nicht etwa aus dem Grunde in Zweifel gestellt werden, weil die Verordnung vom 1. Februar 1919 das in ihr geregelte besondere Verfahren nur zur Ermöglichung derjenigen Abänderungen von Gas-, Wasser- und Stromlieferungsverträgen eingeführt hat, die „infolge der Kriegsverhältnisse" notwendig würden. Schon der Umstand, daß die $2^1/_2$ Monate nach Abschluß des Waffenstillstandes erlassene Verordnung fast $2^1/_2$ Jahre nach Inkrafttreten des Versailler Vertrags durch ein Gesetz einer Änderung unterzogen worden ist, die eine Verbesserung des Verfahrens durch Einführung der Berufung an das Reichswirtschaftsgericht zum Gegenstand hatte, beweist, daß sie keineswegs nur für die unmittelbar infolge des Kriegs eingetretene Steigerung der Selbstkosten, sondern nach dem Willen des Gesetzgebers auch für deren weitere unvorhergesehene Erhöhung infolge der als mittelbare Kriegsfolge anzusprechenden Umwälzung der wirtschaftlichen Verhältnisse Vorsorge treffen soll. Demgemäß muß das in der Verordnung bestimmte Verfahren auch heute noch unter Ausschluß des ordentlichen Rechtswegs für Anträge auf Änderung von Abmachungen oder Schiedssprüchen Platz greifen, die durch derartige Änderungen der wirtschaftlichen Verhältnisse und durch die von ihnen verursachte unvorhergesehene Erhöhung der Selbstkosten veranlaßt sind.

---

15. Kann jemand unter dem Gesichtspunkt des Schadensersatzes die Fortdauer eines von ihm mit einer Gesellschaft m. b. H. geschlossenen, auf längere Dauer berechneten Vertrags erreichen, wenn von den Gesellschaftern in der Absicht, jenen Vertrag zu beseitigen, die Auflösung der bisherigen Gesellschaft und die Gründung einer neuen Gesellschaft m. b. H. unter den nämlichen Gesellschaftern mit dem gleichen Geschäftszweck vorgenommen wird? Hat in solchem Falle die neu gegründete Gesellschaft während des Rechtsstreits das Recht, das im Wege einer einstweiligen Verfügung aufrecht erhaltene Vertragsverhältnis wegen nunmehrigen vertragswidrigen Verhaltens des anderen Teils zu kündigen?

BGB. §§ 826, 249.

IV. Zivilsenat. Urt. v. 10. Juni 1926 i. S. Sch. BetriebsGmbH. u. Gen. (Bekl.) w. W. (Kl.). IV 186/26.

I. Landgericht Frankfurt a. M.
II. Oberlandesgericht daselbst.

Die A.-G. f. Z. u. Th. besitzt in F. ein Theatergebäude; dieses Gebäude hatte die Sch.-Betriebsgesellschaft m. b. H. von der Eigentümerin gemietet und betrieb darin ein Lichtspieltheater. Sie hatte ihrerseits einen als Pachtvertrag bezeichneten Vertrag mit dem Kläger geschlossen, der bis zum 1. Oktober 1926 dauern sollte und worin sie dem Kläger die Lichtbild- und Programmreklame in ihrem Theater gegen einen monatlich zu zahlenden Pachtbetrag einräumte. Der Kläger seinerseits schloß Verträge mit solchen Personen ab, die ihre Reklameanzeigen u. dgl. im Lichtspieltheater veröffentlicht haben wollten, und bezog die von ihnen dafür geleisteten Zahlungen für eigene Rechnung. Zu Anfang 1924 trat die Gesellschaft an den Kläger mit dem Verlangen auf Erhöhung des Pachtbetrags heran, welches Verlangen der Kläger unter Berufung auf den bestehenden Vertrag ablehnte. Ein Versuch der Gesellschaft, von dem Vertrag dadurch loszukommen, daß sie ihn am 20. Februar 1924 wegen angeblich vertragswidrigen Verhaltens des Klägers kündigte, blieb ohne Erfolg, da die Kündigung vom Gericht für ungerechtfertigt erklärt wurde. Am 6. April 1925 zeigte die Gesellschaft durch ihren Geschäftsführer K. beim Registerrichter an, daß sie aufgelöst und der bisherige Geschäftsführer zum Liquidator bestellt sei. Schon vorher, am 20. Dezember 1924, hatte der nämliche K. beim Registerrichter angezeigt, daß eine Gesellschaft m. b. H. mit der Firma Sch.-Theatergesellschaft m. b. H. mit dem Zweck des Betriebs des Sch.-Theaters errichtet und er zum Geschäftsführer bestellt sei; die Eintragung letzterer Gesellschaft erfolgte am 30. März 1925.

Unterm 10. Dezember 1924 erhielt der Kläger eine von der Sch.-Theatergesellschaft ausgehende Mitteilung, daß das Theater in andere Hände übergegangen sei und daß er, wenn er Interesse daran habe, die Lichtbildreklame vom 15. Dezember an zu übernehmen, bis längstens 14. Dezember ein entsprechendes Angebot an sie machen möge. Der Kläger ließ darauf durch einen Rechtsanwalt antworten, daß ihm von einer Firma Sch.-Theatergesellschaft m. b. H. nichts bekannt sei und er an dem mit der Sch.-Betriebsgesellschaft geschlossenen Vertrag festzuhalten gesonnen sei. Am 14. April 1925 schrieb ihm die Sch.-Betriebsgesellschaft, daß sie sich in Liquidation befinde und nicht mehr im Besitz des Theaters sei. Im April 1925 erhob der Kläger die gegen die Sch.-Betriebsgesellschaft und die Sch.-Theatergesellschaft gerichtete Klage mit dem Antrag auf Verurteilung beider, daß sie dem Kläger bis zum 1. Oktober 1926 gemäß den Verträgen von 1921 und 1923 die ausschließliche Programm- und Lichtbildreklame zu gestatten und jede Ausübung dieser Reklame selbst oder durch andere zu unterlassen und zu verhindern hätten, ferner als Gesamtschuldner dem Kläger allen aus einer Zuwiderhandlung hiergegen schon entstandenen oder noch entstehenden Schaden, vorbehaltlich der Feststellung im besonderen Verfahren, zu ersetzen hätten. Zugleich erwirkte er eine einstweilige Verfügung, durch welche den Beklagten verboten wurde, den Kläger bis zur rechtskräftigen Entscheidung der Hauptsache am Alleinbetrieb der Programm- und Lichtbildreklame im Sch.-Theater zu verhindern oder sonst solche Reklame zu betreiben oder sie einem andern als dem Kläger zu gestatten.

Das Landgericht gab der Klage statt. Die Beklagten legten unterm 2. Oktober 1925 Berufung ein mit dem Antrag auf Abweisung der Klage. Sie zeigten sodann an, daß die beklagte Betriebsgesellschaft nach durchgeführter Liquidation unterm 10. Dezember 1925 im Handelsregister gelöscht worden sei und daß der Antrag auf Abweisung der Klage von der Sch.-Theatergesellschaft vertreten werde; letztere machte außerdem geltend, daß sie im Februar 1926 den Vertrag wegen nicht rechtzeitiger Zahlung der Pacht gekündigt habe. Das Berufungsgericht erklärte die Klage gegen die Erstbeklagte als erledigt und wies die Berufung der Zweitbeklagten zurück unter Verurteilung der letzteren zur Tragung sämtlicher Kosten des Rechtsstreits. Die Revision der Zweitbeklagten hatte Erfolg, soweit sie die Beurteilung der erwähnten Kündigung betraf; im übrigen wurde sie zurückgewiesen.

Aus den Gründen:

Das Berufungsgericht erörtert die Umstände, unter denen die Auflösung der Sch.-Betriebsgesellschaft und die Errichtung der Sch.-Theatergesellschaft vor sich gegangen sind; es erwägt hierzu namentlich, daß beide Gesellschaften durch die Person des nämlichen Geschäftsführers K., des nämlichen Gesellschafters S. und durch den gleichen Gesellschaftszweck eng verbunden seien, und gelangt zu der

Feststellung, daß beide Gesellschaften im bewußten und gewollten Zusammenwirken darauf ausgegangen seien, den mit der Eigentümerin des Theaters bestehenden Mietvertrag der Zweitbeklagten in die Hände zu spielen in der Absicht, auf diesem Wege den Kläger um den Genuß seines mit der Erstbeklagten geschlossenen Lichtreklamevertrags zu bringen. Es verweist hierzu auf den Umstand, daß S., der am 10. Januar 1924 die Betriebsgesellschaft als „Einzelgesellschafter" übernommen habe, im gleichen Monat an den Kläger in mündlicher Besprechung wegen Erhöhung der nach seiner Behauptung gänzlich unzulänglichen Pacht herangetreten sei und auf die Weigerung des Klägers, sich auf eine Erhöhung einzulassen, gedroht habe, wenn der Kläger nicht entgegenkomme, werde er, S., eine neue Gesellschaft gründen; er sei schon mit anderen fertig geworden; auch dieser Vertrag lasse sich beseitigen. Es findet in dem gesamten Vorgehen der beiden Beklagten einen Verstoß gegen die guten Sitten und hat keinen Zweifel, daß der Wille der beiden in der Person des gemeinschaftlichen Geschäftsführers und des Gesellschafters S. handelnden Gesellschaften darauf gerichtet gewesen sei, dem Kläger durch Entziehung seines Vertragsrechts Schaden zuzufügen; es erachtet auch für dargetan, daß dem Kläger auf diese Weise tatsächlich Schaden zugefügt worden sei, obwohl er durch Erwirkung einer einstweiligen Verfügung sich die weitere Ausübung der Lichtbild- und Programmreklame habe verschaffen können.

Die Revision kämpft gegen das Vorliegen einer gegen § 826 BGB. verstoßenden Handlungsweise auf Seite der Erstbeklagten nicht an, führt dagegen aus, daß auf Seite der jetzt allein noch im Rechtsstreit befindlichen Zweitbeklagten ein solcher Verstoß nicht vorliegen könne, da die hierfür in Frage kommenden Handlungen alle vor der Zeit ihrer Errichtung lägen. Der Angriff ist nicht begründet. Denn alles, was die Erstbeklagte zur Schädigung des Klägers — Hinausdrängung aus dem bestehenden Reklamevertrag unter gleichzeitiger Weiterführung des Lichtspieltheaters durch die gleichen Personen — geplant und unternommen hatte, gelangte erst dadurch zur Vollendung, daß die Zweitbeklagte in den Vertrag mit der Eigentümerin eintrat und die Weiterführung des Theaterbetriebs unternahm. Daß sie das mit voller Kenntnis der Sachlage und unter Billigung der von der Erstbeklagten unternommenen Machenschaften tat, kann nicht in Zweifel gezogen werden, da sowohl Gesellschafter als auch Geschäftsführer die nämlichen Personen sind wie bei der aufgelösten Gesellschaft. Die Zweitbeklagte hat also in der Zeit nach ihrer Errichtung an den auf Schädigung des Klägers abzielenden, gegen die guten Sitten verstoßenden Maßnahmen mitgewirkt...

Mit Recht sind unter diesen Umständen die Vorinstanzen der Anschauung, daß beide Beklagte dem Kläger zum Schadensersatz verpflichtet sind und daß sie nach der Vorschrift des § 249 BGB. — Herstellung des Zustands, der bestehen würde, wenn der zum Ersatz verpflichtende Umstand nicht eingetreten wäre — namentlich auch dazu angehalten werden können, ihm die Ausübung der Programm- und Lichtbildreklame in dem von ihnen betriebenen Theater zu den nämlichen Bedingungen zu gestatten, wie es seinerzeit in den mit der Erstbeklagten geschlossenen Verträgen vereinbart worden war. Der Umstand, daß der Kläger, abgesehen von einer kurzen Unterbrechung, die Fortdauer des vertragsmäßigen Zustands durch eine einstweilige Verfügung des Gerichts herbeigeführt hat, steht dem Ausspruch der bezeichneten Schadensfolge nicht entgegen; denn die Aufrechterhaltung der einstweiligen Verfügung war von der Durchführung des Hauptprozesses über die Schadensersatzpflicht abhängig gemacht. Daß übrigens der Kläger trotz jener Regelung in der Ausnutzung der ihm nach dem Vertrag zustehenden Rechte, namentlich auch im Verhältnis gegenüber seinen Auftraggebern für die Reklame, beeinträchtigt war, solange er sich die Durchführung seiner Rechte erst durch einstweilige Verfügung des Gerichts — die zudem von den Beklagten mehrfach angefochten wurde — erzwingen mußte, unterliegt keinem Zweifel und wird auch vom Berufungsgericht angenommen.

Dagegen muß der Revisionsangriff als begründet anerkannt werden, der sich dagegen richtet, daß das Berufungsgericht die von der Zweitbeklagten im Laufe des Berufungsverfahrens erklärte Kündigung des Vertragsverhältnisses als wirkungslos angesehen hat. Die Kündigung war darauf gestützt, daß der Kläger mit der Zahlung der Vergütung für die Ausübung der Reklame im Rückstand gewesen sei und trotz Aufforderung den rückständigen Betrag nicht rechtzeitig bezahlt habe, was im Vertrag als Grund zu fristloser Kündigung vorgesehen sei.

Der Kläger hatte dagegen zunächst geltend gemacht, er stehe zu der Zweitbeklagten in keinem vertraglichen Verhältnis; ihr gegenüber habe er nur Schadensersatzansprüche aus unerlaubter Handlung geltend zu machen, sie sei daher nicht zur Erlassung einer Zahlungsaufforderung oder zu einer Fristsetzung befugt gewesen. Das Berufungsgericht läßt es dahingestellt, ob dieser Standpunkt des Klägers berechtigt sei, weil es ohnehin die Kündigung nicht als den vertraglichen Vereinbarungen entsprechend ansieht. Der Standpunkt des Klägers muß aber aus Rechtsgründen abgelehnt werden. Die durch die einstweilige Verfügung erfolgte Aufrechterhaltung der Befugnisse des Klägers, wie sie im Vertrag vereinbart gewesen waren, kann nur die Bedeutung haben, daß das dem Vertrag entsprechende Verhältnis in seinem vollen Umfang, mit den beiderseitigen Rechten und Pflichten, aufrechterhalten wurde. Der Kläger hat denn auch selbst die Zweitbeklagte, nachdem sie Inhaberin des Theaters geworden war und den Betrieb übernommen hatte, als empfangsberechtigt wegen seines Pachtzinses anerkannt und Zahlungen an sie geleistet. War sie aber seine Gläubigerin, so konnte sie auch die im Vertrag dem Gläubiger gewährten Rechte zur Mahnung und Fristsetzung ausüben und nach fruchtlosem Ablauf der Frist die Kündigung aussprechen.

Dem Berufungsgericht kann aber auch darin nicht beigepflichtet werden, daß die Kündigung nicht den vertraglichen Vereinbarungen entsprochen habe. (Wird ausgeführt.)

Die Kündigung vom 3. Februar 1926 muß deshalb als rechtswirksam anerkannt werden und hat die Rechte des Klägers sowohl aus dem ursprünglichen Vertrag als aus der auf ihn gestützten einstweiligen Verfügung beendet.

---

16. 1. Über das Maß der Aufklärungspflicht einer beweispflichtigen Partei.

2. Über die Beweislast, wenn beim Zusammenstoß zweier Kraftfahrzeuge der Halter des einen Fahrzeugs verletzt wird und auf Grund des Kraftfahrzeuggesetzes der Halter und der Führer des anderen Fahrzeugs in Anspruch genommen werden.

Kraftfahrzeuggesetz §§ 7, 9, 17, 18. BGB. § 254.

IV. Zivilsenat. Urt. v. 10. Juni 1926 i. S. Frhr. v. St. u. Gen. (Bekl.) w. Ö. u. Gen. (Kl.). IV 671/25.

I. Landgericht München II.
II. Oberlandesgericht daselbst.

Am 28. Juni 1924 fuhr der Zweitbeklagte mit einem Personenkraftwagen des Erstbeklagten auf der nach L. führenden Staatsstraße durch die Ortschaft A. Gegen Ende der Ortschaft mußte er eine fast rechtwinklige, in ihrem Scheitelpunkt etwas abgerundete, durch Gebäude, Bäume und Straßenzäune unübersichtliche Wegkrümmung nach links befahren. Zur gleichen Zeit kam in der Richtung von L. her der Bauführer Ö. auf seinem $6^1/_2$ P.S. starken Kraftrade. Die beiden Fahrzeuge stießen in der Kurve zusammen. Ö. kam zu Fall und erlitt eine Verletzung, die seinen Tod herbeiführte. Seine Witwe und seine minderjährigen Kinder nehmen wegen dieses Unfalls die beiden Beklagten als Gesamtschuldner auf Schadensersatz in Anspruch. Das Landgericht hat durch Teil- und Zwischenurteil die Klage zur Hälfte abgewiesen, zur anderen Hälfte den Anspruch dem Grunde nach für berechtigt erklärt. Das Oberlandesgericht hat die Berufung der Beklagten zurückgewiesen.

Die Revision der Beklagten hatte keinen Erfolg.

Gründe:

Es handelt sich um den Zusammenstoß zweier Kraftfahrzeuge im Sinne des Kraftfahrzeuggesetzes. Denn auch das Kraftrad des verunglückten Ö. ist wegen der Zahl seiner Pferdestärken kein Kleinkraftrad im Sinne des § 27 KFG. in Verbindung mit § 40 der Vo. über Kraftfahrzeugverkehr vom 15. März 1923/18. April 1924.

Das Landgericht hat angenommen, daß der Zusammenstoß durch Fahrlässigkeit beider Fahrzeuglenker verursacht worden sei. Es hat einerseits für erwiesen erachtet, daß der Zweitbeklagte, als er, auf der Mitte der Straße fahrend, an die scharfe und unübersichtliche Wegkrümmung herangekommen sei, anstatt gemäß § 21 Abs. 1 KFVo. in weitem Bogen nach rechts zu fahren, noch etwas mehr nach links gesteuert sei, vermutlich um die Kurve zu schneiden; und es hat anderseits gegen Ö. festgestellt, daß er bei der Annäherung an die unübersichtliche Kurve, die seine volle Aufmerksamkeit hätte in Anspruch nehmen müssen, auf der Mitte der Straße fahrend, den Kopf nach der linken Seite gewandt habe, infolge dieser Unaufmerksamkeit durch die Begegnung mit dem Kraftwagen überrascht worden sei und dann, entgegen dem § 21 Abs. 2 KFVo., nach links auszuweichen versucht habe, obwohl ihm der Kraftwagen zwar beschränkten, aber immerhin noch genügenden Raum zum Ausweichen nach rechts gelassen habe. Das Landgericht hat demgemäß die gesamtschuldnerische Haftung der beiden Beklagten für die Hälfte des Schadens gegen den Zweitbeklagten aus den §§ 823, 842—844, 846, 254 BGB. und gegen den Erstbeklagten aus den §§ 7, 9 KFG. mit § 254 BGB. bejaht. Das Berufungsgericht hat dagegen die im ersten Rechtszug durchgeführte Beweisaufnahme dahin gewürdigt, daß sie kein nur einigermaßen klares Bild vom Hergang des Unfalls ergeben habe, so daß einwandfreie Feststellungen und zwingende Schlüsse für oder gegen die Annahme eines schuldhaften Verhaltens eines der Beteiligten nicht möglich seien. Gleichwohl hat das Berufungsgericht die Haftung der beiden Beklagten im Rahmen der vom Landgericht über den Grund des Klaganspruchs getroffenen Vorabentscheidung auf Grund der §§ 7, 17 (Abs. 1 Satz 2) und 18 (Abs. 1 und 3) KFG. bestätigt, weil das Mißlingen der Aufklärung zu Lasten der Beklagten gehe.

Die Revision bittet zunächst um Nachprüfung, ob das Berufungsgericht nicht an die nach § 7 Abs. 2 KFG. dem Halter und insbesondere an die nach § 18 Abs. 1 Satz 2 das. dem Führer eines Kraftwagens obliegende Aufklärungspflicht zu strenge Anforderungen gestellt habe. Diese Nachprüfung läßt keinen Rechtsirrtum erkennen. Bei der Beschränktheit der Mittel menschlichen Erkennens genügt es allerdings, wenn für eine Tatsache oder Tatsachenkette ein so hoher Grad von Wahrscheinlichkeit erbracht wird, daß daneben die anderen Möglichkeiten, wie der feststehende Erfolg eingetreten sein könnte, verschwinden (Warn. 1909 Nr. 158). Nur in diesem Sinne brauchte insbesondere der Zweitbeklagte die nach gesetzlicher Vermutung (§ 18 Abs. 1) gegen ihn sprechende Möglichkeit zu widerlegen, daß der Unfall durch ein Verschulden von ihm verursacht sei. Das hat aber das Berufungsgericht auch nicht verkannt. Es hat keineswegs, wie ihm die Revision vorwirft, von dem einen oder dem anderen Beklagten einen „strikten" Entlastungsbeweis verlangt, sondern nur, daß dem Gericht der Verlauf des Unfalls in seinen für die Beurteilung der Unabwendbarkeit des Ereignisses (§ 7 Abs. 2) oder des fehlenden Verschuldens des Zweitbeklagten (§ 18 Abs. 1 Satz 2) wesentlichen Einzelheiten „glaubhaft" klargelegt (nachgewiesen) werde. Daß es eine solche Klarlegung nicht als gegeben ansieht, liegt auf dem mit der Revision nicht angreifbaren Gebiete der Beweiswürdigung.

Zweitens und hauptsächlich wendet sich die Revision dagegen, daß das Berufungsgericht für den vorliegenden Fall der Verletzung eines der beiden beim Zusammenstoß zweier Kraftfahrzeuge beteiligten Fahrzeughalter dem Halter und Führer des anderen Fahrzeugs überhaupt eine Beweispflicht auferlegt hat, wie sie sich für den Fall der Verletzung eines Dritten aus § 7 Abs. 2 und § 18 Abs. 1 Satz 2 ergibt. Nach der Meinung der Revision widerstreitet dies dem § 17 Abs. 1 Satz 2 (§ 18 Abs. 3), wonach im Falle der Verletzung eines der beteiligten Fahrzeughalter die Verpflichtung des anderen Fahrzeughalters (und seines Führers) zum Ersatz sowie der Umfang des zu leistenden Ersatzes von den Umständen, insbesondere davon abhängt, inwieweit der Schaden vorwiegend von dem einen oder dem anderen Teil verursacht worden ist. Die Revision will aus diesem Satze gefolgert wissen, es sei Sache desjenigen, der den anderen als ersatzpflichtig in Anspruch nehme, den Nachweis für die wichtigen Umstände, namentlich das Maß der Verursachung des Unfalls durch den anderen Teil zu führen; solange dies nicht geschehen sei, könne eine Ersatzpflicht des anderen nicht angenommen werden. Diese Ausführung beruht auf einer Verkennung des Zusammenhangs, in dem § 17 Abs. 1 Satz 2 mit § 9 KFG. steht. Ist beim Betrieb eines Kraftfahrzeugs der Halter eines zweiten Kraftfahrzeugs verletzt worden, so kommen auch ihm und seinen Hinterbliebenen die Haftungsgrundsätze der §§ 7, 18 Abs. 1 gegenüber dem Halter und Führer des ersten Kraftfahrzeugs zustatten; anderseits müssen bei eigenem mitwirkenden Verschulden des Verletzten dieser selbst und seine Hinterbliebenen sich nach § 9 KFG. mit § 254 BGB. die dort angeordnete Verteilung des Schadens und unter Umständen den gänzlichen Wegfall eines Ersatzanspruchs gefallen lassen. Beides brauchte im Gesetz als selbstverständlich nicht besonders ausgesprochen zu werden. Die Bedeutung des § 17 Abs. 1 Satz 2 liegt darin, daß er die dem § 254 BGB. (RGZ. Bd. 67 S. 120) entsprechende Abwägung auch für den Fall vorgeschrieben hat, daß auf seiten des Verletzten nicht ein Verschulden, sondern nur die von seinem Kraftfahrzeug ausgehende Betriebsgefahr mitgewirkt hat. Auf dem Boden des § 254 BGB. wie des § 9 KFG. ist es anerkannten Rechtens, daß dem Haftpflichtigen die Beweispflicht für die Tatsachen obliegt, die den Einwand begründen sollen, es habe ein Verschulden des Verletzten mitgewirkt. Das gleiche gilt notwendigerweise auch für diejenigen Tatsachen, welche nach § 17 Abs. 1 Satz 2 KFG. zu einer Entlastung des Haftpflichtigen führen sollen. Hiernach ist aus dem § 17 Abs. 1 Satz 2 weder eine Befreiung der Beklagten von der sie nach § 7 Abs. 2, § 18 Abs. 1 Satz 2 treffenden Beweislast, noch von der den §§ 9 KFG., 254 BGB. entsprechenden Beweispflicht dafür herzuleiten, inwieweit bei dem Unfall ein Verschulden des Verletzten oder die von seinem Kraftfahrzeug ausgehende Betriebsgefahr mitgewirkt hat. Das vom Berufungsgericht angenommene Mißlingen der Aufklärung ist vielmehr nach beiden Richtungen von den Beklagten zu vertreten (vgl. RGZ. Bd. 79 S. 318).

---

17. 1. Kann die Nichtigkeit einer Aktiengesellschaft von einem Aktionär nur im Wege der Klage oder auch im Wege der Einrede geltend gemacht werden?

2. Hat § 309 HGB. eine die Nichtigkeit der Aktiengesellschaft abschließend regelnde Bedeutung, oder können auch andere Mängel des Gründungsvorgangs, als die aus einem Verstoß gegen § 182 Abs. 2 HGB. sich ergebenden, die Nichtigkeit herbeiführen?

3. Über die rechtliche Bedeutung der unrichtigen oder unvollständigen Beurkundung eines Einbringungsabkommens im Gesellschaftsvertrag bei der qualifizierten Gründung (§ 186 Abs. 2 HGB.).

II. Zivilsenat. Urt. v. 11. Juni 1926 i. S. M. (Bekl.) w. Rh. S. A.-G. (Kl.). II 471/25.

I. Landgericht Frankenthal.
II. Oberlandesgericht Zweibrücken.

Die klagende Aktiengesellschaft wurde am 18. September 1922 mit einem Stammkapital von 12500000 ℳ (später erhöht auf 18500000 ℳ) gegründet und am 31. Januar 1923 in das Handelsregister eingetragen. Bei der Gründung war der Beklagte beteiligt, der nach dem notariellen Gesellschaftsvertrag das ihm und seiner mit ihm in Gütergemeinschaft lebenden Frau gehörige Grundstück der ehemaligen „Brauerei zur Sonne" gegen Gewährung von 3500000 ℳ Aktien in die Gesellschaft einbrachte. Das Grundstück wurde am 3. April 1923 auf die Klägerin im Grundbuch umgeschrieben. Der Beklagte, der im Dezember 1922 zum kaufmännischen Direktor bestellt wurde, benutzte zunächst seine frühere Wohnung und für seinen Geschäftsbetrieb als Spediteur auch andere Räumlichkeiten weiter. Hierwegen kam es zu Mißhelligkeiten. Der Beklagte machte geltend, er habe sich bei den Gründungsverhandlungen ein Wohn- und Benutzungsrecht an dem Grundstück vorbehalten und einen Preisnachlaß dafür gewährt; die Beurkundung dieses Rechts sei aber unterblieben. Die Klägerin bestritt dies zwar, schloß aber am 26. Juli 1923 mit dem Beklagten einen notariellen Vergleich. In der Urkunde hierüber heißt es: dem Beklagten und seiner Ehefrau seien bei der Gründung Wohn- und Mitbenutzungsrechte an dem Brauereigrundstück zugestanden worden; diese Rechte gäben die Eheleute restlos auf, wogegen die Aktiengesellschaft sich verpflichte, ihnen bei der demnächst vorzunehmenden Kapitalerhöhung 500000 ℳ Aktien als Entschädigung hierfür zu bewilligen.

Die Klägerin erhob gegen den Beklagten im Juli 1924 Klage auf Räumung der von ihm innegehabten Wohnung mit der Begründung, daß ihm nach Abschluß des Vergleichs und nach seinem Ausscheiden als Direktor der Klägerin keine Rechte mehr an der Wohnung zuständen. Der Beklagte bat widerklagend um Feststellung dahin, daß ihm ein dauerndes Benutzungsrecht und Mitbenutzungsrecht an dem eingebrachten Grundstück zustehe, und machte geltend: die Nichterwähnung des ihm eingeräumten Wohn- und Benutzungsrechts an dem Grundstück im Gesellschaftsvertrag mache diesen, jedenfalls aber das Abkommen über die Einlage nichtig; er, Beklagter, betrachte sich daher noch als Eigentümer des Grundstücks; das Abkommen vom 26. Juli 1923 habe keine Heilung dieser Nichtigkeit herbeigeführt, eine solche wäre nur im Wege der Neugründung möglich gewesen; das Abkommen entbehre daher jeder Wirksamkeit.

Das Landgericht wies, unter Vorbehalt der Entscheidung über

die Widerklage, die Hauptklage durch Teilurteil ab. Auf die Berufung der Klägerin verurteilte das Oberlandesgericht den Beklagten unter Setzung einer Räumungsfrist bis zum 1. Oktober 1925 zur Räumung der von ihm benutzten Wohnung. Die Revision des Beklagten blieb erfolglos.

Aus den Gründen:

... Das Oberlandesgericht hat dem Einwand des Beklagten, daß die Aktiengesellschaft wegen Mängel des Gründungsvertrags nichtig sei, den Erfolg versagt, und zwar zunächst aus dem formellen Grunde, weil eine solche Nichtigkeit nur im Wege der Nichtigkeitsklage des § 309 HGB. geltend gemacht werden könne. Aber auch sachlich greife der Einwand nicht durch, weil eine Nichtigkeit der Aktiengesellschaft nach § 309 HGB. nur beim Fehlen der in § 182 Abs. 2 HGB. aufgeführten wesentlichen Erfordernisse des Gesellschaftsvertrags oder im Falle der Nichtigkeit dieser Bestimmungen überhaupt in Frage komme, ein solcher Mangel aber hier nicht vorliege. Mängel, die hinsichtlich der Vereinbarung über die Sacheinlage bei der Gründung bestünden, insbesondere unvollständige Angabe der Bedingungen, unter denen der Beklagte der zu gründenden Aktiengesellschaft das Grundstück übertragen wolle, könnten nicht dazu führen, den ganzen Gesellschaftsvertrag oder auch nur das Einbringungsabkommen als nichtig anzusehen.

Der Erwägung, daß die Berufung auf die Nichtigkeit der Aktiengesellschaft nicht durchgreifen könne, weil keine Nichtigkeitsklage erhoben sei, scheint das Berufungsgericht selbst keine wesentliche Bedeutung beizumessen, da es sich trotzdem sachlich mit dem Einwande befaßt. Jedenfalls ist es dem Aktionär, wenigstens bei Streitigkeiten über seine Einlage, nicht schlechthin versagt, die Nichtigkeit auch außerhalb des eigentlichen Nichtigkeitsverfahrens einredeweise geltend zu machen; vgl. Denkschrift z. HGB. 1896 S. 169/170 u. RGZ. Bd. 64 S. 187 für den gleichartigen Fall des § 94 GenG. u. RGZ. Bd. 112 S. 280 für den Fall des § 133 HGB. Die sachliche Auffassung des angefochtenen Urteils wird aber von der Revision mit Unrecht beanstandet. Das Berufungsgericht befindet sich im Einklang mit der neueren Rechtsprechung des Reichsgerichts, wenn es der Vorschrift des § 309 HGB. eine die Nichtigkeit der Aktiengesellschaft abschließend regelnde Bedeutung beimißt und anderen Mängeln des Gründungsvorgangs als den aus einem Verstoß gegen § 182 Abs. 2 HGB. sich ergebenden die Wirkung der Nichtigkeit der Aktiengesellschaft abspricht. Die ergangenen Entscheidungen betreffen zwar überwiegend den § 75 GmbHG., haben aber auch auf den sachlich gleichlautenden § 309 HGB., also auf die Frage der Nichtigkeit von Aktiengesellschaften, Anwendung zu finden. In RGZ. Bd. 54 S. 418 ist allerdings vom I. Zivilsenat für den § 75 GmbHG. ausgesprochen worden, daß die Voraussetzungen für eine Nichtigkeitsklage auch dann gegeben seien, wenn der ganze Gesellschaftsvertrag der vorgeschriebenen gerichtlichen oder notariellen Beurkundung entbehre; in einem späteren Urteil in JW. 1908 S. 310 Nr. 22 bemerkt jedoch derselbe Senat, daß dem genannten Falle besondere Bedeutung zukomme, im übrigen aber an der Beschränkung der Nichtigkeit auf die in § 309 in Verbindung mit § 182 Abs. 2 HGB. hervorgehobenen Gründe festzuhalten sei. Eine Ausdehnung der in RGZ. Bd. 54 S. 418 vertretenen Auffassung auf andere Mängel ist jedenfalls abzulehnen, vgl. RGZ. Bd. 102 S. 17 (21 unten). Der erkennende Senat hat wiederholt (RGZ. Bd. 73 S. 429, Bd. 82 S. 288, JW. 1916 S. 745 Nr. 10) ausgesprochen, daß die Nichtigerklärung einer eingetragenen Gesellschaft m. b. H. nur dann möglich sei, wenn der Gesellschaftsvertrag nicht die nach § 3 GmbHG. wesentlichen Bestimmungen enthalte oder eine dieser Bestimmungen nichtig sei. Diesem Standpunkt, der auch der Auffassung der gesetzgebenden Faktoren bei Erlassung der in das Handelsgesetzbuch neu eingefügten Vorschriften über Nichtigkeit von Aktiengesellschaften entspricht und im Wortlaut des § 309 HGB. seine Bestätigung findet, liegt die Erwägung zugrunde, daß das allgemeine öffentliche Interesse es verlange, die Vernichtung einer durch Eintragung nach außen einmal in den Verkehr getretenen Gesellschaft, die als selbständige juristische Person Trägerin der verschiedensten Rechte und Pflichten geworden ist, nur aus besonderen, im Gesetz hervorgehobenen zwingenden Gründen zu gestatten. Nur das Fehlen oder die Nichtigkeit der in § 182 Abs. 2 HGB. aufgestellten unbedingten Erfordernisse des Gesellschaftsvertrags kann also zur Nichtigkeit der Aktiengesellschaft selbst führen; andere Mängel des Gründungsakts, insbesondere unzureichende oder unvollständige Beurkundung sonstiger Bestimmungen des Gesellschaftsvertrags lassen die Wirksamkeit der eingetragenen Aktiengesellschaft unberührt. Die allgemeine Auslegungsvorschrift des § 139 BGB., wonach bei Nichtigkeit eines Teils eines Rechtsgeschäfts regelmäßig das ganze einheitliche Rechtsgeschäft nichtig ist, hat für den Geltungsbereich des § 309 HGB. hinter diese besondere Vorschrift zurückzutreten. (RG. in JW. 1908 S. 310 Nr. 22; 1916 S. 745 Nr. 10). Der Versuch der Revision, die Nichtigkeit des ganzen Gesellschaftsvertrags damit zu begründen, daß die Angaben über die Sacheinlage in wesentlichen Punkten in der notariellen Urkunde unvollständig wiedergegeben seien, ist daher als verfehlt zurückzuweisen.

Die Unrichtigkeit des Standpunkts der Revision folgt, selbst wenn die Gründe für die Nichtigkeit einer Aktiengesellschaft nicht in der obigen Weise beschränkt werden, auch aus der besonderen Regelung, welche die sog. qualifizierte Gründung durch Sacheinlagen im § 186 HGB. erfahren hat. Der Gegenstand der Einlage, die einbringende Person und der Betrag der dafür zuzuweisenden Aktien oder einer sonstigen Vergütung müssen allerdings im Gesellschaftsvertrag angegeben werden. Aber an die Unterlassung der Festsetzungen über diese Punkte im Gesellschaftsvertrag ist in § 186 Abs. 4 HGB. nur die Unwirksamkeit des betreffenden Abkommens gegenüber der Gesellschaft, nicht die Nichtigkeit des ganzen Vertrags geknüpft. Der Zweck der Vorschrift, eine Schutzmaßnahme gegen unsolide, die Gesellschaft benachteiligende Gründungen zu bilden, verlangt nur, daß die Gesellschaft mit solchen nicht öffentlich (durch Einreichung des Gesellschaftsvertrags beim Handelsregister) kundgegebenen Verpflichtungen nicht belastet wird, nicht aber, daß durch derartige Mängel der Festsetzung die Gründung selbst in Frage gestellt wird.

Hiernach hat das Berufungsgericht mit Recht die Nichtigkeit der Aktiengesellschaft verneint. Wenn der Beklagte in zweiter Reihe aus der unvollständigen Beurkundung des Einbringungsabkommens mindestens dessen Nichtigkeit und damit ein Recht auf Rückübertragung des Eigentums am Grundstück und zur Verweigerung der Räumung herleiten will, so ist auch das verfehlt. Der Zweck des § 186 HGB. ist es gerade, daß im Interesse des allgemeinen Geschäftsverkehrs die sachlichen Grundlagen des Unternehmens im förmlichen, zum Handelsregister einzureichenden Gesellschaftsvertrag vollständig und richtig dargestellt werden sollen. Deshalb kann ein Aktionär, der eine im Gesellschaftsvertrag ihrem Gegenstand und der Gegenleistung nach bezeichnete Sacheinlage gemacht hat, nicht nachträglich mit dem Einwand gehört werden, daß im Gesellschaftsvertrag das Abkommen nicht vollständig enthalten, namentlich die Gegenleistung nicht vollständig angegeben und aus diesem Grunde das ganze Einlageabkommen wegen unrichtiger Beurkundung unwirksam sei. Er muß das Abkommen so gegen sich gelten lassen, wie es im Gesellschaftsvertrag festgesetzt ist, und kann sich auf eine Unrichtigkeit oder Unvollständigkeit, die nicht aus dem Vertrag selbst erkennbar ist, nicht berufen. Es kommen hier die gleichen Grundsätze zur Anwendung, wie sie in der Rechtsprechung wegen der Verpflichtung aus einem Zeichnungsschein anerkannt sind. Jede derartige Nebenabrede, die sich nicht aus der Urkunde selbst ergibt, ist der Gesellschaft gegenüber unwirksam, läßt aber die Gültigkeit der Einlageverpflichtung, soweit diese aus dem Gesellschaftsvertrag zu ersehen ist, im übrigen unberührt. Der § 186 Abs. 4 HGB. hat in dieser Beziehung keine andere Bedeutung als § 189 Abs. 5 daselbst, vgl. RGZ. Bd. 81 S. 404 [410/11]. Diese Entscheidung bezieht sich allerdings auf Art. 209b des alten HGB.; letztere Vorschrift stimmt jedoch mit dem jetzigen § 186 HGB. überein. Hiernach blieb das Einlageabkommen zwischen dem Beklagten und der Gesellschaft, soweit es sich aus dem notariellen Gesellschaftsvertrag ergibt, rechtswirksam und war nur die — nicht beurkundete — angebliche Zusicherung bei der Gründung, dem Beklagten die Nutzung des eingebrachten Grundstücks in gewissem Umfange weiter zu belassen, der Aktiengesellschaft gegenüber ohne Rechtswirkung. Ein Anspruch auf Rückübertragung des Eigentums (aus dem Gesichtspunkte der Bereicherung) wegen Nichtigkeit des Einlageabkommens besteht also nicht, und damit entfällt auch ein daraus hergeleitetes Recht zur Verweigerung der Räumung. Ob dem Beklagten aus der behaupteten Zusage Ansprüche gegen seine Mitgründer erwachsen sind, kann im gegenwärtigen Rechtsstreit auf sich beruhen....

---

18. 1. Ist der ausländische Konkursverwalter befugt, gegen Gläubiger des Gemeinschuldners, die im Inlande befindliches Vermögen des Gemeinschuldners gepfändet haben, gemäß § 771 ZPO. vorzugehen?

2. Kann der ausländische Konkursverwalter für die ausländische Konkursmasse im Inland befindliche Vermögensstücke erwerben, ohne daß sie dem Zugriff der Gläubiger des Gemeinschuldners unterliegen? ZPO. § 771. KO. § 237.

VI. Zivilsenat. Urt. v. 11. Juni 1926 i. S. Sch. (Bekl.) w. W. (Kl.). VI 598/25.

I. Landgericht München-Gladbach.
II. Oberlandesgericht Düsseldorf.

Dem Beklagten steht aus Warenlieferung eine Forderung gegen die Firma T. & S. zu, über deren Vermögen in Holland das Konkursverfahren eröffnet ist; Konkursverwalter ist der Kläger. In dem Konkursverfahren ist die Forderung des Beklagten auf 8706 holl. Gulden festgestellt worden. Der Kläger hat im Prozeßwege eine Forderung gegen den Beklagten aus der Übergabe von zwei Akzepten auf Zahlung von 3000 Gulden geltend gemacht. Weiter hat der Beklagte behauptet, daß die Rechtsanwälte Dr. S. und Dr. K. in D. für die Firma T. & S. Gelder eingezogen hätten. Er hat wegen seiner Forderung in Höhe von 8706 Gulden gegen die Firma T. & S. einen Arrestbefehl erwirkt und deren angebliche oben bezeichnete Forderungen pfänden lassen.

Mit der Klage beantragt der Kläger, die Pfändung für unzulässig zu erklären. Das Oberlandesgericht entsprach diesem Antrag, nachdem der erste Richter die Klage abgewiesen hatte. Die Revision des Beklagten blieb ohne Erfolg.

Aus den Gründen:

Die Revision wendet sich zunächst gegen die Annahme des Berufungsgerichts, daß der Kläger zur Erhebung der Klage nach § 771 ZPO. befugt gewesen sei. Diese Rüge ist unbegründet. Besteht zwischen dem Konkursverwalter und einem Gläubiger des Gemeinschuldners Streit über die Frage, ob ein Vermögensstück des Gemeinschuldners zur Konkursmasse gehört oder nicht, so ist der Konkursverwalter als Dritter im Sinne des § 771 ZPO. anzusehen. Denn wenn auch die Konkursmasse im Eigentum des Gemeinschuldners steht, so ist ihm doch die Verfügung darüber entzogen, so daß dann, wenn der Gemeinschuldner Vermögen besitzt, das nicht zur Masse gezogen ist, zwei getrennt verwaltete Vermögensmassen bestehen. In einem solchen Falle ist der Konkursverwalter berechtigt, gegen einen Gläubiger des Gemeinschuldners vorzugehen, der eine Pfändung in dessen Vermögen mit der vom Verwalter bestrittenen Behauptung ausgebracht hat, der gepfändete Gegenstand gehöre nicht zur Konkursmasse. So liegt der Fall hier: der Pfändungsbeschluß geht von der vom Konkursverwalter bekämpften Annahme aus, daß die gepfändeten Forderungen nicht der Verfügung des Konkursverwalters unterständen, sondern gemäß § 237 KO. konkursfreies Vermögen der Gemeinschuldnerin bildeten.

Weiter behauptet die Revision, dem Anspruch des Klägers stehe § 237 KO. entgegen, die Pfändung des Beklagten sei zulässig gewesen, weil sie sich auf im Inland befindliche Vermögensstücke bezogen habe. Das Berufungsgericht nimmt an, § 237 KO. sei nicht anwendbar, da sich die Vorschrift nicht auf Vermögensgegenstände beziehe, die der ausländische Konkursverwalter nach Eröffnung des Konkurses für die ausländische Masse erworben habe. Im Ergebnis war dem Berufungsgericht beizutreten. § 237 KO. stellt klar, daß das im Ausland eröffnete Konkursverfahren nicht das im Inland befindliche Vermögen des Gemeinschuldners ergreift (RGZ. Bd. 100 S. 242). Dadurch wird aber nicht ausgeschlossen, daß der ausländische Verwalter im Inland befindliche Vermögensstücke für die Konkursmasse dergestalt erwerben kann, daß sie dem Zugriff inländischer Gläubiger des Gemeinschuldners entzogen sind, und ein solcher Fall tritt namentlich dann ein, wenn der Verwalter aus Mitteln der Konkursmasse erwirbt (RGZ. Bd. 14 S. 426). So ist der Kläger verfahren.

Der Beklagte hat Wechsel in Händen, die der Kläger aus Holzverkäufen erhalten und zu Sicherheitszwecken ihm übergeben hat, und zu deren Rückgabe der Beklagte verpflichtet ist, nachdem der Sicherungszweck weggefallen ist. Diesen Anspruch auf Rückgabe hat der Beklagte gepfändet. Hier kann die Annahme, daß der Kläger den gepfändeten Anspruch für die Konkursmasse aus deren Mitteln erworben hat, keinem Bedenken unterliegen.

Die außerdem gepfändete Forderung ist auf folgende Weise entstanden: zur Zeit der Konkurseröffnung lagerte in Deutschland Holz, das die Gemeinschuldnerin gekauft, aber noch nicht bezahlt und noch nicht zu Eigentum erworben hatte. Der Kläger traf nun mit den Verkäufern Vereinbarungen, in deren Folge das Holz nach Holland auf den Weg gebracht wurde. Während des Transports wurde es von deutschen Gläubigern der Gemeinschuldnerin mit Arrest belegt. Der Kläger hat darauf mit den Arrestgläubigern Vereinbarungen getroffen, die das Berufungsgericht dahin verstanden hat, daß das Holz für die Konkursmasse verkauft werden und der Erlös dem Kläger für die Konkursmasse zustehen sollte; die Arrestgläubiger sollten nur einen schuldrechtlichen Anspruch auf Befriedigung aus dem Erlös haben. Diese Auslegung läßt einen Rechtsirrtum nicht erkennen. Daraus ergibt sich, daß der Erlös aus Mitteln der Masse erzielt wurde und deshalb zur Masse gehörte, also dem Zugriff inländischer Gläubiger nicht unterlag....

---

19. 1. Wann ist die Aufwertung von Ansprüchen durch eine rechtskräftige gerichtliche Entscheidung im Sinne von § 68 Abs. 1 AufwG. geregelt?

2. Zuständigkeit des ordentlichen Gerichts zur Entscheidung hierüber.

AufwG. §§ 68, 69.

V. Zivilsenat. Urt. v. 22. September 1926 i. S. F. (Bekl.) w. K. (Kl.). V 544/25.

I. Landgericht Düsseldorf.
II. Oberlandesgericht daselbst.

Die Beklagte ist Eigentümerin eines im Grundbuche von D. eingetragenen Grundstücks. Auf diesem lastet seit dem Jahre 1911 eine Kaufgeldhypothek, von der die Kläger im Juni 1918 einen Teil von 30000 *M* durch Abtretung erworben haben. Die Beklagte ist persönliche Schuldnerin der Forderung.

Am 1. Januar 1923 hatte die Beklagte die Hypothek zur Rückzahlung am 1. Juli 1923 gekündigt. Die Kläger verweigerten jedoch die Erteilung der Löschungsbewilligung, da ihnen nur der Nennbetrag als Zahlung angeboten wurde. Die Beklagte erhob darauf

Klage auf Erteilung der Löschungsbewilligung beim Amtsgericht. Dieses wies die Klage ab. In der Berufungsinstanz stellte die Beklagte, damalige Klägerin, den Hilfsantrag, die Beklagten zur Löschung und Herausgabe des Briefs gegen Zahlung des vom Gericht festzusetzenden Betrags zu verurteilen. Das Landgericht verurteilte nunmehr die Kläger und damaligen Beklagten am 13. Februar 1924 zur Bewilligung der Löschung und zur Briefherausgabe Zug um Zug gegen Zahlung von 14000 GM und 5% Zinsen seit dem 1. Januar 1924.

Jetzt verlangen die Kläger Zahlung von 14000 GM, indem sie sich auf § 14 der 3. Steuernotverordnung stützen. Das Landgericht gab der Klage statt. In der Berufungsinstanz bat die Beklagte, sie zu nicht mehr als zur Zahlung von 15% des Goldmarkbetrags der Hypothek (gemäß § 5 Abs. 1 der 3. Steuernotverordnung) nebst Zinsen nach § 5 Abs. 2 daselbst zu verurteilen. Das Oberlandesgericht wies jedoch die Berufung zurück.

Auf die Revision der Beklagten wurde aufgehoben und zurückverwiesen.

Aus den Gründen:

Nach § 69 AufwG. entscheidet, wenn Streit besteht, in welcher Höhe Ansprüche der in den §§ 4—54 bezeichneten Art aufgewertet sind, hierüber ausschließlich die Aufwertungsstelle. Es herrscht im Schrifttum und in der Rechtsprechung, insbesondere derjenigen des Kammergerichts, die einhellige Meinung, daß, soweit über das Bestehen der Forderung gestritten werde, die Aufwertungsstelle zur Entscheidung nicht berufen sei. Der Streit über das aufzuwertende Recht selbst gehört nach dieser Auffassung nicht vor die Aufwertungsstelle. Ein solcher Streit besteht z. B. dann, wenn der Anspruch nach der Behauptung des Schuldners durch vorbehaltlose Annahme erloschen oder durch Aufrechnung getilgt sein soll (vgl. Gribel 1926 2. A. S. 187). Nach der überwiegenden Meinung gehört zu den der Aufwertungsstelle entzogenen Streitigkeiten auch der Streit darüber, ob eine von der gesetzlichen Regelung abweichende Vereinbarung der Aufwertung entgegensteht. In gleichem Sinne wird die Frage, wo der Streit darüber auszutragen sei, ob eine rechtskräftige gerichtliche Entscheidung der Aufwertung im Wege steht, von Lehmann-Boesebeck (1925 S. 334 Anm. 11), Emmerich (1926 S. 371), Nadler

(Grundb.- und Aufw.-Fragen 2. A. S. 102) und Quassowski (3. A. S. 466) behandelt, also ebenfalls dahin beantwortet, daß auch dieser Streit dem ordentlichen Gericht zuzuweisen sei. Dem ist zuzustimmen. Wenn die Aufwertungsstelle eine vollstreckungsfähige Entscheidung nur hinsichtlich der Kosten schaffen und im übrigen die Entscheidung der Gerichte, soweit die Höhe des Anspruchs in Betracht kommt, bindend vorbereiten sollte, dann konnte ihr die wegen ihrer Endgültigkeit wichtige Vorentscheidung darüber, ob überhaupt noch aufzuwerten oder ob eine die Anwendung der gesetzlichen Vorschriften ausschließende Regelung durch eine rechtskräftige gerichtliche Entscheidung erfolgt sei, nicht anvertraut werden. Gerade weil der Streit über die Höhe der Aufwertung voraussetzt, daß eine solche Regelung noch nicht erfolgt ist, kann die Zuständigkeit des ordentlichen Gerichts zur Entscheidung dieser Vorfrage nicht angezweifelt werden. Die Vorinstanzen waren demnach zur Entscheidung berufen.

In der Sache selbst hatte die Beklagte in Abrede gestellt, daß im Urteil vom 13. Februar 1924 eine Regelung der in § 68 AufwG. bezeichneten Art zu erblicken sei. Das Berufungsgericht hat mit Recht ausgeführt, daß die Vorschrift in § 322 ZPO. zur Stützung der Annahme, daß über den Aufwertungsanspruch rechtskräftig entschieden sei, nicht herangezogen werden könne. Es entspricht durchaus der im Schrifttum und in der Gerichtspraxis herrschenden Meinung, wenn man annimmt, daß nur derjenige Urteilssatz in Rechtskraft übergeht, der sich über die mit der Klage oder Widerklage geltend gemachte Forderung ausspricht, daß aber der Ausspruch, der Beklagte oder Widerbeklagte habe nur Zug um Zug gegen Bewirkung einer Gegenleistung zu leisten, nicht ein Gegenrecht zuerkennt, sondern der Beurteilung lediglich eine Maßgabe beifügt (Stein-Jonas, ZPO. V 2b zu § 322, Förster-Kann, ZPO. 3. A. S. 848). Das Kammergericht vertritt allerdings als Beschwerdeinstanz in Grundbuchsachen in 1 X 773/26 — vgl. JRsch. 1925 Nr. 507, Beilage S. 414 — die Auffassung, es handle sich bei Erhebung des Löschungsanspruchs nur um die Geltendmachung eines Rechts, das seiner Natur und besonderen Bestimmung nach im Austausch von Zahlung und in der Abgabe der Erklärung der Löschungsbewilligung bestehe, das aber dem Zahlungsanspruch nicht als ein „Gegenrecht" gegenüberstehe; die Zahlung des Eigentümers sei Inhalt und Voraussetzung des Löschungsanspruchs und nehme an dessen Rechtskraft teil. Dieser Beweisführung kann jedoch nicht gefolgt werden. Die Ausführungen des Kammergerichts über die rechtliche Natur der hier in Betracht kommenden Gegenleistung vermögen nichts daran zu ändern, daß im Vorprozeß die Kläger zur Bewilligung der Löschung und zur Herausgabe des Briefs Zug um Zug gegen Zahlung von 14000 GM (zu vgl. RGR. Komm. zu § 1144 Anm. 2) verurteilt worden sind, nicht aber die Beklagte zur Zahlung. Soweit aber Zug-um Zugleistungen in Frage kommen, hat sich auch die Praxis des höchsten Gerichtshofs stets auf den Standpunkt gestellt, daß Rechtskraft und Vollstreckbarkeit eines Urteils auf Leistung Zug um Zug gegen Bewirkung der Gegenleistung sich nur auf die Leistung, nicht auch auf die Gegenleistung erstrecken (vgl. Urt. v. 19. Oktober 1920 II 173/20), und daß insbesondere durch die Feststellung des Kaufpreises als Zug- um Zugleistung bei der Verurteilung zur Lieferung der Kaufsache eine der Rechtskraft fähige Entscheidung über die Kaufpreisforderung nicht getroffen werde (Urt. v. 20. März 1925 VI 499/24). Ein Anlaß, bei der hier fraglichen Zug- um Zugleistung von anderen Grundsätzen auszugehen, liegt nicht vor. Muß man hiernach annehmen, daß ein Urteil, das zur Bewilligung der Löschung Zug um Zug gegen Zahlung eines (auf Goldmark aufgewerteten) Hypothekenbetrags verurteilt, nach der Zivilprozeßordnung nicht zugleich über den Zahlungsanspruch rechtskräftig entscheidet, so wird es sich nur darum handeln können, ob (da die Entscheidung im Vorprozeß vor der Verkündung der dritten Steuernotverordnung die Rechtskraft beschritten hat) im Sinne des § 14 jener Verordnung und des § 68 AufwG. eine die Aufwertung regelnde rechtskräftige gerichtliche Entscheidung vorliegt. Dies glaubt das Berufungsgericht annehmen zu dürfen, indem es ausführt, es sei nicht erforderlich, daß die Entscheidung den durch sie geregelten Anspruch zum unmittelbaren Gegenstand habe; es genüge, daß die Entscheidung eine Feststellung des Gerichts nötig gemacht habe, in welcher Höhe eine mit dem abgeurteilten Anspruch in Verbindung stehende Forderung aufzuwerten sei. Der Standpunkt des Berufungsgerichts wird, soweit sich dies übersehen läßt, nur vom Oberlandesgericht Hamburg (JRsch. 1925 Nr. 396) und von Mügel (Komm. z. DurchfVo. S. 342) geteilt. Es kann jedoch nicht anerkannt werden, daß die Bestimmung in § 68 Abs. 1 AufwG. die bestehenden Grundsätze über die Wirkung der Rechtskraft hat ändern wollen, wenn sie den Ausdruck „Regelung“ anwandte, statt sich etwa einer dem § 322 ZPO. entsprechenden Ausdrucksweise zu bedienen. Schon die Begründung des Entwurfs (dort § 14) läßt erkennen, daß sein Verfasser lediglich in der Entwurfsbestimmung des zweiten Absatzes die wichtige Neuerung, die der Entwurf gegenüber der Vorschrift des § 14 der 3. Steuernotverordnung bringen wollte, betonte und die sinngemäße Anwendung der Rückwirkungsvorschriften des Entwurfs auch gegenüber rechtskräftigen gerichtlichen Entscheidungen zu rechtfertigen bemüht war. Wird also in Absatz 1 davon gesprochen, daß es mit den aus Absatz 2 sich ergebenden Maßnahmen bei der Regelung der Aufwertung durch eine rechtskräftige gerichtliche Entscheidung „sein Bewenden behalte“, so ist hieraus nicht zu entnehmen, daß der Entwurf mit der Anwendung des Worts „Regelung“ etwa einen neuen Verfahrensbegriff einführen wollte, sondern es wird im Absatz 1 nur der bestehende Grundsatz betont, um die Wichtigkeit der in Absatz 2 ins Auge gefaßten Abweichung hiervon deutlicher zu veranschaulichen. Weder im Ausschuß noch in der Vollversammlung des Reichstags wurden Bedenken gegen die Anwendung des Wortes „Regelung“ geäußert, und es deuten auch die an der Herstellung des Entwurfs und an den Reichstagsberatungen beteiligten Regierungsmitglieder in ihren Kommentaren zum Gesetze nirgends an, daß eine Änderung der in Schrifttum und Rechtsprechung fast einhellig vertretenen Meinung über die Rechtskraftwirkung beabsichtigt gewesen sei. Unter diesen Umständen kann die Auffassung, daß die Vorschrift des § 68 Abs. 1 AufwG. über die in § 322 ZPO. ausgesprochene Wirkung hinaus schon in der abschließenden Betrachtung eines Streitfalls eine „Regelung“ erblicke, der sie durch Zuerkennung einer rechtskraftähnlichen „Regelungs“wirkung eine gesonderte und selbständige Bedeutung beilege, ernstlicher Kritik nicht standhalten. Wäre dem so, dann würde nichts entgegenstehen, die Wirkung der „Regelung“ schon bei einer solchen in den Gründen einer Entscheidung eintreten zu lassen und selbst einer nur incidenter erfolgenden abschließenden Betrachtung eine maßgebliche Wirkung beizumessen, ohne daß der Urteilssatz sie notwendig aussprechen müßte. Es liegt auf der Hand, daß hier demjenigen, der aus prozessualen Gründen gehindert wäre, ein Rechtsmittel gegen die Entscheidung selbst einzulegen, nicht unbeträchtliche Nachteile erwachsen könnten. Zutreffend ist, daß allerdings Unstimmigkeiten entstehen könnten, wenn die nicht der Rechtskraft fähige Entscheidung über das Gegenrecht mit der auf Klage oder Widerklage ergangenen späteren Entscheidung über den Aufwertungsanspruch selbst im Widerspruch stände; die oben angeführte Entscheidung des Oberlandesgerichts Hamburg weist hierauf nicht mit Unrecht hin. Indes kann nicht anerkannt werden, daß Widersprüche solcher Art nicht auch bei Beobachtung der in langjähriger Praxis von den Gerichten befolgten Grundsätze über die Wirkungen der Rechtskraft eintreten und unbequeme Ereignisse zeitigen könnten. Die Tatsache, daß beim Verfall einer Währung und beim Übergang zu einer neuen die Vermehrung solcher Unstimmigkeiten vielleicht in geringem Maße in Aussicht stand, kann nicht zu der Annahme führen, daß der Gesetzgeber mit der Bestimmung in § 68 Abs. 1 AufwG. eine Erweiterung der Rechtskraftwirkung schaffen wollte. Die Revisionsbeklagten haben endlich darauf hingewiesen, daß im Vorprozeß die dortige Klägerin selbst den Antrag gestellt hatte, denjenigen Betrag, von dessen Zahlung die Verpflichtung der damaligen Beklagten zur Löschungsbewilligung nach der Meinung des Gerichts abhängig sein würde, im Urteil festzusetzen; gerade wegen dieser ihrer eigenen Anregung sei die damalige Klägerin an die Feststellung des erwähnten Betrags im Vorprozeß gebunden. Auch dieser Hinweis kann indes nicht verfangen, da eine andere Bindung als die zufolge einer Rechtskraftwirkung eintretende für den Nachprozeß nicht in Betracht kommt.

---

20. 1. **Steht der offenen Handelsgesellschaft, in deren Firma der Familienname eines oder mehrerer Teilhaber vorkommt, außer dem Firmenrecht auch ein Namensrecht aus § 12 BGB. zu?**

2. **Über den Begriff des unbefugten Gebrauchs eines Namens (§ 12 BGB.) im geschäftlichen Verkehr.**

3. **Zur Auslegung des § 14 WZG. und des § 16 UnlWG.**

II. Zivilsenat. Urt. v. 11. Juni 1926 i. S. Haus Neuerburg off. H.-G. u. Gen. (Kl.) w. Neuerburg Akt.-Ges. (Bekl.). II 327/25.

I. Landgericht Hamburg, Kammer für Handelssachen.
II. Oberlandesgericht daselbst.

Die Klägerin, die offene Handelsgesellschaft Zigarettenfabrik „Haus Neuerburg", deren Inhaber drei Brüder Namens Neuerburg sind, besteht seit dem Jahre 1908; ihre Hauptniederlassung befindet sich in Trier, Zweigniederlassungen unterhält sie in Köln, Dresden und Hamburg. Sie hat sich für Rohtabakfabrikate und Zigarettenpapier seit 1908 zahlreiche Warenzeichen eintragen lassen, die teils als Wortzeichen das Wort „Neuerburg" allein oder in Verbindung mit einem anderen Wort, teils als zusammengesetzte Zeichen das Wort „Neuerburg" oder „Haus Neuerburg" neben einem figürlichen Teil enthalten. Die Beklagte ist die im Jahre 1921 in Linz a. Rh. gegründete Firma „Neuerburg Aktiengesellschaft", deren Geschäftsbetrieb in der Herstellung und dem Vertrieb von Weinbrand und Likören besteht, die aber nach der Satzung befugt ist, das Unternehmen auch auf Geschäfte anderer Art auszudehnen; einer ihrer Gründer, Paul Neuerburg, betreibt daneben in Linz unter der Firma „Paul Neuerburg G. m. b. H." ein Weingeschäft.

Die Klägerin erblickt darin, daß das von ihr schlagwortartig verwendete Wort „Neuerburg" von der Beklagten in gleicher Weise als Firmen- und Warenbezeichnung benutzt wird, einen Mißbrauch ihres Namens und ihrer Firma, da hierdurch die Gefahr von Verwechslungen begründet und außerdem, davon unabhängig, der gute Ruf, dessen sich die Klägerin auf Grund der Güte ihrer Waren in Verbindung mit einer vieljährigen kostspieligen Reklame erfreue, mühelos ausgebeutet werden solle. Der Klaganspruch, der dahin geht, daß die Beklagte den Gebrauch des Wortes „Neuerburg" als Firmen- und Warenbezeichnung ohne Hinzufügung eines Vornamens zu unterlassen habe, wird auf §§ 12, 826 BGB., §§ 1, 16 UnlWG. und auf § 14 WZG. gestützt.

Das Landgericht untersagte der Beklagten, beim Vertrieb von Wein und Likören das Wort „Neuerburg" in Verbindung mit Zigarettenmarken oder Bildzeichen, die für die Klägerin als Warenzeichen eingetragen sind, oder in Verbindung mit Rittern mit Schild, Schwert oder Visier, mit einer getürmten Burg oder mit gezacktem Fünfeck zu benutzen, soweit solche Ausstattung nicht in einer Weise ausgeführt sei, welche die Gefahr der Verwechslung mit dem Geschäftsbetrieb der Klägerin ausschließe; der weitergehende Klaganspruch wurde abgewiesen. Das Oberlandesgericht verurteilte die Beklagte auch nur eingeschränkt und zwar dahin: sie habe beim Vertrieb von Weinen und Likören die Verwendung des Wortes „Neuerburg" zur Bezeichnung ihres Unternehmens für den Fall zu unterlassen, daß das Wort mit gewissen Warenzeichen der Klägerin oder mit einem gezackten Fünfeck in Verbindung gebracht würde.

Beide Teile legten Revision ein; die der Klägerin hatte Erfolg, die der Beklagten wurde zurückgewiesen.

Aus den Gründen:

Das Berufungsgericht hält das Verlangen, daß die Beklagte die Benutzung des Wortes „Neuerburg" als Firmen- und Warenbezeichnung ohne Hinzufügung eines Vornamens zu unterlassen habe, für unbegründet. Diese Auffassung wird von der Revision der Klägerin mit Recht beanstandet. Allerdings ist ihr Standpunkt, daß der Anspruch ohne weiteres schon aus § 14 WZG. begründet sei, verfehlt und zwar zunächst deshalb, weil nach dieser Vorschrift die widerrechtlich bezeichneten Waren, soweit es sich um angebliche Verwendung eines der der Klägerin geschützten, das Wort „Neuerburg" enthaltenden älteren Warenzeichen oder einer diesen Zeichen zum Verwechseln ähnlichen Bezeichnung handelt, nach der ständigen Rechtsprechung des Reichsgerichts den für die Klägerin in das Warenverzeichnis eingetragenen Waren gleich oder gleichartig sein müssen (WZG. § 5). Das ist hier — einerseits Zigaretten, anderseits Liköre — selbstverständlich nicht der Fall. Aber auch der unabhängig vom Zeichenschutz dem Namen und der Firma gewährte Schutz reicht nicht weiter, als zur Beseitigung der Gefahr der Verwechslung der widerrechtlich bezeichneten Waren mit denen des Namensträgers oder Firmeninhabers erforderlich ist. Diese Gefahr kann schon durch die Erweckung des Anscheins entstehen, als stehe die widerrechtlich bezeichnete Ware in besonderer Beziehung zum fremden Namensträger oder Firmeninhaber, sei es, daß diese selbst als Erzeuger hingestellt werden oder daß irgendwelche Einwirkung ihrer Person etwa auf die Herstellung der Ware oder auf nachträgliche Kontrolle des Fabrikats zum Ausdruck gebracht wird; denn solche Mittel sind den Anschein zu erwecken geeignet, als handle es sich nicht nur um eine nach der

Fabrikationsart des fremden Firmeninhabers hergestellte, sondern um eine in engerer Beziehung zu ihm stehende Ware (RGStr. Bd. 29 S. 331 und Bd. 31 S. 30). Lassen schon diese Erfordernisse die Anwendbarkeit des § 14 WZG., der nur die Benutzung von fremden Namen, Firmen oder Warenzeichen zur Warenbezeichnung regelt, wegen der Verschiedenartigkeit der beiderseitigen Waren als zweifelhaft erscheinen, so wäre auch dieser beschränkte Unterlassungsanspruch doch nur im Falle wissentlichen oder grob fahrlässigen Handelns gegeben (RG. in JW. 1901 S. 309). Das Berufungsgericht hat aber nur Fahrlässigkeit der Beklagten angenommen. Es kommt daher auf die Prüfung der anderen Klagegründe (§ 12 BGB. und § 16 UnlWG.) an.

Die vom erkennenden Senat in RGZ. Bd. 88 S. 422 ohne nähere Begründung ausgesprochene Ansicht, daß die offene Handelsgesellschaft, gleichviel, ob der Personenname ihrer Gesellschafter in der Firma enthalten ist oder nicht, kein Namensrecht, sondern nur ein Firmenrecht habe, kann bei nochmaliger Prüfung der Frage nicht aufrecht erhalten werden. Die offene Handelsgesellschaft ist zwar keine juristische Person wie die Aktiengesellschaft und die G. m. b. H., zu deren Gunsten das Reichsgericht (vgl. RGZ. Bd. 100 S. 186 und Urteil des erkennenden Senats vom 20. November 1925 II 62/25 in M. u. W. 25 S. 157) den Namensschutz anerkennt; sie ist aber doch die unter ihrem Namen (der Firma) zusammengefaßte Gesamtheit der Gesellschafter, und wenn in dieser Bezeichnung der von einem Gesellschafter für die Benennung der Gesellschaft zur Verfügung gestellte Familienname, hier der Name der drei Inhaber (Gebrüder Neuerburg) einen Bestandteil bildet, so muß auch eine solche Gesellschaft befugt sein, die Rechte aus § 12 BGB. auf Namensschutz geltend zu machen. Diese gehen über die Rechte aus § 37 Abs. 2 HGB. insofern hinaus, als nach § 12 BGB. schon das Interesse des Berechtigten daran geschützt wird, daß nicht ein anderer unbefugt den gleichen Namen gebraucht. Das Interesse im Sinne des § 12 braucht aber nicht ein familien- oder vermögensrechtliches zu sein, vielmehr fällt hierunter jedes des Rechtsschutzes würdige Interesse, also auch ein ideales und selbst ein sog. Affektionsinteresse (RGZ. Bd. 74 S. 308). Dagegen genügt nach § 37 Abs. 2 HGB., der nur den firmenrechtlich unbefugten Gebrauch einer Firma trifft, die

Verletzung bloßer Interessen des Berechtigten nicht (vgl. RG. in JW. 1902 S. 27 Nr. 20 und 1913 S. 435 Nr. 12). Auch die Ansicht des Berufungsgerichts, die Klägerin würde, selbst wenn ihr ein Namensrecht zustände, der Beklagten kraft dieses Rechts den Gebrauch des von ihr rechtmäßig erworbenen Namens nicht verbieten können, da die Beklagte als juristische Person nicht nur ein Firmen-, sondern auch ein Namensrecht habe, ist — jedenfalls in dieser Fassung — rechtsirrig. Die Frage, ob eine Verletzung des Namensrechts vorliegt, ist damit noch nicht abgetan, daß eine juristische Person (hier die Beklagte) außer dem Firmen- auch ein Namensrecht besitzt und ihren Namen — äußerlich betrachtet — rechtmäßig erworben hat. Auch für die Anwendung des § 12 BGB. gilt das in § 16 UnlWG. zum Ausdruck gebrachte Erfordernis der Ordnung und Sicherheit des geschäftlichen Verkehrs. Unbefugt im Sinne des § 12 BGB. ist daher der Gebrauch des Namens eines andern oder eines unterscheidenden Bestandteils dieses Namens schon dann, wenn er im geschäftlichen Verkehr Verwechslungen herbeizuführen geeignet ist, also die Voraussetzungen des § 16 UnlWG. vorliegen. Bei solcher Sachlage fallen die Tatbestände des § 12 BGB. und des § 16 UnlWG. im wesentlichen zusammen, und § 16 UnlWG. tritt ergänzend neben § 12 BGB. (Urteil des erkennenden Senats vom 5. März 1926 II 287/25). Im vorliegenden Falle ist der Unterlassungsanspruch sowohl nach § 12 BGB. (ergänzt durch § 16 UnlWG.) als auch nach § 16 UnlWG. allein gegeben. Denn die Umstände, die den beanstandeten Gebrauch des Namens „Neuerburg" ohne Vornamen gemäß § 12 BGB. in Verbindung mit § 16 UnlWG. zu einem unbefugten machen und daher den Unterlassungsanspruch aus § 12 BGB. rechtfertigen würden, sind die gleichen wie diejenigen, die nach § 16 UnlWG. den Anspruch auf Unterlassung der Benutzung des Firmenbestandteils „Neuerburg" ohne Vornamen wegen Verwechslungsfähigkeit mit der Firma der Klägerin zu begründen geeignet wären. Die Voraussetzungen des § 16 a. a. O. sind aber, entgegen der Ansicht des Berufungsgerichts, gegeben; die Begründung, mit der das Berufungsgericht die Anwendbarkeit dieser Vorschrift ablehnt, ist in mehrfacher Hinsicht rechtsirrig.

Zunächst ist es für die Anwendung des § 16 UnlWG. unerheblich, ob sich das Publikum unter dem Worte „Neuerburg" ohne

Vornamen einen Personennamen, einen Ortsnamen oder eine frei erfundene Phantasiebezeichnung vorstellt; die hierauf sich beziehenden Ausführungen des Berufungsgerichts sind daher ohne Bedeutung. Nach § 16 a. a. O. ist erforderlich und ausreichend, daß die beanstandete Firmenbenutzung objektiv geeignet ist, in den Kreisen, an welche die Firma sich vorwiegend wendet, die Gefahr einer Verwechslung mit der älteren Firma eines andern hervorzurufen. Daher können die bei der Beklagten angeblich vorliegenden subjektiven Momente, auf welche die Klägerin so erhebliches Gewicht legt, zunächst zurücktreten; im Zweifelfall bilden sie auch hier einen Anhalt für das Vorhandensein der objektiven Verwechslungsgefahr. Es kommt, wie im Warenzeichenrecht, darauf an, ob der Abnehmer, dem die vom Berechtigten gebrauchte Bezeichnung nicht vorliegt und vielleicht nur im allgemeinen in Erinnerung ist, nach dem Gesamteindruck annehmen kann, daß die gebrauchte Bezeichnung sich von der andern unterscheidet. Dieser Firmenschutz gegen Verwechslungsgefahr besteht nicht nur im Falle des Gebrauchs der ganzen älteren Firma durch eine jüngere, sondern auch dann, wenn nur ein einzelner Bestandteil der älteren Firma benutzt wird, der einen schlagwortähnlichen Charakter trägt, d. h. losgelöst vom sonstigen Firmenwortlaut für sich allein dem Gedächtnis sich einprägt und als Hinweis auf die ältere Firma im Verkehr benutzt wird. Diese Voraussetzungen sind für das Wort „Neuerburg" infolge der seit vielen Jahren geübten starken Reklame der Klägerin, in deren Mittelpunkt regelmäßig dieses Firmenwort steht, gegeben, wie es erfahrungsgemäß auch bei andern großen Zigarettenfirmen entsprechend der Fall ist. Die grundsätzlich abweichende Ansicht des Berufungsgerichts, die das nur bei besonders eigenartigen, einen Firmenbestandteil darstellenden Wörtern (z. B. bei dem in RGZ. Bd. 109 S. 213 behandelten Wort „Kwatta") zugeben und deshalb die Kennzeichnungskraft des Wortes „Neuerburg" nur bei Hinzufügung des Geschäftszweigs der Klägerin (Zigaretten) annehmen will, beruht auf Rechtsirrtum. Dazu kommt, daß die jüngere Beklagte seit einiger Zeit bei ihrer gleichfalls starken Reklame auch ihrerseits das Wort „Neuerburg" schlagwortartig als Kenn- und Merkwort ihrer Firma verwendet, so daß beim Durchschnittsverbraucher immer mehr die Auffassung der Zusammengehörigkeit beider geschäftlichen Unternehmungen hervorgerufen und gleichzeitig die Unterscheidungskraft jenes Wortes als Firmenbestandteil der Klägerin mehr und mehr beeinträchtigt wird (vgl. RGZ. Bd. 95 S. 294). Endlich lehnt das Berufungsgericht die Anwendung des § 16 UnlWG. deshalb ab, weil eine Verwechslungsgefahr mit Rücksicht darauf nicht bestehe, daß die Beklagte unter ihrer Firma keine Zigaretten, sondern Liköre vertreibe und ihren Sitz an einem andern Orte als die Klägerin habe.

Beide Gründe sind rechtsirrig. Was zunächst den letzteren betrifft, so ist zu bemerken: § 16 UnlWG. erweitert den Schutz des Firmenrechts über die Vorschrift des § 30 HGB. hinaus, die nur für Firmen an demselben Ort eine Unterscheidung fordert, dahin, daß der Gebrauch fremder und der Mißbrauch eigener, an sich berechtigt geführter Firmenbezeichnungen ohne örtliche Beschränkung verboten ist. Weiter ist es nicht richtig und widerspricht den vom erkennenden Senat — in Übereinstimmung mit der früheren, nur vorübergehend verlassenen Rechtsprechung — in RGZ. Bd. 108 S. 272 flg. dargelegten Grundsätzen, daß die Anwendbarkeit des § 16 UnlWG. auf Fälle des Wettbewerbs beschränkt sei. § 16 gewährt vielmehr dem Gewerbetreibenden allgemein Schutz davor, daß ein fremder Gewerbebetrieb, auf dessen Geschäftsgebaren überhaupt und auf dessen Grundsätze bei der Herstellung seiner Erzeugnisse er keinerlei Einfluß auszuüben imstande ist, mit dem seinigen verwechslungsfähig ist und daß damit in sein Recht auf freie Gewerbetätigkeit, insbesondere auf Verhinderung jeglicher Verwischung der Eigenart und Unterscheidungskraft seines Betriebs eingegriffen wird. Die Vorschrift verlangt keine unmittelbare Beziehung zum Wettbewerb; die Worte „im geschäftlichen Verkehr“ besagen nichts weiter, als daß es sich um eine der Förderung des Geschäftszwecks dienende Tätigkeit im Gegensatz zu privater Benutzung handeln muß; entscheidend ist allein das objektive Geeignetsein zu Verwechslungen. Daß diese Voraussetzung im angefochtenen Urteil trotz der schlagwortartigen Verwendung des Wortes „Neuerburg“ verneint wird, beruht auf den dargelegten rechtsirrigen Voraussetzungen, von denen das Berufungsgericht ausgeht.

Die Benutzung des Namens und Firmenbestandteils „Neuerburg“ ist daher mißbräuchlich im Sinne § 16 UnlWG., wenn sie ohne die von der Klägerin allein geforderte Hinzufügung eines Vornamens als unterscheidenden Zusatzes erfolgt, so daß die vorberechtigte Namens- und Firmeninhaberin im befugten Gebrauch ihres Namens und ihrer Firma beeinträchtigt wird.

Hiernach ist entgegen der Ansicht des Berufungsgerichts der am weitesten gehende Klaganspruch auf Unterlassung der Benutzung des Wortes „Neuerburg" als Firmen- und Warenbezeichnung ohne Hinzufügung eines Vornamens begründet. Das Verbot erstreckt sich der tatsächlichen Verwendung entsprechend auch auf die Benutzung als Warenbezeichnung....

---

21. 1. Können die vor dem 1. April 1920 in den Ruhestand getretenen Beamten der Eisenbahnen der Länder ihre Ruhegehaltsansprüche gegen die Deutsche Reichsbahn-Gesellschaft geltend machen?
2. Bestimmen sich die Ruhegehaltsansprüche dieser Beamten nach Reichs- oder nach Landesrecht?

Staatsvertrag über den Übergang der Staatseisenbahnen auf das Reich vom 31. März/30. April 1920 (RGBl. 1920 S. 773) § 28.

III. Zivilsenat. Urt. v. 15. Juni 1926 i. S. Fr. (Kl.) w. Deutsche Reichsbahn-Gesellschaft (Bekl.). III 172/25.

I. Landgericht Schwerin.
II. Oberlandesgericht Rostock.

Der Kläger, der als Eisenbahnpraktikant im Großherzoglich Mecklenburgischen Staatsdienste stand, wurde im Jahre 1908 disziplinarisch entlassen, jedoch unter Bewilligung einer lebenslänglichen Pension, die auf 414 *M* jährlich festgesetzt wurde. Er trat dann als Bahnhofsvorsteher in den Dienst einer Kreisbahn und war als solcher Kommunalbeamter des Kreises St. Die Pension wurde ihm trotzdem weitergezahlt, auch noch, nachdem die Mecklenburgische Staatsbahn auf das Reich übergegangen war. Im Jahre 1922 wurde aber die Anrechnung seines Einkommens aus seiner neuen Stellung auf das Ruhegehalt angeordnet und deshalb schließlich jede Pensionszahlung eingestellt. Erst seit dem 1. Juli 1924 wird dem Kläger, nachdem ihn der Kreis St. anläßlich des Personalabbaus auf Wartegeld gesetzt hat, ein Teilbetrag seiner Pension mit 125,76 RM jährlich ausbezahlt.

Der Kläger steht auf dem Standpunkt, daß seine Pension von 414 M zum Goldmarkbetrage aufzuwerten oder wenigstens nach den jetzt für Ruhegehaltsempfänger geltenden Bestimmungen festzusetzen sei und daß ihm der danach sich ergebende Betrag unabhängig von seinen Bezügen aus seiner Stellung als Kommunalbeamter des Kreises St. zukomme. Ihre Anrechnung und damit eine Kürzung seines Ruhegehalts sei nach den für seinen Pensionsanspruch maßgebenden Mecklenburgischen Bestimmungen unzulässig. Auf Feststellung seines unverkürzten Pensionsanspruchs hat er gegen das Deutsche Reich Klage erhoben, an dessen Stelle im Laufe des Rechtsstreits die Deutsche Reichsbahn-Gesellschaft als Beklagte getreten ist. Die Beklagte bestreitet ihre Passivlegitimation; der Kläger könne sich wegen seiner Pension nur an den Freistaat Mecklenburg-Schwerin halten. Auch sachlich tritt sie der Klage entgegen; die vorgenommene Kürzung entspreche dem geltenden Recht.

Das Landgericht hat der Klage stattgegeben, das Oberlandesgericht dagegen hat sie abgewiesen. Auf die Revision des Klägers wurde das angefochtene Urteil aufgehoben.

Gründe:

Das Oberlandesgericht hat die Klage wegen fehlender Passivlegitimation der Beklagten abgewiesen. Nach dem Staatsvertrag über den Übergang der Staatseisenbahnen auf das Reich (Reichsgesetz vom 30. April 1920 RGBl. S. 773), dessen Bestimmungen auch für die Verpflichtungen der jetzigen Beklagten maßgebend seien, sei das Reich nicht in die Verpflichtungen der Länder gegen ihre am 31. März 1920 vorhandenen Ruhegehaltsempfänger des Eisenbahndienstes eingetreten. Nach § 28 daselbst habe es vielmehr nur die Mittel bereitzustellen, die erforderlich seien, um den Altruhegehaltsempfängern Zulagen zu gewähren in demselben Maße, wie sie den Ruhegehaltsempfängern des Reichs zuteil würden. Es sei also lediglich eine Verbindlichkeit den Ländern gegenüber eingegangen. Die Altruhegehaltsempfänger selbst hätten Ansprüche nur an ihr Land.

(Nach Zurückweisung eines prozessualen Angriffs wird fortgefahren:) Die Frage, ob der Kläger gegen die Beklagte Pensionsansprüche geltend machen kann, ist jedoch im Gegensatz zur Auffassung des

Berufungsrichters zu bejahen. Mit Recht ist dieser allerdings ausgegangen von dem Staatsvertrage über den Übergang der Staatseisenbahnen auf das Reich. Denn nach § 43 Abs. 1 des Reichsbahngesetzes vom 30. August 1924 (RGBl. II S. 272) hat die Deutsche Reichsbahn-Gesellschaft die aus dem Staatsvertrag sich ergebenden Pflichten des Reichs mit gewissen, hier nicht einschlagenden Ausnahmen übernommen. Dabei mag bemerkt werden, daß aus Abs. 2 daselbst nicht etwa die Zuständigkeit des Reichsbahngerichts (§ 44) für den vorliegenden Streit folgt. Über vermögensrechtliche Ansprüche von Privatpersonen hat es nicht zu befinden, auch dann nicht, wenn ihre Entscheidung eine Auslegung des Reichsbahngesetzes oder des Staatsvertrags erforderlich macht. § 43 Abs. 2, § 44 des Reichsbahngesetzes betreffen nur Streitigkeiten zwischen dem Reich oder den Ländern auf der einen, der Reichsbahn-Gesellschaft auf der anderen Seite. Zu einer Erörterung darüber, ob, wenn dieselbe Frage, die in einem Streit zwischen der Reichsbahn-Gesellschaft und einer Einzelperson zu entscheiden ist, Gegenstand eines Streits zwischen ersterer und dem Reiche oder einem Lande wird, eine in diesem Streit ergehende Entscheidung des Reichsbahngerichts auch Rechtswirkung für den Einzelstreit hat, gibt der vorliegende Rechtsstreit keine Veranlassung.

Den Staatsvertrag bezeichnet das Oberlandesgericht zu Unrecht als einen Vertrag mit bürgerlichrechtlichem Inhalt. Er ist ein Vertrag des öffentlichen Rechts, gerade auch insoweit, als er in die öffentlichrechtlichen Beziehungen der Eisenbahnbeamten zu den Ländern eingreift. Soweit diese Beamten vor dem 1. April 1920, dem Tage des Übergangs der Staatseisenbahnen der Länder auf das Reich, in den Ruhestand versetzt worden sind, wird ihre Versorgung in § 28 des Staatsvertrags geregelt, während § 32 die Ruhegehälter der am 1. April 1920 noch aktiven, vom Reich übernommenen Beamten betrifft. § 28 hat folgenden Wortlaut:

„1. Das Reich übernimmt vom 1. April 1920 an alle auf gesetzlicher Vorschrift oder Verwaltungsanordnung beruhenden Bezüge (einschließlich Sachleistungen) der in den einstweiligen oder dauernden Ruhestand versetzten Beamten sowie der Hinterbliebenen von Beamten und wird nach den in den Ländern bisher üblichen Grundsätzen Unterstützungen gewähren.

2. Sollte das Reich die Bezüge seiner vor dem 1. April 1920 in den Ruhestand getretenen Beamten oder der Hinterbliebenen der vor diesem Zeitpunkt verstorbenen Beamten aufbessern, so wird es die Mittel bereitstellen, die erforderlich sind, damit den in den Ländern am 31. März 1920 vorhanden gewesenen Berechtigten bei gleichen Voraussetzungen in demselben Ausmaß persönliche Zulagen gewährt werden können."

Das Oberlandesgericht hat sich, soweit seine Ausführungen erkennen lassen, nur mit dem Abs. 2 dieser Vorschrift beschäftigt, während bei der Auslegung des § 28 auszugehen ist vom Abs. 1, der bestimmt, daß das Reich vom 1. April 1920 ab alle Bezüge der an diesem Tage vorhandenen Ruhestandsbeamten der bisherigen Staatsbahnen übernimmt. Es fragt sich, was unter dieser Übernahme zu verstehen ist, ob das Reich in die Verpflichtungen der Länder gegenüber ihren Altpensionären eingetreten ist oder ob es sich nur den Ländern gegenüber verpflichtet hat, an ihrer Stelle die Ruhestandsgebührnisse zu zahlen, ob also, um eine Ausdrucksweise des bürgerlichen Rechts zu verwenden, eine Schuldübernahme oder nur eine Erfüllungsübernahme vorliegt. Der Wortlaut des § 28 Abs. 1 gibt keinen unzweideutigen Aufschluß über diese Frage, wenn auch die Wendung, daß das Reich die Bezüge, nicht bloß die Zahlung der Bezüge übernimmt, mehr darauf hinzuweisen scheint, daß das Reich Schuldner der Altpensionäre werden soll. Auch Abs. 2 besagt nichts Entscheidendes. Er regelt den Fall einer allgemeinen Aufbesserung der Pensionen und verpflichtet das Reich zur Bereitstellung der erforderlichen Mittel, damit den Altpensionären der Länderbahnen entsprechende persönliche Zulagen gemacht werden können. Ob es diese Mittel den Ländern zur Verfügung stellen soll, damit diese die Zulagen gewähren, oder ob es sie unmittelbar den Berechtigten zukommen lassen soll, das wiederum läßt die Vorschrift im Dunkeln. So muß man den § 28 im Zusammenhang mit den übrigen Vertragsbestimmungen und im Hinblick auf die mit ihm verfolgten Zwecke betrachten. Von beiden Gesichtspunkten aus kommt man zum Ergebnis, daß das Reich den Altruhegehaltsempfängern gegenüber eine eigene Zahlungspflicht übernommen hat.

Den Gegenstand des Staatsvertrags bildet der Übergang der Eisenbahnunternehmen der Länder auf das Reich. Dieses übernimmt die Unternehmungen als Ganzes mit allen damit verbundenen Rechten und Pflichten (§ 1 Abs. 2 Satz 1 des Staatsvertrags). Ähnlich wie das bürgerliche Recht an die vertragliche Vermögensübernahme die Schuldenhaftung knüpft (§ 419 BGB.), hat der Staatsvertrag dem von ihm geordneten Übergang der Eisenbahnen der Länder auf das Reich, einem allerdings öffentlichrechtlichen und daher nicht unter das Bürgerliche Gesetzbuch fallenden Vorgang, die gleiche Folgewirkung gegeben. Die Einzelbestimmungen des Staatsvertrags lassen erkennen, daß das Reich die Verpflichtungen der Länder aus ihren Bahnunternehmungen als eigene Verpflichtungen mit Wirkung gegenüber den Berechtigten hat übernehmen wollen und sollen. Schon in § 1 Abs. 2 Satz 2 heißt es, daß der Eintritt des Reichs in die bestehenden Verträge Rechtswirkung gegenüber den bisherigen Vertragsgegnern der Länder hat. Diese Vorschrift findet freilich auf das Beamtenverhältnis, das kein Vertragsverhältnis ist, keine unmittelbare Anwendung. Aber in § 30 Abs. 1 findet sich die entsprechende Bestimmung für die in den Dienst des Reichs tretenden Bahnbeamten, denen gegenüber das Reich in die Verpflichtungen der Länder eintritt. Hingewiesen werden mag auch noch auf § 11, wonach das Reich in die durch Staatsverträge begründeten Pflichten der Eisenbahnverwaltungen der Länder eintritt. Aus allen diesen Bestimmungen läßt sich der Grundsatz ableiten, daß das Reich Schuldner der Eisenbahnverpflichtungen der Länder unmittelbar den Berechtigten gegenüber hat werden sollen. Das muß dann auch für den in § 28 geregelten Fall der Übernahme der Ruhegehälter der bereits im Ruhestande befindlichen Eisenbahnbeamten gelten.

Es ist auch kein sachlicher Grund erkennbar, der es dem Reich oder den Ländern als zweckmäßig hätte erscheinen lassen können, die Altruhegehaltsempfänger anders als die sonstigen Berechtigten zu behandeln und ihnen eine unmittelbare Inanspruchnahme des Reichs zu versagen. Die Altruhegehaltsansprüche gehören zu den Lasten der auf das Reich übergegangenen Unternehmungen und sind, ebenso wie die Bezüge der noch im Dienst befindlichen Beamten, aus den Betriebseinnahmen zu decken. Die Haftung des neuen Betriebsunternehmers, des Reichs, ist also das natürlich Gegebene. Eine Haftung bloß der Länder mit dem Rechte für sie, sich an das Reich zu halten, hätte lediglich zu vermehrter Verwaltungsarbeit, zu einer doppelten

Bearbeitung der Personalangelegenheiten der Altruhegehaltsempfänger führen können. Tatsächlich ist man denn auch, wie der vorliegende Fall zeigt, so verfahren, daß die Verwaltungsstellen der Reichsbahn, jetzt der Reichsbahn-Gesellschaft, die Bezüge der Altruheständler anweisen und zahlen, was mindestens nicht gegen die Übernahme einer Haftung des Reichs spricht. Die Vorbemerkung A 2 der Ausführungsbestimmungen zum Pensionsergänzungsgesetz (RGBl. 1921 S. 886) bleibt, selbst wenn die Bahnbeamten nicht unter sie fallen, noch anwendbar auf die Beamten anderer vom Reich übernommener Landesverwaltungen.

Nach alledem sprechen überwiegende Gründe dafür, daß nach dem Staatsvertrag das Reich, jetzt die Reichsbahn-Gesellschaft, den Altruhegehaltsempfängern der Länder persönlich für ihre Bezüge aufzukommen hat, natürlich nur in dem Umfange, wie ihn § 28 bestimmt.

Die Entstehungsgeschichte des Staatsvertrags ist mit dieser Auslegung durchaus vereinbar. Die Begründung, mit der der Entwurf zu dem Gesetze vom 30. April 1920 der Verfassunggebenden Nationalversammlung vorgelegt worden ist (Aktenstück Nr. 2472), enthält überhaupt nichts Sachdienliches. Nach einer vom Reichsverkehrsminister dem Senat erteilten Auskunft beruht die Fassung des § 28, von einer später vorgenommenen unwesentlichen Textänderung in Abs. 2 abgesehen, auf einem Beschlusse des Personalunterausschusses, der bei den Vorverhandlungen über den Abschluß des Staatsvertrags gebildet worden war. In diesem Ausschuß wurde die Frage aufgeworfen, ob die Altpensionäre auch auf das Reich übergehen sollten oder ob für sie das Land zuständig bleibe und das Reich nur die Mittel bereitzustellen habe. Der Ausschuß kam überwiegend zu der Auffassung, daß die Altpensionäre Landespensionäre blieben, wenn auch ihre Angelegenheiten künftig vorwiegend vom Reiche besorgt werden sollten. Eine diesem Standpunkt Rechnung tragende Fassung der Vorschrift wurde dann beschlossen.

Aus diesen Verhandlungen des genannten Ausschusses geht mit Sicherheit nur das hervor, daß die Altpensionäre der Eisenbahnen Pensionäre ihres Landes bleiben sollten. Das ist auch im Staatsvertrag deutlich zum Ausdruck gelangt und nie bestritten worden. Denn nach § 25 hat das Reich nur die am 1. April 1920 vorhandenen Eisenbahnbeamten der Länder in seinen Dienst übernommen.

Die Altpensionäre, die nie Reichsbeamte gewesen sind, unterstehen deshalb nach wie vor grundsätzlich dem Landesrecht. Die entscheidende Frage ist aber die, ob sie ihre, nach Landesrecht sich bestimmenden Pensionsansprüche in dem aus § 28 folgenden Umfang gegen das Reich, jetzt gegen die Reichsbahn-Gesellschaft geltend machen können. Das ist mit der Fortdauer ihrer Rechtsstellung als Landespensionäre durchaus vereinbar. Dafür, daß die Regelung so gedacht ist, spricht die Absicht des Personalunterausschusses, die Angelegenheiten der Altpensionäre künftig vorwiegend vom Reiche besorgen zu lassen. Die wichtigste der sie betreffenden Angelegenheiten ist die Zahlung ihrer Ruhegehälter. Das Reich soll diese also entrichten. Dann muß es aber auch im Rechtsweg darauf in Anspruch genommen werden können, zumal da es nur dann in der Lage ist, sich selbst gegen unberechtigte Ansprüche von Altruhegehaltsempfängern zu verteidigen.

Mit der Anerkennung einer persönlichen Haftung des Reichs gegenüber den Altpensionären der Ländereisenbahnen tritt der Senat nicht in Gegensatz zu der RGZ. Bd. 106 S. 426 abgedruckten Entscheidung des Staatsgerichtshofs. Sie betrifft die Ruhegehaltsansprüche eines Landeseisenbahnbeamten, der, nachdem er in den Reichsdienst getreten, in den Landesdienst zurückgekehrt und dort pensioniert worden war. Nur aus § 29 des Staatsvertrags ist deshalb der Satz der Entscheidung (S. 431) zu erklären, hinsichtlich der Ruhestandsbezüge der Landesbeamten könne aus dem Staatsvertrag lediglich eine Erstattungspflicht des Reichs gegenüber den Ländern hergeleitet werden. Den § 28, auf den es hier ankommt, betrifft dieser Ausspruch, unmittelbar wenigstens, nicht.

Der Grund, aus dem das Oberlandesgericht die Klage abgewiesen hat, ist demnach nicht zu billigen. Das angefochtene Urteil muß aufgehoben und die Sache zur erneuten Entscheidung an die Vorinstanz zurückverwiesen werden. Bei Bemessung des Ruhegehalts des Klägers wird das Berufungsgericht auszugehen haben von dem einschlägigen Landesrecht, das für den Kläger, der nie im Dienste des Reichs gestanden hat, maßgebend geblieben ist. Für die aus ihm sich ergebenden Bezüge des Klägers haftet aber, wie nochmals hervorgehoben werden soll, das Reich, jetzt die Reichsbahn-Gesellschaft, nur im Rahmen des § 28 des Staatsvertrags, zunächst also nach Abs. 1 auf die Bezüge, die ihm am 1. April 1920 nach Landesrecht zustanden. Es sind das die damaligen Papiermarkbeträge, so daß Absatz 1 jetzt gegenstandslos geworden ist. Im Absatz 2 wird aber schon das Eintreten einer allgemeinen Pensionserhöhung ins Auge gefaßt. Das Reich verspricht, falls es die Bezüge seiner Altpensionäre aufbessere, den im Ruhestand befindlichen Landesbeamten der Eisenbahnen bei gleichen Voraussetzungen in demselben Maße persönliche Zulagen zu gewähren. Diese Zulagen sind als Zuschüsse durch das Pensionsergänzungsgesetz vom 21. Dezember 1920 (RGBl. S. 2109) den Reichsruheständlern gewährt worden. Daß sie gemäß Art. 11 II der Verordnung über die 12. Ergänzung des Besoldungsgesetzes vom 12. Dezember 1923 (RGBl. I S. 1181) nicht mehr getrennt berechnet werden, daß vielmehr das Ruhegehalt usw. jetzt als einheitlicher Betrag festgestellt und behandelt wird, ist sachlich ohne Bedeutung. Das Reich hat auch den Altpensionären der Landeseisenbahnen erhöhte Ruhestandsbezüge zu zahlen, aber niemals mehr, als sich bei Anwendung der reichsrechtlichen Bestimmungen ergibt. Nachdem das Besoldungsrecht der Länder in weitem Umfange dem des Reichs angeglichen worden ist, wird diese Einschränkung der Haftung der Reichsbahn-Gesellschaft nur in Ausnahmefällen von praktischer Bedeutung sein. Sollte ein derartiger Ausnahmefall hier gegeben sein, sollten sich nach Landesrecht höhere Ruhestandsbezüge des Klägers ergeben als nach den für die Reichsbeamten maßgebenden Vorschriften, so würde der Kläger für diesen Mehrbetrag die Beklagte nicht in Anspruch nehmen können.

---

22. 1. Sind die Länder mit dem Übergang ihrer Eisenbahnen auf das Reich von den Ruhegehaltsverpflichtungen gegenüber ihren vor dem 1. April 1920 in den Ruhestand getretenen Eisenbahnbeamten frei geworden?

2. Ist eine auf Grund von § 9 des preußischen Beamten-Altruhegehaltsgesetzes vom 17. Dezember 1920 (GS. 1921 S. 214) getroffene ministerielle Entscheidung für die Gerichte bindend?

Staatsvertrag über den Übergang der Staatseisenbahnen auf das Reich vom 31. März/30. April 1920 (RGBl. S. 773) § 28.

III. Zivilsenat. Urt. v. 15. Juni 1926 i. S. B. (Kl.) w. 1. Deutsche Reichsbahn-Gesellschaft, 2. Preuß. Staat (Bekl.). III 242/25.

I. Landgericht I Berlin.
II. Kammergericht daselbst.

Der Kläger, ein gelernter Schlosser, trat im Jahre 1899 in den preußischen Eisenbahndienst ein. Seit 1908 war er Lokomotivheizer. Am 4. Dezember 1908 bestand er die Lokomotivführerprüfung. Bis 1910 tat er gelegentlich auch als Lokomotivführer Dienst, wurde dann aber seines Gesundheitszustands wegen im Magazindienst beschäftigt. Nachdem ihm am 17. Juni 1914 die Amtsbezeichnung „Reservelokomotivführer" beigelegt worden war, trat er am 1. Oktober 1914 in den Ruhestand. Seit der neuen Besoldungsregelung werden seine Ruhegehaltsbezüge nach der Besoldungsgruppe IV berechnet. Er verlangt ihre Berechnung nach Gruppe V, da in ihr die Reservelokomotivführer eingereiht seien. Er hat gegen das Deutsche Reich und gegen den Preußischen Staat Klage erhoben mit dem Antrage, sie als Gesamtschuldner zur Zahlung der ihm danach zustehenden Ruhegehaltsbezüge zu verurteilen, gegen den Preußischen Staat auch mit dem Hilfsantrag, festzustellen, daß ihm Ruhegehaltsbezüge aus Gruppe V zuständen. Die Beklagten vertreten die Auffassung, daß, da der Kläger nur eine Lokomotivheizerstelle bekleidet habe, für seine Pension die Gruppe IV, die Eingangsgruppe für Lokomotivheizer, maßgebend sei.

Das Landgericht hat das Deutsche Reich nach dem Hauptantrag zur Zahlung verurteilt und gegenüber dem Preußischen Staat die mit dem Hilfsantrag begehrte Feststellung getroffen. Die Beklagten haben Berufung eingelegt; der Kläger verfolgte im Wege der Anschlußberufung seinen Zahlungsanspruch auch gegen den Preußischen Staat. An Stelle des Reichs ist im Laufe des Berufungsverfahrens die Deutsche Reichsbahn-Gesellschaft als Beklagte getreten. Das Kammergericht hat die Klage gegen beide Beklagte in vollem Umfang abgewiesen. Die Revision des Klägers blieb ohne Erfolg.

Gründe:

Das Kammergericht, das die Zulässigkeit des Rechtswegs für den eingeklagten Anspruch mit Recht bejaht hat, hat ihn der Reichsbahn-Gesellschaft gegenüber deshalb für unbegründet erklärt, weil der Kläger niemals Reichsbeamter gewesen sei und Ruhegehaltsansprüche deshalb nur gegen den Preußischen Staat geltend machen könne; den gegen letzteren erhobenen Anspruch hat es aus anderen, sachlichen Gründen abgewiesen. Diese Begründung des im Ergebnis freilich zutreffenden Urteils kann nicht gebilligt werden. Vielmehr ist umgekehrt die Passivlegitimation des Preußischen Staats zu verneinen, während sich der Anspruch gegen die Reichsbahn-Gesellschaft nach der Ruhegehaltsgesetzgebung als unbegründet erweist.

I. Die Rechtsbeziehungen der Landeseisenbahnbeamten, die bereits vor dem 1. April 1920 in den Ruhestand getreten sind, zum Deutschen Reich, jetzt zur Reichsbahn-Gesellschaft, regeln sich nach § 28 des Staatsvertrags über den Übergang der Staatseisenbahnen auf das Reich (RGBl. 1920 S. 773). Es ist zuzugeben, daß der Wortlaut dieser Vorschrift nicht unzweideutig zu erkennen gibt, ob den Altruhegehaltsempfängern ein unmittelbarer Anspruch gegen das Reich hat eingeräumt werden sollen oder ob diesem, wie das Kammergericht angenommen hat, nur eine Erstattungspflicht gegenüber den Ländern auferlegt worden ist. Aus dem Zusammenhang des § 28 mit den übrigen Bestimmungen des Staatsvertrags und aus dem mit diesem verfolgten Zweck hat der Senat aber die Auffassung gewonnen, daß das Reich, an dessen Stelle inzwischen die Reichsbahn-Gesellschaft getreten ist, unmittelbar Schuldner der Altpensionäre der Ländereisenbahnen geworden ist. Es schuldet ihnen die Ruhegehälter, die ihnen nach dem weiterhin für sie geltenden Landesrecht zukommen, jedoch zu keinem höheren Betrage, als sich nach den für die Reichsbeamten erlassenen Vorschriften ergibt. Dieser Standpunkt ist in dem vorstehend[1] abgedruckten Urteil III 172/25 des Senats näher begründet worden.

Daraus folgt, daß die Klage gegen den Preußischen Staat unbegründet ist. Mit dem Übergang der Staatseisenbahnen und ihres Vermögens auf das Reich sind die Länder von den mit dem Eisenbahnbetrieb zusammenhängenden Verbindlichkeiten frei geworden, auch von denen gegenüber ihren Eisenbahnbeamten. Darin liegt kein Eingriff in deren wohlerworbene Rechte. Die Rechtsstellung insbesondere der pensionierten Länderbeamten hat nur formell, nicht

[1] S. 97 flg.

auch materiell dadurch eine Änderung erfahren, daß als Schuldner an die Stelle ihres Landes das Reich getreten ist. Zudem handelt es sich bei dem Klaganspruch nicht um den ursprünglichen Pensionsbetrag, der dem Kläger zur Zeit des Übergangs der Staatseisenbahnen auf das Reich zustand, sondern um die später erhöhten Bezüge. Ein Anspruch auf sie ist den Altpensionären, und damit auch dem Kläger, überhaupt nur gegen das Reich erwachsen. Ein Unterschied zwischen Reichs- und Landesrecht, nach letzterem etwa für den Kläger begründete höhere Bezüge kommen im vorliegenden Falle nicht in Frage. Die Klage gegen den Preußischen Staat muß deshalb abgewiesen werden, weil diesem eine Ruhegehaltsverpflichtung gegen den Kläger nicht obliegt.

II. Kann danach der Kläger Zahlung seines Ruhegehalts von der Reichsbahn-Gesellschaft fordern, so ist doch der von ihm erhobene Anspruch auf die Bezüge der Gruppe V unbegründet.

Nach dem Staatsvertrag über den Übergang der Staatseisenbahnen auf das Reich traten nur die am 1. April 1920 noch im Dienste befindlichen Eisenbahnbeamten in den Reichsdienst über. Der Kläger ist also niemals Reichsbeamter geworden; seine Pensionsansprüche richten sich nach preußischem Recht. Allerdings enthält das preußische Beamten-Diensteinkommensgesetz vom 17. Dezember 1920/1. April 1924 keine Gehaltssätze für die Eisenbahnbeamten, weil Preußen solche nach Inkrafttreten des Staatsvertrags nicht mehr besitzt. Deshalb müssen bei der Bemessung der Bezüge der Altruhegehaltsempfänger die Sätze der Reichsbesoldungsordnung zugrunde gelegt werden, wodurch ohne weiteres eine dem § 28 Abs. 2 des Staatsvertrags entsprechende Regelung herbeigeführt wird. Demgemäß bestimmt Nr. 18 der Ausführungsanweisung zum preußischen Beamten-Diensteinkommensgesetz und zum Beamten-Altruhegehaltsgesetz vom 25. Oktober 1921 (Eisenbahn-Nachrichten-Blatt S. 80), daß für die Einreihung der vor dem 1. April 1920 in den Ruhestand versetzten preußischen Staatseisenbahnbeamten in die neuen Besoldungsgruppen das Reichsbesoldungsgesetz maßgebend sei, während im übrigen auch für sie das preußische Beamten-Altruhegehaltsgesetz vom 17. Dezember 1920 (GS. 1921 S. 214) gelte.

Die Entscheidung des Rechtsstreits zu Ungunsten des Klägers ergibt sich nun schon aus § 9 des letztgenannten Gesetzes, das vorschreibt, daß der Finanzminister in Gemeinschaft mit dem beteiligten Fachminister in Zweifelsfällen darüber bestimme, welchem Amte der neuen Besoldungsordnung die von dem im Ruhestand befindlichen Beamten zuletzt bekleidete Stelle entspreche. Als neue Besoldungsordnung im Sinne dieser Vorschrift hat nach dem Gesagten für die früheren Beamten der preußischen Eisenbahnverwaltung die Reichsbesoldungsordnung zu gelten. Daß das zuletzt vom Kläger bekleidete Amt dem Amte eines Lokomotivheizers — Gruppe IV der RBesO. — entspricht, haben die zuständigen Minister, der Minister für Handel und Gewerbe (Abwicklungsstelle des früheren Ministeriums der öffentlichen Arbeiten) und der Finanzminister, bestimmt. Daran sind die Gerichte gebunden, ohne in eine sachliche Nachprüfung der ministeriellen Entscheidung eintreten zu dürfen. Diese ist endgültiger Natur, nicht etwa bloß ein im Rechtsweg anfechtbarer Vorbescheid, wie ihn § 2 des Gesetzes, betr. die Erweiterung des Rechtswegs, vom 24. Mai 1861 (GS. S. 242) und § 23 des Pensionsgesetzes vom 27. März 1872 (GS. S. 268) vorsehen. Sie kann auch keinen Eingriff in ein wohlerworbenes Recht des Klägers enthalten. Er leitet seinen Anspruch aus § 1 des Beamten-Altruhegehaltsgesetzes her, also aus einer Bestimmung desselben Gesetzes, dem der § 9 angehört, aus dem sich die ministerielle Befugnis ergibt, über die Bewertung der von den Altpensionären früher innegehabten Stellen zu entscheiden. Ein etwa aus § 1 hervorgehendes Recht des Klägers stand von vornherein unter der Beschränkung des § 9. Ihre Verwirklichung greift mithin nicht in ein bestehendes Recht des Klägers ein. Eine unzulässige Beschränkung des durch die Reichsverfassung für die vermögensrechtlichen Ansprüche der Beamten gewährleisteten Rechtswegs enthält die Vorschrift ebensowenig, da sie die Entstehung des im Rechtswege zu verfolgenden Anspruchs, die endgültige Bestimmung seines Inhalts von einer hoheitsrechtlichen Entscheidung abhängig macht (vgl. Urteil des erkennenden Senats vom 24. November 1925 III 26/25). Die Rechtsgültigkeit der entsprechenden Vorschrift in § 8 des Reichs-Pensionsergänzungsgesetzes vom 21. Dezember 1920 (RGBl. S. 2109) hat der Senat denn auch bereits anerkannt (vgl. RGZ. Bd. 109 S. 269).

23. 1. Nach welchen äußeren Merkmalen läßt sich bestimmen, ob bei Weiterübertragung einer Spedition der Übernehmende als Unterspediteur oder als Zwischenspediteur zu gelten hat?

2. Regelt sich auch im Falle des § 413 Abs. 1 HGB. die Haftung des Spediteurs für seinen Zwischenspediteur nach § 408 Abs. 1 HGB., wenn der Spediteur in seinen Beförderungsbedingungen erklärt hat, nicht als Frachtführer, sondern nur als Spediteur gemäß § 408 HGB. zu haften?

HGB. §§ 408 Abs. 1, 413 Abs. 1.

I. Zivilsenat. Urt. v. 16. Juni 1926 i. S. C. & E. A.-G. (Kl.) w. Allg. Transportges. vorm. G. & M. (Bekl.). I 273/25.

I. Landgericht Frankfurt a. M., Kammer für Handelssachen.
II. Oberlandesgericht daselbst.

Der dem Urteil zugrunde liegende Sachverhalt ist bereits in RGZ. Bd. 109 S. 288flg. abgedruckt. Nach der dort angeordneten Zurückverweisung der Sache in die Vorinstanz wurde die Klage vom Oberlandesgericht nunmehr im vollen Umfang abgewiesen. Das Oberlandesgericht nahm an, daß tatsächlich der Fall des § 413 Abs. 1 HGB. gegeben, daß aber weiterhin die dort angeordnete Haftung des Spediteurs nach frachtrechtlichen Grundsätzen durch die dem Vertrag zugrunde gelegten Beförderungsbedingungen der Beklagten ausgeschlossen worden sei. Demgegenüber machte die Revision geltend, daß auch bei Anwendung des § 408 HGB. für das Vertragsverhältnis der Parteien im übrigen gemäß § 413 Abs. 1 das. frachtrechtliche Grundsätze gälten, während sich die vertraglich vereinbarte Anwendbarkeit des § 408 nur auf die Haftung nach § 429 HGB. „für die Ankunft des Gutes usw." bezöge. Daher müsse, so meinte sie, die Beklagte auch für das hier in Frage kommende Verschulden des Zwischenspediteurs einstehen. Offenbar habe das Reichsgericht dies auch in seinem früheren Urteil andeuten wollen.

Das Rechtsmittel hatte keinen Erfolg.

Aus den Gründen:

... Zu entscheiden bleibt somit die Frage, ob bei vertraglicher Ausschließung der Frachtführerhaftung nach § 413 Abs. 1 HGB. und Regelung der Haftung nach § 408 das. die Beklagte sich mit dem Hinweis darauf, daß sie — wie unstreitig — bei der Auswahl ihres Zwischenspediteurs mit genügender Sorgfalt verfahren sei, von ihrer Haftung befreien kann. Die Beantwortung dieser Frage ist im wesentlichen schon gegeben mit dem Urteil des Senats vom 2. Februar 1918, I 245/17, abgedruckt in RGZ. Bd. 94 S. 97 (außerdem bei Warneyer Rechtsprechung 1918 Nr. 98 und in Holdheims Monatsschrift für Handelsrecht und Bankwesen 1919, S. 47). In Übereinstimmung damit und mit dem Schrifttum

— zu vgl. die Erläuterungsbücher von Brand Anm. 1b zu § 413, Ritter, Anm. 2 und 6 zu § 413, Litthauer-Mosse 16. Aufl. Anm. 3 zu § 408 und Anm. 3 zu § 413; zu vgl. ferner Senckpiehl Speditionsgeschäft § 234 S. 315 —

ist hier zu sagen: Die Vereinbarung des Spediteurs mit dem Versender über einen bestimmten Satz für die Beförderungskosten hat zur Folge, daß die Stellung des Spediteurs sich ausschließlich nach frachtrechtlichen Grundsätzen bestimmt. Senckpiehl a. a. O. führt im einzelnen an, in welchen Beziehungen diese frachtrechtliche Stellung zum Ausdruck kommt. Aber gerade eine der wichtigsten Beziehungen wird regelmäßig in den Beförderungsbedingungen der Spediteurvereinigungen davon ausgenommen. Das ist die Haftung eines solchen Spediteurs. Wird sie, wie hier, der Regelung nach § 408 HGB. unterstellt, dann erschöpft sie sich auch darin. Man kann unmöglich, wie die Revision es will, die Regelung nach § 408 zugrunde legen und dennoch eine Haftung des Hauptspediteurs für das Verschulden des Zwischenspediteurs eintreten lassen. Denn in § 408 ist mit klaren Worten das Gegenteil gesagt: Haftung nur für die Wahl des Zwischenspediteurs. Der Zwischenspediteur behält aber seine selbständige Stellung bei Abwicklung des Beförderungsgeschäfts, mag auch die Stellung des Hauptspediteurs gemäß § 413 Abs. 1 HGB. nach Frachtrecht zu beurteilen sein. Dies schon deshalb, weil ihm gegenüber nicht zum Ausdruck gekommen ist, daß der Hauptspediteur sich mit dem Versender über einen bestimmten Satz der Beförderungskosten geeinigt hat. Aber auch hiervon abgesehen, wenn der Hauptspediteur an den zweiten Spediteur eine Teilstrecke zur selbständigen Erledigung abgegeben hat, so würde dadurch, daß das Rechtsverhältnis der beiden nunmehr nach frachtrechtlichen Grundsätzen zu beurteilen sein sollte, der zweite Spediteur nicht zum Erfüllungsgehilfen des Hauptspediteurs werden, sondern die Stellung eines Zwischenfrachtführers einnehmen. Auch dann würde also nur die in § 408 HGB. bestimmte Haftung des Hauptspediteurs bestehen. Die Entscheidung in RGZ. Bd. 55 S. 236, auf die sich die Revision beruft, betraf eine prozessuale Frage, bei der nur beiläufig die sachliche Rechtslage erwähnt wird. Letzterer lag Art. 384 des Österreichischen Handelsgesetzbuchs zugrunde, entsprechend dem Art. 384 des A. D. HGB., der eine von § 408 HGB. grundsätzlich verschiedene Regelung getroffen hatte, also hier in keiner Weise maßgebend sein kann.

Nicht besonders angegriffen von der Revision und rechtlich unbedenklich ist die Annahme des Oberlandesgerichts, daß die Schweizer Firma in der Tat die Stellung eines Zwischenspediteurs eingenommen hat. Die begrifflichen Merkmale des Zwischenspediteurs und des Unterspediteurs wurden bereits vorher nach den im ersten Revisionsurteil aufgestellten Rechtsgrundsätzen wiedergegeben und entsprechen der allgemeinen Rechtsauffassung. Aber es ist nicht zu verkennen, daß die Anwendung dieser Begriffsmerkmale auf den Einzelfall in der Regel erheblichen Schwierigkeiten begegnet. Denn bei der Auftragerteilung des Hauptspediteurs an den zweiten Spediteur pflegt meist darüber nichts gesagt zu werden, ob eine Zwischen- oder eine Unterspedition gewollt ist, und die Tatsachen, aus denen das eine oder andere zu folgern wäre, sind gerade hier verschiedener Deutung fähig. Dahin gehört beispielsweise der im früheren Urteil des Oberlandesgerichts erörterte Umstand, daß die Klägerin sich unmittelbar mit der Genfer Filiale der Schweizer Speditionsfirma in Verbindung gesetzt hat. Man könnte dies auf ein Verhältnis der Schweizer Firma als Unterspediteur deuten, indem man sagt, der Unterspediteur habe nur die Stellung eines Erfüllungsgehilfen, sei also nur Ausführungsorgan des Vertragsgegners und es sei deshalb für die Versenderin naheliegend gewesen, sich unmittelbar auch an ihn zu wenden. Umgekehrt ließe sich ausführen, der Zwischenspediteur stehe selbständig da und aus diesem Grunde habe es der Versender nicht nötig, noch mit dem Hauptspediteur zu verhandeln, nachdem der Zwischenspediteur einmal seine Aufgabe übernommen habe. Ähnlich verhält es sich mit den Anzeichen für die Selbständigkeit oder Unselbständigkeit der Stellung des Dritten. Ob er in der einen oder anderen Eigenschaft handelt, wenn er diese oder jene Weisung vom Hauptspediteur einholt, wird im Einzelfall schwer festzustellen sein. Gerade darum aber beruht die Frage, ob Zwischen- oder ob Unterspediteur, im wesentlichen und regelmäßig auf tatsächlicher Beurteilung des Einzelfalls. Gegen die Annahme des Oberlandesgerichts, daß die Schweizer Firma als Zwischenspediteur tätig geworden ist, lassen sich um so weniger rechtliche Bedenken erheben, als die von jener zu besorgende Teilstrecke im Ausland lag und gegen die Begründung des Vorderrichters, für solche Strecken werde der Hauptspediteur regelmäßig einem mit den Verhältnissen der Spedition im Ausland vertrauten ausländischen Spediteur die weitere Besorgung selbständig übertragen, nichts einzuwenden ist. Überhaupt kann dem Vorderrichter darin nur beigestimmt werden, daß bei einer Spedition, die im Ausland zu Ende zu führen ist, der Hauptspediteur die Auslandsstrecke regelmäßig an einen Zwischenspediteur abgeben wird.

---

24. 1. In welchem Umfang sind Berufsgenossenschaften tariffähig?
2. Kann ein Berufsgenossenschaftsverband in einem Tarifvertrag mit bindender Wirkung für seine Mitglieder vereinbaren, daß sämtliche Angestellte nach Ablauf einer bestimmten Dienstzeit als lebenslänglich angestellt gelten sollen?

RVO. §§ 690 flg. Tarifvertragsverordnung § 1.

III. Zivilsenat. Urt. v. 18. Juni 1926 i. S. Westd. Binnenschiffahrts-Berufsgenossenschaft (Kl.) w. F. (Bekl.). III 386/25.

I. Landgericht Duisburg.
II. Oberlandesgericht Düsseldorf.

Der Beklagte wurde von der Klägerin im Jahre 1904 als Sekretär ihrer Sektion I in M. angestellt; im schriftlichen Dienstvertrag war für beide Teile eine dreimonatige Kündigungsfrist vorgesehen. Am 14. November 1919 trafen der Arbeitgeberverband Deutscher Berufsgenossenschaften, dem die Klägerin nicht angehört, und verschiedene Angestelltenverbände ein schriftliches Abkommen, dessen Nr. VIII Abs. 1 folgenden Wortlaut hat:

„Ständig Angestellte gelten nach einer anrechnungsfähigen Dienstzeit von 10 Jahren, jedoch frühestens von Vollendung des 31. Lebensjahres an, als ruhegehaltsberechtigt und lebenslänglich angestellt."

Das Abkommen wurde im April 1920 vom Reichsarbeitsminister vorbehaltlos für allgemein verbindlich erklärt. Es wurde später durch die Tarifverträge vom 27. Dezember 1920 und vom 13. März 1922 ersetzt, die gleichfalls eine mit Nr. VIII Abs. 1 des Abkommens von 1919 übereinstimmende Vorschrift enthielten. Diese wurde aber von der „Allgemeinverbindlicherklärung" der beiden Verträge ausdrücklich ausgenommen; im folgenden Tarifvertrag vom 27. Dezember 1923 fehlte sie ganz.

Im März 1923 kündigte die Klägerin dem Beklagten mit der Begründung, daß sie die Sektion in M. auflöse. Verhandlungen der Parteien über Abschluß eines neuen Dienstvertrags führten nicht zum Ziele. Schließlich wiederholte die Klägerin die Kündigung zum 31. Dezember 1923. Der Beklagte, der unter Berufung auf Nr. VIII des Abkommens vom 14. November 1919 lebenslänglich angestellt zu sein behauptete, legte Beschwerde beim Reichsversicherungsamt ein. Dieses billigte die Auffassung des Beklagten und erklärte durch Beschluß vom 23. November 1923 beide Kündigungen für unzulässig. Darauf erhob die Klägerin Klage mit dem Antrag auf Feststellung, daß zwischen ihr und dem Beklagten kein Dienstvertrag auf Lebenszeit bestehe.

Das Landgericht gab diesem Antrag statt. Das Oberlandesgericht wies ihn ab. Auf die Revision der Klägerin wurde das landgerichtliche Urteil wiederhergestellt.

Gründe:

Der Beschluß des Reichsversicherungsamts vom 23. November 1923, der die Lebenslänglichkeit des Dienstverhältnisses des Klägers anerkennt und deshalb die Kündigungen der Berufsgenossenschaft für unzulässig erklärt, eröffnete den Parteien gemäß § 705 RVO. die Möglichkeit, die ordentlichen Gerichte anzurufen. Denn der endgültige Ausgang des Kündigungsstreits ist für ihre vermögensrechtlichen Beziehungen von weittragender Bedeutung und verpflichtet die Klägerin, wenn die Entscheidung zu ihren Ungunsten ausfällt, mittelbar zu Geldleistungen, denen sie sich unter Berufung auf die Entlassung des Beklagten zu entziehen sucht. Das genügt aber, um dem Klagebegehren den Charakter eines vermögensrechtlichen Anspruchs im Sinne des § 705 RVO. zu geben (vgl. Urteile des erkennenden Senats: RGZ. Bd. 108 S. 286 und III 154/25 vom 24. März 1926).

Seine sachliche Entscheidung stützt das Oberlandesgericht auf die oben wiedergegebene Nr. VIII des Übereinkommens vom 14. November 1919. Daß diesem die Bedeutung eines Tarifvertrags im Sinne der Tarifvertragsverordnung vom 23. Dezember 1918 zukommt und daß Tarifverträge dazu bestimmt sind, die Bedingungen für den Abschluß von Einzelarbeitsverträgen einheitlich zu regeln, ist ohne weiteres zuzugeben. Dagegen unterliegt der Ausspruch des Berufungsrichters, daß alle Arbeits- und Anstellungsbedingungen, die Gegenstand eines Einzeldienstvertrags sein können, schlechthin auch in einem Tarifvertrag wirksam vereinbart werden dürfen, in dieser Allgemeinheit erheblichen Bedenken. Man wird ihm für diejenigen Fälle die Anerkennung versagen müssen, in denen sich aus Sondergesetzen oder aus dem Wesen des Tarifvertrags etwas Gegenteiliges ergibt.

Nun ist es, worauf schon das Reichsversicherungsamt in dem oben erwähnten Beschlusse hinweist, wirtschaftlich in hohem Grade unzweckmäßig, in einem seiner Natur nach zeitlich beschränkten Tarifvertrag, der nur den zur Zeit seines Inkrafttretens herrschenden Wirtschaftsverhältnissen Rechnung tragen soll und kann, weit über seine voraussichtliche Geltungsdauer hinaus für gewisse Klassen von Arbeitnehmern lebenslängliche Rechte zu begründen, und wirtschaftlich noch unzweckmäßiger erscheint es, die solchen Rechten entsprechenden Verpflichtungen im Wege der Allgemeinverbindlicherklärung auch denjenigen Arbeitgebern aufzuerlegen, die am Abschluß des Tarifvertrags nicht beteiligt sind. Ob daraus zu folgern ist, daß der Inhalt der Nr. VIII des Übereinkommens vom 14. November 1919, soweit er sich auf die lebenslängliche Anstellung bezieht, sich mit dem Wesen und Zweck eines Tarifvertrags überhaupt nicht vereinen lasse, kann zweifelhaft sein. Einer Entscheidung dieser Frage bedarf es im vorliegenden Falle jedoch nicht; denn auch wenn man sie verneint, vermag der Beklagte aus Nr. VIII a. a. O. keine Rechte für sich herzuleiten.

Die Angestellten einer Berufsgenossenschaft sind keine Beamte (vgl. das vorstehend S. 22 abgedruckte Urteil des Senats vom 18. Mai 1926 III 217/25), sondern stehen zu ihr in einem bürgerlichrechtlichen Dienstverhältnis, dessen Inhalt sich freilich in erster Linie nach den Vorschriften der Reichsversicherungsordnung und der Dienstordnung (§ 690 RVO.) bestimmt und nur, soweit diese den Parteien zu seiner Ergänzung und Vervollständigung Spielraum lassen, ihrer freien Vereinbarung unterliegt. Die Vorschrift des § 690 RVO. verpflichtet die Berufsgenossenschaften, „die allgemeinen Anstellungsbedingungen und die Rechtsverhältnisse der Angestellten durch eine Dienstordnung angemessen zu regeln". Die Bestimmungen der Dienstordnung sind ebenso wie die in den §§ 692 bis 699 RVO. enthaltenen Grundsätze für die Einzeldienstverträge schlechthin maßgebend; eine Vertragsklausel, die gegen sie verstößt, ist nichtig (§§ 691, 701 Abs. 2 RVO.). Die Dienstordnung bedarf der Genehmigung des Reichsversicherungsamts (§ 700 Abs. 2 a. a. O.); wird diese versagt oder kommt eine Dienstordnung aus anderen Gründen nicht zustande, so wird sie vom Reichsversicherungsamt „erlassen", also durch einen hoheitsrechtlichen Akt geschaffen (§ 700 Abs. 3 a. a. O.). Aus alledem ergibt sich, daß der Berufsgenossenschaft und dem Reichsversicherungsamt auf dem Gebiete des Angestelltenwesens ein weitgehendes Gesetzgebungsrecht, d. h. die Befugnis zum Erlasse von Normen eingeräumt ist, welche die Vertragsteile auch unabhängig von ihrem Willen binden. Innerhalb der von der Reichsversicherungsordnung und der Dienstordnung gezogenen Schranken sind aber, wie schon betont, die Dienstvertragsparteien befugt, ihre schuldrechtlichen Beziehungen beliebig zu gestalten. Soweit danach die Vertragsfreiheit einer Berufsgenossenschaft reicht, reicht auch ihre Tariffähigkeit und Tarifbefugnis. Tarifvertragsnormen, die sich mit zwingenden Dienstordnungsnormen in Widerspruch setzen, sind jedoch nach Maßgabe des in § 701 Abs. 2 RVO. ausgesprochenen Rechtsgedankens ebenso unwirksam, wie es im gleichen Falle Bestimmungen eines Einzeldienstvertrags wären.

Das Schicksal der Revision hängt daher von der Entscheidung der Frage ab, ob die in Nr. VIII a. a. O. getroffene allgemeine Regelung des Angestelltenverhältnisses mit der klägerischen Dienstordnung vereinbar ist oder ihr derart zuwiderläuft, daß sie trotz ihrer Allgemeinverbindlicherklärung die Klägerin nicht zu binden vermag. Das Oberlandesgericht hat im Gegensatz zum Landgericht die verbindliche Kraft der Nr. VIII bejaht. Dieser Auffassung kann jedoch nicht beigepflichtet werden. Der Berufungsrichter geht nämlich rechtsirriger Weise davon aus, daß die §§ 690 flg. RVO. und die Dienstordnung grundsätzlich nur die Mindestrechte der Angestellten festlegen und ihre Besserstellung nach keiner Richtung hin ausschließen. Dieser Gedanke findet jedoch im Gesetz keine Stütze. Entspräche er dem Willen des Gesetzgebers, so hätte er in der Reichsversicherungsordnung selbst oder in der Dienstordnung unzweideutig zum Ausdruck gelangen müssen, wie es beispielsweise hinsichtlich der Durchbrechung von Tarifvertragsnormen in § 1 der Tarifvertragsverordnung geschehen ist.

Die Berufsgenossenschaften sind öffentlichrechtliche Körperschaften, die der Aufsicht des Reichsversicherungsamts unterstehen (§ 722 RVO.). Als Aufsichtsbehörde, der die Genehmigung der von den Genossenschaftsversammlungen beschlossenen Dienstordnungen obliegt, hat das Reichsversicherungsamt bei Prüfung ihres Inhalts ebenso auf die berechtigten Interessen der Angestellten wie auf die Belange der Genossenschaften zu achten und Rücksicht zu nehmen. Mit der Genehmigung seitens des Reichsversicherungsamts erhalten die Vorschriften der Dienstordnung, wie schon hervorgehoben, den Charakter von Rechtsnormen, die Angestellte und Berufsgenossenschaft gleichmäßig binden und von denen in Einzeldienstverträgen zugunsten des einen oder des andern Teils nur soweit abgewichen werden darf, als die Reichsversicherungsordnung oder die Dienstordnung es zweifelsfrei gestatten. So sind z. B. der Klägerin hinsichtlich der Bemessung der Dienstbezüge ihrer Angestellten nach oben keine Schranken gezogen, da § 9 ihrer Dienstordnung die dort genannten Summen im Anschluß an § 695 RVO. ausdrücklich als Mindestgehälter bezeichnet. Ihrer tarifvertraglichen Heraufsetzung steht daher nichts im Wege (vgl. das angeführte Urteil des Senats vom 18. Mai 1926).

Die lebenslängliche Anstellung erklärt nun aber § 694 RVO. nur so weit für zulässig, als die Dienstordnung sie vorsieht. Damit hat der Gesetzgeber klar zum Ausdruck gebracht, daß eine lebenslängliche Anstellung, die gegen die in der Dienstordnung für sie aufgestellten

Grundsätze verstößt, unzulässig und deshalb gemäß § 701 Abs. 2 RVO. nichtig ist. Der § 7 der Dienstordnung lautet:

„Die Anstellung erfolgt in der Regel auf Zeit. Der Vorstand kann Angestellte, die eine anrechnungsfähige Dienstzeit von 10 Jahren zurückgelegt haben, auf Lebenszeit anstellen."

Hieraus erhellt, daß gegenüber der regelmäßigen Anstellung auf Zeit die lebenslängliche Anstellung die Ausnahme bilden soll und einen — grundsätzlich erst nach mehrjähriger Dienstzeit zulässigen — besonderen Anstellungsakt erfordert, dessen Vornahme naturgemäß voraussetzt, daß der Vorstand ihn nach den Umständen als im Interesse der Berufsgenossenschaft liegend erachtet. Die Dienstordnung räumt also den Angestellten, auch den älteren, kein Recht, sondern nur eine Anwartschaft auf lebenslängliche Anstellung ein, deren Verwirklichung der Vorstand nach § 7 daselbst in der Regel nicht lediglich vom Zeitablauf abhängig machen, sondern erst nach pflichtgemäßer Erprobung des Angestellten und nach Prüfung des Einzelfalls vornehmen darf. Durch Aufnahme einer der Nr. VIII a. a. O. entsprechenden Klausel in sämtliche Dienstverträge würde der Vorstand inbezug auf sie eine Rechtslage schaffen, die mit Wortlaut, Sinn und Zweck des § 7 der Dienstordnung in Widerspruch stände und zu deren Herbeiführung ihn dieser nicht ermächtigt. Eine derartige allgemeine Vertragsklausel würde daher gemäß § 701 Abs. 2 RVO. nichtig sein. Trifft das aber zu, so kann die Klausel auch nicht auf dem Umweg über einen Tarifvertrag Geltung erlangen. Denn auch als Tarifvertragsnorm hat sie nicht die Macht, eine ihr entgegenstehende Dienstordnungsvorschrift außer Kraft zu setzen. Diese hat vielmehr stets den Vorrang vor ihr. ...

---

25. Ist die Kenntnis des Versicherers vom Eintritt eines Ereignisses, das möglicherweise eine Haftpflicht des Versicherungsnehmers begründet, als genügende Kenntnis vom Eintritt des Versicherungsfalls im Sinne des § 33 Abs. 2 des Gesetzes über den Versicherungsvertrag vom 30. Mai 1908 anzusehen?

VersVG. §§ 33 Abs. 2, 153.

VI. Zivilsenat. Urt. v. 18. Juni 1926 i. S. H. (Kl.) w. Janus Versicherungs-Akt.-Ges. (Bekl.). VI 103/26.

I. Landgericht Köln.
II. Oberlandesgericht daselbst.

Der Kläger ist laut Versicherungsschein vom 4. März 1921 bei der Beklagten gegen Haftpflicht aus Kraftfahrzeugunfällen versichert. Am 29. Juni 1922 wurde der Ingenieur G. vom Kraftwagen des Klägers überfahren und verletzt. Der Kläger beansprucht mit der Klage die Feststellung, daß die Beklagte verpflichtet sei, ihn dem G. gegenüber wegen des diesem durch den Wagen des Klägers widerfahrenen Unfalls schadlos zu halten. Die Beklagte wendet ein, daß sie nach dem Schlußsatz des § 18 ihrer allgemeinen Versicherungsbedingungen von der Entschädigungspflicht befreit sei, weil der Kläger seine vertraglichen Obliegenheiten aus § 12 dieser Bedingungen nicht erfüllt, namentlich die Anzeige von dem gegen ihn erhobenen Haftpflichtanspruch ihr nicht binnen einer Woche erstattet habe. Das Landgericht entsprach dem Klagantrag. Das Oberlandesgericht wies die Klage ab. Die Revision des Klägers hatte Erfolg.

Aus den Gründen:

Das Berufungsgericht hat die Einwendung der Beklagten, sie sei gemäß §§ 12, 18 der allgemeinen Versicherungsbedingungen von der Verpflichtung zur Leistung befreit, für durchschlagend erachtet. Es ist der Ansicht, der Kläger habe die ihm im § 12 auferlegte Pflicht, der Beklagten binnen einer Woche nach Erhebung eines Haftpflichtanspruchs Anzeige zu erstatten, durch sein Schreiben vom 5. Juli 1922 nicht erfüllt, weil dieses nur die Mitteilung der Tatsache des geschehenen Unfalls enthalte, nicht die Anzeige von der Erhebung eines Ersatzanspruchs des Verletzten, die erst durch das Schreiben von dessen Rechtsanwalt vom 7. Juli 1922 erfolgt sei; weiter wird festgestellt, daß der Kläger nach Empfang dieses Schreibens nicht rechtzeitig Anzeige erstattet habe. Demgegenüber hat die Revision zunächst ausgeführt, daß, wenn dies auch richtig sein sollte, die Beklagte durch das Schreiben vom 5. Juli 1922 doch rechtzeitig Kenntnis vom Eintritt des Versicherungsfalls erlangt habe und sich deshalb nach § 33 Abs. 2 VersVG. auf die Bestimmungen der §§ 12, 18 nicht berufen könne. Dem kann nicht beigepflichtet werden. Durch den Brief vom 5. Juli 1922 erfuhr die Beklagte nur, daß der Kläger mit seinem Kraftwagen einen Motorradfahrer angefahren habe und daß dieser, den die Schuld an dem Unfall treffe, dadurch verletzt worden sei. Das genügt nicht, um eine Kenntnis der Beklagten vom Eintritt des Versicherungsfalls im Sinne des § 33 Abs. 2 anzunehmen. Allerdings steht die Rechtslehre (vgl. z. B. Hagen in Ehrenbergs Handbuch Bd. 8 Abt. 2 § 448 S. 313; Bruck, VersVG. 5. Aufl. § 153 Anm. 2) auf dem Standpunkt, daß auch bei der Haftpflichtversicherung der Versicherungsfall mit dem Schadensereignis, mit der Tatsache, die den Versicherungsnehmer einem Dritten verantwortlich macht, eingetreten sei, und daß nicht etwa aus § 153 VersVG. hergeleitet werden könne, der Versicherungsfall müsse bei dieser Versicherungsart in der Geltendmachung des Haftpflichtanspruchs gesehen werden. Der § 153 bestimmt nun zwar nur, daß die einwöchige Anzeigefrist erst mit der Geltendmachung dieses Anspruchs zu laufen beginnt; nach ihrer Begründung ist jedoch diese Sondervorschrift für die Haftpflichtversicherung getroffen worden, weil der Versicherer kein Interesse daran habe, vom Bestehen einer unter die Versicherung fallenden Haftverbindlichkeit Kenntnis zu erhalten, solange der Versicherungsnehmer aus dieser nicht in Anspruch genommen sei. Diese Erwägung muß auch dahin führen, eine Kenntnis des Versicherers vom Eintritt eines Ereignisses, das möglicherweise eine Haftpflicht des Versicherungsnehmers begründet, nicht als genügende Kenntnis vom Eintritt des Versicherungsfalls im Sinne des § 33 Abs. 2 anzusehen. Das Schadensereignis ist für sich allein für den Versicherer ohne Belang. Nicht jedes solches Ereignis führt zur Inanspruchnahme des Versicherungsnehmers seitens des Verletzten. Für den Versicherer erheblich ist nur die Tatsache, ob ein Haftpflichtanspruch wirklich erhoben wird; nur dadurch wird seine Entschädigungspflicht begründet. Dementsprechend legen auch die Versicherungsbedingungen dem Versicherungsnehmer die Pflicht auf, von der Erhebung eines Haftpflichtanspruchs Anzeige zu machen. Folglich wird man auch nur der Kenntnis von dieser die im § 33 Abs. 2 vorgesehene Wirkung beilegen können. ... (Die Aufhebung des Berufungsurteils und die Zurückverweisung der Sache erfolgte aus anderen, hier nicht interessierenden Erwägungen.)

26. Welche Rechtsfolgen treten ein, wenn die Voraussetzungen des § 779 BGB. nur für einen Teil eines Vergleichs gegeben sind?

VI. Zivilsenat. Urt. v. 22. Juni 1926 i. S. K. (Kl.) w. O. R. (Bekl.). VI 75/26.

I. Landgericht Hamburg.
II. Oberlandesgericht daselbst.

Im Grundbuch eines dem Kläger gehörigen Grundstücks stehen eingetragen in Abt. III Nr. 4 10000 ℳ für den Beklagten und in Abt. III Nr. 6 19000 ℳ zu $^1/_3$ für den Beklagten und zu $^2/_3$ für seinen Bruder R. Th. R. In einem Vorprozeß verlangte der Kläger vom Beklagten, daß er in die Löschung der auf seinen Namen im Grundbuch eingetragenen Hypothek von 29000 ℳ willige. Am 14. April 1924 verglichen sich die Parteien dahin: „Der Beklagte verpflichtet sich, dem Kläger gegen Zahlung von 800 Gℳ löschungsfähige Quittung betr. die Hypothek von 29000 ℳ, in das Grundstück des Klägers eingetragen im Grundbuch von .... zu geben ...." Der Kläger hat die 800 Gℳ bezahlt, der Beklagte hat ihm löschungsfähige Quittung über 10000 ℳ und $^1/_3$ von 19000 ℳ angeboten, im übrigen aber sich außerstande erklärt, die Quittung zu erteilen, weil sein Bruder die Löschung verweigere. Der Kläger verlangt nunmehr Schadensersatz wegen Nichterteilung der Quittung über $^2/_3$ von 19000 ℳ; er fordert Zahlung von 1833,33 Rℳ. Das Landgericht hat den Beklagten verurteilt, das Oberlandesgericht hat die Klage abgewiesen. Die Revision des Klägers blieb ohne Erfolg.

Aus den Gründen:

Bei seiner rechtlichen Beurteilung der Sachlage geht das Oberlandesgericht von der tatsächlichen Feststellung aus, daß im Augenblick des Vergleichsabschlusses beide Parteien geglaubt haben, die Hypothek von 29000 ℳ stehe in vollem Umfang dem Beklagten zu. (Nach Zurückweisung eines Angriffs gegen diese Feststellung wird fortgefahren:)

Auf den für erwiesen erachteten Sachverhalt hat das Oberlandesgericht den § 779 BGB. angewendet. Die Revision hat Bedenken dagegen nicht erhoben, und solche sind auch von Amts wegen nicht zu erheben. Der § 779 BGB. setzt voraus, daß ein Streit oder eine Ungewißheit der Parteien über ein Rechtsverhältnis im Wege gegenseitigen Nachgebens durch Vertrag beseitigt werden sollte, daß der nach dem Inhalt des Vertrags als feststehend zugrunde gelegte Sachverhalt der Wirklichkeit nicht entsprochen hat und daß bei Kenntnis der Sachlage der Streit oder die Ungewißheit nicht entstanden sein würde. Als die Parteien am 14. April 1924 ihren Vergleich schlossen, herrschte Streit unter ihnen lediglich über die Frage, gegen welche Zahlung der Kläger eine Löschung der Hypothek von 29000 ℳ verlangen könne. Darüber, wer eigentlich der Hypothekengläubiger sei, herrschte weder Streit noch Ungewißheit. Beide Parteien gingen übereinstimmend davon aus, daß die Hypothek dem Beklagten zustehe. Dieser nach dem Inhalt des Vertrags als feststehend zugrunde gelegte Sachverhalt entsprach nicht durchweg der Wirklichkeit, denn ein Teilbetrag der Hypothek stand dem Bruder des Beklagten zu. Das Landgericht hat diesem Umstand keine Bedeutung beigelegt. Es hat die dritte Voraussetzung des § 779 BGB. nicht als gegeben angesehen, weil der Streit der Parteien bei Kenntnis der Sachlage sich zwar auf den dem Beklagten zustehenden Teil der Hypothek beschränkt hätte, aber nicht gänzlich vermieden worden wäre. Dem ist das Oberlandesgericht mit Recht entgegengetreten. Es hält schon die Tatsache für erheblich, daß der Streit der Parteien bei Kenntnis der Sachlage teilweise nicht entstanden wäre, sieht deshalb die dritte Voraussetzung des § 779 BGB. in gewissem Umfang als gegeben an und gelangt danach zu dem Ergebnis, daß der Vergleich jedenfalls insoweit unwirksam sei, als der Beklagte sich zur Löschung des auf den Namen seines Bruders eingetragenen Hypothekenanteils verpflichtet habe.

Das Reichsgericht hat bereits früher (LZ. 1923 Sp. 316) ausgesprochen, daß es im Sinne des § 779 BGB. nicht darauf ankomme, ob bei Kenntnis der Sachlage überhaupt kein Streit oder keine Ungewißheit entstanden wäre, daß es sich vielmehr nur fragen könne, ob zum Abschluß gerade des geschlossenen Vergleichs Anlaß bestanden haben würde, wenn die Parteien den Sachverhalt gekannt hätten. Die hiernach entscheidende Frage ist im gegebenen Falle zu verneinen. Wenn die Parteien sich bewußt gewesen wären, daß ein Teil der Hypothek dem Bruder des Beklagten gehörte, dann hätte für sie kein Anlaß bestanden, sich über die Löschung auch dieses

Teils der Hypothek zu verständigen. Die Voraussetzungen des § 779 BGB. sind danach für einen Teil des Streits sämtlich vorhanden, und daraus ergibt sich die schon vom Oberlandesgericht richtig erkannte Folge, daß der geschlossene Vergleich — mindestens — insoweit unwirksam ist, als er sich auf jenen Teil des Streits bezieht, für den § 779 BGB. zutrifft. Darüber, ob die Unwirksamkeit dieses Teils des Vergleichs die Unwirksamkeit des ganzen Vergleichs nach sich zieht, hat sich das Oberlandesgericht nicht ausgesprochen, auch nicht auszusprechen brauchen, weil sich die Klage nur auf den unzweifelhaft nichtigen Teil des Vergleichs stützt.

---

27. 1. Genügt zur Wahrung der Ausschlußfrist des § 7 des preuß. Kommunalbeamtengesetzes vom 30. Juli 1899 die Erhebung der Klage bei einem sachlich und örtlich unzuständigen Gericht?

2. Kann einer Stadt durch Ortsstatut die Befugnis übertragen werden, von dem Grundsatz der Anstellung ihrer Beamten auf Lebenszeit im Einzelfall ohne Genehmigung der Aufsichtsbehörde abzuweichen?

3. Kann die in § 9 Abs. 1 des preuß. Kommunalbeamtengesetzes vorgesehene Genehmigung der Aufsichtsbehörde zur Abweichung von dem Grundsatze der Anstellung auf Lebenszeit noch erteilt werden, wenn der Beamte die für ihn festgesetzte Probezeit bereits zurückgelegt hat?

4. Kann ein Kommunalbeamter die Zustimmung zur Umwandlung seines lebenslänglichen Beamtenverhältnisses in ein zeitlich begrenztes Privatdienstverhältnis durch schlüssige Handlungen wirksam erteilen?

III. Zivilsenat. Urt. v. 22. Juni 1926 i. S. B. (Bekl.) w. Stadtgemeinde W. (Kl.). III 379/25.

I. Landgericht Limburg.
II. Oberlandesgericht Frankfurt a. M.

Am 30. Mai 1913 schrieb die klagende Stadtgemeinde die Stelle des Stadtbaumeisters zur Besetzung aus. Nach der Ausschreibung sollte die Anstellung zunächst auf ein Jahr Probe und bei Bewährung nach den Bestimmungen des Ortsstatuts, betreffend die Anstellung und Versorgung der Beamten der Stadtgemeinde W., auf Lebenszeit erfolgen. Bis zur Erfüllung der Voraussetzungen des Ortsstatuts sollte — auch während des Probejahrs — eine beiderseitige vierteljährliche Kündigung gelten. Die Wahl der Stadt fiel auf den Beklagten, dem ihr Bürgermeister am 18. Juli 1913 schrieb, er übertrage ihm hiermit die Stelle des Stadtbaumeisters der Stadt W. in Gemäßheit des öffentlichen Ausschreibens. Der Beklagte trat seinen Dienst am 8. September 1913 an. In der ihm ausgehändigten Anstellungsurkunde vom gleichen Tage hieß es, er werde hierdurch als Stadtbaumeister bei der Stadt W. in Gemäßheit des genannten Ortsstatuts vom 29. September 1910 mit Wirkung vom 8. September 1913 auf dreimonatliche Kündigung angestellt; wenn er das 30. Lebensjahr und eine fünfjährige, vom 8. September 1913 ab zu berechnende Dienstzeit bei der Stadt W. zurückgelegt haben werde (das sei bis zum 8. September 1918), trete an die Stelle seiner Anstellung gegen Kündigung die Anstellung auf Lebenszeit. Ein Probejahr war in der Urkunde nicht erwähnt.

Bei Kriegsausbruch trat der Beklagte in das Heer ein, aus dem er Anfang Dezember 1918 entlassen wurde. Während dieser Zeit, am 25. Oktober 1917, beschloß der kollegialische Gemeindevorstand der Klägerin, dem Beklagten mit dreimonatiger Frist zu kündigen. Dieser Beschluß wurde ihm alsbald durch den Bürgermeister mitgeteilt. Am 25. November 1917 erwiderte diesem der Beklagte, er vermöge sich der Begründung der Kündigung nicht anzuschließen, er bitte vielmehr veranlassen zu wollen, daß seine Anstellung weiter bestehen bleibe. Der Bürgermeister antwortete mit Schreiben vom 27. desselben Monats, daß eine Rückgängigmachung der zu Recht erfolgten Kündigung ausgeschlossen sei; wenn der Beklagte seine Weiterbeschäftigung im städtischen Dienst beantrage, so könne dieser Antrag nur dann erörtert werden, wenn er ausdrücklich auf sein Recht aus der Anstellungsurkunde verzichte und darum bitte, auf Privatdienstvertrag bei monatlicher oder dreimonatlicher Kündigung gegen entsprechende Vergütung beschäftigt zu werden. Der Beklagte wandte sich nunmehr beschwerdeführend an den Regierungspräsidenten in C. Dieser erkannte in seiner an die Stadt gerichteten Verfügung vom 8. Februar 1918 zwar an, daß sie berechtigt sei, dem Beklagten zu kündigen, empfahl aber, ihm eine Frist zu gewähren, während der er nach seiner endgültigen Entlassung aus dem Heeresdienste unter Beibehaltung seiner Dienstbezüge sich um eine neue Stelle bewerben könne. Dementsprechend beschloß die Stadtverordnetenversammlung am 26. März 1918, den Beklagten, wenn er selbst Wert darauf lege, auf Privatdienstvertrag bis $^1/_4$ Jahr nach Entlassung vom Militär mit den seitherigen Bezügen zu beschäftigen, um ihm Gelegenheit zu geben, von hier aus eine andere Stelle zu bekommen. Dieser Beschluß wurde aber dem Beklagten durch die Stadt nicht mitgeteilt; er erhielt Kenntnis von ihm nur durch den Regierungspräsidenten.

Am 3. Dezember 1918 schrieb der Beklagte an den kollegialischen Gemeindevorstand der Klägerin, daß seine Entlassung vom Militär in den nächsten Tagen bevorstehe und daß er um Äußerung bitte, ob die Stadtverwaltung damit einverstanden sei, daß er seinen Dienst erst am 3. Januar 1919 antrete. Der Bürgermeister erwiderte mit Schreiben vom 11. Dezember 1918, er sei in Ausführung des Beschlusses der Stadtverordnetenversammlung vom 26. März 1918 bereit, den Beklagten bis zum 1. April 1919 auf Privatdienstvertrag gegen die seinerzeitigen Bezüge weiter zu beschäftigen. Außerdem kündigte er, um, wie es in seinem Schreiben vom 30. Dezember 1918 hieß, Mißverständnisse zu vermeiden, dem Beklagten zum 1. April 1919. Diese Kündigung wurde dem Beklagten am 3. Januar 1919 zugestellt. Im Januar 1919 trat der Beklagte seinen Dienst bei der Klägerin wieder an. Am 15. März bat er den Bürgermeister mündlich, ihn eventuell über den 1. April hinaus für den Monat April gegen das seitherige Entgelt noch weiter beschäftigen zu wollen, da er verschiedene Bewerbungen laufen habe und aus einer ungekündigten Stellung leichter fortkommen könne als aus einer gekündigten. Diesem Wunsch wurde entsprochen und die Weiterbeschäftigung des Beklagten bis Ende Mai unter Fortzahlung seiner Gehaltsbezüge zugelassen. Dagegen wurde sein unter Berufung auf die Verordnung vom 24. Januar 1919 über die Einstellung usw. der Angestellten geäußerter Wunsch um Beschäftigung bis Ende Juni abgelehnt, auch die Kündigung zum 31. Mai 1919 nochmals ausdrücklich ausgesprochen. Bis zu diesem Tage ist ihm sein Diensteinkommen von der Klägerin gezahlt worden.

Am 29. April 1919 reichte der Beklagte beim Regierungspräsidenten eine erneute Beschwerde wegen seiner Kündigung ein, die durch Verfügung vom 15. Mai zurückgewiesen wurde. Alsdann wandte er sich am 10. August 1919 an den Bezirksausschuß in C. Dieser hat, seinen Anträgen im wesentlichen entsprechend, durch Beschluß vom 7. Dezember 1922, der Klägerin zugestellt am 22. Dezember, die Kündigung des Beklagten durch die Stadt für unwirksam erklärt und seine lebenslängliche Anstellung festgestellt, auch die Weiterzahlung seiner Bezüge angeordnet.

Die Klägerin hat am 22. Juni 1923 beim Amtsgericht W. eine Klage gegen den Beklagten eingereicht mit dem Antrag, die Unzulässigkeit des Beschlusses des Bezirksausschusses und weiter festzustellen, daß dem Beklagten keinerlei Gehaltsansprüche gegen die Klägerin zuständen. Die Klagschrift ist dem Beklagten am 17. August 1923 zugestellt worden. Auf Antrag der Klägerin, mit dem der Beklagte einverstanden war, hat sich das Amtsgericht durch Beschluß vom 2. November 1923 für unzuständig erklärt und die Sache an das Landgericht verwiesen.

Die Klägerin stützt ihre Klage darauf, daß sie nach Ausschreibung, Anstellungsurkunde und Ortsstatut dem Beklagten gegenüber zur Kündigung befugt gewesen sei. Die während des Kriegsdienstes ausgesprochene Kündigung sei spätestens nach seiner Entlassung aus dem Heere wirksam geworden. Das spätere Verhalten des Beklagten zeige auch seine Zustimmung zur Kündigung. Für die Zeit vom 1. Januar 1919 an sei er mit seiner Beschäftigung im Privatdienstverhältnis einverstanden gewesen.

Der Beklagte hat Klagabweisung beantragt, und zwar zunächst deshalb, weil die Klagerhebung beim Amtsgericht zur Wahrung der Frist von § 7 des Kommunalbeamtengesetzes vom 30. Juli 1899 nicht genügt habe. Aber auch sachlich sei die Klage unbegründet. Das Ortsstatut vom 29. September 1910 finde auf ihn als Stadtbaumeister keine Anwendung, so daß er mit Ablauf des Probejahrs lebenslänglich Beamter der Stadt geworden sei. Die während seines Kriegsdienstes ausgesprochene Kündigung sei außerdem nach § 66 des Reichsmilitärgesetzes unwirksam. Er habe ihr nicht zugestimmt, überhaupt auf seine Beamtenrechte nie verzichtet.

Die Vorinstanzen haben der Klage stattgegeben. Die Revision des Beklagten führte zur Klagabweisung.

Gründe:

Dem Oberlandesgericht ist darin beizupflichten, daß die Klägerin durch Einreichung der Klage beim Amtsgericht W., die am letzten Tage der sechsmonatigen Ausschlußfrist des § 7 des Kommunalbeamtengesetzes erfolgt ist, die Frist gewahrt hat. Daß dem Amtsgericht die sachliche Zuständigkeit fehlte, ist deshalb unerheblich, weil das Landgericht nicht etwa ohne Rücksicht auf den Wert des Streitgegenstands ausschließlich zuständig war (vgl. Urteil des Senats vom 22. Dezember 1925 III 16/25). Aus demselben Grunde kann dahingestellt bleiben, ob das Amtsgericht W. und das Landgericht Limburg, an das die Sache später vom Amtsgericht verwiesen worden ist, örtlich zuständig waren. Jedenfalls war am Wohnsitz des Beklagten kein ausschließlicher Gerichtsstand begründet. Der Beklagte hat aber, ohne die Unzuständigkeit geltend zu machen, zur Hauptsache mündlich verhandelt (vgl. § 39 ZPO.).

Die in der Revisionsbegründung für die gegenteilige Meinung angezogenen Entscheidungen JW. 1917 S. 231 Nr. 21 und RGZ. Bd. 92 S. 40 behandeln den § 30 des preußischen Enteignungsgesetzes und leiten lediglich aus der dortigen Bestimmung einer ausschließlichen örtlichen Zuständigkeit des Gerichts der belegenen Sache her, daß eine beim örtlich unzuständigen Gericht gegen die Entscheidung des Bezirksausschusses erhobene Klage zur Fristwahrung nicht genüge. Mit der Klagerhebung bei einem sachlich unzuständigen Gericht wird dagegen die Ausschlußfrist des § 30 a. a. O. innegehalten, weil die sachliche Zuständigkeit hier keine ausschließliche ist (vgl. RGZ. Bd. 93 S. 212). So ist denn auch anerkannt worden (RGZ. Bd. 94 S. 133), daß die Frist des § 13 des preußischen Wasserstraßengesetzes vom 1. April 1905 durch die Klage beim örtlich unzuständigen Gericht gewahrt wird. Dasselbe muß im vorliegenden Falle gelten. Das vom Revisionskläger weiter noch angeführte Urteil JW. 1916 S. 1335 Nr. 5 = RGZ. Bd. 88 S. 294 betrifft, ebenso wie das Urteil des erkennenden Senats vom 13. Dezember 1907 (III 179/07), einen Fall, in dem die Klage — anders als hier — vom örtlich unzuständigen Gericht abgewiesen war.

Die Annahme des Oberlandesgerichts, daß die Zustellung der Klage „demnächst" erfolgt und damit dem § 496 Abs. 3 ZPO. genügt sei, steht im Einklang mit den in der Entscheidung RGZ. Bd. 105 S. 422 entwickelten Grundsätzen.

Die prozessualen Angriffe der Revision sind sonach unbegründet. —

Dagegen kann der vom Berufungsgericht getroffenen sachlichen Entscheidung nicht beigestimmt werden.

Der § 1 des Ortsstatuts, betreffend die Anstellung und Versorgung der Beamten der Stadtgemeinde W., vom 29. September 1910 lautet:

„Die Anstellung der städtischen Beamten — mit Ausnahme des Bürgermeisters, für welchen § 30 der rheinischen Städteordnung vom 15. Mai 1856 maßgebend ist, ferner des Stadtbaumeisters und des Direktors der Gas-, Wasser- und Kanalwerke, für welche die Anstellung und Besoldung von Fall zu Fall geregelt wird —, erfolgt auf Lebenszeit, jedoch erst von dem Zeitpunkt ab, in dem das 30. Lebensjahr und eine fünfjährige Dienstzeit bei der Stadt W. zurückgelegt sind....

Bis zur Anstellung auf Lebenszeit werden die Beamten auf dreimonatliche Kündigung angestellt".

Das Oberlandesgericht billigt die Auffassung der Klägerin, daß ihr die in dieser Vorschrift vorbehaltene Kündigungsbefugnis auch dem Beklagten gegenüber während seiner ersten fünf Dienstjahre zugestanden habe. Denn die Stellenausschreibung vom 30. Mai 1913 verweise ausdrücklich auf das Ortsstatut. In Gemäßheit dieses Ausschreibens sei aber die Anstellung des Beklagten durch das Schreiben des Bürgermeisters vom 18. Juli 1913 erfolgt. Das Kündigungsrecht der Stadt werde auch wiederholt in der Anstellungsurkunde vom 8. September 1913. Der Beklagte meint demgegenüber, daß in der Ausschreibung lediglich eine Probezeit von einem Jahre vorbehalten sei und daß nach deren Ablauf eine Kündigung nicht mehr habe erfolgen können. Die formularmäßige Anstellungsurkunde habe keine sachliche Bedeutung. Einer Entscheidung dieses Streitpunkts bedarf es nicht. Denn wenn die Klägerin die Anstellung des Beklagten an die vom Vorderrichter angenommenen Bedingungen geknüpft hat, so ist ihnen die Wirksamkeit zu versagen, da sie mit zwingenden Gesetzesvorschriften in Widerspruch stehen.

Nach § 8 Abs. 1 des Kommunalbeamtengesetzes erfolgt die Anstellung der städtischen Beamten grundsätzlich auf Lebenszeit. Nach

Ablauf des Probejahrs (§ 10) ist der Beklagte also auf Lebenszeit Beamter der Klägerin geworden (vgl. JW. 1916 S. 1280 Nr. 14), es sei denn, daß eine der Ausnahmen des § 9 Abs. 1 gegeben, daß eine Abweichung vom Grundsatz der lebenslänglichen Anstellung durch Ortsstatut oder im Einzelfalle mit Genehmigung der Aufsichtsbehörde festgesetzt worden ist. Der angeführte § 1 des Ortsstatuts der Stadt W. findet nach seinem ausdrücklichen Wortlaut auf den Stadtbaumeister keine Anwendung. Die dort vorgesehene fünfjährige Dienstzeit auf Kündigung gilt also für den Beklagten unmittelbar kraft Ortsstatuts nicht. Das Oberlandesgericht mißt aber dem Umstand Bedeutung bei, daß § 1 ausspricht, die Anstellung des Stadtbaumeisters werde von Fall zu Fall geregelt. Damit sei, so führt es aus, der Stadt die Ermächtigung gegeben, den Stadtbaumeister, statt lebenslänglich, auf Kündigung anzustellen, ohne daß es dazu der Genehmigung des Regierungspräsidenten bedürfe. Die Klägerin habe dem Beklagten gegenüber hiervon Gebrauch gemacht und für ihn dieselbe Dienstzeit auf Kündigung festgesetzt, wie sie für ihre sonstigen Beamten nach dem Ortsstatut gelte.

An die Auslegung, die das Berufungsgericht dem Ortsstatut hat zuteil werden lassen, ist das Revisionsgericht gebunden (§§ 549, 562 ZPO.). Die danach in ihm enthaltene Bestimmung wird aber durch § 9 Abs. 1 a. a. O. nicht gedeckt. Dieser gestattet, wie schon hervorgehoben, für städtische Beamte Abweichungen von der lebenslänglichen Anstellung nur, wenn sie durch Ortsstatut oder im Einzelfalle mit Genehmigung der Aufsichtsbehörde festgesetzt sind. Die zweite Alternative ermöglicht die zeitlich begrenzte Anstellung eines bestimmten Beamten. Im Gegensatz dazu muß das Ortsstatut als objektive Rechtsnorm allgemeine Grundsätze über die Art und Weise enthalten, in der für bestimmte Beamtengruppen oder bestimmte Beamtenstellen von der lebenslänglichen Dauer der Anstellung abgewichen werden soll. Unzulässig dagegen ist es, der Stadt die selbständige Anordnung darüber zu übertragen, ob und wie bei der Anstellung einer bestimmten Einzelpersönlichkeit als Beamten das Dienstverhältnis zeitlich beschränkt werden soll. Eine solche Regelung für den Einzelfall erfordert nach dem Gesetz die Genehmigung der Aufsichtsbehörde, welches Erfordernis durch Ortsstatut nicht beseitigt werden kann. Dieses kann an die Stelle der gesetzlichen Lebenslänglichkeit der Amtsdauer städtischer Beamten eine andere Regelung setzen; dem von der Aufsichtsbehörde nicht kontrollierten Ermessen der Stadt darf es die Festsetzung der Amtsdauer nicht überlassen. Die Bestimmung im Ortsstatut der Klägerin so, wie das Oberlandesgericht sie auslegt, läuft darauf hinaus, die nach dem Gesetz vorgeschriebene Genehmigung des Regierungspräsidenten auszuschalten. Das ist nicht angängig.

So ist der bei der Anstellung des Beklagten für fünf Jahre gemachte Kündigungsvorbehalt nur dann gültig, wenn die Aufsichtsbehörde ihn genehmigt hat. Das Berufungsgericht entnimmt diese Genehmigung dem Schreiben des Regierungspräsidenten in C. vom 8. Februar 1918, worin anläßlich der vom Beklagten gegen seine Kündigung eingelegten Beschwerde die Stadt für kündigungsberechtigt erklärt wird. Es ist schwer verständlich, wie diese Erklärung als ausreichend zur Erfüllung der Voraussetzung des § 9 Abs. 1 des Kommunalbeamtengesetzes hat angesehen werden können. Denn der Beklagte ist im Jahre 1913 angestellt worden, sein Probejahr ist 1914 abgelaufen. Damit ist er lebenslänglicher Beamter der Stadt geworden, sofern nicht damals schon einer der Ausnahmetatbestände des Gesetzes gegeben war. Nach der Auffassung des Berufungsrichters würde der Regierungspräsident die Möglichkeit behalten haben, dem Beklagten noch im Jahre 1918, also nach mehreren Jahren, die erlangte lebenslängliche Anstellung wieder zu nehmen. Dieses Ergebnis läuft allen Grundsätzen des Beamtenrechts, auch des schon vor Erlassung der Reichsverfassung geltenden, zuwider und ist deshalb zu mißbilligen.

Die Unwirksamkeit der von der Stadt getroffenen Bestimmungen über die Kündbarkeit des Beklagten macht seine Anstellung nicht nichtig; vielmehr hat sie als der gesetzlichen Regelung entsprechend, also auf Lebenszeit erfolgt zu gelten. Die Kündigungen, die die Klägerin gegen ihn ausgesprochen hat, waren überhaupt unzulässig, so daß ihre Vereinbarkeit mit § 66 des Reichsmilitärgesetzes nicht geprüft zu werden braucht.

Das Oberlandesgericht hat aber der Klage in letzter Linie auch deshalb stattgegeben, weil das Beamtenverhältnis des Beklagten, wenn nicht durch Kündigung, so doch jedenfalls dadurch beendigt worden sei, daß es nach seinem Ausscheiden aus dem Heere durch beiderseitiges Einverständnis in ein Privatverhältnis umgewandelt worden sei. Eine ausdrückliche Erklärung seiner Zustimmung hierzu hat der Beklagte unstreitig nicht abgegeben. Nach der Annahme des Berufungsgerichts konnte aber sein ganzes Verhalten von der Klägerin nur in dem Sinne aufgefaßt werden, daß er mit ihrem Anerbieten, auf Privatdienstvertrag noch ein Vierteljahr beschäftigt zu werden, einverstanden war. In diesem Sinne müsse der Beklagte sein Verhalten gegen sich gelten lassen.

Diesen Ausführungen des angefochtenen Urteils liegen die Rechtssätze zugrunde, die sich im bürgerlichen Recht über die Auslegung von Willenserklärungen gebildet haben. Der Berufungsrichter übersieht jedoch bei ihrer Anwendung, daß es sich beim Beamtenverhältnis um ein Verhältnis des öffentlichen Rechts handelt, auf das die Grundsätze des bürgerlichen Rechts nicht ohne Berücksichtigung seiner Eigenart übertragen werden können. Bereits in der Entscheidung RGZ. Bd. 96 S. 302 ist aus dieser Eigenart hergeleitet worden, daß Erklärungen von Beamten, die einen Verzicht auf ihre Rechte enthalten, nur dann zur Grundlage behördlicher Entschließungen gemacht werden dürften, wenn sie bestimmt und klar seien. Besonders gelte das für Entlassungsgesuche. Das Einverständnis, das Voraussetzung der Entlassung eines Beamten sei, müsse in zweifelfreier Weise und Form eingeholt werden. Für auslegungsbedürftige Erklärungen, wie sie im Geschäftsverkehr unvermeidlich seien, sei hier kein Raum. An diesen Sätzen, die für Reichs- und Staatsbeamte wie für Gemeindebeamte gelten (Urteil vom 11. November 1921 III 166/21), ist festzuhalten. Sie treffen auch den vorliegenden Fall, der nicht etwa deshalb eine abweichende Beurteilung erheischt, weil das Beamtenverhältnis des Beklagten durch ein — übrigens kurz befristetes — privatrechtliches Dienstverhältnis ersetzt worden sein soll. Denn daß er bei Aufgabe seiner Beamtenstellung vorübergehend als Privatangestellter der Stadt weiterbeschäftigt werden sollte, ändert nichts daran, daß die Erklärung, die das Berufungsgericht aus seinem Verhalten herausliest, ihm seine Rechte als lebenslänglicher Beamter genommen hätte. Eine Erklärung, die einen soweit gehenden Rechtsverzicht des Beamten enthält, kann nur dann als vorliegend angesehen werden, wenn er sie ausdrücklich, mit klaren, unzweideutigen Worten abgegeben hat. Das ist auch der durchaus zutreffende Standpunkt des Bürgermeisters der Klägerin gewesen, als er am 27. November

1917 an den Beklagten schrieb, wenn dieser seine Weiterbeschäftigung im städtischen Dienste beantrage, so könne der Antrag nur erörtert werden, falls er, Beklagter, ausdrücklich auf sein Recht aus der Anstellungsurkunde verzichte. Diesen ausdrücklichen Verzicht hat der Beklagte aber nicht abgegeben, die Klägerin hat nicht auf ihm bestanden. So sind die Folgen, die sich nur an eine derartige Erklärung knüpfen ließen, nicht eingetreten. Der Beklagte ist Beamter der Stadt geblieben.

Zur Rechtfertigung des Klagbegehrens ungeeignet ist endlich auch die von der Klägerin aufgestellte Behauptung, der Beklagte habe nach seinem Ausscheiden aus dem städtischen Dienst erhebliche Privateinnahmen als Inhaber eines Architekturbüros erzielt. Die Ansicht, daß er neben ihnen nicht auch noch Gehaltsansprüche erheben könne, ist rechtsirrig. Nach der Rechtsprechung des Senats (Warn. 1916 Nr. 31) findet der in § 615 Satz 2 BGB. für das bürgerlichrechtliche Dienstverhältnis ausgesprochene Rechtsgedanke auf das Beamtenverhältnis keine Anwendung. . . .

---

28. Verteilung nachträglich angefallenen Gesellschaftsvermögens bei vertraglicher, unter Ausschluß der Liquidation erfolgter Auflösung der offenen Handelsgesellschaft.

HGB. §§ 105, 142 flg. BGB. §§ 734, 738.

II. Zivilsenat. Urt. v. 11. Juni 1926 i. S. Kö. (Bekl.) w. Kin. (Kl.). II 521/25.

I. Landgericht I Berlin, Kammer für Handelssachen.
II. Kammergericht daselbst.

Durch Vertrag vom 24. Mai 1919 nahm der Beklagte den Kläger, seinen Schwiegersohn, mit Wirkung vom 1. Juli 1919 ab als Teilhaber in sein Bau- und Holzbearbeitungsgeschäft auf unter gleichzeitiger Umwandlung der bisherigen Einzelfirma in eine offene Handelsgesellschaft. Der Beklagte brachte das vorhandene Geschäftsvermögen mit Ausnahme der Grundstücke, die ihm verbleiben sollten, nach Maßgabe und Bewertung eines von ihm und dem Kläger gemeinschaftlich aufzustellenden Verzeichnisses ein; die Geschäftsverbindlichkeiten sollten mit übergehen; der nach Abzug der Verbindlichkeiten vom Einbringen des Beklagten verbleibende Überschuß sollte sein „Guthaben“ bilden. Der Kläger war zu Einlagen nicht verpflichtet, aber berechtigt. Jeder Gesellschafter hatte Alleinvertretungsmacht. Gewinn und Verlust trafen den Kläger zu einem Drittel, den Beklagten zu zwei Dritteln. Dem Kläger war ein Gewinn von 40000 ℳ jährlich vom Beklagten garantiert. Zu Entnahmen aus der Gesellschaftskasse war der Beklagte unbeschränkt, der Kläger in Höhe seines garantierten Gewinnanteils berechtigt. Der Gesellschaftsvertrag war auf 10 Jahre abgeschlossen. Im Falle seiner Nichtverlängerung sollten Aktiven und Passiven samt Firma auf den Beklagten übergehen und der Kläger als Abfindung für seine Gesellschafterrechte außer seinem Guthaben 100000 ℳ erhalten.

Nach Beginn der Gesellschaft kaufte der Beklagte im Jahr 1919 im Einverständnis des Klägers und zum Teil mit Mitteln der Gesellschaft, aber auf seinen eigenen Namen zwei Güter, die an ihn aufgelassen wurden; dementsprechend wurde er auch als Eigentümer im Grundbuch eingetragen. In der Folge gerieten die Parteien in Streit darüber, ob der Beklagte die Güter für sich selbst oder nur als Treuhänder für die Gesellschaft erworben habe; schließlich einigten sie sich im November 1921 dahin, daß die Güter dem Beklagten um die noch einzuholenden Taxwerte verbleiben sollten. Diese Schätzungen sollten die Waldbestände, jedoch nicht die im Bau befindlichen Herrenhäuser umfassen; sie lagen Ende Juli 1922 vor. Mit Schreiben vom 2. Dezember 1922 benachrichtigte der Beklagte den Kläger, daß er die Güter zu den Schätzungswerten abzüglich der Hypothekensumme übernehme und die Gutschrift für die Gesellschaft veranlassen werde. Der Kläger widersprach, erklärte das Abkommen vom November 1921 für hinfällig und forderte Übertragung der Güter auf die Gesellschaft. Am 10. Oktober 1923 schlossen die Parteien in einem anderen Prozeß einen Vergleich, wonach die offene Handelsgesellschaft aufgelöst wurde und das Geschäft unter Ausschluß der Liquidation mit Aktiven und Passiven dem Beklagten zufiel gegen Überlassung gewisser Vermögensstücke an den Kläger. Damit sollten alle Ansprüche der Parteien untereinander und der Gesellschaft abgegolten sein, mit Ausnahme etwaiger Ansprüche wegen der Güter.

Der Kläger verlangt nunmehr vom Beklagten entsprechend seinem Gewinnanteil Zahlung eines Drittels des aufgewerteten Gütertaxpreises. Der Beklagte machte geltend: die Ansprüche aus der Güterübernahme gehörten zur Substanz des Gesellschaftsvermögens, woran der Kläger nicht beteiligt gewesen sei; keinenfalls könne die Verteilung nach dem Maßstab der Gewinnanteile erfolgen. Das Landgericht wies die Klage ab, das Berufungsgericht gab ihr statt. Die Revision des Beklagten hatte zu diesem Punkte keinen Erfolg.

Aus den Gründen:

Die Revision meint, der Kläger sei, wie auch das Berufungsgericht annehme, als früherer Gesellschafter nur am Gewinn, nicht auch an der Substanz der Gesellschaft beteiligt gewesen und es komme demzufolge die Vergütung für die Überlassung der Grundstücke als einzig übrig gebliebenes Aktivum der Gesellschaft dem an der Substanz allein berechtigten Beklagten zu; die Auffassung, daß dieses Vermögensstück zwischen den Parteien zu teilen sei, stehe mit der eigenen Annahme des Vorderrichters im Widerspruch. Die Ansicht, daß der Kläger als früherer Gesellschafter nur am Gewinn, nicht auch an der Substanz der Gesellschaft Teil gehabt habe, ist jedoch rechtsirrtümlich. Der Kläger war während Bestehens der offenen Handelsgesellschaft hinsichtlich des Gesellschaftsvermögens überhaupt wie auch einzelner Stücke davon Mitberechtigter zur gesamten Hand; er ist dies auch nach Auflösung der Gesellschaft in Ansehung solcher Vermögensstücke geblieben, wegen deren sich die Parteien bisher nicht auseinandergesetzt haben. Gerade das behauptet aber der Kläger bei den im Streit befindlichen Posten. Daß die Parteien selbst bei Abschluß des Gesellschaftsvertrags den nunmehr von der Revision eingenommenen Standpunkt nicht geteilt haben, ergibt sich übrigens schon aus dem Vertrag. Nach diesem hatte der Kläger in völliger Gleichberechtigung mit dem Beklagten darüber mitzuentscheiden, welche Gegenstände — von den Grundstücken abgesehen — durch die offene Handelsgesellschaft aus dem Vermögen der bisherigen Einzelfirma des Beklagten übernommen werden sollten und welcher Wert hierfür dem Beklagten gutzubringen sei. Damit war dem Kläger weitgehender Einfluß auf die Höhe des Einbringungsguthabens des Beklagten eingeräumt. Sodann ist für den Fall der

Auflösung der Gesellschaft nach Ablauf der zehnjährigen Vertragsdauer vorgesehen, daß der Kläger nicht nur sein dann vorhandenes Guthaben, sondern „als Abfindung für seine Gesellschaftsrechte weitere 100000 ℳ“ in bar erhalten sollte. Daraus folgt, daß die Parteien nicht nur nach außen, sondern auch nach innen ein echtes Gesellschaftsverhältnis begründen wollten und begründet haben. Wären ferner die Parteien bei Abschluß des Vergleichs vom 10. Oktober 1923 der jetzt von der Revision vertretenen Meinung gewesen, so hätte die damals vereinbarte Klausel, daß die Ansprüche wegen der Rittergüter vom Vergleich ausgenommen sein sollten, überhaupt keinen Sinn gehabt. Insoweit kann auf die von der Revision nicht angegriffenen, im wesentlichen auch auf tatsächlichem Gebiet liegenden Ausführungen des Berufungsgerichts Bezug genommen werden.

Die Revision rügt weiter, daß das Berufungsgericht zu Unrecht die fraglichen Posten als Gewinn behandle und dementsprechend (im Verhältnis 1:2) verteile; sie meint, Gewinnverteilungsgrundsätze könnten schon deshalb nicht Platz greifen, weil selbst bei einer Beteiligung des Klägers an der Substanz nur Verteilung nach dem Verhältnis der beiderseitigen Kapitalanteile einzutreten hätte. Nach dem zwischen den Parteien abgeschlossenen Vergleich sind aber die sämtlichen Gesellschaftsverbindlichkeiten (durch Übernahme seitens des Beklagten) erledigt und die Ansprüche der Gesellschafter an das Gesellschaftsvermögen im allgemeinen abgegolten. Die nach solcher Schuldenbereinigung und Anspruchsausgleichung noch unverteilt gebliebenen Vermögensstücke der Gesellschaft können hinsichtlich der Verteilung nicht anders behandelt werden als etwa der Ertrag von Abwicklungsgeschäften oder die Eingänge aus erfolgreich durchgeführten Aktivprozessen über Gesellschaftsforderungen. Gerade um solche Forderungen geht im vorliegenden Fall der Streit. Solche Vermögensstücke sind aber gegenüber der sonst abgeschlossenen „Verteilungsbilanz“ nichts anderes als Überschuß oder Gewinn.

Über dessen Verteilung konnten die Parteien sich einigen; ist eine Einigung nicht zustande gekommen, so hat es bei den gesetzlichen Vorschriften sein Bewenden. Der Kläger behauptet nun und hat sich zum Beweis hierfür auf das Zeugnis des Vergleichsrichters berufen, die Parteien seien beim Vergleich davon ausgegangen, daß etwaige damals nicht verteilte „Mehrwerte“ als einziger noch unausgeschütteter Gewinn der Gesellschaft zu behandeln und demgemäß im Verhältnis von 1:2 zu verteilen seien. Der Beklagte bestreitet dies. Er vermag sich aber für seine Behauptung, daß ein etwaiger „Nachgewinn" nach dem Verhältnis der beiderseitigen Kapitalanteile zu verteilen sei, nicht etwa auf eine dahingehende Vereinbarung der Parteien zu berufen, sondern glaubt diesen Verteilungsschlüssel aus den gesetzlichen Bestimmungen herleiten zu können. Letzteres wäre nach § 155 HGB. — unbeschadet übrigens einer anderweitigen, vom Kläger auch behaupteten Vereinbarung — allerdings richtig, wenn eine Liquidation stattgefunden hätte. Eben das war jedoch nicht der Fall; denn an die Stelle der Liquidation ist hier die Übernahme des Geschäfts mit Aktiven und Passiven samt Firma durch den Beklagten unter gleichzeitiger Auseinandersetzung mit dem ausscheidenden Kläger und Abgeltung seiner Ansprüche getreten. In einem Fall dieser Art bestimmen sich die Rechte des ausscheidenden Gesellschafters nicht nach Liquidationsgrundsätzen, sondern gemäß § 105 Abs. 2 HGB. in entsprechender Anwendung des § 142 daselbst nach den Vorschriften über die Gesellschaft, insbesondere den §§ 734, 738 flg. BGB. Nach § 734 BGB. gebührt aber den Gesellschaftern ein etwaiger Überschuß über die Verbindlichkeiten und Einlagen nach dem Verhältnis ihrer Anteile am Gewinn. Nicht anders ist es beim Gewinn aus etwaigen Abwicklungsgeschäften. Der Revisionsangriff gegen die Verteilungsgrundlage und den Verteilungsschlüssel des Berufungsgerichts ist demnach nicht begründet. . . .

---

29. Wie weit reicht die in § 1 des Mieterschutzgesetzes vom 1. Juni 1923 ausgesprochene Beschränkung des Kündigungsrechts des Vermieters?

III. Zivilsenat. Urt. v. 18. Juni 1926 i. S. G. (Kl.) w. D. u. N. Bank (Bekl.). III 338/25.

I. Landgericht I Berlin.
II. Kammergericht daselbst.

Der Kläger hat durch Mietvertrag vom 1. Mai 1920 von dem Rechtsvorgänger der Beklagten, Kaufmann M., im Hause Unter den

Linden 3 in B. für die Zeit vom 1. Mai 1920 bis 31. März 1925 einen Eckladen gemietet. Kündigung sollte sechs Monate vor Ablauf des Vertrags schriftlich erfolgen, andernfalls sollte der Vertrag jedesmal als um ein Jahr verlängert gelten. Im Falle des Verkaufs sollte nach § 14 des Vertrags der Käufer berechtigt sein, den Vertrag gegen eine dreimonatliche Kündigung zum nächsten 1. April oder 1. Oktober aufzuheben. In einem Nachtrag war dem Kläger ein „Vormietungsrecht" auf fünf Jahre eingeräumt; er hatte das Recht, bis zum 30. September 1924 zu erklären, ob er davon Gebrauch zu machen beabsichtige.

Im November 1920 verpachtete M. das Haus an die Beklagte, die es am 27. April 1924 kaufte; die Eintragung im Grundbuch fand am 10. Juni 1924 statt. Am 20. Juni 1924 kündigte die Beklagte dem Kläger zum 30. September 1924, worauf dieser am 1. Juli 1924 erklärte, er mache von dem Vormietungsrecht Gebrauch und wünsche die Verlängerung des Vertrags bis zum 31. März 1930.

Der Kläger klagt nun auf Feststellung, daß eine Kündigung erst am 31. März 1930 zulässig sei. Die Vorinstanzen haben die Klage abgewiesen. Die Revision des Klägers blieb ohne Erfolg.

Gründe:

Das Berufungsgericht führt aus: Nach der Mieterschutzverordnung vom 23. September 1918 sei die Kündigung einer Wohnung nur mit Zustimmung des Mieteinigungsamts zulässig gewesen. Eine Kündigung ohne diese habe zwar einen Räumungsanspruch nicht entstehen lassen, aber doch die Wirkung gehabt, daß Verträge, die sich ohne Kündigung um ein Jahr und länger verlängert hätten, als auf unbestimmte Zeit geschlossen und den gesetzlichen Kündigungsfristen unterliegend anzusehen gewesen seien. Daran sei durch das Mieterschutzgesetz vom 1. Juni 1923 nichts geändert, diese Wirkung sei geblieben; das Gesetz wolle den Mieter nur im tatsächlichen Besitze schützen. Die hier vorliegende echte Kündigung, die den Vertrag vorzeitig habe beenden sollen, sei aus denselben Erwägungen zulässig. Der § 14 des Vertrags sei vom Kläger gewollt gewesen, stehe auch mit der im Nachtrag vereinbarten Option nicht in Widerspruch.

Der Kläger will mit der vorliegenden Klage festgestellt haben, daß er das im Nachtrag zum Mietvertrag vom 1. Mai 1920 ihm eingeräumte Vormietungsrecht wirksam ausgeübt habe und daß ihm daraufhin erst am 31. März 1930 gekündigt werden könne; die Kündigung der Beklagten im Sinne des § 14 des Mietvertrags sei ohne jede rechtliche Bedeutung geblieben, da dem Vermieter nach dem Mieterschutzgesetz vom 1. Juni 1923 ein Kündigungsrecht überhaupt nicht mehr zustehe. Mit Recht hat das Berufungsgericht diese Auffassung mißbilligt.

Nach der früheren Mieterschutzverordnung vom 23. September 1918/22. Juni 1919/11. Mai 1920 hatte die — soweit eine Anordnung bestand, mit Zustimmung des Einigungsamts erfolgte — Kündigung die im Bürgerlichen Gesetzbuch ihr zuerkannte Wirksamkeit behalten; sie führte die Beendigung des Mietvertragsverhältnisses herbei und begründete für den Vermieter den Anspruch auf Herausgabe der Mietsache, auf Räumung. Das Mieterschutzgesetz vom 1. Juni 1923 hat hierin eine Änderung gebracht. Es läßt in § 1 eine Beendigung des Mietverhältnisses durch Kündigung des Mieters zu, versagt aber auch der Kündigung des Vermieters diese Wirkung nicht, falls der Mieter sie annimmt, wenn es auch in diesen Fällen den Schutz des § 27 zubilligt. Gegen den Willen des Mieters aber läßt es eine Beendigung des Vertragsverhältnisses weder durch Kündigung des Vermieters, noch durch Ablauf der Mietzeit, noch durch Ausübung eines vertraglichen Rücktrittsrechts durch den Vermieter zu. Und hierin stellt es dem Vermieter den gleich, der nach Abschluß des Mietvertrags das Eigentum am Grundstück erwirbt. Im Falle des Ablaufs der Mietzeit wird das Mietverhältnis „fortgesetzt", d. h. es läuft auf unbestimmte Zeit weiter.

Gegen den Willen des Mieters kann das Mietverhältnis — vorbehaltlich der §§ 19 bis 26 — nur dadurch zum Erlöschen gebracht werden, daß der Vermieter die Aufhebungsklage anstrengt, die ihrerseits wieder nur auf die in den §§ 2 bis 4 bezeichneten Gründe gestützt werden kann. Dringt er mit ihr durch, so gilt nach § 5 die Klagerhebung als Kündigung, und nach ihr ist dann, soweit nicht die Aufhebung mit sofortiger Wirkung — §§ 2, 3 — ausgesprochen wird, der Zeitpunkt festzustellen, für den die Aufhebung erfolgt. Nach der Zeit der Klagerhebung ist auch zu bestimmen, wann der Mieter die Mietsache herauszugeben hat.

Danach ist das Kündigungsrecht des Mieters voll aufrecht erhalten; er genießt, selbst wenn er davon Gebrauch gemacht hat, noch den Schutz des § 27. Anderseits ist der Kündigung des Vermieters, wenn der Mieter mit ihr nicht einverstanden ist, die Wirkung versagt, daß sie das Mietverhältnis beendet und einen Anspruch des Vermieters auf Räumung begründet. Beide Wirkungen treten nur auf den Spruch des Gerichts hin ein.

Eine Kündigung des Vermieters ist aber durch das Mieterschutzgesetz nicht vollkommen beseitigt, es ist ihr nur eine Wirkung versagt, die mit dem Mieterschutz in Widerspruch stände und seinen Zweck vereiteln würde. Mit der Dauer eines Mietverhältnisses befaßt sich das Gesetz nicht. Es enthält keine Bestimmung, die einen Anspruch des Mieters auf eine Verlängerung des Vertragsverhältnisses für längere oder auch nur eine bestimmte Zeit begründen könnte. Durch Ablauf der Mietzeit zu Ende gehende Mietverhältnisse werden nur „fortgesetzt" d. h. sie laufen auf unbestimmte Zeit weiter, wie denn die Geltung des Gesetzes überhaupt nur bis zum 1. Juli 1926 — § 54 — vorgesehen und eine Verlängerung des Vertragsverhältnisses über diesen Zeitpunkt hinaus ausgeschlossen ist. Das Gesetz will nur die augenblicklichen Verhältnisse erfassen, es will nur dem Schutz gewähren, der ihn gerade nötig hat. Der Mieter soll nicht nach Ablauf einer im allgemeinen kurzen Kündigungsfrist aus dem tatsächlichen Besitze seiner Wohnung gesetzt werden dürfen. Ihn darüber hinaus in der Weise zu schützen, daß der Bestand des einzelnen Mietverhältnisses auf längere Zeit festgelegt würde, gebot kein öffentliches Interesse. Letzteres war damit genügend gewahrt, daß der Gesamtheit der Mieter gegen eine tatsächliche Entfernung aus den von ihnen gemieteten Räumen der Schutz des Gesetzes gesichert war, solange dieses galt und den Schutz für erforderlich hielt.

Über diese Einschränkung des Kündigungsrechts des Vermieters hinaus konnte danach der Inhalt des Mietvertragsverhältnisses durch eine Kündigung des Vermieters beeinflußt werden. Unter der Herrschaft der früheren Mieterschutzverordnungen war auch in der Rechtsprechung des Reichsgerichts anerkannt, daß seine außerordentliche Kündigung eines auf bestimmte Zeit unkündbaren Mietverhältnisses, wenn sie bürgerlichrechtlich wirksam war, trotz Fehlens der Zustimmung des Mieteinigungsamts nicht jeder Rechtswirkung entbehre, sondern die Wirkung habe, daß die Abrede der Unkündbarkeit in

Wegfall komme und das Mietverhältnis von der Kündigung ab nur noch auf unbestimmte Zeit bestehe. (Warn. 1922 S. 145 Nr. 119). Daran hat, wie das Berufungsgericht zutreffend annimmt, das Mieterschutzgesetz nichts geändert.

Die Ausführung des Berufungsurteils, daß die Bestimmung des § 14 des Vertrags zu Recht bestehe, auch mit dem Optionsrecht des Klägers nicht unvereinbar sei, läßt einen Rechtsirrtum nicht erkennen. Danach war aber die Beklagte als Erwerberin des Grundstücks berechtigt, den Mietvertrag zu den in ihm angegebenen Zeitpunkten zu kündigen. Davon hat sie rechtzeitig Gebrauch gemacht. Zwar war nun der Kündigungserklärung die Wirkung versagt, soweit die Beklagte die Beendigung des Mietverhältnisses herbeiführen und die Herausgabe der Räume zu einem bestimmten Zeitpunkt verlangen wollte; das wäre nur im Wege der Aufhebungsklage zu erreichen gewesen. Mit der Kündigungserklärung brachte die Beklagte jedoch weiter zum Ausdruck, daß sie eine Fortsetzung des Mietvertrags über die vereinbarte Vertragszeit hinaus auf keinen Fall wollte. Damit machte sie nur ein Recht geltend, das ihr nach dem Vertrag zustand, das auch durch das Mieterschutzgesetz nicht beschränkt war, und damit wurden die Bestimmungen des Vertrags über Kündigung und Optionsrecht beseitigt und die Dauer des Vertragsverhältnisses begrenzt. Mit Ablauf der Vertragszeit trat auf Grund des § 1 Abs. 2 MSchG. allerdings keine tatsächliche Beendigung ein, aber das Mietverhältnis wurde nur noch auf unbestimmte Zeit fortgesetzt. Daneben blieb für das Optionsrecht kein Raum mehr.

Hiernach sind die Angriffe der Revision, die auf Grund des Mieterschutzgesetzes eine Kündigungsmöglichkeit überhaupt in Abrede stellen, nicht stichhaltig. Von einem Rücktrittsrecht im Sinne des § 1 Abs. 2 des Gesetzes, auf das sie sich beruft, kann keine Rede sein; der Vertrag sollte nicht von Anfang an aufgehoben, sondern durch eine davon verschiedene Kündigung erst für einen späteren Zeitpunkt aufgelöst werden.

---

30. Zur Frage der Rechtswirksamkeit von Zahlungen auf das Bankkonto eines Kaufmanns, wenn die Bank die Benachrichtigung des Kontoinhabers von der erfolgten Gutschrift verabsäumt.

BGB. § 362.

I. Zivilsenat. Urt. v. 23. Juni 1926 i. S. O. & Sch. (Kl.) w. Dresdner Bank (Bekl.). I 347/25.

I. Landgericht Hamburg, Kammer für Handelssachen.
II. Oberlandesgericht daselbst.

Am 14. September 1923 beauftragte die Klägerin die Bankfirma P. & Co. in Prag, für ihre Rechnung 50 Milliarden ℳ an die Firma Sch. & Co. in Hamburg zu zahlen, und zwar durch Überweisung auf deren Konto bei der Beklagten. Auf Grund dieses Auftrags übersandte die Firma P. & Co. laut Schreiben vom 17. September 1923 der Beklagten für Rechnung der Klägerin einen Scheck über 50 Milliarden Papiermark und belastete dafür die Klägerin mit 18026,50 Tschechenkronen. Da in dem Schreiben nicht angegeben war, für wen der Scheckbetrag bestimmt sei, fragte die Beklagte deswegen bei der Firma P. & Co. an und erhielt am 28. September 1923 die Nachricht, daß die Gutschrift für die Firma Sch. & Co. in Hamburg erfolgen solle. Darauf nahm die Beklagte diese Gutschrift am 29. September 1923 in ihrem Hauptbuch vor, gab aber der Firma Sch. & Co. hiervon keine Nachricht. Letztere hatte inzwischen, am 19. September 1923, der Klägerin mitgeteilt, daß die erwarteten 50 Milliarden Papiermark nicht eingegangen seien. Daraufhin beauftragte die Klägerin die Firma P. & Co. nochmals mit der Überweisung von 50 Milliarden Papiermark an die Beklagte zugunsten der Firma Sch. & Co. Demgemäß schickte die Firma P. & Co. am 20. September 1923 abermals einen Scheck über 50 Milliarden Papiermark an die Beklagte und teilte ihr gleichzeitig mit, daß sie den Scheckbetrag der Firma Sch. & Co. gutschreiben solle. Diese Gutschrift ist alsbald erfolgt. Von der Gutschrift machte die Beklagte der Firma Sch. & Co. am 24. September 1923 Mitteilung. Für die erneute Überweisung hat die Firma P. & Co. der Klägerin 15023 Tschechenkronen in Rechnung gestellt.

Die Klägerin behauptet, die Beklagte habe den ersten Überweisungsauftrag der Firma P. & Co. zwar angenommen, aber nicht ordnungsmäßig ausgeführt. Denn dazu habe gehört, daß die Beklagte von der am 29. September 1923 vollzogenen Gutschrift umgehend der Firma Sch. & Co. Nachricht gab. Mangels solcher Benachrichtigung sei der am 29. September 1923 der Firma Sch. & Co.

gutgeschriebene Betrag ohne deren Wissen und zum Schaden der Klägerin durch die nachfolgende Verschlechterung der deutschen Valuta völlig entwertet worden. Darüber hinaus habe aber die Klägerin oder die Firma P. & Co. einen Schaden dadurch erlitten, daß durch das Verhalten der Beklagten die zweite Übersendung eines Schecks von 50 Milliarden Papiermark verursacht worden sei, wodurch der Klägerin Überweisungskosten in Höhe von 15023 Tschechenkronen erwachsen seien. Die Klage werde aber auch auf ungerechtfertigte Bereicherung der Beklagten gestützt. Die Firma P. & Co. habe ihre Ansprüche gegen die Beklagte an die Klägerin abgetreten. Die Klägerin klage aus eigenem und aus abgetretenem Rechte.

Die Beklagte hat den Klaganspruch nach Grund und Betrag bestritten.

Die erste Instanz hat nach dem Klagantrag erkannt. Das Oberlandesgericht hat die Klage abgewiesen. Die Revision der Klägerin war erfolglos.

Gründe:

Das Berufungsgericht hat unter anderem folgendes ausgeführt: Die Rechtsvorgängerin der Klägerin, die Firma P. & Co., habe bei der Übersendung des ersten Schecks an die Beklagte verabsäumt, dieser mitzuteilen, für wen der Betrag bestimmt sei. Eine Mitteilung hierüber habe die Beklagte erst am 28. September 1923 auf Grund einer Rückfrage erhalten. Die so erfolgte Verzögerung der für die Gutschrift des Scheckbetrags auf Girokonto der Firma Sch. & Co. erforderlichen Angabe habe es bewirkt, daß die Firma der Klägerin mitgeteilt habe, der angeforderte Betrag von 50 Milliarden Papiermark sei nicht eingegangen. Infolge dieser Nachricht habe die Klägerin die Firma P. & Co. veranlaßt, am 20. September 1923 nochmals einen Scheck von 50 Milliarden Papiermark an die Beklagte für die Firma Sch. & Co. zu schicken. Diese zweite Überweisung desselben Betrags sei ausschließlich durch das erwähnte Versehen der Firma P. & Co. verursacht worden. Anderseits habe die Beklagte zwar unterlassen, die auf Grund der ersten (am 17. September 1923 erfolgten und am 28. September 1923 vervollständigten) Überweisung am 29. September 1923 geschehene Gutschrift von 50 Milliarden Papiermark zugunsten der Firma Sch. & Co. dieser rechtzeitig mitzuteilen; dadurch sei aber der

Klägerin kein Schaden entstanden. Denn mit der am 29. September 1923 erfolgten Gutschrift im Hauptbuch der Beklagten seien die Verpflichtungen der Klägerin der Firma Sch. & Co. gegenüber erfüllt, derart, daß diese Firma in ihrem Verhältnis zur Klägerin die Zahlung als am Tage der Gutschrift geschehen gelten lassen müsse.

Demgegenüber meint die Revision, die Klägerin sei dadurch geschädigt, daß die Beklagte die Firma Sch. & Co. von der am 29. September 1923 vollzogenen Gutschrift nicht alsbald benachrichtigt habe. Denn wenn diese Benachrichtigung erfolgt wäre, so hätte die Firma Sch. & Co. spätestens am 30. September 1923 von der Überweisung Kenntnis erhalten und hätte entweder den Betrag sofort zurücküberwiesen oder der Klägerin für die Entwertung des Betrags vom Gesichtspunkt des Schadensersatzes oder der ungerechtfertigten Bereicherung aus einstehen müssen. Diese Ansprüche will die Klägerin in erster Linie aus dem zwischen ihrer Zedentin, der Firma P. & Co., und der Beklagten durch die fragliche Überweisung begründeten Vertragsverhältnis herleiten.

Nun hatte unbestritten die Firma Sch. & Co. zur maßgeblichen Zeit nach außen und insbesondere der Klägerin gegenüber zu erkennen gegeben, daß sie bei der Beklagten ein Girokonto habe und daß letztere ermächtigt sei, auf dieses Girokonto Zahlungen für die Firma Sch. & Co. entgegenzunehmen. Die Firma P. & Co. konnte also, dem Auftrag der Klägerin entsprechend, auf jenes Girokonto für die Firma Sch. & Co. rechtsverbindliche Zahlungen leisten. Eine solche Zahlung ist mit der Gutschrift des der Beklagten zuerst übersandten Schecks am 29. September 1923 zugunsten der Firma Sch. & Co. erfolgt. Es mag sein, daß diese Zahlung insofern überflüssig war, als die 50 Milliarden Papiermark, welche die Klägerin an die Firma Sch. & Co. zahlen wollte, bereits durch Gutschrift des am 20. September 1923 von der Firma P. & Co. der Beklagten übersandten Schecks an die Firma Sch. & Co. gelangt waren. Das ändert aber nichts daran, daß auch die am 29. September 1923 von der Beklagten vorgenommene Gutschrift des ihr am 17. September 1923 übersandten Schecks im Rahmen des zwischen den Beteiligten insbesondere zwischen den jetzigen Streitteilen bestehenden Verkehrsverhältnisses erfolgte. Die so vollzogene Gutschrift hatte die Wirkung, daß am 29. September 1923 als dem Tage der Gutschrift das Konto der Firma Sch. & Co. bei der Beklagten in Höhe des gutgeschriebenen Betrags zugunsten der Firma Sch. & Co. verändert wurde. Die damit begründete Sach- und Rechtslage konnte ohne Zustimmung der Firma Sch. & Co. von der Beklagten nicht einseitig geändert werden. Und zwar gilt dies ohne Rücksicht darauf, ob die Firma Sch. & Co. von der Gutschrift durch die Beklagte benachrichtigt wurde oder sonstwie Kenntnis davon erlangte. Ob die Beklagte verpflichtet war, eine solche Nachricht alsbald nach vollzogener Gutschrift an die Firma Sch. & Co. gelangen zu lassen, richtet sich grundsätzlich nur nach dem zwischen ihnen bestehenden Vertragsverhältnis. Es war also auch gegebenenfalls nur die Firma Sch. & Co. berechtigt, von der Beklagten jene Benachrichtigung zu verlangen. Dagegen war der von der Firma P. & Co. der Beklagten erteilte und von dieser angenommene Auftrag zur Gutschrift des mit Schreiben vom 17. September 1923 übersandten Schecks mit der Gutschrift seines Betrags auf dem Girokonto der Firma Sch. & Co. im Hauptbuch der Beklagten am 29. September 1923 vollzogen. Damit war von der Firma P. & Co. für Rechnung der Klägerin eine Zahlung an die Firma Sch. & Co. geleistet, welche diese in ihrem Verhältnis zur Klägerin als am 29. September 1923 in der gutgeschriebenen Höhe vollzogen gelten lassen muß. Die Übertragung der Gutschrift vom Hauptbuch in das Reskontro der Beklagten hatte nur für deren inneren Geschäftsbetrieb Bedeutung. Die Versäumung dieser Kontoübertragung berührt das Rechtsverhältnis der Firma P. & Co. sowie der Klägerin zur Beklagten ebensowenig wie die Versäumung der Benachrichtigung der Firma Sch. & Co. von der Gutschrift durch die Beklagte. Sollte durch die letztere Versäumnis für die Klägerin ein Schaden entstanden sein, so kann sie dafür die Beklagte nicht in Anspruch nehmen. Denn weder die Klägerin noch die Firma P. & Co. hatten gegenüber der Beklagten einen Anspruch darauf, daß diese der Firma Sch. & Co. die Gutschrift rechtzeitig mitteilte. Soweit eine ungerechtfertigte Bereicherung der Beklagten vorliegen sollte, würde eine solche nicht auf Kosten der Klägerin, sondern der Firma Sch. & Co. erfolgt sein.

Somit hat das Berufungsgericht den Klaganspruch mit Recht

für unbegründet erklärt. Es kann daher dahingestellt bleiben, ob etwa die Klägerin oder die Firma P. & Co. unter den obwaltenden Umständen der Beklagten gegenüber verpflichtet war, wegen der zweimal erfolgten Überweisung von 50 Milliarden Papiermark an die Firma Sch. & Co. alsbald durch geeignete Nachforschungen eine Aufklärung herbeizuführen.

---

31. 1. Ist die neue Zweckbestimmung einer bekannten Raumform musterschutzfähig?
2. Zur Bedeutung einer ergänzenden Anmeldung zu einem bereits eingetragenen Gebrauchsmuster.

Gesetz betr. den Schutz von Gebrauchsmustern vom 1. Juni 1891, § 1.

I. Zivilsenat. Urt. v. 23. Juni 1926 i. S. V. f. W. u. V. (Kl.) w. S. u. Gen. (Bekl.). I 311/25.

I. Landgericht Bochum, Kammer für Handelssachen.
II. Oberlandesgericht Hamm.

Die Klägerin gibt eine Darstellung des Arbeitsrechts in Karteiform heraus. Die Karten tragen am oberen Rande rechts ein Stichwort, das für ihre alphabetische Einordnung maßgebend ist, ferner meist daneben oder darunter noch ein weiteres Einteilungswort (Unter-Stichwort). Durch Nachtragskarten, die nach Bedarf erscheinen und ihrem Stichwort gemäß einzureihen sind, soll das Werk vor dem Veralten geschützt werden. Die Klägerin stellt die Karten in der Weise her, daß immer zwei Karten zu einem Stück vereinigt sind. Der Bezieher erhält solche Karten in Heftform und muß, um einreihungsfähige Karten zu bekommen, jede Doppelkarte durch Zerschneiden in der Mittellinie in zwei Teile zerlegen. Auf ihre Kartei ließ sich die Klägerin im Jahre 1919 das Gebrauchsmuster 724194 eintragen. In ihrem Antrag vom 8. Juli 1919 ist lediglich auf das überreichte Modell Bezug genommen; Beschreibung und Schutzanspruch fehlen. Die Klägerin beantragte damals nur Gebrauchsmusterschutz für ihre Auskunftskartei schlechthin, und zwar „für die Zusammenstellung der einzelnen Kartothekkarten in Lieferungsform“.

Geschützt worden ist der Klägerin eine „Auskunftskartei". Im Oktober 1921 beantragte sie, den Schutzanspruch „auf folgendes auszudehnen: Wirtschaftliches Nachschlagelexikon, dessen Blätter in Karteiform eingerichtet sind und in Aufbewahrungskästen zwischen Registerleitkarten geordnet werden". Das Patentamt lehnte diesen Antrag als unzulässig ab.

Die verklagte Firma gibt unter Mitwirkung der Beklagten S. und H. ebenfalls eine das Arbeitsrecht behandelnde Kartei heraus, und zwar seit dem 1. Oktober 1921.

Die Klägerin ist der Ansicht, daß die Herausgabe der gegnerischen Kartei ihr Gebrauchsmuster verletze und sich auch als unlauterer Wettbewerb darstelle. Sie erhob gegen die Beklagten Klage auf Unterlassung der Herausgabe der Kartei, ferner auf Rechnungslegung und Schadensersatz. Die Beklagten bestritten, in die Rechte der Klägerin eingegriffen zu haben, und behaupteten, das Gebrauchsmuster 724194 sei nicht neu und daher nicht schutzfähig. Sie erhoben Widerklage auf Löschung des Gebrauchsmusters.

Das Landgericht wies die Klage ab und verurteilte die Klägerin gemäß der Widerklage zur Löschung des Gebrauchsmusters. Die Berufung der Klägerin hatte keinen Erfolg. Ihre Revision wurde zurückgewiesen.

Aus den Gründen:

Soweit die Klägerin ihre Klagansprüche auf das Gebrauchsmuster 724194 stützt, ist das Berufungsgericht den Beklagten darin beigetreten, daß ein schutzfähiges Muster überhaupt nicht vorliege. Seine Ansicht begründet es, wie folgt. Maßgebend für den Schutzbereich könne nur die erste Anmeldung der Klägerin sein, nicht deren Ergänzung vom Jahre 1921, da diese einen anderen Gegenstand betreffe. Der ersten Anmeldung habe weder eine Zeichnung noch eine Beschreibung beigelegen; also könne die Frage, was der Klägerin geschützt worden sei, nur nach dem damals überreichten Modell beantwortet werden. Das Modell sei lediglich das bei der Anmeldung überreichte Probeheft gewesen. Im Rechtsstreit habe die Klägerin erklärt, daß sie ein Flächenmuster nicht in Anspruch nehme. Das Probeheft aber stelle technisch nur den Raumgedanken eines Buches dar, sei als Modell mithin einem allgemein bekannten Gebrauchsgegenstand entlehnt.

Diese Ausführungen sind zwar nicht durchweg bedenkenfrei, doch ist ihnen im Ergebnis beizutreten. Für die Frage, was der Klägerin durch das Gebrauchsmuster geschützt werden sollte, kommt beim Gebrauchsmusterschutz in erster Linie das Modell und vorliegend mangels anderer Unterlagen dieses allein in Betracht. Das als Modell überreichte Probeheft ist so eingerichtet, daß man aus je zwei räumlich zusammenhängenden Blättern durch Zerschneiden in der Mittellinie zwei Karteikarten erhält. Hierauf wird der Bezieher der Hefte durch einen in die Mittellinie eingedruckten Vermerk ausdrücklich hingewiesen. Darauf beschränkt sich der Verwendungszweck der Heftform. Das Heft soll also nicht in dem Zustand verbleiben, in welchem es geliefert wird, sondern durch Entheften und Zerschneiden der Blätter erst hergerichtet und dann, in einzelne Karten zerlegt, in die Kartei eingestellt werden. Demgemäß sind auch die einzelnen Blätter in Kartonstärke ausgeführt. Mit dem Hinweis auf die Raumform eines Buches wird also der Gedanke des Gebrauchsmusters nicht getroffen, mindestens nicht erschöpft. Es geht auch nicht an, von der Art der Bedruckung der Blätter, also von der Frage, ob ein Flächenmuster vorliege, schon um deswillen völlig abzusehen, weil die Klägerin im Rechtsstreit erklärt habe, sie wolle hieraus ihre Ansprüche aus dem Gebrauchsmuster nicht herleiten. Vielmehr hätte schon zum mindesten die Widerklage der Beklagten auf Löschung des Gebrauchsmusters den Vorderrichter zur Prüfung veranlassen sollen, ob etwa das Muster als Flächenmuster objektiv schutzfähig war. Allein auch die so erweiterte Nachprüfung führt zu keinem anderen Ergebnis.

Es ist davon auszugehen, daß unstreitig die Raumform der Kartei längst bekannt war. Der Umstand, daß die Klägerin immer zwei Karten in einem Stück herstellt und die Stücke dann in Heftform zusammenstellt, bedeutet keine irgendwie erkennbare Förderung des Gebrauchszwecks. Der Bezieher ist genötigt, die das Heft zusammenhaltenden Drahtklammern zu lösen, und muß jedes Doppelblatt zerschneiden, bevor er Karten zum Einreihen in die Kartei erhält. Es ist nicht einzusehen, inwiefern in der Herstellung von je zwei Karten in einem Stück und im Zusammenheften der Stücke ein technischer Fortschritt liegen könnte.

Zur Frage, ob für Flächenmuster überhaupt ein Gebrauchsmusterschutz gewährt wird (zu vgl. darüber RGZ. Bd. 48 S. 77 und dazu Allfeld, Gewerbl. Urheberrecht S. 374, 375 Anm. 5 c zu § 2 GebrMusterSchGes.; Isay, PatGes. 4. Aufl. S. 567 flg. Anm. 17 zu § 1 GebrMusterSchGes. u. a.; neuerdings jedoch auch RGZ. Bd. 106 S. 237, 238), braucht für den vorliegenden Fall keine Stellung genommen zu werden. Denn wollte man sie auch grundsätzlich bejahen, so käme hier nur eine Förderung des Gebrauchszwecks durch Schaffen von äußeren Hilfsmitteln für schnelles Auffinden der gesuchten Stelle in Form besonderer Druckanordnung in Betracht. Aber auch dann wäre eine beachtliche technische Neuerung nicht erkennbar. (Wird ausgeführt.)

Für eine schutzfähige Raumform bleibt somit nichts übrig. Hieran vermag auch die von der Klägerin besonders betonte angebliche Neuheit des Verwendungszwecks nichts zu ändern. Die Klägerin hat hierzu geltend gemacht, und darauf legt die Revision besonderes Gewicht, daß der Gedanke, eine Kartei für literarische Zwecke zu verwenden, neu und musterschutzwürdig sei. Übersehen wird dabei, daß es der Gebrauchsmusterschutz nur mit Modellen von Arbeitsgerätschaften oder Gebrauchsgegenständen zu tun hat, die dem Arbeits- oder Gebrauchszweck durch eine neue Gestaltung, Anordnung oder Vorrichtung dienen sollen. Ist die Gestaltung, Anordnung oder Vorrichtung schon bekannt, so ist sie auch dann nicht schutzfähig, wenn lediglich ein bisher unbekannter Gebrauchszweck behauptet wird, die bereits bekannte Raumform aber für die neue Zweckbestimmung nicht geändert werden soll (Seligsohn, PatGes. 6. Aufl. S. 453 Note 6 zu § 1 GebrMusterSchGes.; Isay, PatGes. 4. Aufl. S. 570 Note 19 a. E. zu § 1 das.; Allfeld a. a. O. S. 383 Anm. 9 c bb; RGZ. Bd. 50 S. 126; RGU. vom 19. September 1914 I 115/14 in Markenschutz und Wettbewerb XIV S. 327; RGU. vom 27. September 1916 I 61/16 bei WarnRspr. 1916 Nr. 289 und das schon erwähnte Urteil in RGZ. Bd. 106 S. 237).

Die nachträgliche Anmeldung der Klägerin vom 27. Oktober 1921 hat nicht zu einer Eintragung geführt und hat daher als solche keinen besonderen Musterschutz erhalten. Gegenüber der allgemein gehaltenen Anmeldung, die dem erteilten Gebrauchsmuster zugrunde liegt, besteht die Besonderheit der späteren Erklärung nur darin, daß die Kartei sich auf „wirtschaftliche" Gegenstände beziehen sollte; alles andere lag schon in der ersten Anmeldung. Denn ein „Nachschlagelexikon" ist auch jede andere Kartei und eine jede hat die in der nachträglichen Anmeldung angegebene Einrichtung. Ob es sich aber um eine Arbeitsrechtskartei oder um ein Nachschlagelexikon mit „wirtschaftlichen" Gegenständen handelt, macht für das Gebrauchsmuster keinen Unterschied aus. Irgendeine Bedeutung kommt daher der nachträglichen Anmeldung nicht zu. An sich wäre es der Anmelderin nicht benommen gewesen, nachträglich die technische Neuheit anders zu bezeichnen, sofern nur der Gegenstand derselbe blieb. Denn für die Schutzfähigkeit eines Gebrauchsmusters kommen auch in der ersten Anmeldung nicht angegebene, vom Anmelder möglicherweise damals übersehene Vorzüge in Betracht. Geschützt war von Anfang an, um was die Technik durch das Modell objektiv bereichert wurde (Urteil des Reichsgerichts vom 7. Oktober 1916 I 86/16, abgedr. im Recht 1917 Nr. 1894). ...

---

32. 1. Kann eine Verpflichtung zur Vorrangseinräumung, der einmal genügt war, in den Grenzen des ursprünglichen Wertverhältnisses zwischen Vorrangshypothek und belastetem Grundstück nochmals in Anspruch genommen werden, nachdem die Vorbelastung durch die Geldentwertung bis auf einen geringen Teil ihres ursprünglichen Wertes zusammengeschrumpft ist?

2. Kann eine Aufwertung des Vorrangs mit der Begründung gefordert werden, daß der Vorrangsschuldner seinerseits Aufwertung seiner Hypothekenforderung beanspruche?

BGB. §§ 133, 157, 242. AufwG. §§ 62flg.

V. Zivilsenat. Urt. v. 23. Juni 1926 i. S. S. (Kl.) w. A. (Bekl.). V 476/25.

I. Landgericht II Berlin.
II. Kammergericht daselbst.

Die Parteien haben früher auf Grundstücken in L. gemeinschaftlich die Heilanstalt B. betrieben. Im notariellen Vertrag vom 29. November 1918 haben sie sich dahin auseinandergesetzt, daß der Kläger die Anstalt gegen eine für den Beklagten als Gesamthypothek einzutragende Abfindung von 240 000 ℳ allein übernahm. Dabei verpflichtete sich der Beklagte, mit seiner Hypothek von 240000 *M* nebst Zinsen „den auf den Grundstücken eingetragenen bzw. einzutragenden Hypotheken in der Weise den Vorrang einzuräumen, daß die gesamte vorgehende Belastung auf allen drei Grundstücken zusammen 500000 *M* betragen dürfe, soweit es sich um Deckung von Darlehen handle, welche für die Zwecke der Anstalt zur Aufnahme gelangt seien oder zur Verwendung zu gelangen hätten"; er beantragte, diese Verpflichtung gleichzeitig mit der Hypothek von 240000 *M* in das Grundbuch einzutragen. Die Eintragung wurde aber vom Grundbuchrichter beanstandet. Am 29. April 1919 erfolgte die Eintragung des Eigentumswechsels und der Abfindungshypothek. Am 16. März 1920 wurde eine Darlehenshypothek von 500000 *M* zugunsten der Reichsversicherungsanstalt für Angestellte eingetragen. Aus diesem Darlehen wurden die alten Hypotheken zum Nennbetrag abgelöst und im Grundbuch gelöscht. Der neuen Hypothek bewilligte der Beklagte am 19. April 1920 den Vorrang, was am 7. Mai 1920 eingetragen wurde. Am 30. Januar 1923 hat der Kläger dem Beklagten den Nennbetrag der Abfindungshypothek bezahlt, Löschungsbewilligung aber von ihm nicht erhalten.

Unter den Parteien ist in Verbindung mit der Frage der Aufwertung dieser Hypothek streitig geworden, ob der Beklagte seiner Verpflichtung zur Vorrangseinräumung dadurch endgültig genügt hat, daß er im Jahre 1920 hinter die damals aufgenommene Darlehenshypothek der Reichsversicherungsanstalt zurücktrat, oder ob er, nachdem diese der Entwertung anheimgefallen ist, nach dem Sinn der übernommenen Verpflichtung einer bei der Reichsversicherungsanstalt nunmehr aufzunehmenden Reichsmarkhypothek wiederum den Vorrang gewähren muß. Das Landgericht verurteilte ihn gemäß Klagantrag, einer Hypothek von 120000 *RM* nebst Zinsen den Vorrang zu bewilligen, sofern gleichzeitig die Löschung der zur Zeit voreingetragenen Hypothek von 500000 *M* erfolge. Seine Berufung führte zur Abweisung der Klage. Die Revision des Klägers wurde zurückgewiesen.

Gründe:

Der Berufungsrichter hat für die vom Kläger in Anspruch genommene Verpflichtung des Beklagten zu wiederholter Vorrangseinräumung in der Vertragsurkunde keinen Anhalt gefunden. Er führt aus, daß der Beklagte allerdings durch sein Zurücktreten dem

Kläger die Möglichkeit der Vorbelastung des Grundstücks habe gewähren sollen, daß aber nichts auf eine Verpflichtung des Beklagten deute, die einmalige Vorrangsbewilligung zu wiederholen, sofern der Kläger die Belastung ändern wollte. Auf die vorgesehene Eintragung der Verpflichtung des Beklagten im Grundbuch könne sich der Kläger nicht berufen; sie sei notwendig gewesen, weil die Abfindungshypothek des Beklagten schon mit dem Eigentumswechsel begründet worden sei, während es dahingestanden habe, wann der Kläger das neue Darlehen erhalten und die alten Belastungen abstoßen könne. Auch der wirtschaftliche Zweck des Abkommens spreche nicht für, sondern gegen den Kläger. Da die alten Belastungen von etwa 443000 *M* der Abfindung des Beklagten ohnehin vorgegangen seien, so habe die Vereinbarung der Parteien nur den vom Beklagten behaupteten Sinn haben können, es dem Kläger zu ermöglichen, daß er durch hypothekarische Sicherung weiteren Kredit in Höhe von 57000 *M* sich erhalte oder neu beschaffe und zugleich die ganze Belastung unter Ablösung der alten Hypotheken einheitlich gestalte. Diesem Zweck habe aber die einmalige Einräumung des Vorrangs für die aufzunehmende Ablösungshypothek genügt. Auch sei dabei das Kreditbedürfnis des Klägers nicht nur vorübergehend befriedigt worden, denn wenn er später das neue Darlehen tilgte, so würde er damit die Hypothek erworben und die Möglichkeit erlangt haben, sie einem neuen Darlehensgläubiger als Sicherheit zu geben, ohne dazu der Zustimmung des Beklagten zu bedürfen. Bei dieser Rechtslage habe für die Parteien kein begründeter Anlaß bestanden, dem Beklagten eine wiederholte Vorrangseinräumung aufzuerlegen. Wenn man jedoch auch dem Kläger den Anspruch auf erneute Vorrangseinräumung zugunsten einer Ersatzhypothek zuerkennen wollte, so dürfe sie doch nicht für eine Belastung von höherem Werte beansprucht werden. Sowohl bei Abschluß des Vertrags wie später sei für die Parteien der Grundsatz Mark=Mark maßgebend gewesen. Es könne beim Mangel gegenteiliger Erklärungen keinem Zweifel unterliegen, daß die Parteien im Frühjahr 1920 die über den Vorrang getroffene Vereinbarung voll zu erledigen meinten. Allerdings sei der im Vertrag zugesagte Vorrang damals schon entwertet gewesen. Aber eine Aufwertung habe der Kläger damals nicht verlangen können, Treu und Glauben hätten vielmehr nach der einhelligen An=

schauung des Verkehrs die Erfüllung zum Nennbetrag gefordert. Zu erwägen sei freilich, ob nicht die Billigkeit eine Aufwertung des Vorrangs erheische, weil der Beklagte nunmehr Aufwertung seiner Hypothek fordere und fordern dürfe. Ein diese Folgerung rechtfertigender Zusammenhang könnte aber nur dann bejaht werden, wenn der Kläger den Vorrang gebraucht habe, um mit dem neuen Darlehen seine Aufwertungspflicht gegenüber dem Beklagten zu erfüllen. Das sei jedoch nicht der Fall, da das Geld der neuen Belastung anderen Zwecken dienen solle. Keinenfalls sei ein Anspruch auf Aufwertung des Vorrangs im Bereiche der gelöschten alten Hypotheken anzuerkennen; denn insoweit habe die Vorrangseinräumung vom Frühjahr 1920 unstreitig ihren Zweck voll erfüllt, da der Kläger mit dem neuen Darlehen die alten Belastungen zum Nennwert endgültig abgelöst habe. Dasselbe müsse für den Restbetrag von 57000 ℳ jedenfalls insoweit gelten, als er zur Tilgung alter Anstaltsschulden zum Nennbetrag gedient habe, die schon zur Zeit des Vertragsschlusses begründet gewesen seien. Nur insoweit er zur Bezahlung erst später entstandener Schulden verwendet worden sei, könne in Frage kommen, ob sich der beabsichtigte Zweck voll habe erreichen lassen. Einer Aufklärung hierüber bedürfe es aber nach dem eingenommenen grundsätzlichen Standpunkt nicht.

Die Revision rügt Verletzung der §§ 133, 157, 242 BGB. Sie führt zunächst aus, daß die Sache hier ganz ähnlich liege, wie — im Falle des Verkaufs von Bauland — bei dem hinter die geregelte erste (Darlehens-)Hypothek dauernd zurücktretenden Kaufgeld des Verkäufers. Die Abfindungshypothek des Beklagten, die nicht etwa nur für den Grundstückskaufpreis, sondern für das ganze Gesellschaftsguthaben des Beklagten bestellt gewesen sei, habe im Werte des Grundstücks von vornherein längst keine volle Deckung gefunden. Der Beklagte habe sich aber mit der unter den gegebenen Verhältnissen allein zur Verfügung stehenden unvollkommenen Deckung begnügen müssen, weil der Kläger offenbar die Anstalt nur mit Hilfe einer großen ersten Hypothek habe halten können. Daß ihm diese dauernd habe gesichert werden sollen, ergebe sich als unabweisbarer Schluß besonders aus zwei Umständen. Erstens daraus, daß der in das Grundbuch einzutragende Vorrang — auffälligerweise — auch für die bereits voreingetragenen

443000 *M* bedungen worden sei, was — möge es zulässig gewesen sein oder nicht — nur bedeuten könne, daß die Vorrangsabrede auch für spätere Auswechslungen der vorgehenden Hypotheken gelten sollte. Sodann aber aus der Eintragungsvereinbarung, die auf Schaffung eines dauernden Zustandes gerichtet gewesen sei. Verfehlt sei die Erwägung des Berufungsgerichts, daß diese Abmachung schon in der Notwendigkeit der Sicherung des Klägers für die Zeit zwischen der Einräumung der Hypothek an den Beklagten und der Eintragung der Ablösungshypothek eine rechtfertigende Erklärung finde. Denn von einer Löschung der Vereinbarungen unter Begründung einer neuen Hypothek von 500000 *M* sei im Vertrag keine Rede.

Zur Frage der Aufwertung gibt ferner die Revision zwar zu, daß die Parteien bei Vertragsschluß von dem Grundsatz Mark=Mark ausgegangen und daher bei der Vorrangseinräumung vom 19. April 1920 der Ansicht gewesen seien, diese Einräumung stelle eine Erfüllung des Beklagten dar. Die Revision lehnt aber die Folgerung ab, daß deshalb die Sache auch heute noch ebenso anzusehen sei, nachdem inzwischen die dem Beklagten vorgehende Belastung von 500000 P*M* auf 13500 G*M* gesunken sei. Wäre der Standpunkt des Berufungsgerichts richtig, so ergäbe sich eine ganz ungeheure Verschiebung der Rang- und Deckungsverhältnisse zugunsten des Beklagten. Dem Kläger dagegen werde es unmöglich gemacht, die zur Beseitigung der schweren Inflationsschäden dringend notwendige, natürlich aber nur zur ersten Stelle erlangbare Neubeleihung mit 120000 G*M* zu erreichen, obwohl dadurch die Sicherheit des Beklagten gegenüber dem Zustand bei Vertragsschluß nicht etwa verschlechtert, sondern bedeutend verbessert werde. Das könne nicht der durch § 242 BGB. geforderte billige Ausgleich der Entwertungsfolgen sein. Vielmehr sei der Beklagte für verpflichtet zu erachten, den geschuldeten Vorrang mindestens in demselben Verhältnis aufzuwerten, in dem die vorgehenden 500000 *M* am 19. (richtiger 29.) April 1919 zum Wert des Grundstücks gestanden hätten. Dem entspreche aber fast genau der vom Kläger beanspruchte Vorrang für 120000 G*M*.

Den Angriffen der Revision mußte der Erfolg versagt bleiben. Sie richten sich im wesentlichen gegen tatsächliche Feststellungen, die das Berufungsgericht durch Auslegung des Vertrags der Parteien getroffen hat. Die Vertragsbestimmung über die Vorrangseinräumung durch den Beklagten läßt an sich eine mehrfache Deutung zu. Sie kann sowohl im Sinne des Beklagten dahin verstanden werden, daß dessen Verpflichtung zur Vorrangseinräumung durch einmalige Bewilligung des Vorrangs für insgesamt 500000 ℳ endgültig erfüllt sein sollte, wie dahin, daß der Beklagte die dauernde Erhaltung einer vorhergehenden Belastung von dieser Höhe gestatten und die von seiner Seite dazu erforderliche Mitwirkung gewähren müsse, wobei sich der weitere Unterschied ergibt, ob er diese dauernde Belastung nur im Bereich ihres ursprünglichen, wenn auch der Höhe nach durch die gesetzliche Aufwertung bestimmten Bestandes (was z. B. bei bloßem Gläubigerwechsel unter Neu-Eintragung in Frage kommen konnte), oder, wie der Kläger will, aufgewertet mindestens im Verhältnis des früheren Werts der Belastung zum Werte des Grundstücks zu dulden haben sollte.

Das Berufungsgericht ist der Auffassung des Beklagten dahin beigetreten, daß dieser, indem er am 19. April 1920 für die frühere Hypothek der Reichsversicherungsanstalt von 500000 ℳ den Vorrang einräumte, seine Vertragspflicht voll und endgültig erfüllt habe. Der Revision kann nicht zugegeben werden, daß der Vorderrichter damit gegen die gesetzlichen Auslegungsregeln verstoßen habe. Die Auslegung des Berufungsgerichts ist möglich und läßt einen rechtlichen Verstoß nicht ersehen. Die Revision zieht den Fall des Verkaufs von Bauland als ganz ähnlich liegend heran. Aber die behauptete Ähnlichkeit kann nicht anerkannt werden. Beim Verkauf von Baustellen findet das Zurücktreten des Verkäufers mit seinem Kaufgeld hinter das Baudarlehen in der von der Bebauung erwarteten Wertsteigerung des Grundstücks seine Erklärung und wirtschaftliche Rechtfertigung. Im Streitfall handelte es sich aber nicht um das Kaufgeld für ein erst zu bebauendes und dadurch in seinem Werte zu steigerndes Grundstück, sondern um das Entgelt für den Anteil an einem eingerichteten Unternehmen mit bereits bebauten Grundstücken, nach dessen zur Zeit des Vertragsschlusses bestehendem Werte das Auseinandersetzungsguthaben des Beklagten berechnet und vertragsmäßig bestimmt war. Vor allem aber übersieht die Revision, daß der gegebene Fall eine grundlegende Verschiedenheit gegenüber dem der regelmäßigen Auswechslung einer erststelligen Hypothek insofern aufweist, als hier nicht bei der ursprünglichen Belastung lediglich ein Gläubigerwechsel, sei es auch unter Neu-Eintragung der Hypothek, mit oder ohne Erschwerung der Bedingungen, durchgeführt werden, sondern der Platz der ursprünglichen Belastung für eine Neu- oder Zusatz-Beleihung in Anspruch genommen werden soll, die zu der im Vertrag ursprünglich vorgesehenen hinzutritt. Eine solche stellt aber mindestens rechtlich eine Erschwerung der Lage des Nachhypothekars dar, deren Übernahme als gewollt dem Vertrage zu entnehmen durch allgemeine Erfahrungen auf dem Gebiete des Hypothekenverkehrs keineswegs ohne weiteres gerechtfertigt, geschweige denn zwingend geboten war. So betrachtet, spricht auch der Umstand, daß es sich in Höhe von 443000 ℳ um schon bestehende Eintragungen handelte, nicht für, sondern gegen die Auslegung des Klägers. Für die Eintragungsvereinbarung hat aber das Berufungsgericht eine durchaus mögliche und naheliegende Erklärung gegeben.

Fällt hiernach dem Berufungsrichter ein rechtlicher Verstoß bei seiner für das Revisionsgericht maßgebenden Vertragsauslegung nicht zur Last, so kann sich nur noch fragen, ob etwa der Anspruch des Klägers außerhalb des Vertrags aus allgemeiner Aufwertungspflicht des Beklagten (§§ 62flg. AufwGes., § 242 BGB.) begründet werden könnte. Aber auch das ist zu verneinen, weil der Anspruch durch die Erfüllung vom 19. April 1920 erledigt war. Daß die damalige Erfüllung eine vollständige war und nicht etwa einen schon bestehenden, aus der bis dahin eingetretenen Geldentwertung herzuleitenden Aufwertungsanspruch unbefriedigt ließ, hat das Berufungsgericht mit zutreffender Begründung ausgeführt, wie ja auch die Revision zugibt, daß die Parteien von dem Grundsatz Mark-Mark ausgegangen seien und deshalb die Vorrangseinräumung vom 19. April 1920 als Erfüllung angesehen hätten. Die für die Folgezeit zugunsten der eingetragenen Vorbelastung sich ergebende gesetzliche Aufwertung wirkt ohne weiteres gegen den Beklagten; darüber hinaus kommt aber eine Aufwertungspflicht schon mangels Fortbestehens eines Anspruchs nicht in Frage. Der Revision kann auch darin nicht beigestimmt werden, daß in der eingetretenen Deckungsverschiebung zugunsten des Beklagten (von einer Rangverschiebung kann keine Rede sein) eine Unbilligkeit für den Kläger läge, selbst wenn man dessen bestrittene Behauptungen über das ursprüngliche Deckungsverhältnis als richtig unterstellte. Der Kläger hat die ihm vertragsmäßig zustehende Vorrangseinräumung bekommen. Der aus der Entwertung der erststelligen Hypothek folgende Gewinn ist ihm ohne Nachteile, die diesen aufwiegen könnten, zugeflossen. Soweit der Kläger der Reichsversicherungsanstalt gegenüber von der gesetzlichen Begrenzung seiner hier allein in Frage kommenden dinglichen Aufwertungspflicht keinen vollen Gebrauch gemacht haben sollte, kann er das als Sache seines freien Entschlusses dem Beklagten nicht entgegenhalten. Dem Beklagten ist dagegen die Abfindungshypothek bis auf ein Viertel des Goldwerts vom Eintragungstage entwertet. Hätte sich etwa daneben durch die gleichzeitige Entwertung der Vorbelastung die Sicherheit seiner Hypothek verbessert, so würde darin in seinem Verhältnis zum Kläger eine zur Ausgleichung nötigende Unbilligkeit zu seinen Lasten nicht erblickt werden können.

---

33. Unter welchen Voraussetzungen haftet der Verkäufer eines Grundstücks, der während des bis zur Versagung der verwaltungsbehördlichen Genehmigung bestehenden Schwebezustands den Käufer zu Zahlungen auf den Kaufpreis veranlaßt hat, auf Ersatz des jenem erwachsenen Schadens, insbesondere des Geldentwertungsschadens?

BGB. §§ 276, 278, 254. Bek. über den Verkehr mit landwirtschaftlichen Grundstücken vom 15. März 1918.

V. Zivilsenat. Urt. v. 23. Juni 1926 i. S. D. (Kl.) w. v. Z. (Bekl.). V 487/25.

I. Landgericht Oels.
II. Oberlandesgericht Breslau.

Der Beklagte verkaufte an den Kläger am 16. Mai 1923 das Rittergut Haus S. für eine Milliarde und fünfzig Millionen Mark. Der Käufer übernahm zwei auf dem Grundbesitz lastende Hypotheken von 30000 und 50000 *M*. Im übrigen wurde bestimmt, der Kaufpreis sei zu zwei Dritteln in bar fällig, sobald die Siedlungsgesellschaft Rote Erde auf ihr Vorkaufsrecht verzichtet oder sich nicht rechtzeitig erklärt habe. Der Rest sollte innerhalb weiterer drei Monate fällig und vom Tage der Fälligkeit der ersten Rate von zwei Dritteln mit einem Prozent über Reichsbankdiskont zu verzinsen sein. Es wurde beigefügt, bei Festsetzung des Kaufpreises sei der gegenwärtige Kurs des holländ. Guldens mit 16000 ℳ zugrunde gelegt; sollte er sich bis zum Tage der Zahlung des Kaufpreises erhöhen, so erhöhe sich auch der Kaufpreis im gleichen Verhältnis; sollte der Guldenkurs unter 11000 ℳ fallen, so ermäßige sich der Kaufpreis in dem Verhältnis, wie sich der am Tage der Zahlung gültige Guldenkurs zu 11000 ℳ verhalte.

Es ist weder zum Erwerb des Klägers noch zur Ausübung des der Siedlungsgesellschaft zustehenden Vorkaufsrechts gekommen, weil der Landrat die Genehmigung des Verkaufs unter dem 28. Juli 1923 rechtskräftig versagt hat. Der Kläger hat aber in Erfüllung des Vertrags Zahlungen geleistet, deren Erstattung den Gegenstand des Streites bildet. In dieser Hinsicht hat das Berufungsgericht festgestellt:

Auf eine Anfrage des Beklagten vom 5. Juni 1923 hatte die Siedlungsgesellschaft mit Schreiben vom 10. Juni erwidert, daß die Voraussetzung für die Ausübung ihres Vorkaufsrechts erst dann gegeben sei, wenn der Kaufvertrag vom Landrat genehmigt sei. Dem Landrat anderseits teilte die Gesellschaft am 22. Juni 1923 mit, daß sie von ihrem Vorkaufsrecht keinen Gebrauch machen werde. Von diesem Schreiben erhielt der Beklagte nach seiner Behauptung durch eine Mitteilung des Kreisausschußsekretärs Kenntnis; er gab die Mitteilung mit Schreiben vom 3. Juli 1923 an den Kläger weiter und ersuchte um Zahlung der fälligen zwei Drittel des Kaufpreises. Der Kläger zahlte darauf in drei Teilbeträgen am 5., 10. und 19. Juli 1923. Inzwischen hatte die Siedlungsgesellschaft dem Rechtsbeistand des Beklagten, Rechtsanwalt H., mit Schreiben vom 5. Juli (bei diesem eingegangen am 7. Juli) 1923 mitgeteilt, daß sie, solange der Landrat den Kaufvertrag nicht genehmigt habe, zur Frage der Ausübung des Vorkaufsrechts nicht Stellung nehmen könne. Von diesem Schreiben gab Rechtsanwalt H. dem Beklagten erst am 26. Juli Kenntnis. Noch am gleichen Tage stellte darauf der Beklagte dem Kläger die beiden ersten Anzahlungen zur Verfügung, desgleichen am 2. August 1923 die dritte. Der Kläger lehnte jedoch die Annahme ab. Am 24. September 1923 ließ der

Beklagte dem Kläger das Geld einschließlich der Bankzinsen (zusammen 3071627000 M) überweisen; die Bank schrieb die Summe dem Kläger am 3. Oktober 1923 gut.

Die auf Zahlung von 16000 RM gerichtete Klage macht geltend: nach dem damaligen Guldenstand habe der Beklagte 39925,95 fl. erhalten, zurückgezahlt sei nur der Gegenwert von 17,72 fl., der Unterschied von 39908,23 fl. mache rund 64000 RM aus, wovon nunmehr ein Teilbetrag von 16000 RM verlangt werde. Dieser Betrag wird in erster Reihe als Schadensersatz gefordert, weil der Beklagte dem Kläger über den Verzicht der Siedlungsgesellschaft auf das Vorkaufsrecht falsche Angaben gemacht habe, durch die der Kläger sich zu den Zahlungen vom Juli 1923 habe bestimmen lassen.

Das Landgericht sprach die Klage zu, das Berufungsgericht wies sie ab. Die Revision des Klägers führte zur Aufhebung und Zurückverweisung.

Aus den Gründen:

Das Berufungsgericht nimmt an, der Beklagte habe, wenn auch irrig, in dem Schreiben der Siedlungsgesellschaft an den Landrat vom 22. Juni 1923 einen wirksamen Verzicht auf das Vorkaufsrecht gesehen; da der Beklagte also gutgläubig gewesen sei, könne ihm daraus, daß er die Rechtslage nicht richtig erkannt habe, der Vorwurf der Arglist nicht gemacht werden. Die Revision wendet dagegen ein, das Berufungsgericht prüfe den Klaganspruch nicht unter dem Gesichtspunkt des Vertrags, weil aus dem zwischen den Parteien geschlossenen Abkommen vom 16. Mai 1923 mangels Genehmigung des Landrats vertragliche Beziehungen nicht entstanden seien. Hierbei sei unberücksichtigt geblieben, daß bis zur Versagung jener Genehmigung (28. Juli 1923) ein Schwebezustand vorhanden gewesen sei, während dessen eine rechtliche Gebundenheit der Parteien bestanden habe. Gegen die hieraus sich ergebenden vertraglichen Pflichten habe der Beklagte verstoßen. Denn er habe den Kläger am 3. Juli 1923 mit der tatsächlich unrichtigen Behauptung, die Siedlungsgesellschaft habe auf ihr Vorkaufsrecht verzichtet, zur Zahlung der angeblich fälligen zwei Drittel des Kaufpreises aufgefordert, ohne zuvor festzustellen, ob der Vertrag vom Landrat genehmigt worden sei. Jene Aufforderung habe er dann bestehen lassen, obwohl die Siedlungsgesellschaft seinem Rechtsbeistand Rechtsanwalt H. am 5. Juli mitteilte, daß sie sich über die Ausübung des Vorkaufsrechts noch nicht schlüssig machen könne, weil der Kaufvertrag noch nicht die Genehmigung des Landrats erhalten habe. So sei der Kläger bei noch völlig ungewisser Sachlage zur Leistung der Zahlungen vom 5., 10. und 19. Juli bestimmt worden und zu Schaden gekommen; auf Grund der §§ 242, 276, 278 BGB. schulde ihm der Beklagte Schadensersatz.

Der hiermit von der Revision berührte rechtliche Gesichtspunkt ist in der Tat beachtlich.

Während des Schwebezustands bis zur Entscheidung der Verwaltungsbehörde (nach der Bekanntmachung vom 15. März 1918 über den Verkehr mit landwirtschaftlichen Grundstücken) kann ein Vorkaufsrecht, auch das gesetzliche eines Siedlungsunternehmens, nicht ausgeübt werden, weil ungewiß ist, ob überhaupt der geschlossene Vertrag, der noch der Genehmigung der Verwaltungsbehörde unterliegt, rechtliche Wirkungen unter den Beteiligten hervorbringt. Zur wirksamen Ausübung des Vorkaufsrechts gegenüber einem nach jener Bekanntmachung genehmigungspflichtigen Vertrag war daher dessen vorgängige Genehmigung durch die Verwaltungsbehörde Voraussetzung (RGZ. Bd. 106 S. 324). Vor der Entscheidung des Landrats konnte sonach die Frage des Vorkaufsrechts im vorliegenden Falle nur durch Verzicht des Vorkaufsberechtigten erledigt werden. Dazu aber bedurfte es, wie der Senat bereits in der Entscheidung V 472/24 vom 28. März 1925 (LZ. 1925 Sp. 546 Nr. 7) grundsätzlich ausgesprochen hat, eines Vertrags zwischen dem Vorkaufsberechtigten und dem Vorkaufsverpflichteten, hier dem Siedlungsunternehmen und dem Beklagten (Reichssiedlungsgesetz vom 11. August 1919 § 8, BGB. §§ 505 flg., § 397), der unstreitig nicht geschlossen worden ist. Das Berufungsgericht geht somit zutreffend davon aus, daß die an den Landrat gerichtete Erklärung der Siedlungsgesellschaft vom 22. Juni 1923, sie werde von der Ausübung des Vorkaufsrechts absehen, keinen wirksamen Verzicht auf dieses Recht darstellte, auf den sich der Beklagte dem Kläger gegenüber bei Geltendmachung des Kaufvertrags hätte berufen können. Im übrigen stellt der Vorderrichter fest, der Beklagte sei insoweit gutgläubig, nämlich in einer irrigen Rechtsansicht befangen gewesen; der Vorwurf der Arglist könne ihm daher nicht gemacht werden.

Diese Beurteilung kann nicht als rechtlich erschöpfend gelten. Die Frage ist vielmehr, ob die mit der Klage beanspruchte Haftung sich nicht auch schon ohne Annahme einer Arglist bei Feststellung eines bloßen Verschuldens im Sinne des § 276 BGB. aus der gegenseitigen rechtlichen Gebundenheit der Vertragsparteien ergibt, wie sie in der Rechtsprechung des Reichsgerichts für den Schwebezustand bis zur Entschließung der Verwaltungsbehörde — wenngleich unter Versagung eines Erfüllungsanspruchs — anerkannt ist (RGZ. Bd. 103 S. 106, Bd. 106 S. 145, 323 und Bd. 108 S. 94). Eine solche Auswirkung jener rechtlichen Gebundenheit ist grundsätzlich als möglich anzuerkennen, und zwar auch dann, wenn der Vertrag in der Folge keine Rechtswirksamkeit erlangt, weil die Verwaltungsbehörde die Genehmigung versagt. Nach Grundsätzen, die in der Rechtsprechung des Reichsgerichts feststehen (Komm. v. RGR. § 276 Anm. 1 Abs. 2), hat der eine Vertragsteil dem anderen dafür zu haften, wenn er diesem bei Vertragsschluß Umstände, von denen jener sich sagen mußte oder gar wußte, daß sie für den Willensentschluß des anderen von wesentlicher Bedeutung seien, fahrlässig verschwiegen oder darüber unrichtige Angaben gemacht hat, und dies gilt auch dann, wenn der Vertrag in der Folge nicht oder nicht rechtswirksam zustandegekommen ist (RGZ. Bd. 104 S. 267, Bd. 107 S. 242 und 362, auch RGU. III 108/24 und III 398/24). In diesem Sinne bedeutsame Tatsachen kundzugeben ist der Vertragsgegner nach den Anforderungen von Treu und Glauben im redlichen Verkehr verpflichtet (RGZ. Bd. 97 S. 327; Recht 1919 Nr. 1938, vgl. auch Nr. 401, 413, 415; RGU. I 200/24). Diese Verpflichtung erwächst aus einem durch die Vertragsverhandlungen als solche begründeten Rechtsverhältnis. Es ist nicht abzusehen, warum nicht rechtsähnliche Forderungen sollten aufgestellt werden dürfen in einem Falle, wo — wenngleich zunächst unter der Rechtsbedingung einer behördlichen Genehmigung — ein Vertragsschluß zustandegekommen ist, dem immerhin eine beschränkte Bindungskraft zugesprochen werden muß. Hat während der Dauer dieser Bindung der eine Vertragsteil dem anderen in der hier in Rede stehenden Weise durch unzulängliche Rücksichtnahme auf dessen berechtigte Interessen schuldhaft

(§ 276 BGB.) Schaden zugefügt, so ist jener grundsätzlich zum Ersatz dieses Schadens verpflichtet. Seine Schadensersatzpflicht steht ebensowohl unter der Einschränkung des § 254 BGB., sofern den Geschädigten eigenes Verschulden im Sinne dieser Vorschrift trifft, wie unter der Erweiterung nach § 278 BGB., sofern er sich zur Erfüllung der erwähnten Sorgfaltspflicht einer Hilfsperson bedient hat (vgl. RGZ. Bd. 97 S. 339, Bd. 103 S. 50, Bd. 107 S. 243, Bd. 108 S. 410).

Unter diesem Gesichtspunkt ist der Klaganspruch bisher noch nicht beurteilt worden. Es erscheint angezeigt, dies nachzuholen. Was im besonderen die Frage des Verschuldens anlangt, so hat das Berufungsgericht aufseiten des Beklagten selbst bis jetzt nur das Vorliegen eines arglistigen Verhaltens verneint; nach dem Vorstehenden kann auch eine bloße Fahrlässigkeit im Sinne des § 276 BGB. in Betracht kommen. Und auch wenn das Vorliegen eines Verschuldens in der Person des Beklagten selbst verneint werden sollte, wird zu prüfen sein, ob in der hier erörterten Richtung etwa dem Rechtsanwalt H. eine Rechtsstellung der in § 278 BGB. vorausgesetzten Art zuzusprechen und wie die Frage des Verschuldens für seine Person zu beurteilen ist. Es wird endlich auch unter dem Gesichtspunkt des Verschuldens zu erwägen sein, ob nicht dem Kläger, der seine Schädigung in erster Reihe auf die unzutreffende Mitteilung von einem Verzicht der Siedlungsgesellschaft auf das Vorkaufsrecht, in zweiter Reihe auf die Unterlassung der Mitteilung zurückführt, daß die landrätliche Genehmigung noch nicht vorliege, in beiden Richtungen unter dem Gesichtspunkt des § 254 BGB. entgegenzuhalten sein möchte, er habe von eigener Erkundigung abgesehen, ohne daß dafür bisher ein bedeutsamer Grund erkennbar geworden wäre ...

---

34. Zur Berechnung der Löschzeit bei der Verfrachtung von Stückgütern im Binnenschiffahrtsverkehr.

Binnenschiffahrtsgesetz § 53.

I. Zivilsenat. Urt. v. 23. Juni 1926 i. S. Z. (Bekl.) w. D. (Kl.).
I 250/25.

I. Landgericht Hamburg, Kammer für Handelssachen.
II. Oberlandesgericht daselbst.

In Tetschen hatte der Beklagte in seinem Kahn Stückgüter im Gewichte von 467922 kg für Hamburg geladen. Von der Ladung waren 1695 Sack Hafer im Gewichte von 110175 kg laut Ladeschein vom 21. März 1924 für den Kläger bestimmt. Als Adresse des Klägers war in dem Ladeschein „Hamburg, Brandstwiete 8“ angegeben, während die richtige Adresse des Klägers Brandstwiete 3 war. Der Beklagte ist mit seinem Kahn angeblich am 12. April 1924 in Hamburg angekommen und hat sich am 12. und 14. April (der 13. April war ein Sonntag) bei den verschiedenen Stückgutempfängern mit Ausnahme des Klägers löschbereit gemeldet. Beim Kläger hat er sich erst am 23. April gemeldet, weil er dessen richtige Adresse nicht früher ermittelt haben will. Der Kläger behauptet, daß der Beklagte weder am 23. April noch an den folgenden Tagen für ihn löschbereit gewesen sei. Am 28. April hat unbestrittenermaßen der Beklagte den Kahn zwecks Entlöschung dem Kläger für den 29. April zur Verfügung gestellt. Es sind dann von der für den Kläger bestimmten Stückladung 1586 Sack gelöscht worden. Am 3. Mai 1924 hat der Beklagte dem Kläger die Herausgabe der restlichen 109 Sack verweigert, wenn ihm nicht u. a. ein Liegegeld für die Zeit vom 29. April 1924 ab gezahlt würde. Er behauptet, daß die Löschzeit für den Kläger am 26. April 1924 abgelaufen sei. Der Kläger vertritt demgegenüber den Standpunkt, er sei frühestens am 3. Mai Liegegeld für einen Tag mit 48 ℳ schuldig geworden. Er verlangt mit der Klage Herausgabe der restlichen 109 Sack und Schadensersatz wegen Verzögerung der Auslieferung dieses Restes.

Die Instanzgerichte haben den Standpunkt des Klägers gebilligt. Die Revision des Beklagten hatte keinen Erfolg.

Gründe:

Unstreitig sind für das Rechtsverhältnis der Parteien maßgebend die Verfrachtungsbedingungen der Vereinigten Elbschiffahrts-Gesellschaften A.-G. vom 1. Januar 1912 nebst Nachträgen. Die Parteien sind ferner darüber einig, daß keine Verfrachtung des Schiffes im ganzen vorliegt. (Wird erörtert.)

Das Berufungsgericht hat ausgeführt, die Löschzeit der Stückgüter habe für den Kläger gemäß § 47 Nr. 2 der Verfrachtungsbedingungen drei Tage betragen, beginnend mit dem auf die Anzeige der Löschbereitschaft folgenden Tage (a. a. O. § 47 Abs. 1, § 41 Nr. 1). Gemeldet habe sich der Beklagte beim Kläger zuerst am 23. April 1924. Diese Meldung habe aber für den Beginn der Löschzeit des Klägers keine Bedeutung, da der Beklagte damals gar nicht für den Kläger löschbereit, sondern mit der Löschung für einen anderen Empfänger beschäftigt gewesen sei. Maßgeblich sei vielmehr die erneute Meldung des Beklagten beim Kläger am Abend des 28. April 1924. Somit habe die Löschzeit frühestens am 29. April begonnen und sei — da der 1. Mai 1924 ein allgemeiner Feiertag gemäß § 47 Abs. 1, § 41 Nr. 3 der Bedingungen gewesen sei — frühestens am 2. Mai 1924 zu Ende gegangen. Der Beklagte habe danach höchstens einen Anspruch auf Liegegeld für den 3. Mai 1924 in Höhe von 48 ℳ gehabt. . . .

Diese Ausführungen lassen keinen Rechtsirrtum erkennen.

Der Beklagte hat sich seiner Angabe nach am 12. und 14. April 1924 bei den anderen Stückgutempfängern löschbereit gemeldet, aber nicht beim Kläger, den er wegen ungenauer Adressenangabe auf dem Ladeschein erst am 23. April ermittelt haben will. Der Beklagte setzt dann den 12. April als Tag der Anzeige von der Löschbereitschaft für alle Empfänger ein und rechnet nach den für die Verfrachtung des Schiffs im ganzen geltenden Sätzen (§ 41 Abs. 2, § 12 Abs. 2 der Bedingungen) für die gesamte Ladung von 467992 kg eine Löschzeit von 12 Tagen aus, beginnend mit dem 14. April 1924 und endend mit dem 26. April 1924.

Es bedarf keiner näheren Darlegung, daß dieser Standpunkt im Hinblick auf § 47 der Bedingungen unhaltbar ist. . . . (Folgen Ausführungen über die Berechnungsweise der Revision.) . . . Diese Vorschrift deckt sich im wesentlichen mit § 53 des Binnenschiffahrtsgesetzes. Ähnlich verhält es sich mit den in § 47 der Verfrachtungsbedingungen erwähnten §§ 40—46 und den in § 53 des Binnenschiffahrtsgesetzes angeführten §§ 47—52 (vgl. auch Verfrachtungsbedingungen § 21, § 12 Abs. 2 und Binnenschiffahrtsgesetz § 38, § 29 Abs. 2). Dies weist darauf hin, daß die nach § 53 des Binnenschiffahrtsgesetzes maßgeblichen Rechtsgrundsätze für die Auslegung des § 47 der Verfrachtungsbedingungen herangezogen werden können.

Der § 53 des Binnenschiffahrtsgesetzes ist aber nach der

herrschenden Rechtsauffassung folgendermaßen zu verstehen. Jeder einzelne Ladungsempfänger tritt dem Frachtführer selbständig gegenüber. Jeder Frachtvertrag ist grundsätzlich für sich zu behandeln, und es kommen ebenso viele selbständige Löschzeiten in Betracht, wie durch Ladeschein legitimierte Empfänger vorhanden sind. Die Dauer der Löschzeit bestimmt sich für jeden einzelnen Ladeempfänger selbständig nach der Menge der für ihn zu löschenden Güter. Die Löschzeit wird für jeden einzelnen Empfänger durch die ihm gegenüber vom Frachtführer abzugebende Erklärung der Löschbereitschaft gesondert in Lauf gesetzt. Die Anzeige der Löschbereitschaft kann an sich mehreren oder sämtlichen Empfängern gleichzeitig erstattet werden (vgl. auch Anlage B zu den Verfrachtungsbedingungen § 1 S. 80). Die Anzeige hat aber Bedeutung für den Beginn der Löschzeit nur gegenüber demjenigen Empfänger, für den der Frachtführer an dem auf die Anzeige folgenden Löschtage tatsächlich löschbereit ist. Es wird daher regelmäßig Sache des Frachtführers sein, eine bestimmte Reihenfolge unter den Empfängern festzusetzen und diese hiervon zu benachrichtigen. Die für den Frachtvertrag über Stückgüter (im Gewicht von 10000 kg und mehr) vorgesehenen Löschzeiten sind kürzer als die Löschzeiten bei der Verfrachtung des Schiffs im ganzen (Binnenschiffahrtsgesetz §§ 53, 48 Abs. 2; 29 Abs. 2; Verfrachtungsbedingungen § 47, § 41 Abs. 2, § 12 Abs. 2). Trotzdem kann, zumal da nach obigem jede einzelne Löschzeit nur dann in Lauf gesetzt wird, wenn der Frachtführer an dem auf die Löschbereitschafts-Anzeige folgenden Löschtage löschbereit ist, die Summe aller einzelnen Löschzeiten größer sein als die Löschzeit für die gleiche Gesamtladung bei einer Verfrachtung des Schiffs im ganzen. Dies steht aber anerkanntermaßen der vorstehenden Auslegung des Gesetzes nicht entgegen. Letztere entspricht der Rechtslage bei Befrachtung eines Schiffs auf Grund mehrerer selbständiger Stückgüterfrachtverträge, wobei sowohl die mehreren Befrachter untereinander als auch die mehreren Empfänger unter sich in keiner rechtlichen Beziehung zueinander stehen (vgl. auch Mittelstein, Deutsches Binnenschiffahrtsrecht Bd. 1 § 53 Anm. 1, § 38 Anm. 3 und 5;Förtsch, Reichsgesetze betr. Binnenschiffahrt und Flößerei, 2. Aufl. § 53 Anm. 2; § 38 Anm. 2, 4; Makower-Loewe, Binnenschiffahrt und Flößerei, 6. Aufl. § 53 Anm. 2, § 38 Anm. 2).

Die Heranziehung dieser Grundsätze bei der Auslegung des § 47 der Verfrachtungsbedingungen führt zu dem vom Berufungsgericht angenommenen Ergebnis.

Die Meldung des Beklagten vom 23. April 1924 kommt für den Beginn der Löschzeit nicht in Betracht, da nach den Feststellungen des Berufungsgerichts der Beklagte am 24. April 1924 als dem auf die Anzeige folgenden Löschtag für den Kläger nicht löschbereit war. Dann war aber seine Anzeige vom 23. April 1924 für den Beginn der Löschzeit wirkungslos ohne Rücksicht darauf, ob der Kläger seinerseits empfangsbereit war oder nicht. Es ist daher auch unerheblich, ob der Beklagte, wie er behauptet, wegen falscher Angabe der Anschrift des Klägers auf dem Ladeschein diesem die Löschbereitschaft nicht vor dem 23. April 1924 anzeigen konnte. Denn es ist nicht ersichtlich, daß die für die Wirksamkeit einer früheren Anzeige erforderliche Löschbereitschaft beim Beklagten vorhanden war. Die Anzeige des Beklagten vom 23. April 1924 hatte auch nicht etwa die Bedeutung, daß nunmehr die Löschzeit für den Kläger ohne weiteres begann, sobald der Beklagte für ihn löschbereit wurde. Vielmehr brauchte der Kläger grundsätzlich nur mit einer Löschbereitschaft des Beklagten an dem auf die Anzeige folgenden Löschtag zu rechnen. Kam eine solche, wie hier, nicht in Frage, so war es Sache des Beklagten, dem Kläger eine neue rechtswirksame Anzeige seiner Löschbereitschaft zu machen. Eine solche Anzeige ist nach den Feststellungen des Berufungsgerichts erst am 28. April 1924 erfolgt. Es kann dahingestellt bleiben, ob hieran etwas geändert wird, wenn, wie der Beklagte angegeben hat, der Kläger am 23. April 1924 erklärt haben sollte, daß er frühestens am 26. April löschbereit (empfangsbereit) sein werde, und der Beklagte entgegnet hätte, er werde bis dahin frei sein. Denn unstreitig hat der Beklagte seinen Kahn nicht am 26., sondern erst am 29. April für den Kläger löschbereit gestellt und ist der Beklagte seiner eigenen Angabe nach erst gegen 10 Uhr vormittags am 29. April mit dem Entlöschen für einen anderen Empfänger fertig gewesen. Somit hat das Berufungsgericht ohne Rechtsirrtum angenommen, daß als Löschtage für den Kläger der 29. und 30. April und der 2. Mai 1924 in Frage kamen. . . .

35. 1. Können, wenn ein schiedsrichterliches Verfahren zwei Instanzen vorsieht, die durch die zweite Instanz noch abänderbaren Schiedssprüche erster Instanz für vollstreckbar erklärt werden?

2. Ist ein Schiedsvertrag auch dann endgültig erledigt, wenn das schiedsrichterliche Verfahren zwar formell zu Ende geführt ist, den Streit der Parteien aber sachlich nicht entschieden hat?

ZPO. §§ 1039 flg.

VI. Zivilsenat. Urt. v. 25. Juni 1926 i. S. Be. & Bo. (Bekl.) w. L. & Co. (Kl.). VI 79/26.

I. Landgericht Hamburg.
II. Oberlandesgericht daselbst.

Durch Schiedsverträge hatten sich die Parteien dem Schiedsgericht des Vereins der Getreidehändler der Hamburger Börse unterworfen und die dafür aufgestellte Schiedsgerichtsordnung (Hamburger Börsen-Handbuch 1922 S. 259) für maßgebend erklärt. Durch zwei Schiedssprüche erster Instanz vom 27. November 1924 ist die jetzige Klägerin verurteilt worden, an die jetzige Beklagte insgesamt 7764 RM nebst Zinsen und Kosten zu zahlen. Die Schiedssprüche sind vom Landgericht Hamburg für vollstreckbar erklärt worden.

Die Beklagte hat ihre Forderungen daraufhin beigetrieben. Die Klägerin hat das Oberschiedsgericht angerufen. Dieses hat durch Beschluß vom 12. März 1925 die Entscheidung der beiden Streitsachen abgelehnt und die Sprüche vom 27. November 1924 aufgehoben. Mit der gegenwärtigen Klage fordert die Klägerin Zurückzahlung der beigetriebenen Beträge von insgesamt 9404,15 RM nebst Zinsen. Die Beklagte beantragte Klagabweisung und verlangte im Wege der Widerklage Aufhebung des vom Oberschiedsgericht erlassenen Spruchs. Das Landgericht entsprach den Anträgen der Beklagten. Die Berufung der Klägerin blieb in Höhe von 137,10 RM nebst Zinsen ohne Erfolg; im übrigen drang die Berufung durch und die Beklagte wurde verurteilt, an einen Zessionar der Klägerin 9267,05 RM nebst $1\frac{1}{2}$ % Monatszinsen seit Klagezustellung zu zahlen; die Widerklage wurde abgewiesen. Die Revision der Beklagten wurde zurückgewiesen.

Gründe:

Das Landgericht hat den Beschluß des Oberschiedsgerichts als einen Schiedsspruch angesehen, hat festgestellt, daß er gegen wesentliche Grundsätze des von den Parteien vereinbarten Verfahrens verstoße, und hat ihn danach, der Widerklage stattgebend, gemäß § 1041 Nr. 1 ZPO. aufgehoben. Irgendwelche Folgen für die Schiedssprüche erster Instanz hat das Landgericht daraus nicht hergeleitet. Es sieht in ihnen nicht nur „vorläufige Entscheide", spricht ihnen vielmehr selbständige Bedeutung zu und nimmt deshalb an, daß sie in ihrer Existenz unberührt geblieben seien. Deshalb hat das Landgericht die Klage abgewiesen. Das Oberlandesgericht hat in dem Beschluß des Oberschiedsgerichts keinen Schiedsspruch im Sinne der Zivilprozeßordnung gesehen. Es hat zwar angenommen, daß mit jenem Beschluß der Vorstand des Vereins der Getreidehändler als Oberschiedsgericht eine Entscheidung getroffen habe, findet darin aber nicht eine sachliche Erledigung des Streits der Parteien, vielmehr gerade die Ablehnung einer solchen. Das Oberlandesgericht stellt danach fest, daß die im Schiedsvertrag zu Oberschiedsrichtern berufenen bestimmten Personen, nämlich die Mitglieder des Vereinsvorstands, die Übernahme des Schiedsrichteramts verweigert haben; damit sei gemäß § 1033 Nr. 1 ZPO. der Schiedsvertrag außer Kraft getreten, und damit hätten deshalb auch die Schiedssprüche erster Instanz — ganz abgesehen von ihrer ausdrücklichen Aufhebung durch das Oberschiedsgericht — ihre verbindliche Kraft verloren; selbständige Bedeutung komme diesen Schiedssprüchen nicht zu; die Schiedsgerichtsordnung gewähre den Parteien ein Recht auf zwei Instanzen, der § 33 a. a. O. sei nur dahin zu verstehen, daß der Spruch der ersten Instanz wie ein vorläufig vollstreckbares Urteil eines Gerichts behandelt werden solle. Die Frage, ob das Gericht die Schiedssprüche erster Instanz überhaupt hätte für vollstreckbar erklären dürfen, läßt das Oberlandesgericht offen. Schon auf Grund seiner Erwägungen gelangt es zur Abweisung der Widerklage, weil ein Schiedsspruch des Oberschiedsgerichts nicht vorliegt, und zur Verurteilung der Beklagten auf die Klage, weil der rechtliche Grund, aus welchem die Klägerin gezahlt hat, d. h. die Schiedssprüche erster Instanz, fortgefallen sind. Auf einen andern rechtlichen Grund, etwa die materielle Rechtslage im Verhältnis der Parteien zueinander, hat sich die Beklagte nicht berufen, obwohl sie vom Oberlandesgericht auf diese Möglichkeit hingewiesen worden war.

Die Angriffe der Revision scheitern zu einem wesentlichen Teil daran, daß die Schiedsgerichtsordnung für das Schiedsgericht des Vereins der Getreidehändler der Hamburger Börse keine revisible Rechtsnorm ist. Der Verein, der das Schiedsgericht bestellt und die Schiedsgerichtsordnung erlassen hat, ist ein privater Verein. Das Schiedsgericht kann deshalb nur in Tätigkeit treten, wenn zwei Parteien sich ihm durch privatrechtlichen Vertrag unterwerfen, und die Schiedsgerichtsordnung wird nur dadurch anwendbar, daß die Parteien ihre Anwendung verabreden. Beides geschieht, wie die Anmerkung auf S. 259 des Hamburger Börsen-Handbuchs von 1922 ergibt, durch die Schlußscheine, nach denen Getreidegeschäfte an der Hamburger Börse abgeschlossen werden. In diesen Schlußscheinen (a. a. O. S. 191 flg.) wird aber durchweg der Gerichtsstand Hamburg vereinbart. So sind die Vorschriften der Schiedsgerichtsordnung zwar sogenannte „typische Bedingungen" in dem Sinne, daß sie als Vertragsnorm in viele einzelne privatrechtliche Verträge aufgenommen werden, über ihren Inhalt und ihre Bedeutung haben aber — von ganz vereinzelten, vielleicht denkbaren Ausnahmefällen abgesehen — nur die Hamburgischen Gerichte zu urteilen. Unter diesen Umständen besteht nicht die Gefahr, daß die Schiedsgerichtsordnung durch die Gerichte verschiedener Länder verschieden ausgelegt wird, und die Einheitlichkeit der Rechtsprechung erfordert es deshalb nicht, daß das Reichsgericht die Vorschriften der Schiedsgerichtsordnung selbständig auslegt. So muß es bei der vom Oberlandesgericht gefundenen Auslegung der Schiedsgerichtsordnung sein Bewenden behalten. Danach ist das gesamte Schiedsgerichtsverfahren, wie es durch die Schiedsgerichtsordnung geregelt ist, ein einheitliches Verfahren; die dort vorgesehene Berufungsinstanz ist eine echte Berufungsinstanz, auf deren Spruch die Parteien ein Recht haben; die erstinstanzlichen Schiedssprüche sind nur vorläufig, bis zur Beendigung des Verfahrens vor dem Oberschiedsgericht, erlassen; auch ihre Vollstreckbarkeit ist, wenn sie vom Gericht überhaupt ausgesprochen werden darf, eine nur vorläufige. Mit diesen für die Revision nicht angreifbaren Ergebnissen des Berufungsgerichts erledigen sich ihre Versuche, die Einheitlichkeit des gesamten schiedsrichterlichen Verfahrens und das Recht der Parteien auf einen Spruch der Berufungsinstanz zu bestreiten, die Berufungsinstanz der Schiedsgerichtsordnung in ein zweites selbständiges schiedsrichterliches Verfahren oder auch in ein vereinbartes

Wiederaufnahmeverfahren umzudeuten und aus diesen Annahmen Folgerungen abzuleiten, die von denen des Berufungsgerichts abweichen.

Die Antwort auf die vom Oberlandesgericht offen gelassene Frage, ob die Schiedssprüche erster Instanz überhaupt für vollstreckbar erklärt werden durften, ist nicht durch Auslegung der Schiedsgerichtsordnung, sondern durch die Beurteilung ihres Verhältnisses zur Zivilprozeßordnung zu gewinnen. Das Oberlandesgericht hat mit Recht hervorgehoben, daß die Zivilprozeßordnung auch in ihrer jetzigen Gestalt keine Rücksicht darauf nimmt, ob das von den Parteien vereinbarte schiedsrichterliche Verfahren zwei Instanzen vorsieht oder nicht. Wenn es das Oberlandesgericht aber für möglicherweise zulässig hält, daß auch noch nicht endgültige Schiedssprüche ohne besondere Regelung durch das Gesetz für vollstreckbar erklärt werden, so kann dem nicht beigepflichtet werden. Die von der Revision angezogene Entscheidung des Reichsgerichts aus dem Jahre 1892 (RGZ. Bd. 29 S. 390) hat sich allerdings auf denselben Standpunkt gestellt wie das Oberlandesgericht; sie wird aber der allmählich herausgebildeten schärferen Auffassung von der Unabänderlichkeit des öffentlichen Rechts durch private Abkommen noch nicht gerecht und ist inzwischen auch überholt. Schon in RGZ. Bd. 69 S. 52 wird vom Reichsgericht betont, daß für vollstreckbar nur ein Schiedsspruch erklärt werden könne, der unter den Parteien gemäß § 1040 ZPO. die Wirkungen eines rechtskräftigen gerichtlichen Urteils habe, und von demselben Grundgedanken aus heißt es in der Entscheidung RGZ. Bd. 74 S. 307, daß die Vorschriften des § 1039 ZPO. über Zustellung und Niederlegung des Schiedsspruchs auf einen Spruch nicht anwendbar seien, der im schiedsgerichtlichen Verfahren selbst noch der Aufhebung oder Abänderung unterliege. Sind hier zwei Instanzen vorgesehen, so bildet den Schiedsspruch im Sinne des § 1039 ZPO. erst die Entscheidung des Berufungsschiedsgerichts. Dies gilt ebenso und erst recht für den Schiedsspruch im Sinne des § 1042 ZPO. Die Wirkungen, die sich an die Vollstreckbarkeit eines Schiedsspruchs knüpfen können, sind schwerwiegender als die mit der Zustellung und Niederlegung verbundenen.

Die Zivilprozeßordnung hat für das schiedsrichterliche Verfahren nur wenige große Grundsätze aufgestellt, wie z. B. die, daß den Parteien das rechtliche Gehör gewährt, der Schiedsspruch mit Gründen versehen sein müsse. Von solchen ausdrücklichen Regelungen abgesehen überläßt die Zivilprozeßordnung die Gestaltung des ganzen Verfahrens der Vereinbarung der Parteien und hilfsweise dem freien Ermessen der Schiedsrichter (§ 1034 Abs. 2 ZPO.). Das Gesetz rechnet dann erst wieder mit dem Schiedsspruch als dem Ergebnis des gesamten schiedsrichterlichen Verfahrens. Für ihn und nur für ihn sind die Vorschriften in den §§ 1039—1042 ZPO. gegeben, sie dürfen auf eine noch innerhalb des schiedsrichterlichen Verfahrens abänderbare und deshalb noch nicht endgültige Entscheidung nicht angewendet werden. Jede abweichende Vereinbarung der Parteien verstößt gegen die zwingenden Normen des öffentlichen Rechts der Zivilprozeßordnung und ist deshalb unwirksam. Die vom Oberlandesgericht offengelassene Frage ist deshalb zu verneinen. Die Schiedssprüche, die in der ersten Instanz des schiedsrichterlichen Verfahrens ergangen sind, durften von vornherein nicht für vollstreckbar erklärt werden; das insoweit von den Hamburger Gerichten beobachtete Verfahren ist mit dem Gesetz nicht vereinbar. Der die Vollstreckbarkeit der erstinstanzlichen Entscheidungen aussprechende Beschluß des Gerichts konnte rechtliche Wirksamkeit überhaupt nicht erlangen; er ist in seiner Wirksamkeit nicht erst durch das Vorgehen des Oberschiedsgerichts und die Aufhebung der erstinstanzlichen Schiedssprüche beeinträchtigt worden, wie die Revision meint.

Durch die vorstehenden Erwägungen erledigen sich alle Angriffe der Revision, die von der selbständigen Bedeutung der erstinstanzlichen Schiedssprüche ausgehen. Hilfsweise hat sich aber die Revision auch auf den Standpunkt gestellt, daß das schiedsgerichtliche Verfahren noch nicht abgeschlossen sei und daß das Oberschiedsgericht, allerdings wohl in anderer Besetzung, noch zu sprechen habe. Träfe das zu, so bestände die Möglichkeit, daß die Schiedssprüche der ersten Instanz noch die Wirkungen eines rechtskräftigen gerichtlichen Urteils erlangten, die Klage würde dann zurzeit mindestens noch verfrüht sein. Indessen auch die von der Revision hilfsweise vertretene Ansicht kann nicht gebilligt werden.

Es ist allerdings nicht richtig, wenn das Oberlandesgericht ausführt, daß die Mitglieder des Oberschiedsgerichts die Annahme des Schiedsrichteramts verweigert hätten und daß deshalb nach § 1033

Nr. 1 ZPO. der Schiedsvertrag der Parteien außer Kraft getreten sei. Die Oberschiedsrichter haben weder die Annahme des Amts verweigert, noch sind sie von dem mit ihnen geschlossenen Schiedsrichtervertrag zurückgetreten. Der als Oberschiedsgericht berufene Vorstand des Vereins der Getreidehändler ist vielmehr als Oberschiedsgericht zusammengetreten, hat mit den Parteien verhandelt und hat daraufhin als Oberschiedsgericht, wie das Oberlandesgericht an anderer Stelle seines Urteils selbst hervorhebt, einen Beschluß verkündet. Zu dessen Erlassung war er bei dem vom Oberlandesgericht anerkannten Recht der Parteien auf die zweite Instanz zwar nicht befugt, ihn zu fassen hat er sich aber für befugt gehalten. Der gute Glaube des Vorstands an sein Recht zur Ablehnung der Entscheidung ist von keiner Seite in Zweifel gezogen worden. Die Sache liegt dann so, daß das schiedsrichterliche Verfahren zu einem formellen Ende geführt worden ist, ohne daß dadurch der Streit der Parteien sachlich entschieden worden wäre. Ist aber ein schiedsrichterliches Verfahren einmal ergebnislos verlaufen, dann ist der Schiedsvertrag damit — vorbehaltlich natürlich abweichender Parteiabrede — endgültig erledigt. An diesem Satz hat das Reichsgericht in ständiger Rechtsprechung festgehalten (RGZ. Bd. 41 S. 398, Bd. 108 S. 379, WarnRspr. 1911 Nr. 143). Eine Wiederholung oder Ergänzung des schiedsrichterlichen Verfahrens kann in einem solchen Falle von keiner Seite verlangt werden. Mit der Erledigung des Schiedsvertrags wird hinfällig, was in dem Verfahren an vorläufigen Entscheidungen gefällt ist. Die Schiedssprüche der ersten Instanz können also die Wirkungen eines rechtskräftigen gerichtlichen Urteils nicht mehr erlangen. So hat auch das Oberschiedsgericht die Sache angesehen und wohl nur zur Verdeutlichung seines Standpunkts hat es noch die erstinstanzlichen Schiedssprüche ausdrücklich aufgehoben. Maßgebende Bedeutung kommt diesem Teil des vom Oberschiedsgericht erlassenen Beschlusses nicht zu. Auch ohne ihn sind die Schiedssprüche erster Instanz hinfällig geworden.

(Es wird dargelegt, daß eine von der Regel abweichende Parteivereinbarung für den gegebenen Fall nicht getroffen ist, und sodann fortgefahren:)

Im Ergebnis ist dem Oberlandesgericht also darin beizutreten, daß der Schiedsvertrag der Parteien für Einwendungen gegen die

Klage keine Handhabe mehr bieten kann. Da die Beklagte sich für die von der Klägerin empfangene Zahlung auf keinen anderen Rechtsgrund berufen hat als nur auf die erstinstanzlichen Schiedssprüche, so ist nach deren endgültigem Fortfall die Klage mit Recht für begründet erachtet worden. Die Abweisung der Widerklage rechtfertigt sich damit, daß der Beschluß des Oberschiedsgerichts keine sachliche Entscheidung des Streits der Parteien enthält, also einer Aufhebung nach § 1041 ZPO. überhaupt nicht unterliegt. . . .

---

36. 1. Verstößt die Anerkennung eines ausländischen Urteils, das einer vor dem Kriege in deutscher Währung begründeten Hypothekenforderung die Aufwertung versagt, gegen die guten Sitten und gegen den Zweck eines deutschen Gesetzes?

2. Unter welchen Voraussetzungen ist eine Widerklage gegenüber einer Klage auf Zulässigkeit der Zwangsvollstreckung aus einem ausländischen Urteil statthaft?

ZPO. § 328 Abs. 1 Nr. 4, §§ 722, 723.

VI. Zivilsenat. Urt. v. 25. Juni 1926 i. S. N. (Bekl.) w. Aktiengesellschaft N. T. (Kl.). VI 70/26.

I. Landgericht Flensburg.
II. Oberlandesgericht Kiel.

Auf einem Grundstück der Klägerin ist aus der Zeit vor dem Kriege für den Viehhändler N. eine Hypothek von 14000 ℳ eingetragen. Das Grundstück gehört infolge der Abtretung Nordschleswigs zu Dänemark. Die Beklagte ist Rechtsnachfolgerin des Gläubigers. Sie ist durch rechtskräftiges Urteil des dänischen Landgerichts in S. vom 5. November 1924 verurteilt, gegen Zahlung von 14000 Pℳ (Papiermark) über die Hypothek zu quittieren und ihre Löschung im Grundbuch zu bewilligen.

Die Klägerin verlangt nunmehr, daß die Zwangsvollstreckung aus diesem Urteil für zulässig erklärt werde. Die Beklagte beantragte Abweisung der Klage und forderte widerklagend volle Aufwertung ihrer Hypothek. Das Landgericht wies Klage und Widerklage ab. Das Oberlandesgericht dagegen erkannte unter Abweisung der Widerklage nach dem Klagantrag. Die Revision der Beklagten, mit welcher diese von der Klägerin Zahlung von 14000 RM Zug um Zug gegen die Löschungsbewilligung verlangt, hatte teilweise Erfolg.

Aus den Gründen:

Das dänische Urteil versagt der Beklagten die Aufwertung ihrer Hypothekenforderung. Das Berufungsgericht stellt in Abrede, daß die Anerkennung dieser Entscheidung gegen die guten Sitten oder den Zweck eines deutschen Gesetzes verstoße und deshalb nach § 328 Abs. 1 Nr. 4 ZPO. ausgeschlossen sei. Die Revision vertritt die entgegengesetzte Meinung. Das dänische Urteil wendet das bis zur „Wiedervereinigung" geltende deutsche Recht an. Es geht von dem Grundsatz „Mark gleich Mark" aus und ist der Ansicht, daß sich die daraus ergebende Schädigung des Gläubigers nicht auf dem Wege des § 242 BGB. beseitigen lasse, steht also im Widerspruch mit der heutigen deutschen Rechtsauffassung. Gegen die guten Sitten verstößt das Urteil — und damit seine Anerkennung — nur dann, wenn es nach der deutschen Auffassung auf unsittlicher Grundlage beruht, die Forderung der Klägerin also in sittlich verwerflicher Weise begründet. Diese Voraussetzung liegt vor. Das Urteil erkennt das Recht der Klägerin auf Löschung der unbezahlten Hypothekenforderung gegen Zahlung des Bruchteils eines Goldpfennigs, also ohne Gegenleistung an. Dieses Verlangen der Klägerin erscheint nach heutiger deutscher Auffassung mit Rücksicht auf die deutsche Verkehrssitte als ein Verstoß gegen Treu und Glauben (§ 242 BGB.), der das Anstandsgefühl aller billig und gerecht Denkenden verletzt, also auch den guten Sitten zuwiderläuft. Unerheblich ist, ob zur Zeit des Urteils in Dänemark oder früher in Deutschland andere Auffassungen herrschten, denn maßgebend ist die deutsche Auffassung zur Zeit des Vollstreckungsurteils.

Auch gegen den Zweck eines deutschen Gesetzes würde die Anerkennung des Urteils verstoßen. Dazu ist erforderlich, daß sie dem Zweck eines Gesetzes zuwiderläuft, das der Aufrechterhaltung der Grundlagen des deutschen staatlichen oder wirtschaftlichen Lebens dient (RGZ. Bd. 93 S. 183, Bd. 95 S. 272). Als ein solches Gesetz ist vom Reichsgericht schon der Grundsatz der Verjährbarkeit der Forderungen angesehen worden (RGZ. Bd. 106 S. 82). Für das deutsche Staats- und Wirtschaftsleben hat die Aufwertbarkeit der durch die Geldentwertung vernichteten Forderungen eine wesentlich größere Bedeutung. Dabei ist zu beachten, daß es sich im vorliegenden Fall nicht um die Verletzung des Zwecks der verschiedenen deutschen Aufwertungsgesetze handelt, die nur über das Wie der Aufwertung bestimmen, sondern um die grundsätzliche Frage, ob Aufwertung geboten ist. Es ist deshalb ohne Belang, daß das deutsche Gesetz über die Hypothekenaufwertung sich nur auf Hypotheken bezieht, die auf inländischen Grundstücken eingetragen sind, und ebenso ist es unerheblich, daß bei gewissen Hypothekenforderungen nach deutschem Recht eine Aufwertung ausgeschlossen ist. Auf diese Umstände legt das Berufungsgericht also mit Unrecht Gewicht.

Die Abweisung der Widerklage begründet das Berufungsgericht mit der Ausführung, daß der mit ihr verfolgte Anspruch weder mit dem Klaganspruch noch mit den gegen ihn vorgebrachten Verteidigungsmitteln in dem erforderlichen Zusammenhang stehe (§ 33 ZPO.). Im Ergebnis ist diese Entscheidung zutreffend. Gegen die Klage auf Erlassung eines Vollstreckungsurteils nach § 722 ZPO. können Einwendungen, die den im ausländischen Urteil festgestellten Anspruch betreffen, nur in dem Umfang erhoben werden, wie sie im Zwangsvollstreckungsverfahren zulässig wären (§ 767 Abs. 2 ZPO.). Zu dieser Folgerung nötigt die Vorschrift, daß eine Nachprüfung der Gesetzmäßigkeit des ausländischen Urteils ausgeschlossen ist (§ 723 Abs. 1 ZPO.). Ausführungen und Anträge, die auf eine andere als die im ausländischen Urteil getroffene materielle Entscheidung abzielen, können daher nur so weit zugelassen werden, als die zugrunde liegenden Einwendungen nach Erlassung des Urteils entstanden sind. Eine Ausnahme besteht auch nicht für die Geltendmachung der in § 328 ZPO. bezeichneten Umstände, da sie nur zur Ablehnung der Anerkennung des ausländischen Urteils führen, nicht aber eine neue materiellrechtliche Entscheidung des Falles durch das deutsche Gericht bewirken können. Mit ihrer auf volle Aufwertung gerichteten Widerklage will die Beklagte aber eine neue sachliche Entscheidung über den dem dänischen Urteil zugrunde liegenden Sachverhalt herbeiführen.

Aus diesen Gründen ergibt sich, daß die Klage und die Widerklage abzuweisen sind.

---

37. 1. Dürfen Betriebsratsmitglieder wegen ihrer in dieser Eigenschaft getanen Äußerungen zivilrechtlich zur Verantwortung gezogen werden?

2. Schließt der Umstand, daß eine beleidigende Äußerung zur Wahrnehmung berechtigter Interessen erfolgt, das Vorliegen einer Ehrenkränkung und die Möglichkeit aus, die Äußerung als Grund zur fristlosen Entlassung zu benutzen?

3. Kann der Arbeitgeber trotz seiner öffentlichrechtlichen Befugnis, wegen amtlicher Verfehlungen eines Betriebsratsmitglieds beim Schlichtungsausschuß die Entziehung der Mitgliedschaft zum Betriebsrat zu beantragen, diese Verfehlungen zivilrechtlich als wichtigen Grund zur Kündigung verwerten?

Betriebsrätegesetz § 96 Abs. 2 Nr. 3, § 39.

III. Zivilsenat. Urt. v. 29. Juni 1926 i. S. S. (Bekl.) w. B. Anh. Masch.-Aktiengesellschaft (Kl.). III 393/25.

I. Landgericht Köln.
II. Oberlandesgericht daselbst.

Der Beklagte war als Ingenieur bei der Klägerin angestellt. Er war Vorsitzender des Angestelltenrats und zweiter Vorsitzender des Betriebsrats. Im Januar 1923 wurde ein Angestellter K. von der Klägerin wegen Diebstahlsverdachts entlassen; er erhob Einspruch beim Angestelltenrat und überreichte ihm eine Verteidigungsschrift, worin er den Prokuristen Sch. beschuldigte, er habe den Magazinverwalter W. beauftragt, Altblei von einem an die Firma St. verkauften Apparat beiseite zu schaffen. Diesen und noch einen anderen den Sch. angeblich belastenden Fall brachte der Beklagte der Werkleitung gegenüber zur Sprache. Nachdem Sch. die Sache in einer nach Ansicht der Klägerin hinreichenden Weise aufgeklärt hatte, gewährte sie dem Beklagten zur Prüfung der Angelegenheit Einsicht in die einschlägigen Bücher und Geschäftspapiere. Nach ihrer Durchsicht gab der Beklagte eine Ehrenerklärung zugunsten des Sch. ab. Wenige Tage später, am 24. Februar 1923, entließ die Klägerin den Beklagten fristlos, weil er auch nach jener Ehrenerklärung die Verdächtigungen gegen Sch. in aller Öffentlichkeit wiederholt habe. Der Beklagte wandte sich an den Angestelltenrat, der seinen Einspruch für berechtigt erachtete. Da die Verständigungsverhandlungen erfolglos blieben, rief der Beklagte den Schlichtungsausschuß an. Vor dessen Entscheidung erhob die Klägerin Klage auf Feststellung der Rechtmäßigkeit der Kündigung und erstritt sowohl beim Landgericht als auch beim Oberlandesgericht ein obsiegendes Urteil. Die Revision des Beklagten blieb erfolglos.

Gründe:

Unstreitig gehörte der Beklagte zu den mit höheren technischen Diensten betrauten Angestellten im Sinne des § 133a GewO. Diese dürfen nach Maßgabe der §§ 133b, 133c Nr. 5 das. fristlos entlassen werden, wenn sie sich erhebliche Ehrverletzungen gegen einen Vertreter ihres Arbeitgebers zuschulden kommen lassen. In dieser Beziehung stellt das Oberlandesgericht folgendes gegen den Beklagten fest: Er habe die ihm in seiner Eigenschaft als Vorsitzender des Angestelltenrats von dem entlassenen K. mitgeteilten angeblichen Verfehlungen des Prokuristen Sch. zur Kenntnis der Klägerin gebracht und eine eingehende Untersuchung verlangt. Nach Durchsicht des ihm zur Verfügung gestellten Materials habe er aus freien Stücken in Gegenwart eines Direktors und anderer Angestellten erklärt: die Untersuchung habe nicht ergeben, daß Sch. eine unehrliche Handlung vorgenommen, insbesondere nicht, daß er sich persönliche Vorteile verschafft habe. Wenige Tage später habe er in einem Büroraum der Klägerin, in dem 16—20 Angestellte beschäftigt gewesen seien, mit einem Mitglied des Angestelltenrats, dem Abteilungsvorsteher B., und dem Vorsitzenden des Arbeiterrats D. über den Fall Sch. gesprochen und dabei geäußert: wenn der Vorwurf auch zurückgenommen sei, etwas sei doch daran. Demnächst habe der Beklagte in einer Betriebsratssitzung in seinem Bericht über die den K. und den Sch. betreffenden Vorgänge die Wendung gebraucht: K. sei freigesprochen, weil sich seine Unschuld herausgestellt habe, Sch. sei aus Mangel an Beweisen freigesprochen. Mit beiden Äußerungen — so führt der Berufungsrichter weiter aus — habe der Beklagte den Zuhörern erkennbar dem Sch. wiederum den Vorwurf unlauteren Verhaltens machen wollen und gemacht; dazu sei er aber nach Aufklärung des Sachverhalts und nach der kurz vorher abgegebenen Ehrenerklärung nicht mehr berechtigt gewesen. Die Verdächtigungen des Sch. trügen vielmehr den Charakter schwerer Ehrenkränkungen, die geeignet gewesen seien, das Vertrauen der Arbeiter zu ihren Vorgesetzten zu erschüttern und ein gedeihliches Zusammenarbeiten mit ihnen zu gefährden, so daß der Klägerin eine Weiterbeschäftigung des Beklagten im Interesse ihres Betriebs nicht mehr habe zugemutet werden können.

Diese Erwägungen gehören dem Gebiete der Tatsachenwürdigung an und geben zu rechtlichen Bedenken keinen Anlaß. Ihnen gegenüber macht die Revision geltend, die festgestellten Beleidigungen dürften deshalb nicht als Entlassungsgrund verwertet werden, weil der Beklagte sie zur Wahrnehmung berechtigter Interessen und in seiner Eigenschaft als Betriebsratsmitglied ausgesprochen habe, Verstöße gegen Betriebsratspflichten aber den Arbeitgeber gemäß § 39 des Betriebsrätegesetzes nur dazu berechtigten, beim Schlichtungsausschuß den Antrag auf Entziehung der Betriebsratsmitgliedschaft zu stellen. Dieser Auffassung kann nicht beigepflichtet werden. Die Revision irrt, wenn sie meint, die Wahrnehmung berechtigter Interessen schließe den Tatbestand der Beleidigung schlechthin aus. Sie hat — vorausgesetzt, daß nicht aus der Form der Äußerung oder den sonstigen Umständen die Beleidigungsabsicht erhellt — Straffreiheit des Täters zur Folge (§ 193 StGB.), nimmt aber einer Ehrenkränkung nicht den Charakter einer solchen. Im übrigen hat ein Arbeitgeber seine Entscheidung über die Entlassung eines Beleidigers nicht nach strafrechtlichen Gesichtspunkten, sondern lediglich nach zivilrechtlichen Grundsätzen zu treffen. Das hat die Klägerin auch getan. Sie hat sich die Frage vorgelegt, ob nach dem achtungswidrigen Verhalten des Beklagten sein Verbleiben im Dienst ohne Schädigung der Dienstzucht und der Geschäftsinteressen noch möglich sei, und hat diese Frage verneint. Der Berufungsrichter aber hat, wie schon gezeigt, diesen Standpunkt nach Lage des Falles gebilligt.

Weiter stellt er einwandfrei fest, daß der Beklagte, B. und D. bei der erwähnten Unterredung, bei der die erste den Beklagten belastende Äußerung gefallen ist, nicht als Gruppenratsmitglieder miteinander verhandelt, sondern als Angestellte mit Angestellten über die gegen Sch. erhobenen, das Geschäftspersonal damals allgemein interessierenden Beschuldigungen gesprochen haben. Diese Feststellung bindet das Revisionsgericht und läßt deshalb in diesem Falle die

Berufung des Beklagten auf seine Zugehörigkeit zur Betriebsvertretung unbeachtlich erscheinen.

Die zweite beleidigende Äußerung fiel allerdings in einer Betriebsratssitzung. Zurückzuweisen ist aber die auch im Schrifttum vertretene Ansicht der Revision, daß Betriebsratsmitglieder wegen ihrer in dieser Eigenschaft getanen Äußerungen, ähnlich wie es Art. 36 RVerf. hinsichtlich der Reichstags- und Landtagsabgeordneten vorschreibt, nicht zur Verantwortung gezogen werden dürften. Weder dem Wortlaut noch dem Sinn und Zweck des Betriebsrätegesetzes ist eine solche Absicht des Gesetzgebers zu entnehmen, so daß es sich erübrigt, den Umfang und die Grenzen der Unverantwortlichkeit der Abgeordneten einer Erörterung zu unterziehen.

Die Revision weist weiter darauf hin, daß die Klägerin von den Auslassungen des Beklagten nur durch den Bruch des Amtsgeheimnisses seitens eines Betriebsratsmitglieds Kenntnis erlangt haben könne; solchen Äußerungen aber, die unter dem Schutze des Amtsgeheimnisses ständen, wohne ein öffentlichrechtlicher Charakter inne, der es verbiete, eine privatrechtliche Kündigung auf sie zu stützen. Diese Erwägung geht jedoch fehl. Denn der Gesetzgeber hat den Betriebsratsmitgliedern eine Schweigepflicht nur wegen vertraulicher Angaben, die ihnen der Arbeitgeber gemäß §§ 70flg. des Betriebsrätegesetzes über Betriebsverhältnisse macht, nicht aber wegen amtlicher Äußerungen von Gruppenvertretern oder für Vorgänge in Betriebsratssitzungen auferlegt.

Auch § 39 des Betriebsrätegesetzes steht dem Beklagten nicht zur Seite. Er eröffnet lediglich den Weg für eine disziplinare Ahndung amtlicher Verfehlungen eines Betriebsratsmitglieds, schließt aber in Fällen, in welchen diese zugleich eine Verletzung seiner vertraglichen Dienstpflichten enthalten, die privatrechtlichen Folgen vertragswidrigen Handelns, insbesondere eine fristlose Entlassung nicht aus. Ob der Arbeitgeber in solchen Fällen seine Rechte aus dem Dienstvertrag oder aus § 39 a. a. O. oder beide nebeneinander ausüben will, bleibt seinem Ermessen überlassen. Dem Berufungsgericht fällt daher kein Rechtsirrtum zur Last, wenn es die bürgerlichrechtlichen Wirkungen des von ihm als vertragswidrig festgestellten Verhaltens des Beklagten — unter Ausschaltung des § 39 — lediglich nach den §§ 133b, 133c Nr. 5 GewO. beurteilt hat.

War somit die fristlose Kündigung der Klägerin berechtigt, so bedurfte sie nach § 96 Abs. 2 Nr. 3 des Betriebsrätegesetzes zu ihrer Wirksamkeit auch nicht der Zustimmung des Betriebsrats und des Angestelltenrats...

---

38. Gilt auch für den Aufwertungsbetrag der persönlichen Forderung die Vorschrift des § 28 Abs. 2 des Aufwertungsgesetzes, wonach, wenn die Hypothek infolge Aufwertung kraft Rückwirkung wiedereingetragen wird, die Verzinsung erst mit dem Anfang des auf die Wiedereintragung folgenden Kalendervierteljahrs beginnt?

V. Zivilsenat. Beschl. v. 29. Oktober 1926 i. S. D. w. B. VB 22/26.

I. Aufwertungsstelle Stuhm.
II. Landgericht Elbing.

In dieser Frage, die zwischen dem Obersten Landesgericht in München und dem Kammergericht streitig geworden ist, hat sich das Reichsgericht der bejahenden Ansicht des Obersten Landesgerichts angeschlossen aus folgenden

Gründen:

Das Kammergericht geht davon aus, daß bei der strengen Scheidung, die das Aufwertungsgesetz zwischen persönlicher Forderung und dinglichem Rechte durchführe, unter der „Hypothek" im 2. Absatze des § 28 nur das dingliche Recht verstanden werden könne. Nur für dieses sei, abweichend von Abs. 1, die Verzinsung dahin geregelt, daß sie erst mit dem Anfang des auf die Wiedereintragung folgenden Kalendervierteljahrs beginne, wenn das dingliche Recht 1. im Grundbuch bereits gelöscht war, 2. kraft Rückwirkung aufgewertet werde und 3. wiedereingetragen werden könne; fehle auch nur eine dieser drei Voraussetzungen, so behalte es sein Bewenden bei der Regelung des Abs. 1. Hierfür spreche auch, daß der vierte Satz des Abs. 1 den Eigentümer des belasteten Grundstücks und den persönlichen Schuldner erwähne, Abs. 2 dagegen nur von der Hypothek spreche. Eine Regelung dahin, daß im Abs. 2 unter „Verzinsung" die Verzinsung des im Abs. 1 genannten Aufwertungsbetrags zu verstehen sei, müsse abgelehnt werden. An und für sich stelle sich das Aufwertungsgesetz gegenüber dem allgemeinen bürgerlichen Recht als ein Ausnahmegesetz dar, dessen Vorschriften, soweit sie die dem Gläubiger sonst zustehenden Ansprüche einschränkten, einer ausdehnenden Auslegung nicht fähig seien. Auch die Bestimmungen des § 28 Abs. 1 enthielten Ausnahmerecht. Nun schränke Abs. 2 daselbst die Vorschriften des Abs. 1 insofern erheblich ein, als die Verzinsung noch weiter hinausgeschoben werde. Schon die Auslegung des Aufwertungsgesetzes zwinge daher zur einschränkenden Auslegung des Abs. 2 gegenüber dem Abs. 1. Für die Beschränkung auf das dingliche Recht spreche aber auch, daß dadurch dem Gläubiger wenigstens für die persönliche Forderung das Zinsrecht erhalten und die willkürliche und unbillige Härte der als wenig praktisch und ungenügend durchdacht anerkannten Bestimmung des Abs. 2 einigermaßen gelindert werde.

Das Kammergericht glaubt hiernach in erster Linie den Wortlaut des § 28 Abs. 2 für seine engere Auslegung in Anspruch nehmen zu dürfen. Aber gerade darin kann ihm nicht beigetreten werden. Es mag dahingestellt bleiben, ob im Eingang des Abs. 2 das Wort „Hypothek" schon nach dem juristischen Sprachgebrauch nur vom dinglichen Recht verstanden werden kann oder ob sich dagegen mit Recht einwenden läßt, daß das Aufwertungsgesetz, obschon es die Unterscheidung zwischen persönlichem und dinglichem Anspruch scharf durchzuführen suche, doch den Gebrauch der Bezeichnung Hypothek nicht streng auf das dingliche Recht beschränke, sondern unter Hypothek, dem kurzen Sprachgebrauch des Lebens folgend, mehrfach auch die hypothekarisch gesicherte persönliche Forderung mitverstehe. Es mag auch auf sich beruhen, ob in den Anfangsworten des Abs. 2 der weitere Sinn des Wortes Hypothek dadurch ausgeschlossen wird, daß von ihrer Wiedereintragung die Rede ist, da der Eintragungsvermerk im Grundbuch doch immerhin die Bezeichnung der Forderung umfaßt

(§ 1115 BGB.). Sachlich wichtiger ist, daß die Erwähnung der Hypothek im Eingang des Abs. 2 keineswegs dazu nötigt, den gesamten Inhalt der Gesetzesbestimmung nur vom dinglichen Recht zu verstehen, und daß der Gebrauch des Wortes Hypothek im Vorder- und Nebensatze des Abs. 2 selbst vom Standpunkt der engeren Auslegung nicht dazu zwingt, auch den Nachsatz, der als Hauptsatz der wesentlichere Teil der Satzverbindung ist, in seiner Geltung auf den dinglichen Anspruch zu beschränken. Das Oberlandesgericht Karlsruhe, das sich schon früher in mehreren Beschlüssen (vgl. Rspr. in AufwS. S. 273, 392) ebenfalls für die engere Auslegung entschieden hatte, meint freilich in seinem jüngsten Beschlusse vom 28. Juli 1926, es sei ungezwungener, den Nachsatz ebenso wie den Vordersatz nur auf das dingliche Recht zu beziehen. Ob dies anzuerkennen wäre, wenn es sich bei der Vorschrift des Abs. 2 um eine selbständige, nur für sich zu betrachtende Bestimmung handelte, kann unerörtert bleiben. Dagegen ist geltend gemacht worden (vgl. Rademacher in der Beilage zur Deutschen Allg. Zeitung, Wirtschaft und Recht, Nr. 30 vom 24. Juli 1926), daß im Vordersatz nur von der Wiedereintragung, nicht von der Verzinsung die Rede ist und daß eine engere Verbindung der Bestimmung über die Verzinsung im Nachsatz mit einem eingeschränkteren Sinn des Wortes Hypothek im Vordersatz den Gebrauch des Fürworts „ihre“ oder „deren“ vor dem Worte Verzinsung im Nachsatz erfordert hätte. Keinesfalls kann aber der Beschränkung auf das dingliche Recht — soweit man von einer Verzinsung der Hypothek im engeren Sinne bei deren akzessorischer Pfandrechtsnatur überhaupt sprechen kann (vgl. dagegen den Sprachgebrauch des BGB. in den §§ 1115, 1118, 1119, 1158, 1159) — die größere Ungezwungenheit des Ausdrucks zugegeben werden, wenn man die Bestimmung des Abs. 2, wie es durch die Zusammenfassung in einem Gesetzesparagraphen geboten wird, im Zusammenhang mit den Vorschriften des Abs. 1 liest. Der Unterabschnitt IV des zweiten Abschnitts über die Rückzahlung, Verzinsung und Tilgung hat (abweichend von den Unterabschnitten I und II, aber übereinstimmend mit III) das dingliche Recht und die persönliche Forderung gemeinsam zum Gegenstand. Dies gilt namentlich und unstreitig auch von den die Verzinsung des Aufwertungsbetrags regelnden Vorschriften des § 28 Abs. 1, wie überdies im vierten

Satze daselbst durch die Nebeneinanderstellung vom Grundstückseigentümer und persönlichem Schuldner für einen Sonderfall noch ausdrücklich klargestellt wird. Heißt es nun in unmittelbarem Anschluß daran im Abs. 2:

„Wird die Hypothek infolge Aufwertung kraft Rückwirkung wieder eingetragen, so beginnt die Verzinsung erst mit dem Beginne des auf die Wiedereintragung folgenden Kalendervierteljahres"

so kann man unter „der" Verzinsung zwanglos nur die im vorhergehenden Absatz geregelte, d. h. eine Verzinsung verstehen, welche persönliche Forderung und dingliches Recht gleichmäßig betrifft. Im Vordersatz ist dann nur für beide die besondere Voraussetzung geordnet, unter der die Hinausschiebung der Verzinsung eintritt. Dem kann nicht entgegengehalten werden, daß der Zusammenhang des Abs. 2 mit den ersten Sätzen des Abs. 1 unterbrochen sei durch Satz 4 daselbst, worin überdies zwischen Grundstückseigentümer und persönlichem Schuldner ausdrücklich unterschieden werde. Eine solche Unterbrechung ist nicht anzuerkennen, da der Gedanke der Verzinsung des Aufwertungsbetrags den ganzen Abs. 1 beherrscht. Die besondere Hervorhebung der beiden verschiedenen Stundungsfälle im Satz 4 findet aber ihre Erklärung darin, daß die Zinserhöhung nur gegen denjenigen eintreten soll, dem über den 1. Januar 1932 hinaus Stundung bewilligt ist. Für die Vorschrift des Abs. 2 bedurfte es dieser Unterscheidung nicht. Die ausdrückliche Hinzufügung der Worte „des Aufwertungsbetrags" hinter „Verzinsung" war entbehrlich und hätte die jetzt erhobenen Zweifel nicht ausgeschlossen.

Die hiernach dem Aufbau und Wortlaut des Gesetzes zu entnehmende weitere Auslegung im Sinne der Erstreckung des Abs. 2 auf die persönliche Forderung kann nun zwar als auch dem Willen und den Zwecken des Gesetzgebers entsprechend nicht unmittelbar aus den Gesetzesmaterialien belegt und es kann auch den Mitteilungen, die der Abgeordnete Dr. Rademacher a. a. O. über die angeblich einmütige Auffassung der Mitglieder des Reichstagsausschusses in diesem Sinne macht, bei deren mangelnder Authentizität kein entscheidendes Gewicht beigemessen werden. Die Gesetzesgeschichte ergibt nur, daß der in der Regierungsvorlage fehlende Abs. 2 des § 28 seine Entstehung den Abänderungsvorschlägen verdankt, welche die Kompromißparteien zur 2. Lesung des Ausschusses stellten. Der Ausschuß hat ihn ohne Erörterung angenommen, und die Vollversammlung des Reichstags ist dem beigetreten unter Ablehnung eines vom Abgeordneten Best gestellten Antrags, ihn wieder zu streichen. Daß der Abgeordnete Best ihn nur auf das dingliche Recht bezogen hätte, ist den Worten, mit denen er seinen Streichungsantrag begründete, nicht zu entnehmen. Fehlt es hiernach zwar an ausdrücklichen Äußerungen des Gesetzgebers, so ist doch dem Obersten Landesgericht in München darin beizustimmen, daß sich mittelbar wesentlicher Anhalt für die Absicht der Einbeziehung der persönlichen Forderung unter die Vorschrift des Abs. 2 ergibt. Daß ihr wenigstens zunächst zugunsten des Grundstückseigentümers die Absicht einer Erleichterung der Aufwertungslast zugrunde liege, sollte ihrem Wortlaut gegenüber kaum besonderer Begründung bedürfen. Allerdings wird auch hiergegen geltend gemacht, daß man bei der Bestimmung des Abs. 2 nur die Bedürfnisse des Grundbuchverkehrs im Auge gehabt und im wesentlichen auf eine Verringerung der Nachteile abgezielt haben könne, welche Erwerbern des Grundstücks oder von Rechten daran aus der im § 22 Abs. 2 des Aufwertungsgesetzes angeordneten Beschränkung des öffentlichen Glaubens des Grundbuchs erwachsen könnten (vgl. u. a. Urteil des OLG. Stettin vom 7. Mai 1926, Rspr. in AufwS. S. 389, bes. S. 391; OLG. Karlsruhe im Beschlusse vom 28. Juli 1926). Aber diese Erwägungen versagen im Hinblick auf die klare Regelung des § 28 Abs. 1. Wenn hier der Verzinsungsbeginn für alle Aufwertungshypotheken gleichmäßig durch das Gesetz festgelegt war, so konnte weder der für das Grundbuch maßgebende Grundsatz der Spezialität noch die Rücksicht auf gutgläubige Erwerber von Grundstücken oder Rechten daran zu einer Sondervorschrift wie der des Abs. 2 nötigen. Der Zweck der Bestimmung muß vielmehr anderweit gesucht werden. Kann man ihn dann aber nur mit Mügel (JW. 1926 S. 885 Fußn. zu Nr. 2) in einer Milderung der Aufwertungslast sehen, so schließt sich die weitere Betrachtung an, daß die Beschränkung auf den dinglich haftenden Eigentümer oder sogar, wie das Oberlandesgericht Karlsruhe zur Erörterung stellt, auf den Eigentümer, der nicht zugleich persönlich, sondern nur dinglich haftet, der Vorschrift nur ein so begrenztes Anwendungsgebiet und eine so geringe Tragweite belassen hätte, daß dieser Zweck nicht Veranlassung gegeben haben kann, die grundsätzliche Beschränkung der Verzinsung nach Abs. 1 noch durch eine Sondervorschrift zu erweitern. Es ist mit Recht darauf hingewiesen worden, daß die Bestimmung dann in allen den Fällen außer Anwendung oder doch ohne praktischen Erfolg bleiben würde, wo der Eigentümer des mit der Hypothek belasteten Grundstücks entweder zugleich persönlicher Forderungsschuldner oder doch dem persönlichen Schuldner im Rückgriffsweg aus der Erfüllungsübernahme haftbar ist. Den Gründen, die Meyer, JW. 1926 S. 2062 hiergegen daraus herleitet, daß nach § 415 Abs. 3 BGB. der Übernehmer dem Schuldner gegenüber nur im Zweifel zur (rechtzeitigen) Befriedigung des Gläubigers verpflichtet sei, kann keine durchschlagende Kraft zuerkannt werden. Der bloße Wille des Übernehmers, die persönliche Schuld nur im Umfang der Grundstückshaftung zu übernehmen, würde bei dem entgegengesetzten Interesse des alten Schuldners gegenüber der äußerlich unbeschränkt erklärten und mangels besonderer Abreden auf den jeweiligen Bestand der Schuld zu beziehenden Übernahme nicht in Betracht kommen, und ferner könnte beim Fehlen jeglichen Anhalts eine Absicht des Gesetzgebers, durch die Bestimmung des § 28 Abs. 2 AufwG. in die vertraglichen Beziehungen zwischen persönlichem Schuldner und Übernehmer einzugreifen, nicht vermutet werden. Ergibt sich hiernach aus der außerordentlich beschränkten Wirkung, welche die Vorschrift des § 28 Abs. 2 bei der engeren Auslegung hätte, negativ ein starker Beweisgrund gegen diese, so lassen sich zugunsten der gegenteiligen Meinung auch positive Gründe gerade aus der Begrenzung der Bestimmung gewinnen. Ihr ausdrücklicher Wortlaut beschränkt ihre Anwendung auf die Fälle der Aufwertung kraft Rückwirkung und unter diesen weiter auf diejenigen, in denen die Hypothekeneintragung bereits gelöscht worden war. Gerade in diesen Fällen bedeutete aber, nachdem zunächst die 3. Steuernotverordnung den vorbehaltlos gelöschten Hypothekenforderungen jede Aufwertung versagt hatte, die vom Aufwertungsgesetz getroffene Regelung eine so einschneidende Änderung der Rechtslage, daß hier dem Gesetzgeber eine Begünstigung des Schuldners auch über den Bereich der dinglichen Haftung hinaus besonders nahe liegen mochte. Unentschieden kann bleiben, ob sich in derselben Richtung auch noch der Umstand verwerten läßt, daß die Aufwertung kraft Rückwirkung nicht ohne weiteres eintritt, sondern an ein Anmeldungsverfahren „konstitutiven Charakters" (so Boesebeck in der JW. 1926 S. 1852, 2000) gebunden ist, von dessen in der Wiedereintragung der Hypothek seinen sichtbaren Ausdruck findendem Abschluß der Beginn der Verzinsung abhängig gemacht werden sollte, das aber die persönliche Forderung mitumfaßt.

Gegen die hier vertretene Auffassung kann auch nicht mit Erfolg geltend gemacht werden, daß es sich bei § 28 Abs. 2 um eine Ausnahmevorschrift handle. Soweit hierbei auf das besondere Verhältnis des Abs. 2 zur angeblichen Regel des Abs. 1 abgestellt wird, ließe sich dagegen einwenden, daß überhaupt nicht eine Ausnahme im eigentlichen Sinne in Frage steht, die der Regel zuwiderliefe, sondern eine Erweiterung der im Abs. 1 angeordneten Verzinsungsbeschränkung über ihren grundsätzlichen Umfang hinaus. Will man aber die Notwendigkeit der engeren Auslegung damit begründen, daß die Bestimmungen des § 28 AufwG. im ganzen Ausnahmenatur trügen, so ist dem entgegenzuhalten, daß nach dem Ausgeführten bei Betrachtung des Abs. 2 im Gesamtbilde des § 28 die Anwendung jener Auslegungsregel durch die Gegengründe überwunden wird, die aus dem Wortlaut, dem Aufbau des Gesetzes und dem anzunehmenden Zweck der Vorschrift herzuleiten sind.

Der hiernach zur Begünstigung der Aufwertungsschuldner im allgemeinen getroffenen positiven Regelung gegenüber versagt der Einwand, daß die Abhängigmachung des Verzinsungsbeginns von der Wiedereintragung der Hypothek im Grundbuch vielleicht für den Umfang der dinglichen, nicht aber der persönlichen Haftung ihre Berechtigung hätte. Ebenso schließt der Umstand, daß das Aufwertungsgesetz bei der Hauptforderung eine über das Maß der dinglichen nach Umständen weit hinausgehende persönliche Haftbarmachung zuläßt, die gleichmäßige Behandlung wegen des Verzinsungsbeginns keineswegs aus. Anzuerkennen ist, daß die Bestimmung des Abs. 2 zu praktischen Unzuträglichkeiten führt, daß sie den Beginn der Verzinsung von Zufälligkeiten des Geschäftsgangs bei den Behörden abhängig macht und dem Schuldner einen unerwünschten Einfluß darauf einräumt, und daß sie die besondere Regelung der Fälle vermissen läßt, in denen es zu einer Wiedereintragung der Hypothek überhaupt nicht kommt. Das kann aber dem bestehenden Gesetz gegenüber ebensowenig von ausschlaggebender Bedeutung sein wie die Erwägung, daß die Vorschrift infolge der Überlastung der Aufwertungsstellen eine vom Gesetzgeber nicht erwartete und beabsichtigte Tragweite gewinne. Im übrigen ergeben sich diese Mißstände nicht sowohl aus der hier gebilligten weiteren Auslegung des Abs. 2 als vielmehr aus der Abstellung des Zinsenlaufs auf die Wiedereintragung der Hypothek überhaupt; denn sie würden, wennschon naturgemäß in geringerem Umfang, auch bei der Beschränkung auf die dingliche Aufwertung eintreten.

Die verschiedene, selbständige Behandlung, die das Aufwertungsgesetz der persönlichen Forderung und der Hypothek im engeren Sinne unbestreitbar zuteil werden läßt, könnte schließlich den Gedanken nahelegen, ob nicht die Anwendung des § 28 Abs. 2 bei grundsätzlicher Erstreckung auf die persönliche Forderung doch wenigstens auf denjenigen Teil der Aufwertung zu beschränken sei, für den auch dinglich aufgewertet wird. Hierfür ließe sich anführen, daß eine Wiedereintragung der Hypothek ja nur in Höhe des dinglichen Aufwertungsbetrags erfolgt. Aber die Gründe, aus denen die hier vertretene Ausdehnung auf die persönliche Forderung gerechtfertigt ist, namentlich auch der Zweck einer Erleichterung der Aufwertungslast für den Schuldner überhaupt, sprechen gegen diese Unterscheidung. Diese kann daher um so weniger zugelassen werden, als § 28 Abs. 2 seine Regelung trifft nicht „insoweit", sondern allgemein für den Fall, daß die Hypothek infolge Aufwertung kraft Rückwirkung wieder eingetragen wird.

In der auch im Schrifttum lebhaft umstrittenen Frage war hiernach der Meinung derer beizutreten, die sich für die Anwendung des § 28 Abs. 2 auf den Aufwertungsbetrag der persönlichen Forderung ausgesprochen haben.

---

39. Findet der Grundsatz, daß im Enteignungsverfahren dem Ersatzberechtigten bei eingetretener Geldentwertung der volle Wert der Entschädigung zu zahlen ist, auch dann Anwendung, wenn der

Eigentümer das zu enteignende Grundstück an den Unternehmer verkauft?

Preuß. EnteignG. vom 11. Juni 1874 § 16.

BGB. § 242.

VI. Zivilsenat. Urt. v. 29. Juni 1926 i. S. Deutsche Reichsbahn-Gesellschaft (Bekl.) w. M. (Kl.). VI 143/26.

I. Landgericht Münster i. W.
II. Oberlandesgericht Hamm.

Durch Vertrag vom 24. Januar 1914 verkaufte der Kläger an den Preußischen Eisenbahnfiskus mehrere ihm gehörige Grundstücke, die zum Bahnbau erforderlich waren. Der Fiskus nahm die Grundstücke alsbald in Besitz.

Im Rechtsstreit verlangte der Kläger Verurteilung der Beklagten zur Zahlung eines Kaufpreisrestes Zug um Zug gegen Auflassung, gegebenenfalls binnen zwei Wochen nach Eingang der gerichtlichen Benachrichtigung von der Umschreibung der am 24. Januar 1914 verkauften Grundstücke, hilfsweise Feststellung der Verpflichtung der Beklagten zur Zahlung der im Hauptantrag genannten Beträge. Das Landgericht verurteilte die Beklagte nur zur Zahlung eines Teils der Klagforderung, zahlbar innerhalb zwei Wochen nach Eingang der gerichtlichen Benachrichtigung von der Umschreibung der verkauften Grundstücke. Das Oberlandesgericht wies die Berufung der Beklagten zurück.

Mit der Revision wiederholt die Beklagte den Antrag auf Abweisung der Klage. Sie hatte keinen Erfolg.

Gründe:

Das Berufungsgericht nimmt an, die vom Reichsgericht vertretenen Grundsätze über die Höhe der Enteignungsentschädigung im Falle der Geldentwertung (RG. Bd. 107 S. 228, Bd. 109 S. 258; WarnRspr. Bd. 17 S. 125) müßten entsprechend auch dann zur Anwendung kommen, wenn nicht durch Feststellungsbeschluß (§ 38 PrEnteignG.) eine Entschädigung, sondern durch Vertrag ein Kaufpreis (§ 16 das.) für das der Enteignung unterliegende Grundstück festgesetzt ist. Dagegen wendet sich die Revision. Sie führt im wesentlichen aus, daß es sich bei einem solchen Übereinkommen nicht um einen Eingriff in das Eigentum, sondern um einen gegenseitigen Vertrag handle, so daß die für Forderungen aus Verträgen geltenden Aufwertungsnormen anzuwenden seien.

Es ist klar, daß jener Umstand eine wesentliche rechtliche Verschiedenheit bedeutet; dennoch erscheint die gleichartige Entscheidung beider Fälle in der Aufwertungsfrage als zulässig und geboten, wenn die Gründe, die für die Behandlung der Aufwertung bei Enteignungsentschädigungen nach Festsetzungsbeschlüssen geltend gemacht werden, auch für den Fall zutreffen, daß gemäß § 16 EnteignG. ein Kaufvertrag geschlossen wird.

Nach der Rechtsprechung des Reichsgerichts unterliegt die im Enteignungsverfahren festgesetzte Entschädigung nicht der Aufwertung gemäß § 242 BGB., weil es sich dabei um Werterſatz handelt. Der Wert der Entschädigung zur Zeit der Zustellung des Feststellungsbeschlusses soll dem Berechtigten ungeschmälert zukommen; dieser muß so gestellt werden, als wenn er die Sache nicht verloren hätte. Der Anspruch desjenigen, der Ersatz für eine Sache verlangen kann, die er aufgeben mußte, wird also gegenüber Forderungen aus freiwilligen Veräußerungen begünstigt. Es entsteht daher die Frage, ob der Verkauf, den der Kläger am 24. Januar 1914 abgeschlossen hat, eine rein freiwillige Veräußerung darstellt, oder ob er dergestalt mit einer Enteignung zusammenhängt, daß er als auf dem Enteignungszwang beruhend anzusehen ist.

Nach § 1 des Vertrags gehörten die veräußerten Grundstücke zu dem Gelände, das nach dem vorläufig festgestellten Plan für den Bahnbau benötigt wurde. Dieser Plan (§ 15 EnteignG.) war zwar noch kein endgültiger, es war vielmehr dem Kläger möglich, dagegen Einwendungen zu erheben (§ 19 das.), aber für den, der solche nicht geltend machen konnte oder wollte, stand fest, daß die Grundstücke enteignet würden, sofern eine Einigung über deren Überlassung nicht zustande käme. Der Kläger hatte also nicht mehr die Wahl, ob er die Grundstücke behalten wollte oder nicht; es handelte sich für ihn vielmehr nur noch um die Frage, ob er sich enteignen lassen oder im Wege des Vertrags von seinem Grundstückseigentum lösen wollte.

Einen freiwilligen Verkauf stellt also der Vertrag vom 24. Januar 1914 nicht dar, der Kläger stand vielmehr unter dem Zwange der drohenden Enteignung. Die Vereinbarung des Verkaufs erscheint lediglich als Ersatz für die nur durch die Einigung zu vermeidende Enteignung. Das gilt auch von der Höhe des Kaufpreises; denn es ist, wie das Berufungsgericht feststellt, nicht anzunehmen, daß der Fiskus dem Kläger einen wesentlich höheren Preis bewilligt hat als den voraussichtlichen Betrag der Enteignungsentschädigung. Deshalb ist im vorliegenden Falle die Kaufpreisforderung, was die Aufwertung anlangt, keinen anderen Grundsätzen unterworfen als eine festgesetzte Entschädigung.

---

40. 1. Bezieht sich die Bestimmung in Kap. I § 4 Satz 2 der Anlage zu Art. 45 bis 50 des Versailler Vertrags, wonach der französische Staat die Zahlung der Alters- und Invalidenrenten für das Personal der Saargruben zu übernehmen hat, auch auf Reichshaftpflichtrenten?

2. Steht die Rechtskraft eines vor der Inflation ergangenen Rentenurteils der nachträglichen Aufwertung nach § 242 BGB. entgegen oder ist hier nur die Umwandlungsklage nach § 323 ZPO. zulässig?

VV. Anlage zu Art. 45 bis 50 Kap. I § 4, Kap. II § 24. BGB. § 242. ZPO. § 323.

IV. Zivilsenat. Urt. v. 1. Juli 1926 i. S. Preuß. Bergfiskus (Bekl.) w. Qu. (Kl.). IV 47/26.

I. Landgericht Bonn.
II. Oberlandesgericht Köln.

Durch Urteil des Landgerichts Saarbrücken vom 5. Juli 1887 ist der Beklagte auf Grund des Reichshaftpflichtgesetzes verurteilt worden, dem Kläger wegen geminderter Erwerbsfähigkeit eine Unfallrente von monatlich 82 ℳ zu zahlen. Mit der vorliegenden Klage hat der Kläger im Hinblick auf die Geldentwertung die Zahlung von monatlich 82 RℳM ab 1. September 1924 verlangt. In der Berufungsinstanz hat er den Anspruch auf monatlich 126,50 RℳM erhöht. Vom Landgericht ist nach dem ursprünglichen Klagantrag erkannt, vom Oberlandesgericht ist der Beklagte zur Zahlung einer Monatsrente von 100 RℳM verurteilt worden. Seine Revision wurde zurückgewiesen.

Aus den Gründen:

Der Beklagte hat zunächst eingewendet, daß nicht er, sondern auf Grund der Anlage zu Art. 45 bis 50 Kap. I § 4 des Vertrags von Versailles der französische Staat verpflichtet sei, dem Beklagten die Reichshaftpflichtrente zu zahlen. Der Berufungsrichter hat das verneint, weil nach der angezogenen Bestimmung in Verbindung mit Kap. II § 24 daselbst der französische Staat nur die Leistung der öffentlichrechtlichen Alters- und Invalidenrenten übernommen habe. Die hiergegen gerichtete Rüge der Revision ist nicht begründet. Kap. I der Anlage regelt die Abtretung und Ausbeutung der Saargruben. Sie werden nach § 1 vom französischem Staat zu vollem und unbeschränktem Eigentum erworben. § 4 bestimmt: „La propriété sera acquise par l'État français franche et quitte de toutes dettes et charges. Toutefois, il ne sera porté aucune atteinte aux droits acquis, ou en cours d'acquisition, par le personnel des mines et de leurs dépendances à la date de la mise en vigueur du présent Traité, en ce qui concerne les pensions de retraite ou d'invalidité de ce personnel. En revanche, l'Allemagne devra remettre à l'État français les réserves mathématiques des rentes acquises par le dit personnel.“ Danach geht das Eigentum frei und ledig von allen Schulden und Lasten über. Jedoch sollen nach Satz 2 bezüglich der Alters- und Invalidenrenten des Personals der Gruben und ihrer Nebenanlagen die bisher erworbenen Rechte oder Anwartschaften unangetastet bleiben. Insoweit tritt also eine Befreiung des französischen Staates von den Schulden und Lasten nicht ein. Es fragt sich, welche Renten mit dieser Ausnahmebestimmung gemeint sind. Die Revision ist der Ansicht, daß es sich nach dem Zusammenhang des Ganzen, insbesondere der Sätze 1 und 2, dabei nur um solche Lasten handeln könne, die dem Eigentümer als solchem obliegen. Das treffe bei der Unfallrente auf Grund des Reichshaftpflichtgesetzes, nicht aber bei den öffentlichen Renten der deutschen Sozialversicherung zu. Denn diese seien auf Grund gesetzlicher Regelung von den Versicherungsträgern, u. a. den Knappschaftsvereinen zu gewähren, die als selbständige juristische Persönlichkeiten von den Eigentümern der Gruben durchaus verschieden und zu eigenen Leistungen verpflichtet seien. Wie es mit den Renten der Sozialversicherung zu halten sei, werde in Kap. II § 24 der Anlage geregelt: nur sie, nicht aber die in Kap. I § 4 erwähnten, vom Eigentümer selbst geschuldeten Renten sollten von den Bestimmungen des Friedensvertrags unberührt bleiben.

Es läßt sich nicht verkennen, daß die Auslegung der hier in Frage kommenden Vorschriften, ebenso wie die Auslegung anderer Stellen des Versailler Vertrags, Schwierigkeiten begegnet. Maßgebend ist nach Art. 440 Abs. 3 der französisch-englische Text, aus dessen Wortlaut („pensions de retraite ou d'invalidité", „pensions for old age or disability") sich ein sicheres Ergebnis nicht gewinnen läßt. Die Vorarbeiten (Entwurf des I. Kapitels der Anlage durch eine französisch-englisch-amerikanische Kommission in der Zeit vom 29. März bis 5. April 1919, Entwurf der Kap. II und III durch dieselbe Kommission am 9. und 10. April 1919, vgl. Fischer, Die Verhandlungen über die Saarfrage S. 14/15, 19/20; Andres, Völkerrechtsfragen 13. Heft S. 21/22) sind nicht bekannt, da Protokolle fehlen oder doch nicht veröffentlicht wurden. Deutschland hat nach erfolglosem Notenwechsel im Mai und Juni 1919 die mit jenen Entwürfen sich deckenden Vorschläge der Alliierten betreffend das Saargebiet und die Saargruben mit dem ganzen Friedensvertrag am 28. Juni 1919 angenommen (Das Saargebiet, Weißbuch der deutschen Regierung S. 50 bis 60; Bergemann, Gesetzgebung im Saargebiet S. 8, 9). Es handelt sich unter diesen Umständen darum, nach den Regeln der Vertragsauslegung den Sinn der Bestimmungen zu ermitteln. Möglich ist, daß die Kommission der Friedensmächte bei der Fassung des § 4 Satz 2 von der Ansicht ausgegangen ist, es würden dadurch dem Bergwerkseigentümer als solchem obliegende Leistungen der Alters- und Invalidenversicherung betroffen, und daß sie dabei die Verhältnisse der deutschen Sozialversicherung nicht genauer ins Auge gefaßt hat, wonach besondere Versicherungsträger (Knappschaftsvereine, Versicherungsanstalten) zur Leistung der Renten verpflichtet sind. Das schließt aber nicht aus, daß mit den pensions de retraite ou d'invalidité die aus dieser Versicherung fließenden Renten gemeint sein sollen, weil — was der Kommission offenbar bekannt war — zu solchen Leistungen nach der knappschaftlichen wie nach der reichsgesetzlichen Regelung die Werkbesitzer (Grubeneigentümer) in besonderem Maße beizutragen und selbst die Beiträge abzuführen hatten (§§ 36, 43 des Preuß. Knappschaftsgesetzes, § 1387 flg. RVO.). Unter diesem Gesichtspunkt erscheint es sehr wohl verständlich, daß der französische Staat mit dem Eigentum der Gruben in gleichem Maße wie bisher die knappschaftlichen Alters- und Invalidenrenten übernommen hat und daß die Rechte solcher Rentenempfänger und Rentenanwärter durch den Vertrag nicht angetastet werden sollten. Daß es sich in § 4 Satz 2 nur um diese öffentlichrechtlichen Renten handelt, ergibt sich jedenfalls zweifelsfrei aus Satz 3 daselbst, wonach zum Ersatz hierfür (en revanche) die mathematischen Reserven der erdienten Pensionen des Grubenpersonals, also die angesammelten Versicherungsfonds, von Deutschland an den französischen Staat abzuführen sind. Derartige versicherungstechnische Reserven sind für Unfallrenten, die, wie im Streitfall, auf privatrechtlichem Titel, nämlich auf der Gefährdungshaftung des Reichshaftpflichtgesetzes beruhen und nicht „erdient" sind, überhaupt nicht bestimmt. Hiernach ist dem angefochtenen Urteil darin beizutreten, daß § 4 Satz 2 a. a. O. sich nur auf die öffentlichrechtlichen, nicht aber auf Renten der hier streitigen Art bezieht. Diese fallen vielmehr unter die Bestimmung des Kap. II § 24 der Anlage. § 24 hält zunächst die in Kap. I § 4 zugunsten des Grubenpersonals gegebenen Sondervorschriften aufrecht. Er bestimmt weiter, daß im übrigen die Rechte der Einwohner des Saargebiets in Versicherungs- und Rentenangelegenheiten durch den Vertrag nicht berührt werden sollen, gleichviel, ob sie auf irgendeinem deutschen Versicherungssystem oder auf Renten irgendwelcher Art beruhen. Auf Grund dessen ist die allgemeine Sozialversicherung im Saargebiet durch das Reichsgesetz vom 19. April 1922 (RGBl. I S. 462) und die gemäß der Vereinbarung vom 31. Mai/21. Juli 1923 ergangene Verordnung vom 17. September 1923 (RGBl. II S. 373) geregelt und den neuen Verhältnissen angepaßt worden. Bezüglich der übrigen Renten „gleichviel welcher Art" verbleibt es dagegen bei dem bestehenden Rechte. Dahin gehören auch die nach dem Reichshaftpflichtgesetz geschuldeten Unfallrenten, die nach wie vor und unabhängig von den Bestimmungen des Friedensvertrags gegen den bisher Verpflichteten geltend gemacht werden können. Der gegenteiligen Auffassung der deutschen Denkschrift vom 12. August 1919, die nach der Annahme des Friedensvertrags verfaßt ist und deren Ausführungen sich die Revision zu eigen macht, ist nach alledem nicht beizupflichten. Die vom Beklagten gewollte Auslegung erscheint auch nicht etwa deshalb geboten, weil es sich um eine unklare Fassung handle, die gegen denjenigen gedeutet werden müsse, von welchem sie herrührt, da Sinn und Zweck der fraglichen Bestimmungen aus dem Vertrag hinreichend erkennbar sind.

Der Anspruch des Klägers ist als Aufwertungsanspruch wie auch auf Grund des § 323 ZPO. erhoben. Daß nach § 323 ZPO. aus dem Grunde der Geldentwertung eine Neufestsetzung der in früheren Urteilen zugesprochenen Rente verlangt werden kann, steht im Einklang mit der bisherigen Rechtsprechung des Senats, wonach der eingetretene Währungsverfall als eine Änderung der wesentlichen Verhältnisse die Umwandlungsklage begründet (Urteile vom 28. Juni 1924 IV 808/23, vom 25. Januar 1926 IV 427/25, vom 10. Mai 1926 IV 703/25, ferner JW. 1926 S. 52 Nr. 3, vgl. schon Warn.-Rspr. 1921 Nr. 149). Bei Anwendung des § 323 ZPO. wäre jedoch nach Abs. 3 daselbst die Klage abzuweisen, soweit die erhöhte Rente für die Zeit vor der Klagerhebung gefordert wird. Es fragt sich also, ob gegenüber dem Urteil des Vorprozesses der Aufwertungsanspruch des § 242 BGB. geltend gemacht werden kann, was zugleich für die Frage der Verjährung von Bedeutung ist. Der Senat hat in den angeführten Urteilen vom 25. Januar und 10. Mai 1926 sowie im Urteil vom 6. März 1926 IV 425/25 die Auffassung vertreten, daß, wenn die Rente durch Vorkriegsurteil zuerkannt sei, die Rechtskraft des Urteils der Aufwertungsklage entgegenstehe und daß etwas anderes nur für solche Urteile gelte, die in der Inflationszeit erlassen seien. Im Gegensatz zu Urteilen der letzteren Art, in denen regelmäßig nur über einen Teil der Klageforderung entschieden werde und der aufzuwertende Betrag als Rest des Anspruchs durch eine neue Klage geltend gemacht werden könne, sei im Vorkriegsurteil (Vorinflationsurteil) über den Anspruch seinem vollen Umfang nach erkannt worden und eine Nachforderung des Aufwertungsbetrags wegen der Rechtskraftwirkung des Urteils nicht mehr möglich. Bei nochmaliger Prüfung vermag der Senat diese Ansicht nicht aufrecht zu erhalten. Es handelt sich darum festzustellen, welchen Inhalt und welche Tragweite das Urteil vom 5. Juli 1887 hatte; danach bestimmt sich zugleich der Umfang seiner Rechtskraft. In dem Urteil war ausgesprochen, daß der Beklagte in der Folgezeit, also z. B. am 1. September 1924, 1. Oktober 1924 usw. fortlaufende Monatsraten von 82 ℳ zu zahlen habe. Für dieses Maß der Leistung war bestimmend die Minderung der Erwerbsfähigkeit des Klägers, für die ihm ausreichender Ersatz in Form der Rente zu gewähren war. Im Jahr 1887 und bei unerschüttertem Fortbestand der damaligen Währung erschien zu jenem Zwecke eine Monatsrente von 82 ℳ angemessen und genügend; sie war es natürlich nicht mehr nach eingetretenem völligen Währungsverfall. Ging das Urteil im Jahre 1887 vom damaligen Wertstand der Mark aus, so wollte es entsprechend der Zweckbestimmung der zuerkannten Rente diesen Wertstand auch bezüglich der künftigen Leistungen aufrechterhalten. Diese müssen also im Sinne des Urteils den späteren Wertverhältnissen angepaßt werden. Die Handhabe hierzu bietet die Aufwertung gemäß § 242 BGB., nachdem die Rechtsprechung den Grundsatz Mark gleich Mark aufgegeben hat. Der Umfang des Klaganspruchs wird auf diese Weise in Ansehung der späteren Leistungen nicht über die Rechtskraft hinaus erweitert, sondern nur richtig erkannt und im Verhältnis zum früheren Wertstand der Mark wiederhergestellt. Der Aufwertung steht daher jedenfalls bei Rentenurteilen, um die es sich hier handelt, der Umstand nicht entgegen, daß über den Anspruch im ganzen bereits entschieden ist. Ob und wieweit in derartigen Fällen, also unter Berufung auf die Geldentwertung, der Rentenberechtigte daneben noch auf § 323 ZPO. zurückgreifen kann, und ob und wieweit anderseits der Rentenverpflichtete gegenüber der Aufwertungsklage des § 242 BGB. Einwendungen wegen veränderter Verhältnisse erheben kann oder auf die Widerklage aus § 323 ZPO. beschränkt ist, bedarf hier keiner grundsätzlichen Entscheidung . . .

---

41. Kann ein durch Tarifvertrag berufenes Schiedsgericht auch noch nach Ablauf der Vertragsdauer tätig werden?

ZPO. § 1033 Nr. 1.

VI. Zivilsenat. Urt. v. 2. Juli 1926 i. S. Sch. (Kl.) w. S. (Bekl.). VI 132/26.

I. Landgericht I Berlin.
II. Kammergericht daselbst.

Der Beklagte war vom 1. Juli bis zum 24. November 1921 als Apotheker beim Kläger, einem Apothekenbesitzer, in Stellung. Am letzteren Tage entließ ihn der Kläger fristlos. Der Beklagte war damit nicht einverstanden und verklagte den Kläger auf Weiterzahlung des Gehalts bei dem Schiedsgericht, das durch den Tarifvertrag der Tarifvertragsgemeinschaft deutscher Apotheker vorgesehen war. Beide Teile gehörten den am Tarifvertrag beteiligten Verbänden an. Der jetzige Kläger hat sich in dem anhängig gemachten Schiedsverfahren von Anfang bis zu Ende gegen die Entscheidung durch das Schiedsgericht gewehrt und sie abgelehnt. Der als Schiedsgericht erster Instanz zuständige Ortsausschuß in Jena beschloß am 29. November 1923: „Der Ortsausschuß lehnt es ab, in dem Rechtsstreit, der bereits das Landgericht in Gera beschäftigt, eine Entscheidung zu treffen." Beim Landgericht in Gera hatte der Kläger gegen den Beklagten gewisse Ansprüche eingeklagt. Die vom Beklagten erhobene Einrede des Schiedsvertrags wurde durch Zwischenurteil vom 27. Juni 1923 verworfen. Das rechtskräftig gewordene Endurteil vom 7. Mai 1924 gab den Ansprüchen des Klägers teilweise statt. Gegen den Beschluß des Ortsausschusses legte der Beklagte Berufung an den im Tarifvertrag als Schiedsgericht zweiter Instanz vorgesehenen Hauptausschuß in Berlin ein. Mit dem 31. Dezember 1923 lief der Tarifvertrag zufolge einer vertragsgemäß und rechtzeitig ausgesprochenen Kündigung ab. Am 25. Januar 1924 erließ der Hauptausschuß seinen Schiedsspruch dahin, daß der Kläger 2100 GM an den Beklagten und 300 GM Kosten an den Hauptausschuß zahlen und außerdem Stempel- und Zustellungskosten tragen solle. Die unter dem 2. September 1924 erhobene Klage verlangt

Aufhebung des Schiedsspruchs. Das Landgericht hat der Klage stattgegeben, das Kammergericht hat sie abgewiesen. Die Revision des Klägers führte zur Aufhebung des Berufungsurteils und zur Zurückverweisung.

Aus den Gründen:

(Nach Zurückweisung einiger Revisionsrügen wird fortgefahren:)

Beizupflichten ist aber der Meinung der Revision, daß nach dem bisher festgestellten Sachverhalt der Hauptausschuß nicht mehr als Schiedsgericht tätig werden durfte, nachdem der Tarifvertrag bereits abgelaufen war. Es ist allerdings richtig und wird auch von der Revision nicht mehr bestritten, daß die Parteien zunächst an die im Tarifvertrag enthaltene Schiedsabrede gebunden waren, denn „eine solche Vereinbarung gehört, wenn sie tariflich erfolgt, zum normativen Teil des Tarifvertrags, geht daher automatisch und unabdingbar in alle Einzelverträge über" (vgl. Kaskel, Arbeitsrecht S. 277). Die Bindung endigte aber mit dem Ablauf des Vertrags. Das geschah nicht etwa deshalb, weil mit diesem Ereignis jede Nachwirkung des Tarifvertrags aufhörte. Ist dessen normativer Teil einmal in den Einzelarbeitsvertrag übergegangen, so bleibt er für diesen maßgebend, bis ein neuer Tarifvertrag zustande gekommen ist oder auch die Parteien des Arbeitsvertrags abweichende Vereinbarungen getroffen haben (vgl. Kaskel a. a. O. S. 18 Anm. 5). Es können nicht die Einzelarbeitsverträge mit dem Wegfall des Tarifvertrags plötzlich mehr oder weniger inhaltlos dastehen. Jene Regel kann aber nicht gelten, wenn die tarifmäßige Vereinbarung das Bestehen von Einrichtungen der Tarifgemeinschaft voraussetzt, ohne die sich die Vereinbarungen überhaupt nicht durchführen lassen. Die Tarifgemeinschaft der deutschen Apotheker kannte als ihre Organe paritätisch besetzte Ortsaüsschüsse und den ebenso besetzten Hauptausschuß. Sie waren gleichzeitig die Schiedsgerichte erster und zweiter Instanz. Mit dem Ablauf des Tarifvertrags erlosch die Tarifgemeinschaft und ihre Organe fielen fort. Vom 1. Januar 1924 ab gab es keinen Hauptausschuß mehr; die Personen, die ihn gebildet hatten, konnten als Hauptausschuß nicht mehr tätig werden. Die noch nicht abgewickelten Sachen mußten, von rein formalen Maßnahmen abgesehen, unerledigt bleiben. Das folgt aus dem — mindestens entsprechend anwendbaren — § 1033 Nr. 1 ZPO.

Das Kammergericht gelangt zu seiner grundsätzlich abweichenden Auffassung durch drei Erwägungen. Zunächst spricht es vom Grundsatz der sogenannten fortwirkenden Zuständigkeit, schaltet ihn zwar mehr oder weniger aus, zieht ihn dann aber doch zur Unterstützung heran. Der Grundsatz kann jedoch hier überhaupt nicht eingreifen. Er setzt voraus, daß das Gericht als solches bestehen bleibt, nur seine Zuständigkeit nachträglich wegfällt. Im vorliegenden Falle ist die Sache gerade umgekehrt. Der Hauptausschuß als solcher war weggefallen; zuständig wäre er geblieben, wenn nur er selbst weiter bestanden hätte.

In zweiter Linie sieht es das Kammergericht als dem Vertragswillen der den Tarifvertrag abschließenden Verbände entsprechend an, daß die Zuständigkeit eines einmal angerufenen Schiedsgerichts auch nach Ablauf des Tarifvertrags fortdauern sollte. Das hätte vereinbart, die Tätigkeit der Ausschüsse hätte insoweit verlängert werden können. Tatsächlich ist es aber nicht geschehen. Der Berufungsrichter hat nicht angegeben, aus welcher Vorschrift des Tarifvertrags er jenen Vertragswillen herausgelesen hat. Eine solche ist auch nicht aufzufinden. Der Berufungsrichter hat also die Auslegungsregel verletzt, daß ein Vertragswille unbeachtlich ist, der im Vertrag nicht irgendwie zum Ausdruck gekommen ist. Im übrigen ist aber der Tarifvertrag der deutschen Apotheker als typische und in ganz Deutschland geltende Norm auch frei nachprüfbar. ...

In dritter Reihe meint das Kammergericht, der Wille der Einzelparteien, d. h. also der Prozeßparteien, die das Schiedsgericht angerufen hätten, habe dessen Tätigkeit bis zur Erledigung der Sache erstreckt. Auch das wäre möglich gewesen. Wer eine Schiedsstelle anruft oder sich vor ihr auf eine Verhandlung einläßt, wird im allgemeinen gewiß den Willen haben, daß die Stelle die Sache auch zum Abschluß bringe, und zwar ohne Rücksicht auf künftige Ereignisse. Der Kläger hat aber weder das Schiedsgericht angerufen noch sich auf eine Verhandlung vor ihm eingelassen. Der Berufungsrichter hat selbst festgestellt, der Kläger habe das Schiedsgericht von Anfang bis zu Ende abgelehnt. Aus einem solchen Verhalten kann unmöglich auf den Willen geschlossen werden, das Schiedsgericht über seine natürliche Lebensdauer hinaus zu verlängern. Das Urteil des Kammergerichts leidet hier an einem inneren Widerspruch; auch seine dritte Erwägung versagt deshalb.

Nach alledem kommt es auf die vom Beklagten unter Berufung auf das Zeugnis des Dr. E. aufgestellte Behauptung an, daß die Tarifparteien nach der Kündigung des Vertrags vereinbart hätten, die bereits anhängig gewordenen Schiedsverfahren sollten noch nach Maßgabe der bisherigen Vertragsbestimmungen abgewickelt werden. Ist das richtig, dann ist die Unterlage für das oben über den Wegfall des Hauptausschusses Ausgeführte erschüttert, dann war der Hauptausschuß auch nach dem 31. Dezember 1923 als Schiedsgericht noch vorhanden, dann konnte er in dieser seiner Eigenschaft noch tätig werden.

Erheblich ist die angebliche Abrede aber nur, wenn sie zwar nach der Kündigung, aber noch vor dem Ablauf des Tarifvertrags getroffen worden ist. Nur in diesem Falle wurde der laufende Tarifvertrag in zulässiger Weise ergänzt. War die Tarifgemeinschaft erst einmal beendet, so konnte der alte Vertrag nicht mehr ergänzt, es konnte dann nur ein neuer Tarifvertrag abgeschlossen werden. Dazu genügte jedoch die Einzelabrede nicht, um welche es sich hier handelt; dazu gehörte mehr, wie sich aus § 1 der Verordnung vom 23. Dezember 1918 (RGBl. S. 1456) ergibt. ...

---

42. Haftet der Hamburger Staat, wenn ein in den Hamburger Hafen einlaufendes Schiff infolge eines nautischen Versehens des an Bord befindlichen Lotsen Schaden erleidet?

Reichsverfassung Art. 131.

III. Zivilsenat. Urt. v. 2. Juli 1926 i. S. Ver. Staaten von Nordamerika (Kl.) w. 1. Hamb. Staat, 2. K. (Bekl.). III 387/25.

I. Landgericht Hamburg.
II. Oberlandesgericht daselbst.

Am 21. Januar 1921 stieß der Dampfer Cocato beim Einlaufen in den Hamburger Hafen mit einem dort liegenden Kahn zusammen. Der Dampfer gehörte den Vereinigten Staaten von Nordamerika, dem gegenwärtigen Kläger. Mit der Behauptung, daß der Hafenlotse K., der sich an Bord des Dampfers befunden hatte, den Zusammenstoß verschuldet habe, erhoben der Versicherer des Kahns und der Eigentümer seiner Ladung in getrennten Prozessen Klage auf Schadensersatz gegen den Kläger. Dieser verkündete dem Hamburger Staat und dem Hafenlotsen K., den beiden jetzigen Beklagten, den Streit. Nach rechtskräftiger Verurteilung im ersten Rechtsstreit hat er der Versicherungsgesellschaft an Hauptsumme, Zinsen und Kosten 14882,57 GM bezahlt. Im zweiten Prozeß hat er ein Urteil nicht abgewartet, vielmehr dem Ladungseigner vergleichsweise 2500 Pfund Sterling entrichtet.

Der Kläger verlangt nunmehr von beiden Beklagten als Gesamtschuldnern Erstattung dieser Beträge nebst Zinsen mit folgender Begründung: Der Hafenlotse K., der Beklagte zu 2, sei auf Grund seines im ersten Vorprozeß rechtskräftig festgestellten Verschuldens zum Ersatz des durch den Zusammenstoß verursachten Schadens verpflichtet; da er als Hafenlotse Beamter sei und in dieser Eigenschaft seine Amtspflicht verletzt habe, hafte aber auch der hamburgische Staat, der Beklagte zu 1. Die Beklagten haben zunächst ein Verschulden des Beklagten zu 2 bestritten, dann aber auch aus Rechtsgründen eine Ersatzpflicht in Abrede gestellt; der Beklagte zu 1 hat insbesondere geltend gemacht, daß er für die Hafenlotsen, die keine Zwangslotsen seien, nicht einzustehen habe.

Das Landgericht hat den Hamburger Staat nach dem Klagantrag verurteilt, dagegen die Klage gegen den Beklagten zu 2 abgewiesen. Das Oberlandesgericht hat umgekehrt entschieden. Der Kläger hat gegen die Abweisung seiner Klage gegen den Hamburger Staat, der Beklagte zu 2 gegen seine Verurteilung Revision eingelegt. Beide Rechtsmittel wurden zurückgewiesen.

Gründe:

Daß der Beklagte zu 2 den Zusammenstoß des Dampfers Cocato mit einem im Hamburger Hafen liegenden Kahn verschuldet hat, können die Beklagten mit Rücksicht auf die in den Vorprozessen erfolgten Streitverkündungen insoweit nicht mehr bestreiten, als der Kläger Ersatz der 14882,57 GM verlangt, die er auf Grund rechtskräftigen Urteils dem Versicherer des Kahns gezahlt hat. Gegenüber seinem Anspruch auf Ersatz der vergleichsweise dem Ladungseigner gezahlten 2500 Pfund Sterling sind die Beklagten dagegen in ihrer Verteidigung nicht beschränkt. Insoweit hat aber das Berufungsgericht ein für den Zusammenstoß ursächliches Verschulden des Lotsen

K., des Beklagten zu 2, ohne Rechtsirrtum angenommen. (Wird näher dargelegt.) ...

Die Frage, ob der verklagte Hamburger Staat für dieses Versehen des Lotsen K. als eines Beamten haftet, ist zu entscheiden nicht nach dem vom Berufungsgericht in den Vordergrund gerückten § 27a des Hamburger AG. z. BGB. in der Fassung des Gesetzes vom 26. Januar 1920 (Hamb. GesS. I S. 13), sondern nach Art. 131 RVerf. (RGZ. Bd. 102 S. 171). Inhaltlich decken sich jedoch beide Vorschriften. Auch nach Art. 131 RVerf. setzt die Staatshaftung voraus, daß ein Beamter in Ausübung der ihm anvertrauten öffentlichen Gewalt die ihm einem Dritten gegenüber obliegende Amtspflicht verletzt hat, und zwar, wenn das auch nicht ausdrücklich gesagt ist, schuldhafterweise.

Im Gegensatz zum Landgericht hat das Oberlandesgericht die Haftung des Hamburger Staates für das vom Beklagten zu 2 beim Lotsen des Dampfers Cocato begangene Versehen verneint. Die Hamburger Hafenlotsen seien allerdings Staatsbeamte, denen die Ausübung öffentlicher Gewalt in gesundheits-, quarantäne-, zoll- und verkehrspolizeilicher Beziehung anvertraut sei. Nach der besonderen Dienstanweisung für Hafenlotsen liege ihnen die Bestimmung von Schiffsliegeplätzen, die Vertretung des Hafenmeisters, die Sorge für die allgemeine Ordnung in den Häfen und die Aufsicht über das Fahrwasser und die Hilfseinrichtungen der Schiffahrt ob. Anders stehe es aber mit ihrer Tätigkeit beim Lotsen der ein- und ausgehenden oder ihren Liegeplatz ändernden Schiffe. Nach § 5 des Hamburger Hafengesetzes vom 2. Juni 1897 (Hamb. GesS. I S. 26) erhielten die 150 cbm Nettoraumgehalt überschreitenden Seeschiffe bei der Einfahrt, bei Platzveränderungen und beim Verlassen des Hafens auf Verlangen einen Hafenlotsen, könnten jedoch zur Annahme eines solchen nicht gezwungen werden. Auch wenn ein Hafenlotse an Bord sei, verbleibe nach ausdrücklicher Vorschrift die Führung des Schiffs beim Schiffer. Der Hafenlotse sei weder Zwangs-, noch Pflicht-, noch Führungslotse, sondern nur ein nach freier Entschließung des Schiffsführers im Privatvertragswege angenommener und jederzeit nach unbeschränktem Belieben des Schiffers seiner Tätigkeit wieder entsetzbarer Beratungslotse, der als solcher gegen besonderes Entgelt tätig werde. Seine Dienste gegenüber dem gelotsten Schiffe seien lediglich nautisch-technischer Art, die von jedem ortskundigen Nautiker geleistet werden könnten. Neben der nautischen Beratung könne der Lotse zwar auch amtliche Funktionen ausüben. Ein solches Zusammentreffen verschiedenartiger Tätigkeiten stehe hier aber nicht in Frage. Denn im vorliegenden Falle sei der Hafenlotse, der Beklagte zu 2, überhaupt nicht als Beamter tätig geworden und habe keine öffentliche Gewalt ausgeübt.

Diese Ausführungen des Berufungsgerichts beruhen, soweit sie die Stellung des Beklagten zu 2 als Hamburger Hafenlotsen betreffen, auf irrevisiblem Hamburger Recht und sind deshalb für das Revisionsgericht bindend (§§ 549, 562 ZPO.). Gegen sie hat sich allerdings in der Verhandlung vor dem Revisionsgericht der Vertreter des Beklagten zu 2 mit ausführlichen Darlegungen gewandt; insbesondere hat er dem Oberlandesgericht widerspruchsvolle Begründung seines Urteils vorgeworfen. Ein Eingehen auf diese Angriffe verbietet sich indessen. Denn für das Revisionsgericht ist die Entscheidung des Berufungsgerichts über das Bestehen und den Inhalt nicht revisibler Gesetze auch dann maßgebend, wenn sie nicht schlüssig begründet sein sollte. Eine Nachprüfung der Art und Weise ihrer Begründung würde auf eine Nachprüfung des irrevisiblen Rechts selbst hinauslaufen. Daran ist aber das Revisionsgericht durch die angeführten Vorschriften der Zivilprozeßordnung gehindert. Der Vertreter des Klägers ist bei seinen Ausführungen davon ausgegangen, daß der Lotse als Beamter an Bord des Dampfers gekommen sei, und hat daraus gefolgert, daß auch dessen nautische Tätigkeit sich als Beamtentätigkeit dargestellt habe. Damit setzt er sich aber in Widerspruch zu den Feststellungen des Vorderrichters. Aus ihnen ergibt sich vielmehr, daß der Beklagte zu 2 bei der Lotsung des Dampfers Cocato, bei der er lediglich den Schiffer nautisch beraten hat, überhaupt nicht als Beamter im Sinne des Hamburger Rechts, sondern nur auf Grund eines mit dem Schiffer geschlossenen privatrechtlichen Dienstvertrags tätig gewesen ist. Damit entfällt die erste Voraussetzung des Art. 131 RVerf., das Vorliegen einer Amtspflichtverletzung eines Beamten.

Nun ist allerdings der Beamtenbegriff des Art. 131 nicht ausschließlich nach Landesrecht zu umgrenzen. Beamte im Sinne dieser Verfassungsbestimmung sind vielmehr alle mit obrigkeitlichen Befugnissen, mit öffentlicher Gewalt ausgestatteten Personen, unabhängig davon, ob ihnen das einschlägige Landesrecht Beamteneigenschaft beilegt oder nicht (RGZ. Bd. 105 S. 334). Öffentliche Gewalt ist zunächst die staatliche Zwangsgewalt. Die mit ihrer Ausübung betrauten Personen sind also für den Bereich des Art. 131 stets Beamte. Die öffentliche Gewalt kann sich aber, wie das Reichsgericht in ständiger Rechtsprechung (RGZ. Bd. 68 S. 285, Bd. 102 S. 32 und die dort angeführten weiteren Entscheidungen) angenommen hat, auch in staatlicher Fürsorge betätigen. Wann ein Fall fürsorgender Staatstätigkeit vorliegt, kann jedoch nicht aus allgemeinen Grundsätzen entnommen werden; es ist vielmehr Sache des einzelnen Staates, zu bestimmen, wie weit er seine Tätigkeit in dieser Hinsicht erstrecken will. Es ist eine von ihm zu entscheidende Frage der Zweckmäßigkeit, ob er in das Gebiet der Fürsorge fallende Aufgaben selbst erfüllen oder ob er sie Privatpersonen zur eigenen Erledigung überlassen will. Insofern muß also auch bei der Anwendung des Art. 131 RVerf. für die Haftung der Länder auf das einschlägige Landesrecht zurückgegriffen werden. Nach ihm ist zu entscheiden, ob das Land kraft seiner Staatsgewalt eine das Wohl seiner Angehörigen fördernde Tätigkeit selbst übernommen hat. Nur wenn das der Fall ist, sind die mit dieser Tätigkeit betrauten Personen Beamte im Sinne der angeführten Verfassungsvorschrift, dann aber auch ohne Rücksicht darauf, ob das Landesrecht ihnen im übrigen die Stellung von Beamten einräumt.

Nach den wiedergegebenen Darlegungen des Berufungsurteils hat der Hamburger Staat die nautische Beratung der im Hamburger Hafen verkehrenden Schiffe (bei welcher Tätigkeit das der Klage zugrundeliegende Versehen begangen worden ist) nicht in den Kreis der von ihm zu erfüllenden Aufgaben einbezogen; er hat sie vielmehr der außeramtlichen Privattätigkeit der Hafenlotsen überlassen. Das konnte er trotz der den Hafenlotsen daneben noch auferlegten amtlichen Pflichten. Die Lotsung der ein- und ausgehenden Schiffe im Hamburger Hafen fällt demnach nicht in den Bereich der Ausübung öffentlicher Gewalt. Die das Lotsen besorgenden Personen handeln dabei nicht als Beamte im Sinne des Art. 131 RVerf., so daß den Hamburger Staat die Verantwortlichkeit für die von ihnen dabei begangenen Versehen nicht trifft. ...

43. 1. Macht der Umstand, daß der Notar dem Protokoll über die Generalversammlung einer Aktiengesellschaft statt der aufgestellten Anwesenheitsliste ein Teilnehmerverzeichnis beifügt, das er über der auf einem unbeschriebenen Bogen geleisteten Namensunterschrift des Vorsitzenden hat niederschreiben lassen, die Versammlungsbeschlüsse nichtig?

2. Welchen Einfluß hat ein solcher Verstoß des Notars auf seine Gebührenforderung?

HGB. §§ 258, 259.

III. Zivilsenat. Urt. v. 2. Juli 1926 i. S. E. (Kl.) w. Aero-Motor A.-G. (Bekl.). III 358/25.

I. Landgericht I Berlin.
II. Kammergericht daselbst.

Der Kläger, ein preußischer Notar, ist am 13. Dezember 1923 in einer Generalversammlung der beklagten Aktiengesellschaft, in welcher Abänderungen des Gesellschaftsvertrags, insbesondere die Erhöhung des Grundkapitals den Gegenstand der Beschlußfassung bildeten, als Urkundsperson tätig gewesen. Er hat auch die Anmeldung der in der Versammlung gefaßten Beschlüsse zum Handelsregister entworfen und die Namensunterschriften der Anmeldenden beglaubigt. Die aus diesen Anlässen entstandenen Gebühren sind durch Beschluß des zuständigen Landgerichtspräsidenten vom 8. Juli 1924 festgesetzt worden. Der Beschluß ist rechtskräftig. Da die Beklagte Zahlung verweigert, so hat der Kläger die festgesetzten Gebühren im Prozeßwege geltend gemacht. Das Landgericht hat der Klage stattgegeben, das Kammergericht hat sie abgewiesen. Die Revision des Klägers ist zurückgewiesen worden.

Gründe:

Der rechtskräftige Beschluß des Landgerichtspräsidenten bestimmt endgültig nur die Höhe der Gebühren des Klägers (§ 25 Abs. 2 NotGebO. vom 28. Oktober 1922). Die Frage der Zahlungspflicht der Beklagten bleibt vom ihm unberührt. Der Streit der Parteien hierüber ist im Prozeßwege zum Austrag zu bringen.

Unstreitig ist, daß der Kläger dem Protokoll über die Vorgänge in der Generalversammlung nicht die gemäß § 258 HGB. aufgestellte und zur Einsicht ausgelegte Anwesenheitsliste, die nach seiner Behauptung infolge von Änderungen schwer lesbar geworden war, sondern ein Teilnehmerverzeichnis beigefügt hat, das er über der auf einem unbeschriebenen Bogen geleisteten Namensunterschrift des Vorsitzenden der Versammlung hat niederschreiben lassen. Das Berufungsgericht nimmt mit Recht an, daß dieses Verfahren dem § 259 Abs. 3 HGB., der klar und unzweideutig die Beifügung des nach § 258 aufgestellten Verzeichnisses der Teilnehmer vorschreibt, zuwiderläuft und daß dieser Verstoß das Protokoll und die dort beurkundeten Beschlüsse ungültig macht. Zwar darf an die Formerfordernisse des § 259 kein strengerer Maßstab angelegt werden, als sich aus dem vom Gesetzgeber damit verfolgten Zweck ergibt (RGZ. Bd. 105 S. 374). Gerade die Berücksichtigung des Zweckes führt aber in einem Falle der vorliegenden Art dazu, einen die Nichtigkeit der Versammlungsbeschlüsse bewirkenden Mangel anzunehmen. Das Teilnehmerverzeichnis hat nach § 258 die Namen und den Wohnort der erschienenen Aktionäre oder Vertreter von Aktionären (vgl. § 252 Abs. 2) und den Betrag der von jedem vertretenen Aktien anzugeben. Seine Richtigkeit soll dadurch nach Möglichkeit gewährleistet werden, daß es vor der ersten Abstimmung zur Einsicht auszulegen und vom Vorsitzenden der Versammlung zu unterzeichnen ist. Der vorgeschriebene Inhalt des Verzeichnisses kann bei einer späteren Nachprüfung der Wirksamkeit von Versammlungsbeschlüssen wichtig werden, so z. B. in Fällen, wo der Gesellschaftsvertrag die Anwesenheit einer bestimmten Anzahl von Aktionären für die Beschlußfähigkeit der Generalversammlung fordert, sowie auch für die Feststellung, ob ein Beschluß mit der nach dem Gesetz oder der Satzung erforderlichen Stimmenmehrheit zustande gekommen ist, insbesondere ob die Mehrheit den etwa satzungsmäßig vorgeschriebenen Bruchteil des bei der Beschlußfassung vertretenen Grundkapitals erreicht hat. Hier können die Angaben des Verzeichnisses neben der Feststellung des Protokolls über die Art und das Ergebnis der Beschlußfassung erhebliche Bedeutung gewinnen. Die Rücksicht hierauf war es offensichtlich, die den Gesetzgeber bewogen hat, die Beifügung des Teilnehmerverzeichnisses zum Protokoll anzuordnen. Dieser Zweck würde aber vereitelt oder seine Verwirklichung würde mindestens stark beeinträchtigt, wenn es dem als Urkundsperson tätigen Richter oder Notar freistünde, an Stelle der in der Versammlung ausgelegt gewesenen Anwesenheitsliste, sei es auch nur um der besseren Übersichtlichkeit oder Lesbarkeit willen, eine andere Liste dem Protokoll anzuschließen, die den erschienenen Aktionären oder ihren Vertretern nicht zugänglich gewesen, auch vom Vorsitzenden nicht geprüft worden ist und deshalb die Bürgschaft der Richtigkeit und Vollständigkeit nicht in dem Maße in sich trägt wie die ursprünglich errichtete. Die Rechtssicherheit, die dadurch geschaffen werden sollte, daß der Urkundsperson die Beifügung gerade dieser Liste zur Pflicht gemacht ist, würde durch die Zulassung eines solchen Verfahrens in Frage gestellt. Auch wenn daher das vom Kläger dem Protokoll beigegebene Verzeichnis mit dem ursprünglich aufgestellten übereinstimmen sollte, wäre der Verstoß gegen die Formvorschrift des § 259 Abs. 3 doch nicht unerheblich. Es muß deshalb angenommen werden, daß das Abweichen des Klägers von der Vorschrift die Ungültigkeit der in der Versammlung gefaßten Beschlüsse ebenso zur Folge hat wie ein Verstoß gegen die Vorschriften in § 259 Abs. 1 und 2 HGB., welche die Feststellung der Beschlüsse zum öffentlichen Glauben bezwecken (RGZ. Bd. 75 S. 242). Der Abs. 3 des § 259 ist auch nicht etwa eine Zwangsvorschrift, die nur die Interessen der Aktionäre berührt; sie soll vielmehr auch zum Schutze des Publikums und zur Sicherung der Gläubiger der Aktiengesellschaft dienen. Es erhellt dies aus § 259 Abs. 5, wonach eine öffentlich beglaubigte Abschrift des Protokolls unverzüglich nach der Generalversammlung vom Vorstand zum Handelsregister einzureichen ist. Diese Pflicht umfaßt auch das als Protokollanlage in Betracht kommende Teilnehmerverzeichnis, das mit der Übergabe an das Registergericht ein zum Handelsregister eingereichtes Schriftstück im Sinne des § 9 HGB. wird und infolgedessen von jedermann eingesehen werden kann. Das Teilnehmerverzeichnis soll also auch Nichtaktionären eine Unterlage für die Nachprüfung der Gültigkeit von Beschlüssen der Generalversammlung innerhalb der durch seinen Inhalt gegebenen Grenzen darbieten. Eine Verletzung des Abs. 3 ist daher nicht auf dem Wege der Anfechtungsklage (§ 271) geltend zu machen; die durch den Verstoß hervorgerufene Ungültigkeit der Versammlungsbeschlüsse ist vielmehr unheilbar und kann durch das Unterbleiben rechtzeitiger Klagerhebung nicht behoben werden. Verfehlt erscheint deshalb auch der Einwand der Revision, daß die Generalversammlung, die hier eine Universalversammlung gewesen sei, dem Verfahren des Klägers zugestimmt habe. Auch die Gesamtheit der Aktionäre war bei der dargelegten Zweckbestimmung des § 259 Abs. 3 nicht in der Lage, auf die Einhaltung der Formvorschrift zu verzichten. Da sonach schon der bisher erörterte Mangel die beurkundende Tätigkeit des Klägers erfolglos macht, so bedarf es keiner Prüfung der Frage, ob nicht auch der Umstand, daß der Kläger das Teilnehmerverzeichnis anscheinend erst nach der Vollziehung des Protokolls diesem angeschlossen hat, als ein die Nichtigkeit der Beschlüsse ergebender Fehler anzusehen ist.

Ein Recht auf die noch streitigen Gebühren ist somit dem Kläger überhaupt nicht erwachsen; zum mindesten wird sein Anspruch hierauf durch die in der Rechtsverteidigung der Beklagten zu erblickende allgemeine Arglisteinrede entkräftet. Der Kläger ist bei den Diensten, die er der Beklagten durch Aufnahme des Protokolls, Herstellung des Entwurfs für die Anmeldung und durch Beglaubigung der Unterschriften der anmeldenden Personen (§§ 277, 280, 12 Abs. 1 HGB., RGZ. Bd. 93 S. 70) geleistet hat, durchweg als Notar und demnach als Beamter tätig geworden. Für den ihm zur Last fallenden Verstoß ist er deshalb der Beklagten unter den Voraussetzungen des § 839 Abs. 1 BGB. haftbar. Diese sind sämtlich gegeben. Zu den dem Kläger obliegenden Amtspflichten gehörte es, daß er durch Befolgung der Formvorschriften des § 259 HGB. für das Zustandekommen gültiger Beschlüsse Sorge trug. Der Abs. 3 läßt über das Formerfordernis, das er aufstellt, keinen Zweifel. Nur die Rechtsfolgen, die sich an einen Verstoß gegen die Vorschrift knüpfen, sind nicht ohne weiteres erkennbar. Es war daher eine fahrlässige Verletzung der Amtspflichten, wenn der Kläger an Stelle des nach § 258 errichteten Teilnehmerverzeichnisses ein anderes dem Protokoll beifügte. Daß die Beklagte nicht auf anderem Wege Ersatz zu erlangen vermag und daß insbesondere kein anderer Ersatzpflichtiger in Frage kommt, erhellt aus der Sachlage. Die Beklagte ist daher gegenüber dem Kläger in Höhe der Kostenschuld, die ihr durch seine Amtstätigkeit etwa erwachsen ist, ersatzberechtigt. Mindestens hieran muß die Gebührenforderung des Klägers, soweit sie in der Revisionsinstanz noch streitig ist, nach dem Grundsatz „dolo facit, qui petit, quod redditurus est" scheitern.

---

44. 1. Unter welchen Voraussetzungen werden im Falle der Anordnung der Geschäftsaufsicht die anfechtungsrechtlichen Folgen einer vorherigen Zahlungseinstellung beseitigt?

2. Kann der Konkursverwalter ein Rechtsgeschäft, wodurch der Gemeinschuldner einem Gläubiger eine Sicherheit bestellt hat, auf welche dieser nur inbezug auf neuere Kredite, nicht aber auch für gewisse ältere Forderungen Anspruch hatte, nur im ganzen oder auch zum Teil anfechten?

KO. §§ 30 Nr. 2, 31 Nr. 1. Verordnung über die Geschäftsaufsicht vom 14. Dezember 1916/8. Februar 1924.

VI. Zivilsenat. Urt. v. 2. Juli 1926 i. S. B. (Kl.) w. F. & Co. (Bekl.). VI 53/26.

I. Landgericht Hamburg.
II. Oberlandesgericht daselbst.

Die Beklagte schloß mit der Firma K. & Sch. in H. am 4. März 1924 einen Kreditvertrag, worin sie sich verpflichtete, dieser neben einer bereits bestehenden Schuld von 43000 Goldmark noch einen weiteren Kredit von 50000 Goldmark einzuräumen. Zur Sicherheit trat ihr die Firma K. & Sch. eine Hypothek ab und übertrug ihr außerdem zwei Lastkraftwagen sowie die Warenlager ihrer beiden in H. betriebenen Geschäfte zu Eigentum. Für die vor Abschluß des Vertrags hergegebenen Kredite hatte die Beklagte auch schon andere Sicherungen in der Hand, in Höhe von 8000 GM aber war sie ungedeckt; auf diesen Betrag sollte sich die neue Sicherung mitbeziehen. Auf Grund des Vertrags vom 4. März 1924 gab die Beklagte der Firma K. & Sch. noch Kredite in Höhe von 59000 RM. Aus den ihr zur Sicherung übereigneten Wagen und Waren wurde sie in Höhe von 41125,45 RM gedeckt; diesen Betrag verrechnet sie ausschließlich auf die neu hergegebenen Gelder, weil die ihr zu Eigentum übertragenen Sachen nach ihrer Behauptung hierfür in erster Linie haften sollten.

Am 12. März 1924 wurde ein Wechsel der Firma K. & Sch. über 800 Dollar fällig, den sie nicht einlösen konnte. Sie gab deshalb am 13. März 1924 ihrem Rechtsanwalt den Auftrag, die Geschäftsaufsicht über ihre Firma zu beantragen. Das zuständige Amtsgericht gab diesem Antrag am 17. März 1924 statt, hob aber am 6. August 1924 die Geschäftsaufsicht wieder auf, weil am letztgenannten Tage der Konkurs über das Vermögen der Firma K. & Sch. eröffnet wurde. Der als Konkursverwalter bestellte Kläger hat den zwischen der Gemeinschuldnerin und der Beklagten geschlossenen Vertrag vom 4. März 1924 auf Grund des § 30 Nr. 2 und des § 31 Nr. 1 KO. angefochten und, weil die Beklagte die ihr übereigneten Sachen nicht mehr besitzt, Werterſatz von ihr verlangt; unter Vorbehalt weiterer Ansprüche hat er zunächst einen Teilbetrag von 3000 RM eingeklagt. Die Klage wurde in beiden Vorinstanzen abgewiesen. Die Revision des Klägers führte zur Aufhebung und Zurückverweisung.

Gründe.

Nach der Annahme des Berufungsgerichts läßt sich nicht widerlegen, daß die Gemeinschuldnerin mit dem neuen Kredit von 50000 GM ihre Verhältnisse sanieren zu können glaubte und daß die Beklagte der Meinung war, die Gemeinschuldnerin werde sich zufolge des neuen Kredits halten. Wenn das Berufungsgericht daraus den Schluß gezogen hat, daß die Voraussetzungen des § 31 Nr. 1 KO. bei dem Geschäft vom 4. März 1924 nicht vorgelegen haben, so läßt sich dies rechtlich nicht beanstanden. Allerdings hat es die Anwendung dieser Vorschrift nur für die Anfechtbarkeit der wegen der neuen Kredite bestellten Sicherheit in Erwägung gezogen und verneint. Von seinen Feststellungen kann aber unbedenklich bei Beurteilung der Anfechtbarkeit des ganzen Geschäfts ausgegangen werden; demgemäß ist für dieses überhaupt die Anfechtbarkeit aus § 31 Nr. 1 KO. abzulehnen.

Es kommt deshalb allein auf die Anfechtung aus § 30 Nr. 2 KO. an. Sie kann nur durchgreifen, wenn der Standpunkt des Vorderrichters nicht zu beanstanden ist, daß der 12. März 1924 als der für die Konkursanfechtung maßgebliche Tag der Zahlungseinstellung zu gelten habe; denn sonst wäre die zehntägige Frist vor der Zahlungseinstellung nicht gewahrt. In dieser Beziehung beruht die Annahme, daß die Gemeinschuldnerin am 12. März 1924 ihre Zahlungen eingestellt habe, auf tatsächlichen Erwägungen, die keinen rechtlichen Verstoß erkennen lassen. Ohne Rechtsirrtum hat aber das Berufungsgericht auch angenommen, diese Zahlungseinstellung sei der anfechtungsrechtlichen Maßgeblichkeit für die vorher erfolgten Rechtshandlungen im gegebenen Falle nicht dadurch entkleidet worden, daß am 17. März 1924 die Geschäftsaufsicht über den Betrieb der Gemeinschuldnerin angeordnet wurde. Mit der Entscheidung des früheren VII. Zivilsenats vom 28. September 1920 (RGZ. Bd. 100 S. 62) steht die Auffassung des Berufungsgerichts nicht in Widerspruch. Im dortigen Fall handelte es sich um die Frage, ob eine vor Anordnung der Geschäftsaufsicht eingetretene Zahlungseinstellung ihre anfechtungsrechtliche Bedeutung auch für die Rechtshandlungen behalte, die nach Einleitung der Geschäftsaufsicht und besonders auch während ihrer Dauer vorgenommen sind. Dies wurde verneint, weil es zu unerträglichen Ergebnissen führen würde, wenn man die Wirkung der vor Einleitung der Geschäftsaufsicht erfolgten Zahlungseinstellung auch auf die späteren Rechtshandlungen beziehen müßte, da sonst fast alle nach Anordnung der Geschäftsaufsicht vorgenommenen Geschäfte der Anfechtung verfallen wären. Dabei wurde allerdings auch erwähnt, daß mit der Geschäftsaufsicht insofern eine tatsächliche Stundungswirkung verbunden sei, als der Schuldner zur sofortigen Bezahlung der von der Geschäftsaufsicht betroffenen Forderungen nicht mehr gezwungen werden könne und auch diese Forderungen nur in bestimmter Reihenfolge oder nach Bestimmung der Aufsichtsperson begleichen dürfe. Aber damit ist nicht gesagt, daß die Geschäftsaufsicht rechtlich eine allgemeine Stundung der bestehenden Verbindlichkeiten zur Folge hätte, die besonders auch die Wirkungen der vorher bekundeten Zahlungseinstellung aufhöbe oder letztere überhaupt aufhören ließe (vgl. auch RGZ. Bd. 113 S. 56). Denn der Einfluß der vorhergegangenen Zahlungseinstellung auf die bisherigen Rechtshandlungen kann, wie das Berufungsgericht mit Recht bemerkt, durch die Anordnung der Geschäftsaufsicht nicht gänzlich ausgeschaltet werden, weil es eine unbillige Rechtsverkürzung bedeuten würde, wollte man dem Konkursverwalter einmal gewonnene Anfechtungsmöglichkeiten durch die Einleitung einer Geschäftsaufsicht aus der Hand nehmen, bei der die Ergebnisse noch ganz und gar unsicher sind und die vielleicht nur ein Sanierungsversuch von ganz kurzer Dauer ist. In Wirklichkeit gehen die Ausführungen des bezeichneten Urteils nur darauf hinaus, daß die Folgen der vor Anordnung der Geschäftsaufsicht liegenden Zahlungseinstellung beseitigt werden, wenn auf Grund der Geschäftsaufsicht eine Wiederaufnahme der Zahlungen eingetreten ist. Dazu genügt aber die während des Geschäftsaufsichtsverfahrens bewirkte Begleichung einzelner Schulden nicht, wenn die baldige Überleitung dieses Verfahrens in den Konkurs zeigt, daß es nur ein fruchtloser Versuch war, mit Hilfe der Geschäftsaufsicht den Schuldner wieder flott zu machen. Es muß vielmehr dem Schuldner möglich geworden sein, die fälligen Verbindlichkeiten in ihrer Allgemeinheit zu erfüllen. Ob dazu auch die Befriedigung der Altgläubiger im allgemeinen gehört, braucht für den gegebenen Fall nicht entschieden zu werden. Denn nach den Feststellungen des Berufungsgerichts hat die Gemeinschuldnerin während der ganzen Zeit der Geschäftsaufsicht nur einzelne kleine Posten im Gesamtbetrag von 3633,14 RM bezahlt und durch ihre Zahlungen nicht einmal die Forderungen der Neugläubiger ganz oder auch nur annähernd zu decken vermocht. Unter diesen Umständen hat der Vorderrichter eine Wiederaufnahme der Zahlungen mit Recht verneint.

Er hat aber auch weiter ohne Rechtsirrtum angenommen, daß der Beklagten durch den Vertrag vom 4. März 1924 eine Sicherheit gewährt wurde, die sie nicht zu beanspruchen hatte. Eine solche Sicherheitsbestellung lag allerdings, wie das Berufungsurteil zutreffend ausführt, insoweit nicht vor, als sie für die neuen Kredite erfolgt ist. Denn diese waren der Gemeinschuldnerin nur gegen die Verpflichtung zur Sicherheitsbeschaffung bewilligt, und die Beklagte hatte daher auf die insoweit bewirkte Sicherheitsübereignung einen rechtlichen Anspruch, wie denn überhaupt der § 30 Nr. 2 KO. grundsätzlich nur Sicherheiten für bereits vorher begründete und bestehende Forderungen im Auge hat (WarnRspr. Bd. 16 Nr. 43; Urteil des VII. Zivilsenats des RG. vom 28. Februar 1922 VII 372/21). Eine andere Frage ist aber, wie die gemischte Sicherheitsbestellung für alte und neue Forderungen die Anfechtbarkeit gestaltete und wie die gewährten Sicherheiten auf diese und jene Forderungen zu verteilen sind.

Der Revision ist zuzugeben, daß das Berufungsgericht zwischen der Anfechtbarkeit der Sicherung für die alten und für die neuen Verbindlichkeiten zu nachdrücklich unterscheidet und daß es damit das anfechtbare Geschäft nicht als einheitliches wertet, sondern in Teile zerlegt. Dies ist rechtlich nicht bedenkenfrei. Denn grundsätzlich ist Gegenstand der Anfechtung nicht eine einzelne Vertragsbestimmung, sondern das ganze Rechtsgeschäft. Der Vertrag vom 4. März 1924 war darum nicht bloß insoweit anfechtbar, als Sicherheiten für die alten Forderungen der Beklagten gegeben wurden, sondern er unterlag wegen der Sicherheitsbestellung im ganzen der Anfechtung, wenn auch mit dem Ziel, daß diese nur soweit Erfolg haben konnte, als durch die Weggabe der Sicherheiten eine Benachteiligung der Konkursmasse entstanden war (RGZ. Bd. 21 S. 98; Jaeger, Konkursordnung Bem. 40 zu § 29). Dies mag dahin führen, daß die Anfechtung unter Umständen nur die Wirkung einer Teilanfechtung hat, und vielleicht auch berechtigen, die Teilanfechtung eines Rechtsgeschäfts als solche dann zuzulassen, wenn sich das Rechtsgeschäft in einzelne voneinander unabhängige und darum selbständige Teile zerlegen läßt (vgl. Jaeger a. a. O. Bem. 29 zu § 29; Wolff, Konkursordnung Bem. 4 zu § 29; LZ. 1908 Sp. 609; JW. 1910 S. 72, 1912 S. 1063; Seuff. Arch. Bd. 44 Nr. 183). Letztere Voraussetzung trifft aber im vorliegenden Falle nicht ohne weiteres zu, weil sich, wenn man bei dem Geschäft auch nur die Sicherungsbestellung für sich allein betrachtet, beim Fehlen näherer Vereinbarungen gar nicht auseinanderhalten läßt, in welchem Umfang die Sicherheiten für die alten Verbindlichkeiten und inwieweit sie für die neuen Kredite gegeben worden sind. Die Beklagte behauptet allerdings, die zur Sicherung übereigneten Sachen hätten in erster Linie für die neu hergegebenen Gelder haften sollen. Das Berufungsgericht hat jedoch nach dieser Richtung keine Feststellungen getroffen, sondern die erlösten 41125,45 RM schlechthin auf die neuen Verbindlichkeiten verrechnet und, weil der Erlös nicht einmal diese Ansprüche deckte, eine Benachteiligung der Konkursgläubiger durch die gleichzeitige Sicherheitsbestellung für die alten Schulden nicht anerkannt. Diese

Auffassung ist jedoch angesichts der bisherigen Feststellungen nicht haltbar.

Rechtsirrig ist es schon, daß das Berufungsgericht vom Erlös für die sicherungsweise übereigneten Gegenstände ausgeht. Denn nicht darauf, was für die anfechtbar hingegebene Sicherheit erlöst ist, sondern auf den tatsächlichen Wert der den Konkursgläubigern entgangenen Sachen kommt es an. Im übrigen genossen aber auch die neuen Verbindlichkeiten vor den alten gar keinen Vorzug, wenn nicht besondere Abreden in dieser Beziehung getroffen waren. Denn wenn die Sicherheiten, zum Teil rechtmäßig, zum Teil ohne Verpflichtung zu ihrer Bestellung, für die in Betracht kommenden Forderungen unterschiedslos hingegeben wurden, so mußte der vereinnahmte Erlös nach § 366 Abs. 2 BGB. verrechnet, nicht aber den neuen Forderungen schlechthin deshalb gutgebracht werden, weil inbezug auf sie die Sicherheitsbestellung rechtmäßig und unanfechtbar war. Erst recht aber ist die Unterscheidung zwischen den wegen der alten und wegen der neuen Verpflichtungen gewährten Sicherheiten für die Wertersatzpflicht bedenklich, weil mit Rücksicht darauf, daß jeder Sicherungsgegenstand für jede dieser Forderungen ganz und gleichzeitig haftete, die einheitliche Sicherheitsbestellung nicht auseinandergerissen werden kann und eben darum, wie die Rückgewähr in Natur, so auch der Wertersatz für die gesamte empfangene Sicherheit der Konkursmasse geleistet werden muß. Daß etwa eine Sicherstellung, die berechtigt und unberechtigt zugleich war, nur die Wirkungen der berechtigten Sicherung äußern würde, solange die Ansprüche, für die sie rechtmäßig gewährt war, noch nicht gedeckt sind, ist weder aus dem Gesetz noch auch aus allgemeinen Grundsätzen zu entnehmen. Deshalb kann die von der Beklagten behauptete Abrede, daß die bestellten Sicherheiten in erster Linie den neuen Krediten gelten sollten, auch für die Wertersatzpflicht von Erheblichkeit sein. Denn wenn diese Abrede den Sinn hatte, daß die übereigneten Werte zur Sicherung der alten Verbindlichkeiten nur soweit dienen sollten, als nach Deckung der neuen Forderungen noch etwas übrig blieb, dann waren sie für die alten Forderungen nur beschränkt und in einer Form gegeben, in der sie von der Sicherung für die neuen Kredite streng und leicht getrennt werden konnten. In solchem Falle scheitert die Anfechtung, wenn vom Erlös aus den Sicherheiten auf die alten Verbindlichkeiten nichts entfallen ist. Denn diese Sicherung hat dann die Konkursgläubiger nicht benachteiligt, weil mit ihr nichts anderes eingetreten ist, als was auch ohne sie geschehen wäre (RGZ. Bd. 16 S. 23). Daß sie trotz ihrer zweitrangigen Stelle eine Sicherheit war, auf welche die Beklagte keinen Anspruch hatte, beseitigt das im Mangel der Benachteiligung liegende Hindernis der Anfechtung nicht.

Hiernach bedarf es noch einer weiteren Erörterung der angeblichen Abrede über die Verteilung der geleisteten Sicherheiten auf die alten und die neuen Verbindlichkeiten. Führt diese Erörterung zur Bejahung der Anfechtbarkeit der Sicherheitsbestellung in irgendeinem Umfang, so wird das Berufungsgericht auch die Erfordernisse des der Beklagten freistehenden Entlastungsbeweises noch einmal prüfen müssen.

Mit der im Berufungsurteil getroffenen Feststellung, daß die Beklagte ihre Begünstigung habe erkennen müssen und der Beweis für das Fehlen der Begünstigungsabsicht auf seiten der Gemeinschuldnerin nicht erbracht sei, wird sich nicht auskommen lassen. Das Gesetz stellt darauf ab, daß der Anfechtungsschuldner nicht beweist, es sei ihm zur Zeit der Sicherheitsbestellung eine Absicht des Gemeinschuldners, ihn vor den übrigen Gläubigern zu begünstigen, nicht bekannt gewesen. Die Feststellungen des Berufungsgerichts schließen an diese Voraussetzungen nicht oder doch nicht ausreichend an; denn sie beantworten nicht die Frage, ob die Beklagte die bei der Gemeinschuldnerin vorhandene Begünstigungsabsicht gekannt habe. . . .

---

45. 1. Welche Wirkungen äußert die Kündigung der Verbandszugehörigkeit, die ein Mitglied eines als G. m. b. H. errichteten Kartells gemäß § 8 Abs. 1 der Verordnung gegen den Mißbrauch wirtschaftlicher Machtstellungen vom 2. November 1923 (RGBl. I S. 1067) erklärt, inbezug auf die Gesellschafterstellung des Kündigenden und im Hinblick darauf, daß die G. m. b. H. ihren Gesellschaftern die Benutzung eines von ihr erworbenen Patents gestattet hatte?

2. Bedeutung der Vorschrift des § 9 Abs. 7 der genannten Verordnung.

II. Zivilsenat. Urt. v. 2. Juli 1926 i. S. Firma Pl. (Bekl.) w. Hefeverband-G. m. b. H i. L. (Kl.). II 570/25.

I. Landgericht I Berlin.
II. Kammergericht daselbst.

Gegenstand des Unternehmens der im Februar 1921 gegründeten klagenden Hefeverband-G. m. b. H. war nach dem Gesellschaftsvertrag die Verwertung der von den Gesellschaftern in ihren Fabriken erzeugten Hefe. Die Rechte und Pflichten der Gesellschafter, die sich auf die Ablieferung und den Vertrieb von Hefe beziehen, sind in einer dem Gesellschaftsvertrag angefügten besonderen „Übereinkunft" niedergelegt. Die Klägerin, die schon vor Klagerhebung in Liquidation getreten war, ist seit Herbst 1923 Inhaberin eines deutschen Reichspatents Nr. 310580 betreffend „ein Verfahren zur Gewinnung von gärkräftiger Preßhefe im Dauerbetrieb ..." Die Beklagte, Gesellschafterin der klagenden G. m. b. H. seit 1921, richtete an diese am 17. November 1923 ein Schreiben des Inhalts, daß sie auf Grund der in der Überschrift genannten Verordnung (KartellVo.) ihre Zugehörigkeit zum Hefeverband zum Tage des Inkrafttretens des Gesetzes, dem 20. November 1923, fristlos kündige. Durch Entscheidung vom 7. Januar 1924 erklärte das Kartellgericht die Kündigung „des ... Gesellschaftsvertrags nebst Übereinkunft" für zulässig und bestimmte als „Tag der Kündigung" den 7. Januar 1924. Das Gericht ging hierbei, was die Zeit der Kündigung betrifft, davon aus, daß die dem Hefeverband am 19. November 1923 zugegangene Kündigung unwirksam gewesen sei, weil die KartellVo. erst am 20. desselben Monats in Kraft getreten sei; dagegen ergebe sich das Vorhandensein einer wirksamen Kündigung daraus, daß die Firma Pl. durch die in der Verhandlung vor dem Kartellgericht abgegebenen Erklärungen ihren Kündigungswillen unzweideutig zum Ausdruck gebracht habe.

Die Klägerin verlangt nunmehr Verurteilung der Beklagten zur Unterlassung der Herstellung gärkräftiger Preßhefe nach dem durch das Patent geschützten Verfahren; sie behauptet, die Beklagte benutze, wozu sie nach ihrem Ausscheiden aus dem Hefeverband kein Recht mehr habe, auch jetzt noch das Patent Nr. 310580. Die Beklagte macht geltend, sie fabriziere seit der Kündigung nicht mehr nach dem patentierten Verfahren; im übrigen habe die erfolgte Kündigung ihre Zugehörigkeit zur G. m. b. H. als solcher (im Gegensatz zum Kartellverhältnis der Gesellschafter zur Gesellschaft) nicht aufgehoben, so daß sie — die Beklagte — zur Mitbenutzung des von der G. m. b. H. als Treuhänderin ihrer Gesellschafter für diese erworbenen Patents nach wie vor berechtigt sei.

Beide Vorderrichter gaben der Klage statt. Die Revision der Beklagten blieb ohne Erfolg.

Aus den Gründen:

Da die Beklagte die fristlose Kündigung ihrer „Zugehörigkeit zum Hefeverband" der klagenden G. m. b. H. (damals noch nicht in Liquidation) zwar unmittelbar vor dem 20. November 1923, dem Tage des Inkrafttretens der KartellVo. vom 2. jenes Monats, zugestellt, aber auch nach dem 20. November der Klägerin gegenüber ihren Kündigungswillen zum Ausdruck gebracht hat, finden auf die Kündigung ohne Frage die Vorschriften der KartellVo. Anwendung. Für die Zeit vor Inkrafttreten der Verordnung hatte das Reichsgericht die Frage, ob das Mitglied eines als G. m. b. H. gegründeten Verkaufskartells seine kartellmäßigen Verpflichtungen als solche, also das auf ihnen beruhende Sonderleistungsverhältnis für sich allein kündigen könne, in ständiger Rechtsprechung verneint (RGZ. Bd. 73 S. 429, Bd. 108 S. 20, Urteil vom 30. Oktober 1923 II 300/24). Die Möglichkeit solcher Kündigung ist jetzt — durch § 8 Abs. 1 der KartellVo. — anerkannt. Es fragt sich, welche Wirkung der Kündigung der Beklagten im Hinblick auf ihre Gesellschafterstellung in der klagenden G. m. b. H. und mit Rücksicht darauf zukommt, daß zum Vermögen der G. m. b. H. unter anderem das streitige Patent gehört, dessen Benutzung die Klägerin nach der Darstellung des Berufungsgerichts ihren Gesellschaftern gestattete, solange diese ihre Hefe durch die Gesellschaft verwerten ließen.

Das Berufungsgericht lehnt die Ansicht, daß die Kündigung der Beklagten zwar das Sonderleistungsverhältnis, ihre kartellmäßige Bindung zum Erlöschen gebracht, ihre Zugehörigkeit zur G. m. b. H. und die dadurch begründeten Rechte aber völlig unberührt gelassen habe, als mit den Bedürfnissen des praktischen Lebens unvereinbar ab. Selbst dann jedoch, wenn die Beklagte trotz der Kündigung Gesellschafterin der G. m. b. H. geblieben sei, stehe ihr ein Recht auf

Benutzung des Patents nicht mehr zu; denn es fehle an der Darlegung einer vertragsmäßigen Einräumung eines solchen Benutzungsrechts. Davon, daß die Klägerin das Patent als Treuhänderin der Gesellschafter erworben habe, könne keine Rede sein. Die Erwerbung habe in erster Linie im Interesse der Gesellschaft, zugleich allerdings, wie jeder Gesellschaftserwerb, auch im Interesse der einzelnen Gesellschafter gelegen. Den Zweck der Erwerbung des Patents, die Förderung der Hefeerzeugung der Gesellschafter und damit der Hefeverwertung durch die Gesellschaft, habe die Klägerin nur erreichen können, wenn sie die Gesellschafter nach dem Patent arbeiten ließ. Daß die Gesellschafter, solange sie ihre Hefe durch die Gesellschaft verwerteten, hierin nicht behindert worden seien, habe sich ohne weiteres aus dem Zweck der Gesellschaft und der Patenterwerbung ergeben. Ebenso selbstverständlich habe aber von da an, wo ein Gesellschafter seine Hefeerzeugung der Gesellschaft nicht mehr zur Verfügung stellte, für die Klägerin kein Grund mehr bestanden, die Weiterbenutzung des Patents durch ihn zu dulden. Die Annahme, daß die Beklagte mit dem Erwerb des Patents durch die G. m. b. H. ohne weiteres ein von der Fortdauer der Zugehörigkeit zum Kartell unabhängiges Vermögensrecht auf Benutzung des Patents neben ihrem Geschäftsanteil erworben habe, sei verfehlt, ebenso der Hinweis auf §§ 8, 9, 18 der KartellVo. Eine Beeinträchtigung des Patentrechts der Klägerin liege auch dann vor, wenn die Beklagte das patentierte Verfahren nach dem 7. Januar 1924 nicht mehr angewendet haben sollte; denn unstreitig habe sie die Benutzung des Patents noch nach der Kündigung jedenfalls bis zum 7. Januar 1924 fortgesetzt, und außerdem habe sie noch in der letzten mündlichen Verhandlung das Recht seiner Weiterbenutzung für sich in Anspruch genommen.

Der Entscheidung des Berufungsgerichts ist, entgegen der Meinung der Revision, im Ergebnis beizutreten.

Wenn, wie angenommen werden muß, die nach dem 20. November 1923 von der Beklagten abgegebene Kündigungserklärung denselben Inhalt hatte wie ihr Kündigungsschreiben vom 17. November 1923, worin schlechthin von der Aufgabe ihrer „Zugehörigkeit zum Hefeverband“ die Rede ist, dann war der Wille der Beklagten von vornherein auf ihre Loslösung nicht bloß von der kartellmäßigen

Bindung, sondern auch von der Mitgliedschaft bei der Hefeverband-G. m. b. H. gerichtet; anders kann jene Kündigungserklärung nicht verstanden werden. Eine Kündigung im eigentlichen Sinne konnte aber, da ein solches Recht dem einzelnen Gesellschafter der G. m. b. H. dieser gegenüber nicht zusteht, nur inbezug auf die kartellmäßige Bindung, also nur hinsichtlich der „Übereinkunft" im Gegensatz zum Gesellschaftsvertrag in Frage kommen. So hat denn auch das Kartellgericht, nachdem es in der Entscheidung vom 7. Januar 1924 die Frage offen gelassen hatte, welche Rechtsfolgen die Kündigung des Kartellvertrags für die G. m. b. H. im einzelnen nach sich ziehe, in seiner zweiten Entscheidung in Sachen des Hefeverbands vom 3. März 1924 ausgesprochen, daß sich eine auf § 8 KartellVo. gestützte Kündigung vorliegendenfalls nur auf den Kartellvertrag wirksam habe erstrecken können, die G. m. b. H. aber und der ihr zugrunde liegende Gesellschaftsvertrag von der Kündigung des Kartellvertrags rechtlich unberührt geblieben seien. Sollte die letztere Bemerkung dahin zu verstehen sein, daß die Kündigung der kartellrechtlichen Beziehungen durch die Beklagte überhaupt keinen Einfluß auf ihre Stellung als Gesellschafter der Hefeverband-G. m. b. H. ausgeübt habe, so könnte das Reichsgericht dem nicht beitreten. Richtig ist, daß die Beklagte durch die (vom Kartellgericht für zulässig erklärte) Kündigung ihre Mitgliedschaft bei der klagenden G. m. b. H. nicht ohne weiteres verloren hat. Davon kann schon deshalb nicht die Rede sein, weil die Stellung als Gesellschafter der G. m. b. H. an den Besitz des Geschäftsanteils gebunden ist. Bei der engen wirtschaftlichen Zusammengehörigkeit der gesellschaftlichen Organisation und des Kartells und der zwischen beiden bestehenden Wechselwirkung wäre es jedoch ein Unding, wenn man der Beklagten, nachdem sie sich durch Kündigung von ihren Verpflichtungen befreit hat, gestatten wollte, auch fernerhin Mitglied der G. m. b. H. zu bleiben und an den dadurch begründeten vermögensrechtlichen Vergünstigungen teilzunehmen. Jene Wechselwirkung zeigt sich darin, daß G. m. b. H. und Kartellverpflichtete zur Erreichung ihrer Zwecke gegenseitig aufeinander angewiesen sind und daß die Erfüllung der Kartellverpflichtungen die Grundlage bildet für die Zusammenfassung der Kartellmitglieder in der G. m. b. H. Bei solchem Aufbau des gesamten, die gesellschaftliche Organisation und den Kartellvertrag umfassenden

Rechtsverhältnisses ist die Zugehörigkeit zur G. m. b. H. ohne die Sonderleistungspflicht schlechthin unmöglich. Das hat der erkennende Senat in RGZ. Bd. 108 S. 23 ausgesprochen, als es sich vor Inkrafttreten der KartellVo. um die Frage handelte, ob die Kartellpflicht vom eigentlichen Gesellschaftsverhältnis — auch dort war dies eine G. m. b. H. — losgelöst und für sich allein gekündigt werden könne. Der Satz gilt aber ebenso noch jetzt, wenn zur Frage steht, ob der Gesellschafter, dessen kartellmäßige Bindung durch Kündigung nach § 8 der KartellVo. erloschen ist, seine Mitgliedschaft zur G. m. b. H. trotzdem noch beibehalten kann. Durch Bejahung dieser Frage würde man die Form über die Sache, über den Vertragsgedanken stellen und eine Gestaltung gutheißen, bei der zwei verschiedene Gruppen von Gesellschaftern — solche mit und solche ohne Kartellbindung — angenommen werden müßten, die aber, wie auch der die Fortdauer der Mitgliedschaft zur G. m. b. H. bejahende Kommentar von Friedländer „das Kartellaufsichtsgesetz" bei § 8 (S. 151) nicht verkennt, eine Fülle von Unzuträglichkeiten im Gefolge hätte. Von den übrigen Kommentaren zur KartellVo. vertreten die hier gebilligte Auffassung Isay-Tschierschky bei § 8 (S. 262flg.) und Goldbaum bei § 8 (S. 113), während Lehnich-Fischer der Ansicht sind, daß der Kündigende mit der Kündigung der Kartellverpflichtung sein Mitgliedsrecht bei der G. m. b. H. nicht verliere, nach der Kündigung der Kartellbeziehungen vielmehr eine „rein kapitalistische Rumpfbeteiligung" übrig bleibe.

Die Fortdauer der Mitgliedschaft bei der gesellschaftlichen Organisation — hier der G. m. b. H. — ist demnach mit dem Erlöschen der Kartellverpflichtungen des Kündigenden nicht vereinbar. Ein automatisches Ausscheiden, wie es beispielsweise bei der bürgerlichen Gesellschaft mit den im § 738 BGB. bestimmten Rechtsfolgen eintreten würde, ist wegen der Eigenart der Gesellschaftsform der G. m. b. H. ausgeschlossen. Es gilt daher, einen Weg zu finden, bei dem unter tunlichster Wahrung der Vorschriften des GmbHG. ein dem alsbaldigen Ausscheiden möglichst ähnlicher Erfolg erreicht wird. Diesen Weg bietet die auch von Isay-Tschierschky S. 263flg. befürwortete entsprechende Anwendung des § 34 GmbHG. Durch § 8 Abs. 1 der KartellVo. ist ein neuer Anwendungsfall für § 34 GmbHG. geschaffen. Eine andere Möglichkeit, aus dieser Verwicklung herauszukommen, besteht nicht. Allerdings läßt § 34 Abs. 1 a. a. O. die Einziehung von Geschäftsanteilen nur zu, soweit sie der Gesellschaftsvertrag vorsieht, und nach Abs. 2 daselbst findet die Einziehung ohne die Zustimmung des Anteilberechtigten nur dann statt, wenn die Voraussetzungen der Einziehung schon vor der Erwerbung des Anteils durch den Berechtigten im Gesellschaftsvertrag festgesetzt waren. Von diesen Erfordernissen kann indessen (vgl. Staub-Hachenburg GmbHG. 4. Aufl. § 34 Anm. 18) abgesehen werden, wenn es sich um die Ausschließung eines Gesellschafters auf Grund persönlicher Verhältnisse handelt. Ein solcher Fall liegt aber auch dann vor, wenn — wie hier — ein Gesellschafter seine Beziehungen zum Kartell durch Kündigung löst und es deshalb der G. m. b. H. nicht zugemutet werden kann, seine Zugehörigkeit zu ihr fortdauern zu lassen. Die der G. m. b. H. hiernach zustehende Einziehung des Geschäftsanteils des Kündigenden hat in entgeltlicher Weise zu geschehen. Das Gegenteil würde, wie Isay-Tschierschky a. a. O. S. 264 mit Recht bemerken, dem Geiste des § 9 Abs. 7 der KartellVo. widersprechen. Bei der Festsetzung des der Beklagten auszuzahlenden Anteils am Gesellschaftsvermögen wird insbesondere das zu diesem Vermögen gehörige streitige Patent zu berücksichtigen sein, das die Beklagte als Mitglied des Kartells zu benutzen die Möglichkeit hatte und das sie nach ihrem Vorbringen in der Berufungsinstanz bis zum 7. Januar 1924, dem Tag der Erlassung der ersten kartellgerichtlichen Entscheidung, in ihrem Betriebe benutzt hat. Ein Recht der Beklagten zur Weiterbenutzung des Patents über diesen Zeitpunkt hinaus kann nach dem Erörterten nicht in Frage kommen. Denn wenn sich die Beklagte von ihren Kartellverpflichtungen losgesagt hat und die G.m.b.H. infolgedessen zur entgeltlichen Einziehung des Geschäftsanteils und auf diesem Wege zur Ausschließung des Kündigenden befugt ist, so wäre es ein Widersinn, der Klägerin zumuten zu wollen, daß sie in der Zwischenzeit, bis zur Bewirkung der Einziehung, die Weiterbenutzung des Patents durch die Beklagte noch zu dulden habe. Man wird daher mit Isay-Tschierschky a. a. O. S. 263 anzunehmen haben, daß die Kündigung des Kartellverhältnisses zunächst, bis zur Einziehung des Geschäftsanteils des Kündigenden, das Ruhen seiner Mitgliedschaftsrechte — ebenso aber auch seiner Mitgliedschaftsverpflichtungen — bei der sog. Nebenleistungsgesellschaft m. b. H. zur

Folge hat. Anderer Meinung ist, wie es scheint, Brodmann GmbHG. § 3 Anm. 8, der im übrigen auch die Ansicht vertritt, daß die G.m.b.H. im Falle der Kündigung der Kartellbeziehungen das Ausscheiden des betreffenden Mitglieds durch Einziehung seines Geschäftsanteils herbeiführen kann.

Mit diesem Ergebnis erledigt sich ohne weiteres das Vorbringen der Revision, der Berufungsrichter habe zu Unrecht die Annahme abgelehnt, daß die G. m. b. H. das Patent als Treuhänderin ihrer Gesellschafter erworben habe. Was das Berufungsgericht zur Widerlegung dieser Auffassung ausführt, läßt keinen Rechtsirrtum erkennen. Nichts spricht dafür, daß die Absicht bestanden habe, das Patent dem Vermögen der einzelnen Gesellschafter (nach dem Verhältnis ihrer Geschäftsanteile) zuzuführen. Auch für die Annahme eines Vertrags zugunsten Dritter — eben der Gesellschafter — mit der Folge, daß sie das Patent in ihr Vermögen erworben hätten, fehlt es an der erforderlichen tatsächlichen Grundlage. Zuzugeben ist der Revision in diesem Zusammenhang das eine, daß in der den Kartellmitgliedern von der G. m. b. H. gewährten Möglichkeit der Benutzung des Patents die Einräumung eines Rechts hierzu zu erblicken ist. Das vermag jedoch an dem Ausgeführten nichts zu ändern. Denn dieses Recht, auch wenn es den Gesellschaftern ohne irgendwelche ausdrückliche Einschränkung eingeräumt wurde, überdauerte keinesfalls die Zeit, während deren der einzelne Gesellschafter dem Kartell angehörte und die hieraus sich ergebenden Verpflichtungen erfüllte. Die Beklagte kann auch daraus nichts für sich ableiten, daß die Klägerin — wie behauptet wird — den 17 anderen früheren Kartellmitgliedern, die nach der Kündigung der Beklagten ihrerseits die „Übereinkunft" vom 18./19. Februar 1921 gekündigt haben, auch fernerhin die Weiterbenutzung des Patents gestatten sollte. Denn nachdem die Beklagte ihre Zugehörigkeit zum Kartell selbst aufgegeben und damit ihre Gesellschafterrechte verwirkt oder — vorläufig wenigstens — zum Ruhen gebracht hat, kann sie darauf, daß sie hinsichtlich der Weiterbenutzung des Patents schlechter behandelt worden sein soll als die übrigen (auch ihrerseits aus dem Kartellverhältnis ausgeschiedenen) Mitglieder, keinen Rechtsbehelf mehr stützen.

Endlich versagt auch die Rüge, die dem Berufungsgericht Verkennung des § 9 Abs. 7 der KartellVo. vorwirft. Eine Vereinbarung, die an die Kündigung des Sonderleistungsverhältnisses irgendeinen Nachteil für den Kündigenden knüpfen würde, liegt hier überhaupt nicht vor. Denn der Verlust der Mitgliedschaft bei der G. m. b. H. und damit (nach der Auffassung der Beklagten) der Möglichkeit weiterer Patentbenutzung ist kein an die Kündigung vertraglich geknüpfter Nachteil; er ergibt sich vielmehr unmittelbar aus dem Gesetz. ...

---

46. 1. Sind die Pfarrer der Evangelischen Kirche der altpreußischen Union Beamte im Sinne der Reichsverfassung?

2. Stehen die nach Art. 137 Abs. 3 RVerf. den Religionsgesellschaften zukommenden Rechte der Anwendung der Schutzvorschriften des Art. 129 Abs. 1 Satz 3 und 4 daselbst auf die Kirchenbeamten entgegen?

3. Enthält Art. II § 1 der durch das Staatsgesetz vom 3. Juni 1922 (PrGS. 141) bestätigten Notverordnung zur vollen Ausnutzung des kirchlichen Vermögens für die Bedürfnisse der Pfarrbesoldung vom 20. Januar 1922 (Kirchl. GVBl. S. 127) in seiner Erstreckung auf die derzeitigen Pfründeninhaber einen unzulässigen Eingriff in deren wohlerworbene Rechte?

IV. Zivilsenat. Urt. v. 5. Juli 1926 i. S. Evangelische Kirche der altpreußischen Union (Bekl.) w. A. (Kl.). IV 608/25.

I. Landgericht III Berlin.
II. Kammergericht daselbst.

Der Kläger ist seit dem Jahre 1917 Pfarrer einer evangelischen Kirchengemeinde der altpreußischen Union; seine Pfarrstelle ist eine sogenannte Pfründenstelle. Er bezieht aus dem hauptsächlich aus Liegenschaften bestehenden Pfarrstellenvermögen Einkünfte, deren Betrag den Deckungsbedarf eines solchen Einkommens übersteigt, wie er es nach den Grundsätzen für die landeskirchliche Übergangsversorgung des Pfarrerstandes erreichen würde. Mit der Klage macht er geltend, daß die Beklagte in seine wohlerworbenen Rechte auf diese Einkünfte durch die in der Überschrift genannte Notverordnung unzulässigerweise eingegriffen habe. Seinem Antrag gemäß wurde in den beiden vorigen Rechtszügen festgestellt, daß die Beklagte auf Grund jener Notverordnung nicht berechtigt sei, ihn über das zur Zeit seiner Anstellung zulässige Maß hinaus in den Einkünften aus seiner Pfarrstelle zu beeinträchtigen. Die Revision der Beklagten wurde zurückgewiesen.

Gründe:

Die den Ausgangspunkt des Rechtsstreits bildende Notverordnung vom 20. Januar 1922 bestimmt im Art. II § 1:

„Soweit die für das Rechnungsjahr 1920 und die Folgezeit einkommenden Erträge des Pfarrstellenvermögens den Deckungsbedarf nach Art. I § 1" (d. h. den Deckungsbedarf für ein solches Einkommen, wie es der Geistliche „nach den jeweiligen Grundsätzen für die landeskirchliche Übergangsversorgung des Pfarrerstandes erreichen soll") „übersteigen, sind sie zu einem Drittel bei der beteiligten Pfarrstelle als Rücklage anzusammeln. Zu einem weiteren Drittel dieses Überschusses sind sie der beteiligten Kirchengemeinde für allgemeine örtliche kirchliche Bedürfnisse zu überweisen, während das letzte Drittel an den landeskirchlichen Hilfsfonds zwecks Unterstützung leistungsunfähiger Pfarrstellen und Gemeinden bei Aufbringung ihrer Pfarrbesoldungslasten abzuführen ist."

Die Notverordnung ist vom Evangelischen Landeskirchenausschuß auf Grund des § 34 Nr. 3 der Generalsynodalordnung vom 20. Januar 1876 (GS. S. 8) erlassen und durch das Staatsgesetz vom 3. Juni 1922 (GS. S. 141) mit der Maßgabe (§ 2) bestätigt, daß die Vorschriften, soweit sie in wohlerworbene Rechte eingreifen, erst vom 1. April 1922 an Rechtswirksamkeit erlangen. Laut Bekanntmachung des Evangelischen Oberkirchenrats vom 5. Februar 1926 (Kirchl. GVBl. S. 22) hat die Generalsynode bei ihrer Tagung 1925 die Notverordnung genehmigt. Damit ist der Mangel geheilt, der dieser Verordnung im Vergleich zu einem formellen Kirchengesetz ursprünglich anhaftete. Die in § 6 GenSynO. vorgesehene vorherige Zustimmung der Generalsynode zu einem landeskirchlichen Gesetz ist durch die nachträgliche Genehmigung ersetzt. Die genehmigte Notverordnung gilt mit Rückwirkung auf die Zeit ihrer Erlassung als formelles Kirchengesetz; sie steht einem solchen gleich (vgl. RGZ. Bd. 111 S. 292). Diese Rechtslage ist allerdings erst im Laufe der Revisionsinstanz eingetreten, aber wegen der Rückwirkung der Genehmigung trotzdem vom Revisionsgericht zu berücksichtigen (vgl. RGZ. Bd. 101 S. 147, Bd. 108 S. 143). Es kommt deshalb, was hier vorweggenommen sei, auf die im Urteil des Landgerichts erörterten und mit Recht zurückgewiesenen Bedenken nicht mehr an, die der Kläger gegen die Rechtswirksamkeit der Notverordnung daraus hergeleitet hat, daß ein Gegenstand der landeskirchlichen Gesetzgebung überhaupt und insbesondere der vorliegende Gegenstand nicht durch Notverordnung habe geregelt werden können.

Die Zulässigkeit des Rechtswegs ist im Urteil des Landgerichts angenommen auf Grund des durch Art. 10 des Staatsgesetzes betr. die Pfarrbesoldung usw. vom 26. Mai 1909 (GS. S. 113) aufrecht erhaltenen Art. 8 Abs. 3 des Staatsgesetzes betr. das Diensteinkommen der evangelischen Pfarrer vom 2. Juli 1898 (GS. S. 155) und der danach entsprechend anwendbaren Bestimmungen des ersten Abschnitts des Gesetzes betr. die Erweiterung des Rechtswegs vom 24. Mai 1861 (GS. S. 241). Demgegenüber hat das Berufungsgericht mit Recht darauf hingewiesen, daß nach § 16 des Kirchengesetzes betr. das Diensteinkommen der Geistlichen usw. vom 2. Juli 1898 (Kirchl. GVBl. S. 61) dieses Gesetz und demgemäß auch das es bestätigende Staatsgesetz vom gleichen Tage auf diejenigen Pfarrstellen keine Anwendung findet, die, wie die Pfründenstelle des Klägers, nicht bei der Alterszulagenkasse versichert sind. Das Berufungsgericht selbst bejaht die Zulässigkeit des Rechtswegs auf Grund der Erwägung, daß nach der Klagebegründung ein Dritter in den allerdings auf öffentlichrechtlicher Grundlage beruhenden Nießbrauch des Klägers an den Pfarrgütern einzugreifen drohe, obwohl hierfür eine rechtsgültige gesetzliche Grundlage fehle. Dem kann entgegengehalten werden, daß hier nicht der Eingriff eines beliebigen Dritten, sondern ein solcher der Landeskirche in Frage kommt, und daß aus der öffentlichrechtlichen Natur des Pfarramts in allen seinen Beziehungen, auch soweit es vermögensrechtliche Wirkungen erzeugt, für alle daraus hergeleiteten Ansprüche die Unzulässigkeit des Rechtswegs folgt, sofern er nicht durch eine besondere gesetzliche Bestimmung zugelassen ist (RGZ. Bd. 104 S. 252). Eine derartige Bestimmung liegt indessen im Art. 129 Abs. 1 Satz 4

RVerf. vor, wonach für die vermögensrechtlichen Ansprüche der Beamten der Rechtsweg offen steht. Die prozeßrechtliche Vorschrift gibt den Beamten ein gegenwärtiges, mit der Reichsverfassung ins Leben getretenes Recht zur Beschreitung des Rechtswegs für ihre vermögensrechtlichen Ansprüche, auch für solche, die bereits vor dem Inkrafttreten der Reichsverfassung begründet worden sind (RGZ. Bd. 99 S. 262, Bd. 101 S. 287, Bd. 104 S. 252). Der Kläger erhebt aus seinem Anstellungsverhältnis als Pfarrer den vermögensrechtlichen Anspruch auf unbeeinträchtigten Genuß der Einkünfte seiner Pfarrstelle. Es fragt sich, ob er im Sinne der Reichsverfassung ein Beamter ist. Das ist aus folgenden Gründen zu bejahen:

Der jetzt als Evangelische Kirche der altpreußischen Union sich bezeichnenden evangelischen Landeskirche der älteren Provinzen Preußens ist die ihr bis 1918 zukommende Eigenschaft einer Körperschaft des öffentlichen Rechts auch unter der Herrschaft der neuen Reichsverfassung (Art. 137 Abs. 5) erhalten geblieben. Die Verfassung, die sie sich in der mit dem Staatsgesetz betr. die Kirchenverfassungen der evangelischen Landeskirchen vom 8. April 1924 (GS. S. 221) bekanntgemachten Verfassungsurkunde vom 29. September 1922 gegeben hat, ist öffentliches Recht. Ihre Pfarrer sind als die Träger des in Art. 42 dieser Verfassungsurkunde umschriebenen geistlichen Amtes, da ihnen ein durch das öffentliche Recht begrenzter Kreis von Geschäften im Organismus einer öffentlichen Körperschaft übertragen worden ist, Beamte im Sinne des öffentlichen Rechts oder öffentliche Beamte (vgl. RGZ. Bd. 37 S. 243 und die beiden Urteile vom 18. Mai 1926 III 648/25 und III 71/26, sowie die Entscheidung des Reichsschiedsgerichts vom 9. September 1924, veröffentlicht im Reichsbesoldungsblatt 1924 S. 327).

Alle öffentlichen deutschen Beamten, nicht bloß die Staatsbeamten, sondern insbesondere auch diejenigen, welche im Dienste einer öffentlichen Körperschaft stehen, werden von Art. 129 RVerf. betroffen. Das ergibt sich klar aus dem Zusammenhang des Art. 129 mit Art. 128 Abs. 1 und Art. 131 Abs. 1 Satz 1 a. E. Auch Anschütz und Giese, auf deren Erläuterungsbücher zur Reichsverfassung (je Anm. 1 zu Art. 129) sich die Beklagte berufen hat, erkennen die Erstreckung des Art. 129 auf die Beamten der öffentlichen Körperschaften im allgemeinen an. Sie wollen aber die Beamten der Religionsgesellschaften auch dann, wenn die Dienstherrin gemäß Art. 137 Abs. 5 eine Körperschaft des öffentlichen Rechts darstellt, von der Anwendung des Art. 129 ausgenommen wissen, weil ihr Dienstverhältnis gemäß Art. 137 Abs. 3 durch die Autonomie der Dienstherrin geregelt werde und der Herrschaft des staatlichen Beamtenrechts entzogen sei. Diese Beweisführung ist nicht zwingend. In Art. 137 Abs. 3 Satz 1 ist den Religionsgesellschaften das Recht, ihre Angelegenheiten selbständig zu ordnen und zu verwalten, nur „innerhalb der Schranken des für alle geltenden Gesetzes" eingeräumt. Das Wort „alle" ist dabei nicht, wie die Revision geltend macht, adjektivisch (so daß das Hauptwort „Religionsgesellschaften" zu ergänzen wäre), sondern, wie in Art. 146 Abs. 1 Satz 2 und Art. 151 Abs. 1 Satz 1 RVerf., substantivisch zu verstehen. Das wurde bei den Verhandlungen der verfassunggebenden Nationalversammlung (Bd. 328 S. 1652 D, 1653 A) vom Abgeordneten D. Naumann klar ausgesprochen, insbesondere mit den Worten, die Kirche stelle sich mit Bewußtsein als Mensch unter Menschen, Bürger unter Bürgern, hinein unter die für alle gültigen Gesetze, Rechte und Pflichten. Diese Gleichstellung des „für alle" mit „für jeden", „für jedermann" ist in der Nationalversammlung unwidersprochen geblieben; sie entspricht im Schrifttum der herrschenden, auch von Anschütz und Giese (je Anm. 4 zu Art. 137) geteilten Meinung. Auch das Reichsschiedsgericht hat in der angeführten Entscheidung vom 9. September 1924 denselben Standpunkt eingenommen. Daß es in dieser Entscheidung das Reichsgesetz zur Sicherung einer einheitlichen Regelung der Beamtenbesoldung (Besoldungssperrgesetz) auf die Beamten der evangelisch-lutherischen Kirche in Mecklenburg-Schwerin für unanwendbar erachtet hat, beruht nicht auf Art. 137 Abs. 3 Satz 1 RVerf., sondern auf der Bestimmung in Satz 2 das., daß jede Religionsgesellschaft ihre Ämter ohne Mitwirkung des Staats verleihe. Das Reichsschiedsgericht hat angenommen, daß eine Religionsgesellschaft bei Verleihung ihrer Ämter an die „Schranken des für alle geltenden Gesetzes" nicht gebunden sei, wenn die Anwendung des Gesetzes zu einer Mitwirkung des Staats bei der Ämterverleihung im Sinne einer auch nur mittelbaren Beeinflussung des Rechts der Religionsgesellschaft zu solcher Verleihung führen würde. Ein derartiger Einfluß könnte sich vielleicht, was in diesem Urteil nicht zu entscheiden ist, aus der Anwendung der Vorschriften des Art. 129 Abs. 1 Satz 1 und 2 ergeben, kommt aber weder bei der hier in Rede stehenden Vorschrift des Art. 129 Abs. 1 Satz 4 noch bei der für die Beurteilung der Sache selbst erheblichen Vorschrift in Satz 3 das. in Frage. Es kann insbesondere keine Rede davon sein, daß sich der Kreis der Bewerber um ein Amt verengern und deshalb die Freiheit der Religionsgesellschaft in der Ämterbesetzung beeinträchtigt werden könnte, wenn die Beamten unter dem Schutze der beiden zuletzt angeführten Verfassungsvorschriften stehen, also materiellrechtlich in wohlerworbenen Rechten geschützt sind und prozeßrechtlich ihre vermögensrechtlichen Ansprüche im ordentlichen Rechtswege verfolgen dürfen. Scheidet danach der Art. 137 Abs. 3 Satz 2 aus und ist gemäß Satz 1 das. davon auszugehen, daß die Religionsgesellschaften bei der Ordnung und Verwaltung ihrer Angelegenheiten den allgemein geltenden staatlichen Rechtsnormen unterworfen sind, so gehören zu diesen Normen von den in Art. 129 zugunsten aller öffentlichen Beamten und zu Lasten aller öffentlichen Körperschaften aufgestellten Schutzvorschriften jedenfalls auch die mehrerwähnten Vorschriften in Abs. 1 Satz 3 und 4. Es besteht kein Grund zu der Annahme, daß von diesen laut der Überschrift zum 2. Hauptteil der Reichsverfassung die „Grundrechte und Grundpflichten der Deutschen" regelnden Vorschriften gerade die Religionsgesellschaften und ihre Beamten ausgenommen sein sollten. In demselben Sinne hat der III. Zivilsenat in den beiden angeführten Urteilen vom 18. Mai 1926 (in Übereinstimmung mit dem früheren Urteil vom 24. November 1925 III 36/25) ausgesprochen: Wie der Art. 129 Abs. 1 Satz 3 das gesamte Berufsbeamtentum gegenüber Bestrebungen, die seinen Bestand in Frage gestellt hätten, habe sichern sollen (RGZ. Bd. 104 S. 60, Bd 109 S. 121), so habe der mit Satz 4 bezweckte Rechtsschutz allen Beamten, auch den Kirchenbeamten zuteil werden sollen.

Die beklagte Landeskirche wäre aus diesen Rechtsgründen nicht imstande, den Rechtsweg für die vermögensrechtlichen Ansprüche ihrer Pfarrer auszuschließen. Die von der Revision angezogenen Art. 110, 136, 148 der Verfassungsurkunde vom 29. September 1922 besagen auch gar nicht, daß der Rechtsweg für solche Ansprüche ausgeschlossen sein solle. . . .

In der Sache selbst kommt es zunächst darauf an, ob sich die

Notverordnung vom 20. Januar 1922 in ihrem Art. II § 1 auch auf die derzeitigen Pfründeninhaber bezieht und, falls dies zu bejahen ist, weiter darauf, ob die Verordnung insoweit rechtsgültig ist.

a) Bestimmungen über die Erhebung von Pfründenabgaben finden sich schon in den Kirchen- und Staatsgesetzen von 1876. Nach § 15 GenSynO. können Einkünfte der Pfarrpfründen durch ein Kirchengesetz zu Beiträgen für kirchliche Zwecke herangezogen werden, sofern sich ihr jährlicher Betrag ausschließlich des Wohnungswerts auf mehr als 6000 ℳ beläuft; diese Beiträge dürfen 10 % des über die Summe von 6000 ℳ hinausgehenden Pfründenertrags nicht überschreiten. Mit Bezug hierauf bestimmt Art. 17 (zu vgl. mit Art. 14 Abs. 1 Nr. 3) des Staatsgesetzes betr. die evangelische Kirchenverfassung vom 3. Juni 1876 (GS. S 125):

„Kirchengesetze, durch welche die Einkünfte ... der Pfarrpfründen zu Beiträgen für kirchliche Zwecke herangezogen werden (§ 15 GenSynO.), dürfen die Pfründeninhaber in ihren schon vor Erlaß dieses Gesetzes erworbenen Rechten nicht schmälern ..."

„Dieses Gesetz", nämlich das Staatsgesetz vom 3. Juni 1876, schützt also diejenigen Pfarrer, welche bereits zur Zeit seiner Erlassung Pfründenstellen innehatten, vor einer Schmälerung ihrer erworbenen Rechte (vgl. den Kommissionsbericht PrAbgH. 1876 Drucks. Nr. 153 S. 26).

In der Notverordnung vom 20. Januar 1922 und dem sie bestätigenden Staatsgesetze fehlt eine entsprechende Bestimmung. Schon dieses Fehlen trotz jenes Vorbilds (vgl. auch § 15 Abs. 5 der Ruhegehaltsordnung vom 26. Mai 1909, Kirchl. GVBl. S. 37) läßt erkennen, daß die neue Regelung auch die derzeitigen Pfründeninhaber treffen will. Die Notverordnung wollte sogar soweit gehen, ihren Art. II § 1 mit Rückwirkung auf den 1. April 1920 in Kraft zu setzen, so daß die damaligen Pfründeninhaber gezwungen gewesen wären, Einnahmen, die sie kraft ihres Pfründenrechts gehabt und sicherlich zum größten Teil bereits verbraucht hatten, wieder herauszuzahlen. Dem ist das Staatsgesetz vom 3. Juni 1922 in seinem § 2 in der Weise entgegengetreten, daß es das Wirksamwerden der neuen Regelung bis zum 1. April 1922 hinausgeschoben hat. Von diesem Zeitpunkt ab werden auch nach dem Staatsgesetz alle Pfründeninhaber, auch diejenigen, welche ihr Pfründenrecht schon vor der Verkündung der Notverordnung oder vor dem 1. April 1920 erworben haben, von Art. II § 1 der Notverordnung ergriffen. In diesem Sinne läßt das Staatsgesetz einen Eingriff in „wohlerworbene Rechte" zu (vgl. die Begr. zur Vorlage an den Pr. Landtag 1921/22 Drucks. Nr. 2320 S. 2686).

b) Wenn Art. II § 1 der Notverordnung in seiner Erstreckung auf die derzeitigen Pfründeninhaber in wohlerworbene Rechte eingreift, wie es das Staatsgesetz voraussetzt, so widerspricht die Bestimmung insoweit dem Art. 129 Abs. 1 Satz 3 RVerf., der die wohlerworbenen Rechte der Beamten und damit, wie bereits dargelegt, auch diejenigen der Pfarrer der beklagten Landeskirche für unverletzlich erklärt. Es handelt sich auch bei dieser Vorschrift, wie bei Satz 4 das., um einen gegenwärtigen, sofort mit dem Inkrafttreten der Reichsverfassung wirkend gewordenen, keines weiteren Einführungs- oder Ausführungsgesetzes bedürftigen Grundsatz des Reichsverfassungsrechts, dessen Geltung durch ein abweichendes späteres Landesgesetz, wie § 2 des Staatsgesetzes vom 3. Juni 1922, nicht berührt wird (RGZ. Bd. 104 S. 60).

Die Frage, ob Art. II § 1 der Notverordnung in wohlerworbene Rechte des Klägers eingreift, bejaht das Berufungsgericht auf Grund des § 778 II 11 Preuß. Allg. Landr., wonach die Verwaltung und der Nießbrauch der Pfarrgüter dem Pfarrer gebühren. Die Revision wendet dagegen ein: Verwaltung und Nießbrauch der Pfarrgüter seien dem Kläger auch von der Notverordnung belassen worden. Ihm ständen nach wie vor Besitz und Nutzung von Haus und Garten sowie die Verpachtung der Pfarräcker nach seinem Ermessen und zu dem von ihm gebilligten und erzielten Preise zu. Die Pachtgelder seien wie bisher an ihn abzuführen und von ihm zu verwalten. Er sei zur Wahrnehmung der dem Nießbrauch entspringenden Rechte und Pflichten nach wie vor berufen. Die Notverordnung gebe ihm lediglich im kirchlichen Allgemeininteresse auf, einen verhältnismäßig geringen Teil der tatsächlich erzielten Einkünfte des Pfarrstellenvermögens abzugeben, und auch das nur unter der aufschiebenden Bedingung, daß im Vergleich mit der allgemeinen kirchlichen Einkommensregelung ein Überschuß erzielt werde. Diese Betrachtungsweise mit ihrer Abstellung auf die einzelnen aus dem Pfründenrechte des Pfarrers fließenden rechtlichen Befugnisse wird dem Umstand nicht gerecht, daß der Nießbrauch an der Pfründe dem Pfarrer als Diensteinkommen überwiesen ist. Ein Teil dieses Diensteinkommens soll dem Kläger durch die Notverordnung entzogen werden, indem er gezwungen werden soll, Wertsteile seiner Einkünfte aus der Pfründe über das zur Zeit seiner Anstellung im Jahre 1917 geltende Maß hinaus abzugeben (vgl. über die damalige Stellenabgabe § 15 Abs. 3, 4 der Ruhegehaltsordnung vom 26. Mai 1909 und dazu Art. II § 4 der Notverordnung vom 20. Januar 1922). Die Frage nach der Zulässigkeit dieser Schmälerung des Diensteinkommens, des Nießbrauchs in seinem wirtschaftlichen Werte, kann nicht mit dem Hinweis auf die Erhaltung der im Nießbrauch steckenden rechtlichen Befugnisse abgetan werden.

Gewichtiger ist der Einwand der Revision, ein Recht des Klägers auf den Genuß der vollen Pfründe habe gemäß den (oben unter a angeführten) Kirchen- und Staatsgesetzen von 1876 von vornherein nur mit der Einschränkung bestanden, daß er sich Abzüge durch eine für alle Pfarrstellen verbindliche gesamtkirchliche Rechtsregelung über Pfründenabgaben habe gefallen lassen müssen, und zwar, da der § 15 GenSynO. gemäß § 7 Nr. 5 das. habe abgeändert werden können, auch über das in § 15 vorgesehene Maß hinaus. Demgegenüber ist zu sagen: Der Beamte hat ein wohlerworbenes Recht auf das volle Stellendiensteinkommen (RGZ. Bd. 104 S. 61). Darin mag, was hier dahingestellt bleiben kann, im allgemeinen nicht das Recht darauf eingeschlossen sein, daß die Gesetze, nach denen sich die Höhe dieses Einkommens zur Zeit der Anstellung des Beamten richtet, nicht durch spätere Gesetze zu seinem Nachteil abgeändert werden. Die Berufung auf eine Pfründenstelle hat aber ihre Besonderheit. Der Inhaber einer solchen Stelle bezieht nicht, wie sonst regelmäßig der Beamte, auch der evangelische Pfarrer, ein aus der Besoldungsordnung nach festen Normen sich ergebendes Geldgehalt, sondern er hat zu seinem Unterhalt den Nießbrauch an den Pfarrgütern (Liegenschaften und Kapitalien) zugewiesen erhalten; deren Einkünfte verbleiben ihm nach dem Pfründensystem grundsätzlich auch insoweit, als sie das Normativgehalt eines Pfarrers von gleichem Dienstalter und gleichen Familienverhältnissen übersteigen. Sein Diensteinkommen ist so, in wesentlichem Unterschied vom Gehalt eines aus allgemeinen öffentlichen Mitteln besoldeten Beamten, zu bestimmten nutzbaren Gütern in eine feste

Beziehung gesetzt; es hängt — darauf hat der Pfründeninhaber durch seine Anstellung ein Recht erworben — von der Höhe der Erträge dieser Güter ab. In diese wohlerworbene Rechtsstellung greift die Notverordnung ein, indem sie dem Pfründeninhaber von den ihm zustehenden Einkünften nur den dem allgemeinen landeskirchlichen Pfarrbesoldungsstand entsprechenden Betrag belassen und ihm den ganzen Überschuß teils zugunsten des landeskirchlichen Hilfsfonds, teils zugunsten der Kirchengemeinde für allgemeine (nicht der Pfarrbesoldung dienende) ortskirchliche Bedürfnisse, teils zum Zwecke der Ansammlung einer Rücklage bei der beteiligten Pfarrstelle entziehen will. Das kommt darauf hinaus, daß dem Pfründeninhaber alle wirtschaftlichen Vorteile seiner Sonderstellung genommen werden sollen. Es kann auf sich beruhen, ob diese Neuregelung des Diensteinkommens der Pfründeninhaber noch unter den Begriff der „Heranziehung der Einkünfte der Pfarrpfründen zu Beiträgen für kirchliche Zwecke" im Sinne der Kirchen- und Staatsgesetze von 1876 oder unter den in Art. 9 des Staatsgesetzes betr. die Kirchenverfassungen der evangelischen Landeskirchen vom 8. April 1924 gebrauchten Begriff der Heranziehung des Pfarrvermögens zu Abgaben gebracht werden kann und ob eine solche Neuregelung mit dem Rechte des Eigentümers am Pfarrvermögen, sei dies die Kirchengemeinde (RG. bei Gruchot Bd. 40 S. 385) oder ein besonderes Rechtssubjekt (RGZ. Bd. 38 S. 326), vereinbar ist. Denn hier handelt es sich nicht um die Zulässigkeit dieser Neuregelung an sich, sondern darum, ob die Erstreckung der Neuregelung auf die derzeitigen Pfründeninhaber rechtswirksam ist. Das ist wegen der in Art. 129 Abs. 1 Satz 3 den Beamten gewährleisteten Unverletzlichkeit ihrer wohlerworbenen Rechte zu verneinen.

Der Art. 137 Abs. 6 RVerf., dessen Anwendbarkeit beide Parteien erörtern, läßt sich weder gegen die Auffassung anführen, daß die Erhebung einer Pfründenabgabe überhaupt zulässig sei, noch auch für die Auffassung, daß eine solche Abgabe selbst in einem gegenüber dem bisherigen Rechtszustand erhöhten Maße auch von den derzeitigen Pfründeninhabern erhoben werden dürfe. Auf das erstere braucht nach obigem nicht weiter eingegangen zu werden; das letztere ergibt sich daraus, daß Kirchensteuern, die „auf Grund der bürgerlichen Steuerlisten" erhoben werden, lediglich in Zuschlägen zu Reichs-,

Landes- und Gemeindesteuern oder in Prozentsätzen dieser Steuern bestehen dürfen. Nur in diesem Rahmen ist das kirchliche Besteuerungsrecht im Art. 137 Abs. 6 gewährleistet und für eine nähere Regelung durch die dort vorgesehenen „landesrechtlichen Bestimmungen" Raum gegeben (so auch Anschütz, Anm. 10 zu Art. 137; vgl. § 15 des Landessteuergesetzes vom 30. März 1920, RGBl. S. 402, und jetzt § 18 des Finanzausgleichsgesetzes vom 23. Juni 1923, RGBl. I S. 494).

Ist nach alledem Art. II § 1 der Notverordnung vom 20. Januar 1922 dem Kläger gegenüber unwirksam, so rechtfertigt sich die in den Vorentscheidungen getroffene Feststellung, daß diese Notverordnung der Beklagten kein Recht gibt, den Kläger über das zur Zeit seiner Anstellung zulässige Maß hinaus in den Einkünften aus seiner Pfarrstelle zu beeinträchtigen.

---

47. 1. Erledigung des Rechtsstreits in der Hauptsache.

2. Bedarf die Vereinbarung einer besonderen Vergütung für die alsbaldige Räumung des verkauften Grundstücks der Form des § 313 BGB.?

3. Dauert die Genehmigungspflicht in Gemäßheit des preußischen Gesetzes über den Verkehr mit Grundstücken vom 10. Februar 1923 für alle vor dem 4. August 1925 abgeschlossenen Grundstücks-Veräußerungsgeschäfte auch nach dem 1. Juli 1926 noch fort oder ist zu letzterem Zeitpunkt das vorbezeichnete Gesetz gänzlich außer Kraft gesetzt worden?

Preuß. Grundstücksverkehrsgesetz vom 10. Februar 1923 (GS. S. 25) § 16 und vom 20. Juli 1925 (GS. S. 93).

V. Zivilsenat. Urt. v. 6. Oktober 1926 i. S. M. u. Gen. (Bekl.) w. Oe. (Kl.) V 28/26 und M. (Kl.) w. Oe. u. Gen. (Bekl.). V 29/26.

I. Landgericht Hagen.
II. Oberlandesgericht Hamm.

I. Zur Sache V 28/26:

Durch notariellen Kaufvertrag vom 8. Mai 1923 verkaufte die Ehefrau M. der Ehefrau Oe. den Grundbesitz Hellweg Nr. 1 in H. und erklärte zugleich die Auflassung. Als Kaufpreis ist im Vertrag die Summe von 26 Millionen Mark angegeben. Mit der Klage begehrte die Ehefrau Oe. die Verurteilung der Eheleute M. zur Einwilligung in die Umschreibung der Grundstücke. Die Eheleute M. wendeten die Nichtigkeit des Kaufvertrags wegen unrichtiger Beurkundung des Kaufpreises ein, der 50 Millionen Mark betragen habe. Sie wurden jedoch vom Landgericht dem Klagantrag entsprechend verurteilt. In der Berufungsinstanz wiederholten sie ihren Antrag auf Klagabweisung noch, als die Ehefrau Oe. als Eigentümerin ins Grundbuch eingetragen worden war und nunmehr verlangte, der Rechtsstreit möge in der Hauptsache für erledigt erklärt werden. Letzterem Begehren willfahrte das Berufungsgericht und legte den Eheleuten M. die Kosten des Rechtsstreits auf, weil es die Formwidrigkeit des Kaufvertrags wegen unrichtiger Beurkundung verneinte und deshalb die dazu erteilte behördliche Genehmigung nach dem Preußischen Grundstücksverkehrsgesetz vom 10. Februar 1923 für wirksam erachtete. Der Revisionsantrag der Eheleute M. entsprach ihrem Berufungsantrag.

II. Zur Sache V 29/26:

In diesem Rechtsstreit hatte die Ehefrau M. ursprünglich auf Feststellung geklagt, daß der bezeichnete Kaufvertrag nichtig sei und daß die Ehefrau Oe. keinen Anspruch auf Auflassung des Grundbesitzes habe, sowie auf Verurteilung des Ehemannes Oe., die Zwangsvollstreckung in das Vermögen seiner Ehefrau zu dulden. Diesen Antrag wiederholte zunächst die Ehefrau M., nachdem ihre Klage vom Landgericht abgewiesen worden war, im zweiten Rechtszug; sodann beantragte sie jedoch wegen der inzwischen erfolgten Eintragung der Ehefrau Oe. im Grundbuch, die Eheleute Oe. zur Rückauflassung der Grundstücke zu verurteilen. Sie hält die Auflassung für unwirksam, weil der Behörde ein wegen unrichtiger Beurkundung des Kaufpreises nichtiger Kaufvertrag zur Genehmigung vorgelegt worden sei; deshalb habe die Ehefrau Oe. infolge der Umschreibung auch kein Eigentum erworben. Die Berufung wurde zurückgewiesen. Hiergegen richtet sich die Revision der Ehefrau M. Sie beantragt, die Ehefrau Oe. zur Rückauflassung der Grundstücke oder zur Berichtigung des Grundbuchs zu verurteilen; gegenüber dem Ehemann Oe. geht ihr Antrag dahin, daß er wegen der Kosten die Zwangsvollstreckung in das Vermögen seiner Ehefrau zu dulden habe.

Beide Revisionen hatten Erfolg.

Gründe:

I. Zur Sache V 28/26:

Die Revision wäre unzulässig, wenn das Berufungsgericht, als es die Hauptsache für erledigt erklärte und die Kosten den Eheleuten M. auferlegte, keine Entscheidung in der Hauptsache im Sinne des § 99 Abs. 1 und 3 ZPO. erlassen hätte. Das Gegenteil ergibt sich jedoch daraus, daß in der letzten Berufungsverhandlung bloß die Ehefrau Oe. den Rechtsstreit in der Hauptsache für erledigt angesehen wissen wollte, während die Gegenpartei, wie auch jetzt noch, bei ihrem Antrag auf Klagabweisung beharrte. Das Berufungsgericht hat damit, daß es nicht auf Grund übereinstimmender Parteierklärungen erkannte, sondern entgegen dem Antrag der einen Partei dem der andern stattgab, eine mittels Revision angreifbare Entscheidung in der Hauptsache erlassen. Hiernach steht der Zulässigkeit des Rechtsmittels nichts im Wege.

Anderseits ist das noch in diesem Rechtszuge wiederholte Verlangen der Eheleute M. nach Abweisung der Klage nicht gerechtfertigt. Vielmehr hat das Berufungsgericht zutreffend die Berechtigung des Klaganspruchs nur insoweit geprüft, als er mittels des Kostenantrags noch aufrecht erhalten wurde. Mit der Klage war die Verurteilung zur Einwilligung in die Grundbuchumschreibung beantragt. Die geforderte Willenserklärung hat sich im Laufe des Rechtsstreits erübrigt, weil die vom Grundbuchamt gegen die Umschreibung erhobenen Bedenken durch das Beschwerdegericht für unbegründet erklärt worden sind und infolgedessen eine neue Willenserklärung der Verkäuferin nicht mehr nötig war. Damit ist das Klageverlangen in Wirklichkeit erledigt und der mit dem Antrag auf Klagabweisung verfolgte Widerspruch gegen die Erledigterklärung unbegründet. Einer anderen Entscheidung zur Hauptsache bedarf es nicht mehr, sondern nur noch der für den Kostenpunkt erheblichen Klarstellung, ob der mit der Klage geltend gemachte Anspruch ursprünglich begründet war oder nicht, vgl. JW. 1920 S. 557 Nr. 12, WarnRspr. 1919 Nr. 103 und 104. Da, wie sogleich zu erörtern ist, in der Hauptsache zum Nachteil der Revisionsbeklagten entschieden werden müßte und da durch den Streit über Erledigterklärung oder Klagabweisung besondere Kosten nicht entstanden sind, war — unter

Zurückweisung der Revision im übrigen — die Revisionsbeklagte mit den gesamten Kosten des Rechtsstreits zu belasten.

II. In der Sache V 29/26

geht das Berufungsgericht von der Feststellung aus, daß die nach dem Preuß. Grundstücksverkehrsgesetz vom 10. Februar 1923 erforderliche behördliche Genehmigung zum notariellen Vertrag vom 8. Mai 1923 eingeholt worden sei, und insofern auch von den Rechtsgrundsätzen, die der erkennende Senat in RGZ. Bd. 111 S. 239 über die Wirksamkeit einer behördlichen Genehmigung nach jenem Gesetz für den Fall aufgestellt hat, daß die Rechtsgültigkeit des Grundstückskaufvertrags wegen Verstoßes gegen die Formvorschrift des § 313 Satz 1 BGB. zu beanstanden ist. Das Berufungsgericht verneint aber, daß ein solcher Verstoß vorliege. Zwar hält es für erwiesen, daß neben dem im notariellen Vertrag beurkundeten Kaufpreis von 26 Millionen Mark noch 24 Millionen als Vergütung für die sofortige Aufgabe und Räumung des Grundbesitzes vereinbart worden sind, ohne daß der Kaufvertrag über diese zusätzliche Vergütung etwas enthält. Die Vereinbarung einer solchen Vergütung sei aber mit Rücksicht auf die Wohnungsgesetzgebung verständlich und nicht formbedürftig. Es habe sich dabei um einen Nebenvertrag gehandelt, der nach dem Willen der Parteien als selbständige Vereinbarung außerhalb des Grundstücksveräußerungsvertrags habe bestehen sollen und von ihm trennbar gewesen sei. Eine rechtliche Abhängigkeit beider Vereinbarungen sei neben der wirtschaftlichen nicht anzunehmen.

Die Revision hält dagegen den Kaufvertrag vom 8. Mai 1923 wegen unrichtiger Beurkundung des Kaufpreises für nichtig und diese Nichtigkeit auch durch die Eintragung der Ehefrau M. ins Grundbuch nicht für geheilt, weil nur der notarielle Scheinvertrag der Behörde zur Genehmigung vorgelegt worden und deshalb die erteilte Genehmigung ebenso wie die Eintragung unwirksam sei.

Die Bedenken der Revision gegen die Verneinung des rechtlichen Zusammenhangs zwischen dem Kaufvertrag und der Sonderabrede über sofortige Räumung der Besitzung sind begründet. Denn die vom Berufungsgericht für ausschlaggebend erachtete Möglichkeit, durch äußerliche Trennung wirtschaftlich zusammenhängender

Verträge diesen einen voneinander unabhängigen rechtlichen Bestand zu geben, findet dort ihre Grenze, wo die Leistungen und Gegenleistungen aus dem einen Vertrag noch mit zu denen aus dem anderen gehören. Ein solcher Zusammenhang muß dann als vorhanden angesehen werden, wenn, wie es hier nach der Beweisannahme des Berufungsrichters der Fall war, die Sondervergütung im Nebenvertrag für die alsbaldige Räumung und Aufgabe des verkauften Grundbesitzes gewährt wird. Die Räumung und Aufgabe ist nämlich in Wirklichkeit nichts anderes als die dem Verkäufer nach § 433 BGB. obliegende Übergabe des verkauften Grundbesitzes; sie ist deshalb vom Kaufvertrag rechtlich auch dann nicht trennbar, wenn dafür mehr gezahlt werden soll, daß der Vertragspflicht möglichst bald genügt wird. Das tritt im vorliegenden Falle dadurch besonders klar zutage, daß schon im § 3 des Vertrags vom 8. Mai 1923 die alsbaldige Räumung ausdrücklich zum Gegenstand dieses Vertrags gemacht und damit der Charakter der Sondervergütung in ungefährer Höhe des verlautbarten Kaufpreises als dessen Bestandteil und als weitere Gegenleistung für die Überlassung des Grundstücks zweifelfrei klargestellt wird. In demselben Sinne hat der erkennende Senat wiederholt entschieden und insbesondere hat er ausgesprochen, daß die Erlaubnis zum Einzug in das verkaufte Wohngrundstück aus dem wesentlichen Vertragsinhalt nicht etwa dadurch ausgeschieden werden kann, daß dafür ein besonders früher Zeitpunkt festgesetzt wird. Daran ist festzuhalten. (Vgl. Urt. vom 25. Februar 1925 V 202/24, Urt. vom 16. Dezember 1925 V 97/25, Urt. vom 8. Februar 1926 V 262/25.)

Muß demzufolge die ursprüngliche Nichtigkeit des Kaufvertrags vom 8. Mai 1923 wegen unrichtiger Beurkundung des Kaufpreises auf Grund der §§ 125, 313 Satz 1 BGB. als feststehend angenommen werden, so steht der Heilung der Nichtigkeit gemäß Satz 2 daselbst durch die inzwischen erfolgte Eintragung der Käuferin als Eigentümerin im Grundbuch der Genehmigungsmangel nach § 1 des Grundstücksverkehrsgesetzes im Wege. Denn der Behörde ist nur der die Auflassung enthaltende notarielle Scheinvertrag zur Genehmigung vorgelegt worden. Vgl. RGZ. Bd. 111 S. 244.

Allerdings soll das bezeichnete Gesetz nach seinem § 16 mit dem 1. Juli 1926 außer Kraft treten. Das bedeutet aber keineswegs, wie von einigen Schriftstellern[1] behauptet wird, daß dann auch die vor dem Außerkrafttreten bereits genehmigungspflichtig gewordenen Rechtsgeschäfte allgemein vom Genehmigungszwange befreit sein sollten. Die Vertreter der Anschauung, daß Verkäufe, bei denen die Genehmigung nicht rechtskräftig versagt war, vom 1. Juli 1926 ab so zu behandeln seien, als ob das Grundstücksverkehrsgesetz nie bestanden hätte, verkennen, daß — woran die Rechtsprechung der Zivil- und Strafsenate des Reichsgerichts stets festgehalten hat — das bloße Außerkrafttreten eines Gesetzes nicht ohne weiteres genügt, um darunterfallende, in der Vergangenheit liegende Tatbestände seiner Einwirkung zu entziehen. Eine so weit reichende Kraft gesetzlicher Vorschriften, die ein Gesetz aufheben oder abändern, muß vielmehr stets besonders verordnet sein, sei es, daß derartiges ausdrücklich bestimmt wird, sei es, daß es sonst aus Inhalt, Grund oder Zweck des Gesetzes erhellt. In RGZ. Bd. 104 S. 30 ist ausgesprochen (zwar für einen Fall der Rückwirkung einer neuen Rechtsnorm, aber auch von Bedeutung für die hier streitige Fortwirkung der alten), die Rechtsprechung habe vielfach, und zwar für den Bereich des Privatrechts und des Strafrechts, anerkannt, es sei grundsätzlich anzunehmen, daß beim Wechsel der Gesetzgebung der Gesetzgeber der Herrschaft des neuen Rechts im Zweifel nur diejenigen Rechtsverhältnisse habe unterwerfen wollen, die ihrem Wesen nach dem zeitlichen Geltungsbereich dieses Rechts angehören. Ähnliches ist in RGZ. Bd. 99 S. 225 zu der Frage gesagt, ob eine vor dem Inkrafttreten des BGB. begangene Handlung sich als unerlaubt darstelle. Am schärfsten aber ist dieser Gedanke in der Rechtsprechung der Strafsenate des Reichsgerichts zu den während des Krieges häufig erlassenen Zeitgesetzen zum Ausdruck gelangt, wenn ständig erkannt wurde, daß nur ein Wandel in der Rechtsanschauung des Gesetzgebers über die Strafbarkeit einer Handlung den noch nicht abgeurteilten Tatbeständen zugute komme, wo-

[1] Dannenbaum, Grundstücksschwarzkäufe aus der Inflationszeit sind gültig geworden mit dem 1. Juli 1926, Berlin 1926, und in DJZ. 1926 Sp. 955; Ehrne, Gruch. Bd. 68 S. 284; Hagelberg, Komm. zu § 16 GVerkG. und JW. 1926 S. 1774, 2282; Oberneck, Berliner Tageblatt vom 1. August 1926. A. M.: Wagemann, JW. 1926 S. 2065 II; Hoche, JW. 1926 S. 1787; Wolffsohn, JW. 1926 S. 2282; Sell, DJZ. 1926 Sp. 1092; Elsaß, JW. 1926 S. 2356 Nr. 3. D. E.

gegen eine durch bloße Veränderung der wirtschaftlichen Verhältnisse hervorgerufene Aufhebung oder Abänderung des Gesetzes die Bestrafung nicht verhindere; vgl. RGSt. Bd. 57 S. 385, 416 und die dort angeführten weiteren Entscheidungen. Ein Wandel der Rechtsanschauung des Gesetzgebers muß aber aus dem Gesetze zu ersehen sein.

Dem Wortlaut des § 16 des Grundstücksverkehrsgesetzes: „Das Gesetz tritt mit dem 1. Juli 1926 außer Kraft" kann für sich allein unmöglich eine weitergehende Bedeutung beigelegt werden als die, daß der Gesetzgeber, wenn er dem Gesetz dieselbe Geltungsdauer verlieh wie dem Reichsmietengesetz vom 24. März 1922 (RGBl. S. 273, vgl. dort § 24), die von ihm gezogene zeitliche Schranke für den freien Grundstücksverkehr zwar als ausreichend, aber auch als erforderlich angesehen hat, um den von ihm gewollten Zweck zu erreichen. Daraus folgt, daß das Zeitgesetz volle Wirksamkeit für die von ihm erfaßten Rechtsvorgänge haben sollte, die innerhalb der gesetzten Frist sich ereigneten, und daß man nur die nach Ablauf der Frist abgeschlossenen Rechtsgeschäfte der im § 1 des Gesetzes gemeinten Art freilassen wollte, indem man annahm, daß sie infolge der geänderten wirtschaftlichen Verhältnisse der behördlichen Beaufsichtigung nicht mehr bedürfen würden. Hätte der Gesetzesbefehl mit dem Tage des Außerkrafttretens auch für früher verwirklichte und demnach an sich von ihm erfaßte Tatbestände der Wirkung deswegen beraubt werden sollen, weil diese beim Außerkrafttreten noch nicht endgültig geworden war, so hätte es besonderer Anordnung, etwa nach Art der im § 15 Satz 2 gegebenen bedurft („Es findet keine Anwendung auf" usw.) oder es müßten sich sonstige Anhaltspunkte für einen abweichenden Gesetzeswillen ergeben. Daß solche im Grundstücksverkehrsgesetz nicht zu finden sind, erklärt sich schon aus der nachträglichen und mit entsprechenden Änderungen anderer Bestimmungen nicht verknüpften Einfügung des § 16 in den Regierungsentwurf (vgl. Drucksachen d. Preuß. Landtags 1921/23 Nr. 4296).

Wohl aber ist das Gegenteil aus dem Inhalt des Preuß. Gesetzes gleichen Namens vom 20. Juli 1925 (GS. S. 93) zu entnehmen. Für den Zeitpunkt seines Zustandekommens kann nicht, wie beim früheren Gesetze, gesagt werden, daß man die Wirkung der

Bestimmungen über das Außerkrafttreten nicht habe überschauen können. Denn damals lag bereits die Rechtsprechung des Reichsgerichts vor, wonach das Fehlen der behördlichen Genehmigung die Wirksamkeit der in Betracht kommenden Rechtsgeschäfte schwebend bedingt. Und daß der Gesetzgeber gerade auf die Rechtsprechung des Reichsgerichts besondere Rücksicht nahm, zeigt der die Rückwirkung betreffende sonstige Inhalt des neuen Gesetzes. Sein Art. I Satz 1 verlegt das Außerkrafttreten des alten Grundstücksverkehrsgesetzes auf einen früheren als den in diesem verordneten Stichtag, nämlich (in Verbindung mit Art. II) auf den 4. August 1925. Seit diesem Tage neu abgeschlossene Rechtsgeschäfte im Sinne von § 1 des alten Gesetzes sind genehmigungsfrei. Wollte man die Unsicherheit über das Zurechtbestehen der früheren Rechtsgeschäfte wegen Fehlens der behördlichen Genehmigung beseitigen, so hätte nichts näher gelegen, als hierfür Sorge zu tragen, indem man Vorschriften, die eine Rückwirkung mit sich bringen, in das Aufhebungsgesetz aufnahm. Daß solche im neuen Grundstücksverkehrsgesetz ausdrücklich enthalten seien, behauptet auch die Gegenmeinung nicht; sie möchte sie aber darin finden, daß der § 16 des alten Gesetzes nicht aufgehoben worden sei, der, nach ihrer Ansicht ausgelegt, die Wirkung des letzteren Gesetzes für die dem neuen Stichtag vorangehenden Geschäfte mit dem Eintritt des alten Stichtags beseitigt habe. Damit wäre die Zeitspanne zwischen beiden Stichtagen als Übergangszeit für die bestmögliche Abwicklung der alten Geschäfte gekennzeichnet. Daß aber jene Auslegung als irrig bezeichnet werden muß, ist bereits nachgewiesen. Dazu kommt, daß die Übereinstimmung der maßgebenden Worte „tritt außer Kraft" im § 16 des alten und im Art. I Satz 1 des neuen Gesetzes darauf hinweist, die neue Vorschrift solle die alte ersetzen, an ihre Stelle treten. Wenn es sodann im ersten Halbsatz des zweiten Satzes von Art. I heißt: „Für alle übrigen Rechtsvorgänge verbleibt es bei der in den §§ 1 und 15 Satz 2 des Gesetzes vorgesehenen Genehmigungspflicht", wenn also für diese Genehmigungspflicht eine zeitliche Grenze (etwa durch: „bis zum 1. Juli 1926" hinter: „verbleibt es") nicht gezogen worden ist, so ergibt die unbefangene Betrachtung, daß man an eine rückwirkende Kraft der Aufhebung des alten Grundstücksverkehrsgesetzes, sei es auf dem Umweg über dessen § 16 oder sonst irgendwie, nicht gedacht hat. Sieht man von der Vorverlegung des Außerkrafttretens ab, so macht es sachlich keinen Unterschied, ob man aus dem neuen Gesetzesinhalt eine bloße Erläuterung der Gesetzesworte „tritt außer Kraft“ oder eine Aufhebung des alten Gesetzes in Gestalt einer Übergangsvorschrift — zutreffender vielleicht: die Ablehnung des Erlasses einer solchen — entnehmen will. Denn der Gesetzgeber hat mit dem erwähnten Halbsatz dieselbe Meinung vertreten, wie sie bei richtiger Auslegung bereits im § 16 des alten Gesetzes zu finden war. Mit dem Willen einer Einschränkung der Genehmigungspflicht mittels Rückwirkung ist es schließlich unvereinbar, daß am Schlusse des Art. I die ausdehnende Rechtsprechung des Reichsgerichts gebilligt wird, durch die ein noch größerer Kreis älterer Rechtsgeschäfte dem Grundstücksverkehrsgesetz unterstellt und damit ebenfalls schwebend bedingt worden ist. Hiernach hat das neue Gesetz dem alten Stichtag für das Außerkrafttreten des Gesetzes durch Nichtaufnahme irgendeiner auf die Fortgeltung des Stichtags hindeutenden Vorschrift ebenso wie durch Aufnahme entgegenstehender Vorschriften jegliche Bedeutung genommen. Im Art. I des neuen Gesetzes ist als Überzeugung des Gesetzgebers zum Ausdruck gelangt, mit der Bestimmung des Außerkrafttretens des Gesetzes vom 10. Februar 1923 für alle neuen Geschäfte werde der Erkenntnis genügt, daß es durch die Weiterentwicklung der wirtschaftlichen Verhältnisse überholt sei und vorzeitig beseitigt werden müsse. Daraus folgt, daß alle vor dem 4. August 1925 liegenden genehmigungspflichtigen Rechtsgeschäfte solange — also auch über den 1. Juli 1926 hinaus — nach dem alten Grundstücksverkehrsgesetz zu behandeln sind, bis sie durch nachgeholte Genehmigung oder auf andere Weise ihre Erledigung gefunden haben.

Aus diesen Gründen behalten die in RGZ. Bd. 111 S. 239flg. niedergelegten Grundsätze auch nach dem 1. Juli 1926 ihre Bedeutung für Grundstücksveräußerungen, die, wie die streitige, nach dem alten Grundstücksverkehrsgesetz genehmigungspflichtig waren und der nach § 313 Satz 1 BGB. erforderlichen Form entbehren. Die Eintragung der Ehefrau Oe. als Eigentümerin im Grundbuch hat daher mangels gehöriger Genehmigung der Rechtsgeschäfte den Eigentumsübergang nicht herbeigeführt, und die Nichtigkeit des Kaufvertrags wegen seiner Formwidrigkeit ist demnach bisher nicht geheilt. Mit

Unrecht begehrt deshalb die Ehefrau Oe. die Einwilligung der Eheleute M. in die Umschreibung der verkauften Grundstücke, und mit Recht verlangt die Ehefrau M. von der Ehefrau Oe., daß diese in die Rückgängigmachung der Umschreibung willige. Dagegen entspricht die in erster Linie beantragte Rückauflassung nicht der Rechtslage, vgl. RGZ. Bd. 108 S. 335.

---

48. Die Echtheit eines Bildes als Eigenschaft der Kaufsache. Stillschweigende Zusicherungen im allgemeinen und im Kunsthandel im besonderen.

BGB. § 459 Abs. 1 u. 2, §§ 462, 463.

II. Zivilsenat. Urt. v. 6. Juli 1926 i. S. B. (Kl.) w. F. (Bekl.). II 496/25.

I. Landgericht II Berlin.
II. Kammergericht daselbst.

Die Parteien sind Kunsthändler. Die Klägerin kaufte Ende März 1924 vom Beklagten ein in Öl gemaltes, mit dem Namen des Künstlers Hans Thoma versehenes Landschaftsbild für 4000 GM. Der Kaufpreis wurde vereinbarungsgemäß in der Weise beglichen, daß die Klägerin dem Beklagten ein gleichfalls zu 4000 GM bewertetes Originalbild des Malers Schr. überließ. Die Parteien sind darüber einig, daß es sich bei dem erstgenannten Bilde um eine übermalte Lithographie einer Zeichnung von Hans Thoma handelt und daß die nachträgliche Übermalung von Hans Thoma selbst signiert ist. Streitig ist aber, von wem die Übermalung herrührt. Die Klägerin behauptet, sie stamme nicht von Thoma, während der Beklagte Thoma als den Übermaler bezeichnet, da er — wie sie meint — das Bild andernfalls nicht selbst signiert hätte. Die Klägerin verkaufte das Bild sofort als Thoma'sches Ölgemälde für 5500 GM an die Kunsthändlerfirma B. & B. Diese Firma gab es jedoch der Klägerin zurück mit der Begründung, daß es von der Nationalgalerie in Berlin als unecht festgestellt worden sei, da es sich anscheinend um eine von fremder Hand in Öl übermalte und mit gefälschtem Signum versehene

Lithographie handle. Nachdem daraufhin die Klägerin den empfangenen Kaufpreis an ihre Abnehmerin zurückgezahlt hatte, forderte sie vom Beklagten unter Zurverfügungstellung des Bildes Erstattung ihres Schadens in Höhe von 5500 G.M. Der Beklagte erklärte sich für den Fall des Nachweises der Fälschung zur Rückgabe des Sch.'schen Bildes gegen Rückempfang des Thomabildes bereit. Eine Einigung kam nicht zustande.

Die Klägerin verlangte nunmehr Schadensersatz in Höhe von 5000 GM wegen Fehlens einer stillschweigend zugesicherten Eigenschaft und wegen arglistiger Täuschung. Des Landgericht gab diesem Antrag statt; das Kammergericht wies die Klage ab. Die Revision der Klägerin war erfolglos.

Gründe:

Die Klägerin fordert gemäß § 463 BGB. Schadensersatz wegen Nichterfüllung, einmal wegen stillschweigender Zusicherung dahin, daß Hans Thoma das Bild gemalt habe, ferner wegen arglistigen Verschweigens, daß es nicht ein Ölgemälde, sondern nur eine übermalte Lithographie sei.

Den zweiten Klagegrund hält das Berufungsgericht deshalb für hinfällig, weil der Geschäftsführer der Klägerin, der den Ankauf vorgenommen hat, selbst Kunsthändler und Kunstkenner sei und daher habe sehen müssen, daß es sich nur um eine nach einer Zeichnung Hans Thoma's hergestellte übermalte Lithographie handle. In diesem Zusammenhang wird ausgeführt, der Beklagte sei trotz des hohen Preises des guten Glaubens gewesen, die Klägerin habe das Bild als übermalte Lithographie erkannt, so daß es eines ausdrücklichen Hinweises auf diese Beschaffenheit nicht mehr bedurft habe. Diese auf bedenkenfreier Tatsachenwürdigung beruhende Auffassung wird von der Revision nicht ernstlich beanstandet. Es handelt sich daher nur noch um den ersten Klagegrund, also darum, ob im Verkauf des Bildes mit dem nach der Feststellung des Berufungsgerichts echten, d. h. von Hans Thoma selbst auf die von anderer Hand herrührende Übermalung der Lithographie gesetzten Signum des Hans Thoma eine Zusicherung zu erblicken ist, daß die Malerei echt sei. Daran, daß der letztere Umstand eine Eigenschaft im Sinne des § 459 Abs. 2 BGB. darstellt, kann kein Zweifel sein. Aus dem Preise, den der Verkäufer im Glauben an die Herstellung der Übermalung durch Hans Thoma verlangt und der Käufer bewilligt hat, geht hervor, daß die Echtheit der Übermalung für die Parteien ein für die Bewertung maßgebender Umstand, also eine Eigenschaft des Bildes war. Diese Auffassung entspricht auch der allgemeinen Anschauung im Verkehr. Denn für den Wert eines Bildes ist es von wesentlicher Bedeutung, ob es von einem bedeutenden, bekannten und beliebten Meister wie Hans Thoma oder von einem unbekannten Maler stammt. Nicht verständlich ist, was das Berufungsgericht in diesem Zusammenhang über die Urheberschaft des Lithographen und deren Beeinträchtigung durch den Urheber der Übermalung sagt. Es handelt sich nicht um die Gegenüberstellung des Urhebers der Lithographie und desjenigen der Übermalung, zumal da das Berufungsgericht nur feststellt, daß Thoma die der Lithographie zugrunde liegende Zeichnung, nicht etwa daß er die Lithographie, d. h. den Steindruck selbst hergestellt habe. Aber auch abgesehen hiervon ist für die Frage der Echtheit des Bildes allein entscheidend, ob die Malerei von Thoma oder von einem anderen stammt. Das Berufungsgericht stellt aber fest, daß sie nicht von Hans Thoma herrühre, daß dieser vielmehr nur sein Signum (seinen vollen Namen) auf die von einem anderen gefertigte Übermalung der nach seiner — Thoma's — Zeichnung hergestellten Lithographie gesetzt habe.

Fehlt es somit an der Eigenschaft der Echtheit des Bildes, so war diese doch nicht vom Beklagten zugesichert. Eine ausdrückliche Zusicherung wird von der Klägerin selbst nicht behauptet. Mögen nun auch stillschweigende Zusicherungen nicht schlechthin ausgeschlossen sein, so können sie doch nur in seltenen Fällen als vorhanden angenommen werden. Das ergibt sich aus Abs. 1 des § 459 BGB., der im Unterschied vom Mangel zugesicherter Eigenschaften von Fehlern der Sache handelt und auch für diese auf den „nach dem Vertrage" vorausgesetzten Gebrauch abstellt. Vertragsmäßig vorausgesetzte Eigenschaften gelten also noch nicht als zugesichert. Vollends im Kunsthandel wird der Käufer, der die Gefahr der Unechtheit eines Gemäldes nicht auf sich nehmen will, sich stets eine ausdrückliche Zusicherung der Echtheit erteilen lassen müssen, widrigenfalls er, wenn überhaupt ein Recht, so nur die gewöhnlichen Gewährschaftsrechte des § 462 BGB. (Wandlung und Minderung) geltend machen kann.

Etwas anderes ist auch nicht, wie die Revision meint, daraus zu entnehmen, daß der Beklagte das Bild mit der Signatur Thoma's verkauft hat. Allerdings kann es nicht gebilligt werden, wenn der Beklagte im dritten Rechtszuge geltend macht, das Signum des Künstlers bedeute nicht dessen eigene Urheberschaft, sondern nur das Herrühren aus seiner Schule. Dieser Standpunkt, der für gewisse alte hervorragende Meister historisch richtig ist und sich durch den gänzlich anderen Malbetrieb jener Zeiten erklärt, trifft auf moderne Maler nicht mehr zu. Ihr eigenhändiges Signum bedeutet die Echtheit der mit ihm versehenen Werke. Wenn Hans Thoma im vorliegenden Fall von dieser Regel abwich, so beruhte sein Entschluß hierzu nach der Zeugenaussage seiner Schwester, die ihn wegen der nicht von ihm herrührenden Übermalung vergeblich von der Signierung abzuhalten suchte, auf der Absicht, dem ihm befreundeten Besitzer des Bildes, der es ihm mit der Bitte um Signierung vorgelegt hatte, gefällig zu sein, und auf der Überzeugung, daß das Bild nicht in den Handel komme. Möglicherweise hat auch der damals schon hochbetagte Meister, der nach der Aussage der Zeugin bei dieser Angelegenheit nur darauf Wert legte, daß das Motiv des Bildes, d. h. die der übermalten Lithographie zugrunde liegende Zeichnung, von ihm stamme, nicht mehr klar genug erkannt, daß sein Signum auf die von fremder Hand herrührende Übermalung der Lithographie bezogen werden müsse. Ungeachtet dieser Besonderheit des tatsächlichen Hergangs bleibt es indes dabei, daß der Verkauf des Bildes mit der Signatur des Malers noch keine Zusicherung der Echtheit enthielt. Nach der Feststellung des Berufungsgerichts hatte die Signatur vorliegend die Wirkung, daß weder Käufer noch Verkäufer an der Echtheit des Bildes zweifelten. Gerade deshalb hat aber der Vertreter der Klägerin keine Zusicherung der Echtheit gefordert und der Beklagte keine solche erteilt. Beiderseits als vorhanden vorausgesetzte Eigenschaften sind noch nicht zugesichert im Sinne des § 459 Abs. 2 BGB.

Im übrigen hat es die Klägerin, da sie auch nicht hilfsweise den Wandlungsanspruch geltend macht, sich selbst zuzuschreiben, daß nicht wenigstens auf Verurteilung des Beklagten zur Wandlung durch gegenseitige Rückgabe der beiden Bilder erkannt werden kann. Daran, daß die Voraussetzungen hierfür gegeben wären, kann kein Zweifel bestehen. Denn soweit es sich nicht um ein Werk aus früheren

Jahrhunderten handelt, bei dem die Feststellung der Urheberschaft oft schwierig ist und der Verkauf oft spekulativen Charakter trägt, ist ein als Werk eines bestimmten Meisters verkauftes Bild im Falle der Unechtheit mit einem Fehler im Sinne des § 459 Abs. 1 BGB. behaftet (vgl. die Urteile des erkennenden Senats vom 19. Mai 1916 II 54/16 WarnRspr. 1916 Nr. 244, ferner vom 14. März 1922 II 491/21 und II 492/21); in solchem Falle sind dann die Gewährleistungsansprüche des § 462 BGB. (Wandlung oder Minderung) gegeben.

---

49. **1. Steht der Annahme eines Pachtvertrags der Umstand entgegen, daß dem Inhaber einer Schankwirtschaft zwar der zum Gewerbebetrieb eingerichtete Raum vom jetzigen, das Wirtschaftsinventar aber vom früheren Grundstückseigentümer gegen Entgelt überlassen wird?**

2. Muß sich die Kündigung des Pachtverhältnisses auf die sämtlichen Räume erstrecken, die Gegenstand des Vertrags sind, oder ist eine Teilkündigung zulässig? Welche Rechte stehen in diesem Falle dem anderen Vertragsteil zu?

BGB. §§ 580, 543 Abs. 1, § 469.

III. Zivilsenat. Urt. v. 7. Juli 1926 i. S. St. (Bekl.) w. Allg Ortskrankenkasse D. (Kl.). III 42/26.

I. Landgericht Dresden.
II. Oberlandesgericht daselbst.

Die früheren Eigentümer des Hauses M.straße 1 in D., Erben H., überließen durch schriftlichen Vertrag vom 31. März 1920, der die Fortsetzung eines Vertrags wesentlich gleichen Inhalts vom 1. April 1909 bildete, an die Beklagte zu Zwecken eines Restaurationsbetriebs drei Räume mit Stehbierhalle, Schlachthaus und Zentralheizungszubehör im Erdgeschoß und drei Zimmer im 1. Obergeschoß jenes Hauses, letztere als Wohnung. Gleichzeitig wurde das zum Betrieb der Schankwirtschaft erforderliche Inventar, welches Eigentum der Erben H. blieb, der Beklagten gegen eine Abnutzungsgebühr überlassen. Die Beklagte betrieb daraufhin in den Räumen des Erdgeschosses eine Gastwirtschaft, wobei sie auch noch ihr selbst gehörige Einrichtungsgegenstände benutzte. Grundstück und Inventar gingen demnächst auf eine Frau Kr. über, die den Vertrag vom 31. März 1920 mit der Beklagten unverändert fortsetzte. Anfang 1925 kaufte die Klägerin das Grundstück und wurde im Grundbuch als Eigentümerin eingetragen; das Inventar verblieb im Eigentum der Frau Kr. und im Besitz der Beklagten. Die Klägerin verlangt mit der Klage Räumung und Rückgabe der gewerblichen Räume, nicht auch der Wohnung. Sie hat der Beklagten am 16. März 1925 zum 30. September 1925 gekündigt in Ausführung des § 3 des Vertrages vom 31. März 1920, wonach halbjährliche Kündigung für 31. März und 30. September zulässig ist. Die Beklagte hat vorgebracht, die Kündigung sei unwirksam, da ein Mietverhältnis auch bezüglich der Wirtschaftsräume vorliege. Das Landgericht hat die Klage zugesprochen. Die Berufung der Beklagten wurde zurückgewiesen. Auch ihre Revision blieb ohne Erfolg.

Gründe:

Das Berufungsgericht ist der Ansicht, daß das zwischen den Prozeßparteien bestehende Rechtsverhältnis als Pachtvertrag anzusehen sei, da der Beklagten zum Gastwirtschaftsbetrieb baulich eingerichtete und mit einem zur Ausübung des Gewerbebetriebs ausreichenden Inventar versehene, sonach betriebsfertig eingerichtete Räume gegen Entgelt überlassen worden seien, die es ihr ermöglichten, aus ihnen unmittelbar bürgerliche Früchte zu ziehen. Dies steht im Einklang mit der ständigen Rechtsprechung des Reichsgerichts und des erkennenden Senats. Hiernach ist für die Annahme eines Pachtverhältnisses von ausschlaggebender Bedeutung, daß die Räume mit der zum Betrieb erforderlichen Einrichtung auf den neuen Inhaber übergehen. Ob die Einrichtung dem zur Verfügung über die Räume Berechtigten oder einem Dritten gehörte, ob sie vom ersteren oder vom letzteren dem neuen Bezieher überlassen wurde, kommt für die Rechtsnatur des Vertrags als eines Pachtvertrags nicht in Betracht (WarnRspr. 1924 S. 127 Nr. 103 und 1926 S. 54 Nr. 245, sowie die dort angezogenen Urteile). Nun hat im vorliegenden Falle das bereits seit dem Jahre 1909 als Pacht bestehende Vertragsverhältnis eine eigenartige Gestaltung insofern erfahren, als die Klägerin beim Erwerb des Grundstücks das Eigentum am Wirtschaftsinventar nicht mitübernahm und infolgedessen für das Inventar die Vertragsbeziehungen zwischen der Beklagten und der Vorbesitzerin des Hauses, Frau Kr., bestehen blieben. Hierdurch wurde der ursprüngliche Pachtvertrag in zwei Teile zerlegt. Allein auch diese Rechtslage steht der Annahme eines zwischen den Streitteilen fortdauernden Pachtverhältnisses nicht entgegen. Nach den Feststellungen des Berufungsgerichts blieb der eingerichtete Gewerbebetrieb mit derselben behördlichen Schankerlaubnis und mit demselben dazu dienenden, geeigneten und ausreichenden, von der bisherigen Verpächterin zur Benutzung überlassenen und nach wie vor in den gewerblichen Räumen untergebrachten Inventar bestehen, es blieb der im engen wirtschaftlichen Zusammenhang mit dem Vertrag über die Gasträume stehende Vertrag mit der Eigentümerin des Inventars, Frau Kr., in fortdauernder Geltung. Der Beklagten wurden demnach auch von der Klägerin nicht leere, sondern nach wie vor betriebsfertig eingerichtete gewerbliche Räume überlassen, die zur alsbaldigen Fruchtgewinnung geeignet blieben. Die Annahme des Berufungsgerichts, daß sich durch den Eintritt der Klägerin in den Vertrag an der Natur des Rechtsverhältnisses über die Gasträume nichts geändert habe, ist daher rechtlich nicht zu beanstanden. Dieses Rechtsverhältnis ist trotz Begründung rechtlicher Beziehungen nach zwei Seiten, zu der früheren und der jetzigen Eigentümerin des Grundstücks, ebenso Pacht geblieben, wie es nach der Rechtsprechung der Fall gewesen wäre, wenn die Beklagte bei Übernahme des Hauses durch die Klägerin das Wirtschaftsinventar von Frau Kr. gekauft hätte. Die Kündigung des Pachtvertrags durch die Klägerin war somit zulässig.

Auch daraus, daß die Klägerin nur die dem Gewerbebetrieb dienenden Räume, nicht auch die Wohnung aufgekündigt hat, läßt sich nichts zugunsten der Revision ableiten. Kamen die mitüberlassenen Wohnräume nur als Nebensache in Betracht, die lediglich dem Pächter die Ausnutzung des Grundstücks als Erwerbsquelle ermöglichen sollen, wie dies das Berufungsurteil annimmt, lag also ein einheitlicher, die Wohnräume mitumfassender Pachtvertrag vor, dann war allerdings die Auflösung des ganzen Vertragsverhältnisses einschließlich der Gebrauchsüberlassung von Wohnräumen zulässig (RGE. vom 26. Januar 1926 III 389/25 und die dort angezogenen Urteile). Allein die Rechtswirksamkeit der auf die gewerblichen Räume sich beschränkenden Kündigung wird hierdurch nicht in Frage gestellt. Es besteht kein allgemeiner Rechtssatz, wonach sich die Kündigung eines Miet- oder Pachtverhältnisses notwendig auf die sämtlichen Räume, die Gegenstand des Vertrags sind, erstrecken muß, wenn dies auch die Regel bilden wird. Die Zulässigkeit einer Teilkündigung ist vielmehr auf Grund des § 543 Abs. 1 in Verbindung mit § 469 BGB. zu beurteilen, denen wegen Ähnlichkeit des Rechtsgrundes ein auch auf den vorliegenden Sachverhalt anwendbarer Rechtsgedanke zu entnehmen ist. Danach kann, da die sämtlichen Räume als zusammengehörig verpachtet sind, jede Vertragspartei im Falle einer Teilkündigung des Gegners verlangen, daß die Kündigung auf alle Räume erstreckt wird, wenn die von der Kündigung betroffenen Räume nicht ohne Nachteil für sie von den übrigen getrennt werden können. Durch die an sich zulässige Teilkündigung der Verpächterin wurde also lediglich das Recht der Pächterin ausgelöst, gegebenenfalls die Ausdehnung der Kündigung auf alle Räume zu fordern. Einen dahingehenden Anspruch hat jedoch die Beklagte niemals geltend gemacht.

Die Teilkündigung ist daher im vorliegenden Falle als rechtswirksam anzusehen.

---

50. 1. Unter welchen Voraussetzungen steht ein Vorbenutzungsrecht demjenigen zu, der eine fremde, im Ausland geschützte und später auch im Inland patentierte Erfindung benutzt hat?

2. Zum Weiterbenutzungsrecht des § 6 der Bekanntmachung vom 6. Juli 1921.

3. Wer trägt die Kosten, wenn die Klage zurückgenommen wird, weil sich der Rechtsstreit erledigt habe?

PatG. § 5. Bek., betr. die Begründung, Erhaltung oder Wiederherstellung von gewerblichen Schutzrechten der Angehörigen der Vereinigten Staaten von Amerika, vom 6. Juli 1921 (RGBl. S. 844) § 6. ZPO. § 271.

I. Zivilsenat. Urt. v. 7. Juli 1926 i. S. F. (Bekl.) w. T. W. C. (Kl.). I 365/25.

I. Landgericht I Berlin.
II. Kammergericht daselbst.

Für die Klägerin, eine amerikanische Gesellschaft mit dem Sitz in Chicago, sind die folgenden deutschen Reichspatente eingetragen:

1. Nr. 366682 mit Wirkung vom 20. August 1921 auf einen Schreibstift mit verstellbarer Mine,
2. Nr. 367932 mit Wirkung vom 31. Mai 1914 auf einen Bleistifthalter mit Magazinschieber.

Für beide Patente wird die Priorität gemäß der Pariser Verbandsübereinkunft vom 20. März 1883/2. Juni 1911 auf Grund der Anmeldung in den Vereinigten Staaten beansprucht, die zu 1 am 28. Oktober 1914, zu 2 am 10. Oktober 1913 erfolgt ist. Mit Wirkung vom 25. August 1921 ist ferner für die Klägerin unter Nr. 277953 das Wort „Eversharp“ als Warenzeichen für Bleistifte, Füllbleistifte und deren Teile eingetragen. Der Beklagte vertreibt Füllbleistifte, die von den Firmen F. und L. unter Benutzung der als Patente für die Klägerin eingetragenen Erfindungen hergestellt sind, unter der Bezeichnung „Goldfink-Immerspitz“. Mit der Behauptung, daß diese Stifte sklavische Nachahmungen ihrer geschützten Stifte seien und daß der Beklagte durch deren Vertrieb gegen § 826 BGB. verstoße sowie ihre Patent- und Warenzeichenrechte verletze, hat die Klägerin auf Untersagung der Herstellung, des Inverkehrbringens, Feilhaltens oder Gebrauchens der nach ihrem Patent hergestellten oder mit dem Zeichen „Eversharp“ oder „Immerspitz“ versehenen Stifte, ferner auf Rechnungslegung und Schadensersatz geklagt. Der Beklagte hat die behauptete „sklavische“ Nachahmung bestritten und geltend gemacht, den Lieferfirmen stehe hinsichtlich des Patents 366682 ein Vorbenutzungsrecht aus § 5 PatG. und bezüglich des Patents 367932 ein Weiterbenutzungsrecht aus Nr. 6 der Bekanntmachung vom 6. Juli 1921 zu; die von ihm gebrauchte Warenbezeichnung verletze diejenige der Klägerin nicht. Nachdem im Oktober 1923 für den Beklagten auf Grund seiner Anmeldung vom 19. Juli 1923 die Worte „Goldfink-Immerspitz“ als Warenzeichen eingetragen worden waren und er dies im Rechtsstreit geltend gemacht hatte, erklärte die Klägerin in der nächsten mündlichen Verhandlung, sie nehme die Klage, soweit sie auf das Warenzeichen 277953 gestützt sei, zurück, bitte aber, insoweit dem Beklagten die Kosten aufzuerlegen. Der Beklagte erklärte sich mit der Zurücknahme einverstanden, verwahrte sich aber gegen die Kostenlast. Beide Vordergerichte verurteilten den Beklagten im übrigen nach dem Klagantrag und legten ihm sämtliche Kosten auf. Seine Revision führte zur Aufhebung und Zurückverweisung.

Gründe:

Das Kammergericht trifft keine endgültige Entscheidung darüber, ob die vom Beklagten vertriebenen Schreibstifte eine sklavische Nachahmung der Stifte der Klägerin seien und ob daher Ansprüche auf Grund des § 826 BGB. gegeben seien; es hält die Klagansprüche vielmehr schon wegen der Verletzung der Patente für begründet. Es führt dazu aus: Sowohl § 5 PatG. wie § 6 der Bekanntmachung vom 6. Juli 1921 setzten voraus, daß der Benutzungsbesitz selbständig gegenüber demjenigen des Patentinhabers dastehe und nicht in irgendeiner Form von ihm abgeleitet sei; es müsse also eine Doppelerfindung vorliegen; nur solange kein Patent erteilt sei, dürfe die Erfindung eines anderen verwertet werden. Mit Recht wendet sich hiergegen die Revision.

Der Beklagte bestreitet die Patentverletzung unter Berufung darauf, daß seinen Lieferfirmen ein Vorbenutzungsrecht gegenüber dem Patent 366682 und ein Weiterbenutzungsrecht gegenüber dem Patent 367932 zuständen. Wenn dies der Fall ist, so würde den Beklagten der Vorwurf der Patentverletzung schon deshalb nicht treffen, weil dann die Herstellung der von ihm vertriebenen Stifte nicht rechtswidrig und daher auch ihr Weitervertrieb ihm ohne weiteres gestattet wäre. Nach den der Entscheidung zugrunde zu legenden Behauptungen des Beklagten haben F. und L. bereits lange vor Anmeldung der Patente in Deutschland die Stifte hergestellt, nachdem die Patente in den Vereinigten Staaten auf die Erfindungen erteilt und die danach hergestellten Stifte in großen Mengen in Deutschland verbreitet waren. Ob die übrigen Voraussetzungen des Vorbenutzungs- und des Weiterbenutzungsrechts gegeben waren, hat das Berufungsgericht nicht geprüft, da es schon aus seinen oben wiedergegebenen Erwägungen diese Rechte verneint.

Was das Vorbenutzungsrecht betrifft, so geht das Berufungsgericht mit Recht davon aus, daß der maßgebende Zeitpunkt, vor dem es erworben sein muß, der Tag der Anmeldung in Deutschland, also der 20. August 1921 ist, nicht derjenige der beanspruchten amerikanischen Priorität (vgl. RGZ. Bd. 99 S. 145). Benutzt haben F. und L. die Erfindung nach der Darstellung des Beklagten lange vor dieser Zeit. Allerdings haben sie dabei die Erfindung der Klägerin benutzt. Aber das allein kann ihr Vorbenutzungsrecht nicht hinfällig machen. Daß der Benutzung nicht eine eigene Erfindung zugrunde zu liegen braucht, ist jetzt die herrschende Ansicht und wird auch vom Reichsgericht ständig vertreten. Geschützt soll eben der Besitzstand der Benutzung werden. Die Ansicht des Berufungsgerichts, es müsse eine Doppelerfindung vorliegen, ist also jedenfalls rechtsirrtümlich. Zweifelhafter ist die Frage, ob auch eine unter Verwertung der fremden, später patentierten Erfindung erfolgte Benutzung ein Vorbenutzungsrecht im Sinne des § 5 PatG. verschaffen kann. Isay verneint die Frage mit der Begründung, es ergebe sich dies aus dem Begriff der Vorbenutzung (Isay, Patentgesetz, 4. Aufl. § 5 Anm. 5). Er führt insbesondere aus: nachdem ein Patent im Ausland erteilt, die Erfindung veröffentlicht oder im Inland offenkundig benutzt sei, könne ein Vorbenutzungsrecht nicht mehr begründet werden (a. a. O. S. 624, im Anh. Internationales Patentrecht Anm. 13). Den letzteren Standpunkt teilen auch Damme-Lutter, das Deutsche Patentrecht, S. 424, mit der Begründung, auf Grund allgemeiner Kenntnis könnten Sonderrechte wie das Vorbenutzungsrecht überhaupt nicht entstehen. Diese Ansicht wird aber dem Wortlaut und dem Zweck des § 5 PatG. nicht gerecht. Das Reichsgericht hat sich mit der Frage der Selbständigkeit des Vorbenutzungsrechts gegenüber der patentierten Erfindung, abgesehen von früheren Urteilen, z. B. in RGZ. Bd. 37 S. 44, ausführlicher in seiner Entscheidung vom 22. März 1912 (II 354/11, abgedr. JW. 1912 S. 697 Nr. 27) beschäftigt. Dort wird allerdings auch eine gewisse Selbständigkeit der Vorbenutzung verlangt und der Satz der früheren Entscheidung (RGZ. Bd. 37 S. 44) gebilligt, daß der Vorbenutzer sich in einem von dem späteren Patentberechtigten unabhängigen oder mit dessen Einwilligung erlangten Besitz befunden haben müsse. Die übrigen Ausführungen ergeben aber doch, daß der Hauptwert darauf gelegt wurde, ob die Entnahme rechtswidrig erfolgt ist, und daß dies insbesondere dann angenommen wurde, wenn die Entnahme einer nicht der Öffentlichkeit übergebenen Erfindung ohne oder sogar gegen den Willen des Erfinders geschehen war. Und tatsächlich kann auch allein ausschlaggebend sein, ob der Benutzer sich im redlichen Besitzstande der Benutzung befindet. Denn geschützt ist nach Wortlaut und Zweck des § 5 PatG., welcher den durch die Einleitung eines entsprechenden Unternehmens gewonnenen Besitzstand als ein berechtigtes Interesse schützen will, jeder, der die Erfindung bereits redlich in Benutzung genommen hat.

Eine solche redliche Benutzung des Erfindungsgedankens wird nicht schon dadurch hinfällig gemacht, daß darin die Erfindung des späteren Patentinhabers verwertet wird. Es kommt in einem solchen Falle vielmehr auf die Umstände an. Man wird sagen können, daß der Benutzer die nicht im Inlande patentierte Erfindung auch dann redlich benutzt, wenn keine Umstände dafür vorliegen, daß der Erfinder auf seine Erfindung noch ein inländisches Patent nachsuchen und erhalten wird. Diese Voraussetzung wird bei einem im Ausland erteilten Patent in der Regel solange nicht gegeben sein, als noch nach den gesetzlichen Bestimmungen ein Inlandspatent mit der ausländischen Priorität erteilt werden kann oder sonst auch schon Umstände darauf hindeuten, daß ein inländisches Patent nachgesucht werden soll. Anders aber ist die Benutzung einer schon durch Auslandspatent geschützten Erfindung dann zu beurteilen, wenn solche Umstände nicht vorliegen. Das aus der Benutzung entstehende Sonderrecht beruht dann nicht, wie Damme meint, lediglich auf der allgemeinen Kenntnis, sondern auf ihrer besonderen Verwertung. Die Offenkundigkeit steht in solchem Falle, wenn später das Patent in Deutschland mit der ausländischen Priorität nachgesucht wird, dieser Patenterteilung nicht entgegen, anderseits vermag dann aber die Patenterteilung auch nicht die Fortsetzung der früher begonnenen Benutzung eines Dritten zu hindern. Hier liegen nun verschiedene Umstände vor, die für die Redlichkeit der Benutzung der später durch das Patent Nr. 366682 geschützten Erfindung sprechen. Das Patent war in den Vereinigten Staaten bereits mit Wirkung vom 28. Oktober 1914 erteilt worden. Bis zum Ausbruch des Krieges zwischen Deutschland und den Vereinigten Staaten, also bis Anfang 1917, war die Erfindung in Deutschland nicht zum Patent angemeldet worden. Nach der damaligen Lage der Gesetzgebung war auch eine

Patenterteilung in Deutschland nicht mehr angängig. Es ist deshalb eine Nachprüfung der für die Redlichkeit in Betracht kommenden Umstände durch den Tatrichter geboten.

Ob in einem Falle der vorliegenden Art, in dem ein inländisches Patentrecht des Amerikaners zur Zeit der Benutzung noch gar nicht entstanden war, auch § 6 der Bekanntmachung vom 6. Juli 1921 zur Anwendung kommen kann, wie der Beklagte in der Revisionsverhandlung ausgeführt hat, kann dahingestellt bleiben, da dort gleichfalls guter Glaube in der Benutzung, also redliche Benutzung verlangt wird.

Nach den obigen Ausführungen reicht auch im zweiten Falle die lediglich auf unselbständige Benutzung gestützte Begründung für die Nichtanwendbarkeit des § 6 der Bekanntmachung vom 6. Juli 1921 nicht aus. Die Umstände sind hier aber insofern noch ganz andere, als § 6 gerade die Benutzung der später patentierten Erfindung unmittelbar voraussetzt. Das Berufungsgericht wird daher die Sache unter Abstandnahme von seinen Bedenken erneut zu prüfen haben. Wegen der Rechtswirksamkeit und der Bedeutung des § 6 der Bekanntmachung mag dabei auf die Entscheidung des Senats vom heutigen Tage I 444/1925 (S. 252 dieses Bandes) hingewiesen werden.

Begründet ist schließlich die Revision auch insoweit, als sie rügt, durch die Entscheidung über die Kosten des Warenzeichenanspruchs sei § 271 ZPO. verletzt worden. Das Berufungsgericht hat diese Kosten dem Beklagten auferlegt, obwohl die Klägerin insoweit die Klage zurückgenommen hatte. Das Landgericht, auf dessen Ausführungen das Berufungsgericht verweist, begründete die Entscheidung folgendermaßen: Der Warenzeichenanspruch der Klägerin sei mit dem Nachweis des Beklagten, daß ihm eine angeblich verletzende Bezeichnung „Goldfink-Immerspitz“ als Warenzeichen im Laufe des Rechtsstreits geschützt worden sei, hinfällig geworden. Da sie dann aber alsbald die Klage zurückgenommen habe, müsse nach § 93 ZPO. geprüft werden, ob die Klage insoweit bis zu jener Zeit begründet war. Das sei zu bejahen. Es hat also den Fall so behandelt, als wenn die Klägerin die Klage insoweit für erledigt erklärt hätte. Diese Bedeutung hatte aber die Erklärung der Klägerin nicht; sie ging vielmehr ausdrücklich dahin, daß die Klage in diesem Punkt zurückgenommen werde. Als Zurücknahme hat auch der Beklagte die Erklärung aufgefaßt; denn er hat ausdrücklich sein Einverständnis damit erklärt. Die durch den rechtskundigen Vertreter der Klägerin abgegebene Erklärung kann daher auch nur in diesem formellen Sinne verstanden werden. Daß dabei die Klägerin den Antrag gestellt hat, die Kosten auch insoweit dem Beklagten aufzuerlegen, kann daran nichts ändern. Dann aber greift die zwingende Vorschrift des § 271 ZPO. ein, daß die Klägerin für diesen Teil die Kosten zu tragen hat, und es mußte dem hierauf gerichteten Antrag des Beklagten stattgegeben werden ohne Rücksicht darauf, ob dieser Klaganspruch ursprünglich begründet gewesen war oder nicht.

---

51. 1. Ist § 6 der Bekanntmachung der Reichsregierung vom 6. Juli 1921 rechtsgültig?

2. Unter welchen Voraussetzungen ist im Sinne des § 6 dieser Bekanntmachung eine Erfindung in gutem Glauben in Benutzung genommen?

Reichsverfassung Art. 77. Bek., betr. die Begründung, Erhaltung oder Wiederherstellung von gewerblichen Schutzrechten der Angehörigen der Vereinigten Staaten von Amerika, vom 6. Juli 1921 (RGBl. S. 844) § 6.

I. Zivilsenat. Urt. v. 7. Juli 1926 i. S. M. M. G. (Kl.) w. F. (Bekl.). I 444/25.

I. Landgericht I Berlin.
II. Kammergericht daselbst.

Für den amerikanischen Staatsangehörigen H. H. B. in New-York ist das deutsche Reichspatent Nr. 293723 vom 1. Februar 1913 mit folgendem Anspruch eingetragen:

Vorrichtung zum Anzeigen der Kühlwassertemperatur bei Verbrennungskraftmaschinen, dadurch gekennzeichnet, daß die Thermometerkugel in dem freien Raum über dem Kühlwasserspiegel und in unmittelbarer Berührung mit der diesen Raum füllenden Atmosphäre angebracht ist.

Dieses Patent war wegen Nichtzahlung der Jahresgebühr im Jahre 1917 erloschen und ist auf Grund der Bekanntmachung vom 6. Juli 1921 wieder in Kraft getreten. Die Beklagte vertreibt derartige Wärmemesser, die unter das Patent fallen. Die Klägerin ist ausschließliche Lizenznehmerin des Patents. Sie hat auf Unterlassung der Herstellung, des Gebrauchs, Feilhaltens und Inverkehrbringens solcher Wärmemesser sowie auf Rechnungslegung und Feststellung der Schadensersatzpflicht geklagt. Die Beklagte hat geltend gemacht, ihr stehe auf Grund des § 6 der Bekanntmachung ein Weiterbenutzungsrecht zu, da sie bereits vor Veröffentlichung der Bekanntmachung derartige Wärmemesser feilgehalten habe. Das Landgericht stellte ein solches Weiterbenutzungsrecht fest und wies deshalb die Klage ab. Im zweiten Rechtszug beantragte die Klägerin hilfsweise, ihren Anträgen mit der Beschränkung stattzugeben, daß ausgenommen sei der Vertrieb von Wärmemessern, die von der M. A. GmbH. hergestellt seien. Die Berufung der Klägerin wurde zurückgewiesen. Auch ihre Revision hatte keinen Erfolg.

Gründe:

Aus den Ausführungen des Berufungsgerichts ergibt sich die Feststellung: die Beklagte hat laut Lieferscheinen der M. A. GmbH. vom Juni und deren Rechnungen vom Juli 1921 von dieser „Gefahrenthermometer" zum Wiederverkauf bezogen und solche laut ihren Rechnungen vom Juli 1921 an andere geliefert, ihre Lieferung auch schon am 15. Juni 1921 anderen angeboten. Das Berufungsgericht entnimmt daraus, daß die Beklagte die Wärmemesser vor dem 14. Juli 1921 vertrieben und, da ihr guter Glaube nicht widerlegt sei, auf diese Weise ein Weiterbenutzungsrecht gegenüber dem Patent 293723 auf Grund des § 6 der Bekanntmachung vom 6. Juli 1921 erworben habe.

Die gesetzliche Grundlage der Entscheidung bildet also die Bestimmung dieses § 6. Gegen die Rechtsgültigkeit der Bestimmung und ihre Auslegung durch das Berufungsgericht richtet sich der Hauptangriff der Revision. Sie meint in erster Reihe, die Reichsregierung sei zum Erlaß einer solchen Bestimmung nicht befugt gewesen, da sie sich dabei nicht im Rahmen der ihr im Gesetz vom 6. Juli 1921 (RGBl. S. 828) erteilten Ermächtigung gehalten habe. Diese Frage ist, da es sich bei der Bekanntmachung um eine Rechtsverordnung handelt, von den Gerichten nachzuprüfen. Es ergibt sich aber die Rechtsbeständigkeit des § 6. Nachdem die Vereinigten Staaten von Nordamerika das Gesetz vom 3. März 1921 betr. Verlängerung der Fristen für die Einreichung von Patentanmeldungen ... die sogenannte Nolan Act[1]) erlassen und damit auch für den Ausländer unter der Voraussetzung der Gegenseitigkeit die Möglichkeit geschaffen hatten, eine Reihe von ungünstigen Folgen zu beseitigen, die für ihre in den Vereinigten Staaten angemeldeten oder erteilten Patente entstanden waren, nahm Deutschland das zum Anlaß, durch ein Gesetz die Voraussetzung für eine entsprechende Behandlung der Ausländer in Deutschland zu schaffen. Die grundlegenden Bestimmungen wurden in dem bereits erwähnten Gesetz zur Sicherung von gewerblichen Schutzrechten deutscher Reichsangehöriger im Ausland vom 6. Juli 1921 niedergelegt. Im § 1 ist bestimmt:

„Den Angehörigen eines ausländischen Staates können hinsichtlich der Begründung, Erhaltung oder Wiederherstellung gewerblicher Schutzrechte zur Behebung nachteiliger Folgen des Kriegs Vergünstigungen, die über die Vorschriften der §§ 15—17 des Ausführungsgesetzes zum Friedensvertrage vom 31. August 1919 ... hinausgehen, gewährt werden, wenn und soweit es erforderlich ist, um den deutschen Reichsangehörigen den Genuß gleichartiger Vergünstigungen in dem ausländischen Staate zu verschaffen. Die Bestimmung darüber wird von der Reichsregierung getroffen.“

Wie die Begründung des Entwurfs zu dem Gesetz (vgl. Verhandlungen des Reichstags Bd. 368 Aktenstück N 2289 S. 1976) und die Ausführungen des Berichterstatters, des Abgeordneten Dr. Marx, bei der zweiten Beratung des Entwurfs (vgl. Stenographische Sitzungsberichte des Reichstags Bd. 350 S. 4297) ergeben, überließ man die näheren Bestimmungen für jeden in Frage kommenden ausländischen Staat der Reichsregierung, weil man beabsichtigte, die Bestimmungen unverzüglich der jeweiligen Lage der Gesetzgebung und Rechtsprechung im Auslande anzupassen und gegebenenfalls abzuändern. Die Reichsregierung sollte also nach ihrer Kenntnis der ausländischen Bestimmungen und ihrem Ermessen die Bestimmungen treffen. Man ließ ihr weiten Spielraum. Es blieb somit ihrem pflichtmäßigen Ermessen

---

[1] Abgedruckt bei Isay, Patentgesetz, 4. Aufl., S. 711. D. R.

überlassen, welche Anordnungen sie für erforderlich hielt, um den Deutschen im Auslande gleichartige Vergünstigungen zu verschaffen. Eine Nachprüfung, ob die einzelnen Anordnungen erforderlich waren, steht dem Gericht nicht zu. Diese Nachprüfung hat sich vielmehr nur darauf zu richten, ob in der Anordnung etwa die Grenze der Ermächtigung überhaupt überschritten worden ist. Dafür liegt hier nichts vor. Was die Revision dazu vorträgt, kann einen solchen Vorwurf auch nicht begründen. Am allerwenigsten kann dazu die Erwägung der Revision dienen, die Bekanntmachung stelle die Deutschen zu günstig, die Anordnungen würden nicht genügen, den Deutschen in Amerika gleichartige Vergünstigungen zu verschaffen. Ob letzteres der Fall war, konnte ja auch erst aus der Stellungnahme der ausländischen Staaten und ihrer Gerichte erkannt werden. Gerade um ihr durch schleunige Abänderungen Rechnung zu tragen, wurde die Befugnis der Regierung geschaffen. Bis zur entsprechenden Änderung der Bestimmungen bleiben diese in Kraft. Es läßt sich aber auch nicht annehmen, daß § 6 die den Amerikanern im § 5 gewährte Vergünstigung zu sehr einschränkt. Die den Vereinigten Staaten durch § 5 in Verbindung mit § 6 gewährte Vergünstigung geht in jedem Falle über diejenigen der §§ 15—17 des Ausführungsgesetzes zum Versailler Vertrag hinaus, da die dort vorgesehenen Fristen bereits abgelaufen waren. Auch der Reichstag hat offenbar kein Bedenken gegen den Erlaß der Bekanntmachung gehabt. Denn ein mit der späteren Bekanntmachung genau übereinstimmender Entwurf zu ihr lag, wie die erwähnte Begründung ergibt, dem Entwurf zum Gesetz vom 6. Juli 1921 bei und wurde von keiner Seite beanstandet.

Es kann der Revision aber auch nicht zugegeben werden, daß die Bestimmung des § 6 der Bekanntmachung die Gegenseitigkeit gegenüber den Amerikanern nicht wahre. Die Nolan Act gewährte in den Art. 1 u. 2 die dort vorgesehenen Vergünstigungen den Untertanen anderer Länder nur, wenn diese den Bürgern der Vereinigten Staaten die wesentlich gleichen Verlängerungsvergünstigungen gewährten. Es sollte damit keineswegs, wie die Revision annimmt, erreicht werden, daß nun die Stellung der Amerikaner in Deutschland hinsichtlich der Kriegsfolgen für die Patente in jeder Beziehung genau die gleiche wäre wie die der Deutschen in Amerika. Denn eine Verschiedenheit ergab sich schon aus der verschiedenartigen

Patentgesetzgebung. So kennt das amerikanische Gesetz insbesondere kein Erlöschen des rechtswirksam erteilten Patents wegen Nichtzahlung von Jahresgebühren, da in den Vereinigten Staaten nur die Anmeldungs- und die Erteilungsgebühr vor der Patenterteilung erhoben wird. Die Patente der Amerikaner aber waren in Deutschland während des Kriegszustands, soweit für sie Jahresgebühren zu zahlen waren, erloschen, da diese Gebühren damals nicht gezahlt werden konnten. Ihre Wiederherstellung lag, wenn auch in der Nolan Act wegen der anders gearteten Verhältnisse eine gleiche Maßregel nicht vorgesehen war, im Sinne der dort verlangten gleichartigen Vergünstigung. Keineswegs jedoch folgte daraus, daß bei solchen Patenten der Amerikaner in Deutschland genau so stand wie der Deutsche in Amerika mit den einmal erteilten Patenten. Der Grundgedanke der Nolan Act ist vielmehr ein anderer. Es sollten gewisse ungünstige Folgen des Kriegs für die Patente und ihre Anmeldung beseitigt werden, aber es sollten dadurch die Rechte, die gutgläubig von Bürgern der Vereinigten Staaten oder ihnen gleichgestellten Personen an kollidierenden Patenten erworben oder auf Grund der Benutzung der Patente entstanden waren, von den neu erteilten oder rechtskräftig gewordenen Patenten nicht berührt werden. Genau dem entspricht auch die Regelung, die in der Bekanntmachung vom 6. Juli 1921 getroffen ist. Insbesondere spricht der § 6 auch nur dies aus. Wenn insoweit die amerikanischen Besitzer von deutschen Patenten unter Umständen erheblicher in ihren Rechten beeinträchtigt werden als in der Regel die deutschen Besitzer amerikanischer Patente auf Grund des Art. 3 der Nolan Act, so ist das nur eine Folge des nun einmal bestehenden Unterschieds in der Patentgesetzgebung der beiden Länder, die insoweit den stärkeren Verlust der Amerikaner an ihren deutschen Patenten als Kriegswirkung zur Folge hatte.

Dieser Rechtszustand hat auch durch den zwischen Deutschland und den Vereinigten Staaten am 25. August 1921 abgeschlossenen, am 20. Oktober 1921 vom Deutschen Reichstag genehmigten Friedensvertrag — RGBl. S. 1317 — keine Änderung erfahren. Dieser Vertrag ordnet in Art. I die Verpflichtung Deutschlands an, den Vereinigten Staaten alle Rechte und Vorteile zu gewähren, die zu ihren Gunsten im Vertrag von Versailles festgesetzt sind, und führt im Art. II Nr. 1 ausdrücklich als solche die im Teil X jenes Vertrags angegebenen Rechte auf, zu denen auch diejenigen über das gewerbliche Eigentum (Art. 306—311) gehören. Wie der Senat bereits in der in RGZ. Bd. 107 S. 50 veröffentlichten Entscheidung vom 2. Juni 1923 dargetan hat, ist aus Abs. 2 der Nummer 1 jenes Art. II zu entnehmen, daß diese Rechte den Bürgern der Vereinigten Staaten keineswegs ohne weiteres zustehen sollten, sondern daß es dazu einer besonderen Entschließung und Erklärung der Vereinigten Staaten bedurfte. Hieran aber fehlte es. An dieser Ansicht ist für die hier in Betracht kommende Zeit auch gegenüber den Ausführungen des inländischen Vertreters der Klägerin festzuhalten, der in der mündlichen Verhandlung, um die sofortige Wirksamkeit des Art. II Nr. 1 Abs. 2 des deutsch-amerikanischen Friedensvertrags zu begründen, auf die verschiedenartig gestaltete Zuständigkeit der amerikanischen gesetzgebenden Körperschaften für den Abschluß von Verträgen und für den Erlaß von Gesetzen hingewiesen hat. Übrigens hat auch der Court of Appeals of the District of Columbia den in den vorstehenden Ausführungen vertretenen Standpunkt eingenommen (vgl. Jungblut im Gewerbl. Rechtsschutz 1926 S. 105).

Aber auch wenn man annehmen wollte, daß der deutsch-amerikanische Friedensvertrag den Vereinigten Staaten ohne weiteres die Rechte aus Art. 306flg. des Versailler Vertrags, insbesondere aus Art. 307, gegeben hat, so könnte das an der Beurteilung des vorliegenden Sachverhalts doch nichts ändern. Denn die für die Beklagte aus § 6 der Bekanntmachung einmal entstandenen Benutzungsrechte wären durch eine spätere Änderung der Gesetzgebung nicht ohne weiteres wieder beseitigt worden. Ferner sollte aber auch nach der übereinstimmenden Ansicht Deutschlands und der Vereinigten Staaten an der durch die Nolan Act und die Bekanntmachung vom 6. Juli 1921 erfolgten Regelung durch den Friedensvertrag offenbar nichts geändert werden. Das ergibt sich schon daraus, daß die Vereinigten Staaten auch jetzt noch die Nolan Act aufrechterhalten und weitere Anordnungen auf Grund des Art. 307 Abs. 2 des Versailler Vertrags nicht getroffen haben. Danach bedarf es keiner näheren Erörterung, ob die in der Bekanntmachung getroffene Regelung nicht sogar mit den Bestimmungen der Art. 306flg. des Versailler Vertrags zu vereinbaren wäre.

Zu Unrecht bemängelt die Revision weiterhin, daß das Berufungsgericht den Begriff der „Benutzung" im Sinne des § 6 der Bekanntmachung zu weit ausgelegt habe. Sie meint: In den vor dem 14. Juli 1921 vorgenommenen Handlungen der Beklagten liege höchstens ein Feilhalten, und dieses genüge nach der zur Auslegung heranzuziehenden Nolan Act nicht. Richtig ist, daß nur ein Feilhalten der Wärmemesser durch die Beklagte festgestellt worden ist. Aber mit Recht nimmt das Berufungsgericht an, daß dieses Feilhalten eine „Benutzung" im Sinne des § 6 darstelle. Es ist keineswegs unrichtig, wie die Revision meint, zur Erläuterung jenes Begriffs die Bestimmungen des Patentgesetzes heranzuziehen. Denn die Bekanntmachung wendet sich als deutsche Bestimmung, insbesondere im § 6, in erster Reihe an Deutsche, und es ist daher durchaus angezeigt, zur Erklärung eines Ausdrucks Gesetzesbestimmungen zu verwerten, die denselben Ausdruck gebrauchen, und ebenso die allgemein bekannte Auslegung, die der Ausdruck in der Rechtsprechung und im Schrifttum Deutschlands gefunden hat. Der Wortlaut des § 6 der Bekanntmachung stimmt nun, abgesehen von dem Zusatz „in gutem Glauben", fast völlig mit demjenigen des § 5 PatG. und ebenso auch im wesentlichen mit dem des § 7 des Patentverlängerungsgesetzes überein. Daß aber unter den Begriff des „Inbenutzungnehmens" in diesen beiden Bestimmungen alle diejenigen Handlungen fallen, die im § 4 PatG. als ausschließliche Befugnis des Patentinhabers aufgeführt sind, also nicht nur das Herstellen, sondern auch das Inverkehrbringen, Feilhalten und Gebrauchen, hat entgegen einzelnen im Schrifttum vertretenen Meinungen die herrschende Ansicht des Schrifttums und auch die Rechtsprechung des Reichsgerichts ständig angenommen; vgl. RGZ. Bd. 56 S. 226, Bd. 80 S. 15, Bd. 110 S. 224. Daran ist auch hier festzuhalten; es ist kein Grund ersichtlich, das Wort „benutzen" in der Bekanntmachung vom 6. Juli 1921 anders aufzufassen als in den sonstigen patentrechtlichen Gesetzen. Zuzugeben ist der Revision allerdings, daß bei der Auslegung der Bekanntmachung nicht nur die anderen deutschen patentrechtlichen Bestimmungen heranzuziehen, sondern daß dabei auch Anlaß und Zweck der Bekanntmachung zu berücksichtigen sind, die auf die Bestimmungen der Nolan Act hinweisen. Daraus ergibt sich aber kein Grund gegen die obige Auslegung. Denn auch Art. 3 der Nolan Act gibt dem Bürger der Vereinigten Staaten das Recht, trotz des rechtswirksam gewordenen Patents eine vor dem Erlaß des Gesetzes begonnene Herstellung, Benutzung oder einen Verkauf fortzusetzen. Es ist auch hier ausdrücklich von einem begonnenen Verkauf, nicht lediglich vom Herstellen die Rede. Die Nolan Act steht deshalb der Annahme nicht entgegen, daß das Wort „benutzen“ auch im § 6 der Bekanntmachung in dem sonst üblichen Sinne gebraucht ist. Auch Sinn und Zweck der Bekanntmachung weisen nach derselben Richtung. Es sollte neben den Interessen des amerikanischen Staatsangehörigen auch der Besitzstand des Deutschen geschützt werden, der seinen Betrieb für die Verwertung der Erfindung bereits eingerichtet hatte. Diese Erwägungen greifen aber nicht nur beim Hersteller Platz, sondern auch bei demjenigen, der die unter Benutzung der Erfindung hergestellten Waren vertrieben hat. Der Umstand, daß der Patentinhaber dadurch in seinen Rechten in der Regel mehr eingeschränkt wird als der Erfinder gegenüber dem Vorbenutzer, kann zu keiner anderen Beurteilung führen. Es sollten eben die Belange aller Beteiligten gewahrt werden.

Ebensowenig kann der Revision darin beigetreten werden, daß das Berufungsgericht den Begriff des guten Glaubens im Sinne des § 6 verkannt habe. Dieses Erfordernis ist bereits in verschiedenen anderen Bestimmungen, welche ähnliche Verhältnisse regeln, aufgestellt worden; so im Art. 308 des Versailler Vertrags und in Art. 1 und 2 des Berner Abkommens vom 30. Juni 1920. Irgendeine nähere Regelung dieses Erfordernisses ist dort ebensowenig wie im § 6 der Bekanntmachung erfolgt. Es ist also aus dem Zusammenhang sowie aus Sinn und Zweck der Bestimmung zu entnehmen, welche Anforderungen daran zu stellen sind. Der gute Glaube muß sich natürlich auf das Recht des Patentinhabers beziehen. Gutgläubig benutzt danach die Erfindung derjenige, der von dem Patent des Inhabers überhaupt nichts weiß oder doch darauf vertraut, daß es zu der Zeit, als er es in Benutzung nahm, erloschen sei. Die ganz allgemeine Annahme, daß vielleicht später einmal das Wiederinkrafttreten des Rechts angeordnet werden könne, kann dem guten Glauben nicht entgegenstehen, auch wenn gewisse Bestimmungen, insbesondere im Versailler Vertrag, darauf hinweisen. Dieser ist ja auch von den Vereinigten Staaten gar nicht ratifiziert worden. Ob überhaupt seine oder ähnliche Bestimmungen zwischen Deutschland und den Vereinigten Staaten Geltung erhalten würden, war nicht abzusehen. Nicht beigetreten werden kann deshalb der Ansicht von Isay in dem Aufsatz „Die Lage der deutschen Patente in den Vereinigten Staaten unter Berücksichtigung der amerikanischen Rechte in Deutschland" (Gew. Rechtsschutz 1922 Bd. 27 S. 65), guter Glaube liege nur vor, wenn der Benutzer von dem erloschenen Patent überhaupt nichts gewußt habe, da er sonst mit dem Wiederaufleben habe rechnen müssen und das Patent auf seine Gefahr benutze. Für die oben vertretene Ansicht spricht auch die Entstehungsgeschichte der entsprechenden Bestimmung des Patentverlängerungsgesetzes (vgl. die Materialien zu diesem Gesetz in Gew. Rechtsschutz 1920 S. 73 flg.). Es war im § 2 des ersten Entwurfs bestimmt, daß der Zwischenbenutzer das Patent „vor dem Inkrafttreten des Gesetzes in gutem Glauben" benutzt haben müsse. Später wurde das dahin geändert, daß im § 7 nur die Benutzung vor dem 1. April 1920 gefordert wurde. Das Gesetz wurde am 27. April 1920 beschlossen und trat am 14. Mai 1920 in Kraft. Man ging also auch hierbei davon aus, daß derjenige, der das Patent vor dem 1. April benutzt hatte, unwiderleglich in gutem Glauben war. Man wird daher den guten Glauben des Benutzers dann anzunehmen haben, wenn er zur Zeit der Benutzung von dem Patent überhaupt nichts wußte oder das Erlöschen zwar kannte, aber ein späteres Wiederinkrafttreten des Patents durch besondere Gesetzgebungsmaßnahmen mit irgendwelcher Bestimmtheit nicht erwartete, es sei denn, daß er mit den Benutzungshandlungen bereits begonnen hatte, als das Patent noch in Kraft war. Grobe Fahrlässigkeit in der Nichtkenntnis wird man in entsprechender Anwendung des § 932 Abs. 2 BGB. der Kenntnis in beiden Fällen gleichzustellen haben. Es werden sonach die besonderen Verhältnisse jedes Falles zu berücksichtigen sein, insbesondere auch die Stellung und Erfahrung des Benutzers. Aus ihnen wird zu entnehmen sein, ob etwa dem Benutzer die Nolan Act und die Vorbereitung entsprechender gesetzgeberischer Maßnahmen in Deutschland bekannt waren oder bei üblicher Sorgfalt bekannt sein mußten und welche Schlüsse er daraus gezogen hat. Daß das Berufungsgericht bei seiner Prüfung des guten Glaubens von einer unrichtigen Auslegung ausgegangen wäre, ergibt das Urteil nicht. Unzutreffend ist allerdings seine Ansicht, daß dem Unterlassungskläger allgemein die

Beweislast für das Fehlen des guten Glaubens obliege. Er genügt vielmehr seiner Pflicht zunächst, wenn er darlegt, der Gegner habe eine Handlung vorgenommen, die in sein Patentrecht eingreift, und es ist dann Sache des Gegners, ein Recht dazu darzutun. An diesen Beweis werden freilich nicht zu hohe Anforderungen zu stellen sein, da ein lückenloser Nachweis kaum zu führen ist. Es wird daher in der Regel genügen, wenn die vom Benutzer darzulegenden näheren Umstände keinen Anhalt für bösen Glauben ergeben, und dann wird es Sache des Gegners sein, besondere gegen den guten Glauben sprechende Tatsachen geltend zu machen. Den Ausführungen des Berufungsgerichts ist aber die Feststellung zu entnehmen, daß die Beklagte mit einem Wiederaufleben des Patents nicht gerechnet hat, daß sie insbesondere die in Betracht kommenden gesetzgeberischen Maßnahmen nicht gekannt und nach der Art ihres Geschäfts auch nicht die Verpflichtung gehabt hat, sich Kenntnis davon zu verschaffen. Die weitere Bemerkung des Berufungsgerichts kann somit nach dem Zusammenhang nur dahin verstanden werden, daß es unter den festgestellten Umständen Sache der Klägerin war, ganz besondere Umstände darzulegen, welche den guten Glauben ausschlossen. So verstanden enthalten die Ausführungen keinen Rechtsirrtum. Im übrigen handelt es sich lediglich um Tatsachenwürdigung, wonach das Vorbringen der Klägerin nicht geeignet erschien, die Kenntnis der Beklagten darzulegen.

Sind hiernach die Voraussetzungen für die Anwendung des § 6 der Bekanntmachung ohne Rechtsirrtum festgestellt, so kann es sich nur noch fragen, ob die Klagansprüche damit ohne weiteres fallen. Steht der Beklagten auf Grund des § 6 ein Benutzungsrecht überhaupt zu, so gebührt ihr ein solches im Sinne des § 4 PatG. jedenfalls insoweit, als sie es vorher ausgeübt hat. Die Beklagte kann also derartige Wärmemesser weiter feilhalten, und zwar nicht nur solche, die von der M. A. GmbH. hergestellt sind. Denn wenn man auch die aus § 6 der Bekanntmachung hergeleitete Benutzung auf die bisherige Art beschränken wollte, so könnte das doch nur dazu führen, die anderen Benutzungsarten — Herstellen, Inverkehrbringen, Gebrauchen — auszuschließen, niemals aber dazu, die ausgeübte Benutzungsart nur gerade in dem besonderen, früher innegehaltenen Rahmen zuzulassen. Ob dem Benutzer auch die anderen

Benutzungsarten einzuräumen sind — wogegen aus den Bestimmungen der Nolan Act Bedenken herzuleiten wären —, kann dahingestellt bleiben. Aus tatsächlichen Erwägungen stellt der Vorderrichter fest, daß die Beklagte bisher die Wärmemesser weder selbst hergestellt noch von anderen Herstellern als der M. A. GmbH. bezogen hat und daß es daher an jeder Besorgnis fehlt, die Beklagte werde diese Handlungen selbst vornehmen. Es kann nicht anerkannt werden, daß die Klägerin entgegengesetzte schlüssige Tatsachen vorgebracht habe, wie die Revision ausführt. Danach fehlt es aber an einer wesentlichen Voraussetzung der Unterlassungsklage.

---

52. Rechtsgültigkeit der Kartellverordnung vom 2. November 1923. Zum Begriff des Kartellvertrags. Form und Inhalt einer Kündigung nach § 8 der Kartellverordnung.

II. Zivilsenat. Urt. v. 9. Juli 1926 i. S. der Verein. Gelatine-Kapselfabriken G. m. b. H. u. Gen. (Bekl.) w. die Firma G. P. (Kl.). II 28/26.

I. Landgericht I Berlin, Kammer für Handelssachen.
II. Kammergericht daselbst.

Die Klägerin und die Beklagte zu 2, die sich beide mit der Herstellung von Markenartikeln und Heilmitteln befaßten, standen im gewerblichen Wettbewerb. Am Geschäfte der Beklagten zu 2 war die „Hageda" GmbH. beteiligt, welche Gegenstände gleicher Art im Großhandel vertrieb. Alle drei schlossen nun am 7. Oktober 1921 vorbehaltlich des Beitritts der Beklagten zu 1 einen auf die Dauer des Bestehens der letzteren unkündbaren Vertrag, worin sie die Herstellung und den Verkauf der bezeichneten Waren regelten, sich Kundenschutz zusicherten, auch Preisvereinbarungen und Verhandlungen über Kundenangebote in Aussicht nahmen. Die Beklagte zu 1, deren Gründer und Gesellschafter der alleinige Inhaber der klagenden Firma und die Beklagte zu 2 sind, ist nach ihrer Errichtung dem Vertrag beigetreten, jedoch nicht in schriftlicher Form. In der Folge löste die Hageda ihre Beziehungen zur Beklagten zu 2 und teilte der Klägerin durch Schreiben vom 1. November 1924 mit, daß sie den Vertrag vom 7. Oktober 1921 kündige und das Gesellschaftsverhältnis als gelöst betrachte. Auch die Klägerin wollte nunmehr vom Vertrag loskommen. Sie erhob, da die beiden Beklagten widersprachen, Feststellungsklage gegen sie dahin, daß sie — die Klägerin — an die im Vertrag vom 7. Oktober 1921 übernommenen Verpflichtungen nicht gebunden sei, und machte geltend, der Vertrag sei als Kartellvertrag oder Konvention nichtig, weil die Beklagte zu 1 ihren Beitritt nicht schriftlich erklärt oder bestätigt habe; vorsorglich habe sie — die Klägerin — den Vertrag auch aus wichtigem Grunde rechtswirksam gekündigt.

Das Landgericht wies die Klage ab. Das Kammergericht dagegen erkannte nach dem Klagantrag. Die Revision der Beklagten hatte keinen Erfolg.

Aus den Gründen:

Das Berufungsgericht hat der Klage, ohne auf ihre weitere Begründung (aus § 8 KartVo.) einzugehen, deshalb stattgegeben, weil der Vertrag vom 7. Oktober 1921 unter § 1 KartVo. falle, der Beitritt der Beklagten zu 1 nicht schriftlich erfolgt oder bestätigt worden und daher nach § 21 KartVo. nichtig sei und weil diese Nichtigkeit auch die Nichtigkeit der Bindung der übrigen Beteiligten nach sich ziehe. Die Entscheidung beruht also in wesentlichen Teilen auf Bestimmungen der KartVo. und hat damit die Rechtsgültigkeit dieser Verordnung zur Voraussetzung. Diese Rechtsgültigkeit ist nicht unbestritten, aber sowohl vom Kartellgericht (vgl. z. B. Entscheidungen des RWG. und des KartGer. Bd. 2 S. 159) wie auch in der Rechtsprechung des Reichsgerichts (vgl. Urteil des VI. Zivilsenats vom 1. Dezember 1925 VI 336/25, veröffentlicht in KartRundsch. 1926 S. 100) anerkannt. Hiervon abzuweichen liegt kein Anlaß vor. Der Vertrag vom 7. Oktober 1921 ist allerdings vor Inkrafttreten der KartVo. abgeschlossen worden. Aus § 21 das. ergibt sich aber, daß die Verordnung gerade auch auf solche Verträge Anwendung finden soll.

Die Revision wendet sich nun zunächst gegen die Annahme, daß der Vertrag vom 7. Oktober 1921 überhaupt unter die in § 1 KartVo. bezeichneten Vereinbarungen falle. Sie macht geltend, der Vertrag sei ein reiner Individualvertrag zwischen der Klägerin und der Beklagten zu 2; allenfalls könne eine Trustbildung in Frage kommen; § 1 KartVo. erfordere rechtlich und wirtschaftlich Verträge, die auf das Zusammenwirken sämtlicher oder wenigstens eines erheblichen Teils der Interessenten eines Gewerbezweigs abzielten. Der Revisionsangriff ist nicht begründet. Auf die größere oder kleinere Zahl der Vertragsbeteiligten kommt es nicht an. Auch ein Vertrag zwischen nur zwei gewerblichen Unternehmungen kann den Kartellbegriff der Verordnung erfüllen. Die Gefahr des Mißbrauchs wirtschaftlicher Machtstellungen ist gerade dann besonders groß, wenn, sei es zufolge weitgehenden Zusammenschlusses oder sonstiger besonderer Verhältnisse, die Zahl der in Betracht kommenden Unternehmungen sehr klein ist. Wesentlich ist vielmehr zunächst, daß es sich um einen Gesellschaftsvertrag handelt, also um einen Vertrag zur Erreichung gemeinschaftlicher Zwecke im gemeinsamen Zusammenwirken durch Übernahme gesellschaftlicher Verpflichtungen und Bindungen (vgl. Isay-Tschierschky, KartellVo. S. 127). Gerade das trifft aber hier nach den tatsächlichen Feststellungen des Berufungsgerichts zu. Denn hiernach war der bei Abschluß des Vertrags verfolgte Zweck nicht etwa die Gründung der Beklagten zu 1 und die Übernahme eines Teils des Fabrikationsbetriebs der Klägerin und der Beklagten zu 2 durch jene, sondern zunächst die Ausschaltung des Wettbewerbs zwischen der Klägerin und der Beklagten zu 2 und der an letzterer beteiligten HagedaGmbH. Dieser Zweck sollte nicht etwa durch Zusammenfassung in kapitalistischer Hinsicht, sondern durch Zusammenwirken der rechtlich und wirtschaftlich nach wie vor selbständig bleibenden drei Beteiligten (Klägerin, Beklagte zu 2 und Hageda) erreicht werden. Als Mittel zur Erreichung dieses Zwecks vereinbarten die Parteien, daß die Klägerin und die Beklagte zu 2 einen Teil ihrer bisherigen Erzeugung, so vor allem die Herstellung der Gelatinekapseln, der von ihnen zu errichtenden Beklagten zu 1 zu übertragen hätten. Weiter wurde vereinbart, daß darüber hinaus für den deutschen Markt die Tablettenfabrikation ausschließlich der Beklagten zu 2 und die Ampullenfabrikation sowie die Herstellung des Mutaflors der Hageda zugewiesen werden sollten. Außerdem sicherten sich die Beteiligten Kundenschutz zu und verpflichteten sich zu diesem Behuf zum Austausch von Kundenlisten. Endlich sollten auch zwischen der Klägerin und der Beklagten zu 1 Preisvereinbarungen getroffen werden und eine gegenseitige Fühlungnahme vor etwa beabsichtigter anderweitiger Preisstellung stattfinden, um ein Ausspielen der einen Firma gegen die andere durch Kunden unmöglich zu machen. Durch diese wechselseitigen Verpflichtungen nnd die allseitige Bindung hieran auf die Dauer des Bestehens der Beklagten zu 1, also auf eine von vornherein nicht abzusehende Dauer, unternahmen demnach die Parteien im Weg der Vereinbarung über die Handhabung der Erzeugung, d. h. teils durch Zusammenfassung in der Beklagten zu 1, teils durch Zuweisung der Herstellung bestimmter Waren an den einen oder anderen Beteiligten, durch Zusicherung von Kundenschutz und Vorsehung von Preisberedungen die Verwirklichung des Gesellschaftszwecks. Das Berufungsgericht hat ferner einwandfrei festgestellt, daß der Vertrag weiterhin in der Absicht und zum Zweck der Marktbeeinflussung abgeschlossen wurde. Es braucht deshalb zur Frage, ob dieser Zweck überhaupt von wesentlicher Bedeutung ist (vgl. obiges Urteil des VI. Zivilsenats) oder nicht (so z. B. Isay-Tschierschky a. a. O. S. 125), keine Stellung genommen zu werden. Ob die Parteien mit dem Vertrag monopolistische Tendenzen verfolgten, wie die Klägerin behauptet, und ob die getroffenen Abmachungen an und für sich geeignet waren, den Markt tatsächlich zu beeinflussen, ist unerheblich.

Mit Recht hat deshalb das Berufungsgericht die Anwendbarkeit des § 1 KartVo. bejaht. Unstreitig ist aber die Beklagte zu 1 dem Vertrag nicht durch schriftliche Erklärung beigetreten und sie hat auch nach Inkrafttreten der KartVo. ihren Beitritt weder schriftlich bestätigt, noch ist eine solche Bestätigung vom Vorsitzenden des Kartellgerichts ersetzt worden. Die Beitrittserklärung der Beklagten zu 1 ist sonach mit Ablauf der für die Bestätigung vorgesehenen Frist nichtig geworden. Damit sind die Kartellpflichten dieser Beklagten erloschen.

Die Revision macht weiter geltend, die Nichtigkeit des Beitritts der Beklagten zu 1 habe nicht die Nichtigkeit der Kartellverpflichtungen der übrigen Beteiligten zur Folge, der im Vertrag vom 7. Oktober 1921 wegen des Beitritts der Beklagten zu 1 gemachte Vorbehalt sei durch deren Beitritt erfüllt; damit sei der Vertrag für die übrigen Beteiligten bindend geworden und dies sei er auch geblieben. Auch dieser Angriff geht fehl. Das Berufungsgericht führt aus, der Vertrag enthalte voneinander untrennbare Vereinbarungen, und die Bindung aller Vertragschließenden habe Bedingung für das Zustandekommen und den Fortbestand des Vertrags überhaupt sein sollen. Daraus leitet der Vorderrichter im Hinblick auf das Erlöschen der Verpflichtungen der Beklagten zu 1 den Wegfall der Kartellverpflichtungen auch der übrigen Beteiligten her. Diese Erwägungen liegen auf dem Gebiete der tatsächlichen Würdigung und lassen keinen Rechtsirrtum erkennen.

Selbst wenn man aber unterstellen würde, daß der Wegfall der Kartellbindung der Beklagten zu 1 die Kartellpflichten der Klägerin unberührt gelassen habe, so müßte die Klage unter dem weiter geltendgemachten Gesichtspunkt der Kündigung durchdringen. Der Kündigung gegenüber könnten sich die Beklagten nicht auf den vertragsmäßigen Ausschluß einer solchen für die Zeit des Bestehens der Beklagten zu 1 berufen. Denn nach § 8 KartVo. sind Kündigungsbeschränkungen schlechthin unwirksam. Auszuüben war das Kündigungsrecht, wie geschehen, gegenüber den übrigen drei Vertragsbeteiligten. Inhaltlich brauchte die Kündigungserklärung nur den Willen der Klägerin zu fristlosem Austritt erkennen lassen; ein ausdrücklicher Hinweis darauf, daß sie gemäß § 8 KartVo. erfolge, war nicht erforderlich (so das erwähnte Urteil des VI. Zivilsenats vom 1. Dezember 1925 und Isay-Tschierschky a. a. O. S. 257). Unstreitig ist endlich ein Antrag nach § 8 Abs. 3 KartVo. nicht gestellt worden. Damit hätte die Kündigung Rechtswirksamkeit erlangt.

---

53. Kann ein Zurückbehaltungsrecht wegen Verwendungen auf das Grundstück auch gegenüber dem Anspruch auf Berichtigung des Grundbuchs geltend gemacht werden?

BGB. § 1000, § 273 Abs. 2, § 894.

V. Zivilsenat. Urt. v. 26. Juni 1926 i. S. G. (Bekl.) w. F. (Kl.).
V 532/25.

I. Landgericht II Berlin.
II. Kammergericht daselbst.

Auf Grund einer am 30. März 1915 ausgestellten notariell beglaubigten Vollmacht des Architekten F. als damals im Grundbuch eingetragenen Eigentümers eines Hausgrundstücks in B. verkaufte der Beklagte das Grundstück durch Vertrag vom 3. Oktober 1922 an sich selbst und ließ es gleichzeitig an sich auf. Seit dem 12. desselben Monats ist er als Eigentümer eingetragen. Für den Kläger bestellte F. am 26. Januar 1923 u. a. ein Nießbrauchsrecht am Grundstück und erteilte ihm am 14. Februar 1923 die Berechtigung, auch im eigenen Namen von dem angeblich zu Unrecht als Eigentümer eingetragenen Beklagten die Berichtigung des Grundbuchs durch seine, des F., Wiedereintragung zu verlangen.

Mit seiner hierauf gerichteten Klage hat der Kläger in beiden Vorinstanzen obgesiegt. In der vom Beklagten angerufenen Revisionsinstanz wiederholte dieser seinen auf Abweisung der Klage gerichteten Berufungsantrag sowie den Hilfsantrag, wonach die Verurteilung zur Einwilligungserklärung gemäß der Klage nur Zug um Zug gegen Erstattung von Aufwendungen erfolgen sollte, die er auf das streitige Hausgrundstück gemacht hat und wegen deren er ein Zurückbehaltungsrecht beansprucht.

Die Revision hatte Erfolg.

Aus den Gründen:

(Gebilligt wird zunächst die von der Revision bekämpfte Ansicht des Berufungsgerichts, daß der Beklagte deswegen nicht Grundstückseigentümer geworden sei, weil die der Auflassung vom 3. Oktober 1922 zugrunde liegende Vollmacht vom 30. März 1915 mangels Einhaltung der nach § 313 Satz 1 BGB. erforderlichen Form nichtig sei. Sodann wird fortgefahren:)

Dagegen greift der Einwand des Beklagten durch, daß ihm, falls er zur Rückübertragung des Grundstücks verpflichtet sein sollte, nach § 273 Abs. 2 BGB., der sich auch auf die Herausgabe von Rechten erstrecke, ein Zurückbehaltungsrecht wegen seiner Aufwendungen auf das Grundstück zustehe. Das Berufungsgericht verneint diese Befugnis des Beklagten, weil der vom Kläger geltend gemachte Anspruch auf Berichtigung des Grundbuchs aus dem Gesetz auf Grund der Tatsache folge, daß der Beklagte nicht Eigentümer des Grundstücks sei, aber als Eigentümer im Grundbuch eingetragen stehe. Der Anspruch des Beklagten sei der Anspruch des Besitzers gegen den Eigentümer wegen Verwendungen und könne von ihm nicht auf ein Auftragsverhältnis gestützt werden, das er ja bestreite.

Diese Ausführung ist nicht geeignet, das für etwaige Verwendungen auf das Grundstück bestehende Zurückbehaltungsrecht auszuschließen. Gemäß § 1000 BGB. kann der Besitzer die Herausgabe der Sache verweigern, bis er wegen der ihm zu ersetzenden Verwendungen befriedigt wird. Wenn im vorliegenden Falle der Klagantrag zwar nicht auf Herausgabe des Grundstücks, sondern auf Löschung und Wiedereintragung, also auf Grundbuchberichtigung nach § 894 BGB. geht, so muß doch ein Zurückbehaltungsrecht wegen etwaiger vom Beklagten auf das Grundstück gemachter Verwendungen, wenn auch vielleicht nicht aus § 1000, so doch aus § 273 Abs. 2 BGB. grundsätzlich anerkannt werden. Denn mit dem Verlangen auf Herausgabe des Buchrechts wird ein Anspruch auf Herausgabe eines Gegenstands erhoben, und Verwendungen auf den Gegenstand des Eigentumsrechts sind als solche auf dieses selbst anzusehen (WarnRspr. 1911 Nr. 391, RGU. vom 13. Januar 1923 V 499/21 und vom 4. Juli 1923 V 642/22). Verfehlt ist auch der Hinweis des Berufungsgerichts auf den Mangel eines Auftragsverhältnisses. Im Gegensatz zum Abs. 1 des § 273 setzt dessen Abs. 2 nicht das Herrühren des Anspruchs aus demselben rechtlichen Verhältnis voraus und macht ebensowenig eine Ausnahme für den Fall, daß sich aus dem Schuldverhältnis ein anderes ergibt. Das Zurückbehaltungsrecht nach Abs. 2 ist demnach vom Bestehen einer schuldrechtlichen Verpflichtung unabhängig und auch für solche Rechtsbeziehungen statthaft, wo das Bucheigentum an einem Grundstück mangels Rechtsbeständigkeit des Übertragungsakts zurückgewährt werden muß (RGZ. Bd. 72 S. 65; WarnRspr. 1912 Nr. 417; 1919 Nr. 27).

---

54. 1. Ist der Besteller eines Akkreditivs, wenn er aus den nach der Einlösung an ihn gelangten Dokumenten ersieht, daß sie dem Akkreditivauftrag nicht entsprochen haben, der Bank gegenüber verpflichtet, diese Ordnungswidrigkeit alsbald zu rügen?

2. Ist die Aufwertung eines in ein Kontokorrent eingestellten Einzelpostens auch dann ausgeschlossen, wenn der Kläger auf Grund

der Behauptung, der Posten sei zu Unrecht in das Kontokorrent eingestellt, sein Saldoanerkenntnis und die dadurch begründete Bereicherung des Beklagten als Saldogläubigers zurückfordert?

BGB. §§ 675, 242, 812. Aufwertungsgesetz § 65.

III. Zivilsenat. Urt. v. 29. Juni 1926 i. S. Schaaffh. Bankverein A.-G. (Bekl.) w. Leipz. Vereinigung für Talg- und Fettverwertung eingetr. G. m. b. H. (Kl.). III 397/25.

I. Landgericht Düsseldorf.
II. Oberlandesgericht daselbst.

Am 29. Oktober 1919 hatte die Klägerin von den Kaufleuten Schr. und J. eine größere Menge Speck gekauft. Der Kaufpreis sollte in Höhe von 643000 ℳ durch Akkreditiv bezahlt werden, das die Klägerin bei der Beklagten zu stellen hatte. Zur Vermittlung der Akkreditivstellung bediente sich die Klägerin ihrer Bank, der L. Handels- und Verkehrsbank, und diese wiederum wandte sich deswegen an die Dr. Bank, Zweigniederlassung L. Akkreditivbedingung war: Zahlung an die Verkäufer gegen Vorlegung der bahnamtlich gestempelten Frachtbriefe über die Absendung der Ware, einer Bescheinigung eines Schlachthofdirektors oder beamteten Tierarztes, daß die Ware zum menschlichen Genuß einwandfrei sei, und endlich einer Bescheinigung über ihre Einfuhr- und Verkehrsfreiheit. Die letztere Bescheinigung sollte, wie die Dr. Bank der Beklagten nachträglich mitteilte, von der zuständigen Reichsbehörde, nämlich dem Reichswirtschaftsministerium oder der Reichsfleischstelle in Berlin unterschrieben sein. Die Beklagte hat die Akkreditivsumme von 643000 ℳ am 7. November 1919 ausgezahlt. Nach der Klagbehauptung geschah dies nicht an die Verkäufer selbst, sondern an einen gewissen L., und zwar auf Grund gefälschter Frachtbriefduplikate und gleichfalls gefälschter und auch inhaltlich ungenügender Bescheinigungen über Beschaffenheit und Verkehrsfreiheit. Jedenfalls hat die Klägerin die Ware nicht bekommen; Schadensersatz von den Verkäufern vermochte sie trotz eines gegen sie erwirkten rechtskräftig gewordenen Urteils nicht zu erhalten; auch ihre Klage gegen die Dr. Bank, womit sie auf Grund Abtretung der Rechte der L. Handels- und Verkehrsbank 643000 ℳ gefordert hatte, wurde rechtskräftig abgewiesen.

Im landgerichtlichen Verfahren verlangte die Klägerin von der Beklagten aus eigenem Recht und aus abgetretenen Rechten der Dr. Bank Zahlung von 643000 ℳ nebst Zinsen. Diesem Antrag entsprach der erste Richter. Hiergegen legte die Beklagte Berufung, die Klägerin Anschlußberufung ein, letztere mit dem Antrag auf Verurteilung der Beklagten zur Zahlung von 86891 GM nebst Prozeßzinsen. Das Oberlandesgericht verurteilte die Beklagte zur Zahlung von 30000 GM nebst Zinsen unter Zurückweisung der sonstigen Berufungsanträge beider Teile. Die Revisionen der Klägerin und der Beklagten blieben ohne Erfolg.

Gründe:

Unbedenklich und nicht angefochten sind die Annahmen des Berufungsrichters, daß zwar die Klägerin aus eigenem Recht keine Ansprüche gegen die Beklagte erheben könne, die Rechtsabtretung der Dr. Bank an die Klägerin dagegen wirksam und nicht zu beanstanden sei. Zutreffend hat auch der Berufungsrichter den Vertrag, auf Grund dessen die Beklagte im Auftrag der Dr. Bank die Akkreditivzahlung für die Klägerin an deren Verkäufer zu leisten hatte, als Geschäftsbesorgungsvertrag im Sinne des § 675 BGB. beurteilt.

Ob nun die Beklagte die Akkreditivsumme von 643000 ℳ an die Verkäufer selbst oder, wie die Klägerin behauptet, an einen Dritten geleistet und ob die Beklagte auf gefälschte Urkunden gezahlt hat, läßt der Berufungsrichter dahingestellt. Auch darauf legt er ersichtlich kein entscheidendes Gewicht, ob die Auszahlung des Geldes auf Vorlegung abschriftlicher Urkunden, statt der Urschriften, erfolgt ist. Wohl aber stellt er fest, daß die Bescheinigungen über die Beschaffenheit der Ware und über ihre Einfuhr- und Verkehrsfreiheit nicht, wie durch die Akkreditivbedingungen vorgeschrieben war, von einem Schlachthofdirektor oder beamteten Tierarzt, auch nicht vom Reichswirtschaftsministerium oder von der Reichsfleischstelle, sondern je von einem städtischen Beamten der Stadtgemeinde O. gezeichnet waren, und daß sie die Identität der Ware nicht erkennen ließen und auch nach ihrem sonstigen Inhalt den Akkreditivbedingungen nicht entsprachen. Indem die Angestellten der Beklagten auf solche Urkunden hin die Akkreditivsumme an den oder die Vorleger auszahlten, sei die Beklagte — so würdigt der Berufungsrichter den Sachverhalt — von den Weisungen des Auftraggebers ohne rechtfertigenden Grund abgewichen, § 665 BGB. Damit habe der Auftraggeber das Recht erlangt, das, was die Beklagte getan, als nicht auftragsgemäß zurückzuweisen und demzufolge, nachdem der Auftrag selbst sich inzwischen erledigt habe, von der Beklagten dasjenige zurückzufordern, was diese zur Ausführung des Auftrags erlangt, nämlich die 643000 ℳ, welche die Dr. Bank der Beklagten übermittelt oder gutgebracht habe, § 667 BGB.

Diese Beurteilung läßt keinen Rechtsirrtum erkennen. Sie schließt sich an die Entscheidungen RGZ. Bd. 97 S. 144, Bd. 106 S. 26 an und entspricht den dort entwickelten Grundsätzen. Mit Recht hat darum der Berufungsrichter auch den Hinweis der Beklagten auf die sogenannte Freizeichnungsklausel als neben der Sache liegend bezeichnet. Denn die Klage macht die Beklagte nicht wegen der angeblich untergelaufenen Fälschung, sondern wegen der Abweichung von den Bedingungen des Akkreditivauftrags verantwortlich, und die Klage ist nicht als Schadensersatzklage, sondern aus § 667 BGB. begründet. Der Berufungsrichter erachtet freilich die Klage auch als Schadensersatzklage für gerechtfertigt und zwar deshalb, weil die Dr. Bank den Auftrag für fremde Rechnung, nämlich letzten Endes für Rechnung der Klägerin erteilt habe und daher der Beklagten gegenüber auch solchen Schaden in Rechnung stellen könne, der nicht der Dr. Bank selbst, sondern ihrem Auftraggeber erwachsen sei. Diese Erwägung hat das Berufungsgericht indessen ersichtlich nur hilfsweise angestellt. Es kann deshalb auf sich beruhen, ob dieser an sich richtigen Annahme nicht das Bedenken entgegenstünde, daß die Klägerin mit ihrem Schadensersatzanspruch gegen die Dr. Bank bereits rechtskräftig abgewiesen ist und darum die Dr. Bank rechtlich nicht genötigt werden könnte, das, was sie etwa erstreiten würde, an die Klägerin herauszugeben, vgl. RGZ. Bd. 90 S. 246, Bd. 93 S. 39.

Den Einwand der Beklagten, die Dr. Bank, die vermittelnde L. Handels- und Verkehrsbank und schließlich die Klägerin selbst hätten die Abweichungen vom Akkreditivauftrag genehmigt, hält der Berufungsrichter zwar für an sich beachtlich, jedoch in tatsächlicher Richtung nicht für dargetan. Soweit er ausführt, eine ausdrückliche Genehmigung sei dem Briefwechsel der Banken nicht zu entnehmen, liegen seine Darlegungen auf dem Gebiet der tatrichterlichen Würdigung; die Revision hat sich denn auch eines Angriffs in dieser

Hinsicht enthalten. Auch eine stillschweigende Genehmigung nimmt der Vorderrichter nicht an. Eine Genehmigung solcher Art will die Beklagte daraus ableiten, daß die am Geschäft beteiligten Banken und die Klägerin selbst die nicht auftragsgemäßen Urkunden entgegengenommen hätten, ohne die Abweichungen vom Auftrag alsbald zu beanstanden. Ob die im Handel bestehenden Gewohnheiten und Gebräuche eine alsbaldige Rüge der erkennbaren Auftragswidrigkeiten erheischten, darüber hat der Berufungsrichter durch Einforderung von gutachtlichen Äußerungen mehrerer amtlicher Vertretungen des Handelsstands Beweis erhoben. In Würdiguug dieser Äußerungen nimmt er einen Handelsbrauch des in Rede stehenden Inhalts nicht als erwiesen an. Diese Beweisannahme ist dem Revisionsangriff nicht zugänglich. Mit besonderem Nachdruck hat die Revision die Meinung vertreten, daß, abgesehen von einem Handelsbrauch, schon nach den Anforderungen von Treu und Glauben (§§ 157, 242 BGB.) eine sofortige Bemängelung der Auftragswidrigkeiten geboten gewesen sei. Die Rüge ist nicht begründet. Der Berufungsrichter erwägt: zunächst hätten die Auftraggeber die Frachtbriefe für echt halten können, was in diesem Zusammenhang bedeuten soll, daß sie deshalb nicht alsbald Verdacht zu schöpfen brauchten; und hinsichtlich der übrigen, erkennbaren Ordnungswidrigkeiten hätten die Auftraggeber mit der Möglichkeit rechnen können, daß die Klägerin trotzdem in den Besitz der Ware gelangen würde. Daher sei die sofortige Beanstandung auch nicht durch die Rücksicht auf Treu und Glauben geboten gewesen, zumal da das Geld schon ausgezahlt gewesen sei und auch eine sofortige Rüge daran nichts mehr zu ändern vermocht hätte. Diese Ausführungen enthalten keinen Rechtsirrtum. Richtig ist insbesondere, daß der Klägerin und den auf ihrer Seite beteiligten Banken nicht zuzumuten war, die Ordnungswidrigkeiten zu rügen, solange sie noch erwarten konnten, daß die Klägerin ihrer unerachtet die Ware erhalten werde. Richtig ist ferner, daß nach Lage des Falles die unterbliebene alsbaldige Beanstandung an der schon bewirkten Auszahlung der Akkreditivsumme nichts mehr ändern konnte; das Gegenteil, als etwas vom gewöhnlichen Lauf der Dinge Abweichendes, hätte die Beklagte behaupten und beweisen müssen.

Mit rechtlich einwandfreier Begründung und im Einklang mit der reichsgerichtlichen Rechtsprechung hat der Berufungsrichter endlich den Einwand der Beklagten zurückgewiesen, daß das Saldoanerkenntnis der Dr. Bank dem Klaganspruch entgegenstehe. Selbst wenn die Beklagte die Dr. Bank im Kontokorrentverkehr mit den von der Beklagten ausbezahlten 643000 ℳ belastet und die Dr. Bank den die Belastung enthaltenden Saldo anerkannt hätte, so würde das nicht ausschließen, daß die Bank das Anerkenntnis des im Saldo enthaltenen, in Wirklichkeit aber nicht geschuldeten Einzelpostens nach den Grundsätzen der ungerechtfertigten Bereicherung zurückfordert, sofern sie nur das Nichtbestehen der irrtümlich anerkannten Schuld beweist und den Rückforderungswillen erklärt. Beides ist hier nach der bedenkenfreien Annahme des Berufungsgerichts in genügender Weise geschehen.

Nach alledem erweist sich die Revision der Beklagten als unbegründet, insoweit sie sich gegen den Grund des Klaganspruchs richtet. Zur Zahlung der ursprünglich eingeklagten 643000 ℳ hat das Landgericht die Beklagte mit Recht verurteilt.

Auf die Anschlußberufung der Klägerin hat der Berufungsrichter die vom Landgericht zugesprochene Papiermarksumme in Goldmark umgewertet, jedoch nicht in der von der Klägerin erbetenen Höhe. Gegen diesen Teil der Entscheidung des Berufungsrichters richten sich die beiderseitigen Rechtsmittel; die Beklagte bekämpft jede Aufwertung, die Klägerin begehrt Erhöhung des Aufwertungsbetrags. Den Hinweis der Beklagten auf Art. I § 12 Abs. 3 der Dritten Steuernotverordnung hat der Berufungsrichter mit Recht nicht für durchgreifend erachtet. Diese Vorschrift schließt von der Aufwertung nur diejenigen Ansprüche aus einem Kontokorrentverhältnis aus, die den Saldo als solchen betreffen. Ein solcher Anspruch stand nicht in Frage. Der inzwischen in Kraft getretene, auch im Rechtszug der Revision zu berücksichtigende § 65 AufwG. schließt wiederum die Ansprüche aus einem Kontokorrentverhältnis von der Aufwertung aus, und zwar hat er den einschränkenden Zusatz „die den Saldo als solchen betreffen" gestrichen. Demzufolge sind nunmehr auch die Einzelposten des Kontokorrentverhältnisses der Aufwertung entzogen. Aber dieses Verbot kann nach seinem Inhalt die einzelnen Posten des gegenseitigen Rechnungsverhältnisses doch nur insoweit treffen, als sie im Saldo aufgegangen sind und als Bestandteile des Kontokorrentverhältnisses sich darstellen. Vorliegendenfalls macht die

Klage nicht einen Posten des Kontokorrentverhältnisses geltend, sondern sie bezweckt umgekehrt, das von ihr verfolgte Forderungsrecht als zu Unrecht in das Kontokorrent eingestellt aus diesem wieder herauszunehmen; sie fordert den Betrag von 643000 *M* als auf Grund des Saldoanerkenntnisses zu Unrecht in das Vermögen der Beklagten übergegangen gemäß §§ 812 flg. BGB. von dieser zurück. Daß auch ein Anspruch solcher Art, mit dem die Zugehörigkeit des fraglichen Einzelpostens zum Kontokorrentverhältnis gerade verneint wird, von der Aufwertung ausgeschlossen sein sollte, ist weder aus dem Wortsinn und dem Inhalt des § 65 AufwG. zu entnehmen, noch durch dessen Zweck und Absicht gerechtfertigt.

Hiernach bedarf es nicht der Untersuchung, ob sich das Aufwertungsverlangen der Klägerin nicht selbst gegenüber dem § 65 AufwG. wenigstens unter dem Gesichtspunkt des Verzugs und in den hierdurch gebotenen Grenzen würde aufrechterhalten lassen. Damit erweist sich die Revision der Beklagten auch zur Frage der Aufwertung als unbegründet.

Dasselbe hat aber auch von der Revision der Klägerin zu gelten. Sie rügt lediglich Verletzung des § 242 BGB. und verweist darauf, daß sie das Geld, hätte sie es damals erhalten, alsbald in Ware umgesetzt und auf diese Art wertbeständig erhalten haben würde. Diesen Gesichtspunkt hat der Berufungsrichter keineswegs übergangen, er hat ihn vielmehr ohne Rechtsverstoß dahin gewürdigt, daß die Klägerin auch bei Richtigkeit jenes Vorbringens das Geld nicht über die ganze Inflationszeit hinüber hätte wertbeständig erhalten können. Diese Erwägung gehört dem Gebiet der tatrichterlichen Würdigung an und ist daher dem Revisionsangriff entzogen.

---

55. Sind bei Festsetzung des Streitwerts für wiederkehrende Leistungen die nach Geltendmachung des Rechts fällig gewordenen Beträge besonders zu berechnen?

ZPO. §§ 4, 9. GKG. § 10 Abs. 2.

IV. Zivilsenat. Beschl. v. 29. April 1926 i. S. Stadtgemeinde L. (Bekl.) w. K. (Kl.). IV 427/25.

I. Landgericht Leipzig.
II. Oberlandesgericht Dresden.

Die Frage ist verneint worden aus folgenden

Gründen:

Dem Kläger, der im Betriebe der Großen L.er Straßenbahn, der Rechtsvorgängerin der Beklagten, einen Unfall erlitten hat, ist durch das seinem ganzen Umfange nach von der Beklagten angefochtene Urteil eine Rente zugesprochen worden. Der Prozeßbevollmächtigte der Beklagten hat die Festsetzung des Streitwerts für die Revisionsinstanz auf das $12^1/_2$fache des Jahresbetrags der Rente zuzüglich der seit Klagerhebung fällig gewordenen Beträge beantragt. Als Streitwert für die Berechnung der Kosten kommt indes nur der einjährige Betrag der Rente in Betracht.

(Der Senat tritt zunächst, was den Wert des Rechts anlangt, dem in RGZ. Bd. 113 S. 63 abgedruckten Beschlusse des VI. Zivilsenats bei. Dann wird fortgefahren:)

Der Auffassung des Antragstellers, daß dem Werte des Rechts die seit Klagerhebung bis zur Einlegung der Revision fällig gewordenen Beträge hinzuzurechnen seien, ist nicht beizupflichten. In Fällen, in denen — wie hier — das Recht auf wiederkehrende Leistungen selbst geltend gemacht wird, ist gemäß § 9 ZPO. und § 10 Abs. 2 GKG. der Wert auf der Grundlage des einjährigen Bezugs auf das 25-, $12^1/_2$- oder 1-fache zu berechnen. Das Recht umfaßt die sämtlichen vom Zeitpunkt seiner Geltendmachung an laufenden Bezüge. Nur die vor diesem Zeitpunkt fällig gewordenen gehören nicht zu dem geltend gemachten Recht und sind besonders in Ansatz zu bringen. Diese in RGZ. Bd. 19 S. 416 (Vereinigte Zivilsenate) und Bd. 23 S. 359 (VI. Zivilsenat) näher begründeten Rechtsgrundsätze folgen aus § 9 ZPO., jetzt auch aus § 10 GKG. § 4 ZPO. ist für sie ohne Bedeutung; er regelt nicht die Frage, welche Bezüge zu dem geltend gemachten Recht gehören, sondern bestimmt nur den Zeitpunkt, nach dem der Wert der einzelnen Bezüge zu berechnen ist. Das gilt auch für die neue Fassung des § 4, wie sie zuerst im Entlastungsgesetz vom 8. Juli 1922 (RGBl. I S. 569) bestimmt und von da ab unverändert beibehalten worden ist. Indem dort für die Wertberechnung der Zeitpunkt der Erhebung der Klage, in der Berufungs- und Revisionsinstanz derjenige der Einlegung des Rechtsmittels als maßgebend bezeichnet worden ist, sollte lediglich den infolge der Geldentwertung im Laufe des Rechtsstreits eintretenden

Veränderungen des Streitwerts Rechnung getragen werden. Dafür aber, daß beabsichtigt worden wäre, über den ursprünglichen Rahmen des § 4 hinaus auch die Frage der selbständig zu berechnenden Rückstände neu zu regeln, bieten weder der Wortlaut der neuen Fassung noch die Entstehungsgeschichte einen Anhalt.

Da im vorliegenden Falle das Recht auf Rentenzahlung mit Erhebung der Klage geltend gemacht worden ist, die einzelnen Bezüge ihrem Werte nach unverändert geblieben sind und vorher fällig gewordene Beträge nicht gefordert werden, so kommt nach dem Gesagten die besondere Berechnung von Rückständen nicht in Frage. Der Streitwert war daher auf den einjährigen Betrag der Rente festzusetzen.

---

56. Wer ist im Sinne des Warenzeichengesetzes Inhaber des Geschäftsbetriebs?

WZG. §§ 1, 7, 9 Abs. 1 Nr. 2.

II. Zivilsenat. Urt. v. 9. Juli 1926 i. S. Sokkar G. m. b. H. (Kl.) w. Fr. (Bekl.). II 508/25.

I. Landgericht Hamburg, Kammer für Handelssachen.
II. Oberlandesgericht daselbst.

Am 26. März 1912 wurde zugunsten der Firma H. F. in Hamburg, deren Alleininhaber damals der Beklagte war, unter Nr. 156615 das Warenzeichen „Ara" für den Geschäftsbetrieb „Export- und Importgeschäft" und sämtliche Warengattungen der Klasse 42 eingetragen. Die Firma wurde am 10. Juli 1920 im Handelsregister gelöscht. Sie besteht nicht mehr; der Beklagte hatte das unter ihr betriebene Geschäft schon durch Gesellschaftsvertrag vom 3. November 1909 mit sämtlichen Aktiven in die von ihm und seiner Ehefrau gegründete „Deutsche Futtermittelgesellschaft m. b. H." in H. eingebracht. Gegenstand dieses Unternehmens ist laut § 3 des Gesellschaftsvertrags:

„Der Ein- und Verkauf und die Herstellung von landwirtschaftlichen Verbrauchsstoffen aller Art und von sonstigen Waren sowie die Beteiligung an ähnlichen Unternehmungen."

Die Schutzfrist des Zeichens wurde im Jahre 1919 verlängert; am 10. Juli 1924 — nach Klagerhebung — wurde es auf die Deutsche Futtermittelgesellschaft G. m. b. H. umgeschrieben; auf diese Firma ist es heute noch eingetragen.

Die Klägerin verlangt nun vom Beklagten als dem Alleininhaber der früheren Firma H. F. insoweit, als das Zeichen für andere Waren als Futtermittel eingetragen ist, Einwilligung in seine Löschung, da weder er noch die Deutsche Futtermittelgesellschaft ein Export- und Importgeschäft betreibe. Der Beklagte machte geltend, er habe noch eine Anzahl anderer geschäftlicher Unternehmungen in Form von Gesellschaften m. b. H. gegründet und finanziert, die sich mit Ein- und Ausfuhr von Waren aller Art befaßten und an denen die von ihm überwachte Deutsche Futtermittelgesellschaft beteiligt sei; alle diese Gesellschaften, die den sog. F.-Konzern bildeten, führten das Warenzeichen „Axa"; wirtschaftlich handle es sich bei ihnen um einen einheitlichen, in seiner — des Beklagten — Hand zusammengefaßten Betrieb.

Das Landgericht gab der Klage statt, das Oberlandesgericht wies sie ab. Die Revision der Klägerin führte zur Aufhebung und Zurückverweisung.

Gründe:

Die Revision macht geltend, daß die nach Klagerhebung erfolgte Umschreibung des Zeichens auf die Deutsche Futtermittelgesellschaft m. b. H. die Passivlegitimation des Beklagten unberührt lasse (§ 9 Abs. 3 WZG.). Ohne Einfluß ist insoweit auch ein schon vor Prozeßbeginn erfolgter Übergang des Zeichens, der zu seiner Rechtsgültigkeit nicht der Eintragung in die Zeichenrolle bedurfte. Zur Zeit dieses angeblichen Übergangs war das angefochtene Zeichen noch nicht in die Zeichenrolle eingetragen, sondern vom Beklagten für seine damalige Einzelfirma erst angemeldet. Die aus der Anmeldung erwachsenen Rechte konnten jedoch übertragen werden; rechtliche Hindernisse hiergegen bestanden nicht (§ 7 Abs. 1 WZG.). Mit der Klage wird sodann nicht Löschung des Zeichens schlechthin verlangt, sondern nur Löschung zum Teil, nämlich für alle Waren des Verzeichnisses mit Ausnahme von Futtermitteln; eine Löschungsklage dieses Inhalts ist indessen rechtlich zulässig (RGZ. Bd. 104 S. 314, Bd. 108 S. 34, Bd. 109 S. 73). Das Berufungsgericht geht davon aus, daß der Beklagte anläßlich der Gründung der Deutschen Futtermittelgesellschaft das Warenzeichen — richtiger: zunächst die Anmelderechte — mit dem Betrieb und dem Betriebsvermögen seiner Firma in die genannte Gesellschaft eingebracht habe. Diese Ausführungen liegen im wesentlichen auf tatsächlichem Gebiet; einen Rechtsirrtum lassen sie nicht erkennen.

Die Revision macht geltend, daß, wenn der Geschäftsbetrieb der Einzelfirma F. mit dem Warenzeichen auf die Deutsche Futtermittelgesellschaft übergegangen sei, es nur auf den Geschäftsbetrieb der letzteren entscheidend ankomme bei Prüfung der Frage, ob die Voraussetzungen der Löschung des Zeichens nach § 9 Abs. 1 Nr. 2 WZG. vorlägen, daß es dagegen unerheblich sei, ob und welchen Geschäftsbetrieb der Beklagte selbst führe. Der Angriff ist begründet.

Wie sich aus §§ 1, 7, 9 Nr. 2, 12, 24a WZG. ergibt, ist das Warenzeichen mit dem Geschäftsbetrieb, zu dem es gehört, untrennbar verknüpft, und zwar so, daß der Inhaber und Träger des Zeichens auch der Betriebsinhaber sein und sich mit den zum Warenverzeichnis angemeldeten und dort eingetragenen Waren selbst befassen muß. Das Warenzeichen ist an einen bestehenden Geschäftsbetrieb als dessen „Zubehör" gebunden. Eingetragen ist das streitige Warenzeichen nunmehr auf die Deutsche Futtermittelgesellschaft m. b. H., eine juristische Person, die ihren Gesellschaftern als selbständiges Rechtssubjekt gegenübersteht und ebenso wie natürliche Personen Eigentum und Besitz, eigenen Geschäftsbetrieb und eigene gewerbliche Schutzrechte haben kann. Ihr Geschäftsbetrieb ist der Betrieb, der auf ihren Namen geführt wird; er ist nicht der ihrer Angestellten oder Gesellschafter oder des etwaigen Inhabers aller ihrer Geschäftsanteile. Ebensowenig ist ihr Geschäftsbetrieb derjenige etwaiger Tochter- oder „Konzern"-Gesellschaften, die mit eigener Rechtspersönlichkeit ausgestattet sind. Und das gleiche gilt umgekehrt für deren Geschäftsbetrieb im Verhältnis zu dem der Deutschen Futtermittelgesellschaft. Ohne Belang ist daher, ob und welches Geschäft der Beklagte selbst oder andere von ihm oder der Deutschen Futtermittelgesellschaft gegründete Gesellschaften haben. Es mag sein, daß zwischen dem Beklagten und diesen Gesellschaften engste finanzielle, wirtschaftliche und sonstige Zusammenhänge bestehen. Dadurch werden aber die Geschäftsbetriebe dieser juristisch selbständigen Unternehmungen, die sie auf ihren eigenen Namen führen, noch nicht zu einem gemeinschaftlichen und einheitlichen Betrieb. Da die besonderen Voraussetzungen eines Verbandszeichens (§ 24a WZG.) nicht vorliegen, müßte das Zeichen, wenn für diese Betriebe ein Zeichenschutz erreicht werden soll, für jeden einzelnen Betrieb eingetragen werden, und umgekehrt bildet die Grundlage des für einen solchen Einzelbetrieb einer juristischen Person eingetragenen Zeichens immer nur eben ihr Geschäftsbetrieb allein. Unerheblich ist auch, ob die geschützten Waren von Lizenznehmern geführt werden. Denn nur auf die Herstellung oder den Vertrieb der geschützten Waren im Geschäftsbetrieb des Zeicheninhabers kommt es an; der Betrieb der Lizenznehmer könnte den mangelnden eigenen Betrieb des Zeicheninhabers zeichenrechtlich nicht ersetzen, stützen oder ergänzen. Daß etwa die Deutsche Futtermittelgesellschaft m. b. H. die Betriebe der anderen Gesellschaften auf Grund besonderer Abmachungen selbst führe, ist nicht behauptet. Somit ist für die Löschungsklage nur auf den Geschäftsbetrieb der Deutschen Futtermittelgesellschaft, d. h. den Betrieb, der auf ihren Namen geht, abzustellen. Nach der Feststellung des Berufungsgerichts erstreckt sich dieser Betrieb nur auf Getreide und Futtermittel, „vielleicht" auch auf letztere allein. Nun ist zwar anerkannten Rechtens, daß ein Warenzeichen auch schon vor Eröffnung oder Ausdehnung eines Geschäftsbetriebs für weitere Warengattungen eingetragen werden kann. Das gilt aber doch nur unter der Voraussetzung, daß es sich dabei um einen vorübergehenden Schwebezustand handelt. Von letzterem kann im vorliegenden Fall nicht mehr die Rede sein, nachdem seit der Gründung der Gesellschaft bis zur Klagerhebung 15 Jahre verstrichen sind. Ein teilweises Nichtbeginnen des Geschäftsbetriebs steht dem teilweisen Nichtmehrfortsetzen rechtlich gleich (vgl. RGZ. Bd. 97 S. 98).

Die Klage aus § 9 WZG. ist eine Popularklage. Die Klägerin braucht daher ein eigenes schutzwürdiges Interesse an der Löschung nicht darzutun; sie macht mit ihrer Klage das Interesse der Allgemeinheit daran geltend, daß unzulässige Warenzeichen nicht eingetragen bleiben. Deshalb kann ihr auch nicht entgegengehalten werden, daß sie sittenwidrig oder nur aus Schikane handle (RGZ. Bd. 109 S. 77).

57. Ist die Frist des § 519 Abs. 6 ZPO. erneut zu bestimmen, wenn der Kalendertag, bis zu dem die erste Frist gesetzt war, bei Beendigung der durch ein Armenrechtsgesuch bewirkten Hemmung verstrichen ist?

II. Zivilsenat. Beschl. v. 10. Juli 1926 i. S. Sch. (Bekl.) w. Niedersächs. Gummiwarenfabriken A.-G. (Kl.). II B 19/26.

I. Landgericht III Berlin, Kammer für Handelssachen.
II. Kammergericht daselbst.

Die vom Landgericht verurteilte Beklagte hatte Berufung eingelegt. Gemäß § 519 Abs. 6 ZPO. war ihr für den Nachweis der Einzahlung der Prozeßgebühr eine Frist bis zum 22. April 1926 bestimmt worden. Am letzten Tage dieser Frist reichte die Beklagte ein Armenrechtsgesuch ein; der zurückweisende Beschluß wurde ihr am 7. Mai 1926 zugestellt. Am 28. Mai 1926 erbat sie erneut das Armenrecht. Das Berufungsgericht hat indessen am 3. Juni 1926 die Berufung als unzulässig verworfen. Die sofortige Beschwerde der Beklagten wurde vom Reichsgericht zurückgewiesen aus folgenden

Gründen:

Die Beklagte hat am letzten Tage der ihr bestimmten Frist, am 22. April 1926, ein Armenrechtsgesuch eingereicht. Dadurch wurde gemäß § 519 Abs. 6 ZPO. der Lauf der Frist bis zum Ablauf von zwei Wochen nach Zustellung des auf das Gesuch ergangenen Beschlusses, also bis zum 21. Mai 1926, gehemmt. Ohne Rechtsirrtum hat das Berufungsgericht das zweite, erst am 28. Mai 1926 eingereichte Armenrechtsgesuch als verspätet gestellt für wirkungslos und die Frist für verstrichen erachtet. Der Lauf der bis zum 22. April 1926 bestimmten Frist war während der angegebenen Zeit gehemmt. Mit der Beendigung der Hemmung trat auch die Beendigung der Frist selbst ein, weil das Armenrechtsgesuch erst an ihrem letzten Tage eingereicht worden war. Der von der Beschwerdeführerin für ihre Auffassung, es habe der Bestimmung einer neuen Frist bedurft, inbezug genommenen Entscheidung des VI. Zivilsenats des Reichsgerichts vom 18. Dezember 1925, VI B 38/25, lag ein andersartiger Tatbestand zugrunde. Dort war zwar ebenso wie im vorliegenden

Fall nicht eine nach Zeitabschnitten bemessene, sondern eine bis zu einem bestimmten Kalendertage laufende Frist bestimmt worden. Innerhalb der Frist war aber die Berufungsklägerin in Konkurs geraten und das Verfahren demgemäß unterbrochen worden (§ 240 ZPO.). Nach Verstreichen jenes Kalendertags erfolgte die Aufnahme durch den Verwalter. Gemäß § 249 Abs. 1 ZPO. hatte die Unterbrechung die Wirkung, daß der Lauf der vollen Frist nach der Aufnahme von neuem begann. Der VI. Zivilsenat hat in jenem Beschluß ausgesprochen, daß in solchem Falle die bis zu einem bestimmten Kalendertage gesetzte Frist nicht in eine nach Zeitabschnitten (Tagen) bemessene umgedeutet und nun nicht einfach vom Tag der erfolgten Aufnahme an die entsprechende Anzahl von Tagen gerechnet werden dürfe. Vielmehr müsse in solchem Falle eine neue Frist bestimmt werden, weil dann, wenn die Frist (wie damals nach der Aufnahme des Verfahrens) von neuem beginne, sie auch nur in der Form von neuem eingestellt werden könne, in der sie bestimmt war; da sie nun infolge Verstreichens des als Endtermin festgesetzten Kalendertags hinfällig geworden sei, so müsse dem Konkursverwalter eine neue Frist gesetzt werden. Der VI. Zivilsenat fügt hinzu: es bleibe dahingestellt, ob dieselben Erwägungen auch Platz greifen müßten, wenn der Lauf einer bis zu einem bestimmten Tage gestellten Frist durch die Einreichung eines Armenrechtsgesuchs oder durch die Gerichtsferien gehemmt werde.

Diese in dem besprochenen Beschluß ausdrücklich offen gelassene, im gegenwärtigen Falle zur Erörterung stehende Frage muß verneint werden. Vorliegend handelt es sich um die Hemmung einer Frist; diese begann daher nach Beseitigung der Hemmung nicht von neuem, vielmehr lief vom Wegfall der Hemmung an nur der noch übrige Fristteil (§ 223 ZPO.). Es besteht kein rechtliches Bedenken, dann, wenn zur Zeit der Beendigung der Hemmung der Kalendertag, bis zu dem die Frist bestimmt worden war, verstrichen ist, die zur Zeit des Eintritts der Hemmung noch übrige Frist nach Zeitabschnitten zu bestimmen und diese vom Tag des Aufhörens der Hemmung an zu berechnen. Da nun hier die Hemmung gerade am letzten Tage der Frist eintrat, so lief die Frist mit dem Tage des Aufhörens der Hemmung ab.

58. Zur Frage der Beweislast, wenn der Empfänger eines Bestätigungsschreibens rechtzeitig Widerspruch dagegen erhoben zu haben behauptet.

II. Zivilsenat. Urt. v. 10. Juli 1926 i. S. L. (Bekl.) w. C. L. (Kl.). II 542/25.

HGB. § 346.

I. Landgericht Hamburg, Kammer für Handelssachen.
II. Oberlandesgericht daselbst.

Gegenstand des Revisionsverfahrens ist ein Anspruch auf Zahlung von 10% Monatszinsen aus 25000 G.M. für die Zeit vom 1. Juni bis 30. November 1924, soweit er nicht — in Höhe von 1714 G.M. — vom Oberlandesgericht abgewiesen ist. Die Klägerin stützt diesen Anspruch auf eine Vereinbarung vom 5. August 1924, die sie dem Beklagten mit Schreiben vom 6. dess. Monats bestätigte, ohne daß er — so behauptet die Klägerin — alsbald Widerspruch dagegen erhoben habe. Der Beklagte gibt den Empfang des Schreibens zu, er will aber alsbald nach Empfang, am 8. oder 9. August 1924, dem Mitinhaber der klagenden Firma, Chr., gegenüber mündlich widersprochen haben, da es am 5. August zu keiner festen Vereinbarung gekommen sei.

Das Landgericht machte die Entscheidung über den Zinsenanspruch (in Höhe von 15000 G.M.) von einem den Inhabern der klagenden Firma zugeschobenen Eide darüber abhängig, ob der Beklagte dem Bestätigungsschreiben in der von ihm bezeichneten Weise widersprochen habe. Das Oberlandesgericht erklärte auf die Berufung des Beklagten den Anspruch zum Betrage von 1714 R.M. für unbegründet und erkannte im übrigen auf einen vom Mitgesellschafter Chr. allein zu leistenden Eid über den Widerspruch des Beklagten gegen das Bestätigungsschreiben. Die Revision des Beklagten blieb erfolglos.

Aus den Gründen:

Das Berufungsgericht sieht auf Grund des Bestätigungsschreibens den Beweis für das von der Klägerin behauptete Abkommen als geführt an, wenn nicht vom Beklagten dargetan werde, daß er rechtzeitig Widerspruch gegen das Schreiben erhoben habe. Rechtlich steht das mit den in der Rechtsprechung anerkannten Grundsätzen über die Bedeutung kaufmännischer Bestätigungsschreiben im Einklang. Wenn im Handelsverkehr unter Kaufleuten die eine Partei nach vorausgegangenen mündlichen oder telephonischen Verhandlungen der andern gegenüber schriftlich bestätigt, daß sie einen Vertrag als abgeschlossen ansehe, und den Inhalt dieses Vertrags festlegt, so ist die andere Partei nach den im Handelsverkehr geltenden Gewohnheiten und nach Treu und Glauben verpflichtet, dem Gegner von ihrer abweichenden Auffassung über das Zustandekommen des Vertrags alsbald Kenntnis zu geben. Andernfalls muß sie den Inhalt des Schreibens, insbesondere den Abschluß selbst, gegen sich gelten lassen (RGZ. Bd. 54 S. 176, Bd. 58 S. 66/69, Bd. 105 S. 389). Ein Bestätigungsschreiben erheischt also im Falle des Nichteinverständnisses eine umgehende Antwort. Der Absender des Schreibens kann sich zum Beweise des in ihm wiedergegebenen Vertragsabschlusses auf die bloße Tatsache berufen, daß das Schreiben dem Vertragsgegner zugegangen ist, und abwarten, daß der andere Teil darlegt, wie er sich gegenüber dem Schreiben verhalten habe, um sein Einverständnis auszuschließen. Der Absender des Bestätigungsschreibens muß nicht das Stillschweigen des Empfängers dartun, sondern der Empfänger hat seinerseits zu beweisen, daß er dem Bestätigungsschreiben rechtzeitig widersprochen habe, um die nach kaufmännischer Auffassung eintretende Wirkung seines vermuteten Einverständnisses abzuwenden. Mit Unrecht wirft daher die Revision dem angefochtenen Urteil Verkennung der Beweislast vor, wenn es den Beklagten als beweispflichtig für den rechtzeitigen Widerspruch erachtet hat. Dafür, daß die Klägerin bei Absendung des Schreibens eine Überrumpelung des Beklagten beabsichtigt habe, bietet die Sachlage keinen Anhalt ...

---

59. 1. Ist der „Einschuß" des Beitragspflichtigen bei großer Haverei eine Sicherheitsleistung oder eine Teilzahlung?

2. Mußte im ersten Falle bei Einzahlung in Papiermark der Vergütungsberechtigte für wertbeständige Anlegung sorgen?

HGB. §§ 730, 731. BGB. §§ 242, 254.

I. Zivilsenat. Urt. v. 10. Juli 1926 i. S. V. & Co. (Bekl.) w. United States Shipping Board (Kl.). I 385/25.

I. Landgericht Hamburg, Kammer für Handelssachen.
II. Oberlandesgericht daselbst.

Der dem Kläger gehörige Dampfer „West Himrod", der für die Beklagte als alleinige Empfängerin eine Ladung Mehl an Bord hatte, erlitt auf der Reise von Portland (Oregon) nach Hamburg Maschinenschaden, so daß er Ponta Delgada als Nothafen anlaufen mußte. Nachdem der Dampfer am 29. Juni 1921 Hamburg erreicht hatte, zeichnete die Beklagte am 30. Juni 1921 einen Havarie-Bond, worin sie sich verpflichtete, den auf die Ladung entfallenden Beitrag zur großen Haverei nach der durch die Reederei in San Francisco gemäß den New-York-Antwerpener Bedingungen von 1890 aufzumachenden Dispache an die Agentin des Klägers, die Firma A. in Hamburg, zu zahlen und auf deren Verlangen unverzüglich Einschuß für die Ladung zu leisten. Nach Aufforderung vom gleichen Tage, als Einschuß einen Betrag von 290000 ℳ zu zahlen, überwies die Beklagte diese Summe an die Bank der Firma A. Diese legte das Geld sofort auf ihren Namen bei der Nationalbank mit 3% verzinslich an. Die Dispache wurde am 7. März 1923 gezeichnet. Nach ihr belief sich der Havereibeitrag der Beklagten auf 4279,87 Dollars. Diesen Betrag fordert der Kläger, indem er sich auf den Standpunkt stellt, es habe sich bei der Einzahlung um ein Depot beim Schiffsmakler gehandelt, das zu Lasten der Beklagten als Hinterlegerin entwertet sei.

Die Beklagte will durch die Einzahlung, die damals dem Betrag von 3922,48 Dollars entsprochen habe, in dieser Höhe ihrer Havereibeitragspflicht genügt, nicht aber bloß eine Sicherheit geleistet haben. Wenn es sich jedoch nur um eine Sicherheitsleistung gehandelt haben sollte, so sei der Kläger, für den sein Schiffsmakler als Vertreter auftrat, im Falle der Einforderung des Betrags in Mark verpflichtet gewesen, für eine wertbeständige Anlage zu sorgen oder in dieser Beziehung die Weisungen der Beklagten einzuholen.

Während das Landgericht der Beklagten den Einschuß in Höhe des Dollarwerts zur Zeit der Einschußleistung gutbrachte und sie nur zur Zahlung des Mehrbetrags von 4279,87 weniger 3922,48 = 357,39 Dollars verurteilte, sprach das Oberlandesgericht auf die Berufung des Klägers diesem den ganzen Dollarbetrag zu, vermindert lediglich um den Dollarwert der 290000 ℳ vom 7. März 1923.

Die Revision der Beklagten führte zur Aufhebung und Zurückverweisung.

Gründe:

Der Streit der Parteien dreht sich um zwei Punkte: darum, ob die Einzahlung des Markbetrags als vorläufige Zahlung oder nur als Hinterlegung zur Sicherheitsleistung anzusehen ist, sowie darum, ob, wenn diese Frage in letzterem Sinne beantwortet wird, der Kläger verpflichtet war, mit Rücksicht auf die fortschreitende Entwertung der Mark Schritte zu tun, um den hinterlegten Betrag der Entwertung zu entziehen.

1. Die Kammer für Handelssachen hat sich auf den Standpunkt gestellt. es habe sich bei der Leistung des Einschusses um die Zahlung eines Vorschusses auf den endgültigen Havereibeitrag gehandelt. Zur Begründung hat sie darauf hingewiesen, daß keine der im Weltverkehr üblichen Arten der Sicherheitsleistung gewählt worden sei, wie solche für einen ähnlich liegenden Fall in RGZ. Bd. 108 S. 304 aufgeführt würden, nämlich Bankgarantie, Hinterlegung auf gemeinsamen Namen oder Aushändigung der Summe an den Dispacheur. Ferner hat sie ausgeführt: Die Sachlage sei schon bei Einforderung des Einschusses sehr übersichtlich gewesen. Als Beitragspflichtige seien nur das Schiff und die Beklagte als Alleinempfängerin der Ladung in Frage gekommen. Die Schäden infolge der notwendig gewordenen Ausbesserung des Schiffes, die schon vor dem Anlaufen Hamburgs in Ponta Delgada stattfand, hätten sich bereits im ganzen übersehen lassen.

Das Berufungsgericht ist demgegenüber der Meinung, daß im vorliegenden Falle nichts für die Annahme einer Zahlung spreche. Es folgert aus dem Gebrauch des Wortes „Einschuß" als Gegensatz zur endgültigen Zahlung auf Grund der Dispache und daraus, daß der Einschuß in anderer Währung geleistet wurde als in der, nach welcher die Dispache aufzumachen war, daß die gemachte Leistung nicht als Zahlung zu werten sei.

Dem dagegen gerichteten Revisionsangriff kann der Erfolg nicht versagt werden.

Es handelt sich hier — im Gegensatz zu dem in RGZ. Bd. 108 S. 304 erörterten Fall, wo ein „deposit on account of general average" in Pfunden gegeben, die Dispache aber in Mark aufzumachen war — um einen „Einschuß", der in Markwährung eingefordert war, obwohl die endgültigen Havereibeiträge in Dollarwährung geleistet werden mußten. In jener Entscheidung wird ausgeführt, bei Leistung von Havereieinschüssen werde entweder eine Bankgarantie geleistet oder ein Bareinschuß auf gemeinsamen Namen hinterlegt oder dem Dispacheur ein solcher ausgehändigt. Da es sich im dortigen Fall zweifellos um ein Depot handelte, hatte das Urteil keine Veranlassung, auf weitere Möglichkeiten einzugehen. Die Revue internationale du droit maritime (1922 Bd. 34 S. 1159 bis 1160) führt unter den Garantien für die Leistung der Beiträge, die der Reeder von den Ladungsempfängern verlangen könne, neben Bankgarantie und Depot (dépôsits) auch vorläufige Beiträge (contributions provisoires) auf. Als solche werden aufzufassen sein Abschlagszahlungen in der wahrscheinlichen Höhe des späteren endgültigen Beitrages. Es liegt keine Veranlassung vor, nicht auch eine solche Sicherung der Vergütungsberechtigten als möglich anzunehmen. Derartige vorläufige Zahlungen — eine solche würde nach Behauptung der Beklagten auch hier in Frage kommen — fallen sicherlich unter den Begriff des „Einschusses". Das Berufungsgericht gibt daher diesem Ausdruck eine zu enge Auslegung, wenn es ihn als mit der Annahme einer Zahlung unvereinbar auffaßt.

Das angefochtene Urteil ist, wie seinen Ausführungen entnommen werden kann, rechtsirrtumfrei davon ausgegangen, daß der Beklagten, wenn sie Erfüllung durch Zahlung behauptet, die Beweislast für diese Behauptung zufällt gegenüber dem Kläger, welcher der Leistung lediglich die Eigenschaft der Sicherheitsleistung zuerkennen will. Es läßt sich aber nach dem Inhalt des Berufungsurteils die Möglichkeit nicht ausschließen, daß bei Würdigung der von den Parteien zur Unterstützung ihrer Auffassung herangezogenen Einzelumstände die zu enge und offensichtlich die Möglichkeit einer vorläufigen Zahlung des Havereibeitrags nicht in Betracht ziehende Auslegung des Wortes „Einschuß" eine ausschlaggebende Rolle gespielt hat. Schon aus diesem Grunde mußte das angefochtene Urteil der Aufhebung verfallen. Bei der erneuten Prüfung des Sachverhalts wird auch die erwähnte Möglichkeit in Betracht zu ziehen sein, daß der Kläger die Güter der zur großen Haverei beitragspflichtigen Beklagten an diese gegen vorläufige Zahlung eines auf ihren endgültigen Beitrag zur großen Haverei zu verrechnenden Betrags ausgeliefert hat. Es wird dabei weiter zu berücksichtigen sein, daß die Einforderung des Einschusses in anderer Währung als derjenigen, in der die Dispache aufzumachen war, nicht unter allen Umständen, wie das Berufungsgericht anzunehmen scheint, dafür spricht, daß die geforderte Zahlung nur als Sicherheitsleistung verwertet werden soll. Bei der Einforderung des Einschusses in einer Währung, die, wie bereits damals die deutsche Mark, seit geraumer Zeit erheblichen Wertschwankungen unterworfen war, ist nicht ohne weiteres anzunehmen, daß der gezahlte Betrag, weil währungsverschieden von der endgültigen Forderung, nur als Depot hinterlegt werden sollte. Die Entscheidung über die Zweckbestimmung der geforderten Leistung wird auch bei solcher Sachlage von den Umständen des Einzelfalles abhängen. Ob schließlich der Bezeichnung des geforderten Einschusses als „part payment" in der englischen Übersetzung des Einforderungsschreibens, die sich in der Dispache findet, Bedeutung für die Bewertung der geforderten Leistung beizumessen ist, läßt sich zurzeit nicht übersehen. Auch diese Bezeichnung wird aber gegebenenfalls Beachtung finden müssen.

2. Nicht bedenkenfrei sind auch die weiteren Ausführungen des angefochtenen Urteils, in denen dieses, davon ausgehend, daß die gezahlten 290000 *M* nur die Eigenschaft eines Depots haben sollten, die Entwertung des Betrags völlig zu Lasten der Beklagten gehen läßt. Das Berufungsgericht hat verneint, daß für die den Kläger vertretende Schiffsmaklerfirma eine Verpflichtung bestanden habe, der Entwertung der hinterlegten Summe zu steuern. Es spricht dem Kläger zunächst mangels geschäftlicher Verbindung mit der Beklagten jede Verpflichtung zur Aufwendung einer gewissen Sorgfalt bei Verwaltung des Depots ab. Dem ist zum mindesten nach den hier vorliegenden Umständen nicht beizutreten. Bei Einzahlung der Sicherheit durch die Beklagte ließ sich bereits übersehen, daß dem Kläger allein ein Forderungsrecht aus der großen Haverei zustand. Die Sicherheitsleistung geschah daher nur zugunsten der die Sicherheit einziehenden Seite, nicht auch zugunsten Dritter, für die der Einziehende nur kraft gesetzlichen Auftrags (§ 731 Abs. 3 HGB.) handelte. Durch die Unterzeichnung des Havereireverses war auch bereits eine

Verbindung der Beklagten mit dem Kläger hergestellt worden, durch die eine persönliche Verpflichtung der Beklagten begründet wurde. Es kann somit schon aus diesen Erwägungen dem angefochtenen Urteil nicht zugegeben werden, daß es an jeder, die Grundlage für eine Sorgfaltspflicht des Klägers und seiner Erfüllungsgehilfen schaffenden Verbindung der Parteien gefehlt habe. Berücksichtigt man weiter, daß nach Art der Hingabe des Einschusses die Verfügungsberechtigung hierüber völlig auf den Empfänger überging, so entstand für ihn die Verpflichtung, den Einschuß mit der Sorgfalt eines ordentlichen Kaufmanns zu verwalten. Diese Sorgfaltspflicht lag ihm um so mehr ob, als er bei Einforderung der Sicherheit die Möglichkeit hatte, jene in wertbeständiger Währung zu verlangen, in der auch der endgültige Havereibeitrag einzufordern war. Stattdessen forderte er Sicherheit in einer Währung, die bereits damals erheblichen Schwankungen unterworfen war und, wie man schon zu jener Zeit erkennen konnte, seit längerem eine Neigung zur Abschwächung ihres inneren Wertes zeigte. Bei dieser besonderen Lage des Falles erübrigt es sich, die auf anderer Grundlage ergangene Entscheidung in RGZ. Bd. 109 S. 181, die im angefochtenen Urteil besprochen wird, näher zu erörtern. Es wird also, soweit es darauf ankommen sollte, vom Berufungsgericht zu prüfen sein, ob der Kläger dieser Sorgfaltspflicht angesichts der fortschreitenden Entwertung der Mark ausreichend nachgekommen ist, insbesondere, ob diese nicht die Verpflichtung zur Umwandlung der Sicherheit in eine solche wertbeständiger Währung entstehen ließ, wozu der Kläger nach Lage der Sache jederzeit die Möglichkeit hatte. Eine derartige Umwandlung im Interesse des die Sicherheit Leistenden wird dadurch nicht ausgeschlossen, daß im allgemeinen (vgl. RGZ. Bd. 108 S. 304) der Reeder die ihm für einen Havereibeitrag geleistete Sicherheit nicht nach seinem Belieben umwechseln darf. Es wird ferner zu prüfen sein, ob der Kläger, falls er wegen der Möglichkeit einer Besserung der Mark von der Umwechslung des Geldes absehen wollte, nicht zum mindesten die Weisungen der Beklagten einzuholen verpflichtet war. Anderseits wird dann auch der Prüfung unterliegen müssen, ob nicht der Beklagten insofern, als sie sich um das Schicksal der Marksicherheit nicht gekümmert hat, ein mitwirkendes Verschulden an ihrem Schaden zur Last fällt.

60. Haftet, wer einem anderen eine Bescheinigung ausstellt und aushändigt in dem Bewußtsein, dieser werde sie einem Dritten gegenüber zur Beweisgrundlage für einen Vertragsabschluß benutzen, dem Dritten, der sich auf das Bescheinigte verläßt, vertraglich bei Unrichtigkeit des Bescheinigungsinhalts?

BGB. §§ 276, 305.

I. Zivilsenat. Urt. v. 12. Juli 1926 i. S. S. & Co. (Kl.) w. R. (Bekl.). I 294/25.

I. Landgericht Elberfeld.
II. Oberlandesgericht Düsseldorf.

Die Klägerin verhandelte im Frühjahr 1920 durch ihren Gesellschafter S. mit dem Holzhändler K. über den Ankauf von Waldbeständen in der Elberfelder Gegend. Am 24. März legte ihr K. ein Schriftstück vor, das die vom Beklagten R. unterzeichnete „Bestätigung" enthielt, daß er zwei Waldbestände von zusammen 42 Morgen an K. fest verkauft habe. Die Klägerin ließ sich, wie sie vorträgt, daraufhin von K. dessen Rechte aus dem Vertrag mit dem Beklagten R. übertragen und bezahlte ihm dafür 42000 *M*. Später stellte sich jedoch heraus, daß die Größe der Waldflächen nicht 42, sondern nur etwa 6 Morgen betrug.

Die Klägerin hat im vorliegenden Rechtsstreit den K. und den Beklagten R. auf Schadensersatz in Anspruch genommen. Zur Begründung bringt sie vor, daß R. mit K. in dauernder Geschäftsverbindung stehe, mithin gemeinschaftliche Täuschung wahrscheinlich sei. K. wurde im ersten Rechtszug durch rechtskräftiges Versäumnisurteil nach dem Klagantrag verurteilt. Der fortan noch allein als Beklagter beteiligte R. bestritt jedes Wissen um betrügerische Machenschaften des K.

Das Landgericht verurteilte den R. antragsgemäß als Gesamtschuldner mit K. Das Berufungsgericht machte die Entscheidung von folgendem Eide des Beklagten R. abhängig: „Ich habe bei der Unterzeichnung der Urkunde vom 24. März 1920 diese, weil mir meine Brille fehlte, nicht selbst gelesen; vielmehr hat sie mir K. vorgelesen, dabei aber entweder die Größe der Waldbestände überhaupt nicht angegeben oder eine andere Zahl als 42 Morgen genannt, und zwar eine Zahl, die mir nicht den Verdacht aufkommen ließ, daß sie zu hoch sei". Die Revision der Klägerin hatte Erfolg.

Aus den Gründen:

... Nach gewissen vom Tatrichter bisher außer Betracht gelassenen Richtungen bedarf es einer Prüfung der Frage, ob nicht zwischen dem Beklagten R. und der Klägerin vertragliche Beziehungen entstanden sind, aus denen ein Schadensersatzanspruch erwächst. ... (Folgt wörtliche Mitteilung des vom Beklagten R. unterzeichneten Schriftstücks.) Dem Inhalt des Schriftstücks und den bisher ersichtlichen Umständen nach, unter denen es ausgestellt und übergeben wurde, sollte die Klägerin Gewißheit darüber erhalten, daß der Beklagte die näher bezeichneten Holzbestände an K. veräußert habe und K. das Holz jederzeit schlagen und abbefördern dürfe und somit auch in der Lage sei, seine Ansprüche aus diesem Rechtsgeschäft abzutreten. Zugleich wurde darin die annähernde Flächengröße mitgeteilt und zu genauerer Bezeichnung beigefügt, daß es sich um die von einem Gesellschafter der Klägerin zusammen mit K. besichtigten Bestände handle. Die Bescheinigung wäre hiernach dazu bestimmt gewesen, von K. der Klägerin vorgelegt oder zugeschickt zu werden; sie sollte anscheinend in gewisser Hinsicht — inwieweit, ist bisher nicht festgestellt — für den Geschäftsabschluß des K. mit der Klägerin Anhalt und Grundlage bieten. Wußte aber der Beklagte bei der Aushändigung des von ihm unterzeichneten Schriftstücks, daß K. es verwenden wollte, um dadurch bestimmte Tatsachen, namentlich sein Verfügungsrecht über die Holzbestände der Klägerin nachzuweisen, so trat er dadurch zur Klägerin in ein Vertragsverhältnis, vermöge dessen er für die Richtigkeit der bescheinigten Angaben nach allgemeinen Rechtsgrundsätzen haftet. Diese Haftung, und zwar für Vorsatz und Fahrlässigkeit (§ 276 BGB.), entspricht den Anforderungen der Verkehrssicherheit (RGZ. Bd. 82 S. 337, Bd. 90 S. 277, Bd. 101 S. 301). Es wird also zu prüfen sein, ob der Beklagte nach den Umständen des Falls — sei es im Sinne vertraglicher Gewähr oder kraft vertraglicher Auskunftserteilung — für den Inhalt der Bescheinigung vom 24. März 1920, und zwar auch für die in ihr enthaltenen Flächenangaben, einstehen muß. Die Bescheinigung selbst sagt, daß der Gesellschafter S. der Klägerin die (der Lage nach genau angegebenen) Waldbestände in K.'s Begleitung besichtigt habe. In seiner Zeugenaussage spricht K. sogar von zweimaliger Besichtigung und bekundet, beim zweiten Male habe sich S. die ihm passenden Bestände ausgesucht. Bisher ist nicht festgestellt, ob S. über die Größe der Flächen trotz Besichtigung im Ungewissen geblieben ist und ob er darüber trotz der Besichtigung derart hat irren können, daß er sich auf die Angaben der Bescheinigung verließ und verlassen durfte. Der Beklagte hat hierüber nähere Behauptungen aufgestellt; dabei bezeichnet er auch genau die einzelnen Verkäufe an K. und behauptet, dieser habe eine gewisse Parzelle nicht an die Klägerin weiterverkauft. Unbeschadet der allgemeinen Bejahung eines ursächlichen Zusammenhangs wird, da dies bislang nicht erörtert worden ist, hierauf noch einzugehen sein. Denn nach den bisherigen Feststellungen bleibt z. B. der Zweifel ungelöst, ob etwa K. dem S. fälschlich gewisse Flächenstücke als dem Beklagten gehörig bezeichnet hat. Bei der Ergänzung der Feststellungen wird auch der Inhalt der Strafakten K. zu berücksichtigen sein. Sollte das Berufungsgericht auf Grund nochmaliger Prüfung und ergänzter Feststellungen dazu gelangen, eine vertragliche Haftung des Beklagten für die unrichtigen Flächenangaben der Bescheinigung vom 24. März 1920 anzunehmen, so wäre ferner zu untersuchen, ob und in welchem Umfang ein Verschulden der Klägerin bei der Entstehung des Schadens mitgewirkt hat (§ 254 BGB.).

Nur wenn ein Vertragsverhältnis zwischen dem Beklagten und der Klägerin und damit eine Haftung des Beklagten wegen Außerachtlassung der im Verkehr erforderlichen Sorgfalt zu verneinen wäre, käme Schadensersatzpflicht aus unerlaubter Handlung (§ 823 Abs. 2 BGB. verb. mit § 263 StGB., § 826 BGB.) in Betracht. (Dieser Gesichtspunkt, von dem aus das Berufungsgericht bisher allein den Klaganspruch geprüft hat, wird näher erörtert.)

---

61. **1. Über den Beweis des ursächlichen Zusammenhangs zwischen Eisenbahnbetrieb und Unfall.**

2. Zur Anwendung des § 254 BGB. auf die Fälle des § 1 des Reichshaftpflichtgesetzes, insbesondere bei mitwirkendem Verschulden eines jugendlichen Verletzten.

IV. Zivilsenat. Urt. v. 12. Juli 1926 i. S. Deutsche Reichsbahn-Gesellschaft (Bekl.) w. B. (Kl.). IV 31/26.

I. Landgericht Duisburg.
II. Oberlandesgericht Düsseldorf.

Der am 27. August 1909 geborene Kläger wollte am Abend des 23. März 1923 mit einem Personenzug von W. nach H. fahren. Während der Fahrt stürzte er aus dem Zuge. Für die Unfallfolgen macht er die Beklagte verantwortlich. Das Berufungsgericht hat die Klagansprüche im Rahmen des Reichshaftpflichtgesetzes zur Hälfte zuerkannt, zur anderen Hälfte wegen mitwirkenden Verschuldens des Klägers abgewiesen. Die Revision der Beklagten hatte keinen Erfolg.

Aus den Gründen:

Das Berufungsgericht sieht als erwiesen an, daß der Kläger auf der überfüllten Plattform eines Eisenbahnwagens 4. Klasse gestanden hat und von dieser während der Fahrt infolge eines unfreiwilligen Stoßes eines Mitreisenden herabgestürzt ist. Mit dem Berufungsgericht ist demgemäß davon auszugehen, daß der Kläger den Unfall nicht nur in äußerem (nahem örtlichen und zeitlichen), sondern auch in innerem (ursächlichem) Zusammenhang mit seiner Beförderung auf der Eisenbahn und deshalb im Sinne des § 1 RHaftpflG. „bei dem Betriebe" der Eisenbahn erlitten hat. Durch die Mitwirkung eines Dritten (des erwähnten Mitreisenden) bei der Entstehung des Unfalls wurde der ursächliche Zusammenhang zwischen dem Unfall und dem Eisenbahnbetrieb auch dann nicht notwendigerweise unterbrochen, wenn der „unfreiwillige Stoß", wie die Revision unterstellt, ein fahrlässiger Stoß gewesen sein sollte (RGU. vom 3. Juni 1926 IV 26/1926). Die Unterstellung ist indessen unberechtigt. Das Berufungsgericht erachtet nicht einmal für erwiesen, daß der Stoß von dem Zeugen W. und nicht vielmehr von einem anderen Mitreisenden ausgegangen sei. Noch weniger stellt es fest, daß der Stoßende fahrlässig gehandelt habe. Deshalb muß mit der Möglichkeit einer nicht schuldhaften, unwillkürlichen Einwirkung des Mitreisenden auf den Kläger gerechnet werden. Diese Unaufgeklärtheit geht aber zu Lasten der Beklagten. Denn besteht zwischen dem Unfall und der Beförderungstätigkeit der Bahn, was für den vorliegenden Fall nicht bezweifelt werden kann, ein äußerer Zusammenhang, so braucht der innere Zusammenhang von dem klagenden Verletzten nicht besonders nachgewiesen zu werden, sofern nur dieser Zusammenhang nach der gegebenen Sachlage möglich erscheint. Es ist dann Sache des beklagten Unternehmers, den besonderen Umstand, hier das schuldhafte Eingreifen eines Dritten, nachzuweisen, aus dem sich seiner Ansicht nach das Fehlen des erforderlichen Zusammenhangs ergibt (RG. bei Gruch. Bd. 61 S. 809). Diesen Nachweis hat die Beklagte dem Berufungsgericht nicht erbracht.

Wenn es im Berufungsurteil bei der diesen Punkt betreffenden Erörterung heißt, ursächlich sei „allein" die mit dem Betrieb der Eisenbahn typisch verbundene Gefahr, so darf dieser von der Revision angegriffene Satz nicht wörtlich verstanden werden. Das Berufungsgericht hat damit die Mitursächlichkeit eines Verschuldens des Klägers für den Unfall nicht verneinen wollen. Es stellt an späterer Stelle vielmehr den „Zusammenhang" eines Verschuldens des Klägers mit dem eingetretenen Unfall, „das den Unfall verursachende Verschulden des Klägers" ausdrücklich fest. Mit jenem Satze hat nur gesagt werden sollen, was rechtlich nicht beanstandet werden kann, daß neben dem mitwirkenden Verschulden des Klägers lediglich die Betriebsgefahr als für den Unfall ursächlich in Betracht zu ziehen sei.

Das Verschulden des Klägers erblickt das Berufungsgericht darin, daß er den von ihm zunächst im Innern des Eisenbahnwagens innegehabten Platz aus freien Stücken aufgegeben und sich, noch während der Zug in W. hielt, auf die Plattform begeben hat, obwohl er das an der inneren und äußeren Seite der Wagentür angeschlagene Verbot des Aufenthalts auf der Plattform kannte, auch nach seinem Alter und seiner geistigen Entwicklung (§ 828 Abs. 2 BGB.) der mit einem solchen Aufenthalt während der Bewegung des Zuges verbundenen Gefährlichkeit sich bewußt war.

Hat ein Verschulden des Verletzten an einem Eisenbahnunfall mitgewirkt, so hängt die Verpflichtung des Unternehmers zum Ersatz sowie der Umfang des zu leistenden Ersatzes gemäß § 254 BGB., dessen Anwendbarkeit auf die Fälle des § 1 RHaftpflG. in der Rechtsprechung des Reichsgerichts feststeht, von den Umständen und namentlich davon ab, in welchem Maße einerseits das Verschulden des Verletzten, anderseits die vom Unternehmer zu vertretende Betriebsgefahr für den Unfall ursächlich war. Ist danach die Gesamtheit der Umstände zu berücksichtigen, so gehören dazu auf der Seite des Verletzten auch solche Umstände, die sein Verschulden größer oder geringer erscheinen lassen (RG. im Recht 1924 Nr. 800). Auf der anderen Seite erscheint die Ursächlichkeit der Betriebsgefahr im Verhältnis zur Ursächlichkeit des eigenen Verschuldens des Verletzten gesteigert, wenn dabei auch ein schuldhaftes Verhalten des Unternehmers oder seiner Angestellten als ein Element jener Gefahr in Betracht kommt (RGZ. Bd. 56 S. 157). Nach diesen Grundsätzen ist das Berufungsgericht verfahren. Es stellt gegen die Beklagte als eine von ihr zu verantwortende Erhöhung der Betriebsgefahr fest, daß die Plattform schon bei der Abfahrt des Zuges in W. mit Fahrgästen, darunter dem Kläger, besetzt war und daß die vorübergehenden Eisenbahnbeamten dies gesehen und geduldet haben, sowie daß der Aufenthalt von Fahrgästen auf der Plattform in damaliger Zeit überhaupt eine Gepflogenheit war, der die Bahnbeamten nicht widersprochen haben. Auf der anderen Seite wird zugunsten des Klägers als sein Verschulden mildernd nicht nur der für sein Alter von damals $13^1/_2$ Jahren typische geringere Grad von Überlegungsfähigkeit und Besonnenheit, sondern auch der Umstand berücksichtigt, daß er, der es in 8 Schuljahren nur bis zum Ziele des 4. Schuljahrs gebracht hat, in seiner Verstandesreife hinter einem normalen Schüler desselben Alters zurückgeblieben war, sowie ferner der Umstand, daß ihm durch die Übung der Erwachsenen ein schlechtes Beispiel gegeben war. So gelangt das Berufungsgericht dazu, daß der dem Kläger entstandene Schaden von den Parteien je zur Hälfte zu tragen sei.

Diese Abwägung ist vom Rechtsstandpunkt nicht zu mißbilligen. (Das wird gegenüber Revisionsangriffen ausgeführt.) ... Die von der Revision schließlich vertretene Meinung, daß das Berufungsgericht die Pflicht des Publikums, die Eisenbahnvorschriften zu beachten, gegenüber der Aufsichtspflicht der Eisenbahnbeamten zu gering eingeschätzt habe, ist abzulehnen. Das Berufungsgericht hat bei der nach § 254 BGB. vorgenommenen Abwägung mit Recht nicht die dem „Publikum", also den Reisenden im allgemeinen, obliegende Sorgfaltspflicht als maßgebend angesehen, sondern die Entscheidung insoweit (in Übereinstimmung mit RGZ. Bd. 68 S. 422, WarnRspr. 1910 Nr. 19) zutreffenderweise darauf abgestellt, in welchem Maße gerade den Kläger nach seiner Persönlichkeit und den sonstigen besonderen Umständen ein Verschulden treffe.

---

62. 1. Gehört die Verwahrung von Wertpapieren zu den Amtsgeschäften der preußischen Notare?
2. Wieweit erstreckt sich die Verpflichtung des Notars, die Echtheit ihm zur Verwahrung übergebener Wertpapiere zu prüfen?

Preuß. FGG. Art. 96, 101 Abs. 1.
Preuß. GebO. für Not. § 14 Abs. 4.

III. Zivilsenat. Urt. v. 21. September 1926 i. S. M. (Kl.) w. Sch. (Bekl.). III 435/25.

I. Landgericht I Berlin.
II. Kammergericht daselbst.

Der Beklagte ist Notar. Am 21. Juni 1924 händigte die B. E. C.-Aktiengesellschaft seinem amtlich bestellten Vertreter, Rechtsanwalt und Notar Dr. K., der damals seine Geschäfte führte, Papiere im Nennbetrage von 13000 ℳ aus, die als Aktien der Bremer Wollkämmerei bezeichnet waren. Dr. K. stellte über ihren Empfang folgende vom 21. Juni 1924 datierte Urkunde aus:

„Von der B. E. C.-Aktiengesellschaft in B. habe ich heute 13000 ℳ (Dreizehntausend) Aktien der Bremer Wollkämmerei-Aktienges. 1924 zugunsten des Herrn B. We. . . . ausgehändigt erhalten.

Diese Aktien habe ich in amtliche Verwahrung genommen.

Gemäß der Schuldurkunde der B. an Herrn B. We. vom 21. Juni 1924 bin ich angewiesen, diese Aktien auf einseitiges Verlangen dem Gläubiger bei Nachweis des Verzugs auszuliefern".

Wie sich später herausstellte, waren die Aktien gefälscht.

Der Kläger behauptet, daß B. We. auf Grund der notariellen Hinterlegungsbescheinigung der B. E. C.-Aktiengesellschaft 4000 RM dargeliehen habe. In den Vertrag sei er, der Kläger, als Geldgeber eingetreten, B. We. habe ihm seine Ansprüche abgetreten. Die Aktiengesellschaft sei zahlungsunfähig. Der Beklagte müsse deshalb ihm und B. We. für den Schaden aufkommen, den sie im Vertrauen auf die Echtheit der beim Beklagten unter der Bezeichnung als Aktien hinterlegten Papiere erlitten hätten. Bei sorgfältiger Prüfung hätte ihre Unechtheit schon bei der Annahme zur Verwahrung daraus entnommen werden können, daß die den angeblichen Aktien beigefügten Gewinnanteilscheine keine Unterschrift getragen hätten, auch nicht in mechanischer Vervielfältigung. Deshalb verlangt der Kläger vom Beklagten Zahlung von 4000 RM nebst Zinsen. Der Beklagte bestritt jedes Verschulden seines Vertreters.

Das Landgericht hat der Klage mit einer Einschränkung des Zinsanspruchs stattgegeben, das Kammergericht dagegen hat sie abgewiesen. Die Revision des Klägers blieb erfolglos.

Gründe:

Die Verwahrung von Wertpapieren gehört zu den Amtsgeschäften der preußischen Notare. Allerdings ist ihnen diese Aufgabe nicht durch eine besondere gesetzliche Bestimmung übertragen worden. Daß sie aber geldwerte Papiere in amtliche Verwahrung nehmen, setzt der vom Kammergericht zutreffend angezogene Art. 96 des Preuß. FGG. als selbstverständlich voraus. Dieser Artikel bestimmt, daß die Notare nach Maßgabe der Anordnungen des Justizministers ein besonderes Verwahrungsbuch über die bei ihnen eingehenden fremden Gelder, geldwerten Papiere und Kostbarkeiten zu führen haben. In der zur Ausführung der Vorschrift ergangenen Allgemeinen Verfügung vom 21. Dezember 1899 (JMBl. S. 834)/6. November 1922 (JMBl. S. 474) ist ausdrücklich von notarieller Verwahrung die Rede. Es heißt dort in § 2 unter IV 1, in das Verwahrungsbuch seien alle fremden Gelder, geldwerten Papiere und Kostbarkeiten einzutragen, die dem Notar in Erwartung eines vor ihm zu errichtenden oder aus Anlaß eines vor ihm errichteten Rechtsgeschäfts oder zur notariellen Verwahrung eingehändigt würden. Die Verwahrung von Wertpapieren wird hier also ganz allgemein zur Amtstätigkeit der Notare gerechnet. Und dem entspricht es, daß § 14 Abs. 4 der Preuß. GebO. f. Not. vom 28. Oktober 1922 (GS. S. 404)/12. April 1923 (GS. S. 107) die den Notaren für Empfang, Verwahrung und Ablieferung von Wertpapieren zukommenden Gebühren festsetzt. Mit der Verwahrung selbst hängt die Ausstellung einer Bescheinigung über das zur Verwahrung Angenommene so eng zusammen, daß auch sie in das Gebiet der notariellen Amtstätigkeit fällt. Da nun die Erfüllung einer Amtspflicht nicht Gegenstand vertraglicher Bindung des Notars sein kann (RGZ. Bd. 85 S. 413), so könnte im vorliegenden Fall nur eine Haftung des Beklagten auf Grund von § 839 BGB., nicht auch noch eine vertragliche Haftung in Frage kommen. Letztere hat das Berufungsgericht mit Recht abgelehnt.

Die von Dr. K., dem damaligen Vertreter des Beklagten, unter dessen Verantwortlichkeit (Art. 101 Abs. 1 des Preuß. FGG.) am 21. Juni 1924 ausgestellte Empfangsbescheinigung enthielt die Erklärung, daß er 13000 ℳ Aktien der Bremer Wollkämmerei ausgehändigt erhalten und in amtliche Verwahrung genommen habe. Diese Erklärung durfte er erst abgeben, nachdem er geprüft hatte, ob die ihm übergebenen Papiere wirklich Aktien der genannten Gesellschaft seien. Seine Amtspflicht erforderte, daß er sich von der Echtheit der Wertpapiere überzeugte, ehe er ihre Annahme zur amtlichen Verwahrung bescheinigte. Dieser Pflicht hat er aber, wie das Berufungsgericht zutreffend annimmt, nach Lage der Dinge genügt.

Die Aktien selbst wiesen, wie in den Vorinstanzen unstreitig war und wovon daher in diesem Rechtszug auszugehen ist, keine Merkmale auf, die den Verdacht einer Fälschung hätten erwecken können. Die hinterlegende Firma war gut empfohlen und hatte beim Beklagten schon einmal Aktien hinterlegt, ohne daß die Abwicklung jenes Geschäfts irgendwelche Unregelmäßigkeiten aufgedeckt hätte. Unter diesen Umständen durfte sich der Notarvertreter mit dem einwandfreien äußeren Eindruck, den er bei Entgegennahme der Papiere von ihnen empfing, begnügen und brauchte in keine besondere Untersuchung ihrer Echtheit einzutreten, etwa durch Einholung einer Auskunft oder durch Vergleichung mit anderen Stücken derselben Aktienart.

Die Gewinnanteilscheine hat Dr. K., wie der Beklagte zugibt, nur auf ihr Vorhandensein und auf die Übereinstimmung ihrer Nummern mit denen der Mäntel geprüft. Ihrer äußeren Gestaltung und ihrem sonstigen Inhalt hat er keine weitere Beachtung geschenkt. Dazu war er aber auch nicht verpflichtet. Da ihm die Aktien keinen Anlaß zur Beanstandung boten, so konnte er sich darauf verlassen, daß die Gewinnanteilscheine ihnen entsprächen. Es würde eine Überspannung der an einen Notar zu stellenden Anforderungen bedeuten, wollte man von ihm verlangen, daß er in einem Falle wie dem vorliegenden noch eine ins einzelne gehende Prüfung der Nebenpapiere vornehme. Etwaige bei Durchsicht der Gewinnanteilscheine an ihnen entdeckte Besonderheiten nach Form oder Inhalt hätte er freilich nicht unberücksichtigt lassen dürfen. Aber einmal steht dahin, ob ihm das Fehlen von Unterschriften auf den Scheinen — die einzige Unregelmäßigkeit, die sie nach Behauptung des Klägers aufwiesen — überhaupt zum Bewußtsein gekommen ist. Sodann brauchte er diesem Umstand, sofern er ihn bemerkt haben sollte, deshalb keine Bedeutung beizumessen, weil, wie der Vorderrichter feststellt, Dividendenscheine ohne Unterschrift im Verkehr vorkommen. Der Notarvertreter konnte also, falls ihm das Fehlen der Unterschriften aufgefallen sein sollte, annehmen, daß die Bremer Wollkämmerei, wie andere Aktiengesellschaften auch, eine Unterzeichnung der Gewinnanteilscheine zu ihren Aktien nicht für nötig erachtet habe. Bei dieser Sachlage braucht nicht entschieden zu werden, ob Gewinnanteilscheine als Inhaberpapiere anzusehen sind und der Unterschrift bedürfen. Diese Frage zu erwägen hatte der Vertreter des Beklagten keine Veranlassung.

Der Vermögensverlust, den der Kläger erlitten hat, ist sonach nicht auf eine Amtspflichtverletzung des Notarvertreters zurückzuführen. Das Kammergericht hat daher die Klage mit Recht abgewiesen.

---

63. 1. Enthält ein Vertrag zugunsten Dritter, worin sich jemand verpflichtet hat, eine fremde Schuld zu begleichen, eine Schuldübernahme oder wirkt er wie eine solche? Verjährt insbesondere die Verpflichtung aus einem derartigen Vertrag ebenso wie die Schuld, deren Begleichung übernommen wurde?

2. Welcher Zeitpunkt ist der Aufwertung einer so begründeten Forderung zugrunde zu legen?

BGB. §§ 198, 242, 328, 414.

I. Zivilsenat. Urt. v. 22. September 1926 i. S. Sp. & Co. (Kl.) w. August Th. Hütte Gewerkschaft (Bekl.). I 29/26.

I. Landgericht Duisburg, Kammer für Handelssachen.
II. Oberlandesgericht Düsseldorf.

Die Firma W. & E. in Essen hatte an das Stahlwerk Th., eine Aktiengesellschaft in H. (Lothringen), im Oktober 1918 verschiedene Sendungen Gemüse zum Kaufpreise von insgesamt 31320,90 *M* geliefert, aber keine Zahlung erhalten. Sie hatte sich auch nach Beendigung des Kriegs bei der Käuferin der Ware vergeblich um Zahlung bemüht. Diese wurde ihr mit der Begründung verweigert, daß die Gesellschaft unter Zwangsverwaltung stehe und ihr Zahlungen an deutsche Gläubiger verboten seien, letztere sich vielmehr an das Ausgleichsamt ihres Landes zu wenden hätten. Die Firma W. & E. meldete hierauf bei verschiedenen Reichsämtern ihre Forderung an und erhielt vom Reichsentschädigungsamt für Kriegsschäden die Mitteilung, die Beklagte habe sich gemäß Schreiben vom 7. Januar 1922 dem Reichsamt des Innern gegenüber bereit erklärt, sämtliche Geschäftsverbindlichkeiten des Stahlwerks Th. in H. zu erfüllen, soweit sie nicht nach Einsetzung der französischen Zwangsverwaltung eingegangen seien. Dem lag folgendes zugrunde.

Zwischen der Reichsregierung und der Interessenvertretung Elsaß-Lothringischer Gruben- und Hüttenwerke, der auch das Stahlwerk Th. angehörte, haben Verhandlungen über den Ersatz des Schadens geschwebt, der den Werken durch Liquidation oder sonstige Entziehung von Eigentum durch die Feindmächte entstanden war. Das Stahlwerk Th. wurde dabei von der Beklagten vertreten, der sämtliche Aktien des Stahlwerks gehörten. Die Verhandlungen haben mit einem Übereinkommen vom 13. Mai 1921 geendet, wonach die Beteiligten außer den bereits erhaltenen oder schon beantragten und ihnen noch zuzusprechenden Vorschüssen insgesamt eine Entschädigung von einer Milliarde Mark erhielten, die in Gestalt von Schatzanweisungen und Schuldverschreibungen des Reichs zu leisten war. Die Beteiligten erklärten sich hierdurch wegen aller Ansprüche abgefunden und verpflichteten sich, von dem ihnen zufließenden Anteil an der Entschädigungssumme Wiederaufbauarbeit bestimmter Art zu leisten. Die Beklagte hat als Besitzerin sämtlicher Aktien des Lothringer Werks ihren Anteil an der Entschädigung geltend gemacht und erhalten. Bei den Verhandlungen wurde auch die Frage der Forderungen und Schulden der betroffenen Werke besprochen. Die Geschäftsführung der Interessenvereinigung gab hierbei die Erklärung ab, daß jedes Werk für die deutschen Forderungen und Schulden selbst einzustehen habe. In einer Kommissionssitzung der Beteiligten vom 21. Juni 1921 wurde dies gutgeheißen. Allerdings vertrat die Beklagte damals zunächst die Auffassung, daß diese Verpflichtung sie nicht betreffe, weil im Gegensatz zu den übrigen Beteiligten das liquidierte Stahlwerk eine von ihr verschiedene Rechtspersönlichkeit sei. Nach weiteren Verhandlungen mit dem Reichsministerium des Innern gab sie aber am 7. Januar 1922 diesem gegenüber die Erklärung ab, daß sie im Hinblick auf die Vereinbarung vom 13. Mai 1921 bereit sei, sämtliche Geschäftsverbindlichkeiten des Stahlwerks Th. zu erfüllen, soweit sie nicht erst seit Einsetzung der französischen Zwangsverwaltung entstanden seien.

Auf Grund dieses Sachverhalts fordert die Klägerin als Rechtsnachfolgerin der Firma W. & E. von der Beklagten Zahlung des Kaufpreises. Sie trat nach Klagerhebung die Forderung an E. ab und beantragte nun Zahlung an diesen. Die Beklagte wandte u. a. Verjährung ein. Das Landgericht entsprach dem auf Zahlung von Papiermark gerichteten Klagantrag. Dagegen legte die Beklagte Berufung ein, der sich die Klägerin anschloß. Mit der Anschließung forderte die Klägerin Zahlung von 20201,54 RM nebst Zinsen an E. Das Oberlandesgericht wies die Berufung der Beklagten zurück und verurteilte sie auf die Anschlußberufung der Klägerin zur Zahlung von 3000 RM nebst Zinsen.

Beide Streitteile legten Revision ein. Ihre Revisionen wurden (abgesehen von einem Nebenpunkt) zurückgewiesen.

Gründe:

Die Klage ist außer auf die zwischen dem Reich und der Beklagten getroffene Vereinbarung, welche von der Klägerin als Vertrag zugunsten des aus dem ursprünglichen Kaufvertrag Berechtigten aufgefaßt wird, auf den Kaufvertrag selbst und auf ungerechtfertigte Bereicherung gestützt worden. Die beiden letzteren Klaggründe müssen ausscheiden. Nach dem Vorbringen der Klägerin ist eine Einheit der Rechtspersönlichkeit der Beklagten mit der des Lothringer Werks nicht dargetan. Auch eine Rechtsnachfolge der Beklagten in das Vermögen des Werks kommt nicht in Frage. Für einen Anspruch gegen die Beklagte lediglich auf Grund des ursprünglichen Kaufvertrags oder gemäß § 812 BGB. ist daher kein Raum.

Es bleibt somit als tragender Klaggrund nur die zwischen dem

Reich und der Beklagten getroffene Vereinbarung. Das angefochtene Urteil betrachtet diese Vereinbarung als einen Vertrag zugunsten Dritter im Sinne des § 328 BGB., aus dem die Dritten, nämlich die Gläubiger des Stahlwerks Th., eine selbständige Berechtigung erlangten. Diese Auffassung ist von der Revision der Beklagten nicht angegriffen worden. Sie erscheint auch bedenkenfrei.

Das Reich ging bei dem Abkommen vom 13. Mai 1921 von der Voraussetzung aus, daß die deutschen Gläubiger der von ihm entschädigten Werke in Elsaß-Lothringen von diesen befriedigt würden. Die Frage der Entschädigung dieser Gläubiger begegnete bei den am Vertrage Beteiligten im allgemeinen keinen praktischen Schwierigkeiten, da die betroffenen Werke gleicher Rechtspersönlichkeit mit den am Übereinkommen Teilnehmenden waren. Die Gläubiger des Stahlwerks Th. aber hatten keinen deutschen Schuldner, an den sie sich halten konnten, sondern nur Entschädigungsansprüche an das Reich (VV. Art. 297 zu i), weil die Beklagte zwar Besitzerin sämtlicher Aktien dieses Werks, aber nicht dieselbe Rechtspersönlichkeit war wie dieses. Wenn sich unter solchen Umständen das Reich von der Beklagten die Erklärung geben ließ, die deutschen Gläubiger des Stahlwerks Th. würden von ihr befriedigt werden, so war das nur in dem Sinne zu verstehen, daß diese Gläubiger, entsprechend den anderen in Betracht kommenden Gläubigern, eine selbständige Forderungsberechtigung gegen die Beklagte erhalten sollten. Das Reich und die Beklagte sind auch, wie ihr Schriftwechsel mit der Firma W. & E. dartut, nie anderer Auffassung gewesen.

Die Verbindlichkeit der Beklagten zur Erfüllung der Verpflichtungen des Lothringer Werks beruht demnach allein auf dem Übereinkommen mit dem Reich. Sie enthält keine Schuldübernahme im Sinne des § 414 BGB. Eine solche kann schon um deswillen nicht in Frage kommen, weil es an einem Vertrag zwischen der neuen Schuldnerin und den Gläubigern fehlt. Die Grundsätze der Schuldübernahme können aber auch nicht entsprechend zur Anwendung gelangen. Das Rechtsverhältnis der Gläubiger des Stahlwerks Th. zu diesem ist von der Verpflichtung, welche die Beklagte übernahm, vollkommen getrennt zu halten. Diese stellt eine besondere Verbindlichkeit der Beklagten dar und ist nach den Verhältnissen zur Zeit ihrer Übernahme zu beurteilen.

Legt man diese Auffassung zugrunde, so verbietet es sich zunächst, für die Frage, ob die Forderung der Klägerin verjährt sei, auf die ursprüngliche Forderung der Firma W. & E. gegen das Lothringer Werk zurückzugreifen. Als die Verbindlichkeit der Beklagten entstand, war die Kaufpreisforderung noch nicht verjährt, da für sie die vierjährige Verjährungsfrist des § 196 Abs. 2 BGB. in Betracht kommt. (Wird ausgeführt.) Die Berufung der Beklagten auf eine zur Zeit der Entstehung ihrer Verbindlichkeit bereits eingetretene Vollendung der Verjährung der Forderung, deren Erfüllung sie versprochen hat, ist daher ausgeschlossen. Für ihre eigene Verbindlichkeit aber begann mit deren Entstehung der Lauf einer eigenen Verjährung, die zur Zeit der Klagerhebung selbst dann nicht vollendet war, wenn man ihr die für die Kaufpreisforderung der Firma W. & E. maßgebende vierjährige Verjährungsfrist zugestehen will.

Bei der Bemessung des der Klägerin zuzuerkennenden Anspruchs ist das angefochtene Urteil davon ausgegangen, daß die Verpflichtung der Beklagten schon zur Zeit des Vertragsschlusses vom 13. Mai 1921 und nicht erst durch die Erklärung vom 7. Januar 1922 entstanden sei, die nur bestätigenden Charakter gehabt habe. Der Vorderrichter hat daher der Verpflichtung der Beklagten den über den Dollar berechneten Goldwert der Klagforderung vom 13. Mai 1921 mit 2200 G*M* zugrunde gelegt und ist, unter Einschaltung eines Verarmungsfaktors, zum Betrag von 3000 R*M* gelangt. Das Berufungsgericht erwog dabei: Weder die Klägerin noch die Firma W. & E. wären imstande gewesen, bei Zahlung am 13. Mai 1921 sich den Schuldbetrag ungeschmälert zu erhalten. Die Kaufkraft der Mark habe zwar ihren nach dem Dollar berechneten Wert zur Zeit der Entstehung der Forderung überstiegen. Anderseits sei aber die Beklagte nicht von vornherein Schuldnerin der Forderung gewesen und außerdem sei sie vom Reich für den Verlust des Stahlwerks nur zu einem geringen Teil entschädigt worden.

Die Beklagte hat in ihrer Revision zunächst bemängelt, daß für die Entstehung ihrer Verbindlichkeit der Zeitpunkt der Übereinkunft zwischen der Interessenvertretung der Werke und dem Reich (13. Mai 1921) und nicht erst der Zeitpunkt der Abgabe ihrer Verpflichtungserklärung vom 7. Januar 1922 zugrunde gelegt worden sei. Dieser Angriff ist unberechtigt. Es ist der Darlegung des Berufungsgerichts beizutreten, daß die Beklagte ihre Verpflichtung zur Zeit des Übereinkommens der an der Interessenvertretung Beteiligten bereits übernommen hatte und daß die Erklärungen vom 21. Juni 1921 und vom 7. Januar 1922 nur bestätigenden Charakter hatten.

Mit Unrecht beruft sich die Beklagte auch darauf, daß der Klägerin gemäß dem getroffenen Übereinkommen höchstens der Betrag zukomme, den die Firma W. & E. bei einer Entschädigung durch das Reich nach dem späteren Liquidationsschädengesetze (in Höhe von $^{2}/_{1000}$ des Goldmarkwerts) voraussichtlich erhalten haben würde. Das angefochtene Urteil weist mit Recht darauf hin, daß sich die Beklagte bei Übernahme ihrer Verbindlichkeit im Hinblick auf die ihr bereits gezahlten und noch zu zahlenden Entschädigungen für den Verlust des Lothringer Werks zur Bezahlung desjenigen Betrags habe verpflichten wollen, der damals zur Erfüllung der Verbindlichkeiten dieses Werks aufgewendet werden mußte. Eine auf einem späteren Gesetz beruhende geringere Entschädigung kommt danach für den Umfang ihrer Verpflichtung nicht in Betracht.

Der Revisionsangriff der Klägerin bemängelt, daß der Vorderrichter bei der Festsetzung des ihr zukommenden Aufwertungsbetrags zu Unrecht nicht vom Goldmarkwert der Forderung zur Zeit ihrer Entstehung gegenüber dem Lothringer Werk, also vom Oktober 1918, ausgegangen sei. Dieser Angriff ist ebenfalls unberechtigt. Die Klägerin hat zur Begründung ihres Standpunkts ausgeführt, bei der Schuldübernahme gehe die Schuld in derselben Beschaffenheit auf den Übernehmer über, in der sie gegen den alten Schuldner, gleichviel ob alsbald oder später, geltend gemacht werden könne, also auch mit einer ihr innewohnenden Aufwertungsfähigkeit. Es sei daher ohne Bedeutung, wenn das angefochtene Urteil ausführe, bei der Verpflichtungsübernahme seien die Beteiligten davon ausgegangen, daß die Beklagte die Verbindlichkeiten des Lothringer Werks durch Zahlung der Schuldsummen in Papiermark zum Nennwert erfüllen könne. Es ist bereits darauf hingewiesen worden, daß die Verbindlichkeit der Beklagten von derjenigen des Lothringer Werks gesondert zu halten ist und auf sie die Grundsätze der Schuldübernahme nicht einmal zur entsprechenden Anwendung kommen können. Dieser Charakter der Verpflichtung der Beklagten läßt es auch hier, wo es sich um die Grundlagen der Aufwertung des Papiermarkanspruchs der Klägerin handelt, nicht zu, Grundsätze zur Anwendung zu bringen, die bei einer Schuldübernahme maßgebend sein mögen. Es ist vielmehr auch in diesem Zusammenhang daran festzuhalten, daß die Verbindlichkeit der Beklagten allein nach den Verhältnissen zur Zeit ihrer Übernahme beurteilt werden muß. Hiermit steht es im Einklang, wenn das angefochtene Urteil annimmt, die Beklagte habe damals keine weitergehende Verpflichtung eingehen wollen als zur Zahlung des Betrags, der zu jener Zeit für die Erfüllung der Verbindlichkeiten nach allgemeiner Rechtsauffassung aufgewendet werden mußte. Es ist daher auch nicht rechtsirrig, wenn das Berufungsgericht den Wert dieses Betrags zum Ausgangspunkt seiner Erwägungen über die der Klägerin zuzubilligende Aufwertung nimmt.

Das angefochtene Urteil läßt im übrigen nicht erkennen, daß es einen der nach Lage des Falles erheblichen Gesichtspunkte unbeachtet gelassen hat, auf die es für einen billigen Ausgleich zwischen den Parteien bei der Aufwertung nach § 242 BGB. ankommt. (Wird näher ausgeführt.)

---

64. Verstößt ein Frachtstundungs-Abkommen, worin sich die Reichsbahn für den Fall der Nichteinhaltung der Stundungsfrist eine Verzinsung von 1% für jeden Tag der Fristüberschreitung ausbedungen hat, gegen die guten Sitten oder gegen das Verbot des Leistungswuchers?

BGB. §§ 138, 341. PreistreibereiVo. in der Fassung vom 13. Juli 1923 § 4.

I. Zivilsenat. Urt. v. 22. September 1926 i. S. N. (Bekl.) w. Deutsche Reichsbahn-Gesellschaft (Kl.). I 435/25.

I. Landgericht I Berlin.
II. Kammergericht daselbst.

Am 7. April 1924 beantragte die Beklagte bei der Klägerin, ihr auf Grund der „Bedingungen für monatliche Frachtstundung" bei der Abfertigungsstelle S. Frachtstundung zu gewähren. Der Antrag wurde von der Klägerin genehmigt. Nach den Stundungsbedingungen ist der Betrag der Frachtschuld einer Woche am Montag der folgenden Woche zu entrichten, und der Stundungsnehmer hat bei nicht rechtzeitiger Zahlung vom Ablauf der Zahlungsfrist an eine Vertragsstrafe in Höhe von 1 % der Schuld für jeden Tag der Verzögerung zu zahlen. Die Gebühr für die Stundung der Fracht selbst beträgt sechs vom Tausend.

Die Frachtforderungen der Klägerin für die Monate April und Mai 1924 beliefen sich auf 7916 RM. Dazu berechnete die Klägerin an Vertragsstrafe bis zur Begleichung der Frachtschuld 1 % hiervon, ermäßigte aber diesen Satz vom 8. Juli 1924 an auf $^1/_2$ % und vom 1. September 1924 an auf $^1/_4$ %. Sie erhob deswegen die vorliegende Klage. Die Frachtforderung wurde darauf von der Beklagten anerkannt und bezahlt. Nunmehr verlangte die Klägerin Entrichtung der Vertragsstrafe bis zum 19. Februar 1925, und zwar in rechnerisch nicht streitiger Höhe von 10661 RM.

Die Beklagte erhob dagegen mehrere Einwendungen. Unter anderem erachtete sie die Vereinbarung der Vertragsstrafe für sittenwidrig, weil deren unverhältnismäßige Höhe für sie unerschwinglich sei und auf einer Ausnutzung der Monopolstellung der Klägerin beruhe, weil ferner auch die Voraussetzungen des § 138 Abs. 2 BGB. gegeben seien. Die Abrede soll nach Meinung der Beklagten außerdem gegen die Preistreibereiverordnung verstoßen und auch deshalb nichtig sein.

Landgericht und Kammergericht erkannten gemäß dem Antrag der Klägerin. Die Revision der Beklagten war erfolglos.

Aus den Gründen:

Das Berufungsgericht hat ausgeführt: Ein Verstoß gegen die guten Sitten nach § 138 Abs. 1 BGB. könne durch die — an sich nicht zu bezweifelnde — Höhe der ausbedungenen Vertragsstrafe allein nicht begründet werden. Nach Behauptung der Beklagten solle die Sittenwidrigkeit in der Ausnutzung der Monopolstellung der Reichsbahn und in der Unerschwinglichkeit der geforderten Beträge liegen. Aber die Reichsbahn nehme nur als Beförderungsunternehmen eine Monopolstellung ein. Damit stehe jedoch das Stundungsabkommen nicht zwangsläufig in Verbindung, weil die Beklagte dazu nicht genötigt, es ihr vielmehr unbenommen gewesen sei, Kreditinstitute in Anspruch zu nehmen, wenn sie die fälligen Frachtbeträge nicht sofort habe zahlen wollen. Mit der Stundung der Frachten habe die Klägerin der Beklagten nur ein Entgegenkommen bewiesen und ihr die Erfüllung ihrer Zahlungspflicht erleichtert. Von einer Ausbeutung könne nach der ganzen wirtschaftlichen Stellung der Reichsbahn nicht die Rede sein. Die Reichsbahn habe die Pflicht, dafür zu sorgen, daß die Frachtstundung nicht von einzelnen auf Kosten der Allgemeinheit ausgenutzt und so die Bahn ungewollt zum Kreditgeber gemacht werde. Zu diesem Zweck hätte die Vertragsstrafe den üblichen Zinsfuß ganz bedeutend überschreiten müssen, um einer Ausbeutung der Frachtstundung durch einzelne Frachtschuldner nach Möglichkeit zu begegnen. Offenbar seien auch die Streitteile bei Abschluß des Stundungsabkommens davon ausgegangen, daß die Zahlungsfristen nur um ein geringes überschritten und daher bloß verhältnismäßig geringfügige Summen herausspringen würden. Unerschwinglichkeit liege für die Beklagte nicht vor. Ebensowenig begründet sei der Einwand des Wuchers, weil es an den Voraussetzungen dafür, insbesondere an jedem Anhalt für die Kenntnis der Klägerin von einer Notlage der Beklagten fehle. Auch der Einwand aus § 4 der Preistreibereiverordnung von 1923 müsse versagen. Ob überhaupt die Kreditgewährung als Leistung im Sinne dieser Bestimmung aufgefaßt werden könne, brauche nicht entschieden zu werden. Denn die Klägerin habe gar nicht beabsichtigt, der Beklagten einen Kredit einzuräumen, sondern im Gegenteil mit Hilfe einer hohen Vertragsstrafe die Inanspruchnahme eines unfreiwilligen Kredits zu verhindern gesucht. . . . (Folgt die Wiedergabe der Zurückweisung eines weiteren Einwandes.)

Diese Begründung läßt nirgends einen Rechtsirrtum erkennen. Was die Revision dagegen vorbringt, ist nicht stichhaltig. Sie macht geltend: Es handle sich nicht sowohl um eine Vertragsstrafe, die für ein rechtswidriges Verhalten besonderer Art bestimmt worden sei, als vielmehr um die Verzinsung eines der Beklagten eingeräumten Kredits, bei dem Leistung und Gegenleistung in krassem Mißverhältnis stünden. Zuzugeben möge sein, daß die Klägerin auf pünktlichen Eingang ihrer Fracht Wert legen müsse und die Stundung nicht dazu führen dürfe, daß die Klägerin wider Willen als Kreditgeberin auftrete. Denn es liege auf der Hand, daß nur bei hoher Verzinsung der Anreiz dazu für die Frachtschuldner fehlen würde. Aber jede Firma, welche die Fracht nicht sofort bezahle, gebe damit schon zu erkennen, daß die augenblickliche Lage ihr die Zahlung nicht erlaube und daß sie zur Aufrechterhaltung ihres Betriebs Schulden machen müsse, die ein vernünftiger Kaufmann in geregelten Verhältnissen nicht machen würde. Alle diese Erwägungen führten dahin, daß der Bahn zwar eine hohe Verzinsung der gestundeten Frachtsätze erlaubt gewesen sei, nicht aber der vereinbarte und erst später ermäßigte Satz von 360 % ...

Schon der Ausgangspunkt dieser Revisionsangriffe ist verfehlt. Ein Kreditgeschäft liegt dem Stundungsabkommen nicht zugrunde, jedenfalls nicht so, wie es die Beklagte darstellt. Man mag die Stundung selbst als Kreditgeschäft bezeichnen. Dafür war aber nach § 9 der Bedingungen nur eine „Frachtstundungsgebühr" von 6 vom Tausend zu entrichten. Eine weitere Stundung sollte überhaupt nicht eintreten; allein zu dem Zweck, um zu verhüten, daß die Frachtschulden gegen den Willen der Reichsbahn zum Schaden der Allgemeinheit ungetilgt blieben, also zur Vermeidung nicht beabsichtigter weitergehender Stundungen war die Vertragsstrafe ausbedungen. So stellt sich das Abkommen rechtlich betrachtet und ebenso nach den Feststellungen der Vorinstanzen von der wirtschaftlichen Seite gesehen dar. Ein Mißverhältnis zwischen Leistung und Gegenleistung, wie die Revision meint, kommt daher von vornherein überhaupt nicht in Frage. Die Revision will zwar ferner nicht in Abrede stellen, daß die Höhe der Vertragsstrafe allein auf keinen Fall einen Einwand aus § 138 Abs. 1 BGB. zu begründen vermag (vgl. RGZ. Bd. 64 S. 181; WarnRspr. 1909 Nr. 494; JW. 1913 S. 319 Nr. 5). Schließlich kommt sie aber doch wieder auf die Höhe als eigentlichen Nichtigkeitsgrund zurück. Gefordert werden muß vielmehr noch das Hinzukommen weiterer Umstände, die in Verbindung mit der Höhe der Vertragsstrafe die Sittenwidrigkeit hervortreten lassen. In den Vorinstanzen hatte die Beklagte die Monopolstellung der Reichsbahn und die Unerschwinglichkeit der Forderung dafür angeführt. Beides hat das Kammergericht mit einwandfreier Begründung zurückgewiesen und die Revision hat nichts, was sie dem entgegenstellen könnte.

Auch gegen die Begründung des Vorderrichters, daß ein Fall des § 138 Abs. 2 BGB. nicht gegeben sei, hat die Revision nichts Beachtliches vorzubringen vermocht. Die Behauptung, daß schon das Eingehen eines Stundungsabkommens eine Notlage des

Stundungsnehmers offenbare, ist tatsächlich und neu, überdies — als Erfahrungssatz — in solcher Allgemeinheit nicht zutreffend....

---

65. 1. Greift die einjährige Verjährung des § 414 HGB. auch dann Platz, wenn die Klage gegen den Spediteur nicht auf den Verlust (die Minderung usw.) des Gutes selbst gestützt wird, sondern nur auf die Vereitelung des Ersatzanspruchs gegen den Frachtführer?

2. Ist eine Abnahme des Eisenbahnfrachtgutes immer darin zu erblicken, daß der Empfänger das Gut nach Ankunft auf der Bestimmungsstation auf neuen Frachtbrief weiterversendet?

HGB. §§ 408, 414. Eisenbahnverkehrsordnung § 97.

I. Zivilsenat. Urt. v. 22. September 1926 i. S. Mi. (Bekl.) w. Me. (Kl.). I 430/25.

I. Landgericht Köln.
II. Oberlandesgericht daselbst.

Mit Frachtbrief vom 18. Juli 1919 gab die Speditionsfirma H. & Co. in Forbach im Auftrag der Firma L. in Paris auf der Station Forbach eine Wagenladung von 53 Ballen Gewebe zur Beförderung nach Köln an die Beklagte auf. Über die Ware sollte nach ihrem Eintreffen in Köln B., ein Angestellter der Firma L., weitere Verfügung treffen. Nach Ankunft des Wagens auf dem Bahnhof Köln-Nippes löste die Beklagte den Frachtbrief am 2. August 1919 ein. Am 6. August ließ sie den Wagen, ohne ihn jedoch unmittelbar körperlich übernommen zu haben, an ihre Anschrift nach Köln-Hafen weiter befördern. In den neuen Frachtbrief war die Gewichtsangabe aus dem ersten Frachtbrief übernommen. In Köln-Hafen, wo die Beklagte den Wagen am 14. August übernahm, stellte sich, wie auch tatbestandlich festgestellt wurde, heraus, daß er nur noch 37 Ballen enthielt. In einem Schreiben vom 15. August an die Güterabfertigung Köln-Hafen nahm die Beklagte hierauf Bezug und verlangte Abschrift der Tatbestandsaufnahme. Am 25. Mai 1920 forderte sie Zahlung von 56020,55 französischen Franken als Schadensersatz für die fehlenden 16 Ballen. Nach längerem Schriftwechsel lehnte die Bahn mit Schreiben vom 12. Juli 1921 jeden Schadensersatz unter der Begründung ab: aus dem ersten Frachtvertrage könnten Ansprüche nicht mehr hergeleitet werden, weil der Wagen an die Beklagte in Köln-Nippes abgeliefert worden sei, für den zweiten Vertrag Köln-Nippes bis Köln-Hafen fehle es am Nachweis, daß mehr als 37 Ballen aufgegeben worden wären. Bei ihrem ablehnenden Bescheid verblieb die Bahn auch auf erneute Vorstellungen der Beklagten. Hieran schloß sich der Rechtsstreit der Firma L. gegen die Bahn. Diese Firma, der die Beklagte ihre Ansprüche gegen die Bahn abgetreten hatte, erhob gegen letztere eine am 27. November 1921 zugestellte Klage auf Zahlung von 56020,55 französischen Franken oder einer entsprechenden Summe in deutscher Währung. Das Landgericht wies die Klage ab, weil der Anspruch verjährt sei. Die Berufung der Firma L. hatte keinen Erfolg. Nunmehr ließ sich diese Firma den Anspruch der Firma H. & Co. an die Bahn abtreten und übertrug selber diesen Anspruch an den Kläger. Dieser erhob im März 1924 die vorliegende Klage auf Zahlung von 56020,55 französischen Franken, hilfsweise auf Zahlung eines entsprechenden Markbetrags nach dem Kurse des Zahlungstages. Zur Begründung machte er geltend: Die Beklagte habe durch Einlösung des Frachtbriefs und Weitersendung des Wagens die Sendung in Köln-Nippes abgenommen, dabei es aber pflichtwidrig unterlassen, den ordnungsmäßigen Bestand der Ladung festzustellen. Dadurch sei die Inanspruchnahme der Bahn hinfällig geworden. Die Beklagte habe ferner die Verjährung des Anspruchs gegen die Bahn verschuldet. Aus beiden Gründen müsse sie den der Firma L. entstandenen Schaden ersetzen. Die Beklagte wandte ein, der Klaganspruch sei nach § 414 HGB. verjährt.

Das Landgericht wies durch Zwischenurteil den Einwand der Verjährung zurück und erklärte in einem weiteren Urteil den Klaganspruch dem Grunde nach für gerechtfertigt. Die Berufung der Beklagten wurde zurückgewiesen. Ihre Revision führte zur Aufhebung und Zurückverweisung.

Gründe:

1. Die Angriffe der Revision gegen die Ausführungen, mit denen das Berufungsgericht den Einwand der Verjährung zurückgewiesen hat, können nicht durchgreifen. Das angefochtene Urteil sagt: Die Ballen seien während der Beförderung auf der Eisenbahn

verloren gegangen. Den Verlust des Gutes selbst habe die Beklagte nicht verschuldet, sie habe vielmehr durch die vorbehaltlose Annahme des Gutes in Köln-Nippes nur den Verlust des Ersatzanspruchs gegen die Bahn verursacht. Auf den deshalb gegen sie erhobenen Anspruch finde § 414 HGB. keine Anwendung.

Mit Recht gehen beide Parteien und die Instanzgerichte davon aus, daß der mit der Beklagten abgeschlossene Vertrag ein Speditionsvertrag ist. Denn die Beklagte sollte das Gut nicht lediglich in Empfang nehmen, sondern auch Sorge tragen für seine weitere Beförderung, sei es nach ihren eigenen Räumen zur einstweiligen Aufbewahrung, sei es nach den von B. zu bezeichnenden Stellen. Es könnte also an sich § 414 HGB. anwendbar sein. Aber die Gründe, aus denen das Berufungsgericht die weiteren Voraussetzungen dieser Bestimmung hier vermißt, treffen zu und stehen in Übereinstimmung mit der vom erkennenden Senat in RGZ. Bd. 109 S. 199 vertretenen Anschauung. Hieran ist festzuhalten. Nach § 414 HGB. verjähren in einem Jahr die Ansprüche gegen den Spediteur wegen Verlustes, Minderung, Beschädigung oder verspäteter Ablieferung des Gutes. Nach Wortlaut und Zusammenhang mit den übrigen Bestimmungen kann dies nur dahin verstanden werden, daß der Verlust (die Minderung usw.) unmittelbar zum Gegenstand der Klage gemacht, der Spediteur für den Verlust usw. unmittelbar zur Verantwortung gezogen wird, mag sich der Kläger auf die ohne weiteres und bis zum Gegenbeweis eintretende Verantwortung des Spediteurs aus §§ 407, 390 HGB. stützen oder ihm ausdrücklich eine Verletzung seiner Vertragspflicht aus § 408 HGB. vorwerfen, die den Verlust (die Minderung usw.) verursacht hat. Letzteres ist also für die Anwendung des § 414 im Falle des § 408 HGB. das Entscheidende. Nur in diesem Sinne ist auch das erwähnte frühere Urteil des Senats zu verstehen. Es sagt ausdrücklich, daß das dem Spediteur zur Last gelegte Verhalten nicht ursächlich für den Verlust des Gutes selbst gewesen und deshalb § 414 nicht anwendbar sei. Die vorangehenden Ausführungen jenes Urteils dienen nur dazu, darzulegen, daß der ursächliche Zusammenhang zwischen Spediteurtätigkeit und Verlust fehle. Die Revision irrt also, wenn sie jenes Urteil dahin auffaßt, daß sich § 414 nur auf den Fall des § 407, nicht auf den der Klage wegen Verletzung des § 408 HGB. beziehe, oder wenn sie ausführt, das Urteil sehe eine Klage wegen positiver Vertragsverletzung nicht als eine solche an, die auf einer Verletzung des § 408 beruhe. Die Revision meint aber auch, § 414 greife stets Platz, wenn die Tatsache des Verlustes einen Teil der Klagbegründung bilde. Darin kann ihr jedoch nicht gefolgt werden. Wenn das Gesetz von einem Anspruch „wegen Verlustes" spricht, so kann das nur dahin verstanden werden, daß der Spediteur für den Verlust selbst verantwortlich gemacht werden und für den Verlust selbst Schadensersatz leisten soll. Die Bestimmung beschränkt ausnahmsweise die Rechte des Versenders und darf daher nicht in einem über Wortlaut und Zusammenhang hinausgehenden, ausdehnenden Sinn ausgelegt werden. Die von der Revision angezogene, ganz nebensächliche Bemerkung des Urteils in RGZ. Bd. 105 S. 304 ergibt keineswegs, daß man dort allgemein hat sagen wollen, die Ansprüche wegen Verletzung von Vertragspflichten verjährten in einem Jahr, auch wenn dadurch nicht der Verlust des Gutes selbst verursacht sei; sie kann jedenfalls gegenüber der ausführlichen späteren Stellungnahme des Senats zur Unterstützung der Ansicht der Revision nicht herangezogen werden. Ebensowenig kann der Revision zugegeben werden, daß die Erläuterungsbücher zum Handelsgesetzbuch von Staub und Düringer-Hachenburg ihre Ansicht unterstützen. Beide stimmen vielmehr mit der Anschauung des Senats überein, wie dies die von der Revision selbst angezogenen Stellen daraus ergeben. Denn sie besagen, daß Schadensersatzansprüche wegen „vertragswidriger" („auftragswidriger") Ausführung der Spedition nicht der kurzen Verjährung unterliegen, „sofern sie nicht den Verlust . . . zur Folge hatte" (der Verlust . . . nicht durch sie „verursacht" wurde). Makower vertritt allerdings anscheinend den weiteren Standpunkt der Revision. Er sagt, den Rechtsgrund des Anspruchs bilde nie der Verlust allein, sondern nur in Verbindung mit einer auf besonderem Grunde beruhenden Verpflichtung des Spediteurs, den auf jene Tatsache sich gründenden Anspruch zu befriedigen. Aber es genügt nicht, daß der Verlust des Gutes (die Minderung usw.) zur Begründung des Anspruchs bloß mit herangezogen wird, er muß vielmehr mit die entscheidende Grundlage des Anspruchs insofern bilden, als für ihn selbst der Spediteur verantwortlich gemacht wird. Daß bei der Auslegung des Senats die Bestimmung des § 414 HGB. fast gar keine praktische Bedeutung hätte, kann der Revision nicht zugegeben werden. Sie stützt sich dabei ebenso wie bei anderen Darlegungen wesentlich auf die irrtümliche Ansicht, der Senat wolle bei einem Anspruch wegen Verletzung des § 408 HGB. die einjährige Verjährung niemals Platz greifen lassen. Von dem hier vertretenen Rechtsstandpunkt aus fällt aber der Klaganspruch nicht unter § 414 HGB. Denn der Kläger macht die Beklagte nicht für den Verlust der Ballen als solchen verantwortlich, führt ihn vielmehr nur als unstreitige Tatsache an, die nach ihrer Darlegung einen Ersatzanspruch gegen die Bahn begründet hätte; die Beklagte macht er aber nur dafür haftbar, daß sie durch ihr Verhalten diesen Ersatzanspruch vernichtet habe. Es ist also keine Rede davon, daß die Beklagte den Verlust des Gutes verursacht habe. Der Anspruch ist denn auch keineswegs auf Ersatz des Schadens gerichtet, den der Versender und sein Auftraggeber durch den Verlust des Gutes als solchen erlitten haben — vor allem also Ersatz des vollen Werts des Gutes und des weiteren etwa sonst durch den Verlust entstandenen Schadens —, sondern nur auf Erstattung dessen, was die Bahn als Ersatz zu leisten gehabt hätte, d. h. des gemeinen Werts des Gutes zur Zeit der Absendung. Greift hiernach die besondere einjährige Verjährung des § 414 HGB. nicht Platz, so unterliegt der Klaganspruch, der sich auf eine positive Verletzung der dem Spediteur in §§ 407 Abs. 2, 388 HGB. ausdrücklich auferlegten Pflicht der Untersuchung bei der Ablieferung stützt, der allgemeinen dreißigjährigen Verjährung (auch nicht etwa der sechsmonatigen des § 638 BGB., wenn man den Speditionsvertrag als Werkvertrag ansieht); vgl. RGZ. Bd. 62 S. 121, Bd. 64 S. 43, Bd. 66 S. 16 und Bd. 109 S. 200.

2. Dagegen muß der Revision im Ergebnis darin beigetreten werden, daß nicht frei von Rechtsirrtum ist die Annahme des Berufungsgerichts, im Abschluß des Frachtvertrags für die Strecke Köln-Nippes bis Köln-Hafen liege die Abnahme des Gutes nach Beendigung des ersten Beförderungsvertrags. Zutreffend haben die Instanzgerichte auf den ersten Vertrag über die Beförderung des Gutes von Forbach nach Köln-Nippes die Bestimmungen der Eisenbahnverkehrsordnung und nicht diejenigen des Internationalen Übereinkommens über den Eisenbahnfrachtverkehr angewendet, da die Beförderung der während des Waffenstillstandes in Elsaß-Lothringen nach einer Station des

übrigen Deutschlands aufgegebenen Güter sich nach den damals für Deutschland gültigen Bestimmungen richtete (RGZ. Bd. 107 S. 282). Es ist dem ersten und dem zweiten Richter weiter darin beizutreten, daß die Beklagte in dem Fall ihre Pflicht als Spediteur verletzte und sich schadensersatzpflichtig machte, wenn sie das Gut in Köln-Nippes ohne jede Untersuchung abgenommen haben sollte. Denn sie vereitelte dadurch gemäß § 97 EVerkO. den Anspruch auf Ersatz aus dem ersten Vertrag und nahm ihrem Auftraggeber die Möglichkeit, die Aufgabe von mehr als 37 Ballen in Köln-Nippes nachzuweisen. Ihrem Auftraggeber war sie dann schadensersatzpflichtig, weil der Ersatzanspruch gegen die Bahn zwar der Form nach ihr selbst, dem Wesen nach aber jenem zustand und ihm abzutreten war. Mit Recht ist also das entscheidende Gewicht darauf gelegt worden, ob die Beklagte das Frachtgut in Köln-Nippes abgenommen hat oder nicht. Denn nur mit dieser Abnahme hat das Berufungsgericht das Erlöschen der Ansprüche gegen die Bahn und den Klaganspruch begründet. Da es sich beim Fehlen der Ballen um einen äußerlich erkennbaren Mangel handelte, erloschen gemäß § 97 Abs. 1 EVerkO. alle daraus entspringenden Ansprüche gegen die Bahn mit Bezahlung der Fracht und der sonst auf dem Gute haftenden Forderungen und mit der Abnahme. Die Zahlung ist unstreitig erfolgt. Die Abnahme ist vom Berufungsgericht darin erblickt worden, daß die Beklagte nach Einlösung des Frachtbriefs den Wagen „mit einem neuen Frachtbrief und neu plombiert weiterleitete", ohne eine etwa bestehende Absicht, den Wagen nicht abzunehmen, deutlich erkennbar zu machen. Damit wird das Berufungsgericht der besonderen Lage des Falles und den von der Beklagten dazu aufgestellten Behauptungen nicht gerecht. Nicht beizutreten ist allerdings der Meinung der Revision, die Abnahme im Sinne von § 97 EVerkO. setze stets eine körperliche Inbesitznahme des Frachtgutes voraus und könne niemals durch eine andere Handlung ersetzt werden. Damit setzt sich die Revision in bewußten Gegensatz zu dem vom Reichsgericht und überwiegend auch vom Schrifttum aufgestellten Begriff der Ablieferung. Hiernach ist Ablieferung der Vorgang, durch den die Eisenbahn den zur Beförderung erlangten Gewahrsam des Gutes mit ausdrücklicher oder stillschweigender Einwilligung des Empfängers wieder aufgibt und diesen in den Stand setzt, die tatsächliche Gewalt über das Gut auszuüben. An dieser Auffassung ist auch gegenüber den Ausführungen der Revision festzuhalten. Es kann nicht anerkannt werden, daß Wortlaut und gesetzgeberischer Grund der Bestimmung eine körperliche Inbesitznahme voraussetzten. Der Wortlaut ergibt nichts für eine solche Beschränkung und auch die gesetzgeberische Erwägung, der Empfänger billige durch die Abnahme die Ausführung des Frachtvertrags, kann den Begriff nicht so beschränken. Es genügt vielmehr, daß der Empfänger seinen Billigungswillen irgendwie zu erkennen gibt, wenn auch nicht gerade durch körperliche Inbesitznahme, obwohl er zur Prüfung der ordnungsmäßigen Ausführung des Vertrags in der Lage ist (vgl. dazu insbesondere ROHG. Bd. 14 S. 295, RGZ. Bd. 102 S. 92; Bd. 108 S. 55; Bd. 112 S. 342; Eger, EVerkO. S. 464 Anm. 4 zu § 84; Rundnagel in Ehrenbergs Handbuch Bd. V 2 S. 215; Rundnagel, Haftung der Eisenbahn § 2 S. 8; § 5 S. 21; Staub, HGB. § 429 Anm. 7; Düringer-Hachenburg § 429 Anm. 4). Vorausgesetzt ist allerdings stets ein zweiseitiger Akt. Es genügt also nicht, daß die Bahn das Gut nur dem Empfänger zur Verfügung stellt. Eine solche stillschweigende Abnahme des Gutes durch den Empfänger wird in der Regel darin zu finden sein, daß der Empfänger das Gut nach Ankunft auf der Bestimmungsstation mit neuem Frachtbrief zur weiteren Beförderung aufgibt, obwohl er in der Lage ist, es körperlich abzunehmen und zu untersuchen. Das nehmen auch die oben angeführten Entscheidungen und Schriftsteller an. Dem Empfänger macht im allgemeinen die Prüfung des Gutes vor der Weitersendung keine solchen Schwierigkeiten, daß man schon deshalb genötigt wäre, in der Weitersendung keine Abnahme zu erblicken. Die Bestimmungen der Eisenbahnverkehrsordnung und der Abfertigungsvorschriften bieten ihm zu dieser Prüfung genügende Handhaben. Und wenn sie auch zuweilen mit Unbequemlichkeiten verbunden ist, so kann dasselbe doch auch bei der körperlichen Abnahme zutreffen. Jedenfalls müssen dem Empfänger solche Unbequemlichkeiten zugemutet werden, wenn er auf der anderen Seite trotz Endigung der Beförderung auf der Bestimmungsstation den Vorteil hat, das Gut ohne Umladung weiter befördern zu können. Allerdings ist die Weiterversendung nicht ohne weiteres in allen Fällen als eine solche Billigung der Erfüllung des ersten Frachtvertrags anzusehen. Vielmehr können die Umstände es rechtfertigen, diese Handlung des Empfängers nach

Treu und Glauben dahin auszulegen, daß im Abschluß des neuen Frachtvertrags nur eine Fortsetzung des ersten liegt und deshalb die Abnahme bis zum Zeitpunkt der Zurverfügungstellung des Gutes auf der neuen Bestimmungsstelle hinausgeschoben ist. Will die Bahn in einem solchen Falle, obwohl sie das Verhalten des Empfängers nach der Verkehrsauffassung so deuten mußte, auf alsbaldiger Abnahme bestehen, so wird sie den Empfänger dazu auffordern müssen und nötigenfalls von den Mitteln Gebrauch zu machen haben, die ihr die gesetzlichen Bestimmungen bei Verweigerung der Abnahme an die Hand geben. Den ihr obliegenden Beweis der Ablieferung des Gutes wird die Bahn regelmäßig durch den Nachweis führen, daß ein neuer Frachtvertrag nach Zurverfügungstellung des Gutes abgeschlossen worden ist, und es wird dann Sache des Empfängers sein, die besonderen Umstände darzulegen, aus denen sich ergibt, daß trotzdem die Abnahme nicht als erfolgt zu gelten hat. Nur so ist das in RGZ. Bd. 102 S. 92 veröffentlichte Urteil des Senats aufzufassen, worauf auch schon in der Entscheidung des Senats vom 4. November 1925 I 27/25[1] hingewiesen ist. Solche besonderen Umstände sind aber hier von der Beklagten behauptet worden. Denn sie hat einmal geltend gemacht, der Bahnhof in Köln-Nippes sei damals so verstopft gewesen, daß es nicht möglich gewesen sei, an den die Ballen enthaltenden Wagen heranzukommen, ihn zu prüfen und zu entladen. Träfe das zu, so hätte die Bahn die Beklagte gar nicht in den Stand gesetzt, über das Gut zu verfügen, was zum Begriff der Ablieferung gehört. Weiter kommt in Betracht, daß nach der Behauptung der Beklagten die Sendung laut Frachtbrief überhaupt nicht nach Köln-Nippes, sondern allgemein nach Köln gerichtet war und daß ihr deshalb nach dem Tarif der Wagen in Köln-Gereon zur Verfügung zu stellen gewesen wäre (vgl. dazu die Allgemeinen Abfertigungsvorschriften §§ 1, 23 Nr. 2, 29 Nr. 3). Dies würde, wenn es richtig ist, dafür sprechen, daß die Neuaufgabe nach dem der Beklagten am nächsten gelegenen Bahnhof Köln-Hafen nur erfolgte, um die Beförderung aus dem ersten Frachtvertrag weiter fortzusetzen. In jedem Falle ist in Betracht zu ziehen, daß hier, im Gegensatz zu dem in RGZ. Bd. 102 S. 92 erörterten Falle, die

[1] Abgedr. in Seuff. Arch. Bd. 80 Nr. 32. D. R.

Weitersendung an die Beklagte selbst und nur nach einem anderen Bahnhof des ursprünglichen Bestimmungsortes erfolgte. Wie es zu der neuen Plombierung gekommen ist, insbesondere ob sie mit Wissen der Beklagten erfolgt ist, hat bisher keine Aufklärung gefunden. Übrigens hat nach der Tatbestandsaufnahme nur eine Plombe den Stempel „Köln-Nippes" getragen, während die zweite Türe mit einem Blechstreifen „Köln-Hafen" verschlossen war. In ihrem Schriftsatz vom 18. September 1925 hat die Beklagte außerdem behauptet, sie habe den Wagen wegen der Verstopfung in Köln-Nippes nicht abnehmen wollen und nur deshalb sei ihr von dem diensttuenden Beamten anheimgegeben worden, einen neuen Frachtbrief nach Köln-Hafen auszustellen. Das würde für eine Vereinbarung sprechen, die Abnahme hinauszuschieben, und ist bisher nicht gewürdigt worden. Es wird deshalb eine erneute Prüfung der Sache nach diesen Gesichtspunkten geboten sein. Sollte sie ergeben, daß eine Abnahme in Köln-Nippes nicht stattgefunden hat, so wird der zweite Klaggrund, Verschulden an der Verjährung des Anspruchs gegen die Bahn, und nötigenfalls die Frage des Mitverschuldens des Versenders zu prüfen sein.

---

66. Ist ein durch Übergabe vollzogener, unter Vorbehalt des Eigentums bis zur vollständigen Zahlung des Preises geschlossener Verkauf beweglicher Sachen schon vor der Kaufpreistilgung als eine Veräußerung im Sinne der §§ 69flg. des Reichsgesetzes über den Versicherungsvertrag vom 30. Mai 1908 anzusehen?

VI. Zivilsenat. Urt. v. 24. September 1926 i. S. N. Assecuranz-Compagnie Akt.-Ges. (Bekl.) w. X. Akt.-Ges. (Kl.). VI 168/26.

I. Landgericht Hamburg.
II. Oberlandesgericht daselbst.

Die Klägerin hatte laut Versicherungsschein vom 22. März 1924, eingelöst am 26. gleichen Monats, einen aus Holz errichteten, mit Dachpappe überzogenen Lagerschuppen in W. nebst darin gelagerten zugeschnittenen Holzwaren und der Kontoreinrichtung zum Werte von insgesamt 45000 RM für die Zeit vom 7. März 1924 bis dahin

1925 bei der Beklagten gegen Feuerschaden versichert. Am 29. November 1924 verkaufte und übergab die Klägerin den Schuppen mit sämtlichen versicherten Gegenständen an Fr. D. in W. unter Vorbehalt des Eigentums daran bis zur vollständigen Zahlung des Kaufpreises von 10000 RM. Noch bevor die Kaufpreisschuld getilgt war, brannte in der Nacht vom 25. zum 26. Februar 1925 der Schuppen mit seinem Inhalt nieder. Die Beklagte lehnte den Anspruch der Klägerin auf Ersatz des Schadens mit Schreiben vom 16. März 1925 ab, weil ihr weder die Klägerin noch der Erwerber die durch § 71 VVG. und durch § 10 der allgemeinen Versicherungsbedingungen vorgeschriebene Anzeige über die Veräußerung der versicherten Gegenstände erstattet habe.

Die Klägerin beziffert den durch den Brand entstandenen Schaden auf 14000 RM und fordert Zahlung dieses Betrags mit Zinsen. Das Landgericht verurteilte die Beklagte demgemäß. Das Oberlandesgericht wies ihre Berufung zurück. Auch ihre Revision blieb ohne Erfolg.

Aus den Gründen:

Die Rechtsfrage, ob sich ein Verkauf, bei dem der in beweglichen Sachen bestehende Kaufgegenstand dem Käufer unter Vorbehalt des Eigentums bis zur vollständigen Zahlung des Preises übergeben wurde, als eine Veräußerung im Sinne der §§ 69 flg. VVG. darstellt, wird vom Berufungsrichter verneint; demgemäß nimmt er an, daß der Klägerin eine Anzeigepflicht aus § 71 das. nicht erwachsen und daß der von der Beklagten aus der Verletzung dieser Vorschrift hergeleitete Einwand hinfällig sei.

Die Revision bekämpft diese Auffassung; sie ist jedoch zu billigen.

In dem vom Vorderrichter verwerteten Urteil vom 28. April 1914 (RGZ. Bd. 84 S. 109) hat der erkennende Senat (damals VII. Zivilsenat) die Frage, ob ein gegen Brandschaden versichertes Hausgrundstück, das zur Zeit des Eintritts des Schadensfalls verkauft und dem Käufer zu Besitz übergeben, aber noch nicht aufgelassen war, als veräußert im Sinne der angeführten Bestimmungen des Versicherungsvertragsgesetzes zu gelten habe, in verneinendem Sinne entschieden. Die Erwägungen, die damals zur Begründung der Ansicht angestellt wurden, daß es nur auf den Übergang des Eigentums nach

Maßgabe der sachenrechtlichen Vorschriften des Bürgerlichen Gesetzbuchs ankommen könne, sind unbedenklich auch auf den hier vorliegenden Fall zu übertragen. Beim Verkauf beweglicher Sachen mit Eigentumsvorbehalt nach § 455 BGB. besteht ebenfalls das Interesse des Verkäufers an der Erhaltung der versicherten Gegenstände fort. Ob daneben ein in gleicher Richtung liegendes Interesse des Käufers begründet wird, erscheint unwesentlich. Entscheidend muß auch hier, neben dem klaren Wortlaut des § 69 Abs. 1 VVG., die Betrachtung sein, daß es, um Zweifel abzuschneiden und eine klare und einfache Rechtslage zu schaffen, angezeigt war, den Übergang des Versicherungsverhältnisses von einem leicht zu ermittelnden Vorgang, nämlich dem Eigentumsübergang, abhängig zu machen. Dem Zeitpunkt des Übergangs der Gefahr des zufälligen Untergangs oder der zufälligen Verschlechterung der verkauften Sache (§ 446 BGB.) hat das Versicherungsvertragsgesetz offensichtlich keine entscheidende Bedeutung beilegen wollen. . . .

---

67. Ist nach § 16 UnlWG. ein Klagantrag auf Entfernung des die Verwechslungsgefahr begründenden Bestandteils einer Firma auch dann möglich, wenn die Firma durch die Entfernung jenes Bestandteils eine nach den firmenrechtlichen Vorschriften des Handelsgesetzbuchs unzulässige Gestaltung gewinnt?

II. Zivilsenat. Urt. v. 24. September 1926 i. S. der offenen Handelsgesellschaft Cohrs & Ammé Nachf. (Kl.) w. die Aktiengesellschaft Cohrs & Ammé (Bekl.). II 558/25.

I. Landgericht Hamburg, Kammer für Handelssachen.
II. Oberlandesgericht daselbst.

Beide Parteien betreiben Speditionsgeschäfte, die Klägerin in Stettin, die Beklagte in Hamburg. Die Klägerin war früher eine Zweigniederlassung der Hamburger Speditionsfirma Cohrs & Ammé, die im Jahre 1922 aufgelöst und in eine Aktiengesellschaft unter der Firma Cohrs & Ammé A.-G. in Hamburg (jetzige Firma der Beklagten) umgewandelt wurde. Im Jahre 1894 wurde die Klägerin ein selbständiges Speditionsgeschäft (offene Handelsgesellschaft) unter der Firma

Cohrs & Ammé Nachfolger; ihr Sitz war nach wie vor Stettin. Seit 1909 oder 1910 waren beide Firmen in Lübeck durch die Firma Julius A. vertreten. Von 1918 an lockerten sich die freundschaftlichen Beziehungen der Parteien und der Konkurrenzkampf zwischen ihnen führte zu verschiedenen Rechtsstreitigkeiten, die sich über die Umwandlung der Hamburger Firma in eine Aktiengesellschaft hinaus fortsetzten. Im Mai 1919 ließ die Klägerin für sich eine eigene Zweigniederlassung in das Lübecker Handelsregister eintragen, am 27. Mai 1919 folgte die Hamburger Firma mit dem gleichen Schritt. Die Zweigniederlassung der Klägerin führte ursprünglich die Firma „Cohrs & Ammé Nachfolger, Zweigniederlassung Lübeck", diejenige der Hamburger Firma nach der Umwandlung von 1922 die Firma „Cohrs & Ammé A.-G. Hamburg, Zweigniederlassung Lübeck". Infolge der zwischen den Parteien geführten Rechtsstreitigkeiten fügte die Klägerin der Firma ihrer Lübecker Zweigniederlassung noch das Wort „Stettin" (hinter „Nachfolger") bei, während die Beklagte für ihre Lübecker Zweigniederlassung seit dem 1. September 1923 die Firma „Coamag Lübeck, Zweigniederlassung der Cohrs & Ammé A.-G. Hamburg" führt.

Mit der jetzigen Klage verlangt die Klägerin von der Beklagten Entfernuug der Worte „Cohrs & Ammé" aus der Firma ihrer Lübecker Zweigniederlassung. Sie macht geltend, die Verwechslungsgefahr sei trotz des von der Beklagten gemachten Zusatzes „Coamag Lübeck" nicht beseitigt, wie zahlreiche seitdem vorgekommene Verwechslungen bewiesen. Die Beklagte bestreitet die Verwechslungsfähigkeit; außerdem beanstandet sie die Zulässigkeit des jetzigen Klagantrags, weil die Beklagte in der Firma ihrer Zweigniederlassung mindestens den Kern ihrer Hauptfirma führen müsse.

Das Landgericht verurteilte die Beklagte nach dem Klagantrag. Auf die Berufung der Beklagten wies das Oberlandesgericht die Klage ab. Die Revision der Klägerin führte zur Aufhebung und Zurückverweisung.

Aus den Gründen:

Mit der Klage erstrebt die Klägerin Beseitigung der Worte „Cohrs & Ammé" aus der Firma der Lübecker Zweigniederlassung der Beklagten. Sie stützt diesen Anspruch gemäß § 16 UnlWG. darauf, daß auch bei der von der Beklagten jetzt gewählten Firmenbezeichnung die Gefahr der Verwechslung der beiden Firmen bestehe, wie die immer noch vorkommenden häufigen Verwechslungsfälle bewiesen. Das Landgericht ist bei Bejahung der Verwechslungsfähigkeit und der demgemäß ausgesprochenen Verurteilung der Beklagten davon ausgegangen, daß es für den vorliegenden Rechtsstreit nicht darauf ankomme, ob die Firma der Zweigniederlassung der Beklagten nach Entfernung der auf das Hauptgeschäft hinweisenden Worte nach den firmenrechtlichen Vorschriften des HGB. noch weiterhin zulässig bleibe. Das Oberlandesgericht nimmt hierzu keine bestimmte Stellung, sondern gelangt zur Abweisung der Klage, weil es die Verwechslungsgefahr verneint.

(Es wird zunächst dargelegt, daß das Berufungsgericht bei Beurteilung der Frage der Verwechslungsfähigkeit nicht von zutreffenden rechtlichen Erwägungen ausgegangen und aus diesem Grunde das angefochtene Urteil aufzuheben sei; dann heißt es weiter:)

Die Frage, ob die Firma einer Zweigniederlassung von derjenigen der Hauptniederlassung völlig verschieden sein darf und ob deshalb ein Anspruch der Klägerin dahin, daß die Worte „Cohrs & Ammé" aus der Firma der Lübecker Zweigniederlassung der Beklagten schlechthin zu entfernen seien, nach öffentlichem Recht begründet erscheint, ist im Revisionsurteil vom 20. Januar 1922 zur Sache der Klägerin gegen die offene Handelsgesellschaft Cohrs & Ammé in Hamburg (Markensch. u. Wettb. Jahrg. XXI S. 206) dahingestellt gelassen, weil damals nur auf Unterlassung der schlagwortartigen Benutzung der Worte „Cohrs & Ammé" geklagt war. Da der jetzige Klagantrag schlechthin auf Beseitigung dieser Worte aus der Lübecker Zweigfirma der Beklagten gerichtet ist, bedarf es nunmehr einer bestimmten Beantwortung jener Frage. Wie schon in RGZ. Bd. 113 S. 213 ausgesprochen wurde, muß bei Handelsgesellschaften die Firma einer Zweigniederlassung mit derjenigen der Hauptniederlassung übereinstimmen und dürfen, sei es auf Grund von § 30 Abs. 3 HGB., sei es zur Kennzeichnung der Entstehung des Zweiggeschäfts — nur solche Zusätze gemacht werden, welche die Firmenidentität zwischen Haupt- und Zweigniederlassung nicht aufheben. Danach wäre der Fortbestand der Firma der Lübecker Zweigniederlassung der Beklagten aus firmenrechtlichen Gründen nicht mehr möglich, wenn aus ihr gemäß dem Antrag der Klägerin der auf die Hauptniederlassung hinweisende wesentliche Bestandteil der Hauptfirma entfernt würde. Dadurch wird aber der Klagantrag nicht unzulässig. Die Klägerin hat beim Vorliegen der Voraussetzungen des § 16 UnlWG. einen rechtlichen Anspruch darauf, daß die Beklagte den in die Rechte der Klägerin eingreifenden Gebrauch ihrer Firma unterlasse. Dieser Anspruch kann sich, wie schon im erwähnten früheren Revisionsurteil des Senats ausgeführt ist, bis zum Anspruch auf Löschung steigern, wenn die Bezeichnung so, wie sie eingetragen ist und verkehrsüblich benutzt wird, eine Rechtsverletzung bedeutet; vgl. RGZ. Bd. 75 S. 370; Mustersch. u. Wettb. Jahrg. XV S. 86, Jahrg. XIX S. 30. Dann muß aber nach § 16 a. a. O. auch ein Antrag statthaft sein, der sich darauf beschränkt, die Entfernung des die Verwechslungsgefahr begründenden Bestandteils der Firma zu verlangen, sollte auch die Firma dadurch eine Gestaltung gewinnen, die sie nach den öffentlichrechtlichen Vorschriften des Handelsgesetzbuchs nicht mehr als zulässig erscheinen läßt und die daher im Erfolg zur vollständigen Löschung der Zweigfirma führen muß. Die Klägerin braucht bei Geltendmachung ihrer Rechte keine Rücksicht darauf zu nehmen, ob die widerrechtlich in ihren Gewerbebetrieb eingreifende Zweigfirma der Beklagten nach Beseitigung der die Rechtsverletzung darstellenden Bestandteile noch weiter rechtlichen Bestand haben kann. . . .

---

68. 1. Kann schon daraus allein, daß im Versicherungsschein die Zeit der vorläufigen Deckung in die Versicherungszeit eingerechnet worden ist, die Vereinbarung entnommen werden, daß für die Zahlung der ersten Prämie § 39 des Reichsgesetzes über den Versicherungsvertrag gelten soll?

2. Wer hat eine solche Vereinbarung zu beweisen?

3. Wann gilt eine Prämienzahlung, die bei Beginn der Versicherung zu erfolgen hat, als nicht rechtzeitig bewirkt?

VVG. §§ 35, 38, 39. BGB. §§ 133, 157.

VI. Zivilsenat. Urt. v. 24. September 1926 i. S. Orion Versicherungs-Aktien-Gesellschaft u. Gen. (Bekl.) w. R. (Kl.). VI 154/26.

I. Landgericht Hamburg.
II. Oberlandesgericht daselbst.

Laut Versicherungsschein vom 30. Mai 1924 haben die drei verklagten Gesellschaften die Kasko-Versicherung des der Klägerin gehörigen Dampfbaggers „Ritter" zu je $33^{1}/_{3}\%$ übernommen. Die Klägerin hatte zunächst vom 17. Mai 1924 ab vorläufige Deckungszusage erhalten. Im Versicherungsschein ist als Versicherungszeit die Zeit vom 17. Mai 1924 bis 17. Mai 1925 beurkundet. Nach § 16 der allgemeinen Versicherungsbedingungen hat der Versicherungsnehmer die Prämie sofort nach Abschluß der Versicherung gegen Aushändigung des Scheins zu zahlen. Der Versicherungsmakler Sch. händigte den Versicherungsschein der Klägerin am 31. Mai 1924 mit der Bitte aus, den Prämien- und Kostenbetrag mit 411 ℳ unmittelbar an die Firma H. & H. zu vergüten, und erinnerte am 1. August 1924 an die Zahlung. Die Klägerin zahlte die Prämie aber erst am 11. September 1924, nachdem am 8. September 1924 der Bagger gekentert und gesunken war. Sie beansprucht Schadensersatz mit je 3842,33 RM von den drei Beklagten. Diese wandten auf Grund des § 38 Abs. 1 VVG. ein, daß sie von der Verpflichtung zur Leistung frei seien. Beide Vorinstanzen erklärten den Anspruch dem Grunde nach für berechtigt. Auf die Revision der Beklagten wies das Reichsgericht die Klage ab.

Gründe:

Das Berufungsgericht hat sich nicht die Ansicht des Landgerichts angeeignet, daß bereits am 17. Mai 1924 ein endgültiger, unabänderlicher Versicherungsvertrag abgeschlossen worden sei, sondern es stellt ohne Rechtsirrtum fest, daß an diesem Tage nur eine vorläufige Deckungszusage gemacht worden und die Versicherer berechtigt geblieben seien, nach näherer Prüfung das Risiko abzulehnen oder die Übernahme von besonderen Bedingungen abhängig zu machen. Der Vorderrichter verkennt auch grundsätzlich nicht, daß vorläufige Deckungszusage und endgültige Versicherung zwei verschiedene Verträge darstellen, und befindet sich insofern in Übereinstimmung mit der jetzigen reichsgerichtlichen Rechtsprechung (RGZ. Bd. 113 S. 150). Das Berufungsgericht glaubt aber aus dem Wortlaut des Versicherungsscheins, wonach die Versicherungszeit vom 17. Mai 1924 bis 17. Mai 1925 bestimmt ist, die Vereinbarung herleiten zu sollen, daß die erste Prämie erst nach Versicherungsbeginn zu zahlen gewesen sei, und hält daher den § 39 VVG. für anwendbar.

Diese Vertragsauslegung verstößt gegen die §§ 133, 157 BGB. Schon die Bestimmung des § 16 der allgemeinen Versicherungsbedingungen, die entsprechend dem § 35 VVG. dem Versicherungsnehmer die Zahlung der Prämie sofort nach Abschluß der Versicherung gegen Aushändigung des Versicherungsscheins auferlegt, steht der Auffassung des Vorderrichters entgegen, daß eine Ausnahme von § 35 VVG. vereinbart worden sei. Um den wirklichen Willen der Parteien, insbesondere der Versicherer, zu erforschen, hätte ferner der Vorderrichter den Vertrag nicht nur aus dem Wortlaut der Bestimmung über die Versicherungszeit auslegen dürfen, sondern prüfen müssen, zu welchem Zwecke der Versicherungsbeginn im Versicherungsschein auf den Beginn der Deckungszusage festgesetzt worden ist. Der erkennende Senat hat schon in der Entscheidung RGZ. Bd. 113 S. 150 bemerkt, daß die Prämie für die vorläufige Deckung rechtlich keinen Teil der ersten Prämie für die endgültige Versicherung bilde, wenn es auch üblich sei, sie in die erste Prämie einzurechnen. Dieser allgemeinen Übung im Versicherungswesen entspricht es, daß die Versicherer hier im Versicherungsschein die Zeit der vorläufigen Deckung in die Versicherungszeit formell einbezogen haben. Auf diese Weise wurde es vermieden, für die Zeit der vorläufigen Deckung und für die Zeit der endgültigen Versicherung je eine besondere Prämie zu berechnen. Der Zweck der Einbeziehung der vorläufigen Deckung in die Versicherungszeit war also nur versicherungstechnischer Art. Ein anderer Zweck ist nicht ersichtlich. Die Einbeziehung war namentlich nicht durch ein Schutzbedürfnis des Versicherungsnehmers geboten; denn die vorläufige Deckungszusage gewährte der Klägerin für die Zeit bis zum Abschluß des endgültigen Versicherungsvertrags bereits vollen Schutz. Für die Versicherer bestand aber keinerlei Interesse, die vorläufige und die endgültige Deckung zu einem einheitlichen Versicherungsverhältnis zu gestalten mit der Rechtsfolge, daß für die erste Prämienzahlung der § 39 VVG. gelten sollte. Es ist nicht anzunehmen, daß die Versicherer mit der Festsetzung der Versicherungszeit im Versicherungsschein einen solchen, ihrem Interesse zuwiderlaufenden Willen bekundet haben sollten, es sei denn, daß vorher ausdrücklich eine dahingehende Parteivereinbarung zustandegekommen wäre. Das Berufungsgericht ist freilich der Meinung, es hätte entweder bei der vorläufigen Deckungszusage oder im endgültigen Versicherungsvertrag die Anwendung des § 38 VVG. besonders zum Ausdruck gebracht werden müssen. Aber diese Ansicht ist rechtsirrtümlich. In der mehrgenannten Entscheidung RGZ. Bd. 113 S. 150 ist bereits dargelegt, daß die erste Prämie für die endgültige Versicherung gemäß § 35 VVG. sofort nach dem Abschluß dieses Vertrags zu zahlen und daß die Prämienzahlung eine solche ist, die im Sinne des § 38 VVG. bei Beginn der Versicherung zu erfolgen hat. § 39 VVG., der regelmäßig und in erster Linie die Folgeprämien im Auge hat, kommt für die erste Prämie nur dann zur Anwendung, wenn in beiderseitigem Einverständnis die Versicherung wirksam und unabhängig von der Zahlung der Prämie beginnen soll (RGZ. Bd. 80 S. 141; Bd. 101 S. 31). Diese Ausnahme von der Regel des § 35 VVG. muß der Versicherungsnehmer beweisen. Eine solche Vereinbarung ist aber zwischen den Parteien nicht getroffen und kann, wie ausgeführt, aus der im Versicherungsschein angegebenen Versicherungszeit für sich allein nicht entnommen werden.

Auf die Leistungsbefreiung kann sich nun zwar der Versicherer nur dann berufen, wenn eine Prämienzahlung, die bei Beginn der Versicherung zu erfolgen hat, nicht rechtzeitig bewirkt ist. Eine angemessene Zeit zur Zahlung der angeforderten Prämie muß daher dem Versicherungsnehmer zustatten kommen. Hier aber war die Prämie auf dem Versicherungsschein berechnet und mit dessen Aushändigung am 31. Mai 1924 der Klägerin bekannt gegeben. Die Zahlung war jedoch am 8. September 1924 noch nicht erfolgt. Die für die Zahlung angemessene Zeit war also längst verstrichen...

---

69. Zum Wesen und Inhalt der Chartepartie.
HGB. § 557.

I. Zivilsenat. Urt. v. 25. September 1926 i. S. K. & R. (Kl.) w. P. & J. (Bekl.). I 449/25.

I. Landgericht Stettin, Kammer für Handelssachen.
II. Oberlandesgericht daselbst.

Die Klägerin (als Befrachterin) und die Beklagte (als Verfrachterin) hatten durch ihre beiderseitigen Agenten am 30. Mai 1921 miteinander einen Seefrachtvertrag geschlossen, über den eine mit „Certepartie" überschriebene Urkunde ausgestellt wurde. Der Vertrag betraf den Transport von „ca. 1500 tons Kabeln auf Trommeln nebst Zubehör, evtl. ein Teil auf Deck" von Stettin nach Rotterdam, auszuführen „von zwei Dampfschiffen oder mehreren in Wahl der Verfrachter". Die Fracht war auf $4^1/_2$ holländische Gulden (hfl.) für ausgelieferte 1000 kg einschließlich Verkehrssteuer festgesetzt. Mit Schreiben vom 7. Juni 1921 zeigte die Agentin der Beklagten, Firma J. & Co. in Stettin, der Klägerin an, daß als erster Dampfer der „Fanal" etwa in der Zeit vom 22. bis 24. Juni in Stettin ladebereit sein werde und daß auf eine Ladung von ungefähr 500 Tonnen gerechnet werde. Hierauf ließ die Klägerin 471172 kg Kabeltrommeln in Kähnen nach Stettin kommen, um sie dort auf den von der Beklagten gestellten Dampfer zu verladen. Die Beklagte stellte statt des angekündigten „Fanal" den „Mineral" ladebereit. Letzterer vermochte von den herangeschafften Kabeltrommeln nur 222240 kg als Ladung für Rotterdam zu übernehmen. Diese Ladung ist nach Rotterdam befördert worden. Nach Angabe der Beklagten entsprachen die Kabeltrommeln in Größe und Verpackung nicht den Abmachungen, die bei Abschluß des Frachtvertrags von den Agenten mündlich getroffen waren und hätte bei Einhaltung jener Abreden der „Mineral" mindestens 475 Tonnen von Stettin nach Rotterdam schaffen können, also 253 Tonnen mehr. Die Beklagte beanspruchte deshalb außer der hier nicht streitigen Fracht für die beförderten Güter die ihr angeblich entgangene Fracht für 253 Tonnen. Sie gab die über die Güter gezeichneten Konnossemente erst heraus, nachdem die Klägerin zur Sicherheit für die von der Beklagten erhobene Mehrforderung 27000 ℳ hinterlegt hatte. Die Klägerin ließ die von ihr in Stettin angedienten, vom „Mineral" nicht übernommenen 248932 kg Kabel „für Rechnung, wen es angeht" aus den Kähnen entlöschen, wodurch ihr 3904 Pℳ an Kosten entstanden. Sie behauptet, daß für den Vertrag nur das maßgeblich sei, was die Urkunde vom 30. Mai 1921 enthalte. Danach sei sie berechtigt gewesen, Kabeltrommeln von der Art und Größe der verladenen zum Transport zu stellen. Wenn der „Mineral" nur einen Teil davon habe fassen können, so liege das an seiner für derartige Verschiffungen ungeeigneten Bauart und Beschaffenheit und gehe nicht zu Lasten der Klägerin.

Mit der Klage verlangte sie die Feststellung, daß die Beklagte keinen Anspruch auf Fehlfracht habe. Sie forderte ferner Rückzahlung der von ihr geleisteten Sicherheit und Erstattung der verauslagten 3904 P*M*. Die Beklagte begehrte widerklagend Zahlung eines dem Werte von 1138,50 hfl. entsprechenden Markbetrags.

Das Landgericht gab der Klage statt und wies die Widerklage ab; das Oberlandesgericht entschied umgekehrt. Die Revision der Klägerin hatte keinen Erfolg.

Aus den Gründen:

Nach der Urkunde vom 30. Mai 1921 handelt es sich um die Verfrachtung mehrerer Schiffe im ganzen, wobei die Auswahl der Schiffe und die Bestimmung ihrer Anzahl der Beklagten als Verfrachterin überlassen und eine Angabe über die Art der zu transportierenden Güter gemacht war. Ein solcher Vertrag bedarf nicht der schriftlichen Form. Wird aber ein Schriftstück über ihn errichtet, so hat es nur den Charakter einer Beweisurkunde, und es steht im Belieben der Parteien, daneben besondere mündliche Vereinbarungen über den Transportvertrag rechtswirksam zu treffen. Und zwar gilt dies unter anderem auch für Abreden, welche die Art und Beschaffenheit der zu verschiffenden Güter betreffen. Solche Abreden gehören nicht zum Wesen eines derartigen Frachtvertrags, der über die Art der Güter überhaupt nichts zu besagen braucht. Werden jedoch solche Abreden getroffen, so können sie nach Belieben der Vertragsteile in die schriftliche Urkunde aufgenommen oder nur mündlich oder teils mündlich, teils schriftlich vereinbart werden.

In Übereinstimmung mit diesen Rechtsgrundsätzen hat das Berufungsgericht ausgeführt, daß die Parteien außer den in der Chartepartie enthaltenen Abreden mündliche Vereinbarungen getroffen hätten, die zur Auslegung und Ergänzung des schriftlichen Vertrags heranzuziehen seien. Denn das mündlich Vereinbarte sei nur deshalb nicht mit ausdrücklichen Worten in die Vertragsurkunde aufgenommen worden, weil es sich unter den obwaltenden Umständen für die Vertragschließenden aus den darin aufgenommenen Bestimmungen als selbstverständlich ergeben habe (RGZ. Bd. 88 S. 372). Man habe nämlich in dieser Weise mündlich vereinbart, daß die zu verfrachtenden Kabeltrommeln von gewöhnlicher Größe und gewöhnlichem Umfang sein sollten, bis 3300 kg schwer, mit einem Stauverlust von etwa 40%, wie sie schon früher Gegenstand von Beförderungsgeschäften der Streitteile gewesen seien, und daß mit einem Dampfer von 850 t Ladefähigkeit (wie der zum Transport verwendete „Mineral") etwa 500—550 Tonnen solcher Kabeltrommeln fortzuschaffen wären.

Diese Ausführungen des Berufungsgerichts lassen keinen beachtlichen Rechtsirrtum erkennen. Seine Feststellung darüber, was die Parteien mündlich vereinbart haben, und seine Annahme, daß das mündlich Vereinbarte zur Auslegung und Ergänzung der Vertragsurkunde dienen und neben ihr als Vertragsinhalt gelten sollte, beruhen auf Tatsachenwürdigung. Wenn die Revision meint, für die durch den Frachtvertrag begründeten Rechtsbeziehungen der Streitteile sei nur der Inhalt der Chartepartie maßgebend, so verkennt sie die dargelegte Bedeutung dieser Urkunde. Es ist auch nicht richtig, daß sich, wie die Revision meint, der Seefrachtverkehr auf den Inhalt der Chartepartie als für den Frachtvertrag allein maßgeblich verlasse und mit dem Bestehen mündlicher Nebenabreden überhaupt nicht rechne. Die Chartepartie hat nicht das Wesen eines Traditionspapiers und kann insbesondere nicht durch Indossament als solches übertragen werden. Vielmehr sind die Rechte aus der Chartepartie nur im Wege der gewöhnlichen Forderungsabtretung übertragbar. Daß dabei mit einer Ergänzung des Inhalts der schriftlichen Urkunde durch mündliche Nebenabreden, ähnlich wie bei anderen Beweisurkunden, gerechnet werden muß, bedarf keiner weiteren Darlegung. Gegenüber der hiernach maßgeblichen Vereinbarung der Streitteile kommt es nicht darauf an, ob es, wie die Klägerin behauptet, üblich ist, Kabel und Kabeltrommeln nach Gewicht und nicht nach Raumverdrängung nach Übersee zu verfrachten....

---

70. 1. **Hat die gemäß § 8 Abs. 3 der Kartellverordnung vom 2. November 1923 ergehende Entscheidung des Kartellgerichts rechtsgestaltende oder nur sog. deklaratorische Bedeutung?**

2. **Erledigt eine solche Entscheidung endgültig und für Gerichte und Schiedsgerichte bindend alle vor ihrer Erlassung erfolgten**

Kündigungsakte ohne Rücksicht darauf, ob sie dem Kartellgericht bekannt geworden waren, oder nur diejenigen Kündigungserklärungen, von denen das Kartellgericht Kenntnis erlangt hatte und die es zum Gegenstand seines Befindens gemacht hat?

3. Steht dem Verlangen einer der Höhe nach im Vertrag nicht fest bestimmten, sondern vereinbarungsgemäß erst im Einzelfalle festzusetzenden Vertragsstrafe der Umstand entgegen, daß diese Festsetzung und die Benachrichtigung des Schuldners von der Verhängung der Strafe erst nach seinem Ausscheiden aus dem Vertragsverhältnis erfolgt sind?

KartellVo. vom 2. November 1923 (RGBl. I S. 1067, 1090) §§ 8, 12.
BGB. §§ 336 flg.

II. Zivilsenat. Urt. v. 28. September 1926 i. S. der Hefeverband-G. m. b. H. i. L. (Kl.) w. Pl. (Bekl.). II 598/25.

I. Landgericht I Berlin, Kammer für Handelssachen.
II. Kammergericht daselbst.

Der Beklagte war als Inhaber einer Getreide-Preßhefefabrik und Dampfkornbrennerei Gesellschafter des klagenden Verbandes, der sich seit Anfang März 1924 in Liquidation befindet. Nach einer „Übereinkunft", die einen Bestandteil des Gesellschaftsvertrags vom 18./19. Februar 1921 bildet, waren die Gesellschafter verpflichtet, nach Maßgabe ihres Produktionsrechts entsprechend den Weisungen der Gesellschaft Hefe herzustellen und sie nach dem Vertrag und den Beschlüssen des Aufsichtsrats oder der Gesellschafterversammlung ausschließlich durch die Gesellschaft verwerten zu lassen oder als deren Beauftragte für Rechnung der Gesellschaft zu verwerten. Im Falle der Zuwiderhandlung hiergegen hatte der Gesellschafter eine Vertragsstrafe bis zum vollen durchschnittlichen Verkaufspreise der der Gesellschaft entzogenen oder nicht durch sie verwerteten Hefe zu zahlen. Eine derartige Strafe war von der Geschäftsführung zu verhängen, der betroffene Gesellschafter konnte aber binnen einer Woche die Entscheidung des Aufsichtsrats anrufen; diesem stand auch das Recht der Ermäßigung der Strafe zu. Außerdem gab die Übereinkunft dem Verband gewisse Überwachungsbefugnisse gegenüber der Verkaufsorganisation und der Geschäftsführung der Gesellschafter.

Mit Schreiben vom 17. November 1923 kündigte der Beklagte seine Zugehörigkeit zum Hefeverband zum Tage des Inkrafttretens der Verordnung gegen Mißbrauch wirtschaftlicher Machtstellungen vom 2. November 1923 (also zum 20. jenes Monats) fristlos mit dem Anfügen, daß er seine Hefeerzeugung, die durch seine Zugehörigkeit zum Verband in unerträglicher Weise zurückgegangen sei, vom 20. November ab selbst verwerten werde. Das Schreiben ging am 19. November 1923 bei der klagenden G. m. b. H. ein. Diese wies die Kündigung sofort als unberechtigt zurück, worauf der Beklagte am 21. November erwiderte: er halte seinen Entschluß, aus dem Verband auszutreten, aufrecht; der Austritt sei schon vollzogene Tatsache geworden, er (der Beklagte) bediene schon seit gestern seine Kundschaft auf eigene Rechnung.

Nunmehr stellte die Klägerin beim Kartellgericht den Antrag, die Kündigung des Beklagten für unzulässig zu erklären. Nachdem der Vorsitzende des Kartellgerichts am 29. November (dem Beklagten zugestellt am 1. Dezember) 1923 die Anordnnng erlassen hatte, daß die Kündigung des Beklagten bis zur Entscheidung des Kartellgerichts als unzulässig gelte, erging diese Entscheidung am 7. Januar 1924 dahin, daß die von Bl. ausgesprochene Kündigung des Gesellschaftsvertrags nebst Übereinkunft für zulässig erklärt werde und als Tag der Kündigung der 7. Januar 1924 zu gelten habe. Das Gericht ging hierbei, was die Zeit der Kündigung betrifft, davon aus, daß die am 19. November dem Verband zugegangene Kündigung unwirksam gewesen sei, weil die KartellVo. vom 2. November 1923 erst am 20. jenes Monats in Kraft getreten sei; dagegen ergebe sich das Vorhandensein einer wirksamen Kündigung daraus, daß Bl. durch die in der Verhandlung vor dem Kartellgericht vom 7. Januar 1924 abgegebenen Erklärungen seinen Kündigungswillen unzweideutig zum Ausdruck gebracht habe. Das Schreiben des Beklagten vom 21. November 1923 ist in den Gründen jener Entscheidung nicht erwähnt.

Vom 20. November 1923 an verwertete der Beklagte die von ihm erzeugte Hefe auf eigene Rechnung; auch gestattete er in der Folge die in der Übereinkunft vorgesehenen Verbandsrevisionen in seinem Betriebe nicht mehr. Der Verband setzte mit Schreiben vom 25. Februar 1924 gegen ihn eine Vertragsstrafe von 118915,20 G.M fest wegen unzulässiger Verwertung seiner Hefe in der Zeit vom

20. November 1923 bis zum 7. Januar 1924. Außerdem verhängte der Verband gegen den Beklagten noch zwei weitere Vertragsstrafen in Höhe von je 500 G*M*, weil er in zwei Fällen Revisionsbeamten des Verbands die Ausübung ihrer Tätigkeit in seinem Betrieb erschwert oder unmöglich gemacht habe.

Gegenüber der Klage, mit der die Klägerin — abgesehen von einem weiteren, hier nicht interessierenden Posten — Zahlung der genannten Vertragsstrafbeträge verlangte, machte der Beklagte geltend: Die Vertragsstrafen seien ungerechtfertigt, weil jedenfalls seine vom Kartellgericht gar nicht erwähnte Kündigung vom 21. November 1923 das Vertragsverhältnis beendigt habe. Überdies fehle es für die Verhängung der Vertragsstrafen an dem Erfordernis seines Verschuldens. Die Straffestsetzungen seien aber auch deshalb unwirksam, weil sie eine unsittliche Knebelung und geradezu die Vernichtung seiner wirtschaftlichen Existenz darstellten. Auch der Höhe nach bemängelte der Beklagte die Vertragsstrafen; die Vorschrift des § 348 HGB., meint er, finde hier keine Anwendung, weil es sich nicht um von vornherein ziffermäßig bestimmte Strafen handle.

Das Landgericht sprach den Vertragsstrafeanspruch zu, das Kammergericht dagegen wies ihn ab. Die Revision der Klägerin war erfolglos.

Gründe:

Im Gegensatz zu der vom Kartellgericht in seiner Entscheidung vom 7. Januar 1924 vertretenen Auffassung, daß die Kündigung des Beklagten vom 17. November 1923, der Klägerin zugegangen am 19. jenes Monats, wegen des erst am 20. November 1923 erfolgten Inkrafttretens der KartellVo. unwirksam gewesen sei, erachtet das Berufungsgericht diese „zum Tage des Inkrafttretens des Gesetzes" ausgesprochene Kündigung als rechtswirksam geworden mit dem Inkrafttreten der Verordnung. Gewiß lassen sich gegen die Auffassung des Kartellgerichts gewichtige Gründe anführen; dem Prozeßrichter steht aber eine Nachprüfung nicht zu, weil nach § 12 Abs. 2 der Kartellverordnung die Entscheidung des Kartellgerichts über die Zulässigkeit einer Kündigung endgültig und für den ordentlichen Richter bindend ist. Die Kündigung vom 17. November 1923 hat daher ganz auszuscheiden. In zweiter Linie erblickt der Berufungsrichter eine wirksame Kündigung des Beklagten in dessen Verhalten nach dem 20. November 1923 (Nichterfüllung seiner Verpflichtungen aus der „Übereinkunft"); dieses sein Verhalten habe, zum mindesten in Verbindung mit dem Schreiben vom 17. November 1923, den Kündigungswillen unzweideutig ergeben. Das Berufungsgericht stützt übrigens die Abweisung des Vertragsstrafeanspruchs nicht auf diese Kündigung der Kartellzugehörigkeit des Beklagten, sondern darauf, daß er, nachdem er schon am 17. November zum Tag des Inkrafttretens der Kartellverordnung gekündigt gehabt, mit der Erfüllung seiner Vertragsverpflichtungen gegenüber dem Verband nicht in Verzug geraten und daß eben darum der Fall der Verwirkung der Vertragsstrafen nicht eingetreten sei. Unter diesen Umständen braucht nicht Stellung genommen zu werden zu der Frage, wie die Bejahung der Wirksamkeit der vom Berufungsrichter in zweiter Reihe besprochenen Kündigung (Verhalten des Beklagten nach dem 20. November 1923) im Hinblick auf § 12 Abs. 2 KartellVo. zu beurteilen wäre.

Das Berufungsgericht verneint ein Verschulden des Beklagten inbezug auf die vom 20. November 1923 an unterlassene Weitererfüllung seiner Vertragspflichten gegenüber dem Verbande deshalb, weil auch dann, wenn man die Auffassung des Kartellgerichts zur Kündigungsfrage als zutreffend zugrunde lege, die Rechtslage „bei dem eben erst in Kraft getretenen Gesetze" derart unübersichtlich gewesen sei, daß ein etwaiger Rechtsirrtum des Beklagten als entschuldbar angesehen werden müsse. Eine andere Beurteilung rechtfertige auch nicht der Umstand, daß das Kartellgericht die vorläufige Anordnung vom 29. November 1923 erlassen habe; denn die Wirkung einer solchen Anordnung „bleibe unklar". Der Beklagte, dem nach der kartellgerichtlichen Entscheidung zureichende Kündigungsgründe zur Seite gestanden hätten, habe darauf bauen dürfen, daß er zur Kündigung befugt sei; er habe daher auch nicht schuldhaft gehandelt, wenn er seine Kündigung trotz jener Anordnung als von Anbeginn wirksam betrachtet habe.

Diese Begründung ist nicht frei von Bedenken. Denn im allgemeinen ist, auch wenn man von der Anordnung vom 29. November 1923 zunächst absieht, die Zweifelhaftigkeit einer Rechtsfrage nicht geeignet, die Leistungsverweigerung eines Schuldners als gerechtfertigt erscheinen zu lassen; vielmehr hat der Schuldner die Folgen einer falschen Rechtsauffassung regelmäßig selbst zu tragen. Besondere Umstände, die der Schuldner darzutun hat, können allerdings im Einzelfall eine Ausnahme hiervon begründen; solche sind aber im gegenwärtigen Falle nicht ersichtlich. Im Gegenteil: die Anordnung vom 29. November 1923 mußte dem Beklagten, wenn er sie mit einiger Sorgfalt las, zum Bewußtsein bringen, daß er sich auf die Wirksamkeit seiner Kündigung und darauf, daß das Kartellgericht das Vertragsverhältnis als mit dem 20. November gelöst ansehen werde, nicht verlassen könne. Ohne Grund bezeichnet der Berufungsrichter unter Verweisung auf Isay-Tschierschky, KartellVo., die Wirkung einer derartigen Anordnung als unklar. Offensichtlich sollte sie den Beklagten darüber aufklären, daß er zunächst seine Kündigung nicht als wirksam betrachten dürfe, da über die Frage ihrer Zulässigkeit erst der künftige Spruch des Kartellgerichts entscheide. Die vom Berufungsgericht angeführte Stelle bei Isay-Tschierschky a. a. O. (S. 283) besagt auch nur, daß hinsichtlich solcher Anordnungen eine gewisse Unklarheit bestehe wegen der Frage ihrer Vollstreckbarkeit und nach der Richtung, ob § 44 der Vo. über das Reichswirtschaftsgericht auf sie entsprechend anwendbar sei. Auf das vom Vertreter des Beklagten in der Revisionsverhandlung zur Sprache gebrachte Bedenken, ob eine vorläufige Anordnung des hier in Rede stehenden Inhalts, die den Spruch des Kartellgerichts vorweg genommen habe, überhaupt zulässig sei, braucht nicht eingegangen zu werden. Denn hier handelt es sich nur darum, in welchem Sinne der Beklagte die Anordnung, über deren Zulässigkeit ihrem Inhalt nach er sich schwerlich Gedanken gemacht haben wird, bei einigermaßen aufmerksamem Lesen verstehen mußte.

Diese Bedenken führen indessen nicht zur Aufhebung des angefochtenen Urteils; denn die Entscheidung des Berufungsgerichts erweist sich aus anderen Gründen als richtig. Nicht zutreffend ist allerdings, was der Beklagte vor dem Revisionsgericht noch geltend gemacht hat: daß der Anspruch auf die Vertragsstrafen schon deshalb der Abweisung verfallen sei, weil die Klägerin die Strafen (jedenfalls diejenige in Höhe von 118915,20 GM) erst nach dem Ausscheiden des Beklagten aus dem Verband verhängt habe, wozu sie nach Aufhören seiner Mitgliedschaft nicht mehr befugt gewesen sei. Wie die Klägerin selbst vorträgt, wurde die Strafe im Betrage von 118915,20 GM dem Beklagten gegen Ende Februar 1924, also nach seinem Ausscheiden auferlegt. Dazu war die Klägerin auch nach diesem Zeitpunkt noch berechtigt. Ebensogut wie ein Schadensersatzanspruch, der in der Zugehörigkeit eines Verbandsmitglieds zum Kartell seine Grundlage hat, noch nach dem Ausscheiden des Mitglieds ihm gegenüber geltend gemacht werden kann, ist dies auch bei einem Vertragsstrafeanspruch der Fall ohne Rücksicht darauf, ob die Strafe noch während der Zugehörigkeit des Mitglieds zum Verband oder erst nachher verhängt, d. h. ihm bekanntgegeben wurde. Gerade weil der Zeitpunkt der Festsetzung einer Vertragsstrafe unter Umständen von mancherlei Zufälligkeiten, mitunter auch von dem Ergebnis länger dauernder Ermittlungen abhängig sein kann, wäre es ein Unding, diesen Zeitpunkt dafür entscheidend sein lassen zu wollen, ob der Vertragsstrafeanspruch noch mit Erfolg erhoben werden kann oder nicht. Außerdem wäre es, wenn der Zeitpunkt der Strafverhängung eine so maßgebende Rolle spielte, dem unter Vertragsstrafe verpflichteten Mitglied, dem ein Kündigungsgrund im Sinne des § 8 Abs. 1 KartellVo. zur Seite steht, möglich gemacht, der wirksamen Festsetzung einer Strafe durch Kündigung und Austritt zuvorzukommen.

Die Abweisung der Klage ergibt sich aber aus folgenden Erwägungen, deren tatsächliche Grundlagen durch die Feststellungen des Berufungsgerichts und den unbestrittenen Akteninhalt an die Hand gegeben sind.

Zunächst ist die Bedeutung des kartellgerichtlichen Spruchs vom 7. Januar 1924 in der Richtung zu prüfen, über welche Kündigungsakte des Beklagten damit endgültig entschieden worden ist. Zu diesem Zweck sind die Gründe heranzuziehen, die das Kartellgericht zu seinem Spruche vom 7. Januar 1924 gegeben hat. Denn ebenso wie bei Entscheidungen der ordentlichen Gerichte ist auch hier Sinn und Reichweite des verfügenden Teils an Hand der Entscheidungsgründe festzustellen. Die Begründung jenes Spruchs läßt aber keinen Zweifel darüber, daß das Kartellgericht nicht etwa eine — vom 7. Januar 1924 an wirksame — Rechtsgestaltung vornehmen, sondern lediglich feststellen wollte, ob der Beklagte, an dessen Kündigungsgrund sich in der Zeit vom 17. November 1923 bis zum 7. Januar 1924 nichts geändert hat, nach § 8 Abs. 1 KartellVo. zur fristlosen Kündigung berechtigt war und, wenn ja, wann er die Kündigung wirksam erklärt hat. Denn das Kartellgericht betont selbst die deklaratorische

Bedeutung seiner Entscheidung und befindet sich damit im Einklang mit der Ansicht der meisten Erläuterer der KartellVo. (a. M. Isay-Tschierschky a. a. O. S. 261, wo der kartellgerichtlichen Entscheidung Wirkung ex nunc beigelegt wird) und mit der Auffassung des jetzt erkennenden Senats. Warum dem kartellgerichtlichen Spruch grundsätzlich eine andere Wirkung zukommen soll als dem regelmäßig auch nur deklaratorisch wirkenden Urteil des ordentlichen Richters, ist beim Fehlen eines der KartellVo. selbst zu entnehmenden Anhalts für die rechtsgestaltende Bedeutung der Entscheidung nicht ersichtlich. Die Fassung des § 8 Abs. 3 der Verordnung („... ob die Kündigung zulässig war") weist, wenn sie auch für sich allein vielleicht nicht ausschlaggebend wäre, doch weit mehr auf die deklaratorische als auf die rechtsgestaltende Wirkung hin. Andere als deklaratorische Bedeutung hatte auch nicht der Ausspruch des Kartellgerichts, daß als Tag der Kündigung der 7. Januar 1924 gelte. Zur Aufnahme dieses Satzes in die Formel seiner Entscheidung sah sich das Kartellgericht veranlaßt, weil es die wirksame Kündigungserklärung des Beklagten weder in seinem Schreiben vom 17. November noch in einem in den Gründen erwähnten Schriftsatze der Firma Pl. vom 6. Dezember 1923, sondern allein in den Verlautbarungen des Beklagten in der kartellgerichtlichen Sitzung vom 7. Januar 1924 gefunden hat. Von weiteren Erklärungen des Beklagten, die etwa als Ausdruck seines Kündigungswillens aufgefaßt werden konnten, ist in den Entscheidungsgründen des Kartellgerichts nicht die Rede. Das Kartellgericht hat demnach nur hinsichtlich der Erklärungen vom 17. November und vom 6. Dezember 1923 ausgesprochen, daß durch sie eine wirksame Kündigung nicht herbeigeführt worden sei. Eine Auslegung der Entscheidung dahin, daß mit ihr zugleich auch etwaigen anderen vom Beklagten seit dem 17. oder 20. November 1923 dem Hefeverband gegenüber abgegebenen, dem Kartellgericht bis zum 7. Januar 1924 gar nicht bekannt gewordenen Erklärungen die Bedeutung eines wirksamen Kündigungsakts endgültig abgesprochen sei, kann daher nicht in Frage kommen. Die Begründung des Spruchs vom 7. Januar 1924 läßt auch keinen Zweifel darüber, daß nach Ansicht des Kartellgerichts der wichtige Grund zur Kündigung nicht etwa erst im Dezember 1923 oder gar erst im Januar 1924 eingetreten ist, daß er vielmehr schon zur Zeit der ersten Kündigung (17. November 1923) bestand und daß das Kartellgericht dieser Kündigung die Wirksamkeit nur deshalb abgesprochen hat, weil am 19. November 1923, als sie der Klägerin zuging, die KartellVo. noch nicht in Kraft getreten war.

Nun hat aber der Beklagte mit Schreiben an die Klägerin vom 21., bei ihr eingegangen am 22. November 1923 (an welchem Tage der Antrag des Verbands auf Entscheidung des Kartellgerichts dort noch nicht eingelaufen war), unstreitig erklärt, daß er seinen Entschluß, aus dem Verband auszutreten, aufrechthalte und daß sein Austritt infolge der schon begonnenen Bedienung der Kundschaft auf seine eigene Rechnung bereits vollzogene Tatsache geworden sei. Daß dieses Schreiben, zumal da inzwischen — am 20. November — die KartellVo. in Kraft getreten war, den Kündigungswillen (wiederholt) deutlich zum Ausdruck bringt, unterliegt keinem Zweifel. Es steht sonach nichts im Wege, es als selbständige Kündigungserklärung zu würdigen. Das Kartellgericht hat sich mit dem Schreiben vom 21. November 1923 nicht befaßt; es ist in seiner Entscheidung mit keinem Worte erwähnt; offenbar war es dem Kartellgericht gar nicht vorgelegt worden. Die Kündigung vom 21. November 1923 wurde also durch die kartellgerichtliche Entscheidung überhaupt nicht berührt. Diesem Kündigungsakt gegenüber hat die Klägerin einen Antrag im Sinne des § 8 Abs. 3 Satz 2 KartellVo. nicht gestellt. Das hätte aber geschehen müssen, um die im Abs. 3 Satz 3 a. a. O. bestimmte Rechtsfolge der Wirksamkeit der Kündigung auszuschließen. Denn bei der Kündigung vom 21./22. November 1923 fehlt gerade das Moment, wegen dessen allein das Kartellgericht der Kündigung vom 17. November 1923 die Wirksamkeit versagt hat: das Zugehen an die Klägerin vor Inkrafttreten der KartellVo.

Aus alledem ergibt sich, daß die Kündigung vom 21./22. November 1923 „als wirksam erfolgt gilt" (§ 8 Abs. 3 Satz 3 der Verordnung) und daß demnach der Beklagte mit Wirkung vom 22. November 1923 aus dem Verband ausgeschieden ist. Seine angeblichen Verfehlungen, die der Klägerin zur Verhängung der Vertragsstrafen Anlaß gaben, fallen in eine spätere Zeit. Wie es sich dann verhalten würde, wenn die Sachlage schon zur Zeit der ersten Kündigung vollständig dieselbe gewesen wäre wie zur Zeit der zweiten, braucht nicht erörtert zu werden, weil diese Gestaltung nicht vorliegt.

Der Anspruch auf Zahlung der Vertragsstrafen ist sonach mit Recht abgewiesen.

---

71. Verliert ein Abkommen zwischen Rechtsanwalt und Partei über die Höhe der von dieser zu zahlenden Vergütung ohne weiteres seine Wirksamkeit mit dem Inkrafttreten einer Gebührenordnung, die den Rechtsanwalt besser stellen würde als das Abkommen?

Geb.Ordnung f. Rechtsanw. vom 13. Dezember 1923.

III. Zivilsenat. Urt. v. 29. September 1926 i. S. C. (Kl.) w. J. V.-Aktiengesellschaft (Bekl.). III 502/25.

I. Landgericht I Berlin.
II. Kammergericht daselbst.

Der Kläger und der verstorbene Justizrat Ha., welche die Anwaltstätigkeit gemeinsam ausübten, vertraten die Beklagte in zwei Prozessen, die der Kaufmann von He. und Genossen wider sie führten. In beiden Prozessen wurde der Streitwert vom Landgericht im August 1923 auf je 5 Millionen Mark festgesetzt. Am 22. August 1923 teilte Justizrat Ha. der Beklagten mit, diese Wertfestsetzung sei völlig unzutreffend, die Bemessung der Anwaltsgebühren nach dem genannten Betrage sei unmöglich und es entspreche der Sachlage, für jeden Prozeß eine angemessene Vergütung im Werte von 25 Dollars festzusetzen. Die Beklagte erklärte sich damit einverstanden und zahlte 50 Dollars. Nach mündlicher Verhandlung und einer Beweisaufnahme, die sich bis in das Jahr 1924 hinein erstreckte, wurde in beiden Rechtsstreitigkeiten ein außergerichtlicher Vergleich geschlossen. Nachträglich wurde durch Beschlüsse vom 11. Januar und 16. Mai 1924 der Wert des Streitgegenstands anderweit und zwar auf je 10000 G*M* festgesetzt. Nach diesem Werte berechnete der Kläger, zugleich als Zessionar der Alleinerbin des Justizrats Ha., seine Gebühren und verlangte klagend Zahlung weiterer 1893 R*M*. Landgericht und Kammergericht wiesen die Klage ab. Auch die Revision des Klägers blieb erfolglos.

Gründe:

Der Kläger stützt die Klagforderung auf die 13., die sogenannte Goldmark-Gebührenordnung für Rechtsanwälte vom 13. Dezember 1923

(RGBl. I S. 1188), die ihn und Justizrat Ha. günstiger stelle als das Vergütungsabkommen vom August 1923 und daher — seiner Auffassung nach — für die Gebührenberechnung an dessen Stelle zu treten habe. Das Kammergericht verkennt nicht, daß die Vergütungsabrede so, wie sie der Kläger ausgelegt wissen will, hätte getroffen, daß sie also in ihrer Geltung zeitlich hätte beschränkt werden können, es verneint aber nach Lage des Falles, daß eine derartige Beschränkung von den Vertragsparteien gewollt sei. Diese Willensfeststellung bindet das Revisionsgericht, wenn es auch einzelne der ihr zugrunde liegenden Erwägungen des Berufungsgerichts nicht zu billigen vermag.

Der Ansicht der Revision, es handle sich um eine sogenannte typische Abrede, zu deren freier Auslegung der Senat ohne Rücksicht auf die Auffassung des Berufungsgerichts berechtigt und verpflichtet sei, kann nicht beigetreten werden. Es ist zwar richtig, daß sich die Anwälte im Jahre 1923 gegen die Folgen der Geldentwertung häufig durch Vergütungsvereinbarungen zu sichern suchten, die von den gesetzlichen Gebührenvorschriften abwichen. Diese Sicherung erfolgte aber naturgemäß in der verschiedenartigsten Weise und unter den verschiedensten, den jedesmaligen Umständen angepaßten Bedingungen. So läßt denn auch die streitige Vergütungsabrede eine formularmäßige Fassung und einen formularmäßigen Inhalt, wie sie typischen Abreden eigen sind, vermissen. Ebensowenig kann die von der Revision unter Berufung auf Joachim-Friedländer (RAGebO. 7. Aufl. Anh. 1 zum I. Abschn., Anm. 66 auf S. 98) vertretene Auffassung für zutreffend erachtet werden, daß jedes in der Inflationszeit getroffene Vergütungsabkommen, da es lediglich zum Schutze des Anwalts gegen ihm ungünstige Gebührenordnungen dienen sollte, nach Treu und Glauben ohne weiteres außer Kraft treten müsse, wenn es ihm einer späteren Gebührenordnung gegenüber Nachteile bringe. Wie eine Vergütungsabrede aufzufassen ist, richtet sich in jedem Einzelfalle nach Vertragsrecht und dem ausdrücklich oder stillschweigend erklärten Willen der Parteien.

Im vorliegenden Falle berücksichtigt das Kammergericht den Wortlaut der Vereinbarung, ihre unmittelbare Veranlassung, nämlich die von beiden Teilen als zu gering anerkannte gerichtliche Wertfestsetzung, ferner die Höhe der bei Vertragsschluß die gesetzlichen Gebühren bedeutend überschreitenden vertraglichen Vergütung sowie die sofortige Begleichung in wertbeständigem Geld und dessen damalige erhebliche Kaufkraft. Aus alledem schließt es, daß die Zahlung von 50 Dollars die Gebührenschuld der Beklagten endgültig zum Erlöschen bringen sollte und daß die Beklagte mit der Möglichkeit, es könnten bei einer Änderung der Rechtsanwalts-Gebührenordnung Nachzahlungen zu leisten sein, beim Fehlen eines hierauf gerichteten Vorbehalts des Justizrats Ha. weder gerechnet habe noch nach allgemeiner Verkehrsanschauung habe zu rechnen brauchen. Diese Feststellung, die weder gegen Treu und Glauben noch gegen sonstige Auslegungsgrundsätze verstößt, trägt die angefochtene Entscheidung.

---

72. Ist ein Vertrag über die Annahme an Kindesstatt wegen Verstoßes gegen die guten Sitten auch dann nichtig, wenn zwar der Angenommene lediglich die Erlangung eines adeligen Namens erstrebt, der andere, von ihm durch die Vorspiegelung von Kindesgefühlen getäuschte Vertragsteil aber die Annahme an Kindesstatt aus lauterem Beweggrund zu ihrem bestimmungsmäßigen Zwecke will?

BGB. §§ 138, 1741 flg.

IV. Zivilsenat. Urt. v. 30. September 1926 i. S. G. (Bekl.) w. Gräfin B. de la R. (Kl.). IV 146/26.

I. Landgericht München I.
II. Oberlandesgericht daselbst.

Durch einen am 7. September 1922 notariell beurkundeten und am 25. dess. Mts. gerichtlich bestätigten Vertrag hat die damals 77 Jahre alte ledige A. Gräfin B. de la R. in München den damals 38 Jahre alten Beklagten an Kindesstatt angenommen. Der Beklagte hat sich in der Folge Graf B. de la R. genannt. Als Ältester des Geschlechts der de la R. hat ein Bruderssohn der vorgenannten Gräfin im Mai 1923 die Klage erhoben, mit der er geltend machte, daß der Annahmevertrag als Scheingeschäft und wegen Verstoßes gegen die guten Sitten nichtig sei. Er beantragte, die Nichtigkeit festzustellen und den Beklagten zur Unterlassung der Führung des Namens Graf B. de la R. zu verurteilen. Das Landgericht wies die Klage ab, das Oberlandesgericht gab ihr statt. Die Revision des Beklagten führte zur Wiederherstellung des ersten Urteils.

Gründe:

Der Beklagte ist zur Führung des Namens Graf B. de la R., auf deren Unterlassung sich der aus § 12 Satz 2 BGB. erhobene Hauptanspruch richtet, nach § 1758 BGB., Art. 109 Abs. 3 Satz 2 RVerf. befugt, wenn der Annahmevertrag vom 7. September 1922 rechtsbeständig ist (vgl. RGZ. Bd. 109 S. 252 und die Bemerkungen von Opet zu diesem Urteil in JW. 1925 S. 2116 unter Nr. 6)....

Der Geltendmachung der Nichtigkeitsgründe des Scheins (§ 117 BGB.) und des Verstoßes gegen die guten Sitten (§ 138 Abs. 1 BGB.) steht die gemäß § 1741 Satz 2 BGB., §§ 65 flg. FGG. erfolgte gerichtliche Bestätigung des Annahmevertrags nicht entgegen (RG. in WarnRspr. 1917 Nr. 121 und LZ. 1918 Sp. 393 Nr. 24).

Den Klagegrund des Scheingeschäfts hat das Berufungsgericht mit der rechtlich unbedenklichen Erwägung verworfen, es sei nicht widerlegt, daß die beiden Vertragschließenden die Annahme an Kindesstatt mit allen rechtlichen Folgen ernstlich gewollt hätten. Die Nichtigkeit des Vertrags wegen Sittenwidrigkeit hat es auf Grund folgender Feststellungen und Erwägungen angenommen: Die Person der Annehmenden, einer alten, in ärmlichen Verhältnissen lebenden Stiftsinsassin, habe für den Beklagten gar keine Bedeutung gehabt, nur ihr Name. Es sei ihm, als er sich bei ihr habe einführen lassen, von vornherein nur um die Erlangung eines adeligen Namens zu tun gewesen. Bei dem vereinsamten, nicht sehr weltgewandten alten Fräulein habe es ihn nur wenig Mühe gekostet, ihre Dankbarkeit und Zuneigung zu gewinnen und ihr, ohne daß sie es selbst gemerkt habe, den Gedanken einzuflößen, ihm als Erkenntlichkeit auf dem Wege der Annahme an Kindesstatt ihren gräflichen Namen zu vererben. Er, der auch gegenüber urteilsfähigeren Personen die Kunst bewiesen habe, für sich einzunehmen und seine selbstischen Beweggründe vor seinen Opfern zu verbergen, habe in der alten Dame durch sein äußeres Benehmen die Überzeugung zu wecken und zu erhalten gewußt, daß er wie ein Sohn für sie sorge und fühle und daß es ihm gar nicht um die Annahme an Kindesstatt zu tun sei. So sei sie denn auch heute noch des Glaubens, daß sie bei ihm die Zuneigung eines Sohns gefunden habe. Sie wehre sich wie eine echte Mutter gegen die Zumutung einer Enttäuschung und verschließe sich unbewußt selber vor der Einsicht in die tatsächlichen Verhältnisse.

Der Beklagte habe aber die Sohnesgefühle für seine Wahlmutter nur vorgespiegelt. Er habe hierdurch bewußt ihre Zuneigung erschlichen, um durch diese Täuschung seine Annahme an Kindesstatt zu erreichen. Sein Beweggrund sei ausschließlich das Verlangen nach dem Grafennamen gewesen, der sowohl seine eigene Eitelkeit habe befriedigen als auch bei der Voreingenommenheit weiter Kreise für Träger adeliger Namen sein Fortkommen und seine Heiratsaussichten habe fördern sollen. Der Annahmevertrag trage also aufseiten des Beklagten nach seinem aus Inhalt, Beweggrund und Zweck entnommenen Gesamtcharakter die eindeutigen Merkmale des Verstoßes gegen die guten Sitten im Sinne des § 138 Abs. 1 BGB. Auf der Gegenseite, bei der Wahlmutter, könne allerdings keine Sittenwidrigkeit gefunden werden. Für sie sei die Annahme an Kindesstatt auch nicht etwa der Preis gewesen, den sie zur Erlangung der Zuneigung und Sorglichkeit ihres „Sohnes" gezahlt habe, sondern das Zeichen der Erkenntlichkeit für die bereits erfahrene vermeintliche Zuneigung und die Hinzufügung der äußeren Form zu dem vermeintlichen inneren Verhältnis. Ein Vertrag sei jedoch auch dann nichtig, wenn ihm der Charakter der Sittenwidrigkeit durch das Verhalten des einen Vertragsteils gegen den anderen aufgedrückt werde, wenn die Unsittlichkeit gerade in diesem Verhalten zu finden sei. Das sei hier der Fall; und darum sei der Annahmevertrag von vornherein nichtig, obwohl die Annehmende sich der Gründe der Nichtigkeit nicht bewußt geworden sei und sie noch weniger zugeben wolle.

Die hier wiedergegebenen, für das Revisionsgericht maßgebenden tatsächlichen Feststellungen rechtfertigen die Annahme des Berufungsgerichts, daß auffseiten des Beklagten ein Verstoß gegen die guten Sitten vorliegt. Gesetzlicher Zweck und Inhalt der in den §§ 1741 flg. BGB. geregelten Annahme an Kindesstatt ist die Begründung eines Eltern- und Kindesverhältnisses zwischen dem Annehmenden und dem Angenommenen; und es ist lediglich eine Folge des so geschaffenen Verhältnisses, daß der Angenommene den Namen des Annehmenden erhält. Wer, wie es gegen den Beklagten festgestellt ist, den Boden dieser Rechtseinrichtung nur deshalb betritt, um den ihm von Eitelkeit und Gewinnsucht eingegebenen Wunsch nach Erlangung eines adeligen Namens zu befriedigen, wer deshalb die mit der Annahme an Kindesstatt sonst verknüpften Rechtswirkungen zwar auch ernstlich will, sie aber nur deshalb mit in Kauf nimmt, weil er sich sagt, daß sich nur auf diesem Wege die beabsichtigte Übertragung des adeligen Namens erreichen lasse, mißbraucht die familienrechtliche Einrichtung in einer dem herrschenden Volksbewußtsein, dem Anstandsgefühl aller billig und gerecht Denkenden widersprechenden Weise. Daraus, daß der Beklagte so gehandelt hat, folgt aber noch nicht, daß der Annahmevertrag als sittenwidrig gemäß § 138 Abs. 1 BGB. nichtig ist. Damit dies angenommen werden könnte, müßte der Annahmevertrag seinem Gesamtcharakter nach sittenwidrig sein. Dazu gehört, da der Annahmevertrag an sich, seinem Inhalte nach, nicht sittenwidrig ist, das Gepräge der Sittenwidrigkeit vielmehr nur durch die Beweggründe der Vertragschließenden und den von ihnen verfolgten Zweck erhalten kann, nach einer vom Reichsgericht oft (so RGZ. Bd. 78 S. 353, Bd. 99 S. 107) ausgesprochenen Regel, daß die subjektiven Voraussetzungen eines Verstoßes gegen die guten Sitten auf beiden Seiten erfüllt sind. Wird ein sittenwidriger Zweck nur von dem einen Vertragsteil verfolgt, ohne daß der andere davon auch nur Kenntnis hat, wird der andere, wie das Berufungsgericht es für die Vertragsgegnerin des Beklagten feststellt, sogar geflissentlich darüber in Unkenntnis gehalten, so ist das Geschäft nicht in seiner Gesamtheit unsittlich. Denselben Standpunkt hat der Senat für einen Annahmevertrag bereits früher eingenommen (Urt. v. 29. April 1907 IV 470/06, mitgeteilt im Komm. v. RGRäten in Anm. 3 zu § 1741). Eine Ausnahme von jener Regel ist in der reichsgerichtlichen Rechtsprechung (RGZ. Bd. 93 S. 27, 30; Bd. 108 S. 213, 217 u. a.) allerdings für die Fälle anerkannt, in denen die Unsittlichkeit des Handelns des einen Vertragsteils gerade in seinem Verhalten gegenüber dem anderen Vertragsteil zu finden ist. Das Berufungsgericht sieht einen solchen Fall als gegeben an, weil der Beklagte nicht vorhandene Sohnesgefühle für seine Wahlmutter vorgespiegelt, dadurch ihre Zuneigung erschlichen und sie durch diese Täuschung zu seiner Annahme an Kindesstatt bestimmt habe. Die damit festgestellte arglistige Täuschung würde die Wahlmutter nach den §§ 123, 124 BGB. berechtigt haben oder vielleicht noch berechtigen, den Annahmevertrag innerhalb eines Jahres nach Entdeckung der Täuschung anzufechten. An ein der Anfechtung unterliegendes Verhalten des einen Vertragsteils gegenüber dem anderen ist aber bei der Aufstellung der angeführten Ausnahme nicht gedacht. Besteht die sittenwidrige Handlungsweise des einen Vertragsteils darin, daß er unzulässigerweise den Willen des anderen Teils durch arglistige Täuschung oder Drohung beeinflußt, so schließt das dann eingreifende Sonderrecht der Anfechtung die Annahme einer Nichtigkeit des Vertrags nach § 138 BGB. aus (RGZ. Bd. 72 S. 216, 218; WarnRspr. 1912 Nr. 56). Möglich ist freilich, daß beim Vorhandensein eines Anfechtungsgrundes zugleich der Gesamtcharakter des Vertrags diesen zu einem sittenwidrigen und deshalb nichtigen Geschäft macht (WarnRspr. 1917 Nr. 234, JW. 1923 S. 922 Nr. 6). Was für den vorliegenden Fall, von der arglistigen Täuschung der Wahlmutter durch den Beklagten abgesehen, als Verstoß gegen die guten Sitten festgestellt ist, nämlich ein der Allgemeinheit gegenüber verübter Mißbrauch der Rechtseinrichtung der Annahme an Kindesstatt zur Erlangung eines adeligen Namens, berührt aber, wie dargelegt, nicht den Gesamtcharakter des Annahmevertrags, sondern nur die Gesinnung und die Absicht des einen Vertragsteils. Dadurch, daß der andere Teil die verwerfliche Gesinnung und Absicht des Beklagten nicht teilte, sondern die Annahme an Kindesstatt aus lauterem Beweggrund zu ihrem bestimmungsmäßigen Zwecke wollte, unterscheidet sich der vorliegende Fall wesentlich von den im Laufe dieses Rechtsstreits zur Sprache gekommenen, vom Preußischen Kammergericht (RJA. Bd. 16 S. 27) und vom Bayerischen Obersten Landesgericht (JFG. Bd. 1 S. 101; JW. 1925 S. 373, 2792) entschiedenen Fällen einer entgeltlichen Namensübertragung in der Rechtsform der Annahme an Kindesstatt. Der gute Glaube und lautere Wille der Vertragsgegnerin des Beklagten in Verbindung mit dem an sich einwandfreien Inhalt des Vertrags sichern diesen gegen die Feststellung einer vom Willen dieses Vertragsteils unabhängigen (nicht im Wege der Anfechtung herbeigeführten) Nichtigkeit.

---

73. In welcher Weise ist bei Bereicherungsansprüchen der Geldentwertung Rechnung zu tragen?

BGB. §§ 818, 242.

IV. Zivilsenat. Urt. v. 4. Oktober 1926 i. S. D. (Kl.) w. Graf v. Sp. (Bekl.). IV 195/26.

I. Landgericht Kiel.
II. Oberlandesgericht daselbst.

Der Beklagte, der im August 1921 das Gut P. erworben hatte, suchte, um einen Teil des Kaufpreises zahlen zu können, den ihm gehörigen Grünhof zu verkaufen und machte dem Makler J. oder einem von ihm zu benennenden Dritten am 11. November 1921 ein notarielles Kaufangebot zu 475000 ℳ. Das Angebot wurde vom Kläger, dem J. seine Rechte übertragen hatte, am 24. November 1921 durch notarielle Erklärung angenommen. Bereits am 11. November 1921 hatte J. dem Beklagten einen Scheck der Kommerz- und Privatbank in Kiel über 450000 ℳ übergeben; gleichzeitig hatte der Beklagte die Eintragung einer Sicherungshypothek von 450000 ℳ auf das Gut Grünhof zugunsten der Bank bewilligt. Auf Wunsch des Beklagten waren dann einige Tage später von der Bank die 450000 ℳ gegen Rückempfang des Schecks für Rechnung des Beklagten zu teilweiser Zahlung des Kaufpreises für Gut P. an die Höfebank überwiesen worden. Der Kläger hat Anfang 1922 gegen den Beklagten auf Auflassung des Grünhofs geklagt. Die Klage wurde wegen Nichtigkeit des Kaufangebots abgewiesen. Er verlangt nunmehr, nachdem J. ihm seine Ansprüche abgetreten hat, Rückzahlung der 450000 ℳ, die J. seinerzeit von der Kommerz- und Privatbank geliehen erhalten habe.

Das Landgericht hat den Klaganspruch dem Grunde nach für gerechtfertigt erklärt. Das Oberlandesgericht hat die Klage abgewiesen, weil nur eine Aufwertung von 25 % des ursprünglichen Wertes der Summe gerechtfertigt und der sich hiernach ergebende Betrag durch eine Teilzahlung und im Wege der Aufrechnung mit den Kosten des Vorprozesses getilgt sei. Die Revision des Klägers führte zur Aufhebung des Berufungsurteils.

Gründe:

Nach den Feststellungen des Berufungsrichters hat J., der Rechtsvorgänger des Klägers, im November 1921 von der Kommerz- und Privatbank 450000 ℳ geliehen erhalten und im Hinblick auf den bevorstehenden Abschluß des Kaufvertrags über den Grünhof diesen Betrag, indem er ihn der Höfebank für Rechnung des Beklagten überweisen ließ, dem Vermögen des Beklagten zugeführt. Dieser ist, nachdem sich die Nichtigkeit des Kaufvertrags herausgestellt hat, gemäß §§ 812flg. BGB. verpflichtet, die erlangte Bereicherung an den Kläger herauszugeben, welchem J. die Forderung abgetreten hat.

Es fragt sich, ob und in welcher Höhe der mit der Klage erhobene Anspruch auf Zahlung einer wertbeständigen Summe von 15000 RM begründet ist. Der Berufungsrichter wendet die allgemeinen Aufwertungsgrundsätze des § 242 BGB. an. Mit Recht wird dies von der Revision bekämpft. Der Anspruch aus ungerechtfertigter Bereicherung ist Wertanspruch. Es handelt sich dabei, auch wenn eine bestimmte Geldsumme hingegeben ist, nicht um den Ersatz dieser Summe nach ihrem Geldwert zur Zeit der Hingabe, sondern um die Frage, in welchem Maße — zu welchem Werte — der Empfänger noch bereichert ist. Allerdings muß hierbei auch die Geldentwertung berücksichtigt werden; es entscheiden aber insofern nicht die Grundsätze der Aufwertung nach § 242 BGB., sondern die Vorschriften des § 818 BGB. An sich würde, wenn der gezahlte Betrag in den Händen des Empfängers durch die Inflation entwertet wäre, seine Rückzahlungspflicht nach § 818 Abs. 3 BGB. gemindert oder aufgehoben sein. Im Streitfall hat der Empfänger das erhaltene Geld verausgabt, er muß also nach § 818 Abs. 2 BGB. dessen Wert ersetzen. Auf § 818 Abs. 3 kann er sich aber trotz der Geldentwertung insoweit nicht berufen, als der Betrag von ihm wertbeständig angelegt oder verwendet und noch in seinem Vermögen ist. Das trifft hier zu, weil der Beklagte die erhaltene Summe als Teilzahlung zum Ankauf des Gutes P. verwendet, also dafür Sachwerte erworben hat, die sich noch in seinem Vermögen befinden. Daraus ergibt sich die Verpflichtung des Beklagten, die empfangenen 450000 M auf-, richtiger umzuwerten (JW. 1925 S. 465 Nr. 6, 1926 S. 790 Nr. 5, vgl. auch RGZ. Bd. 108 S. 120). Es hat ziffermäßig eine anderweite Berechnung des Betrags und zwar unter Zugrundelegung der Reichsrichtzahl zu erfolgen.

Der Berufungsrichter hat freilich zunächst gemäß § 818 Abs. 3 BGB. die wertbeständige Anlage der 450000 M durch den Beklagten in Betracht gezogen, dann aber entsprechend seinem Standpunkt, daß es sich um eine eigentliche Aufwertung nach § 242 BGB. handle, wegen des Maßes dieser Aufwertung die Lage der berechtigten Interessen beider Teile berücksichtigt und ist auf diesem Wege dazu gekommen, dem Kläger nur eine Aufwertung von 25 % des ursprünglichen Wertes der Summe zuzubilligen. Dem kann nicht zugestimmt werden. Ein eigentliches Aufwertungsproblem liegt bei Wertschulden nicht vor. Das ist z. B. bei Schadensersatzansprüchen vom Reichsgericht wiederholt anerkannt worden (RGZ. Bd. 109 S. 62, Bd. 111 S. 361 [366], JW. 1926 S. 158 Nr. 3 u. a.). Deshalb kommen hier Billigkeitserwägungen nach § 242 BGB. nicht in Frage (RGZ. Bd. 111 a. a. O., WarnRspr. 1925 Nr. 46). Das gleiche hat für Bereicherungsansprüche zu gelten, die grundsätzlich im Rahmen und auf Grundlage der Vorschriften über Bereicherung umzuwerten sind, da auch insoweit der Inhalt des Bereicherungsanspruchs maßgebend ist (Rabel in JW. 1924 S. 1591 Anm. zu Nr. 7; Mügel, Aufwertung S. 82, 88, 89; Bayer. Oberstes Landesgericht in DJZ. 1926 S. 459). Bei dem Ausspruch des I. Senats in RGZ. Bd. 108 S. 122 a. E., auf den sich der Berufungsrichter bezieht, handelt es sich um eine beiläufige Bemerkung, auf der die Entscheidung selbst nicht beruht. Hiernach durfte der Berufungsrichter zunächst nicht die wirtschaftliche Lage des Gläubigers J. (seinen damaligen geringen Geschäftsverdienst) für die Bemessung der Höhe des Anspruchs verwerten.

Das Berufungsgericht zieht hierfür weiter in Betracht, daß J. die 450000 ℳ von der Kommerz- und Privatbank erst erhalten habe, nachdem ihr vom Beklagten selbst eine Sicherungshypothek am Grünhof bestellt worden sei. J. habe daher aus eigenem nichts aufgewendet; er würde ohne die Hypothek des Beklagten das Geld nicht bekommen haben, es sei ihm, wirtschaftlich betrachtet, vom Beklagten zugeflossen; auch das sei für die Höhe der Aufwertung gemäß § 242 BGB. wesentlich. In diesem Punkt ist ebenfalls die Rechtslage verkannt. Es kann sich nur fragen, ob und in welchem Maße unter Zugrundelegung jener Tatsache der Beklagte auf Kosten des J. bereichert worden ist. J. war persönlicher Darlehensschuldner der Bank und hat die ihm geliehene Summe dem Vermögen des Beklagten zugeführt. Es war also Geld des J., das dem Beklagten zugeflossen ist; aus seinen Mitteln und auf seine Kosten hat der Beklagte den Betrag und zwar ohne Grund erlangt. Allerdings könnte es für das Maß der umzuwertenden Bereicherung von Bedeutung sein, wenn der Beklagte durch die Hypothekbestellung einen

Nachteil erlitten hätte, der mit dem grundlosen Erwerb des Geldes in ursächlichem Zusammenhang stände. Dieser Nachteil müßte ihm nach dem Grundsatz des § 818 Abs. 3 BGB. gutgebracht werden, er würde den erlangten Vermögensvorteil verringern und wäre von diesem in Abzug zu bringen, so daß eine Umwertung des ganzen Betrags insoweit nicht einzutreten hätte (RGZ. Bd. 106 S. 7 und die weiteren Nachweise im RGK. Bem. 7 zu § 818 BGB.). Im Streitfall bestand nun zwar zwischen der Bestellung der Hypothek und der Erlangung des Geldes durch den Beklagten ein ursächlicher Zusammenhang, da J. ohne die Hypothek das Geld nicht zu seiner Verfügung gehabt hätte; es erhellt aber bisher nicht, inwiefern durch die bloße Bestellung der Sicherungshypothek dem Beklagten tatsächlich ein Nachteil entstanden ist. Jedenfalls ist die Hypothek nach Rückzahlung der Schuldsumme und nach Erledigung des Vorprozesses im Dezember 1924 gelöscht worden. Welchen Schaden möglicherweise der Beklagte dadurch erlitten hat, daß er auf Grund des Kaufangebots dem J. den Besitz des Hofes überließ, steht dahin.

Der Berufungsrichter hat schließlich zugunsten des Beklagten den Umstand verwertet, daß der Kläger, der als dritter Käufer nach der Absicht aller Beteiligten das Kaufgeld habe aufbringen sollen, die 450000 *M* erst am 1. Dezember 1922 an die Bank zurückgezahlt hat. Damals habe nach der Reichsrichtzahl der Geldwert der Summe nur 835 Indexmark betragen. Der erhebliche Vorteil, den der Beklagte durch die Verwendung des Geldes erlangt habe, sei ihm bei dieser Sachlage nicht auf Kosten des J. oder des Klägers zugeflossen. Mit Recht macht demgegenüber die Revision geltend, daß es für die hier maßgebende Frage der Bereicherung nicht in Betracht komme, in welcher Weise sich der Kläger später seiner Schuld an die Bank entledigt habe. Dem Beklagten sind im November 1921 die dem J. von der Bank geliehenen 450000 *M* gezahlt worden. Wie sich nachher das Schuldverhältnis zwischen der Bank und J. oder dem Kläger als seinem Rechtsnachfolger gestaltete, ob sich insbesondere die Darlehensschuld ihrem Werte nach in irgendeiner Weise minderte, ist ohne Einfluß auf die Rechtsbeziehungen zwischen dem Entleiher, der den entliehenen, zu seinem Vermögen gehörenden Betrag an einen Dritten gab, und diesem Dritten.

Hiernach kommt für die Höhe der Aufwertung in erster Reihe

in Betracht, in welchem Maße der Beklagte durch Verwendung der 450000 ℳ als Teilzahlung zum Ankauf des Gutes P. sich diesen Betrag im Verhältnis zu seinem Geldwert zur Zeit der Hingabe wertbeständig erhalten hat. Dabei ist zu berücksichtigen, daß im allgemeinen der Wert der Güter seit 1921 gesunken ist, daß also die volle Umwertung nach der im November 1921 geltenden Indexzahl nicht verlangt werden kann. Der durch die Bereicherung erlangte Vermögensvorteil könnte weiterhin durch die Nachteile gemindert sein, die der Beklagte gegebenenfalls durch die Bestellung der Sicherungshypothek oder durch die Besitzüberlassung des Gutes erlitten hat. In diesen Richtungen bedarf es weiterer tatsächlicher Feststellungen. Die Frage, ob der Gläubiger sich auf die Geldentwertung soweit nicht berufen kann, als er ohnehin nicht imstande gewesen wäre, sein Geld ganz oder teilweise vor der Entwertung zu schützen, bedarf hier keiner Entscheidung. Denn der Kläger würde, wenn der Kaufvertrag ausgeführt worden wäre, sich den Wert des gezahlten Betrags in Gestalt des ihm dann zugefallenen Grünhofs im wesentlichen erhalten haben.

---

74. 1. Ist der zur Annahme der Zahlung von Versicherungsprämien bevollmächtigte Agent befugt, Wechsel zahlungshalber anzunehmen oder die Prämien gegen Forderungen des Versicherungsnehmers an ihn selbst zu verrechnen?

2. Ist für die Auslegung einer Bestimmung der allgemeinen Versicherungsbedingungen, wonach sich die Versicherung eines Kraftwagens auf den Fall seiner Unterschlagung erstreckt, der strafrechtliche Begriff der Unterschlagung maßgebend?

VVG. § 43. BGB. § 133. StGB. §§ 246, 263.

VI. Zivilsenat. Urt. v. 5. Oktober 1926 i. S. G., Unfall- und Haftpflichtversicherungs-A.-G. (Bekl.) w. C. & Co. (Kl.). VI 194/26.

I. Landgericht Lübeck.
II. Oberlandesgericht Hamburg.

Die in Lübeck ansässige Klägerin versicherte bei der Beklagten laut Versicherungsschein vom 25. Mai 1925 einen Stöwerwagen auf die Dauer von 5 Jahren zu einem Werte von 15000 RM und erhielt den Versicherungsschein am 2. Juni 1925 mit Quittung des

Agenten T. über die erste Prämie ausgehändigt. Nach den dem Schein angehefteten allgemeinen Versicherungsbedingungen für Kraftfahrzeuge deckte die Versicherung u. a. den Diebstahl, den Raub und die Unterschlagung des Fahrzeugs. Schon vor Abschluß der Versicherung hatte die Klägerin das Auto zum Preise von 15000 RM unter Eigentumsvorbehalt an einen gewissen W. verkauft. Auf dessen Bitte beauftragte sie Ende Juni ihren Fahrzeuglenker K., den W. mit dem Wagen nach Berlin zu fahren. In Berlin bewog W. den K., mit der Eisenbahn zu einer Besorgung nach Lübeck zurückzukehren, und verkaufte während seiner Abwesenheit das Auto. Die Klägerin sieht hierin den Versicherungsfall als gegeben und beansprucht die Versicherungssumme. Die Beklagte bestreitet, daß der Versicherungsfall, insbesondere der Fall der Unterschlagung vorliege, und macht geltend, der Versicherungsvertrag sei mangels Zahlung der ersten Prämie nicht in Kraft getreten, die Quittung sei ohne vorherige Zahlung erteilt worden. Das Landgericht verurteilte die Beklagte zur Zahlung von 15000 RM nebst Zinsen. Das Oberlandesgericht bestätigte dieses Erkenntnis. Die Revision der Beklagten führte zur Aufhebung und Zurückverweisung.

Gründe:

Das Berufungsgericht hält den Einwand der Beklagten, daß der Versicherungsschutz mangels Zahlung der Prämie vor Eintritt des angeblichen Versicherungsfalls noch nicht begonnen habe, deshalb für unbegründet, weil erwiesen sei, daß die Prämie zu jener Zeit „als bezahlt gelten müsse". Der Agent T. habe am 25. Juni 1925 von der Klägerin ein Blankoakzept des Schwiegervaters ihres Teilhabers C. zahlungshalber angenommen, und da er auf Grund seiner Ermächtigung zur Annahme von Zahlungen auch befugt gewesen sei, Wechsel in Zahlung zu nehmen, so habe die Zahlung so lange als erfolgt gelten müssen, bis der Wechsel zur Zahlung präsentiert und nicht eingelöst worden sei. Er sei aber tatsächlich später eingelöst worden. Diese Ausführungen sind zunächst insofern rechtsirrtümlich, als die Annahme zahlungshalber nicht eine Zahlung unter auflösender Bedingung, sondern unmittelbar überhaupt keine Zahlung bewirkt. Sie gibt vielmehr dem Gläubiger nur ein Mittel in die Hand, Befriedigung zu erlangen, und verpflichtet ihn deshalb, so lange, bis sich die Untauglichkeit des Mittels hierzu herausstellt, von anderen Versuchen zur Erreichung dieses Zwecks abzusehen (RGZ. Bd. 65 S. 79). Die Annahme eines Wechsels zahlungshalber enthält daher stets eine Stundung bis zu dem Zeitpunkt, wo übersehen werden kann, ob der Wechsel eingelöst werden wird. Zur Stundung der Prämie ist aber der Agent auf Grund des § 43 VVG. nicht befugt. Die von ihm gewährte Stundung vermag daher die Versicherung nicht in Kraft zu setzen, wenn diese, wie es im vorliegenden Falle nach den allgemeinen Versicherungsbedingungen für Kraftfahrzeuge zutrifft, erst mit Einlösung des Versicherungsscheins in Kraft treten soll (RGU. VI 354/25 vom 26. Februar 1926). Auf die Frage, ob der Agent zur Annahme des Wechsels an Zahlungsstatt befugt gewesen wäre, braucht nicht eingegangen zu werden, weil das Berufungsgericht feststellt, daß die Annahme nur zahlungshalber geschehen ist. Dagegen ist zu prüfen, ob er zum Abschluß des behaupteten Verrechnungsvertrags befugt gewesen wäre, weil das Berufungsgericht die Frage offen läßt, ob ein solcher Vertrag abgeschlossen wurde, in dieser Richtung also bei Bejahung der Befugnis weitere tatsächliche Erörterungen notwendig wären. Die Verrechnung soll nun aber nach der eigenen Aufstellung der Klägerin mit Forderungen stattgefunden haben, die ihr gegen T., nicht gegen die Beklagte, zustanden. Daß T. zu einer solchen Verrechnung beim Fehlen einer besonderen Ermächtigung, die nicht behauptet ist, auf Grund seines Agentenverhältnisses nicht befugt war, kann nach § 43 VVG. keinem Zweifel unterliegen. Eine Begleichung der Prämie durch Vermittlung des T. wäre daher, abgesehen vom Falle seiner besonderen Ermächtigung zur Verrechnung der Prämienforderung mit Ansprüchen der Klägerin gegen ihn selbst, nur dann anzunehmen, wenn er etwa auf Grund oder in Voraussicht der Verrechnung die Prämie seinerseits aus eigenen Mitteln an die Beklagte abgeführt oder sich bei seiner Abrechnung mit ihr deren Betrag hätte zur Last schreiben lassen. Da eine Erörterung dieser Möglichkeit bis jetzt (vielleicht infolge irrtümlicher Rechtsauffassung der Parteien) unterblieben ist, erscheint es angebracht, bei der nach dem Vorstehenden gebotenen Aufhebung des Urteils die Klage nicht ohne weiteres abzuweisen, sondern die Sache zur anderweiten Verhandlung und Entscheidung an das Berufungsgericht zurückzuverweisen.

Auch die Ausführungen des Berufungsgerichts zum zweiten Einwand der Beklagten unterliegen rechtlichen Bedenken, die eine weitere Aufklärung des Tatbestands erforderlich machen. Das Berufungsgericht meint, es komme nicht darauf an, ob das Vorgehen des W., das den Verlust des Autos für die Klägerin herbeiführte, als Betrug oder als Unterschlagung strafbar gewesen wäre, Unterschlagung im Sinne der Versicherungsbedingungen liege jedoch vor, wenn der Versicherte den Besitz des Wagens mit seinem Willen aufgebe und der neue Besitzer den Verlust des Wagens für den Versicherten dadurch herbeiführe, daß er sich den Wagen rechtswidrig zueigne. Es muß aber im Zweifel angenommen werden, daß in den Versicherungsbedingungen gebrauchte Ausdrücke, mit denen die Rechtssprache feststehende Begriffe verbindet, auch dort in diesem Sinne verstanden werden. Danach kann im Sinne der Versicherungsbedingungen so wenig wie im Sinne des Strafgesetzbuchs eine Unterschlagung in einer Handlung des Besitzers gefunden werden, durch die er den ihm nicht gehörenden versicherten Wagen sich nicht erst zueignet, sondern nur für sich verwertet, nachdem er ihn schon vorher in der Absicht, ihn für sich zu behalten, durch Betrug in seinen Besitz gebracht und somit sich zugeeignet hatte (RGSt. Bd. 15 S. 418). Auf eine nach außen nicht hervorgetretene Absicht wird es hierbei freilich schon deshalb nicht ankommen, weil eine solche kaum in zuverlässiger Weise festzustellen ist. Sollte daher die Klägerin, wie das Landgericht angenommen hat, bis zu dem Zeitpunkt, wo W. den Fahrzeuglenker K. zur Rückkehr nach Lübeck bewog, den Besitz am Wagen behalten und W. ihn dann unmittelbar durch K.'s Abreise mit der Absicht der Besitzausübung für sich selbst erlangt haben, so würde der Versicherungsfall nicht vorliegen.

Zu dieser Tatfrage hat nun aber das Berufungsgericht, abweichend vom ersten Richter, keine bestimmte Stellung genommen. Während es erwähnt, daß K. den Wagen dem W. anvertraut habe, also anzunehmen scheint, daß jener den Besitz bis dahin als Besitzdiener der Klägerin ausgeübt habe, scheint es mit der Bemerkung, W. möge von vornherein darauf ausgegangen sein, sich durch Täuschung die Substanz der Sache zu verschaffen, die Möglichkeit offen halten zu wollen, daß W. den Besitz des Wagens schon in einem früheren Zeitpunkt, etwa bei Kaufabschluß oder bei Antritt der Reise nach Berlin, im Wege der Täuschung erlangte. Ebensowenig nimmt der Vorderrichter unzweideutig Stellung zu der Frage, in welchem Zeitpunkt W. die Zueignungsabsicht betätigt hat. Wenn er, worauf der Eigentumsvorbehalt hindeuten könnte, etwa alsbald nach dem Kauf Besitzer wurde und wenn die Klägerin den Wagen nur während der Ruhezeiten für ihn in Verwahrung behalten und ihm für die Fahrten, insbesondere für die nach Berlin, ihren Fahrzeuglenker — zugleich vielleicht aus einer gewissen Überwachungsabsicht heraus — mitgegeben haben sollte, so hätte W. den Besitz längst vor der Abschiebung des K. nach Lübeck ausgeübt und wäre der Besitzverlust der Klägerin nicht die Folge einer gegen K. verübten Täuschung gewesen. In diesem Falle würde also, wenn nicht etwa schon bei Kaufabschluß oder bei der darauf folgenden Besitzüberlassung eine betrügerische Absicht des W. obgewaltet haben sollte, eine Unterschlagung im strafrechtlichen Sinne und demgemäß im Sinne der Versicherungsbedingungen vorliegen. Auch unter der Annahme, daß W. bis zur Abschiebung des Fahrzeuglenkers nicht Besitzer des Autos war, wird es immerhin der Prüfung bedürfen, ob ihm der Besitz (wie K. in seiner eidesstattlichen Versicherung bekundet, das Berufungsgericht aber nicht feststellt) unmittelbar durch K. bei dessen Abreise überlassen worden ist oder ob er ihn erst später, etwa durch Abholung in einer Garage, erlangt und in welchem Zeitpunkt er den Willen zur rechtswidrigen Zueignung gefaßt und betätigt hat.

Die Ansicht des Berufungsgerichts, daß eine grobe Fahrlässigkeit der Klägerin nicht vorlag (die ihren Anspruch nach § 61 VVG. auch dann ausschließen würde, wenn der Versicherungsvertrag in Kraft getreten und ein Versicherungsfall gegeben wäre), beruht im wesentlichen auf Erwägungen tatsächlicher Art und gibt zu Bedenken keinen Anlaß. ...

---

75. 1. Wird die Auflassungsvollmacht, die in einem wegen unrichtiger Angabe des Kaufpreises nichtigen Grundstücks-Kaufvertrag erteilt ist, von der Nichtigkeit des Kaufvertrags mitergriffen?

2. Kann eine solche Vollmacht von vornherein auf die Zeit nach dem Tode des Vollmachtgebers beschränkt werden?

BGB. §§ 139, 313.

V. Zivilsenat. Urt. v. 6. Oktober 1926 i. S. B. (Bekl.) w. B. (Kl.). V 108/26.

I. Landgericht Münster.
II. Oberlandesgericht Hamm.

Laut notarieller Urkunde vom 29. März 1922 verkaufte der damals 88jährige Rentner H. B. zu G. das daselbst gelegene, ihm und seinem Sohn, dem Kläger, in fortgesetzter westfälischer Gütergemeinschaft zugehörige Hausgrundstück nebst dem in der Urkunde bezeichneten Mobiliar an seinen Neffen, den Beklagten. Als Kaufpreis wurden 50000 ℳ beurkundet, die durch Anrechnung mehrerer dem Verkäufer gewährter Darlehen und noch zu gewährender Vorschüsse getilgt werden sollten. Ein etwa beim Tode des Verkäufers noch verbleibender Rest sollte als erlassen gelten. Ferner ist im Kaufvertrag beurkundet, daß der Verkäufer dem Kaufmann F. Vollmacht erteile zur Auflassung, die aber erst nach dem Tode des Verkäufers erfolgen solle. Auf Grund dieser Vollmacht ließ F. das Hausgrundstück zwei Tage nach dem am 7. Mai 1922 eingetretenen Tode des Verkäufers dem Beklagten auf, auch wurde dieser am 5. Juli 1922 als neuer Eigentümer in das Grundbuch eingetragen.

Mit der Klage verlangt der Kläger als alleiniger gesetzlicher Erbe seines Vaters die Feststellung, daß ihm das Eigentum an dem Grundstück zustehe, und Verurteilung des Beklagten zur Bewilligung entsprechender Grundbuchberichtigung. Er machte geltend, daß der zwischen seinem Vater und dem Beklagten abgeschlossene Kaufvertrag sowie die Auflassung nichtig seien, weil der Beklagte die Unerfahrenheit seines Vaters in wirtschaftlichen Dingen ausgebeutet habe, um das Grundstück für weniger als den zehnten Teil seines Wertes zu erwerben, und weil der Verkauf sich auch als eine verschleierte Schenkung und als unzulässiger Mißbrauch der Verfügungsgewalt seines Vaters darstelle und deshalb gegen die Vorschriften des Gesetzes über die westfälische Gütergemeinschaft vom 16. April 1860 verstoße. Das Landgericht gab der Klage statt. In der Berufungsinstanz machte der Beklagte geltend, von einer Ausbeutung der Unerfahrenheit des Vaters des Klägers könne schon deshalb nicht die Rede sein, weil er (der Beklagte) als Gegenleistung für die Übereignung des Grundstücks die Pflicht übernommen habe, den Verkäufer bis zu seinem Lebensende zu unterhalten. Die Berufung des Beklagten wurde mit der Maßgabe zurückgewiesen, daß die Eintragung des Klägers als Eigentümer nur Zug um Zug gegen Erstattung von Beträgen zu erfolgen habe, deren Höhe von der Leistung eines dem Beklagten auferlegten richterlichen Eides abhängig sein sollte.

Die Revision des Beklagten führte zur Aufhebung und Zurückverweisung.

Aus den Gründen:

Das Berufungsurteil beruht auf der Erwägung, daß zwar der dem Gesetz über die westfälische Gütergemeinschaft entnommene Klagegrund versagen müsse, da weder eine verschleierte Schenkung noch ein Mißbrauch der Verfügungsgewalt des Vaters des Klägers vorliege, daß aber der Kaufvertrag nach § 138 BGB. nichtig sei, sofern nicht der Beklagte als Gegenleistung für die Übereignung des Grundstücks außer der Zahlung des beurkundeten Kaufpreises dem Verkäufer bis an dessen Lebensende die Gewährung von Unterhalt versprochen habe. Ob die dahingehende Behauptung des Beklagten richtig sei, bedürfe jedoch nicht der Aufklärung. Denn in diesem Falle sei der Kaufvertrag gemäß § 313 BGB. nichtig, weil die erwähnte Abrede nicht beurkundet sei. Diese Nichtigkeit sei auch nicht durch Auflassung und Eintragung geheilt. Denn die Nichtigkeit des Vertrags habe nach § 139 BGB. auch die Nichtigkeit der darin enthaltenen Vollmachtserteilung zur Folge, da die in dieser Vorschrift vorgesehene Ausnahme nicht zutreffe. Denn es sei nicht anzunehmen, daß der Vater des Klägers die Vollmacht auch bei Kenntnis der Nichtigkeit des Kaufvertrags erteilt haben würde, da es sich um Leistungen bis zu seinem Lebensende gehandelt und eine Heilung der Nichtigkeit nach seinem Tode für ihn keinen Zweck gehabt habe.

Mit Recht rügt die Revision, daß diese Entscheidung auf Verletzung des § 139 BGB. beruhe. Wie in der Rechtsprechung des Reichsgerichts anerkannt, besonders aber in einer Reihe neuerer Entscheidungen des Senats (RGZ. Bd. 104 S. 104 und 298; Urt. vom 20. Juni 1923 V 284/22, 3. März 1923 V 320/22, 26. September 1923 V 797/22, 21. Mai 1924 V 232/23; WarnRspr. 1925 Nr. 20) dargelegt ist, liegt ein aus mehreren Teilen zusammengesetztes Rechtsgeschäft, wie es § 139 BGB. voraussetzt, dann nicht vor, wenn von zwei in derselben Urkunde als geschlossen beurkundeten Rechtsgeschäften bloß das eine wirklich gewollt ist, während das andere nur zum Schein (zur Verdeckung eines anderen wirklich gewollten, aber nicht beurkundeten Geschäfts) abgeschlossen ist. In einem solchen Falle hängt daher auch die Gültigkeit des ersterwähnten

Geschäfts nicht davon ab, ob die in § 139 BGB. vorgesehene Ausnahme zutrifft. Daraus ergibt sich, daß auch die Auflassungsvollmacht, die in einem wegen unrichtiger Angabe des Kaufpreises nichtigen Grundstückskaufvertrag erteilt ist, von der Nichtigkeit des Kaufvertrags nicht mitergriffen wird. Sie ist vielmehr wirksam, wenn sie, wie es regelmäßig und auch hier der Fall ist, nicht zur Ausführung des nicht gewollten beurkundeten, sondern zur Ausführung des verdeckten, mündlich abgeschlossenen Vertrags erteilt ist. Der Berufungsrichter hat daher im vorliegenden Falle die Gültigkeit der der Auflassung zugrundeliegenden Vollmacht und folgeweise auch die Wirksamkeit dieser Auflassung zu Unrecht verneint. Das angefochtene Urteil läßt sich sonach mit der bisherigen Begründung nicht aufrechterhalten.

Nicht zur Stütze zu dienen vermag ihm auch der vom Revisionsbeklagten erst in der mündlichen Revisionsverhandlung hilfsweise vorgebrachte Gesichtspunkt, daß die hier fragliche Vollmacht sich in Wirklichkeit als eine Verfügung von Todeswegen darstelle und daher auch wegen Mangels der für diese vorgeschriebenen Form nichtig sei. Denn die Vollmacht diente hier zur Erfüllung eines unter Lebenden abgeschlossenen Rechtsgeschäfts. Eine solche Vollmacht kann aber ebensowohl wie der ihr zugrunde liegende Auftrag auch von vornherein auf den Fall des Todes des Vollmachtgebers beschränkt sein, so daß der Bevollmächtigte nicht für diesen, sondern nur für dessen Erben zu handeln hat (vgl. von Tuhr, Der allgemeine Teil des Bürgerlichen Rechts Bd. II 2 § 85 Anm. 157, § 86 Anm. 96, und Oertmann im Bankarchiv Bd. 13 S. 5 flg.).

---

76. Vermag die vereinbarte zehnjährige Unkündbarkeit des einer Bank gegebenen Darlehens für sich allein das Aufwertungsverbot des § 66 Abs. 1 AufwG. auszuschließen?

IV. Zivilsenat. Urt. v. 7. Oktober 1926 i. S. Stadtgemeinde T. (Kl.) w. Girozentrale H. (Bekl.). IV 566/26.

Landgericht Hannover.

Am 1. Juli 1919 legte die Klägerin bei der Beklagten einen Betrag von 200000 *M* auf Sonderkonto zu einem Zinssatz von

4,55 vom Hundert auf zehn Jahre fest an. Ende Mai 1926 erhob sie Klage mit dem Antrag festzustellen, daß die Beklagte verpflichtet sei, das Darlehen auf 14300 RM aufzuwerten. Das Landgericht wies die Klage ab. Die von der Klägerin mit Zustimmung der Beklagten unmittelbar eingelegte Revision hatte keinen Erfolg.

Gründe:

Die Hingabe der 200000 M geschah nicht in bar, sondern in der Weise, daß verschiedene Guthaben, die der Klägerin schon bisher gegen die Beklagte zugestanden hatten, in deren Büchern im Gesamtbetrag von 200000 M gelöscht und der Klägerin zu den oben genannten Bedingungen auf einem Separatkonto neu gutgeschrieben wurden. Das steht der Auffassung des Landgerichts, daß die 200000 M als „Darlehen" gegeben oder nach § 700 BGB. hinterlegt worden seien, nicht entgegen.

Die Beklagte ist unstreitig ein Unternehmen, dessen Geschäftsbetrieb der Anschaffung und Darleihung von Geld dient. Nach § 66 Abs. 1 des Aufwertungsgesetzes vom 16. Juli 1925 werden Darlehensansprüche gegen ein solches Unternehmen ohne Rücksicht darauf, ob sie durch Hypothek gesichert sind, unbeschadet anderweitiger Vereinbarungen nicht aufgewertet, sofern nicht etwa der Schuldner das Geld vereinbarungsgemäß in wertbeständigen oder aufgewerteten Vermögensgegenständen anzulegen hatte. Weitere Einschränkungen des Aufwertungsverbots enthalten der zweite und dritte Absatz. Die Parteien sind jedoch darüber einig, daß diese Ausnahmen hier nicht zutreffen und daß auch keine ausdrücklichen Vereinbarungen über die Aufwertung oder über eine wertbeständige Anlegung des Darlehens im Sinne des Abs. 1 getroffen wurden. Gleichwohl hält die Klägerin eine einschränkende Auslegung dieser Bestimmung des Aufwertungsgesetzes für möglich. Sie beruft sich auf die zehnjährige Unkündbarkeit des Darlehens, und sie meint, daß es sich danach nicht um einen Darlehensanspruch im Sinne des § 66 Abs. 1, sondern um eine Vermögensanlage im Sinne des § 63 Abs. 1 AufwG. handle und daß sich § 66 Abs. 1 nur auf die gewöhnlichen Bankguthaben beziehe, die in üblicher Weise entstanden seien, nicht aber auf solche Ansprüche gegen die Bank, die einen mehr oder weniger außerbankmäßigen Charakter trügen, insbesondere nicht auf langfristige Darlehen, die von der Bank im eigenen Interesse aufgenommen seien.

Diese Ausführungen hat das Landgericht mit Recht als verfehlt zurückgewiesen. Ob die Hingabe des Darlehens für die Klägerin eine Vermögensanlage bedeutete, ist belanglos. Denn nicht auf den von der Klägerin bei der Darlehensgewährung verfolgten Zweck, sondern auf die Verwendung des Geldes für den Geschäftsbetrieb der Beklagten kommt es an. Die Vorschrift des § 66 Abs. 1 steht nach dem Aufbau des 9. Abschnitts des Aufwertungsgesetzes durchaus selbständig neben der des § 63 Abs. 1. Hier wird die Aufwertung zunächst für Vermögensanlagen dem Umfang nach begrenzt, dort aber wird sie durch eine Sondervorschrift für Darlehensansprüche gegen Banken überhaupt verboten, ohne Rücksicht darauf, ob sich das Darlehen für den Gläubiger als Vermögensanlage darstellt oder nicht.

Was die Klägerin sonst noch vorbringt, ist bei der Entstehung des Gesetzes Gegenstand der Beratung gewesen. Schon im 18. Ausschuß (Aufwertungsfragen) war der Antrag gestellt worden, Darlehensansprüche gegen Banken, die nach den Grundsätzen des reinen Sparkassenverkehrs zu beurteilen seien, als Vermögensanlagen zu behandeln, und der Abgeordnete Dr. Schetter hatte das gleiche für solche Darlehensansprüche verlangt, die der Schuldner im eigenen Interesse nachgesucht habe. Dem Reichstag lagen bei der zweiten Beratung des Gesetzes zwei Abänderungsanträge des Abgeordneten Dr. Best und der Abgeordneten Keil und Gen. vor. Beide wollten die Aufwertung in gewissen Fällen zulassen, jener dann, wenn der Schuldner die Anlegung des entliehenen Geldes tatsächlich in wertbeständigen oder aufgewerteten Vermögensgegenständen bewirkt hat oder wegen der vom Gläubiger gewährten Rückzahlungsfristen dazu in der Lage war, dieser dann, wenn für das Darlehen eine mindestens einjährige Kündigungsfrist vereinbart war. Aber trotz der Bedenken, die sowohl im Ausschuß wie im Plenum gegen einen zu weit gehenden Schutz der Banken bestanden, vermochte keiner dieser Anträge eine Mehrheit zu finden; sie wurden teils abgelehnt, teils schon im Ausschuß fallen gelassen. Sie standen im Widerspruch mit den Grundsätzen des Regierungsentwurfs, der die — zwar an sich gerechtere — dem Best'schen Aufwertungsentwurf zugrunde liegende Individualmethode als wirtschaftlich unhaltbar und praktisch undurchführbar ablehnte und die Notwendigkeit einer sofortigen klaren und abschließenden Regelung der Aufwertung im Hinblick auf die öffentlichen und privaten Haushalte zur Wiederherstellung von Ruhe, Ordnung und Sicherheit im Innern und in der Steuerwirtschaft betonte. Im einzelnen wurde den Antragstellern entgegengehalten: der reine Sparkassenverkehr sei von dem übrigen Depositenverkehr der Banken nicht abzugrenzen, und gerade die Banken seien in weitem Umfang durch Inflation besonders schwer geschädigt worden, so daß angesehene norddeutsche und süddeutsche Provinzbanken zu einer auch nur 1—5prozentigen Aufwertung ihrer langfristigen Depositengelder selbst mit dem gesamten ihnen bei der Umstellung in Gold verbliebenen Aktivvermögen kaum imstande seien. Ferner wurde darauf hingewiesen, daß auch Banken wie andere Kaufleute gelegentlich Darlehen aufnehmen, die weder Depositengelder noch im Kontokorrent verrechnet seien, und daß es zu einer Flut von Prozessen führen müßte, wenn der Gläubiger in jedem einzelnen Fall der Verwendung des von ihm gegebenen Darlehens nachspüren wollte (Drucks. RT. 1924/25 Nr. 1125 S. 3, 25flg., 40flg.; Nr. 1140 S. 4; Nr. 1143 S. 2; Verhandl. RT. 1924 S. 3094flg.).

Danach ist kein Zweifel über den Zweck des Gesetzes und die Meinung des Gesetzgebers und kein Raum für die von der Revision verlangte, auch dem Wortlaut des Gesetzes widersprechende einschränkende Auslegung des § 66 Abs. 1 AufwG.

Was im Schrifttum dagegen vorgebracht wird, bezieht sich in der Hauptsache auf Darlehen, die durch Hypothek gesichert wurden und für Zwecke bestimmt waren, die mit dem eigentlichen Bankbetrieb (vgl. § 344 HGB.) erkennbar nichts zu tun hatten. Dazu ist hier nicht Stellung zu nehmen, weil die Klägerin weder behauptet noch dargelegt hat, daß solche besonderen Umstände hier vorliegen. Die Langfristigkeit des Darlehens ist für sich allein kein solcher Umstand. Sie mag dafür sprechen, daß auf der Seite der Klägerin eine Vermögensanlage vorliegt, aber sie steht der Verwendung des Darlehens im eigentlichen Bankbetrieb nicht entgegen. Die sog. festen Gelder der Bank, die häufig nicht unter § 65 AufwG. fallen und das eigentliche Anwendungsgebiet für § 66 Abs. 1 darstellen, können, sofern nur der Gläubiger einverstanden ist, ebensogut auf 10 Jahre wie für ein Jahr oder für kürzere Zeit aufgenommen werden.

77. Über den Lauf der Revisionsbegründungsfrist in Sachen, die das Bayerische Oberste Landesgericht zuständigkeitshalber an das Reichsgericht abgibt.

ZPO. § 554 Abs. 2. EGZPO. § 7 Abs. 5.

IV. Zivilsenat. Urt. v. 7. Oktober 1926 i. S. B. u. Gen. (Bekl.) w. H. (Kl.). IV 227/26.

I. Landgericht München I.
II. Oberlandesgericht daselbst.

Gegen das Berufungsurteil haben die Beklagten vor seiner Zustellung am 9. März 1926 beim Bayerischen Obersten Landesgericht Revision eingelegt. Der Beschluß dieses Gerichts, durch den das Reichsgericht für zuständig erklärt worden ist, wurde ihnen am 23. März 1926 zugestellt. Am 19. April 1926 reichten sie eine Revisionsbegründungsschrift ein und beantragten zugleich vorsorglich Wiedereinsetzung in den vorigen Stand gegen Versäumung der Begründungsfrist. Dieser Antrag wurde vom Reichsgericht als gegenstandslos angesehen, da die Begründungsfrist gewahrt sei.

Aus den Gründen:

Die Revisionsbegründungsfrist, gegen deren etwaige Versäumung die Beklagten die Wiedereinsetzung in den vorigen Stand nachgesucht haben, würde bei Anwendbarkeit der Regel des § 554 Abs. 2 Satz 2 ZPO. (in der seit dem 1. Juni 1924 geltenden Fassung) mit Ablauf eines Monats seit Einlegung der Revision, also am 9. April 1926 geendet haben. Jene Regel gilt indessen bei bayerischen Sachen nur mit der aus § 7 Abs. 5 EG. z. ZPO. folgenden Maßgabe. Die Vorschrift lautet:

„Wird der Beschluß des Obersten Landesgerichts, durch welchen das Reichsgericht für zuständig erklärt wird, dem Revisionskläger erst nach dem Ablauf der Revisionsfrist zugestellt, so beginnt mit der Zustellung des Beschlusses der Lauf der Frist für die Revisionsbegründung von neuem."

Ihrem Wortlaut nach trifft diese Vorschrift auf den vorliegenden Fall um deswillen nicht zu, weil die Zustellung des Beschlusses des Bayerischen Obersten Landesgerichts am 23. März 1926, also schon vor Ablauf der Revisionsfrist, nämlich zu einer Zeit erfolgt ist, als diese Frist gemäß § 552 ZPO. überhaupt noch nicht in Lauf gekommen war. Die Vorschrift hat aber eine über ihren Wortlaut hinausreichende Tragweite. Sie ist in das Einführungsgesetz zur Zivilprozeßordnung durch Art. 2 des Gesetzes vom 20. Februar 1911 (RGBl. S. 59) eingefügt. Nach der damals und noch bis zum 31. Mai 1924 geltenden Fassung des § 554 Abs. 2 Satz 2 ZPO. begann die Frist zur Begründung der Revision mit dem Ablauf der Revisionsfrist. Dies galt in bayerischen Sachen auch dann, wenn das Oberste Landesgericht die nach § 7 Abs. 1 EG. bei ihm einzulegende Revision gemäß Abs. 2 das. an das Reichsgericht abgab. Diese Regelung konnte zur Folge haben, daß dem Rechtsanwalt beim Reichsgericht, der nach § 8 EG. erst bestellt zu werden braucht, nachdem das Oberste Landesgericht das Reichsgericht für zuständig erklärt hat, keine genügende Frist zur Begründung der Revision blieb. Die von der Rechtsanwaltschaft beim Reichsgericht hierüber geführte Klage war die Veranlassung zu der in § 7 Abs. 5 EG. getroffenen Neuregelung (vgl. die Begr. des Gesetzentwurfs Anl. Nr. 662 zu den Verh. des Reichstags 1909/1911 Bd. 278 S. 3768). Durch die Neuregelung sollte erreicht werden, daß dem Revisionskläger vom Tage der Kundmachung des Abgabebeschlusses an zur Revisionsbegründung (und seinem Gegner gemäß § 556 Abs. 1 ZPO. zur Anschließung an die Revision) noch eine volle Monatsfrist offenstand. Ausgesprochen brauchte dies nur für diejenigen Fälle zu werden, in denen der Abgabebeschluß erst nach Ablauf der Revisionsfrist zugestellt wird. Denn für die Fälle der Zustellung vor dem Ablauf ergab sich aus dem § 554 Abs. 2 Satz 2 in seiner damaligen Fassung von selbst, daß der Revisionskläger für die Revisionsbegründung von der Zustellung des Abgabebeschlusses ab mindestens noch einen Monat zur Verfügung hatte. An dem seitdem bestehenden Rechtszustand, daß in Sachen, die das Bayerische Oberste Landesgericht an das Reichsgericht abgibt, die Frist zur Begründung der Revision niemals früher als einen Monat nach Zustellung des Abgabebeschlusses abläuft, sollte durch die neue Fassung des § 554 Abs. 2 Satz 2 nichts geändert werden. Man hat bei dieser Neufassung nur an die für den Beginn der Begründungsfrist geltende Regel, nicht an die bei bayerischen Sachen geltende Ausnahme gedacht. Die Zustellung des Abgabebeschlusses schon vor Ablauf der Revisionsfrist wird seit dem 1. Juni 1924 häufiger vorkommen als früher, da die Revision seitdem nach § 552 (neuer Fassung) schon vor Beginn der Revisionsfrist eingelegt werden kann. Ein innerer Grund, diese Fälle anders zu behandeln als diejenigen, in denen der Abgabebeschluß erst nach Ablauf der Revisionsfrist zugestellt wird, ist nicht vorhanden. Eine Unterscheidung hat in dieser Hinsicht durch die neue Fassung des § 554 Abs. 2 Satz 2 ZPO., bei fortdauernder Geltung des § 7 Abs. 5 EG., nicht eingeführt werden sollen und ist durch sie nicht eingeführt worden. Denselben Standpunkt hat der III. Zivilsenat des Reichsgerichts in der Sache III 564/24 eingenommen (vgl. auch Huber JW. 1924 S. 906).

Nach vorstehendem lief die Revisionsbegründungsfrist für die Beklagten bis zum 23. April 1926.

---

78. Über den Umfang der einem Defensivzeichen zukommenden Schutzwirkung.

WZG. §§ 12, 20.

II. Zivilsenat. Urt. v. 29. Oktober 1926 i. S. Vox-Schallplatten- u. Sprechmaschinen-A.-G. u. Gen. (Bekl.) w. Deutsche Grammophon-A.-G. (Kl.). II 557/25.

I. Landgericht I Berlin.
II. Kammergericht daselbst.

Der Klägerin, die seit mehr als 25 Jahren Maschinen und Apparate zur Aufzeichnung und Wiedergabe von Lauten herstellt und vertreibt, ist seit September 1913 das Wortzeichen „Grammofox“ in der Zeichenrolle des Patentamts eingetragen, unter anderem für akustische Apparate, für Apparate, Instrumente und Maschinen zum Aufzeichnen und Wiedererzeugen von Lauten und Tönen, für Phonographen, Sprechmaschinen, Sprechapparate und ihre Bestandteile und Nebenteile. Schon vor der Eintragung dieses Zeichens, das die Klägerin jedenfalls bis zum Beginn des gegenwärtigen Rechtsstreits im Verkehr nicht benutzt hat, besaß sie ein Warenzeichen „Grammophon“.

Zu seinem Schutze ließ sie sich eine Reihe von anderen mit den Silben „Grammo“ beginnenden Wortzeichen wie „Grammognom“, „Grammola“, „Grammolette“ usw. eintragen. Der Beklagten Vox-Schallplatten- und Sprechmaschinen-Aktiengesellschaft (Vox A.-G.), die seit mehreren Jahren die Herstellung und den Verkauf von Sprech- und Diktiermaschinen sowie Schallplatten betreibt, ist auf Grund ihrer Anmeldung vom 21. Januar 1921 für diese Waren das Wortzeichen „Vox“ geschützt. An dem gleichen Worte steht auf Grund der Anmeldung vom 12. Januar 1920 Warenzeichenschutz für Sprech- und Diktiermaschinen und Telegraphone der Beklagten Telegraphie-Gesellschaft m. b. H. System Stille (Vox GmbH.) zu, die seit etwa 8 Jahren als Fabrik für derartige Apparate besteht.

Die Klägerin nimmt Verwechslungsfähigkeit an zwischen ihrem Zeichen „Grammofox“, das sie sich habe eintragen lassen zum Schutz gegen solche Wortzeichen, die als wörtliche Wiedergabe ihres seit 1900 eingetragenen Bild- und Wortzeichens „die Stimme seines Herrn“ aufgefaßt werden könnten, und anderseits dem Wortzeichen „Vox“. Mit der Klage verlangt sie von beiden Beklagten Löschung dieses Warenzeichens und von der Beklagten Vox A.-G. außerdem Unterlassung der ferneren Benutzung des Wortes „Vox“ in ihrer Firma sowie in Ankündigungen, Briefen u. dgl.

Das Landgericht wies die Klage im ganzen Umfang ab, da die behauptete Verwechslungsgefahr nicht gegeben sei. Die Berufung der Klägerin hatte keinen Erfolg. Auf ihre Revision hob das Reichsgericht das kammergerichtliche Urteil wegen rechtsirrtümlicher Begründung des Nichtvorliegens der Verwechslungsgefahr auf und verwies die Sache an das Berufungsgericht zurück. Dieses bejahte nunmehr die Verwechslungsgefahr zwischen „Grammofox“ und „Vox“ und erkannte nach dem Klagantrag. Auf Revision der beiden Beklagten wurde das landgerichtliche Urteil wiederhergestellt.

Aus den Gründen:

(Zunächst werden die gegen die Feststellung der Verwechslungsgefahr gerichteten Revisionsangriffe zurückgewiesen. Dann fährt das Urteil fort:)

Der Verurteilung der beiden Beklagten steht aber ein anderes Bedenken entgegen, das im Vortrag der Parteien in den Vorinstanzen zwar Erwähnung, aber keine eingehendere Behandlung gefunden hat und das auch in den bisher in dieser Sache ergangenen Urteilen nicht Gegenstand der Erörterung gewesen ist. Es handelt sich dabei um die Frage, ob die Klägerin trotz des defensiven Charakters ihres im Jahre 1913 eingetragenen, aber jedenfalls bis zum Beginn dieses Rechtsstreits (April 1922) im Verkehr nicht benutzten Warenzeichens „Grammofox" in der Lage ist, von den Beklagten Löschung ihres Zeichens „Vox" und von der Beklagten Vox A.-G. außerdem Unterlassung des Gebrauchs des Wortes „Vox" in ihrer Firma und in Ankündigungen, Briefen usw. zu verlangen. In der Stellungnahme zu dieser Frage, die zu verneinen ist, erachtet sich der erkennende Senat durch das frühere Revisionsurteil nicht gebunden. Dort ist zum Punkte der Defensiveigenschaft des Zeichens „Grammofox" nur gesagt, daß die Annahme des Berufungsgerichts, „Grammofox" stelle ein Defensivzeichen dar, nicht rechtsirrtümlich, eine falsche Auffassung des Vorderrichters über Begriff und Wesen des Defensivzeichens nicht erkennbar sei. Über den Umfang des einem Defensivzeichen zukommenden Schutzes hat sich dagegen jenes Urteil nicht ausgesprochen. Das war auch in dem damals aufgehobenen Erkenntnis des Kammergerichts nicht geschehen. Denn dort hatte der Berufungsrichter nur geprüft, ob „Grammofox" ein Defensivzeichen sei, und die Prüfung dieser (von ihm bejahten) Frage war lediglich im Rahmen der Erörterung über Bestehen oder Nichtbestehen einer Verwechslungsgefahr zwischen „Grammofox" und „Vox" erfolgt. Daraus ergibt sich, daß der erkennende Senat durch § 565 Abs. 2 und § 318 ZPO. in der freien Beurteilung der dem Zeichen „Grammofox" als Defensivzeichen zukommenden Schutzwirkung nicht gehemmt ist.

Das im Warenzeichengesetz nicht behandelte, aber in der Rechtsprechung und im Schrifttum anerkannte Defensiv- oder Abwehrzeichen ist aus einem gewissen Mißtrauen gegen die Gerichte entstanden, da man befürchtete, diese möchten ohne Zulassung eines solchen Zeichens dem im Verkehr benutzten Zeichen — dem Hauptzeichen — keinen ausreichenden Schutz gewähren. Durch das Defensivzeichen, das nicht zum Gebrauch im Verkehr bestimmt ist, soll das Hauptzeichen in seiner Schutzwirkung verteidigt, sein Schutz gegen Nachahmung nach Möglichkeit sichergestellt werden. Von der Erwägung aus, daß dieser Zweck, dem das Defensivzeichen dient, außer-
cher Natur sei, hat das Reichsgericht auch einem solchen

Zeichen den vollen, uneingeschränkten Schutz gewährt, wie er einem im Verkehr benutzten Warenzeichen nach dem Gesetze zusteht. Dabei wurde aber stets betont, daß der Zweck und Beweggrund, auf den die Eintragung eines Abwehrzeichens zurückzuführen ist, von Bedeutung werden könne, wenn und soweit durch seine Verfolgung die Grenzen des lauteren Wettbewerbs und der guten Sitten, in denen auch das formelle Zeichenrecht seine Schranken finde, überschritten würden (so RGZ. Bd. 97 S. 305). Dieser Gedanke hat in der reichsgerichtlichen Rechtsprechung im Laufe der Jahre immer mehr Beachtung gefunden. Eine neuere Entscheidung, das Goldina-Urteil vom 19. Juni 1925 (RGZ. Bd. 111 S. 197), drückt ihn noch bestimmter dahin aus: das formale Zeichenrecht dürfe nur innerhalb der Grenzen ausgeübt werden, die das Recht höherer Ordnung setze, insbesondere nur innerhalb der Grenzen des lauteren Wettbewerbs und der guten Sitten, in deren Dienst auch das formale Zeichenrecht stehe, nicht aber zur Verübung unlauterer Handlungen und zur Verletzung materiellen Rechts. Hieraus folgt die Notwendigkeit, in jedem einzelnen Fall, in dem aus einem nicht benutzten Warenzeichen (hier Defensivzeichen) Unterlassungs- oder andere warenzeichenrechtliche Ansprüche abgeleitet werden sollen, zu prüfen, ob dem Zeicheninhaber nach den Umständen ein unter dem Gesichtspunkt des lauteren Wettbewerbs und der guten Sitten schutzwürdiges Interesse zur Seite steht oder ob er nicht vielmehr mit seinem formalen Zeichenrecht einen nach den Grundsätzen des einwandfreien Geschäftsverkehrs abzulehnenden Mißbrauch treibt.

Diese Prüfung muß im vorliegenden Falle zuungunsten der Klägerin ausfallen.

Die Beklagte Vox A.-G. hat ihr Warenzeichen „Vox" am 21. Januar 1921 angemeldet; die Eintragung ist Mitte Juli desselben Jahres erfolgt. Die Bezeichnung „Vox" führt diese Beklagte in ihrer Firma jedenfalls seit dem 12. Januar 1921, an welchem Tage ihre Eintragung in das Handelsregister als Vox-Schallplatten A.-G. erfolgte. Am 14. Juni 1921 wurde die Firma mit ihrem jetzigen Wortlaut ins Handelsregister eingetragen. Die Anmeldung und Eintragung des Warenzeichens „Vox" der Beklagten Vox GmbH. fällt sogar in das Jahr 1920. Die Klägerin hat nicht bestritten, daß sie von der Führung des Wortes „Vox" in der Firma der

Beklagten Vox A.-G. und von der Eintragung des Warenzeichens „Vox" für die eine und die andere Beklagte alsbald Kenntnis erlangt habe. Dann durfte sie aber, wenn sie sich auf Grund ihres seit einer Reihe von Jahren eingetragenen, jedoch nie gebrauchten Warenzeichens „Grammofox" gegen die Benutzung des Wortes „Vox" durch die Beklagte Vox A.-G. wenden und die Löschung der Warenzeichen der beiden Beklagten betreiben wollte, nicht Jahr und Tag oder (seit der Eintragung von „Vox" für die Beklagte Vox A.-G.) wenigstens 8 Monate lang zuwarten und während dieser ganzen Zeit mit ihrem dem Verkehr unbekannten Zeichen „Grammofox" im Verborgenen bleiben. Zum mindesten mußte sie, wenn die Erhebung der Klage nicht alsbald erfolgen konnte, in Änderung ihrer ursprünglichen und mehrere Jahre lang festgehaltenen Absicht zur Benutzung dieses ihres Zeichens übergehen und ihm dadurch seinen rein defensiven Charakter nehmen. Denn wenn die Klägerin während längerer Zeit mit ihrem Abwehrzeichen nicht hervortrat und einfach untätig blieb, konnte sich, bis dann schließlich etwas geschah, die Firmenbezeichnung und das Warenzeichen des Konkurrenten, der vom Vorhandensein eines älteren verwechslungsfähigen Zeichens der Gegenseite nichts wußte, im Verkehr eingebürgert und der Konkurrent konnte seinen Betrieb auf sein Warenzeichen eingestellt haben. Dann erwuchs ihm aus dem langen Warten des Inhabers des Defensivzeichens möglicherweise eine schwere Benachteiligung. Unter diesem Gesichtspunkt betrachtet, war das Verhalten der Klägerin mit den Grundsätzen des lauteren Wettbewerbs und den guten Sitten nicht vereinbar. Der ihre Ansprüche nur auf das Abwehrzeichen „Grammofox" stützenden Klägerin kann daher der Schutz nicht zugebilligt werden, den sie gegenüber dem Zeichen „Vox" der beiden Beklagten beansprucht (UnlWG. § 1).

Im vorliegenden Falle kommt aber noch hinzu, daß das Zeichen „Vox" nicht die mindeste Ähnlichkeit mit dem Hauptzeichen der Klägerin („Grammophon") aufweist, so daß eine Verwechslungsmöglichkeit zwischen d i e s e n beiden Zeichen gar nicht denkbar ist. Im Hinblick hierauf stellt sich das Verlangen der Klägerin, daß auf Grund ihres Abwehrzeichens „Grammofox" das Zeichen „Vox" gelöscht und der Beklagten Vox A.-G. dessen Benutzung untersagt werde, um so mehr als ein Mißbrauch ihres formalen Zeichenrechts dar.

79. 1. Liegt Klagänderung vor, wenn der Remittent, der den Wechsel ohne Protesterhebung eingelöst und, ohne die nachfolgenden Vollindossamente zu durchstreichen, Wechselklage gegen den Akzeptanten erhoben hat, die Durchstreichung erst im Laufe des Rechtsstreits vornimmt?

2. Dient die Durchstreichung der nachfolgenden Indossamente nur dem Beweise der Berechtigung des Klägers zur Klagerhebung oder bildet sie einen wesentlichen Teil des zur Geltendmachung des Wechselanspruchs erforderlichen Tatbestands?

3. Ist § 593 Abs. 2 Satz 2 ZPO. eine Muß-Vorschrift, von deren Anwendung auch im Falle offenbarer Zwecklosigkeit ihrer Einhaltung nicht abgesehen werden kann?

WO. Art. 36, 54, 55, 74. ZPO. §§ 268 Nr. 1, 593 Abs. 2.

II. Zivilsenat. Urt. v. 8. Oktober 1926 i. S. St. Motorpflug-A.-G. (Kl.) w. v. Kl. (Bekl.). II 163/26.

I. Landgericht I Berlin.
II. Kammergericht daselbst.

Die Klägerin hat als Besitzerin zweier Wechsel über 2700 RM und 4050 RM, die sie auf den Beklagten gezogen und an eigene Order gestellt hatte, gegen den Akzeptanten im Wechselprozeß Klage auf Zahlung von 6750 RM nebst Zinsen erhoben. Bei Klagerhebung trugen die Wechsel auf der Rückseite außer dem Vollindossament der Klägerin noch ein weiteres solches Indossament. Keines von diesen Indossamenten war bei Beginn des Rechtsstreits durchstrichen. Eine Protesterhebung hatte nicht stattgefunden.

Das Landgericht gab der Klage statt. Im Berufungsverfahren wurde die Klägerin vom Gericht darauf hingewiesen, daß sie zur Klage nicht legitimiert sei, weil sie nach den (nunmehr in Urschrift vorgelegten) Wechseln ihre Rechte aus diesen durch Indossament übertragen habe. Daraufhin strich der Prozeßbevollmächtigte der Klägerin die Indossamente auf den Wechseln durch und erklärte, die Klage werde nunmehr darauf gestützt, daß die Klägerin als Ausstellerin der von ihr im Rücklauf eingelösten Wechsel vom Beklagten als Akzeptanten Zahlung verlange. Der Beklagte bestritt, daß die Klägerin die Wechsel im Rücklauf eingelöst habe, und erklärte das

Durchstreichen der Indossamente in diesem Abschnitt des Verfahrens für unzulässig. Er erhob die Einrede der Klagänderung und die Rüge aus § 593 Abs. 2 ZPO. Das Berufungsgericht wies die Klage ab. Es ging davon aus, daß in erster Instanz die Legitimation der Klägerin zur Klage nicht vorhanden gewesen sei, ihr nunmehriges Vorbringen aber eine Klagänderung darstelle. Die Revision der Klägerin führte zur Aufhebung und Zurückverweisung.

Aus den Gründen:

Die vom Berufungsrichter bejahte Frage der Klagänderung ist in der im wesentlichen gleichliegenden Sache II 140/26 vom Feriensenat des Reichsgerichts am 22. Juli 1926 in gleichem Sinne entschieden worden. Der jetzt erkennende Senat vermag sich dieser Auffassung nicht anzuschließen. Um davon abzuweichen, bedarf es nach § 136 Abs. 1 GVG. keiner Anrufung der vereinigten Zivilsenate. Denn der Feriensenat wird nur an Stelle des ordentlichen Senats tätig und hört nach Beendigung der Gerichtsferien auf zu bestehen.

In der Sache selbst handelt es sich im vorliegenden Falle um zwei im Rücklauf befindliche Wechsel. Die Klägerin (als Remittentin) hatte ihrer Wechselklage gegen den Beklagten (als Akzeptanten) Wechselabschriften beigefügt, die zwei nicht durchstrichene Vollindossamente aufwiesen. Den Klagegrund bildete die Behauptung, der Beklagte als Bezogener habe die Wechsel akzeptiert und sei dadurch verpflichtet worden, der Remittentin oder den Indossataren die Wechselsummen zu zahlen. Da die Klägerin ihre Klagberechtigung nach dem Inhalt der Wechsel nicht auf Indossamente zu stützen vermochte (das letzte Indossament war ein Vollindossament, das auf den Namen eines anderen lautete), konnte die Erklärung in der Klagschrift, der Beklagte als Akzeptant schulde der Klägerin „als legitimierter Inhaberin" die Wechselsummen, verständigerweise nicht dahin aufgefaßt werden, daß die Klägerin als letzte Inhaberin der Wechsel die Rechte aus ihnen geltend mache. Sie bedeutete vielmehr, daß die Wechsel durch Einlösung, also im Wege des Rücklaufs, an die Remittentin zurückgelangt seien und daß diese daher wieder in ihr altes Wechselrecht eingetreten sei.

Um denselben Klagegrund handelte es sich auch im Berufungsverfahren. Hätten die Wechsel mit einem Blankoindossament abgeschlossen, so wäre die Klägerin zur Erhebung der Klage gegen den Akzeptanten ohne weiteres, auch ohne Protesterhebung, legitimiert gewesen. Da diese Voraussetzung nicht zutraf, fehlte ihr vorläufig, so lange die nachfolgenden Indossamente noch nicht durchstrichen waren, die Legitimation, d. h. der aus der Wechselurkunde selbst hervorgehende Ausweis als Berechtigter. Da in der ersten Instanz die Sachbefugnis der Klägerin vom Beklagten nicht beanstandet war, spielte dieser Punkt dort keine Rolle. Die Beschaffung des genannten Ausweises wurde nun in der Berufungsinstanz dadurch nachgeholt, daß die Klägerin gemäß Art. 55 WO. die beiden Indossamente durchstrich.

An sich fällt diese Handlung der Klägerin unter den Begriff der Berichtigung und Ergänzung tatsächlicher Anführungen, worauf § 268 Nr. 1 ZPO. Anwendung findet, sofern darin nicht eine Änderung des Klagegrundes zu erblicken sein sollte. Dies wiederum hängt davon ab, ob die Durchstreichung der Indossamente nur dem Beweis der Berechtigung der Klägerin zur Klagerhebung dient (der, wie unten auszuführen sein wird, auch auf andere Weise als im Wege der Durchstreichung geführt werden könnte), oder ob die Durchstreichung erst die formale Grundlage zur Klagberechtigung erzeugt, also einen wesentlichen Teil des zur Geltendmachung des Wechselanspruchs erforderlichen Tatbestands bildet. Der letztere Standpunkt wird vom Berufungsgericht und vom Feriensenat (in der Entscheidung vom 22. Juli 1926) vertreten. Der jetzt erkennende Senat dagegen tritt im Anschluß an die Ausführungen von Mansfeld in LZ. 1912 Sp. 577 (588) der ersterwähnten Auffassung bei aus folgenden Erwägungen.

Die Bedeutung der Durchstreichung der nachfolgenden Indossamente für die Herbeiführung der Legitimation des Wechselinhabers ist ganz verschieden, je nachdem es sich um Begebung des Wechsels und Protesterhebung mangels Zahlung oder um seine Einklagung handelt. Bei der Begebung durch Indossament bildet eine bis auf den Indossanten reichende ununterbrochene Kette von Indossamenten (Art. 36 WO.) ein unbedingtes Erfordernis für die Legitimation. Der Wechselverkehr, der eine schnelle, einfache und leicht zu übersehende Abwicklung erheischt, wäre aufs schwerste gehemmt und gelähmt, wenn die Berechtigung des Indossanten zur Begebung erst noch umständlich geprüft werden müßte. Daher ist das Indossament eines nicht gemäß Art. 36 Legitimierten formungültig, auch wenn bewiesen werden könnte, daß er trotz fehlenden äußeren Ausweises zur Indossierung berechtigt war, ebenso wie umgekehrt der im Augenblick des Erwerbs gutgläubige Indossatar ein selbständiges Wechselrecht erlangt, auch wenn seinem äußerlich legitimierten Indossanten in Wirklichkeit keine Wechselrechte zustanden (Art. 74 a. a. O.). Beim Protest mangels Zahlung muß aus ähnlichen Gesichtspunkten der gleiche Grundsatz gelten. Die wechselmäßige Mahnung, das außergerichtliche Zahlungsverlangen kann wirksam nur von demjenigen ausgehen, dessen Berechtigung sich aus dem Wechsel selbst ergibt, wie auch aus ganz ähnlichen Gründen im bürgerlichen Recht der Schuldner eine vom Vertreter des Gläubigers erklärte Mahnung zurückweisen kann, wenn die Vertretungsmacht nicht dargetan wird. In der Rechtsprechung ist deshalb auch stets daran festgehalten worden, daß Regreßansprüche nicht gestützt werden können auf eine Protesturkunde, die eine nicht legitimierte Person als Protesterhebenden bezeichnet. Aus diesem Grunde muß der Inhaber, bevor er Protest erheben läßt, die legitimationsschädlichen Indossamente durchstreichen. Für die Wirksamkeit des Protests kommt es deshalb ausschließlich auf die Legitimation und nicht auf das Recht des Protesterhebenden an. Insoweit kann den Ausführungen des Feriensenats beigetreten werden, wo mit Recht auf die Entscheidungen RGZ. Bd. 1 S. 32; Bd. 27 S. 43; Bd. 69 S. 101 hingewiesen wird; ähnlich ROHG. Bd. 1 S. 249; Bd. 18 S. 138; RGZ. Bd. 32 S. 78; JW. 1906 S. 467 Nr. 25.

Anders liegt jedoch die Sache bei der Geltendmachung des Wechsels gegen den Schuldner. Hier spielen weder Formvorschriften noch die besonderen Erfordernisse des materiellen Rechts für die Gültigkeit einseitiger Rechtshandlungen eine Rolle. Ob ein Anspruch desjenigen, der den Wechsel im Rücklauf eingelöst hat und dadurch wieder in seine alten Rechte eingetreten ist, gegenüber dem Akzeptanten begründet ist, richtet sich nach den Vorschriften des materiellen Rechts. Bestehen solche Rechte nicht, so können sie niemals im Wege des Durchstreichens der Nachindossamente begründet werden. Ergibt sich sonach die Berechtigung des Anspruchs gegen den Akzeptanten aus den Vorschriften des materiellen Rechts, so ist ein verständiger Zweck nicht einzusehen, der den Gesetzgeber zu dem Verlangen veranlaßt haben könnte, daß zu jener Berechtigung noch die äußere Legitimation hinzutreten müßte. Dies führt folgerichtig zu der Annahme, daß der Legitimationsmangel die Klagberechtigung des Gläubigers keineswegs ausschließt, sondern nur die nachteilige Folge für ihn hat, daß er sein Recht beweisen muß. Geschieht das, so kommt der Legitimationsmangel nicht weiter in Betracht.

Gegen die Auffassung, die in der Durchstreichung der Nachindossamente einen Umstand erblickt, der erforderlich ist, um den Schluß auf das Begründetsein des Klagantrags zu rechtfertigen und der die Entstehung des Anspruchs gerade in der Person des Klägers dartun soll, spricht die Tatsache, daß es der Wechselinhaber jederzeit in der Hand hat, durch einen Federstrich die vermißte und die Klagabweisung hindernde Legitimation zu beschaffen. Jene Auffassung steht auch nicht im Einklang mit dem Grundsatze der Prozeßökonomie, wonach eine unnötige Verdopplung von Prozessen zu vermeiden ist. Wenn der Feriensenat die Bedeutung der Herstellung der Legitimation mit dem Fall vergleicht, wo ein Kläger seine ursprünglich nicht vorhandene Anspruchsberechtigung nachträglich auf eine im Laufe des Rechtsstreits vorgenommene Abtretung der Forderung an ihn gründen will (in welchem Falle allerdings unbedenklich Klagänderung anzunehmen wäre, weil die Entstehungstatsachen des geltend gemachten Rechts in wesentlichen Teilen umgestaltet werden), so liegt doch die Sache im vorliegenden Falle insofern anders, als die materielle Berechtigung der Klägerin bereits aus der Einlösung des Wechsels im Rücklauf herrührt.

Die gegenteilige Ansicht kann sich auch nicht auf Art. 55 in Verbindung mit Art. 36 WO. berufen. Die Wechselordnung regelt nur den Fall, wo der Indossant, der den rechtzeitig protestierten Wechsel im Regreßweg eingelöst hat, seine Vormänner in Anspruch nimmt. In diesem Falle bedarf es zur Geltendmachung des Wechselanspruchs nicht der Durchstreichung der Indossamente der Nachmänner, vielmehr genügt hierzu der Besitz des Wechsels und der Protesturkunde (WO. Art. 54). Allerdings ist der Indossant berechtigt, sein und seiner Nachmänner Indossament zu durchstreichen. Der Fall der Einlösung des Wechsels durch einen Vormann ohne Protesterhebung ist in der Wechselordnung überhaupt nicht geregelt. Gegen die herrschende Meinung, die den Nachweis der Berechtigung bei nicht protestiertem Wechsel nur im Wege des Durchstreichens der nachfolgenden Indossamente zuläßt, ist jedoch das Bedenken zu erheben, daß nicht ersichtlich ist, warum die aus dem Besitz des Wechsels und des Protests entstehende Vermutung im Falle des Fehlens eines Protests nicht durch den besonderen Nachweis der Wechseleinlösung sollte ersetzt werden können. Mit Recht weist Bernstein WO. Art. 36 § 2b Abs. 5 darauf hin, daß Art. 36 deshalb nicht entgegenstehe, weil er nur bezwecke, das Recht zur Empfangnahme der Zahlung durch den Erwerber „im Wechselverlauf" zu regeln. Eine auf den Wechselinhaber lautende quittierte Retourrechnung (WO. Art. 54) ist ein wechselmäßiger und somit ausreichender Nachweis, da er nach den Gepflogenheiten des Wechselverkehrs nur die Deutung zuläßt, daß der Zahler den Wechsel im Rücklauf eingelöst hat.

Kann hiernach der Nachweis der Berechtigung auch auf andere Weise als im Wege der Durchstreichung der nachfolgenden Indossamente erbracht werden, so ist nicht zu verstehen, warum gerade die Durchstreichung ein wesentlicher Teil des Klagfundaments sein soll und warum man gegebenenfalls sich nicht auch im Wechselprozeß damit begnügen sollte, diesen Nachweis durch den Wechsel ohne durchstrichene nachfolgende Indossamente und durch gleichzeitige Vorlegung der auf den Kläger lautenden quittierten Retourrechnung als erbracht anzusehen. Schließlich mag auch noch hervorgehoben werden, daß in der Verneinung der Klagänderung keinerlei Härte oder Unbilligkeit gegen den in Anspruch genommenen Akzeptanten liegt. Denn er mußte von vornherein damit rechnen, daß die Klägerin die nur von ihrem Willen abhängige Beseitigung des äußeren Mangels ihrer Legitimation bei Anregung dieser Frage vornehmen werde.

Liegt demnach keine Klagänderung vor, so ist weiter zu der Frage Stellung zu nehmen, auf die der Berufungsrichter von seinem gegenteiligen Standpunkt aus nicht einzugehen brauchte, ob nicht die Klage, wie der Beklagte meint, schon wegen Verstoßes gegen § 593 ZPO. abzuweisen war. Auch hier vermag der erkennende Senat die Auffassung des Feriensenats nicht zu teilen. Allerdings verlangt § 593 Abs. 2, daß im Urkundenprozeß die Urkunden in Urschrift oder in Abschrift der Klage oder einem vorbereitenden Schriftsatz beizufügen seien und daß im letzteren Falle zwischen der Zustellung des Schriftsatzes und dem Termin zur mündlichen Verhandlung ein der Einlassungsfrist gleicher Zeitraum liege. Zuzugeben ist auch, daß die der Klagschrift beigefügten Wechselabschriften, auf denen die Indossamente nicht durchstrichen waren, zum Nachweis der Berechtigung der Klägerin nicht genügten. Nachdem die Legitimation der Klägerin in der Berufungsinstanz streitig und die Beibringung eines urkundlichen Beweises hierfür notwendig geworden war, hätte es daher nach dem Wortlaut des § 593 einer erneuten Zustellung von Wechselabschriften mit durchstrichenen Indossamenten bedurft. Allein im vorliegenden Falle hat das Durchstreichen der Indossamente in Gegenwart des Beklagten vor Gericht stattgefunden und es sind dann die so abgeänderten Wechsel vorgelegt worden. Durch diese Vorlegung in der mündlichen Verhandlung wurde, wie das Reichsgericht bereits mehrfach erkannt hat (RGZ. Bd. 56 S. 306, Bd. 97 S. 165, Bd. 104 S. 37), die vorgeschriebene Zustellung ersetzt. Das will auch der Feriensenat gelten lassen, er erblickt aber einen wesentlichen Verstoß gegen § 593 Abs. 2 darin, daß die Einlassungsfrist nicht gewahrt sei. Für den gegenwärtigen Prozeß kommt dies jedoch deshalb nicht in Betracht, weil die Klägerin, nachdem dieser Beweisantritt — für sie überraschend — auf die Anregung des Berufungsgerichts hin nötig geworden war, um Verlegung des Termins nachgesucht hat, eine Bitte, welcher der Berufungsrichter unter Würdigung der besonderen Umstände des Falles hätte entsprechen sollen. Abgesehen hiervon steht aber der Anwendung des § 593 Abs. 2, obwohl er sich äußerlich als „Mußvorschrift“ darstellt, im vorliegenden Falle ihre völlige Zwecklosigkeit entgegen. Denn die Frist soll dem Gegner die Möglichkeit geben, die neuvorgelegte Urkunde inbezug auf Echtheit, Inhalt und Beweiserheblichkeit sorgfältig zu prüfen. Eine solche Prüfung kam gegenüber den nunmehr in Urschrift vorhandenen Wechseln nicht in Frage, da der Beklagte, abgesehen von den Durchstreichungen der Indossamente, den Wechselinhalt genau kannte und die in seiner Gegenwart vorgenommenen Durchstreichungen in keiner Weise beanstandet werden konnten. Unter solchen Umständen wäre die Einhaltung der Vorschrift des § 593 Abs. 2 auf eine zwecklose, leere Form hinausgelaufen, auf deren Einhaltung der Beklagte nicht bestehen konnte. Der Mangel dieser Formvorschrift ist zudem vom Beklagten nicht ausdrücklich gerügt worden und deshalb gemäß § 295 ZPO. als geheilt anzusehen.

80. Genießt die Forderung des Reiches aus der Entnahme von Tabaksteuerzeichen das Vorrecht des § 61 Nr. 2 KO.?

KO. § 61 Nr. 2.

Tabaksteuergesetz vom 12. September 1919/30. Oktober 1923 §§ 9, 10, 11, 12, 44.

VI. Zivilsenat. Urt. v. 8. Oktober 1926 i. S. Konkurs B. (Bekl.) w. Deutsches Reich (Kl.). VI 209/26.

I. Landgericht Kottbus.
II. Kammergericht Berlin.

Im Konkurs über das Vermögen des Tabakgroßhändlers B. hat der Kläger eine Forderung an rückständiger Tabaksteuer in Höhe von 37074,47 RM angemeldet. Der Konkursverwalter hat die Forderung anerkannt, aber das vom Kläger beanspruchte Vorrecht des § 61 Nr. 2 KO. bestritten. Dem Gemeinschuldner war ein Tabaksteuerlager (§ 44 des Tabaksteuergesetzes vom 12. September 1919) bewilligt worden und er hatte im letzten Jahre vor Konkurseröffnung Steuerzeichen (Banderolen) zu dem angemeldeten Betrage unter Stundung des Gesamtwerts erhalten. Aus dem Steuerlager hat er mit Steuerzeichen versehene Tabakwaren in den freien Inlandsverkehr gebracht. Der Kläger macht geltend, dadurch sei eine Steuerforderung gemäß § 10 des Tabaksteuergesetzes entstanden, der das Vorrecht des § 61 Nr. 2 KO. zukomme. Er beantragte dementsprechend festzustellen, daß die angemeldete Konkursforderung bevorrechtigt sei. Der beklagte Konkursverwalter ist der Ansicht, daß nicht eine Steuerforderung, sondern eine nicht bevorrechtigte Kaufpreisforderung für die entnommenen Steuerzeichen in Frage stehe. Beide Vorinstanzen gaben der Klage statt. Die Revision des Beklagten blieb erfolglos.

Gründe:

Die Forderung des Reichs ist dem Grund und Betrag nach im Prüfungstermin nicht bestritten worden, sie gilt daher im ganzen Umfang als festgestellt (§ 144 KO.). Die Rüge der Revision, daß § 65 KO. verletzt sei, insofern der Zwischenzins hätte in Abzug gebracht werden müssen, kann demnach nicht mehr geltend gemacht werden. Im vorliegenden Rechtsstreit handelt es sich nur um die

Frage, ob die festgestellte Forderung eine nach § 61 Nr. 2 KO. bevorrechtigte Konkursforderung ist. Für die Entscheidung dieser Frage ist vom Begriff „öffentliche Abgaben“ im Sinne dieser Vorschrift auszugehen. Das Reichsgericht hat bereits in den Urteilen RGZ. Bd. 21 S. 46, Bd. 28 S. 87 und namentlich im Urteil Bd. 83 S. 206 mit eingehender Begründung dargelegt, in welchem Sinne der Begriff aufzufassen ist. Es ist dort aus der Entstehungsgeschichte und auch aus dem Wortlaut des § 61 Nr. 2 hergeleitet worden, daß nur den öffentlichen Abgaben im engeren Sinne, nämlich den Steuern und den steuerähnlichen Gefällen das Konkursvorrecht zukommt. Der erkennende Senat hält an dieser Rechtsprechung fest.

Es fragt sich sonach, ob die zum Konkurs angemeldete Forderung des Klägers eine Steuerforderung oder eine steuerähnliche Forderung ist. Das ist aus den Bestimmungen des Tabaksteuergesetzes vom 12. September 1919/30. Oktober 1923 zu beantworten. Nach § 11 Abs. 1 wird die Tabaksteuer durch Verwendung von Steuerzeichen (Banderolen) entrichtet, und dies hat nach § 10 zu geschehen, sobald die verpackten Erzeugnisse aus den Tabaksteuerlagern — ein solches war dem Gemeinschuldner gemäß § 44 bewilligt worden — in den freien Verkehr des Inlands übergehen. In diesem Zeitpunkt entsteht die Steuerschuld und wird sie fällig (RGSt. Bd. 58 S. 51; Entsch. d. RFH. Bd. 11 S. 79, Bd. 16 S. 156). Schuldner der Tabaksteuer dem Reich gegenüber ist nach § 9 Abs. 3 der Niederleger d. h. derjenige, dem das Tabaksteuerlager bewilligt ist. Die Steuerzeichen werden von der Vertriebsstelle entnommen, die Zahlung für sie wird nach Maßgabe des § 12 gestundet.

Nun steht fest, daß der Gemeinschuldner für den angemeldeten und festgestellten Betrag Steuerzeichen entnommen, sie auch bei Inverkehrbringen der Lagervorräte zu deren Versteuerung restlos verwendet hat, daß aber die entnommenen Steuerzeichen nicht bezahlt sind. Die Revision meint, die Verpflichtung des Gemeinschuldners zur Entrichtung der Steuer, die mit Verwirklichung des Tatbestands zu geschehen hat, an den das Gesetz (§ 10) die Entstehung der Steuerschuld knüpft, sei durch Verwendung der Steuerzeichen erfüllt worden (§ 11 Abs. 1), es handle sich also nur noch um die Verpflichtung zur Bezahlung des Steuerwerts der Zeichen; diese Bezahlung habe, unabhängig davon, ob der die Steuerschuld zur Entstehung bringende Tatbestand eingetreten sei oder nicht, innerhalb der Zahlungsfristen des § 12 zu erfolgen. Damit scheint die Revision sagen zu wollen: eine Steuerforderung bestehe nicht, weil sie durch die Verwendung der auf Kredit entnommenen Steuerzeichen getilgt sei, es bestehe nur noch eine Kaufpreisforderung für die vor Entstehung der Steuerschuld entnommenen Steuerzeichen; beide Ansprüche seien aber nach Ursprung und Inhalt völlig verschieden.

Der Revision ist so viel zuzugeben, daß die Forderung auf Bezahlung der Steuerzeichen nicht die Geltendmachung einer Steuerforderung in dem Sinne ist, daß sie Inhalt eines Steuerbescheids sein könnte (Entsch. d. RFH.[1] vom 22. März 1922 AZ IV a A 14/22; vom 22. November 1922 AZ IV a A 6/22; vom 11. Juli 1923 AZ IV a A 28/23; vgl. auch Arlt Tabaksteuergesetz Anm. 4 D 2 zu § 1; Becker RAbgO. 5. Aufl. Anm. 6 a Ziff. 4 zu § 1). Richtig ist auch, daß das Entgelt ohne Rücksicht auf die Verwendung der Steuerzeichen bei Ablauf der Zahlungsfrist zu zahlen ist. Das alles steht aber dem nicht entgegen, daß die Forderung auf Bezahlung der entnommenen Steuerzeichen eine solche aus „öffentlicher Abgabe" im Sinne des § 61 Nr. 2 KO. ist. Die Steuerzeichen, mögen sie nun Wertpapiere oder bloße Kontrollzeichen sein, werden nicht wegen ihres inneren oder Verkehrs-Wertes gekauft, sondern lediglich zum Zweck der Versteuerung von Tabakerzeugnissen von der Vertriebsstelle entnommen. Daher werden sie auch nur an Tabaksteuerpflichtige (Hersteller tabaksteuerpflichtiger Erzeugnisse, Inhaber von Tabaksteuerlagern und Händler) abgegeben (§ 21 der AusfBest.). Es handelt sich also um eine Entnahme zu dem ausschließlichen Zweck der Tilgung einer demnächst entstehenden Steuerschuld. Der Anspruch auf Bezahlung der Steuerzeichen ist ein solcher aus dem Tabaksteuergesetz (Arlt a. a. O. Anm. 4 D 2 zu § 1), also ein steuerrechtlicher Anspruch auch schon vor Entstehung der eigentlichen Tabaksteuerforderung (§ 10 TabStG.). Dieser Anspruch wäre anderseits auch dann noch eine Forderung wegen öffentlicher Abgaben im Sinne des § 61 Nr. 2 KO., wenn man mit der Revision annehmen wollte, daß die mit dem Inverkehrbringen der Lagerbestände zur Entstehung gelangte eigentliche Tabaksteuerschuld durch die Ver-

[1] Nicht abgedruckte Entscheidungen des Reichsfinanzhofs.

wendung der Steuerzeichen getilgt worden sei. Aber diese letztere Ansicht kann nicht einmal gebilligt werden. Denn § 11 Abs. 1 sagt nicht, daß die Tabaksteuer durch Verwendung von Steuerzeichen „getilgt", sondern daß sie durch diese Verwendung „entrichtet" wird. Damit sollte nur die Form der Entrichtung der Steuer, eben durch Steuerzeichen, bestimmt werden. Durch Verwendung unbezahlter Steuerzeichen kann unmöglich die Steuerschuld getilgt sein. Mag also die Forderung aus § 10 oder diejenige aus § 12 TabStG. angemeldet und festgestellt worden sein, in jedem Falle ist es eine steuerrechtliche Forderung, die das Vorrecht des § 61 Nr. 2 KO. genießt (vgl. auch Zscharner im Arch. f. Rechtspfl. in Sachsen 1926 Heft 1 S. 14).

---

81. 1. **Zur Nachrichtspflicht des Spediteurs bei Abweichung von Weisungen des Versenders.**

2. **Welchen Einfluß auf den Pflichtenkreis der Vertragsteile hat eine die gesamte Bevölkerung treffende schwierige Geschäftslage wie die zur Zeit des Ruhrkampfes?**

HGB. § 407 Abs. 2, § 384 Abs. 2, § 347.
BGB. §§ 666, 276, 254.

I. Zivilsenat. Urt. v. 9. Oktober 1926 i. S. F. (Kl.) w. Allg. Sped.-A.-G. (Bekl.). I 425/25.

I. Landgericht Duisburg.
II. Oberlandesgericht Düsseldorf.

Gegen Ende August 1923 kamen aus der Gegend von Fallersleben an die Beklagte nach Wesel mehrere Bahnwagen mit Speisesalz für Abnehmer am Mittelrhein. Von diesen Wagenladungen waren vier zu je 15 Tonnen für den Kläger bestimmt. Dieser teilte unterm 27. August der Beklagten mit, daß er den Spediteur K. in Koblenz beauftragt habe, die Verfrachtung des Salzes dorthin für ihn zu besorgen. Die Beklagte bestätigte am 30. August 1923 den Empfang des Schreibens und fügte hinzu, daß sie von K. „sofortige telegraphische Instruktion" erwarte. Sie übertrug jedoch am 31. August

1923 die Weiterbeförderung der Salzladungen der Weseler Transportgesellschaft (WTG.). Mit Schreiben vom 6. September 1923 übermittelte sie ihr die Frachtbriefe über die vier für den Kläger bestimmten Bahnwagen samt dem dazu gehörigen Briefwechsel. Am 12. September 1923 trat der Dampfer, auf den die WTG. das Salz hatte verladen lassen, die Fahrt rheinaufwärts an. Inzwischen hatte der Spediteur K. in einem Schreiben vom 8. September, das die Beklagte erst am 13. September erhalten haben will, ihr mitgeteilt, daß er eine Speditionsgesellschaft in Köln mit dem Transport beauftragt habe. Die in Koblenz ausgeladene Ware wurde dort teils bei einem Spediteur E., teils bei K. zur Verfügung des Klägers eingelagert, jedoch belastet mit einer Frachtnachnahme von 555 holländ. Gulden und Lagerspesen. Der Kläger lehnte die Einlösung ab, weil die seinen Weisungen entsprechende Beförderung (für Papiermark) viel billiger gewesen wäre als die von der Beklagten veranlaßte (für holländ. Gulden). Eine vom Kläger gegen K. erhobene Klage auf Befreiung des eingelagerten Salzes von der darauf haftenden Nachnahme und auf Herausgabe der bei ihm lagernden Menge wurde rechtskräftig abgewiesen.

Im gegenwärtigen Rechtsstreit verlangt der Kläger von der Beklagten 6912,70 RM (mit Zinsen) als Schadensersatz, weil sie nicht nach seinen Weisungen verfahren sei, und zwar 4800 RM für das durch lange Lagerung verschlechterte, von ihm zur Verfügung gestellte Salz, 1512 RM für den durch Vorenthaltung dieser Ware ihm erwachsenen Verlust und 600,70 RM wegen der Kosten des Vorprozesses, weil dieser bei richtiger Vertragserfüllung der Beklagten unterblieben wäre.

Das Landgericht hat die Klage abgewiesen, das Oberlandesgericht die Berufung des Klägers zurückgewiesen. Seine Revision hatte nur zum Teil Erfolg.

Aus den Gründen:

(Es wird ausgeführt, daß die Beklagte unter den Verkehrsschwierigkeiten zur Zeit des Ruhrkampfes für schleunige Weiterbeförderung eintreffender Waren sorgen mußte, darum abweichend von der Weisung des Klägers alsbald der WTG. die Beförderung des Salzes rheinaufwärts auftragen durfte und mit diesen Maßnahmen die ihr obliegende Pflicht zur Sorgfalt nicht verletzte.)

1. War also die Beklagte befugt, von der Weisung des Klägers abzugehen, so hätte sie ihm der Regel nach allerdings, bevor sie abwich, Anzeige machen und seine Entschließung abwarten müssen, wenn nicht mit dem Aufschub Gefahr verbunden war (§ 665 Satz 2 BGB.). Dies war der Fall, wie das Oberlandesgericht rechtlich bedenkenfrei ausführt. Die Möglichkeit der Beschlagnahme durch die belgische Besatzung, des Diebstahls auf dem überfüllten, unbewachten Bahnhof und der Einwirkung schädlicher Witterungseinflüsse erzeugten Gefahren für die Ware; sie wuchsen mit jedem Aufschub und bedrohten den Kläger mit Vermögensschaden. Die Beklagte konnte demnach, ohne beim Kläger anzufragen und auf seine Entschließung zu warten, das Salz zur Weiterbeförderung stromauf, wohin es bestimmt war, der WTG. überantworten. Von dieser Maßnahme hätte sie aber den Kläger, außerdem zweckmäßigerweise auch unmittelbar den verfügungsberechtigten Spediteur K. in Koblenz, umgehend benachrichtigen müssen. Sie selbst hatte unterm 30. August an den Kläger geschrieben, daß sie von K. „sofortige telegraphische Instruktion erwarte". Wenn sie (unstreitig) bereits am 31. August die Salzsendungen der WTG. zur Weiterbeförderung überwies, mußte sie damit rechnen, daß diese Maßregel sich mit einer unterdessen gegebenen Verfügung des K. kreuze. Und nachdem einige weitere Tage verflossen waren, ohne daß eine Nachricht von K. eintraf, durfte sie nicht annehmen, daß diese völlig ausbleiben werde. Die Möglichkeit sich kreuzender Anordnungen dort und hier bestand nach wie vor. Nebeneinander hergehende, mit Verpflichtungen und Kostenaufwand verknüpfte Maßnahmen, die für den erstrebten Beförderungserfolg nur zum Teil nötig, zum Teil überflüssig waren, mußten aber tunlichst vermieden werden. Deshalb wäre wiederum sofortige Mitteilung an den Kläger und K., mindestens aber an den Kläger, nötig gewesen, als die Beklagte am 6. September 1923 der WTG. die Frachtbriefe über die für den Kläger bestimmten Bahnwagen übermittelte. Die Beklagte bringt in anderem Zusammenhang verteidigungsweise vor, daß der Brief- und besonders der Telegrammverkehr damals ungleichmäßig und mannigfach durch Hindernisse verlangsamt gewesen sei, die in feindlicher Besetzung und im Ruhrkampf ihre Ursache hatten. Sie mußte also auch damit rechnen, daß sich die Verfügungserklärung des K. auf solche Weise verzögert habe.

Indem sie die Weiterbeförderung an die WTG. übertrug, ohne dem Kläger etwas mitzuteilen, unterließ sie eine erforderliche Nachricht und verstieß gegen die einem ordentlichen Spediteur obliegende Sorgfaltspflicht (§ 407 Abs. 2, § 408 Abs. 1, § 384 Abs. 2, § 347 HGB, §§ 666, 276 BGB.).

Hätte die Beklagte schon unterm 31. August, als sie die WTG. zum Unterspediteur bestellte, oder unmittelbar danach den Kläger von ihrer Maßnahme in Kenntnis gesetzt, so wäre der Kläger nach den aus dem vorliegenden Schriftwechsel ersichtlichen Briefbeförderungs-Verhältnissen imstande gewesen, ihr vor dem 6. September eine Gegenäußerung zugehen zu lassen, jedenfalls aber vor dem 9. September, dem Tage, an dem die WTG. eine Gelegenheit erfuhr und durch Vereinbarung sicherte, das Salz auf dem Wasserwege weiterzusenden. Der Kläger hätte sich also nach Empfang solcher rechtzeitigen Nachricht entscheiden können, ob er es bei dem von der Beklagten erteilten Auftrag zur Weiterbeförderung belassen oder ihr (und damit ihrem Unterspediteur, der WTG.) ferneres Abwarten, sei es bis zu einer Verfügung des K., sei es bis zu sonstiger Weisung, aufgeben wollte. Zeit und Entschluß, das Abweichen der Beklagten von seiner ursprünglichen Weisung zu billigen oder zu verwerfen, standen ihm frei. Und wenn er sie gebilligt hätte, so konnte doch wenigstens die zweckwidrige Lage vermieden werden, die während der Tage nachrichtlosen Wartens durch K.'s Auftrag an die Kölner Speditionsgesellschaft entstand.

Die Beklagte ist demnach verpflichtet, wegen schuldhafter (fahrlässiger) Unterlassung erforderlicher Nachrichten dem Kläger Schadensersatz zu leisten (§ 407 Abs. 2, §§ 384, 385 HGB.).

2. Grundsätzlich kann der Versender, wenn der Spediteur seinen Weisungen zuwidergehandelt hat, den auftragswidrig vollzogenen Abschluß als nicht für seine Rechnung erfolgt zurückweisen (§ 407 Abs. 2, § 385 HGB.). Ist die Beförderung schon ausgeführt, so haftet der Spediteur für den Schaden, der durch sein Abweichen von Weisungen des Versenders entstanden ist; außerdem kann er als Unkosten und Aufwendungen nur ersetzt verlangen, was er bei einer den Anweisungen des Versenders entsprechenden Art der Ausführung des Auftrags hätte beanspruchen können.

Besteht, wie hier, das Verschulden des Spediteurs darin, daß er eine erforderliche Nachricht unterlassen hat, so muß er dem Versender den Schaden ersetzen, der auf das Unterbleiben der Nachricht zurückzuführen ist. Von Einfluß auf Gegenstand und Umfang des Schadensersatzes ist jedoch im vorliegenden Falle, daß den Kläger erhebliches und weit überwiegendes Mitverschulden trifft. Ob es auf schuldhaftes Verhalten des Klägers (oder des K.) zurückzuführen ist, daß die Beklagte die Verfügung des K. erst am 8. September 1923 — und nicht ihrem Verlangen gemäß drahtlich, sondern nur schriftlich — übermittelt erhielt, muß dahin gestellt bleiben; die Feststellungen des angegriffenen Urteils gewähren in dieser Hinsicht keinen Anhalt. Aber der Kläger hat durch sein ferneres Verhalten schuldhafterweise unterlassen, den infolge unterbliebener Nachricht entstehenden Schaden abzuwenden oder zu mindern (§ 254 Abs. 2 BGB.).

Die mit dem Ruhrkampf zusammenhängenden außerordentlichen Schwierigkeiten des Verkehrs zwischen unbesetztem und besetztem Gebiet zogen das ganze Volk, namentlich aber die Geschäftswelt, in Mitleidenschaft, waren daher deren Angehörigen mehr oder minder bekannt. Sie erforderten bei allen Beteiligten Verständnis und Entgegenkommen, besonders weil es sich darum handelte, die Bevölkerung zu versorgen, Warenknappheit nach Möglichkeit zu beheben, drohenden Notstand zu verhüten, das Gemeinwohl zu fördern. Deshalb war nach dem Verkehrsgebot von Treu und Glauben nicht eigensinniges Bestehen auf vermeintlichem Recht, sondern eine gewisse Nachsicht für das (oft durch mißliche Verhältnisse bestimmte) Handeln des Vertragsgegners angebracht; nötigenfalls war, obschon unter der Voraussetzung späteren Ausgleichs, auch ein Opfer angemessen. Die für den Kläger bestimmte Ware sollte der allgemeinen Versorgung dienen. Unter solchen Umständen war ihm billigerweise zuzumuten, daß er das Salz nicht zurückweise, weil es mit Nachnahme belastet war, sondern es unter Einlösung der Nachnahme annehme, so dem Verkehr zuführe und dann die ihm erwachsene Mehrfracht gegen die Beklagte geltend mache. Wäre er so verfahren, dann hätte er die Ware samt dem ihr innewohnenden Wert erlangt; sie wäre nicht, unfruchtbar für den Verkehr, liegen geblieben und verdorben; seinem Geschäft hätte ihr Fehlen keinen Schaden zugefügt. Hieraus ergibt sich, daß er weder den Wert des Salzes noch Ersatz für dessen Vorenthaltung beanspruchen kann. Ebensowenig aber Erstattung der Kosten des

Vorprozesses; denn er ist mit seiner Klage rechtskräftig abgewiesen worden, und es erhellt nicht, daß ihm gerade das Verhalten der Beklagten zu der unbegründeten Klage gegen K. Ursache gegeben habe. So wie die Klage den Schaden berechnet, kann er also nach den dargelegten, für ein Verschulden der Beklagten und ein Mitverschulden des Klägers wesentlichen Umständen nicht begründet werden.

3. Aber damit ergibt sich noch nicht die Notwendigkeit völliger Klagabweisung, wie das Berufungsgericht angenommen hat. Der Sinn der vom Kläger im zweiten Rechtszug gemachten Anführungen geht dahin, daß er den Nachnahmebetrag von 555 holländ. Gulden, der die Ware bei ihrer Ankunft in Koblenz belastete, zur Begründung seines Schadensersatzanspruchs notfalls heranziehen will. Danach käme als Schaden, wenn nicht die volle Summe von 555 holländ. Gulden, so doch mindestens der Unterschied zwischen diesem Betrag und der Frachtsumme in Betracht, zu welcher der Kläger mit K. (unter Vorauszahlung) fest abgeschlossen haben will. Ihn könnte der Kläger beanspruchen, sofern er die streitigen Behauptungen zu beweisen vermag. Denn bei rechtzeitiger Nachricht der Beklagten wäre (nach der Darstellung des Klägers) die Beförderung zum billigeren K.'schen Frachtsatz ausgeführt worden, und die Aufwendung der höheren Beträge, die das Salz als Nachnahme belasteten, wäre ganz oder größtenteils unterblieben. ...

---

82. Betrifft § 32 des Aufwertungsgesetzes auch die in § 102 des Binnenschiffahrtsgesetzes behandelten Schiffsgläubigerrechte?

I. Zivilsenat. Urt. v. 9. Oktober 1926 i. S. Neue Deutsch-Böhmische Elbschiffahrts-Aktiengesellschaft (Bekl.) w. Stromfahrzeug-Versicherungs-Gesellschaft (Kl.). I 404/25.

I. Landgericht Hamburg, Kammer für Handelssachen.
II. Oberlandesgericht daselbst.

Im Sommer 1917 wurden an dem Kahn des Schiffseigners Sch., Breslau Nr. 1491, der auf der Elbe gesunken war, Hebungsarbeiten vorgenommen. Am 8. Juli 1917 kam der Kahn der Beklagten, Nr. 34, in Höhe des Kahnes des Sch. mit dem Vorderteil auf Grund fest, schlug mit seinem Hinterteil herum, geriet hierbei gegen eine am Sch.'schen Kahn liegende Hebeschute und drückte sie gegen diesen Kahn, der dadurch beschädigt wurde. Der Kahn Breslau Nr. 1491 war bei der Klägerin versichert.

Die Klägerin nimmt aus abgetretenem Recht und als Versicherer des Sch. die Beklagte wegen des durch die Beschädigung des Kahnes verursachten Schadens in Anspruch, und zwar dinglich und persönlich gemäß § 3, § 4 Abs. 1 Nr. 3, § 114 BinnenschiffG., indem sie behauptet, der Unfall sei durch Verschulden der Besatzung des Kahnes der Beklagten verursacht worden.

Die Instanzgerichte haben der Klage im wesentlichen entsprochen. Die wegen eines Teils der Urteilssumme eingelegte Revision der Beklagten führte zur Aufhebung und Zurückverweisung.

Gründe:

Das Berufungsgericht hat der Klägerin, die von der Beklagten bereits 2024,10 RM gezahlt erhalten hatte, außerdem 7975,90 RM nebst Zinsen zugesprochen. Die Revision ficht die Entscheidung nur in Höhe von 2460,50 RM an. Somit ist wegen einer Schadenssumme von 7539,50 RM nebst Zinsen kein Streit mehr. Das sind mehr als 50 % des vom Berufungsgericht grundsätzlich zugebilligten und auf 14637 RM angesetzten Schadensersatzanspruchs. Zu der letzten Summe kommt das Berufungsgericht auf folgendem Wege. Es setzt die streitigen Ausbesserungskosten, die es auf 13137 PM berechnet, unter Berufung auf § 2 Abs. 1 Satz 1 AufwG. zum vollen Nennbetrag in Reichsmark ein, da es sich um Vorgänge aus dem Jahre 1917 handle. Ebenso wird der auf 1500 PM berechnete Nutzungsverlust ohne weiteres zum vollen Nennwert in Reichsmark umgerechnet. Dies kann aber durch den bloßen Hinweis auf § 2 Abs. 1 Satz 1 AufwG. nicht gerechtfertigt werden.

Der Unfall ist am 8. Juli 1917 geschehen. Wann der Anspruch des Sch., des Rechtsvorgängers der Klägerin, auf Erstattung der Ausbesserungskosten und des Nutzungsverlustes fällig geworden ist, hat das Berufungsgericht nicht festgestellt. Sieht man nun zunächst von den besonderen Bestimmungen der Aufwertungsgesetzgebung ab, so wird nach jenen Zeitpunkten an Hand der tatsächlichen Verhältnisse gemäß BGB § 242 — sei es auf Grund des Goldmark- oder Dollarkurses, sei es nach einem anderen Maßstab — zu berechnen sein, welche Summen in Reichsmark für die Papiermarkbeträge zunächst einzusetzen sind. Dabei mag bemerkt werden, daß Anfang Juli 1917 der Kurs des amerikanischen Dollars etwa 6,30 P.ℳ war und daß sich dieser Kurs in den nächsten Wochen nur unwesentlich erhöht hat. Bei Einsatz eines Kurses von 6,30 P.ℳ für einen Dollar würden aber die 14637 P.ℳ nur etwa 9758 Gold- oder Rentenmark betragen. Des weiteren hat das Berufungsgericht keine Feststellung darüber getroffen, wann die streitige Forderung von Sch. auf die Klägerin übergegangen ist. Dies ist aber von Bedeutung für die Frage, in welcher Höhe eine Aufwertung wegen Verzugsschadens nach § 288 Abs. 2 BGB. zu erfolgen hat. Solange Sch. Gläubiger der Forderung war, wird es darauf ankommen, ob und in welchem Maße er bei rechtzeitiger Bezahlung der Schuldsumme zu ihrer wertbeständigen Erhaltung imstande gewesen wäre. Der Betrag, der ihm danach zur Zeit der Übertragung seiner Forderung zustand, ist auf die Klägerin übergegangen und bildet den Ausgangspunkt für die Frage, ob und in welchem Umfang ihn die Klägerin im Falle einer gleich nach der Abtretung erfolgten Zahlung vor den Folgen der fortschreitenden Geldentwertung hätte bewahren können.

Die Anwendung des § 2 Abs. 1 Satz 1 AufwG. auf den vorliegenden Fall würde höchstens dann gerechtfertigt sein, wenn auch im übrigen das Aufwertungsgesetz heranzuziehen wäre. Dann würde aber gemäß § 32 Abs. 4 AufwG. nur eine Aufwertung des dinglichen Rechts zu 25 % und nach § 77 AufwG. gegebenenfalls eine Aussetzung des Verfahrens in Betracht kommen. Es wäre auch, soweit die Klage gemäß § 114 BinnenschiffG. einen beschränkt persönlichen Anspruch verfolgt, sowie im Hinblick auf § 9 AufwG. zum mindesten zweifelhaft, ob nicht auch für den so begründeten Klaganspruch jene Bestimmungen des Aufwertungsgesetzes anzuwenden wären, weil die Grundlage dieses Anspruchs das aus § 102 Nr. 5 Abs. 2, § 103 BinnenschiffG. hergeleitete Schiffsgläubigerrecht ist (vgl. auch Mittelstein, Binnenschiffahrtsrecht Bd. I § 102 Anm. 4).

Indessen kommt das Aufwertungsgesetz hier überhaupt nicht in Frage. Es ist allgemein anerkannt und kann auch ernstlich nicht bezweifelt werden, daß das Aufwertungsgesetz trotz der allgemein gehaltenen Fassung des § 1 nur auf die in den §§ 4 bis 61, 63 bis 66 bezeichneten Ansprüche Anwendung zu finden hat, wie denn auch § 62 ausdrücklich besagt, daß sich die Aufwertung anderer Ansprüche nach den allgemeinen Vorschriften richtet. Darüber hinausgehend nimmt der Kommentar zum Aufwertungsgesetz von Schlegelberger-Harmening 4. Aufl. Anm. 1 zu § 1 (S. 81) an, daß entsprechend der III. SteuernotVo. auch das Aufwertungsgesetz nur die Aufwertung von Vermögensanlagen regle. Dies wird daraus gefolgert, daß im Aufwertungsgesetz eine positive Regelung der Aufwertung nur getroffen worden sei für die in den Abschnitten 2 bis 8 (§§ 4 bis 61) behandelten Ansprüche, die nach § 1 Abs. 2 der III. SteuernotVo. als Vermögensanlagen „galten", und daß § 62 AufwG. die Aufwertung aller anderen Ansprüche grundsätzlich dem allgemeinen Recht überlasse. Ist dies richtig, so würde eine Anwendung des Aufwertungsgesetzes auf den gegenwärtigen Streitfall nach § 32 ebenda schon um deswillen nicht angängig sein, weil eine Vermögensanlage in dem erwähnten Sinne zweifellos nicht vorliegt.

Abgesehen hiervon ist folgendes zu berücksichtigen. Der § 32 AufwG. spricht allgemein von „Pfandrechten an im Schiffsregister eingetragenen Schiffen". Während anscheinend manche Kommentare darunter nur das vertragsmäßige Schiffspfandrecht im Sinne von §§ 1259 flg. BGB. verstehen, verweist der Kommentar von Emmerich § 32 Anm. 1 ausdrücklich auch auf die kraft Gesetzes entstandenen Pfandrechte an Schiffen gemäß §§ 754 flg. HGB. und §§ 102 flg. BinnenschiffG. Letzterer Ansicht kann aber nicht beigetreten werden. Das nach § 102 Nr. 5 Abs. 2 BinnenschiffG. begründete Schiffsgläubigerrecht wird zwar dort in §§ 103 bis 105, 109 bis 113 usw. als Pfandrecht bezeichnet. Damit ist indes über die eigenartige Natur des Schiffsgläubigerrechts nach § 102 BinnenschiffG. (vgl. auch §§ 754 flg. HGB.) nichts Entscheidendes gesagt. Denn nach dem erkennbaren Sinn des Gesetzes deckt sich das Schiffsgläubigerrecht nicht mit dem gewöhnlichen Begriff des Pfandrechts. Es sind denn auch besonders im Schrifttum eingehende Untersuchungen über Art und Wesen des gesetzlichen Schiffsgläubigerrechts angestellt worden, die zu den verschiedensten vom Pfandrechtsbegriff abweichenden Ergebnissen geführt haben (vgl. z. B. die Anmerkungen bei Mittelstein, Binnenschiffahrtsrecht Bd. 1 zu §§ 102 bis 104, ferner Schaps, Seerecht § 486 Anm. 2 flg.). Jedoch bedarf es hier keines näheren Eingehens auf diese Fragen. Eine wesentliche Verschiedenheit des

Schiffsgläubigerrechts nach §§ 102 flg. BinnenschiffG. vom vertraglichen Schiffspfandrecht der §§ 1259 flg. BGB. zeigt sich schon darin, daß sich das erstere grundsätzlich auf Schiff und Fracht bezieht, die insofern als abgesondertes „Schiffsvermögen" eine rechtliche Einheit mit selbständigen rechtlichen Schicksalen bilden. Diesem Schiffsvermögen steht das sonstige Vermögen des Schiffseigners, sein sogenanntes Landvermögen gegenüber. Das eigene rechtliche Schicksal des Schiffsvermögens bewirkt, daß der Schiffseigner gewissen Schiffsgläubigern ausschließlich damit haftet, und zwar auch, wenn es in andere Hände gelangt ist, gleich als ob das Schiffsvermögen sein einziges Vermögen wäre. Die sämtlichen Bestandteile des Schiffsvermögens haften grundsätzlich dem Schiffsgläubiger unbeschränkt und gesamtschuldnerisch, wobei unter Umständen eine Ausgleichung stattzufinden hat. Wenn nun in § 32 AufwG. bestimmt ist, daß auf „Pfandrechte an im Schiffsregister eingetragenen Schiffen" die Vorschriften über die Aufwertung von Hypotheken entsprechende Anwendung finden sollen, so weist dies darauf hin, daß damit nur die (gleich den Hypotheken) durch Einigung zwischen Eigentümer und Gläubiger gemäß §§ 1260 flg. BGB. zu bestellenden vertraglichen Schiffspfandrechte gemeint sind und nicht auch die davon wesentlich verschiedenen Schiffsgläubigerrechte nach §§ 102 flg. BinnenschiffG. Wollte das Aufwertungsgesetz auch letztere mitumfassen, so hätte dies klar und eindeutig zum Ausdruck kommen müssen.

---

83. 1. Kann der unter Geschäftsaufsicht gestellte Käufer die Erfüllung des Kaufvertrags auch dann ablehnen, wenn der Verkäufer nach Anordnung der Geschäftsaufsicht wegen der Kaufpreisforderung bei ihm hat pfänden lassen?

2. Wird durch die Ablehnung der Erfüllung des Kaufvertrags die Pfändung unwirksam und die Zwangsvollstreckung unzulässig?

3. Muß der den Schuldner zur Ablehnung der Vertragserfüllung ermächtigende Gerichtsbeschluß auch dem Gläubiger von Amtswegen zugestellt werden?

Geschäftsaufsichtsverordnung v. 14. Dezember 1916 § 9, § 13 Abs. 1 Nr. 2 u. 4, § 14.

VI. Zivilsenat. Urt. v. 12. Oktober 1926 i. S. Firma T.'s Nachfolger (Bekl.) w. off. Handelsgesellschaft N. W. (Kl.). VI 257/26.

I. Kammer für Handelssachen beim Amtsgericht Glauchau.
II. Oberlandesgericht Dresden.

Die Klägerin hatte am 4. März 1924 von der Beklagten 8 Stücke Webwaren gekauft, sie aber nicht abgenommen. Die Beklagte erwirkte am 26. Januar 1925 bei dem zwischen den beiderseitigen Verbänden vereinbarten Schiedsgericht einen Schiedsspruch, durch den die Klägerin zur Abnahme der Ware sowie zur Zahlung des Preises von 3469,65 holländischen Gulden nebst Zinsen verurteilt wurde, ließ am 1. April 1925 den Spruch vom Amtsgericht Glauchau für vollstreckbar erklären und sodann am 17. Juni 1925 bei der Klägerin Waren im Werte von 6500 RM pfänden. Die Klägerin, die vor der Pfändung unter Geschäftsaufsicht gestellt worden war, erlangte vom zuständigen Amtsgericht Berlin-Mitte am 21. Juli 1925 die Ermächtigung, die Erfüllung des Kaufes abzulehnen, erklärte der Beklagten alsbald die Ablehnung und beanspruchte danach die Aufhebung der Pfändung. Da diese verweigert wurde, erhob sie Klage mit dem Antrag, die Zwangsvollstreckung aus dem Schiedsspruch für unzulässig zu erklären und die vollzogenen Zwangsvollstreckungsmaßnahmen aufzuheben. Die erste Instanz entsprach diesem Antrag. Die Berufung der Beklagten wurde zurückgewiesen. Ihre Revision blieb gleichfalls erfolglos.

Gründe:

Das Berufungsgericht hält die hier in Rede stehende Zwangsvollstreckung für unzulässig, weil der dem Vollstreckungstitel zugrundeliegende Anspruch der Beklagten auf Erfüllung des Kaufs vom 4. März 1924 durch die mit Ermächtigung des Amtsgerichts abgegebene Ablehnungserklärung der Klägerin erloschen sei und für den diesen Anspruch ersetzenden Schadensersatzanspruch weder jener Vollstreckungstitel gelte noch ein anderer Titel bestehe. Die Revision macht hiergegen zunächst geltend, daß die Beklagte zur Zeit der Pfändung einen Anspruch aus einem noch nicht erfüllten gegenseitigen Vertrage gehabt habe, mithin nach § 13 Abs. 1 Nr. 2 der Geschäftsaufsichtsverordnung vom Verfahren nicht betroffen worden und sonach zur Pfändung berechtigt gewesen sei. Durch diese habe sie daher gültiger Weise ein Recht erlangt, das nach § 13 Abs. 1 Nr. 4 a. a. O. von dem Geschäftsaufsichts-Verfahren nicht betroffen werde und das durch die spätere Ablehnung der Vertragserfüllung sowie die daraus folgende Umwandlung des Erfüllungsanspruchs nicht mehr habe beeinträchtigt werden können. Der Umstand, daß die Beklagte bei Vornahme der Pfändung auf Grund ihres Erfüllungsanspruchs außerhalb des Verfahrens stand, schloß aber nicht aus, daß die von ihr in dieser Stellung zulässigerweise betriebene Zwangsvollstreckung nachträglich unzulässig wurde, und diese Unzulässigkeit trat infolge der rechtswirksamen Ablehnung der Vertragserfüllung durch die Schuldnerin ein, weil der Schiedsspruch einen Vollstreckungstitel nur für den in ihm festgestellten Anspruch auf Vertragserfüllung, nicht auch für den mit der Ablehnung der Erfüllung an seine Stelle getretenen Schadensersatzanspruch wegen Nichterfüllung bildete (§§ 704, 322 ZPO.). Hiernach kann sich die Beklagte auch nicht mehr auf die Vorzugsstellung berufen, die sie auf Grund des im Wege der Zwangsvollstreckung erworbenen Pfandrechts gemäß § 13 Abs. 1 Nr. 4 GeschAufsVo. im Aufsichtsverfahren erlangt hatte. Allerdings findet nach § 804 ZPO. auf das Pfändungspfandrecht unter anderem die Bestimmung des § 1210 BGB. entsprechende Anwendung, wonach das Pfandrecht für die Forderung in ihrem jeweiligen Bestande haftet. Diese entsprechende Anwendung kann jedoch, wie das Reichsgericht wiederholt entschieden hat (RGZ. Bd. 97 S. 40, Bd. 108 S. 320), nur insoweit Platz greifen, als nicht Vorschriften der Zivilprozeßordnung entgegenstehen, und deren Vorschriften schließen, wie eben dargelegt, für den Anspruch auf Schadensersatz wegen Nichterfüllung die Geltendmachung eines Pfandrechts aus, das auf Grund eines auf den Erfüllungsanspruch lautenden vollstreckbaren Titels im Wege der Zwangsvollstreckung erlangt wurde.

Die Beklagte kann die Stellung eines gemäß § 13 Abs. 1 Nr. 4 GeschAufsVo. vom Aufsichtsverfahren nicht betroffenen Gläubigers auch nicht, wie die Revision will, aus dem Gesichtspunkt in Anspruch nehmen, daß die Klägerin nach Vornahme der Pfändung für den Erfüllungsanspruch nicht mehr berechtigt gewesen sei, die Erfüllung gemäß § 9 GeschAufsVo. abzulehnen. Diese Vorschrift knüpft die Ablehnung der Erfüllung eines gegenseitigen Vertrags durch den Schuldner nur an die sachliche Bedingung, daß der Vertrag von ihm und dem andern Teil zur Zeit der Eröffnung des Verfahrens noch nicht oder noch nicht vollständig erfüllt ist. Zwangsvollstreckungsmaßnahmen, die noch nicht zur vollständigen Befriedigung des Vertragsanspruchs geführt haben, stehen also der Ablehnung der Erfüllung nicht entgegen.

Ebensowenig kann der Revision beigetreten werden, wenn sie die Ablehnung der Erfüllung durch die Klägerin deshalb als rechtsunwirksam beanstandet, weil der sie zur Ablehnung ermächtigende Gerichtsbeschluß der Beklagten nicht zugestellt worden ist. Die Ermächtigung ist eine auf einseitigen Antrag des Schuldners ergehende Verfügung, die dem Gläubiger gegenüber erst dadurch Wirkung erlangt, daß der Schuldner ihm auf Grund der Verfügung die Ablehnung erklärt. Die im § 14 GeschAufsVo. vorgeschriebene entsprechende Anwendung der Verfahrensvorschriften der Zivilprozeßordnung führt daher nicht dazu, die Zustellung dieses Beschlusses an beide Vertragsteile zu verlangen, sondern, entsprechend den §§ 491, 922 Abs. 2, § 936 ZPO., zu der Annahme, daß die Mitteilung an den Gläubiger durch den Schuldner bei Abgabe der Ablehnungserklärung geboten, aber auch ausreichend ist. Da der Ermächtigungsbeschluß im vorliegenden Falle der Klägerin gehörig zugestellt und von ihr sodann der Beklagten bei der Ablehnung mitgeteilt wurde, läßt sich die Formgültigkeit der Ablehnung nicht bezweifeln.

---

84. Wann hat der Eisenbahn-Frachtvertrag als abgeschlossen zu gelten, insbesondere in dem Fall, wenn der Bahnwagen auf einem privaten Anschlußgleis beladen und von dort der Güterabfertigung der Eisenbahn zugeführt wird?

Eisenbahn-Verkehrsordnung § 61.

I. Zivilsenat. Urt. v. 13. Oktober 1926 i. S. B. A.-G. (Kl.) w. Reichsbahn-Gesellschaft (Bekl). I 17/26.

I. Landgericht Hamburg.
II. Oberlandesgericht daselbst.

Im Auftrag der Firma B. & Co. in Gr.-Kl. gab die Speditionsfirma F. & Bl. in Hamburg mit Frachtbrief vom 30. September 1924

Zinn, das von Übersee in den Kaianlagen der Hamburg-Amerika-Linie (HAL) angekommen war, zur Beförderung an die Firma Sch. & Co. in M. bei der Güterabfertigung Hamburg-Süd auf. Die HAL ließ das Gut — ursprünglich 44 Block — auf dem von ihr gepachteten Anschlußgleis verladen, den Wagen mit Plomben verschließen und dem Rangiermeister der Beklagten am Nachmittag des 30. September übergeben. Der Wagen wurde dann nach einem im Eigentum des Hamburgischen Staates stehenden Überladegleis des Bahnhofs Hamburg-Süd übergeführt und blieb dort stehen. In der Nacht zum 1. Oktober wurde der Wagen, der noch nicht in den Abgangszug der Beklagten eingestellt war, gewaltsam geöffnet von Unbefugten, die 16 Block Zinn daraus entwendeten. Die Beklagte stellte dies alsbald fest und ermittelte dabei, daß das Gewicht der Ladung, das mit 2050 kg angegeben war, nur 1310 kg betrug. Der Frachtbrief, welcher der HAL eingereicht worden war, ist nach der Verladung am 30. September der Güterabfertigung Hamburg-Süd übersandt worden. Dort wurde zunächst an der Stelle „Stempel der Versandstation" der Annahmestempel vom 30. September 1924 aufgedruckt. Später wurde dieser Stempelaufdruck durchstrichen und darüber ein Annahmestempel vom 1. Oktober aufgedruckt.

Die Klägerin, der die Ansprüche gegen die Beklagte abgetreten worden sind, hat diese für den Verlust haftbar gemacht und Klage auf Ersatz des Wertes der Ladung erhoben.

Das Landgericht gab der Klage statt, das Oberlandesgericht wies sie ab. Die Revision der Klägerin hatte keinen Erfolg.

Gründe:

Das Berufungsgericht hat die Haftung der Beklagten mit folgender Begründung verneint: Die Beraubung sei in der Nacht zum 1. Oktober 1924 erfolgt. Damals habe die Beklagte das Gut noch nicht zur Beförderung im Sinne des § 61 EVerkO. angenommen gehabt. Selbst wenn der später getilgte Annahmestempel vom 30. September auf dem Frachtbrief zu Recht bestände, wäre damit der Beweis für den bereits damals erfolgten Abschluß des Frachtvertrags nicht unwiderleglich erbracht. Es sei vielmehr der Gegenbeweis des späteren Abschlusses gestattet und dieser sei geführt. Denn aus dem Vertrag zwischen der Eisenbahndirektion Altona und der HAL ergebe sich, daß die Annahme des Frachtguts durch die

Beklagte erst mit der Einstellung des beladenen Wagens in den Abgangszug erfolge. Diesen Vertrag müsse der Absender gegen sich gelten lassen, wie sich auch aus § 20 der besonderen Bestimmungen über den Eisenbahn-Güterverkehr in Altona, Hamburg und Harburg ergebe. Die Gleise, auf denen die Wagen nach dem Bahnhof Hamburg-Süd gebracht würden, gehörten nicht der Beklagten. Sie sei für diese Zuführung nur nach landfrachtlichen Grundsätzen verantwortlich und könne bestimmen, an welchen Stellen der fremden Gleise sie die Güter übernehme und in welcher Weise sie für die vorangehende Beförderung hafte. Die letztere Haftung sei im Vertrag ausgeschlossen, als Zeitpunkt der Übernahme sei die Einstellung in den Abgangszug bestimmt. Eine Haftung der Beklagten nach § 432 HGB. und § 100 EVerkO. komme nicht in Frage, da ein durchgehender Frachtbrief nicht ausgestellt worden sei.

Die Revision macht dagegen geltend: Angenommen habe die Beklagte das Gut bereits bei der Übergabe des Wagens an ihren Rangiermeister, nachdem der Wagen das von der HAL gepachtete Gelände verlassen hätte. Der ganze Betrieb erfolge ja auch mit Lokomotiven und Leuten der Beklagten. Das frühere Zustandekommen des Frachtvertrags gehe ferner hervor aus dem maßgebenden ursprünglichen Annahmestempel und dem am 30. September gestempelten Duplikatfrachtbrief. Der Vertrag zwischen der HAL und der Eisenbahndirektion Altona gehe die Klägerin nichts an. Die Beklagte hafte auch gemäß § 100 EVerkO. Da die HAL gemäß § 15 ihrer Betriebsordnung die Haftung ebenfalls ablehne, würde es sonst an jeder Haftung fehlen.

Diese Rügen können nicht zur Aufhebung des Urteils führen; die Ausführungen des Berufungsgerichts lassen keinen durchgreifenden Rechtsirrtum erkennen. Soweit die eisenbahnfrachtrechtliche Haftung der Beklagten in Frage kommt, ist gemäß § 84 EVerkO. entscheidend, ob das Gut zur Zeit der Beraubung des Wagens von der Beklagten bereits zur Beförderung angenommen war. Die Zweifel, die in dieser Beziehung entstehen können, ergeben sich daraus, daß das Gut auf dem Anschlußgleis der HAL verladen, dann über dieses und das Gleis der Hamburgischen Staatseisenbahn befördert und von dem dort befindlichen Übergabegleis nach den Gleisen der Beklagten geschafft worden ist, und zwar durchweg mit Lokomotiven und Leuten der Beklagten. Die Beraubung geschah, während sich der Wagen noch auf dem Gleis der Hamburgischen Staatsbahn befand und bevor er in den Abgangszug eingestellt wurde. Es ist daher zu prüfen, wie die Stellung der Beklagten in den einzelnen Abschnitten ist. Nach den gesetzlichen Bestimmungen ist die Beklagte verpflichtet, das Gut zur Beförderung anzunehmen, jedoch nur auf ihrem eigenen Bahngelände, soweit nicht bei Anschlüssen an fremde Bahnen oder Gleise etwas anderes vertraglich bestimmt ist. Will die Beklagte das Gut in den letzteren Fällen schon vorher zur Beförderung annehmen, so ist sie in der vertraglichen Bestimmung des Zeitpunktes frei. In § 5 des Vertrags zwischen der Eisenbahndirektion Altona und der HAL ist nun ausdrücklich bestimmt: „Wagenladungen und geschlossene Stückgutladungen werden übergeben und übernommen zugleich mit der Übergabe und Übernahme der Eisenbahnwagen gemäß Ziffer 1. Mit der Übernahme gilt auch die Annahme zur Beförderung im Sinne der EVerkO. als erfolgt." Nach Ziffer 1 erfolgte die Übergabe und Übernahme der Eisenbahnwagen auf den für den öffentlichen Kaiverkehr bestimmten Übergabegleisen (das sind die Ein- und Ausfuhrgleise des Rangierbahnhofs Hamburg-Süd), wobei etwaige Beschädigungen und Mängel gemeinsam festzustellen und schriftlich niederzulegen waren. Die auf die Staatsbahn übergehenden beladenen und leeren Wagen gelten als unbeanstandet von der Eisenbahnverwaltung abgenommen, sobald sie im Abgangszuge stehen. Eine besondere Übernahme auf dem Übergabegleis des Bahnhofs Hamburg-Süd ist hier nicht festgestellt worden. Die Übernahme geschah also erst mit der Einstellung in den Abgangszug, die nach der Beraubung vorgenommen wurde. Daß der Frachtbrief einen — später getilgten — Annahmestempel vom 30. September getragen hat, ist mit Recht vom Berufungsgericht nicht als endgültiger Beweis der früheren Annahme zur Beförderung angesehen worden, auch für den Fall nicht, daß man diesen Stempel, und nicht den späteren, für maßgebend halten will. Denn der dadurch zunächst geführte Beweis kann widerlegt werden — RGU. vom 2. Juni 1926 I 402/25 —, und das ist hier durch den Hinweis auf die Vertragsbestimmungen geschehen. Da der Frachtbrief der Güterabfertigung gesondert zugeht, ist es auch leicht möglich, daß diese ihn schon vorzeitig mit dem Annahmestempel versieht, indem sie irrtümlich von einer schon erfolgten Einstellung in den Abgangszug ausgeht. Die Vertragsbestimmungen sind aber für den Absender maßgebend, wie das Berufungsgericht zutreffend ausführt. Denn die als Teil des Tarifs allgemein verbindlichen besonderen Bestimmungen über den Eisenbahn-Güterverkehr in Altona, Hamburg und Harburg sagen im § 20 ausdrücklich, daß im Verkehr mit der HAL die Überführung von Wagenladungen und geschlossenen Stückgutladungen gemäß vertraglicher Regelung unmittelbar erfolgt. Daß dadurch auch der Zeitpunkt der Annahme — um ihn allein handelt es sich — in besonderer Weise geregelt werden durfte, ergibt sich aus § 2 Abs. 2 EVerkO. Überdies muß sich jeder, der besondere Einrichtungen zur Überführung von Gütern bis zur Eisenbahntarifstation benutzt, den für diese Überführung mit der Eisenbahn vereinbarten Bedingungen fügen. Das Berufungsgericht stellt auch ausdrücklich fest, daß die Versenderin die Bestimmungen des Vertrags gekannt hat. Schließlich ist darauf hinzuweisen, daß die Betriebsordnung der HAL, die wieder die Grundlage der Beziehungen zwischen der HAL und den ihre Einrichtungen Benutzenden ist, im § 15 ausdrücklich sagt, die Bahn erkenne ihre Haftpflicht erst von dem Augenblick der Einstellung des Wagens in den Abgangszug an.

Bis zu diesem Zeitpunkt ist Vertragsgegner des Absenders nicht die Eisenbahn, sondern die HAL. Denn die Beförderung der Wagen von der Beladungsstelle auf den Anlagen der HAL bis zum Überladegleis wird, wie der Betriebsordnung und den Vertragsbestimmungen zu entnehmen ist, dem Absender gegenüber nicht von der Eisenbahn bewirkt, sondern von der HAL. Diese bedient sich dabei der Beklagten nur als ihrer Erfüllungsgehilfin. Nach § 1 des Vertrags übernimmt es die Bahn der HAL gegenüber, die Wagen nach und von den Kaianlagen zu schaffen. Sie erhält dafür eine bestimmte Gebühr von der HAL und diese erhebt ihrerseits wieder eine Gebühr vom Absender. Die Beklagte tritt also bei dieser Überführung der Wagen in keine unmittelbaren Beziehungen zum Absender. Dementsprechend regelt denn auch § 13 des Vertrags die Haftpflicht für die Beschädigung von Gütern ganz klar dahin: die Haftpflicht geht vom Zeitpunkt der Übergabe oder Übernahme an auf den Übernehmenden über; es haftet daher die HAL sowohl auf den von ihr gepachteten Kaianlagen als auch auf den öffentlichen Kai- und Hafenanlagen, soweit diese bei der Zuführung und Abholung mitbenutzt werden. Die „Abholung" der Wagen dauert aber nicht nur bis zur Verbringung der Wagen auf das Überladegleis, sondern bis zur Übernahme durch die Beklagte, also bis zur Einstellung in den Abgangszug. Das hat auch die HAL im § 15 ihrer Betriebsordnung deutlich zum Ausdruck gebracht. Dementsprechend werden die Frachtbriefe der Beklagten zunächst nur zur Vorprüfung eingereicht, damit sich später bei der Übernahme keine Anstände in dieser Beziehung ergeben. Endgültig zum Zwecke des Vertragsschlusses werden sie ihr erst so zugeführt, „daß sie beim Eintreffen der Wagen im Bahnhof zur Hand der Güterabfertigung sind". Für die Zeit bis zur Übernahme durch die Bahn kommt die HAL als Vertragsgegnerin und als die aus dem Vertrag Haftpflichtige in Frage. Welche Rechtsnatur diese Beziehungen haben und ob die HAL ihre Haftung ausschließen kann, wie sie es im § 15 der Betriebsordnung tut, bedarf hier nicht der Erörterung. Jedenfalls kann aus diesem vertraglichen Haftungsausschluß nichts für eine Haftung der Beklagten gefolgert werden.

Auch aus den Bestimmungen der §§ 432, 473 HGB, § 100 EVerkO. läßt sich die Haftung der Beklagten nicht herleiten. Die Voraussetzungen dieser Vorschriften würden nur gegeben sein, wenn die HAL die gesamte Beförderung bis M. übernommen hätte und ein durchlaufender Frachtbrief ausgestellt wäre. Das ist hier nicht der Fall. Die HAL übernahm nur die Verladung und die Beförderung bis zur Übernahme durch die Bahn. Ein Frachtbrief ist dafür überhaupt nicht ausgestellt worden. Der vorhandene Frachtbrief bezieht sich nur auf die Beförderung nach Annahme durch die Beklagte. Dementsprechend hat auch ihre Güterabfertigung, nicht die HAL, den Stempel der Versandstation aufgedrückt. Daß der Frachtbrief von der Absenderin bei der HAL eingereicht wurde, erklärt sich aus der besonderen Art der Verladung auf den Kaianlagen der HAL und aus der Überführung von dort zur Beklagten. Diese Einreichung geschah also bloß aus Zweckmäßigkeitsgründen. Die HAL vermittelte nur die Weitergabe.

85. 1. Gilt bei der offenen Handelsgesellschaft die im Gesellschaftsvertrag getroffene Regelung, daß im Falle von Meinungsverschiedenheiten über geschäftliche Fragen die Mehrheit nach Köpfen entscheiden solle, auch für solche Beschlüsse, welche die Grundlagen der Gesellschaft selbst, insbesondere die Art der Auseinandersetzung betreffen?

2. Findet § 315 BGB. Anwendung, wenn es sich darum handelt, die Art der Auseinandersetzung unter mehreren im Gesellschaftsvertrag vorgesehenen Möglichkeiten zu bestimmen?

HGB. § 119. BGB. §§ 262, 315, 709.

II. Zivilsenat. Urt. v. 15. Oktober 1926 i. S. R. M. (Bekl.) w. F. M. u. Gen. (Kl.). II 119/26.

I. Amtsgericht Barmen, Kammer für Handelssachen.
II. Oberlandesgericht Düsseldorf.

Die Parteien sind die Gesellschafter der offenen Handelsgesellschaft A. M. in R. Maßgebend für ihr Verhältnis ist der Gesellschaftsvertrag vom 21. Mai 1910. Die Kläger haben gemäß § 1 die Gesellschaft zum 15. Juli 1925 gekündigt. Im § 11 des Vertrags haben die Gesellschafter sich verpflichtet, niemals eine Liquidation der Firma herbeizuführen oder eintreten zu lassen, vielmehr sollen sie, falls sie sich über die Auseinandersetzung nicht auf andere Weise einigen, nur berechtigt sein zu verlangen, daß das Geschäft mit Aktiven und Passiven, einschließlich der Firma, unter ihren Teilhabern und Rechtsnachfolgern versteigert oder die Firma in eine andere Gesellschaftsform umgewandelt, oder daß das Geschäft als Ganzes mit Aktiven und Passiven an dritte Personen verkauft werde. Die Kläger verlangen nunmehr die Auseinandersetzung in der Weise, daß das Geschäft mit Aktiven und Passiven einschließlich der Firma unter den Gesellschaftern versteigert werde, und Verurteilung des Beklagten dahin, daß er den Notar Dr. H. mit der Versteigerung des Geschäfts unter den Gesellschaftern zu beauftragen habe. Der Beklagte macht geltend: der § 11 des Vertrags sei unklar und ermangle der nötigen Bestimmtheit. Er sei auch nichtig, weil durch den Ausschluß der Liquidation und die wenigen im Vertrage gewährten Möglichkeiten zur Verwertung des Geschäfts das Kündigungsrecht der Gesellschafter in unzulässiger Weise beschränkt werde.

Keinesfalls hätten die Kläger das Wahlrecht unter den drei Möglichkeiten des § 11, dieses stehe vielmehr dem Beklagten zu. Die Kläger handelten auch sittenwidrig, wenn sie bei der heutigen Wirtschaftslage und bei der ihnen bekannten Mittellosigkeit des Beklagten eine Versteigerung des Geschäfts anstrebten, um so das wertvolle Geschäft für einen geringen Preis zu erwerben.

Die Kammer für Handelssachen gab der Klage statt. Die Berufung des Beklagten wurde zurückgewiesen. Auch seine Revision blieb erfolglos.

Aus den Gründen:

(Nach Zurückweisung der gegen die Rechtsbeständigkeit des § 11 des Vertrags gerichteten Einwendung des Beklagten fährt das Urteil fort:)

Dem angefochtenen Urteil kann insoweit nicht beigetreten werden, als es ausführt, die Umwandlung des Geschäfts in eine andere Gesellschaftsform erfordere nicht unbedingt eine Einigung unter den Gesellschaftern, vielmehr könne die Zustimmung eines sich unberechtigt weigernden Gesellschafters nötigenfalls durch Richterspruch erzwungen werden. Das wäre nur dann richtig, wenn die Bestimmungen des Gesellschaftsvertrags den nötigen Anhalt gewährten, um die fehlende Einigung der Parteien richterlich zu ergänzen. Daran fehlt es jedoch im Vertrag. Er läßt nicht einmal erkennen, welche der verschiedenen an sich denkbaren Gesellschaftsformen für die neue Gesellschaft in Betracht kommen sollte. Das aber müßte zur Ermöglichung einer Ergänzung durch Richterspruch mindestens feststehen (RGZ. Bd. 106 S. 174). Dagegen fehlt es dem Vertrage für den Abschluß eines Verkaufs über das Geschäft an einen Dritten nicht an der nötigen Bestimmtheit oder doch Bestimmbarkeit; der Wert des Geschäfts läßt sich auf Grund einer aufzustellenden Bilanz durch sachverständige Schätzung ermitteln und danach kann der vom Käufer zu fordernde angemessene Preis bestimmt werden.

Das Berufungsgericht ist der Ansicht, daß weder den Klägern als den die Gesellschaft Kündigenden noch dem Beklagten ein Wahlrecht unter den nach dem Vertrage gegebenen verschiedenen Möglichkeiten zustehe; insbesondere lehnt es eine entsprechende Anwendung des § 262 BGB. ab. Es nimmt an, daß die Gesamtheit der Gesellschafter hierüber zu entscheiden habe und daß diese Entscheidung entsprechend dem § 10 des Gesellschaftsvertrags durch die Mehrheit der Gesellschafter nach Köpfen zu treffen sei. Dem Urteil ist darin zuzustimmen, daß § 262 BGB. auf das Verhältnis zwischen den Parteien nicht entsprechend angewendet werden kann. Denn es läßt sich nicht sagen, daß die verschiedenen vertraglichen Möglichkeiten der Auseinandersetzung „mehrere Leistungen" sind, welche die Gesellschafter wahlweise untereinander schulden. Geschuldet wird immer nur die eine Leistung, die Auseinandersetzung, zu der die Gesellschafter mitwirken müssen. Aber die Heranziehung des § 10 des Gesellschaftsvertrags zur Entscheidung darüber, wem das Wahlrecht zwischen den verschiedenen im Vertrag vorgesehenen Möglichkeiten der Auseinandersetzung zusteht, begegnet rechtlichen Bedenken. Diese Bestimmung trifft, wie auch das Berufungsgericht annimmt, eine Regelung nur für den Fall von Meinungsverschiedenheiten zwischen den Gesellschaftern über geschäftliche Fragen und läßt insoweit die Mehrheit nach Köpfen entscheiden. Sie bezieht sich also nur auf Fragen der Geschäftsführung und kann nicht ohne weiteres auf Beschlüsse ausgedehnt werden, welche, wie die Art der Auseinandersetzung, die Grundlagen der Gesellschaft selbst betreffen. Ein allgemeiner Grundsatz, wonach bei Personengesamtheiten in der Regel der Wille der Mehrheit entscheiden soll, gilt weder für die Gesellschaft des bürgerlichen Rechts (§ 709 BGB.) noch für die offene Handelsgesellschaft (§ 119 HGB.). Vielmehr ist bei den von den Gesellschaftern zu fassenden Beschlüssen der Regel nach die Zustimmung aller zur Mitwirkung berufenen Gesellschafter zu erfordern, und davon darf nur abgewichen werden, soweit der Gesellschaftsvertrag die Entscheidung nach der Mehrheit der Stimmen vorsieht. Im vorliegenden Fall bietet schon der Gesellschaftsvertrag keine genügende Grundlage für die Annahme, daß auch außerhalb des Rahmens der Geschäftsführung und im besonderen bei Fragen der Auflösung der Gesellschaft und bei Bestimmung der Art der Auseinandersetzung die Mehrheit der Gesellschafter zu entscheiden habe.

Trotzdem muß dem Berufungsgericht im Ergebnis darin beigetreten werden, daß die Bestimmung der Kläger über die Art der Auseinandersetzung maßgebend ist. Wenn § 11 des Vertrags den Gesellschaftern beim Fehlen einer anderweiten Einigung für die Auseinandersetzung unter Ausschluß der Liquidation mehrere Möglichkeiten an die Hand gibt (eine dieser Möglichkeiten scheidet nach dem oben Gesagten wegen ihrer Unbestimmtheit aus), so kann das nur dahin verstanden werden, daß derjenige, der gekündigt hat und die Auseinandersetzung betreibt, auch zu bestimmen hat, in welcher Weise die Auseinandersetzung innerhalb der vertragsmäßigen Möglichkeiten stattfinden soll. Daß die §§ 262 flg. BGB. hier nicht anwendbar sind, ist schon hervorgehoben. In Fällen wie der vorliegende greift vielmehr § 315 BGB. ergänzend ein. Die Mitwirkung jedes Gesellschafters zur Auseinandersetzung ist im Sinne dieser Vorschrift eine Leistung (§ 241 BGB.), deren näherer Inhalt — die Art der Auseinandersetzung — noch unbestimmt war, aber auf Grundlage des Vertrags bestimmt werden mußte. Indem die Kläger unter den vertraglichen Möglichkeiten die Versteigerung unter den Gesellschaftern wählten, haben sie die Leistung bestimmt. Da die Bestimmung im Zweifel nach billigem Ermessen zu treffen ist, so ist sie für den anderen Teil nach § 315 Abs. 3 BGB. nur dann verbindlich, wenn sie der Billigkeit entspricht. Andernfalls müßte das Gericht die Bestimmung durch Urteil treffen, hier also auf entsprechende Änderung des Klagantrags hinwirken und dann den Beklagten zur Einwilligung in den Verkauf an einen Dritten verurteilen. Das Vorbringen des Beklagten, daß die von den Klägern getroffene Entscheidung der Billigkeit nicht entspreche und ihr ganzes Vorgehen gegen die guten Sitten verstoße, entbehrt der Begründung. (Wird des näheren dargelegt).

---

86. 1. Ist der Vorstand einer Aktiengesellschaft zu ihrer gerichtlichen Vertretung befugt, wenn es sich um Klagen von Aufsichtsratsmitgliedern auf Entlastung wegen ihrer Geschäftsführung handelt?

2. Erstreckt sich die Befugnis der Generalversammlung zur Bestellung von besonderen Vertretern zur Führung von Rechtsstreitigkeiten, welche die Geltendmachung von Schadensersatzansprüchen aus der Geschäftsführung des Aufsichtsrats betreffen, auch auf den Fall, daß die Gesellschaft auf Erteilung der Entlastung verklagt wird, weil die Generalversammlung wegen angeblicher Rückgriffsmöglichkeit gegen Mitglieder der Verwaltung (des Aufsichtsrats) die Entlastung verweigert hat?

HGB. §§ 231, 247, 260, 268, 272.

II. Zivilsenat. Urt. v. 15. Oktober 1926 i. S. Gummiwerke E. A.-G. (Bekl.) w. H. u. Gen. (Kl.). II 584/25.

I. Landgericht Torgau.
II. Oberlandesgericht Naumburg a. S.

Die Kläger sind Mitglieder des Aufsichtsrats der beklagten Aktiengesellschaft; ihm gehören außerdem noch der Bankier Dr. B., die Kommerzienräte G. und Sch. und zwei aus dem Betriebsrat entsandte Mitglieder an. Die beklagte Gesellschaft hielt am 29. November 1924 ihre ordentliche Generalversammlung ab, in welcher der Jahresbericht, die Bilanz und die Gewinn- und Verlustrechnung für das Geschäftsjahr 1923 vorgelegt wurden und gemäß der Tagesordnung über die Entlastung der Aufsichtsratsmitglieder für das Jahr 1923 Beschluß gefaßt werden sollte. Die Vorlagen wurden genehmigt; auch wurde dem Vorstand sowie den Aufsichtsratsmitgliedern B., G. und Sch. Entlastung erteilt, hinsichtlich der Kläger aber wurde die Beschlußfassung über die Entlastung auf unbestimmte Zeit vertagt.

Die Kläger verlangen mit der Klage Erteilung der Entlastung für das Geschäftsjahr vom 1. Januar bis 31. Dezember 1923 mit der Behauptung, daß die Generalversammlung ihnen die Entlastung zu Unrecht verweigert habe. Die Beklagte macht geltend, die von der Generalversammlung verweigerte Entlastung könne nicht durch Urteil ersetzt werden. Keinesfalls könne aber sie — die Beklagte — in diesem Rechtsstreit durch den Vorstand vertreten werden, da dieser nicht befugt sei, die Entlastungserklärung abzugeben; es müsse deshalb ein besonderer Vertreter bestellt werden. Im übrigen hätten die Kläger ihre Pflichten als Mitglieder des Aufsichtsrats mehrfach verletzt.

Das Landgericht gab der Klage statt. Die Berufung der Beklagten wurde zurückgewiesen. Auch ihre Revision blieb erfolglos.

Aus den Gründen:

Die Klage auf Entlastung der Kläger als Mitglieder des Aufsichtsrats ist erhoben gegen die beklagte Aktiengesellschaft, vertreten durch ihren Vorstand, Fabrikdirektor P. Die Beklagte hatte den Einwand der mangelnden gesetzlichen Vertretung schon in den vorigen Rechtszügen erhoben, weil, wie sie meint, der Vorstand im Rechtsstreit auf Erteilung der Entlastung die Gesellschaft nicht vertreten könne und deshalb ein besonderer Vertreter hätte bestellt werden müssen. Mit Recht haben aber Landgericht und Oberlandesgericht diese Einrede zurückgewiesen. Sie gehen unter Berufung auf RGZ. Bd. 89 S. 396 zutreffend davon aus, daß Vorstand und Aufsichtsrat einen klagbaren Anspruch auf Entlastung gegen die Aktiengesellschaft haben, wenn die Generalversammlung die Erteilung der Entlastung ohne Grund verweigert oder die Beschlußfassung darüber auf unbestimmte Zeit vertagt, und daß von dem allgemeinen Grundsatz der gerichtlichen Vertretung der Aktiengesellschaft durch den Vorstand auch dann keine Ausnahme zu machen sei, wenn, wie hier, eine Handlung in Frage kommt, die nicht der Vorstand, sondern ein anderes Organ der Gesellschaft, nämlich die Generalversammlung, vorzunehmen hat.

Die Vorschriften des Handelsgesetzbuch, insbesondere des § 231, bieten keinen Anhalt dafür, daß die allgemeine Befugnis des Vorstands zur gerichtlichen Vertretung der Aktiengesellschaft bei Klagen auf Entlastung von Aufsichtsratsmitgliedern eine Beschränkung erleide. Der Umstand, daß die Beschlußfassung über die Erteilung der Entlastung nach § 260 Abs. 1 HGB. Sache der Generalversammlung ist, hindert nicht, daß die gerichtliche Vertretung der Gesellschaft gegenüber der Klage auf Entlastung, die nicht gegen die Generalversammlung als Organ der Gesellschaft, sondern nur gegen diese selbst gerichtet werden kann, dem Vorstand verbleibt. Daß der Vorstand die Aktiengesellschaft nicht vertreten kann in einem Rechtsstreit, in dem er selbst Partei ist, wird im Handelsgesetzbuch als selbstverständlich vorausgesetzt. Für solche Fälle ist in §§ 247, 272 HGB. die Vertretung der Gesellschaft durch den Aufsichtsrat vorgesehen; ergänzend greift § 57 Abs. 1 ZPO. ein. Dagegen läßt sich dem Gesetz nicht entnehmen, daß der Vorstand auch im Falle eines möglichen bloßen Interessenwiderstreits ohne weiteres von der Befugnis zur gesetzlichen Vertretung der Gesellschaft im Prozeß ausgeschlossen sein soll. Das Handelsgesetzbuch hat eine allgemeine Ausnahme für derartige Fälle nicht gemacht, sondern nur für die besonderen Fälle des § 268 HGB. (darunter auch für die Geltendmachung von Ansprüchen der Gesellschaft aus der Geschäftsführung des Aufsichtsrats) die Möglichkeit der Wahl besonderer Prozeßvertreter durch die Generalversammlung geschaffen. Der § 268 a. a. O. muß in dem Sinne verstanden werden, daß die Generalversammlung die Befugnis zur Bestellung besonderer Vertreter auch dann hat, wenn die Gesellschaft auf Entlastung verklagt wird, weil die Generalversammlung wegen angeblicher Regreßansprüche gegen Mitglieder der Verwaltung die Entlastung verweigert hat. Denn im Ergebnis handelt es sich in beiden Prozessen um dasselbe, nämlich um die Frage, ob aus der Geschäftsführung der Organe Ansprüche der Gesellschaft auf Schadensersatz erwachsen sind. Die Vertretung durch besondere Vertreter kann aber auch bei Klagen auf Entlastung, die von Mitgliedern der Verwaltung gegen die Gesellschaft erhoben werden, zur Sicherung einer unabhängigen Prozeßführung geboten sein. Deshalb hat der Vorstand bei derartigen Klagen von Aufsichtsratsmitgliedern zu prüfen, ob er selbst nach der gegebenen Sachlage zur unabhängigen Vertretung der Gesellschaft geeignet ist; gegebenenfalls muß er gemäß § 253 HGB. eine Generalversammlung berufen, um dieser zur Wahl eines besonderen Vertreters Gelegenheit zu geben. Andernfalls macht er sich schadensersatzpflichtig, wenn infolge solcher Unterlassung die Rechte der Gesellschaft nicht genügend wahrgenommen werden. Ebenso können Aktionäre, deren Anteile zusammen den zwanzigsten Teil des Grundkapitals erreichen, zu dem gedachten Zweck die Berufung einer Generalversammlung auf dem in § 254 HGB. angegebenen Wege erreichen. Wenn aber, wie im vorliegenden Fall, derartige Schritte nicht unternommen werden und die Bestellung besonderer Vertreter unterbleibt, so behält es bei der allgemeinen Befugnis des Vorstands zur gerichtlichen Vertretung der Aktiengesellschaft sein Bewenden.

---

87. Bis zu welchem Zeitpunkt ist außerhalb des Aufwertungsgesetzes die Verpflichtung zur nachträglichen Aufwertung geleisteter und angenommener Kaufpreiszahlungen aus Grundstücksverkäufen zurückzuerstrecken?

BGB. § 242.

V. Zivilsenat. Urt. v. 20. November 1926 i. S. Gewerkschaft B. H. u. A. (Bekl.) w. H. (Kl.). V 565/25.

I. Landgericht Essen.
II. Oberlandesgericht Hamm.

Der Kläger hat der Beklagten durch notariellen Vertrag vom 5. Januar 1920 eine Anzahl von Grundstücken zum Preise von 652000 ℳ verkauft. Der Kaufpreis ist teils durch Übernahme von Hypotheken, teils durch Barzahlung gedeckt und in Höhe eines Restbetrags von 123500 ℳ ohne hypothekarische Sicherstellung gestundet worden. Die Beklagte hat auf diesen Restkaufpreis am 13. Oktober 1920 20000 ℳ, am 25. Februar 1921 10000 ℳ, am 3. März 1922 23500 ℳ, am 1. Juni 1922 30000 ℳ und am 14. August 1922 40000 ℳ gezahlt. Der Kläger hat zunächst mit Schreiben vom 21. Juli 1924 und sodann im November 1924 mit der Klage Aufwertung in Höhe von 25000 GℳM verlangt. Die Beklagte wandte ein, daß der Kläger durch vorbehaltlose Annahme der Zahlungen auf weitere Ansprüche verzichtet habe und daß das Restkaufgeld als Vermögensanlage im Sinne der III. Steuernotverordnung anzusehen sei. Das Landgericht hat der Klage in Höhe von 10000 Rℳ stattgegeben. Gegen dieses Urteil hat die Beklagte Berufung eingelegt; der Kläger hat sich ihr angeschlossen. Das Oberlandesgericht hat die Berufung der Beklagten zurückgewiesen und auf die Anschlußberufung des Klägers die Beklagte verurteilt, an den Kläger sofort 3000 Rℳ nebst 4% Zinsen seit dem 1. April 1925 sowie am 1. April der nächstfolgenden vier Jahre je weitere 4500 Rℳ zu zahlen.

Mit der Revision beantragte die Beklagte, die Klage soweit abzuweisen, als dem Kläger zum 1. April 1927 mehr als 1050 Rℳ und zum 1. April 1928 sowie zum 1. April 1929 je 4500 Rℳ zugesprochen waren. Das Berufungsurteil wurde in diesem Umfang aufgehoben und die Sache an die Vorinstanz zurückverwiesen.

Gründe:

Die Revision beanstandet die Rechtsauffassung des Berufungsrichters nur insofern, als er der Aufwertung des Klaganspruchs, ungeachtet der von der Beklagten geleisteten Zahlungen, dessen volle ursprüngliche Höhe zugrunde gelegt und demgemäß den Anspruch unter Berücksichtigung des Gegenwartswertes des verkauften Grundstücks auf 27000 Rℳ festgesetzt, die von der Beklagten geleisteten Zahlungen aber nur mit einem Umrechnungswerte von 6000 Rℳ in Abzug gebracht hat. Die Revision hält diese Berechnungsweise deshalb für unrichtig, weil alle Zahlungen (abgesehen von der letzten vom 14. August 1922) vor dem spätestens im Juli 1922 eingetretenen endgültigen Währungsverfall geleistet und deshalb, da für diese Zeit noch kein Aufwertungsanspruch begründet gewesen sei, zum vollen Nennwert vom Nennbetrag der Kaufgeldforderung abzuziehen gewesen seien. Es habe daher — meint die Revision — nur der danach noch verbleibende Rest von 40000 ℳ aufgewertet werden dürfen. Die Aufwertung dieses Betrags ergebe, wenn man im übrigen den Berechnungsmaßstab des Berufungsrichters zugrundelege, nur 8745 Rℳ, so daß sich die Klagforderung nach Abzug der auf 195 Rℳ umzuwertenden Zahlung vom 14. August 1922 auf nur 8550 Rℳ belaufe und mithin die Klage in dem aus dem Revisionsantrag ersichtlichen Umfang abgewiesen werden müsse.

Diese Ausführungen sind nicht zutreffend. Allerdings hat sich der II. Zivilsenat in ständiger Rechtsprechung auf den Standpunkt gestellt, daß die Papiermark, obgleich sowohl ihre Kaufkraft im Inlande als auch ihr Wert im Vergleich zu festen ausländischen Währungen erheblich zurückgegangen war, bis zu ihrem nach seiner Meinung am 15. August 1922 erfolgten jähen Absturz im Rechts- und Wirtschaftsleben immer noch als Wertmesser gegolten habe und daß daher alle diejenigen, welche bis zu diesem Zeitpunkt auf ihre Papiermarkforderungen einen dem Nennwert entsprechenden Markbetrag erhalten hätten, als voll befriedigt angesehen werden müßten und mithin nicht berechtigt seien, die Nachzahlnng eines Aufwertungsbetrags zu verlangen. Mit besonderem Nachdruck hat der II. Zivilsenat diesen Standpunkt in seinem Urteil vom 30. April 1926 II 206/25 (RGZ. Bd. 113 S. 136) betont und ihn dort unter Anführung auch der Rechtsprechung der übrigen Senate im Widerspruch zu der vom I. Zivilsenat in seinen Urteilen vom 16. Januar 1926 I 159/25 (RGZ. Bd. 112 S. 324) und vom 23. Januar 1926 I 210/25 (WarnRspr. 1926 Nr. 64) dargelegten Rechtsauffassung näher begründet. Er hat daran auch in seinem Urteil vom 1. Juni 1926 II 443/25 festgehalten, und auch der VI. Zivilsenat hat sich dieser Rechtsauffassung und ihrer Begründung im Urteil vom 2. Juli 1926 VI 155/26 (WarnRspr. 1926 Nr. 127) überall angeschlossen. Welcher von beiden Rechtsauffassungen der Vorzug zu geben ist für das Gebiet des Handelsverkehrs, auf das sich alle diese Entscheidungen beziehen, bedarf hier nicht der Entscheidung. Denn die Verhältnisse des Handelsverkehrs lassen sich mit denen des übrigen Rechtsverkehrs, insbesondere mit denen des hier allein in Betracht kommenden Grundstücksverkehrs, wegen der Verschiedenartigkeit der für diese Geschäftsgebiete maßgebenden Bedürfnisse und Verkehrsanschauungen nicht ohne weiteres auf eine Stufe stellen. Es mag sein, daß das Interesse des Handelsverkehrs, der auf eine schnelle und glatte Abwicklung einer großen Anzahl von ineinandergreifenden Handelsgeschäften abzielt und bei dem auch die Übernahme eines Risikos durch Kreditgewährung sehr häufig eine nicht unerhebliche Rolle spielt, einer Wiederaufrollung als abgewickelt betrachteter Geschäfte aus dem Gesichtspunkte der Aufwertung für die hier fragliche Zeit widerstrebt. Nicht oder jedenfalls nicht in gleichem Maße kann dies aber für den Rechtsverkehr auf allen übrigen Geschäftsgebieten gelten. Es verbietet sich daher ohne weiteres die Annahme, daß die erwähnten Entscheidungen, die alle nur Geschäfte des Handelsverkehrs im Auge hatten, auch eine für den Rechtsverkehr auf den übrigen Geschäftsgebieten maßgebende Regelung hätten aufstellen wollen. Demnach kommt die Einholung einer Entscheidung der Vereinigten Zivilsenate in der vorliegenden Sache nicht in Frage. Auf dem Gebiete des Grundstücksverkehrs hat aber der erkennende Senat bereits in einer Reihe von Entscheidungen ausgesprochen, daß bei der Beurteilung der Aufwertungsfrage aus dem Gesichtspunkt des § 242 BGB. grundsätzlich alle Umstände des Einzelfalls in Betracht zu ziehen seien. Dabei wurde auch angenommen, daß die Aufwertung nicht ohne weiteres nur deshalb versagt werden könne, weil es sich um eine Zahlung handle, die vor einem bestimmten Stichtag geleistet oder angeboten worden ist. Es wird in dieser Hinsicht auf die Urteile vom 23. Dezember 1925 V 129/25 (Zeiler 250 Aufwertungsfälle 2. Auflage Nr. 151), vom 8. März 1926 V 227/25 (JW. 1926 Sp. 695), vom 3. Mai 1926 V 465/25 (WarnRspr. 1926 Nr. 96) und vom 2. Juni 1926 V 492/25 (WarnRspr. 1926 Nr. 128) verwiesen. Etwas Gegenteiliges ist auch aus der in RGZ. Bd. 113 S. 136 erwähnten Entscheidung des erkennenden Senats vom 14. Dezember 1925 V 228/25 (im Abdruck unrichtig mit V 223/25 bezeichnet) nicht zu entnehmen, da sie die hier in Rede stehende Frage nicht berührt.

Von der erwähnten Rechtsauffassung abzuweichen geben dem erkennenden Senat auch die Ausführungen der Revision keinen Anlaß. Insbesondere läßt sich eine Aufwertung von Zahlungen, die während der Zeit geleistet wurden, da man den Grundsatz Mark = Mark als richtig ansah, nicht mit der Begründung ablehnen, es könne dem Schuldner für diese Zeit kein Vorwurf daraus gemacht werden, daß er im Hinblick auf jenen Grundsatz nur eine unzulängliche Zahlung geleistet habe. Denn bei der Beurteilung der nach § 242 BGB. entscheidenden Frage, was Treu und Glauben mit Rücksicht auf die Verkehrssitte erfordern, kann es nicht auf die subjektive Meinung des Schuldners, sondern nur darauf ankommen, wie der objektive Sachverhalt unter Berücksichtigung jenes Grundsatzes zu würdigen ist, und dies muß, nachdem der Aufwertungsgedanke auf Grund des § 242 BGB. durchgedrungen ist, grundsätzlich auch für die Beurteilung von Tatbeständen gelten, die bereits der Vergangenheit angehörten, als die Umwandlung der Rechtsauffassung sich Bahn brach. Denn die der nunmehr geläuterten Rechtsauffassung zugrundeliegende Rechtsquelle (§ 242 BGB.) galt auch schon vor dieser Umwandlung. Daran kann auch der Hinweis darauf nichts ändern, daß der Verkehr die Papiermark noch jedenfalls bis zur Mitte des Jahres 1922 als Wertmesser angesehen habe. Denn soweit dies der Fall war, geschah es nur deshalb, weil sich der Verkehr der Geldentwertung zunächst nicht zu erwehren wußte und weil man infolge eines erst nachher erkannten Rechtsirrtums die Papiermark trotz der schon erheblich fortgeschrittenen Entwertung immer noch als vollgültiges Zahlungsmittel ansah. Diese irrige Rechtsanschauung der Vergangenheit war aber nicht geeignet, eine Verkehrssitte im Sinne des § 242 BGB. zu begründen. Denn nach § 363 BGB. kommt es nicht darauf an, ob der Gläubiger befriedigt zu sein glaubt, sondern ob er es wirklich ist. Soweit dies nicht der Fall ist, ist er daher auch nicht gehindert, sich darauf zu berufen, sofern nicht in seinem Verhalten, was hier nicht zutrifft, ein Verzicht zu erblicken ist. Hiernach läßt sich für das Gebiet der freien Aufwertung beim Fehlen einer der Vorschrift des § 15 AufwG. entsprechenden Bestimmung ein für alle Fälle unterschiedslos geltender Stichtag nicht feststellen, bis zu dem die Vollgültigkeit geleisteter Zahlungen nicht durch Nachforderung eines Aufwertungsbetrags in Frage gestellt werden kann.

Immerhin wird, je weiter die Zahlung zurückliegt, um so mehr zu beachten sein, daß die Aufwertung nicht nur unter Berücksichtigung der Interessen des Gläubigers zu erfolgen hat, sondern daß auch die entgegenstehenden Interessen des Schuldners und der Sicherheit des Rechtsverkehrs nicht außer Betracht bleiben dürfen. Diese können bei längst abgewickelten und als erledigt betrachteten Rechtsverhältnissen, bei denen sich die Beteiligten wirtschaftlich auf die dadurch nach ihrer Auffassung geschaffene Rechtslage eingerichtet haben, dergestalt überwiegen, daß eine Einschränkung oder der Ausschluß eines nachträglichen Aufwertungsverlangens am Platze erscheint. Eine allgemein gültige feste Regel läßt sich aber auch für diese Fälle nicht und jedenfalls nicht für alle Rechtsverhältnisse in gleicher Weise aufstellen. Denn es ist nicht nur zu berücksichtigen, daß das Interesse des Gläubigers an der Aufwertung je nach dem Grade der in Betracht kommenden Geldentwertung ein sehr verschiedenes sein kann, sondern es können auch alle möglichen sonstigen Umstände, die für oder gegen eine Erhöhung der Aufwertung sprechen, mit eine Rolle spielen. Insbesondere kann dabei auch der Rechtsgrund Beachtung verdienen, auf dem die Forderung beruht, indem z. B. im Falle einer Erbauseinandersetzung unter Geschwistern, wie Locher im Arch. f. zivilist. Praxis 1926 S. 346 mit Recht hervorhebt, eine andere Regelung geboten ist, als wenn es sich um Geschäfte des täglichen Wirtschaftslebens handelt. Nach alledem läßt sich eine so allgemeine Regel, wie sie die Revision unter Berufung auf die Rechtsprechung des II. Zivilsenats verficht, nicht aufstellen. Gleichwohl war im Ergebnis der Revision der Erfolg nicht zu versagen. Denn auch von dem hier dargelegten Rechtsstandpunkt aus kann das Berufungsurteil, soweit es angefochten ist, nicht aufrechterhalten werden.

Zunächst übersieht nämlich der Berufungsrichter, daß die Entwertung einer Markforderung, die auf dem Währungsverfall beruht, nach feststehender Rechtsprechung nur dann Berücksichtigung verdient, wenn sich das Verhältnis, das bei Entstehung des Schuldverhältnisses zwischen Geld- und Sachleistung vertraglich bestand, infolge der Geldentwertung zu der Zeit, wo die Zahlung geleistet wurde oder geleistet werden sollte, in ein unbilliges Mißverhältnis verkehrt hat. Daran fehlt es aber hier, soweit die beiden ersten Zahlungen vom 13. Oktober 1920 und 25. Februar 1921 in Betracht kommen.

Denn zu der Zeit, als diese Zahlungen geleistet wurden, hatte sich weder die Kaufkraft noch der Kurswert der Mark im Verhältnis zur Zeit des Vertragsabschlusses (5. Januar 1920) derart verringert, daß hier ein Mißverhältnis der erwähnten Art als vorhanden angenommen werden könnte.

Nicht unbeträchtlich erheblicher ist dieser Unterschied allerdings bei den beiden weiteren Zahlungen vom 3. März und 1. Juni 1922. Immerhin wird auch hier bei Beurteilung der Frage, ob und wieweit die Nachforderung eines Aufwertungsbetrags gerechtfertigt ist, abgesehen von obigen allgemeinen Darlegungen der Umstand nicht ungewürdigt bleiben dürfen, daß die Beklagte diese Zahlungen nur auf ausdrückliches Verlangen des Klägers im voraus geleistet hat.

Diese Erwägungen lassen im Rahmen des Revisionsantrags eine Nachprüfung des Aufwertungsbegehrens des Klägers im ganzen geboten erscheinen.

---

88. 1. Finden die Regeln über die Gefahrtragung Anwendung, wenn die Ware während ihrer Übersendung an den Käufer von Feindeshand beschlagnahmt wird?

2. Zur Frage des Erfüllungsortes, wenn die Ware ins Ausland versandt wird auf Grund der Vereinbarung „frei Grenzort versichert, Aushändigung daselbst gegen Zahlung des Kaufpreises".

BGB. §§ 447, 269.

I. Zivilsenat. Urt. v. 16. Oktober 1926 i. S. S. (Kl.) w. N. (Bekl.). I 448/25.

I. Landgericht Köln.
II. Oberlandesgericht daselbst.

Am 7. Dezember 1922 kaufte die in Wien ansässige klagende Firma von der beklagten Firma, die ihren Sitz in Köln hat, 35000 m Stoffe zu 64 Schweizer Centimes das Meter zur sofortigen Lieferung franko Emballage, franko versichert, franko Passau, zahlbar nach Übernahme, Scheck auf Zürich. Eine schlechte Auskunft, welche die Beklagte über die Klägerin erhielt, gab alsbald Anlaß zur Änderung der Verkaufsbedingungen. Danach sollte nun die Spediteurfirma Sch. & Co. in Köln die Ware ausfuhrfrei nach Passau versenden, sobald die Klägerin 10 % des Kaufpreises gezahlt hätte, und sie dann mit den Ausfuhrpapieren in Passau zur Verfügung der Klägerin halten, die dort, gegen Empfang der Ware franko Waggon Passau ausfuhrfrei, die übrigen 90 % des Preises bei Ankunft des Wagens zahlen sollte. Die Beklagte teilte der Firma Sch. & Co. mit, daß der Versand an den bahnamtlichen Spediteur in Passau zu ihrer Verfügung zu erfolgen habe. Nachdem sie die Ausfuhrgenehmigung beschafft und von der Klägerin einen Scheck über 2150 Schweizer Franken (10 % des Kaufpreises) auf Zürich erhalten hatte, schrieb die Beklagte dem Spediteur am 20. Januar 1923: „Die Sendung wollen Sie nach Passau—Wien auf den Weg bringen, aber gleichzeitig vermerken, daß die Ballen nicht ausgehändigt werden, bevor ich Ihnen mitgeteilt habe, daß der Scheck über die Restsumme in Ordnung geht.“ Am 26. Januar schickte der Spediteur die Ware in einer Sammelladung der Rheinuferbahn in Köln ab. Diese übergab am gleichen Tage den Wagen auf Station Bonn—Ellertor der Reichsbahn. Am folgenden Tage sperrte die französische Besatzung die Strecke Bonn—Coblenz. Seitdem fehlt jede Nachricht über den Verbleib des Wagens. Die Ware ist von den Franzosen beschlagnahmt worden.

Die Klägerin vertritt den Standpunkt, daß der Verlust der Ware zu Lasten der Beklagten gehe, und verlangt daher Rückzahlung der angezahlten 2150 Schweizer Franken. Die Beklagte bittet, da die Klägerin die Gefahr der Versendung zu tragen habe, widerklagend um Verurteilung der Klägerin zur Zahlung von 2588 Schweizer Franken, indem sie auf den Kaufpreis die Anzahlung der Klägerin und eine Entschädigung anrechnet, die sie von der Regierung für das verlorene Gut erhalten hat.

Das Landgericht hat dem Klagantrag unter Abweisung der Widerklage entsprochen. Das Oberlandesgericht dagegen hat die Klage abgewiesen und nach dem Antrag der Widerklage erkannt. Die Revision der Klägerin blieb ohne Erfolg.

Aus den Gründen:

Den Ausführungen des Vorderrichters über den Unterschied der von Feindeshand vorgenommenen Beschlagnahme, um die es sich hier handelt, von der kriegswirtschaftlichen Beschlagnahme, mit der sich die Entscheidung des Senats vom 23. November 1922 (RGZ. Bd. 106

S. 16)[1] befaßt, ist zuzustimmen. Er beruft sich mit Recht auf die überzeugenden Darlegungen von Casper in JW. 1925 S. 590, aus denen gerade im Hinblick auf die vorerwähnte Entscheidung hervorzuheben ist, daß die Grundsätze von der Unmöglichkeit der Leistung nur auf die Beschlagnahme angewendet werden können, die mit der Beförderung und ihren Gefahren (§ 447 BGB.) nichts zu tun hat. Daß es sich im vorliegenden Falle der Beschlagnahme ebensowenig wie in dem früher entschiedenen um eine Beförderungsgefahr gehandelt habe, kann der Revision nicht zugegeben werden. In jener Zeit der Ruhrbesetzung und des dadurch veranlaßten passiven Widerstandes, den unter anderem die Eisenbahnbeamten leisteten, wurde durch die Übergabe der Ware an die Bahn die Möglichkeit der Beschlagnahme durch die feindliche Besatzung erst herbeigeführt, so daß diese Gefahr recht eigentlich von der Beförderung abhing.

Die Revision weist allerdings noch darauf hin, daß eine körperliche Veränderung der Ware durch die Beschlagnahme nicht eingetreten sei, und kann sich darauf berufen, daß hieraus auch in der oben angeführten Entscheidung des Senats Schlüsse gezogen worden sind. Allein hier zeigt sich wiederum die wesentlich andere Art der Beschlagnahme durch Feindeshand. Diese läßt die beschlagnahmte Sache dem Eigentümer tatsächlich verloren gehen. Auch im gegenwärtigen Falle hat sich über den Verbleib der Ware nichts feststellen lassen; sie ist nicht nur rechtlich, sondern auch tatsächlich für den Eigentümer nicht mehr vorhanden. Es kann deshalb hier dahingestellt bleiben, inwieweit die Gefahr, die in der Versendung ihre Ursache hat, nicht auch eine rechtliche Veränderung der Sache betreffen könnte.

Der durch die Beschlagnahme angerichtete Schaden trifft danach die Partei, auf deren Gefahr die Versendung ging. Das war die Klägerin, wenn Köln, dagegen die Beklagte, wenn Passau der Erfüllungsort war; denn eine vom Erfüllungsort unabhängige Abrede über die Tragung der Transportgefahr kommt nach Lage der Sache nicht in Betracht. ...

Der Berufungsrichter geht zutreffend davon aus, daß als Er-

[1] Zu vgl. auch RGU. v. 28. März 1925, I 417/24, abgedr. in Seufferts Archiv Bd. 79 Nr. 105. D. R.

füllungsort der Ort der geschäftlichen Niederlassung der Beklagten zu gelten hat, wenn die Parteien nichts darüber bestimmt haben und auch aus den Umständen nichts zu entnehmen ist (§ 269 BGB.). Beim Fehlen einer ausdrücklichen Bestimmung mußte die Auslegung des Bestätigungsschreibens und des nachfolgenden Briefwechsels entscheidend sein. Der Vorderrichter hat in dieser Beziehung erwogen, daß die Klausel „franko Passau versichert“, wie sich zum Teil schon aus § 269 Abs. 3 BGB. ergebe, für die Frage des Erfüllungsortes nichts zu bedeuten habe, wenn auch unter Umständen aus der Übernahme der Versicherungskosten auf die Übernahme der Transportgefahr geschlossen werden könne. Daß hier jedoch keine Umstände hervorgetreten sind, die auf Passau statt Köln als Erfüllungsort deuten, ist dem Berufungsrichter zuzugeben. Wenn die Beklagte dem Kölner Spediteur gegenüber Gewicht darauf legt, daß der Versand an den bahnamtlichen Spediteur in Passau zu ihrer Verfügung erfolge, so findet dies seine Erklärung darin, daß sie die endgültige Aushändigung der Ware an die Klägerin von der Zahlung des vollen Kaufpreises abhängig machen will, wie sie ja auch später noch einmal betont, daß die Ware nicht ausgehändigt werden dürfe, ehe sie mitgeteilt habe, daß der Scheck über die Restsumme in Ordnung gehe. Im wesentlichen dasselbe bedeutet es, wenn die Beklagte schreibt, die Klägerin solle in Passau die Ware nebst Ausfuhrpapieren gegen Zahlung des Restkaufpreises in Empfang nehmen. Aus keinem anderen Grunde also behielt sich die Beklagte die Verfügung durch den Spediteur bis Passau vor, als weil sie Sicherheit haben wollte bis zur Tilgung des Kaufpreises. Das ist eine im Handelsverkehr durchaus übliche Vorsichtsmaßregel, aus welcher der Vorderrichter mit Recht keinen Anhaltspunkt für die Übernahme der Transportgefahr durch die Beklagte entnommen hat. Dies trifft um so mehr zu, als der ursprüngliche Vertrag der Parteien nichts von solchen Vorsichtsmaßnahmen enthielt, vielmehr die Zahlung nach Empfang zuließ. Daß etwa die Beklagte später, als sie eine schlechte Auskunft über die Klägerin erhalten hatte, mit der Klausel, die sie zur Sicherung der Kaufpreiszahlung durchsetzte, zugleich die Transportgefahr übernehmen wollte oder daß auch nur die Klägerin die gerade aus Mißtrauen gegen ihre Zahlungsfähigkeit erwachsenen Abänderungswünsche der Beklagten so auslegen konnte, ist keinesfalls anzunehmen. So durfte also der Berufungsrichter feststellen, daß die Klägerin durch die Beschlagnahme der Ware von der Zahlung des vollen Kaufpreises nicht befreit worden ist, weil die Beförderung von Köln ab auf ihre Gefahr geschah.

Auch sonst läßt das Berufungsurteil keinen Rechtsirrtum erkennen. (Wird ausgeführt.)

Hiernach hat die Klägerin keinen Grund, der Beklagten die Zahlung des Restkaufpreises zu verweigern, den der Vorderrichter ihr auf die Widerklage zugesprochen hat. Auch kann sie das auf den Kaufpreis bereits Gezahlte nicht zurückverlangen. Ihre Klage war daher abzuweisen.

---

89. 1. Steht dem Angestellten, dem der Arbeitgeber gekündigt hat, nach dem Reichstarifvertrag für die akademisch gebildeten Angestellten der chemischen Industrie vom 27. April 1920 für die Dauer der Beschränkung durch ein Wettbewerbsverbot ein Anspruch auf die vollen vertragsmäßigen Leistungen auch dann zu, wenn der Arbeitgeber bei der Kündigung sich zu ihrer Gewährung nicht bereit erklärt, sondern nur unterlassen hat, eine Erklärung über die Sperrverpflichtung abzugeben?

2. Muß sich der Angestellte, dem der Arbeitgeber für die Dauer des Wettbewerbsverbots die vollen vertragsmäßigen Leistungen zu gewähren hat, nach dem genannten Tarifvertrag auf sie anrechnen lassen, was er durch anderweite Verwendung seiner Arbeitskraft erwirbt?

HGB. § 74 Abs. 2, § 74c, § 75 Abs. 2.

III. Zivilsenat. Urt. v. 19. Oktober 1926 i. S. M. St. Werke A.-G. (Bekl.) w. K. (Kl.). III 3/26.

I. Landgericht I Berlin.
II. Kammergericht daselbst.

Durch Vertrag vom 27. März/3. April 1924 trat der Kläger als Betriebsassistent in den Dienst der Beklagten. Auf das Dienstverhältnis sollte der Reichstarifvertrag für die akademisch gebildeten Angestellten der chemischen Industrie vom 27. April 1920 (Tarifvertrag) Anwendung finden. Der Kläger verpflichtete sich, bis zum Ablauf von 2 Jahren nach Vertragsbeendigung in keinem anderen Stickstoffwerk oder gleichartigen Werk eine Stellung anzunehmen oder für ein solches tätig zu sein; für die Dauer des Wettbewerbsverbots verpflichtete sich dagegen die Beklagte, ihm nach den Bestimmungen des Tarifvertrags eine Entschädigung zu zahlen. Zum 15. August 1924, dem Tage des Ablaufs seiner Probezeit, kündigte die Beklagte dem Kläger wegen unumgänglich notwendiger Verringerung ihres Beamtenstabes. Auf Grund des Tarifvertrags verlangte er von ihr als Karenzentschädigung Zahlung des vollen Gehalts oder von $^5/_4$ des Anfangsmindestgehalts nebst der Frauenzulage. Durch Schreiben vom 16. September 1924 erkannte die Beklagte diesen Anspruch an, abgesehen nur von der Frauenzulage. In diesem Streitpunkte sprach sich der Bezirks-Schlichtungsausschuß am 7. November 1924 zu ungunsten des Klägers aus, der deshalb auch keinen Anspruch auf die Frauenzulage mehr erhebt. Am 18. November 1924 schrieb ihm die Beklagte, sie habe sich entschlossen, ihm als Karenzentschädigung $^5/_4$ des jeweils geltenden tariflichen reinen Anfangsmindestgehalts ohne soziale Zulagen zu zahlen; sie bitte ihn um Mitteilung, welche Einnahmen er durch anderweite Verwertung seiner Arbeitskraft gehabt habe. Dementsprechend hat sie dem Kläger bis zum 31. Oktober 1924 $^5/_4$ des Anfangsmindestgehalts gezahlt, für die spätere Zeit aber die von ihm in einer neuen Stellung verdienten Beträge abgesetzt.

Mit der Klage verlangt der Kläger Zahlung der vollen $^5/_4$ des tarifmäßigen Anfangsgehalts, soweit es ihm noch nicht gezahlt worden ist, für die Zeit vom 1. April 1924 bis zum 30. September 1925, zu welchem Tage das Wettbewerbsverbot infolge Verzichts der Beklagten unstreitig erloschen ist. Er bestreitet, daß die Beklagte, die ihm aus einem nicht in seiner Person liegenden Grunde gekündigt habe, berechtigt sei, seinen anderweiten Verdienst auf die Karenzentschädigung anzurechnen. Die Beklagte macht geltend, sie sei auf Grund des Tarifvertrags zur Fortzahlung des Gehalts des Klägers nicht verpflichtet, da sie sich nicht, wie der Tarifvertrag voraussetze, bei der Kündigung zur Weitergewährung seiner Bezüge bereit erklärt habe. Der Kläger könne seinen Anspruch also nur auf ihr Anerkenntnis stützen, in dem sie bereits die Anrechnung des anderweiten Verdienstes des Klägers verlangt habe. Aber auch aus dem Tarifvertrag ergebe sich ihre Befugnis, die streitigen Abzüge zu machen.

Das Landgericht hat sich auf den Standpunkt der Beklagten gestellt. Auf die Berufung des Klägers hat jedoch das Kammergericht dem Klagantrag in vollem Umfang entsprochen. Die Revision der Beklagten blieb erfolglos.

Gründe:

Der für die Rechtsbeziehungen der Parteien maßgebende Tarifvertrag regelt das Wettbewerbsverbot in § 11. Für die vom Arbeitgeber während der vertragsmäßigen Sperrzeit dem Angestellten zu zahlende Entschädigung sind aus ihm folgende Bestimmungen von Bedeutung:

Nr. IV: „Das Wettbewerbsverbot ist nur verbindlich, wenn sich der Arbeitgeber verpflichtet, für die Dauer des Verbots eine Entschädigung zu zahlen, die mit Ausnahme der folgenden besonders geregelten Fälle für jedes Jahr des Verbots mindestens zwei Drittel der von dem Angestellten zuletzt bezogenen vertragsmäßigen Leistungen erreicht. Unter den vertragsmäßigen Leistungen sind auch Weihnachtsgratifikationen und ähnliche Bezüge zu verstehen, sofern sie ausdrücklich im Vertrage zugesichert oder mit Rücksicht auf die Verkehrssitte oder sonst den Umständen nach als stillschweigend vereinbart anzusehen sind. Dagegen gehören nicht zu den vertragsmäßigen Leistungen laufende Vergütungen aller Art, die für patentfähige Erfindungen vereinbart sind. Erreichen die vertragsmäßigen Leistungen nicht fünf Viertel des tariflichen Anfangsmindestgehalts, so ist dieser Betrag als vertragsmäßige Leistung zugrundezulegen".

Nr. VII: „Der Angestellte muß sich auf die fällige Entschädigung anrechnen lassen, was er während des Zeitraums, für den die Entschädigung gezahlt wird, durch anderweitige Verwertung seiner Arbeitskraft erwirbt oder zu erwerben böswillig unterläßt, soweit die Entschädigung unter Hinzurechnung dieses Betrags den Betrag der zuletzt von ihm bezogenen vertragsmäßigen Leistungen resp. fünf Viertel des tariflichen Anfangsmindestgehalts, wenn die vertragsmäßigen Leistungen niedriger sind, um mehr als ein Zehntel übersteigen würde. ... Der Angestellte ist verpflichtet, dem Arbeitgeber auf Erfordern über die Höhe seines Erwerbs Auskunft zu erteilen".

Nr. VIII Abs. 1: „Löst der Angestellte das Dienstverhältnis wegen vertragswidrigen Verhaltens des Arbeitgebers auf, so wird das Wettbewerbsverbot unwirksam, wenn der Angestellte vor Ablauf eines Monats nach der Kündigung schriftlich erklärt, daß er sich an die Vereinbarung nicht gebunden erachte".

Abs. 2: „In gleicher Weise wird das Wettbewerbsverbot unwirksam, wenn der Arbeitgeber das Dienstverhältnis kündigt, es sei denn, daß für die Kündigung ein erheblicher Anlaß in der Person des Angestellten vorliegt, oder daß sich der Arbeitgeber bei der Kündigung bereit erklärt, während der Dauer der Beschränkung dem Angestellten die vollen zuletzt von ihm bezogenen vertragsmäßigen Leistungen resp., wenn diese niedriger sind, fünf Viertel des tariflichen Anfangsmindestgehalts zu gewähren. Im letzteren Falle finden die Vorschriften unter VI entsprechende Anwendung." ...

Nr. IX: „Der Arbeitgeber hat bei der Kündigung oder, falls diese durch den Angestellten erfolgt, spätestens zwei Wochen nachher schriftlich zu erklären, ob er auf die Sperrverpflichtung ganz oder teilweise verzichtet. Wird keine Erklärung abgegeben, so bleibt die Sperrverpflichtung in Kraft." ...

Das Kammergericht entnimmt aus diesen Vorschriften die Verpflichtung der Beklagten, dem Kläger 5/4 des tarifmäßigen Anfangsmindestgehalts zu zahlen — sein vertraglich festgesetztes Gehalt blieb unstreitig hinter diesem Betrage zurück —, und ist ferner der Auffassung, daß sich der Kläger hierauf seinen anderweiten Arbeitsverdienst nicht anrechnen zu lassen brauche. Diese Auslegung des Tarifvertrags ist in der Revisionsinstanz uneingeschränkt nachprüfbar. Er gilt nach seiner Allgemeinverbindlicherklärung für die ganze chemische Industrie Deutschlands und bildet die Grundlage für zahlreiche Einzeldienstverträge in allen Teilen des Deutschen Reichs. Seine einheitliche Auslegung für den gesamten Geltungsbereich ist danach geboten. Sie ist nur gewährleistet, wenn das Reichsgericht die Auffassung der einzelnen Oberlandesgerichte in vollem Umfang nachprüfen kann. Diese Nachprüfung ergibt aber die Richtigkeit der Berufungsentscheidung.

Nach Nr. VIII Abs. 2 des Tarifvertrags wird das Wettbewerbsverbot unwirksam, wenn der Arbeitgeber das Dienstverhältnis kündigt. Dieses Unwirksamwerden tritt jedoch nicht ohne weiteres ein, sondern, wie die durch die Eingangsworte „in gleicher Weise" hergestellte Verbindung von Abs. 2 mit Abs. 1 zeigt, nur dann, wenn der Angestellte vor Ablauf eines Monats nach der Kündigung schriftlich erklärt, daß er sich an die Vereinbarung nicht gebunden erachte (vgl. § 75 HGB., der dem Tarifvertrag hier als Vorbild gedient hat). Der Angestellte hat also, wenn man von den beiden noch zu erörternden Ausnahmefällen des Abs. 2 zunächst absieht, bei der Kündigung durch den Arbeitgeber die Wahl, ob er schweigen und damit das Wettbewerbsverbot fortbestehen lassen will, in welchem Falle er die sich aus Nr. IV ergebende regelmäßige Entschädigung von zwei Dritteln seiner letzten Bezüge (gegebenenfalls der fünf Viertel des tarifmäßigen Anfangsmindestgehalts) beanspruchen kann, oder ob er das Wettbewerbsverbot durch schriftliche Erklärung unwirksam machen will, mit welcher Erklärung sein Anspruch auf Karenzentschädigung wegfällt. Es ist danach eine nicht ganz genaue, die sachliche Richtigkeit seiner Ausführungen aber nicht beeinträchtigende Ausdrucksweise des Kammergerichts, wenn es im Urteil heißt, das Wettbewerbsverbot werde, wenn die Kündigung vom Arbeitgeber ausgegangen sei, grundsätzlich unwirksam. Der Angestellte kann das Verbot solchenfalls nur unwirksam machen. Eine dahingehende Erklärung hat der Kläger aber nicht abgegeben. So könnte er, wenn sich sein Anspruch auf die vollen Bezüge nicht nach Nr. VIII Abs. 2 begründen ließe, auf Grund des Tarifvertrags nur die Zweidrittel-Entschädigung nach Nr. IV verlangen, worauf nach Nr. VII unstreitig ein anderweiter Arbeitsverdienst anzurechnen wäre. Auf die Bestimmung Nr. VIII Abs. 2 beruft er sich aber mit Recht.

Das Unwirksamwerden des Wettbewerbsverbots, das in der geschilderten Weise mit der Kündigung des Arbeitgebers verknüpft ist und in diesem Falle durch Erklärung des Arbeitnehmers eintreten kann, soll nach Nr. VIII Abs. 2 nicht Platz greifen, der Arbeitnehmer soll also an das Wettbewerbsverbot gebunden bleiben, wenn „für die

Kündigung ein erheblicher Anlaß in der Person des Angestellten vorliegt", oder wenn „sich der Arbeitgeber bei der Kündigung bereit erklärt, während der Dauer der Beschränkung dem Angestellten die vollen zuletzt von ihm bezogenen vertragsmäßigen Leistungen resp., wenn diese niedriger sind, fünf Viertel des tariflichen Anfangsmindestgehalts zu gewähren". Keine dieser Voraussetzungen ist hier gegeben, wenn man sich zunächst an den Wortlaut der Vorschrift hält. Weder hat für die Kündigung der Beklagten ein Anlaß in der Person des Klägers vorgelegen, noch hat sich die Beklagte bei der Kündigung bereit erklärt, dem Kläger während der Dauer der Beschränkung $^5/_4$ des tarifmäßigen Anfangsmindestgehalts zu gewähren. Das Kammergericht entnimmt aber aus Nr. IX Satz 2 des Tarifvertrags, daß die Sperrverpflichtung auch dann in Kraft bleibe, wenn der Arbeitgeber bei seiner Kündigung keine Erklärung darüber abgebe, ob er auf die Sperrverpflichtung verzichte. Dieser Fall trete — so führt der Vorderrichter aus — als dritter Ausnahmefall neben die beiden in Nr. VIII Abs. 2 aufgeführten; er begründe gleichfalls einen Anspruch des Arbeitnehmers auf die Karenzentschädigung, d. h. nicht auf die regelmäßige Zweidrittel-Entschädigung nach Nr. IV, sondern, wie sich aus den Urteilsgründen als Ansicht des Berufungsrichters ergibt, auf die vollen Bezüge nach Nr. VIII Abs. 2. Demgegenüber wendet die Revision ein, daß neben der vom Berufungsgericht angenommenen dritten Ausnahme (Schweigen des Arbeitgebers) die zweite (Bereiterklärung gemäß Nr. VIII Abs. 2) keinen Sinn mehr habe. Denn wenn der Arbeitgeber bei seiner Kündigung das Wettbewerbsverbot schon dadurch als dauernd wirksam aufrechterhalten könne, daß er eine Erklärung überhaupt nicht abgebe, so habe er zu einer ausdrücklichen Bereiterklärung schwerlich jemals eine vernünftige Veranlassung. Dieser Angriff berührt indessen nur die — allerdings anfechtbare — Fassung, die das Kammergericht seinem Gedanken gegeben hat, nicht aber dessen sachlich richtigen Inhalt. Das Verhältnis von Nr. IX Satz 2 zu Nr. VIII Abs. 2 ist nicht dahin zu bestimmen, daß eine dritte Ausnahme von der Regel des Erlöschens des Wettbewerbsverbots bei Kündigung des Arbeitgebers geschaffen wird, sondern besser dahin, daß der zweite in Nr. VIII Abs. 2 gesetzte Fall in Nr. IX näher umschrieben, in seinen Voraussetzungen genauer umgrenzt wird. Letztere Vorschrift hat für die vorhergehende die Bedeutung, daß die Bereiterklärung des Arbeitgebers zur Weiterzahlung der vollen Bezüge auch stillschweigend erfolgen kann und daß sie als abgegeben anzusehen ist, wenn sich der Arbeitgeber bei der Kündigung nicht darüber äußert, ob er auf die Sperrverpflichtung verzichte. Schweigt der Arbeitgeber, so bleibt auf Grund der tarifvertraglichen Bestimmung in Nr. IX Satz 2 das Wettbewerbsverbot in Kraft, d. h. dauernd in Kraft, ohne daß sich der Angestellte durch eine Erklärung nach Nr. VIII Abs. 1, 2 seiner entledigen kann. Eine solche Bindung hat aber, wie Nr. VIII Abs. 2 klar ersehen läßt, bei einer nicht durch einen erheblichen Anlaß in der Person des Angestellten gerechtfertigten Kündigung des Arbeitgebers zur Voraussetzung, daß er sich zur Weitergewährung der vollen Bezüge an den Arbeitnehmer verpflichtet. Diese Verpflichtung muß sich an ein Stillschweigen des Arbeitgebers ebenso knüpfen wie an seine ausdrückliche Bereiterklärung, da beide die gleiche Wirkung gegenüber dem Arbeitnehmer haben, beide ihm die Möglichkeit nehmen, zu erklären, er halte sich an das Wettbewerbsverbot nicht mehr für gebunden.

Die Revision will Nr. IX Satz 2 enger, nämlich dahin auslegen, daß er für den Fall des Schweigens des Arbeitgebers bei der Kündigung lediglich die Annahme ausschließe, dieser wolle auf das Wettbewerbsverbot verzichten; sein Bestand im übrigen, meint die Revision, richte sich nach den sonstigen Vorschriften, insbesondere nach Nr. VIII. Die Folge dieser Auffassung wäre, daß, wenn sich der Arbeitgeber bei der Kündigung über das Wettbewerbsverbot nicht äußerte, der Arbeitnehmer dem Verbot durch eine Erklärung nach Nr. VIII Abs. 1, 2 die Wirksamkeit nehmen könnte, es sei denn, daß die Kündigung einen erheblichen Anlaß in seiner Person hätte. Dieses Ergebnis ließe sich schon mit dem Wortlaut von Nr. IX Satz 2 nur schwer vereinigen. Denn von einem „Inkraftbleiben der Sperrverpflichtung" würde man bei einer Kündigung des Arbeitgebers, welche Nr. IX, wie deren Satz 1 zeigt, nicht weniger im Auge hat als die des Arbeitnehmers, doch kaum sprechen können, wenn sie in zahlreichen Fällen, vielleicht in ihrer Mehrzahl, durch eine Erklärung des Arbeitnehmers alsbald zu beseitigen wäre. Die Auslegung der Revision wird aber auch den Bedürfnissen nicht gerecht, denen Satz 2 von Nr. IX seine Entstehung verdankt. Es darf nicht außer acht gelassen werden, daß der Arbeitgeber seiner Kündigung keine Begründung beizugeben braucht. Kündigt er, ohne sich über die Sperrverpflichtung zu erklären, aber auch ohne anzugeben, weshalb er kündigt, so würden, von der Deutung der Revision aus, zwei Möglichkeiten bestehen. Entweder erfolgte die Kündigung aus einem in der Person des Angestellten liegenden erheblichen Anlaß. Dann bliebe nach Nr. IX Satz 2 das Wettbewerbsverbot wegen Fehlens einer Verzichterklärung in Kraft, ohne daß sich der Angestellte von ihm lossagen könnte (Nr. VIII Abs. 2). Oder die Kündigung hätte einen anderen Grund. Dann könnte der Arbeitnehmer das Verbot durch eine Erklärung nach Nr. VIII Abs. 2 unwirksam machen, da der Arbeitgeber die Weiterzahlung des vollen Gehalts nicht angeboten hätte. Der Angestellte, dem gekündigt ist, wüßte angesichts dieser doppelten Möglichkeit nicht, in welcher Lage er sich befindet, ob er an das Wettbewerbsverbot unweigerlich gebunden oder in der Lage ist, es durch einseitige Erklärung aufzuheben. Gerade der Unsicherheit des Angestellten über seine Rechtslage hat aber Satz 2 in Nr. IX ein Ende machen sollen. Sein Ziel ist, dem Angestellten unter allen Umständen volle Klarheit darüber zu verschaffen, ob er durch das vertragliche Wettbewerbsverbot in seiner weiteren Tätigkeit beschränkt werde oder nicht. Dieses Ziel wird mit Sicherheit und für alle Fälle nur erreicht, wenn die Bestimmung entgegen der Meinung der Revision in dem vom Berufungsgericht vertretenen weiteren Sinn dahin ausgelegt wird, daß das Schweigen des kündigenden Arbeitgebers stets als eine den Angestellten dauernd bindende Aufrechterhaltung der Sperrverpflichtung zu deuten ist, unabhängig davon, aus welchem Grunde gekündigt wird. Zweifelhaft können dann nur die an das Verbot sich knüpfenden vermögensrechtlichen Verpflichtungen des kündigenden Arbeitgebers sein: hat er dem Angestellten für die Sperrzeit sein volles Gehalt zu zahlen (Nr. VIII Abs. 2) oder nur zwei Drittel, weil ein erheblicher Kündigungsanlaß in der Person des Angestellten gegeben ist (Nr. VIII Abs. 2 in Verbindung mit Nr. IV), oder endlich überhaupt keine Entschädigung, weil vertragswidriges Verhalten des Angestellten einen wichtigen Grund zur Kündigung gab (Nr. VIII Abs. 3)? Beim Schweigen des Arbeitgebers weiß aber der Angestellte jedenfalls (was für die von ihm zunächst einzuschlagenden Schritte das Wichtigste ist), daß das

Wettbewerbsverbot von ihm nicht beseitigt werden kann, daß er sich eine neue Tätigkeit nur außerhalb des Verbotsbereichs suchen darf.

Das in Nr. IX gebrauchte Wort „Verzicht" („verzichtet") hat das Kammergericht zutreffend in weiterem Sinne ausgelegt. Es hat auch mit Recht darauf hingewiesen, daß der Satz 2 das. dem ursprünglichen Tarifvertrag erst später eingefügt worden ist. Daraus erklärt sich zur Genüge, daß man die Bedeutung des Stillschweigens des kündigenden Arbeitgebers für das Bestehenbleiben des Wettbewerbsverbots nur in Nr. IX geregelt, die Rückwirkung dieser neuen Vorschrift auf Nr. VIII Abs. 2 nicht noch besonders ausgesprochen hat. Zu einer ausdrücklichen Erklärung nach Nr. VIII Abs. 2 wird der Arbeitgeber freilich nur selten mehr Veranlassung haben. Meist wird er sich, wenn er die Sperrverpflichtung dauernd aufrecht erhalten will, mit Stillschweigen begnügen. Es ist indessen nicht ersichtlich, weshalb dieser Umstand Bedenken gegen die dargelegte Deutung von Nr. IX Satz 2 erwecken sollte.

Die Beklagte hat im ersten Rechtszuge selbst dargelegt: die Praxis habe dazu geführt, daß eine ausdrückliche Erklärung des Arbeitgebers bei der Kündigung nicht gefordert werde, um das Wettbewerbsverbot aufrechtzuerhalten. Diese Auffassung werde mit dem späteren Hinzutreten der Ergänzung von Nr. IX — das ist eben Satz 2 — begründet. Mit Rücksicht hierauf sei nach Ansicht der Vertragsparteien die in Nr. VIII Abs. 2 vorausgesetzte ausdrückliche Erklärung des Arbeitgebers, er wolle dem Angestellten die vollen Bezüge gewähren, dahin zu verstehen, daß eine solche Verpflichtung des Arbeitgebers durch eine schlüssige Handlung, nämlich durch den Nichtverzicht auf die Einhaltung der Karenz durch den Angestellten, begründet werde. Diesen Standpunkt hat die Beklagte allerdings später wieder verlassen. Jedoch ist nur von ihm aus zu verstehen, daß sie sich in den Briefen vom 16. September und 18. November 1924 grundsätzlich bereit erklärt hat, dem Kläger $^5/_4$ des tariflichen Anfangsmindestgehalts zu zahlen. Hätte sie damals schon ihren jetzigen Standpunkt eingenommen, sie brauche nach dem Tarifvertrag dem Kläger nur die Zweidrittel-Entschädigung nach Nr. IV zu zahlen, so würde sie keine Veranlassung gehabt haben, ihm die vollen Bezüge zuzugestehen, zumal da die Monatsfrist, innerhalb deren er die Erklärung nach Nr. VIII Abs. 1, 2 hätte abgeben können, schon unbenutzt verstrichen war. Nicht erkennbar ist, daß die Beklagte die Verpflichtung zur vollen Zahlung im Wege des Nachgebens zur Vermeidung von Streitigkeiten übernommen habe. Im ersten Schreiben beruft sie sich gerade auf den Tarif(vertrag), um den Umfang ihrer Verpflichtung zu begrenzen.

Ist somit die Beklagte nach dem Tarifvertrag verpflichtet, dem Kläger für die Karenzzeit $^5/_4$ des tariflichen Anfangsgehalts zu zahlen, so bedarf weiter der Entscheidung, ob der Kläger sich anrechnen lassen muß, was er in der Sperrzeit durch seine Arbeit anderweit verdient hat. Das Kammergericht nimmt an, daß die in Nr. VII für den Regelfall vorgeschriebene Anrechnungspflicht dann nicht Platz greife, wenn — wie hier — der kündigende Arbeitgeber nach Nr. VIII die vollen Vertragsleistungen, mindestens aber $^5/_4$ des tariflichen Anfangsgehalts zu gewähren habe. Dem ist beizustimmen.

Die für den Tarifvertrag streitige Frage knüpft sich bereits an § 74 Abs. 2, § 74c und § 75 Abs. 2 HGB., welche Vorschriften dem Tarifvertrag als Vorbild gedient haben. Die Ansichten darüber gehen auseinander, ob die Anrechnungspflicht des § 74c (ihm entspricht Nr. VII des Tarifvertrags) nur den Regelfall des § 74 Abs. 2 (ihm entspricht Nr. IV) umfasse oder ob sie auch im Falle des § 75 Abs. 2 (entsprechend Nr. VIII Abs. 2) gelte. Für die Beschränkung der Anrechnungspflicht auf den Regelfall der Nr. IV des Tarifvertrags (vgl. § 74 Abs. 2 HGB.) verwertet das Kammergericht zunächst mit Recht den Wortlaut von Nr. VIII Abs. 2 (§ 75 Abs. 2 HGB.). Dort wird für den Fall, daß der kündigende Arbeitgeber durch Übernahme der Weiterzahlung der vollen Bezüge das Wettbewerbsverbot aufrecht erhält, die entsprechende Anwendung von Nr. VI (§ 74b HGB.) angeordnet, eine Vorschrift, die sich auf die Berechnung und Zahlung der Entschädigung bezieht. Dagegen wird Nr. VII (§ 74c HGB.), die Bestimmung über die Anrechnung etwaigen anderweiten Verdienstes, nicht genannt. Daraus muß geschlossen werden, daß die Anrechnung hier nicht eintreten soll. Denn ein anderer Grund, aus dem etwa die Anführung von Nr. VII (§ 74c) unterblieben sein könnte, ist nicht ersichtlich. Für die Annahme eines Fassungsversehens fehlt es am nötigen Anhalt, ganz besonders soweit der Tarifvertrag in Frage kommt. Die Nichtgeltung von Nr. VII im Falle von Nr. VIII zwingt nicht dazu, die dort ebenfalls nicht genannten Bestimmungen Nr. IV Satz 2 und Nr. V Abs. 2 bei Berechnung der vom Arbeitgeber zu zahlenden vollen Bezüge außer Betracht zu lassen. Diese beiden Vorschriften bestimmen, und zwar für den Tarifvertrag ganz allgemein, was als volle Vergütung zu gelten hat. Die volle Vergütung muß für die Sperrzeit im Regelfall zu mindestens zwei Dritteln, im Sonderfall Nr. VIII Abs. 2) ganz gezahlt werden.

So kann nur in Frage kommen, ob überwiegende sachliche Gründe dafür sprechen, eine ungenaue Fassung von Tarifvertrag und Gesetz anzunehmen und deshalb eine Anrechnung anderweiten Verdienstes des Angestellten auch für den Fall von Nr. VIII Abs. 2 (§ 75 Abs. 2) als gewollt zu erachten. Solche Gründe liegen aber nicht vor. Eine Vergleichung von Nr. VIII Abs. 2 (§ 75 Abs. 2 mit Nr. IV (§ 74 Abs. 2) zeigt unzweideutig, daß der Angestellte im Fall einer Kündigung des Arbeitgebers, zu der in der Person des ersteren keine Veranlassung vorlag, günstiger hat gestellt werden sollen als im Regelfall, dem Fall eigener Kündigung, dem die durch erhebliche Gründe in der Person des Angestellten veranlaßte Kündigung des Arbeitgebers gleichsteht. Der Tarifvertrag billigt dem selbst kündigenden Angestellten für die Dauer der Sperrfrist nur zwei Drittel, das Handelsgesetzbuch sogar nur die Hälfte der bisherigen Bezüge zu, während beide bei Kündigung des Arbeitgebers ihm das volle Gehalt belassen. Es ist nun nicht abzusehen, warum im letztgenannten Fall die Begünstigung des Angestellten nicht noch weiter hat gehen sollen, warum man ihn nicht auch dadurch hat bevorzugen wollen, daß er anderweiten Verdienst vollständig für sich behalten darf. Eine soweitgehende Besserstellung des Angestellten, dem gekündigt worden ist, läßt sich sehr wohl rechtfertigen einem Arbeitgeber gegenüber, der das in seinem Interesse ausbedungene Wettbewerbsverbot dauernd wirksam werden ließ, ohne daß er in der Person des Angestellten dazu einen Anlaß hatte.

Dazu kommt, daß die Fortzahlung des vollen bisherigen Gehalts dem Angestellten keineswegs immer einen vollständigen Ausgleich für die durch das Wettbewerbsverbot ihm verursachte Hemmung gewährt. Seine bisherige Tätigkeit, also regelmäßig die, in der er besonders geübt ist, muß er für die Dauer der Sperrfrist einstellen.

Arbeit auf einem von der Sperre nicht betroffenen, ihm oft ferner liegenden Gebiet zu finden, wird ihm nur gelingen, wenn er sich auf sie besonders vorbereitet, wenn er eine neue Schulung und Übung durchmacht. Häufig wird er den neuen Aufgaben nur mit besonderer Aufmerksamkeit und Anstrengung genügen können, werden sie ihm schwerer fallen als die bisherigen, denen er sich infolge der Vertragsabrede nicht mehr widmen darf. Es kann auch sein, daß er sich auf dem neuen Arbeitsgebiet mit einer geringwertigeren, äußerlich minder angesehenen, innerlich weniger befriedigenden Tätigkeit begnügt, schon um sich auf den Zeitpunkt des Endes der Sperrfrist vorzubereiten. Denn da ihm das bisherige gewohnte Arbeitsfeld durch das Wettbewerbsverbot verschlossen ist, bleibt er der auf ihm sich vollziehenden weiteren Entwicklung fern und kann deshalb nicht damit rechnen, dort alsbald nach Wegfall des Verbots eine seiner früheren gleichwertige Stellung zu finden. Er kann also durch das Verbot noch über seine Dauer hinaus benachteiligt werden. Diese Schädigungen, die den Angestellten allerdings nicht immer zu treffen brauchen, nur dann zu berücksichtigen, wenn sie im Einzelfall wirklich eintreten, erscheint nicht durchführbar, und zwar schon deshalb nicht, weil sie zu erheblichem Teil nicht vermögensrechtlicher Natur sind. So liegt die Annahme nahe, daß der Gedanke, der Angestellte finde im vollen Gehalt nicht immer eine ausreichende Entschädigung für die Wirkungen des Wettbewerbsverbots, dazu geführt hat, ihm im Falle der Kündigung durch den Arbeitgeber anderweiten Arbeitsverdienst uneingeschränkt, nicht bloß in der in Nr. VII (§ 74c HGB.) vorgesehenen Beschränkung auf den Betrag von $^1/_{10}$, bei Wohnsitzverlegung von $^1/_4$ der vertragsmäßigen Leistungen, zu belassen. Diese Erwägungen machen in solchem Fall eine Bevorzugung des Angestellten erklärlich und schließen es auch aus, die hier nicht unmittelbar zutreffenden Bestimmungen in § 324, § 615 Satz 2 BGB. auf ihn entsprechend anzuwenden. Vielmehr ist es zu billigen, wenn das Berufungsgericht eine Anwendung von Nr. VII des Tarifvertrags (§ 74c HGB.) über seinen Wortlaut hinaus abgelehnt hat.

90. Über die Zuständigkeit der ordentlichen Gerichte für Ansprüche, die im Ausgleichsverfahren nach dem Versailler Vertrag angemeldet sind.

Versailler Vertrag Art. 296, Anlage hierzu §§ 16, 23.

IV. Zivilsenat. Urt. v. 18. Oktober 1926 i. S. F. (Bekl.) w. de M. (Kl.). IV 648/25.

I. Landgericht Düsseldorf.
II. Oberlandesgericht daselbst.

Die Klägerin, welche die italienische Staatsangehörigkeit besitzt, hat im Juli 1915 ein ihr bei dem Bankhaus B. S. & Co. in D. zustehendes Guthaben von 30188,75 *M* an die Beklagte überwiesen, deren damalige Inhaberin die deutsche Reichsangehörige Ehefrau P. F. war. Diese sollte das Geld für die Klägerin in Verwahrung und Verwaltung nehmen, um es auf diese Weise vor einer befürchteten Beschlagnahme durch deutsche Behörden zu schützen. Die Klägerin verlangt einen Teil des der Beklagten übertragenen Geldbetrags unter Berücksichtigung der Geldentwertung zurück. Die Beklagte hält der Klage die Einrede der Unzulässigkeit des Rechtswegs und der Unzuständigkeit des Gerichts entgegen und macht gegenüber dem Klaganspruch Gegenforderungen geltend.

Das Landgericht hat der Klage unter Vorbehalt der Entscheidung über die Aufrechnung stattgegeben. Das Oberlandesgericht hat die Verhandlung auf die prozeßhindernden Einreden beschränkt und diese durch das mit der Revision angegriffene Zwischenurteil verworfen. Die Revision der Beklagten führte zur Abweisung der Klage.

Gründe:

Die von der Beklagten erhobene Einrede der Unzulässigkeit des Rechtswegs deckt sich mit ihrer Einrede der sachlichen Unzuständigkeit. Sie wird wie diese darauf gestützt, daß die eingeklagte Forderung dem durch den Versailler Vertrag vorgeschriebenen Ausgleichsverfahren unterliege und deswegen nur vor dem Deutsch-Italienischen Gemischten Schiedsgerichtshof geltend gemacht werden könne (vgl. RGZ. Bd. 107 S. 76, Bd. 108 S. 53).

Die beiden Vorderrichter sind davon ausgegangen, daß sie von sich aus zu prüfen hätten, ob die Forderung der Klägerin ausgleichspflichtig ist, da hiervon die Zuständigkeit der ordentlichen Gerichte abhänge. Beide sind zur Verneinung der Ausgleichspflichtigkeit gelangt. Das Berufungsgericht deshalb, weil die Klägerin, deren Forderung vor dem Kriege mit Italien fällig geworden sei (Fall des Art. 296 Nr. 1 des Versailler Vertrags), zur Zeit des Friedensschlusses, am 10. Januar 1920, nicht in Italien, sondern in Düsseldorf gewohnt habe. Die Voraussetzung der beiden Vorderrichter, daß das angegangene ordentliche Gericht zur Entscheidung über die Ausgleichspflichtigkeit der eingeklagten Forderung berufen und verpflichtet sei, kann jedoch im vorliegenden Falle, in dem die beteiligten Ausgleichsämter, das italienische Gläubigeramt und das deutsche Schuldneramt, über die Ausgleichspflichtigkeit der Forderung verhandelt haben, nicht als zutreffend anerkannt werden.

Sind die beteiligten Ausgleichsämter darüber einig geworden, daß eine zum Ausgleichsverfahren angemeldete Forderung nicht unter Art. 296 Nr. 1—4 fällt, und ist ihre gemeinsame Entscheidung auch nicht nach § 20 der Anlage zu Art. 296 durch einen Spruch des Gemischten Schiedsgerichtshofs aufgehoben worden, so kann der Gläubiger nach § 23 der Anlage seine Forderung vor den ordentlichen Gerichten geltend machen. Diese sind an die gemeinsame Entscheidung der Ämter gebunden. Ihre sachliche Zuständigkeit steht damit fest. Haben sich dagegen die beteiligten Ausgleichsämter über die Ausgleichspflichtigkeit der Forderung nicht geeinigt, dann ist nach

§ 16 der Anlage der Gemischte Schiedsgerichtshof zuständig, sofern nicht die Parteien sich einem von ihnen bestellten Schiedsgericht unterworfen haben oder das Gläubigeramt das ordentliche Gericht am Wohnsitze des Schuldners um die Entscheidung ersucht. Der Gläubiger ist hierzu nicht berufen. Für seine Klage ist ohne das Eingreifen des Gläubigeramts das ordentliche Gericht nicht zuständig.

Die entscheidende Frage ist daher hier die, ob das italienische Gläubigeramt und das deutsche Schuldneramt zu einer Einigung darüber gelangt sind, daß die Forderung der Klägerin nicht ausgleichspflichtig ist. Trifft dies zu, dann ist das ordentliche Gericht zuständig, im anderen Falle der Deutsch-Italienische Gemischte Schiedsgerichtshof, da die Parteien keine Vereinbarung über ein Schiedsgericht getroffen haben und kein Ersuchen des Gläubigeramts erfolgt ist. In beiden Fällen ist kein Raum für eine Entscheidung des ordentlichen Gerichts über die Ausgleichspflichtigkeit.

(Es wird dann ausgeführt, daß es zu einer solchen Einigung nicht gekommen ist.)

Die Klägerin hat die Klage vor dem Gemischten Schiedsgerichtshof nicht erhoben. Die hierfür in Art. 21 b der Prozeßordnung des Deutsch-Italienischen Gemischten Schiedsgerichtshofs angeordnete Klagefrist ist längst verstrichen. Dadurch ist aber die Zuständigkeit des Gemischten Schiedsgerichtshofs nicht beseitigt worden. Durch die Unterlassung der rechtzeitigen Klagerhebung vor dem ausschließlich zuständigen Schiedsgerichtshof kann die Zuständigkeit der ordentlichen Gerichte nicht begründet werden. Überdies kann der Gemischte Schiedsgerichtshof nach Art. 2 der Prozeßordnung auch nach Fristablauf eingereichte Klagen noch zulassen, sofern er die Verspätung durch höhere Gewalt oder schwerwiegende besondere Umstände für entschuldigt hält.

Schließlich kann noch die Frage aufgeworfen werden, ob nicht die Regelung der Zuständigkeit im Ausgleichsverfahren nur zugunsten der ausländischen Gläubiger erfolgt und diesen deswegen auch die Befugnis verblieben ist, ihre Ansprüche vor den deutschen Gerichten zu verfolgen. Dies hat das Reichsgericht in RGZ. Bd. 108 S. 50

für den Fall des Art. 304b Abs. 2 des Versailler Vertrags angenommen. Dort handelte es sich aber nicht um eine ausschließliche Zuständigkeit des Gemischten Schiedsgerichtshofs. Für den ausländischen Gläubiger ist die Zuständigkeit seiner Landesgerichte aufrecht erhalten worden. Das Ausgleichsverfahren ist dagegen für alle Gläubiger gleichmäßig geregelt. Ihre Ansprüche werden dem Ausgleichsverfahren ohne Rücksicht darauf unterworfen, welchem Staate der einzelne Gläubiger angehört. Für alle Gläubiger sind die nach Art. 296 Abs. a des Versailler Vertrags zur Durchführung des Ausgleichsverfahrens bestimmten Sicherungsvorschriften zu erlassen.

Hiernach ist die Einrede der sachlichen Unzuständigkeit begründet.

Register.

Die Zahlen bedeuten die Seiten.

A. Sachregister.

A

B

M

N

O

P

R

B. Gesetzesregister.

1. Reichsrecht.

a. Bürgerliches Gesetzbuch.

b. Allgem. Deutsches Handelsgesetzbuch (a. F.).

c. Handelsgesetzbuch von 1897.

2. Landesrecht.

Baden.

Hamburg.

Mecklenburg-Schwerin.

Mecklenburg-Strelitz.

Preußen.

a. Allgemeines Landrecht.

b. Einzelne Gesetze und Verordnungen.

C. Zusammenstellung der Entscheidungen nach der Zeitfolge.

Anhang: Entscheidungen des Staatsgerichtshofs.

Zusammenstellung
der
im 114. Bande
mitgeteilten Entscheidungen
nach
Oberlandesgerichtsbezirken.

(Die Zahlen bezeichnen die Nummern der Entscheidungen.)

Berlin	2. 6. 9. 22. 28. 29. 32. 41. 43. 45. 46. 48. 50. 51. 52. 53. 57. 62. 64. 70. 71. 78. 79. 80. 89.	**Hamm**	31. 39. 47. 75 87.
Breslau	5. 8. 10. 83.	**Kiel**	11. 36. 73.
Dresden	1. 12. 49. 55. 83.	**Köln**	14. 25. 37. 40.. 65. 88.
Düsseldorf	7. 18. 19. 24. 54. 60. 61. 63. 81. 85. 90.	**Königsberg**	13.
Frankfurt a. M.	15. 23. 27.	**München**	16. 72. 77.
Hamburg	3. 20. 26. 30. 34. 35. 42. 44. 56. 58. 59. 66. 67. 68. 74. 82. 84.	**Naumburg a. S.**	86.
		Rostock	21.
		Stettin	69.
		Zweibrücken	17.

Landgericht Elbing	38.
Landgericht Hannover	76.
Reichsgericht unmittelbar	4.
Staatsgerichtshof	Anhang 1. 2.

Berichtigungen.

Hundertunddreizehnter Band.

S. 140 Z. 15 v. o. statt „V 223/25" lies „V 228/25".

Hundertundvierzehnter Band.

S. 338 Z. 16 v. u. (Überschrift von Nr. 72) statt „Gräfin" lies „Graf".

Anhang:

Entscheidungen des Staatsgerichtshofs.

1.

In der verfassungsrechtlichen Streitigkeit
zwischen
dem Lande Mecklenburg-Strelitz
und
dem Lande Mecklenburg-Schwerin

wegen gemeinschaftlicher Verfügung über Vermögen ehemaliger Landesklöster und der früheren Stände

hat der Staatsgerichtshof für das Deutsche Reich in der Sitzung vom 16. Oktober 1926 für Recht erkannt:

Der Antrag des Landes Mecklenburg-Strelitz wird abgewiesen.

Gründe:

Das Land Mecklenburg-Strelitz beantragt auf Grund des Art. 19 RVerf.:

festzustellen,

daß der Freistaat Mecklenburg-Schwerin ohne vorherige Auseinandersetzung mit dem Freistaat Mecklenburg-Strelitz nicht berechtigt ist oder war, ohne Zustimmung des letzteren

1. über die Güter und das sonstige Vermögen der ehemaligen Landesklöster Dobbertin, Malchow und Ribnitz sowie über die Einkünfte dieser Klöster,

2. über die zum Vermögen der früheren mecklenburgischen Stände gehörigen Gegenstände

zu verfügen.

Das Land Mecklenburg-Schwerin begehrt:

Ablehnung des Antrags.

I.

Ohne Zustimmung des Antragstellers hat der Antragsgegner bei der Staatsumwälzung die in seinem Gebiet belegenen drei Landesklöster Dobbertin, Malchow und Ribnitz, die bisher von den Landesständen verwaltet wurden, durch Bekanntmachung vom 18. November 1918 (RegBl. 1918 II S. 1525) der Verwaltung seiner Staatsregierung unterstellt. Ebenfalls ohne Zustimmung des Antragstellers hat er dann durch § 75 seiner Verfassung vom 17. Mai 1920 (RegBl. 1920 S. 653) und Art. 6 des Einführungsgesetzes von demselben Tage (RegBl. 1920 S. 671) die Klöster aufgehoben und ihr Vermögen dem Staate einverleibt.

Ebenso hat er einseitig durch die Verordnung vom 3. Dezember 1918 (RegBl. II S. 1581) und durch § 74 Verf. über die zum Vermögen der früheren Stände gehörigen Gegenstände verfügt, insbesondere über den Landkasten (die ständische Kasse), sowie über das Landesarchiv und die Landesbibliothek, die beide aus den Mitteln der Stände angeschafft waren.

Der Antragsteller sieht hierin einen widerrechtlichen Eingriff in gemeinschaftliche Gerechtsame beider Streitteile. Er folgert die gemeinsamen Rechte aus der geschichtlichen Entwicklung und gründet seinen Anspruch auf die Behauptung, daß die Streitteile Rechtsnachfolger der früheren Landesherren und der aufgehobenen Stände geworden seien.

II.

Die Stände — ursprünglich Prälaten, Ritter und Städte, nach der Reformation nur noch Ritter und Städte — hatten, um ihre Macht gegenüber der landesherrlichen Gewalt und etwaigen Landesteilungen zu wahren, am 1. August 1523 einen ewigen Bund geschlossen, die sog. Union der Landesstände, die wiederholt erneuert, von den Landesherren anerkannt und bestätigt wurde und sich bis zur Staatsumwälzung behauptet hat. Sie war eine öffentlichrechtliche Körperschaft. Ihr Gebiet gliederte sich in drei Kreise, den mecklenburgischen und den wendischen (in M.-Schwerin), sowie den stargardischen (in M.-Strelitz).

III.

Die drei Landesklöster waren juristische Personen des öffentlichen Rechts. Sie wurden nach der Reformation nicht „säkularisiert", sondern nur „reformiert". Sie bestanden als protestantische Klöster weiter, wurden durch die Sternberger Assekuration vom 2. Juli 1572 Art. 4 von den Landesherren gegen Zahlung einer Geldsumme zur christlichen Erziehung inländischer Jungfrauen den Ständen „überwiesen" und nahmen in der Folge den Charakter weltlicher Versorgungsanstalten an. Sie behielten ihre Rechtspersönlichkeit und blieben Eigentümer der Güter. Überwiesen wurden den Ständen nur Verwaltung, Besitz und Genuß.

Als im Jahre 1621 das Land in die Herzogtümer M.-Schwerin und M.-Güstrow geteilt wurde, wurde in dem fürstbrüderlichen Erbvergleich vom 3. März 1621 bestimmt, daß die Klöster „gemein bleiben" sollten.

Nach vorübergehender Vereinigung des Landes fand die letzte Teilung in die Herzogtümer Schwerin und Strelitz durch den Hamburger Vergleich vom 8. März 1701 statt, der die Klöster unter 8 nur beiläufig erwähnt.

Der Antragsteller teilt zwei Briefe des Schweriner Herzogs an den Herzog von Strelitz vom 12. Dezember 1712 und vom 22. Mai 1754 mit, aus denen er das Anerkenntnis des Mitbestimmungsrechts über die Klöster und der „Concurrence" des Strelitzer Herzogs in „allen Angelegenheiten mit Ritter- und Landschaft" folgert.

Nach dem Reichsdeputationshauptschluß vom 25. Februar 1803 §§ 35, 36 wurden die Güter der Klöster „Katholischer sowohl als A. C.-Verwandten" der freien Disposition des Landesherrn überlassen mit der Wirkung, daß die Klöster „an ihre neuen Besitzer mit allen Gütern, Rechten, Kapitalien und Einkünften" übergingen.

Schwerin wollte die Klöster einziehen und fragte deshalb bei Strelitz an, das aber widersprach. Auch die Stände widerstrebten

Die Schweriner Stände erklärten sich 1808 nach Verhandlungen zur Zahlung einer Geldsumme bereit, machten aber die Zustimmung des stargardischen Kreises zur Bedingung, der seinerseits seine Einwilligung davon abhängig machte, daß auch der Strelitzer Herzog mit einer Geldsumme bedacht wurde. So kam es zur Vereinbarung der Stände mit dem Schweriner Herzog vom 22. April 1809, in der dieser sich aller ihm aus dem Reichsdeputationshauptschluß zustehenden Rechte auf die Klöster begab dergestalt, daß er den Besitz, Genuß und die Verwaltung den Ständen in dem bisherigen Maße zusicherte und sich nur die landesherrliche Oberaufsicht vorbehielt. Bei dieser Gelegenheit wurden sog. „Hebungen" aus dem Klostervermögen in barem Gelde geschaffen, die ganze zu 250, die halbe zu 125 Talern. Sie wurden dem Landesherrn zur Verfügung gestellt behufs Verleihung an Beamtentöchter usw., die nach den Satzungen nicht in die Klöster aufgenommen werden konnten. Der Herzog von Strelitz trat dem Vergleich am 23. Dezember 1809 bei, beschränkte sich indes auf den kurzen Zusatz (außer der Annahme der angebotenen Vorteile), daß er sich nach wie vor die Konservation und Wohlfahrt der Landesklöster zu Herzen nehmen und jederzeit angelegen sein lassen wolle. Außer 15000 Talern erhielt er das Recht zur Verleihung von $2^1/_2$ Klosterhebungen. Auch über die Vereitelung dieses Rechts beschwert sich der Antragsteller.

Noch einmal, in den Jahren 1848/49, machte der Antragsgegner den Versuch, die Klöster einzuziehen, er scheiterte aber am Widerstand des Herzogs von Strelitz. Dieser vertröstete im Laufe der Verhandlungen die Stände damit, daß „die Hausvertragsmäßige Communication" mit dem Großherzog von Mecklenburg-Strelitz noch zu keinem Resultat geführt habe.

Bei diesem Zustand verblieb es bis zur Staatsumwälzung.

IV.

Die widerstreitenden Meinungen lassen sich kurz dahin zusammenfassen:

Der Antragsgegner hält die frühere geschichtliche Entwicklung für gleichgültig, weil die Klöster durch den Reichsdeputationshauptschluß allein dem Herzog von Schwerin angefallen seien; der Herzog von

Strelitz habe durch die Vereinbarung mit den Ständen vom 22. April 1809 nichts aufgegeben, der Antragsteller habe daher auch durch die Überlassung der Klöster an die Stände keine Rechte erworben.

Der Antragsteller bestreitet dies, sieht den Reichsdeputationshauptschluß als durch die Vereinbarungen von 1809 überholt an und führt aus, daß durch die Verhandlungen von 1809 und 1848 sowie durch die 1809 zugleich an den Herzog von Strelitz erfolgten Zuwendungen sein materielles und formelles Mitbestimmungsrecht über die Klöster anerkannt worden sei.

Im übrigen nimmt er ein durch die ständische Verfassung geschaffenes Gemeinschaftsverhältnis der Landesherren und der Landesstände an, das nach der Auflösung eine vertragliche Auseinandersetzung nötig gemacht habe. Dieses Recht auf Auseinandersetzung sei auf ihn als Rechtsnachfolger des Landesherrn und der Stände, soweit es sich um den stargardischen Kreis handle, übergegangen. Die Rechtsnachfolge nach dem Landesherrn sei insbesondere durch den von ihm mit dem letzten Strelitzer Agnaten, dem Herzog Carl Michael, geschlossenen Abfindungsvergleich begründet.

Der Antragsgegner bestreitet die Rechtsnachfolge und behauptet, sein Recht zur Auflösung öffentlichrechtlicher Körperschaften und zur Einziehung ihres Vermögens ergebe sich ohne weiteres aus der Territorialherrschaft. Klöster und Stände hätten ihren Sitz in Mecklenburg-Schwerin gehabt, über das der Schweriner Herzog seit dem Hamburger Vergleich allein die Landeshoheit ausgeübt habe; insbesondere hätten sich auch der Landkasten, das Landesarchiv und die Landesbibliothek in Rostock befunden. Mit der Auflösung der Klöster sei das Recht auf Hebungen von selbst entfallen, in Frage könne nur ein Entschädigungsanspruch kommen.

Der Antragsteller widerspricht dem und macht geltend, das aus der Territorialherrschaft hergeleitete Recht finde seine Schranke an den Verträgen mit anderen Staaten. Das Vermögen der Stände und der Klöster habe seinen Sitz da gehabt, wo der Sitz der Stände selbst gewesen sei. Das sei mit Rücksicht auf den stargardischen Kreis auch Mecklenburg-Strelitz gewesen.

Im übrigen wird auf die Schriftsätze und deren Anlagen Bezug genommen.

V.

Es bedarf keines Eingehens auf die geschichtliche Entwicklung, da sich der Antrag auch ohnedies als unbegründet erweist.

Das Reichsgericht hat sich in ständiger Rechtsprechung auf den Standpunkt gestellt, daß im Staatsleben der tatsächlichen Herrschaft, die sich gegenüber Widerständen durchzusetzen vermocht hat, rechtliche Anerkennung zukommt. Insbesondere ist der durch die Umwälzung neu geschaffenen Staatsgewalt die staatsrechtliche Anerkennung nicht versagt worden. Die Rechtswidrigkeit ihrer Begründung ist als kein Hindernis erachtet worden, weil die Rechtmäßigkeit der Begründung kein wesentliches Merkmal der Staatsgewalt ist (RGZ. Bd. 100 S. 25, RGSt. Bd. 53 S. 65 u. a.). Damit ist das sog. Revolutionsrecht anerkannt worden.

Dieser Rechtsauffassung tritt der Staatsgerichtshof bei.

Solches Revolutionsrecht waren die vom Antragsteller als rechtswidrig bezeichneten Handlungen des Antragsgegners, insbesondere die Verordnung vom 3. Dezember 1918 über die Aufhebung der Stände und die Verordnung vom 18. November 1918 betreffend die Landesklöster, mit denen sich der Antragsgegner bis auf den heutigen Tag gegenüber dem Widerstreben des Antragstellers tatsächlich durchzusetzen vermocht hat. Damit haben sie die Anerkennung des Rechts erlangt.

Der Antragsteller gibt selbst zu, daß Revolution ein neues Recht schaffen könne, meint aber, die Rechte anderer Staaten habe auch der durch eine Revolution hindurchgegangene Staat zu achten, jene würden durch die Umwälzung nicht berührt. In dieser Allgemeinheit trifft der Satz nicht zu. Er ist richtig, soweit die Umwälzung auf die inneren Verhältnisse des Staates beschränkt bleibt und bloß die Regierungsform wechselt. Wenn aber die revolutionäre Bewegung über die Staatsgrenzen hinausgreift und die revolutionäre Handlung sich gerade gegen staatsrechtliche Verhältnisse und Bindungen richtet, die in internationalen Staatsverträgen festgesetzt sind, so gilt wieder der Satz, daß die tatsächliche Macht, die die Kraft zur Zerreißung dieser Bindungen besessen und sich mit der Zulassung oder auch gegen den Willen des anderen Staates behauptet hat, Recht geworden ist.

So liegt der Fall hier. Die Staatsumwälzung bewirkte die Aufhebung der ständischen Verfassung. Das hat nicht nur der Antragsgegner durch die Verordnung vom 3. Dezember 1918 ausgesprochen, sondern auch der Antragsteller selbst im § 3 seiner Verfassung vom 29. Januar 1919 (Off. Anz. S. 147) bestätigt. Das weitere — Einziehung des Ständevermögens, Aufhebung der Klöster und Einverleibung ihres Vermögens — war Folge der Aufhebung des Ständewesens. Damit ging auch das Recht zur Verleihung von Klosterhebungen unter.

Ob infolgedessen für den Fiskus des einen der beiden am mecklenburgischen Ständewesen ehemals beteiligten Länder etwa ein Entschädigungs- oder Bereicherungsanspruch gegen den Fiskus des anderen Landes erwachsen ist, steht hier nicht zur Entscheidung. Das vom Antragsteller jetzt noch beanspruchte staatshoheitliche Mitbestimmungsrecht ist, wenn es je bestand, durch die Revolution erloschen.

Hiernach war der Antrag abzuweisen.

2.

In der Verfassungsstreitigkeit

zwischen

dem Deutschen Reich

und

dem Land Preußen

betreffend die Zulässigkeit der Errichtung einer paritätischen Akademie in Frankfurt a. M. hat der Staatsgerichtshof für das Deutsche Reich in der Sitzung vom 16. Oktober 1926 beschlossen:

Der Antrag des Reiches, zu entscheiden:

„Die Errichtung einer preußischen pädagogischen Akademie auf paritätischer Grundlage neben drei anderen, auf konfessioneller Grundlage beruhenden Akademien ist mit Art. 174 Satz 1 RVerf. nicht vereinbar"

wird abgelehnt.

Gründe:

I.

Das Reich, vertreten durch den Reichsminister des Innern, hat durch Schriftsatz vom 26. April 1926 beim Staatsgerichtshof beantragt, eine Entscheidung, wie angegeben, zu treffen.

Zur Begründung dieses Antrags wurde ausgeführt: Art. 174 Satz 1 der Reichsverfassung verbiete, bis zum Erlaß des in Art. 146 Abs. 2 vorgesehenen Reichsgesetzes die bestehende Rechtslage zu ändern. Art. 146 Abs. 2 beziehe sich auf die Einrichtung von öffentlichen konfessionellen oder religionslosen Volksschulen. Die Lehrerbildung sei in dieser Vorschrift nicht ausdrücklich erwähnt. Aus der Pflicht zur Unterhaltung von konfessionellen Volksschulen (Bekenntnisschulen) folge aber mit Notwendigkeit die Pflicht zur Bereithaltung von konfessionellen Lehrkräften. Ohne Lehrer sei jede Schule gegenstandslos. Die Errichtung einer simultanen Akademie stelle eine Veränderung des gegenwärtigen Rechtszustands dar. Die Lehrerbildungsanstalten seien in Preußen tatsächlich konfessionell gewesen. Dies gelte auch für die nassauischen Lehrerseminare in Usingen und Montabaur. Selbst wenn man annehmen wollte, daß die genannten beiden Seminare rechtlich einen paritätischen oder simultanen Charakter gehabt hätten, sei doch der Prozentsatz der nicht konfessionellen Lehranstalten verschwindend klein gewesen. Durch Errichtung der neuen paritätischen Akademie solle er von weniger als 1 % auf 25 % gesteigert werden.

Das Land Preußen, vertreten durch das Preußische Staatsministerium, stellte keinen bestimmten Antrag, sondern verwies auf ein Schreiben des preußischen Ministers für Wissenschaft, Kunst und Volksbildung vom 16. März 1926, das dem Antrag des Reichs als Anlage beigefügt war. In diesem Schreiben wurde geltend gemacht: Das Verbot des Art. 174 RVerf. beziehe sich nur auf diejenigen Rechtsgebiete, die durch das in Art. 146 Abs. 2 RVerf. vorgesehene Reichsgesetz geregelt werden sollten. Zu diesen Rechtsgebieten gehöre die Lehrerbildung nicht. Die Einrichtung einer simultanen Lehrerbildungsanstalt entspreche der bestehenden Rechtslage. Die meisten

Volksschullehrerinnen hätten ihre Ausbildung auf den Oberlyzeen erhalten, die fast ausschließlich simultan gewesen seien. Auch in Frankfurt a. M. habe ein solches Oberlyzeum bestanden, das von evangelischen, katholischen und israelitischen Schülerinnen besucht worden sei. Das Entlassungszeugnis dieser Schule habe zum Unterricht an der Volksschule befähigt. Im Gebiet des ehemaligen Herzogtums Nassau seien die beiden Lehrerseminare rechtlich paritätisch gewesen, wenn auch Lehrer und Schüler tatsächlich nach Konfessionen verteilt waren.

II.

Die Zuständigkeit des Staatsgerichtshofs zur Entscheidung des vorliegenden Rechtsstreits ergibt sich aus Art. 19 der Reichsverfassung. Es liegt der dritte Fall dieses Artikels vor, nämlich eine Streitigkeit nicht privatrechtlicher Art zwischen dem Reich und einem Land, für die kein anderer Gerichtshof des Reichs zuständig ist.

III.

Art. 174 Satz 1 RVerf. bestimmt: „Bis zum Erlaß des in § 146 Abs. 2 vorgesehenen Reichsgesetzes bleibt es bei der bestehenden Rechtslage."

Die Errichtung einer Akademie ist ein Verwaltungsakt. Durch einen Verwaltungsakt kann die Rechtslage d. h. die Gesamtheit der in einem Land bestehenden Rechtsnormen überhaupt nicht geändert, sondern höchstens verletzt werden.

Allein auch eine solche Rechtsverletzung liegt nicht vor. Schon der Wortlaut des Art. 174 RVerf. ergibt, daß die bestehende Rechtslage nur für die in Art. 146 Abs. 2. bezeichneten Materien aufrechterhalten werden soll, dagegen nicht für andere Materien, die in anderen Artikeln der Reichsverfassung geregelt sind. Die Frage der Lehrerbildung ist nicht in Art. 146 Abs. 2, sondern in Art. 143 Abs. 2 der Reichsverfassung behandelt.

Zu demselben Ergebnis führt die Entstehungsgeschichte des Art. 146 Abs. 2 und des Art. 174 RVerf. Die Vorschrift des Art. 146 Abs. 2 war im Verfassungsentwurf noch nicht enthalten. Erst auf Grund des sogenannten Schulkompromisses vom 14. Juli 1919 erhielt Art. 143 Abs. 2 des Entwurfs (jetzt Art. 146 Abs. 2 RVerf.) bei der zweiten Lesung folgende Fassung:

„Ob die Schulen innerhalb der Gemeinde für alle Bekenntnisse gemeinsam oder nach Bekenntnissen getrennt oder bekenntnisfrei (weltlich) sein sollen, darüber entscheidet der Wille der Erziehungsberechtigten, soweit dies mit einem geordneten Schulbetrieb zu vereinbaren ist. Näheres bestimmt ein baldigst zu erlassendes Reichsgesetz. Bis zum Erlaß dieses Reichsgesetzes bleibt es bei den bestehenden Vorschriften."

Bei der dritten Lesung des Verfassungsentwurfs ist sodann der Schlußsatz des Art. 143 Abs. 2 abgetrennt und als selbständiger Art. 169 in den Abschnitt „Übergangs- und Schlußbestimmungen" versetzt worden (vgl. den Antrag Löbe-Gröber-Schiffer vom 30. Juli 1919 [Bd. 338 S. 500 Drucksache Nr. 724 Nr. 1 und 4], der in der Plenarsitzung der Nationalversammlung vom 31. Juli 1919 angenommen wurde [Bd. 329 S. 2192]). Durch die Zerlegung des Art. 143 Abs. 2 in zwei verschiedene Artikel ist am Sinn der darin enthaltenen Bestimmungen nichts geändert. Sie beziehen sich nach wie vor auf die Errichtung von konfessionellen und bekenntnisfreien Volksschulen (vgl. Lassar Archiv f. öff. Recht Bd. 40 S. 111).

Die Richtigkeit dieser Auslegung wird bestätigt durch die Erklärung, die der Regierungsvertreter Unterstaatssekretär Schulz in der Sitzung der Nationalversammlung vom 31. Juli 1919 (Bd. 339 S. 2161) abgegeben hat:

„Bis zum Erlaß dieses (in Art. 143 Abs. 2 des Entwurfs, jetzt Art. 146 Abs. 2 RVerf. vorgesehenen) Gesetzes soll die bestehende Rechtslage aufrechterhalten bleiben, wie das in dem neu beantragten Art. 169 b zum Ausdruck kommt, und zwar bezieht sich die darin vorgesehene Festhaltung der Rechtslage ganz selbstverständlich nur auf die Bestimmungen des Art. 143 Abs. 2."

Die Auslegung des Regierungsvertreters hat in der Nationalversammlung keinen Widerspruch gefunden. Vom Abgeordneten Mumm ist sie ausdrücklich gebilligt worden. Dieser äußerte in der Sitzung vom 31. Juli 1919 (Bd. 329 S. 2166):

„Nach der unzweideutigen Erklärung, die wir vonseiten des Herrn Unterstaatssekretärs im Namen der Antragsteller erhalten haben, ist kein Zweifel, daß diese Bestimmung, wonach es bei der bestehenden Rechtslage bleibt, sich lediglich auf Art. 143, nicht auf den ganz anderen Art. 146 bezieht" (Art. 143 Entw., Art. 146 RVerf.; Art. 146 Entw., Art. 149 RVerf.).

IV.

Auch der IV. Zivilsenat des Reichsgerichts hat bereits entschieden, daß unter der bestehenden Rechtslage in Art. 174 Satz 1 RVerf.

die Rechtslage in Ansehung der Verhältnisse hat verstanden werden sollen, für welche in dem in Art. 146 Abs. 2 vorbehaltenen Reichsgesetz die Grundsätze über die durch die Landesgesetzgebung vorzunehmende nähere Regelung aufgestellt werden sollen. Das sind aber die Grundsätze für die ausnahmsweise erfolgende Einrichtung von Volksschulen als Bekenntnisschulen oder als bekenntnisfreie Schulen. Eine darüber hinausgehende allgemeine Regelung des Volksschulwesens überhaupt durch ein zu erlassendes Reichsgesetz ist in Art. 146 Abs. 2 nicht angeordnet. Die Reichsverfassung selbst stellt vielmehr eine Anzahl von Leitsätzen für das gesamte Schulwesen auf und schreibt eine weitere reichsgesetzliche Regelung nur nach gewissen Richtungen vor, so in Art. 143 Abs. 2 für die Lehrerbildung und in Art. 146 Abs. 2 für Bekenntnisschulen und für bekenntnisfreie Volksschulen (Archiv f. öff. Recht Bd. 40 S. 100).

Der III. Zivilsenat hat durch Beschluß vom 19. Mai 1926 III T.B. 14/26 (oben S. 16) ebenfalls anerkannt, daß bei der gegenwärtigen Rechtslage die Länder nicht gehindert sind, die Frage der Lehrerbildung nach eigenem Ermessen zu regeln.

Von demselben Standpunkt aus haben Sachsen und Thüringen besondere Landesgesetze über die Lehrerbildung erlassen, ohne daß das Reich Widerspruch erhoben hätte (vgl. sächs. Gesetz über die Ausbildung der Volksschullehrer vom 4. April 1923 [Sächs. GBl. S. 68], thüringisches Gesetz über die Lehrerausbildung vom 8. Juli 1922 [Thür. GS. S. 294]).

V.

Hiernach ergibt sich:

1. Das Verbot des Art. 174 RVerf. bezieht sich nicht auf die Lehrerbildung, für welche Art. 143 Abs. 2 RVerf. maßgebend ist;
2. bei der gegenwärtigen Rechtslage können die Länder die Materie der Lehrerbildung nach eigenem Ermessen regeln;
3. die Einrichtung einer paritätischen Akademie in Frankfurt a. M. verstößt nicht gegen die Reichsverfassung.

Der Antrag des Reiches ist daher abzulehnen.

FSC
www.fsc.org
MIX
Papier | Fördert gute Waldnutzung
FSC® C083411

Kolibri 360 GmbH
Ferdinand-Jühlke-Straße 7
99095 Erfurt, Deutschland
produktsicherheit@kolibri360.de